Huntemann/Brockdorff
Der Gläubiger im Insolvenzverfahren

Der Gläubiger im Insolvenzverfahren

Herausgegeben von
Eva Maria Huntemann
Christian Graf Brockdorff

Bearbeitet von
Volker von Alvensleben
Christian Graf Brockdorff
Hendrik Buck
Eva Maria Huntemann
Ulf Liebelt-Westphal
Ilona Muráti-Laebe
Robert von Steinau-Steinrück

Walter de Gruyter • Berlin • New York 1999

Die Bearbeiter:
Volker von Alvensleben, Rechtsanwalt in Hamburg
Christian Graf Brockdorff, L.L.M., Rechtsanwalt in Potsdam
Hendrik Buck, Rechtsanwalt in Berlin
Dr. *Eva Maria Huntemann*, Rechtsanwältin in Berlin
Dr. *Ulf Liebelt-Westphal*, Rechtsanwalt in Hamburg
Dr. *Ilona Muráti-Laebe*, Rechtsanwältin in Berlin
Dr. *Robert von Steinau-Steinrück*, Rechtsanwalt in Berlin

Zitiervorschlag: *Alvensleben* in: Huntemann/Brockdorff (Hrsg), InsO Kap 9 Rn 108

Die Deutsche Bibliothek – CIP-Einheitsaufnahme

Der Gläubiger im Insolvenzverfahren / hrsg. von Eva Maria Huntemann ;
Christian Graf Brockdorff. – Berlin ; New York : de Gruyter, 1999
ISBN 3-11-015769-1

Einbandentwurf: Christopher Schneider, 12175 Berlin
Konvertierung: Dörlemann Satz GmbH & Co. KG, 49448 Lemförde
Druck und Bindung: Kösel GmbH & Co., 87409 Kempten

Vorwort

Das vorliegende Werk sieht sich ebenso wie das bisher zur Insolvenzordnung erschienene Schrifttum der Schwierigkeit ausgesetzt, sich mit einem Gesetzeswerk befassen zu müssen, das in der Praxis bisher noch nicht gelebt und umgesetzt wurde und zu dem noch keine Rechtsprechung vorliegt.

Das Autorenteam verfolgt die Zielsetzung, aus den Erfahrungen im Umgang mit dem bisher geltenden Insolvenzrecht – Konkursordnung, Vergleichsordnung und Gesamtvollstreckungsordnung – Probleme und Lösungswege insbesondere aus dem Blickfeld des Gläubigers aufzuzeigen.

Der Aufbau orientiert sich an dem tatsächlichen Verlauf des Insolvenzverfahrens, wobei die Verfasser in erster Linie bemüht waren, das Regelinsolvenzverfahren aus der Sicht des Gläubigers verständlich darzustellen. Aber auch die besonderen neu geschaffenen verfahrensrechtlichen Regelungen – etwa Insolvenzplanverfahren, Eigenverwaltungsverfahren und Verbraucherinsolvenzverfahren – wurden umfassend behandelt in der Hoffnung, daß der Leser sich in diesen Verfahrensarten schnell zurechtfinden möge.

Der besondere Dank der Herausgeber gilt allen Mitautoren, die neben ihrer ausfüllenden Berufstätigkeit bereit waren, ihre in der insolvenzrechtlichen Praxis gewonnenen Erfahrungen in dieses Handbuch umzusetzen. Gleichzeitig sei an dieser Stelle auch allen anderen Mitarbeitern gedankt, die mit weit überdurchschnittlichem Einsatz und unermüdlicher Geduld wesentlich zur Entstehung des Buches beigetragen haben.

Berlin im November 1998

Eva Maria Huntemann
Christian Graf Brockdorff

Inhaltsübersicht

Vorwort
Inhaltsverzeichnis
Verzeichnis der Abkürzungen und der abgekürzt zitierten Literatur

Kapitel 1: Einführung (E. Huntemann)

I. Entwicklung und Bedeutung der Insolvenzordnung
II. Zeitlicher und räumlicher Geltungsbereich der Insolvenzordnung

Kapitel 2: Einleitung eines Insolvenzverfahrens (C. Graf Brockdorff)

I. Insolvenzfähigkeit
II. Eröffnungsgründe
III. Gerichtliche Zuständigkeit und Eröffnungsantrag
IV. Entscheidung über die Eröffnung
V. Rechtsfolgen der Abweisung mangels Masse
VI. Rechtsmittel im Insolvenzeröffnungsverfahren
VII. Kosten und Kostenschuldner im Insolvenzeröffnungsverfahren (U. Liebelt-Westphal)

Kapitel 3: Anordnung von Sicherungsmaßnahmen im Insolvenzeröffnungsverfahren (C. Graf Brockdorff)

I. Sinn und Zweck vorläufiger Sicherungsmaßnahmen
II. Aufgaben des Insolvenzgerichts
III. Einzelne Sicherungsmaßnahmen
IV. Rechtsbehelfe gegen vorläufige Maßnahmen

Kapitel 4: Wirkung der Eröffnung des Insolvenzverfahrens durch Erlaß des Eröffnungsbeschlusses (I. Muráti-Laebe)

I. Übergang der Verwaltungs- und Verfügungsbefugnisse
II. Sonstige Pflichten und Beschränkungen des Schuldners und Dritter
III. Leistungen an den Schuldner
IV. Geltendmachung bestimmter Ansprüche durch den Verwalter
V. Aufrechnung
VI. Wirkung des Insolvenzverfahrens auf laufende Rechtsstreitigkeiten
VII. Vollstreckungsverbote
VIII. Gesellschaftsrechtliche Auswirkungen

Kapitel 5: Masseunzulängliche Verfahren (I. Muráti-Laebe)

I. Keine die Kosten des Verfahrens deckende Masse
II. Keine die übrigen Masseverbindlichkeiten deckende Masse
III. Rechtsmittel gegen die Einstellung des Verfahrens

Kapitel 6: Stellung, Rechte und Pflichten des Insolvenzverwalters (E. Huntemann)

I. Rechtsstellung des endgültigen Insolvenzverwalters
II. Pflichten des Insolvenzverwalters
III. Die Haftung des Insolvenzverwalters

Kapitel 7: Insolvenzanfechtung (E. Huntemann)

I. Am Anfechtungsverfahren Beteiligte
II. Geltendmachung und Erlöschen des Anfechtungsrechts
III. Anfechtungstatbestände
IV. Rechtsfolgen der Anfechtung

Kapitel 8: Gläubigerforderungen

I. Masseansprüche (I. Muráti-Laebe)
II. Eigentums- und insbesondere Sicherungsrechte Dritter im Insolvenzverfahren (U. Liebelt-Westphal)
III. Insolvenzforderungen (I. Muráti-Laebe)
IV. Forderungsanmeldung und Prüfungsergebnis (I. Muráti-Laebe)
V. Klageweise Durchsetzung der Insolvenzforderungen (E. Huntemann)

Kapitel 9: Die Rechtsstellung der Arbeitnehmer in der Insolvenz (V. von Alvensleben)

I. Allgemeines
II. Fortbestand und Kündigung von Arbeitsverhältnissen
III. Zum Zeitpunkt der Verfahrenseröffnung beendete Arbeitsverhältnisse
IV. Der Arbeitnehmer in der Gläubigerversammlung

Kapitel 10: Die Gläubigerversammlung (H. Buck)

I. Aufgaben und Befugnisse der Gläubigerversammlung
II. Einberufung und Einberufungsfristen der Gläubigerversammlung
III. Leitung der Gläubigerversammlung
IV. Teilnahmeberechtigung an der Gläubigerversammlung

V. Beschlußfassung in der Gläubigerversammlung
VI. Ablauf der Gläubigerversammlung
VII. Anleihegläubigerversammlung

Kapitel 11: Der Gläubigerausschuß (C. Graf Brockdorff)

I. Bestellung oder Wahl eines Gläubigerausschusses
II. Aufgaben und Befugnisse des Gläubigerausschusses
III. Arbeitsweise des Gläubigerausschusses

Kapitel 12: Weitere Informations- und Mitwirkungsrechte der Gläubiger (C. Graf Brockdorff)

I. Informationsrechte
II. Auskunftspflicht des Verwalters
III. Unterstützung und Überwachung des Verwalters
IV. Kooperation mit anderen Gläubigern

Kapitel 13: Der Insolvenzplan (C. Graf Brockdorff)

I. Planinitiativrecht, Planinhalt und Planverfahren
II. Wirkungen und Folgen des bestätigten Planes und die Überwachung der Planerfüllung

Kapitel 14: Eigenverwaltung des Schuldners (E. Huntemann)

I. Verfahren nach Eingang eines Eigenverwaltungsantrages
II. Voraussetzungen der Eigenverwaltung gemäß § 270 InsO
III. Rechtsstellung des Sachwalters
IV. Befugnisse und Aufgaben des Schuldners
V. Einflußmöglichkeiten und Rechte der Gläubiger
VI. Aufhebung der Eigenverwaltungsanordnung

Kapitel 15: Beendigung des Insolvenzverfahrens (E. Huntemann)

I. Aufhebung des Verfahrens und seine Voraussetzungen
II. Einstellung des Verfahrens

Kapitel 16: Die Restschuldbefreiung (R. von Steinau-Steinrück)

I. Verfahren
II. Materielle Voraussetzungen
III. Wirkung

Kapitel 17: Außergerichtliche Schuldenbereinigung und Verbraucherinsolvenzverfahren (C. Graf Brockdorff)

I. Anwendungsbereich und systematischer Aufbau der Verbraucherinsolvenzvorschriften
II. Der außergerichtliche Schuldenbereinigungsplan
III. Gerichtliche Schuldenbereinigung im Eröffnungsverfahren
IV. Das vereinfachte (Verbraucher-)Insolvenzverfahren

Kapitel 18: Nachlaßinsolvenzverfahren und sonstige besondere Insolvenzverfahren (C. Graf Brockdorff)

I. Das Nachlaßinsolvenzverfahren
II. Insolvenzverfahren über das eheliche Gesamtgut

Inhaltsverzeichnis

1. Kapitel: Einführung

Vorbemerkung 1
I. Entwicklung und Bedeutung der Insolvenzordnung 1
1. Geschichte der Insolvenzordnung 2
2. Ziele der Insolvenzrechtsreform 3
II. Zeitlicher und räumlicher Geltungsbereich der Insolvenzordnung . 4
1. Zeitlicher Anwendungsbereich der Insolvenzordnung 4
a) Bereits in Kraft getretene Normen 4
b) Sonstige Regelungen der Insolvenzordnung 5
2. Räumlicher Geltungsbereich 5

2. Kapitel: Einleitung eines Insolvenzverfahrens

Vorbemerkung 6
I. Insolvenzfähigkeit 8
1. Insolvenzfähigkeit natürlicher Personen 8
2. Insolvenzfähigkeit juristischer Personen 8
3. Insolvenzfähigkeit von Gesellschaften ohne Rechtspersönlichkeit 9
4. Insolvenzfähigkeit von Rechtsgebilden im Gründungsstadium 10
5. Insolvenzfähigkeit von Nachlaßvermögen und sonstigen Vermögensmassen 11
II. Eröffnungsgründe 11
1. Zahlungsunfähigkeit 12
2. Drohende Zahlungsunfähigkeit 15
3. Überschuldung einer juristischen Person 16
4. Überschuldung einer Gesellschaft ohne Rechtspersönlichkeit 19
5. Überschuldung eines Nachlasses 19
III. Gerichtliche Zuständigkeit und Eröffnungsantrag 20
1. Zuständiges Gericht 20
a) Amtsgerichtliche Zuständigkeit 20
b) Bestimmung des zuständigen Gerichts nach Wohnsitz oder Sitz 21
aa) Zuständigkeit für natürliche Personen 21
bb) Zuständigkeit für juristische Personen und Vermögensmassen 21
cc) Zuständigkeit für die Gesellschaft bürgerlichen Rechts 22
dd) Zuständigkeit für den Nachlaß 22

c) Folgen der Antragstellung bei einem örtlich unzuständigen Gericht 23
d) Zuständigkeit des Richters oder des Rechtspflegers 23
2. Antragstellung und Prüfung der Eröffnungsvoraussetzungen 24
a) Antragsberechtigung 24
aa) Antrag des Schuldners 24
bb) Antrag eines Gläubigers 25
b) Antragspflichtige 26
c) Zeitpunkt der Antragstellung bei Antragspflicht 27
d) Form und Inhalt des Antrages 27
aa) Form des Antrages 27
bb) Inhalt des Antrages 28
e) Rechtliches Interesse und Glaubhaftmachung 28
aa) Rechtliches Interesse an der Verfahrenseröffnung . . . 28
bb) Begriff der Glaubhaftmachung 29
cc) Glaubhaftmachung durch den Gläubiger 30
dd) Glaubhaftmachung durch den Schuldner und sonstige antragsberechtigte Personen 31
ee) Rechtsfolgen fehlender Glaubhaftmachung 31
3. Rücknahme des Eröffnungsantrags 32
IV. Entscheidung über die Eröffnung 32
1. Amtsermittlungsgrundsatz, Anhörungspflichten des Gerichts und Auskunftspflicht des Schuldners 32
a) Amtsermittlungsgrundsatz 33
aa) Zulässigkeitsprüfung 33
bb) Feststellung eines Insolvenzgrundes 33
b) Anhörungspflichten 33
c) Auskunftspflichten des Schuldners im Eröffnungsverfahren 34
d) Verfahrenskostendeckung 35
e) Massekostenvorschuß 35
2. Beschlußinhalt 36
a) Eröffnungsbeschluß 37
b) Abweisungsbeschluß 38
3. Bekanntmachung des Eröffnungsbeschlusses und Hinweispflichten des Insolvenzgerichts 38
4. Mitteilungen an Register- und Grundbuchämter 38
V. Rechtsfolgen der Abweisung mangels Masse 39
VI. Rechtsmittel im Insolvenzeröffnungsverfahren 39
1. Sofortige Beschwerde 40
a) Einlegung der sofortigen Beschwerde 40
b) Beschwerdeberechtigung 41
c) Wirkung der Einlegung der Beschwerde 43
d) Beschwerdefrist 43

2. Weitere Beschwerde . . . 45
a) Einlegung der weiteren Beschwerde . . . 46
b) Verletzung des Gesetzes . . . 46
c) Sicherung einer einheitlichen Rechtsprechung . . . 47
3. Vorlage zum Bundesgerichtshof . . . 47
VII. Kosten und Kostenschuldner im Insolvenzeröffnungsverfahren . . 48
1. Kostenschuldner . . . 48
a) Kostentragung des Schuldners . . . 48
b) Kostentragung des antragstellenden Gläubigers . . . 48
2. Gebührentatbestand und Gebührenanzahl . . . 49
3. Wertberechnung . . . 50
a) Gegenstandswert bei Schuldnerantrag . . . 50
b) Gegenstandswert bei Gläubigerantrag . . . 50
c) Gegenstandswert für die Berechnung der Gebühr für das Beschwerdeverfahren . . . 51
4. Gebührenhöhe . . . 51
5. Auslagen . . . 52
6. Fälligkeit der Gebühren . . . 52

3. Kapitel: Anordnung von Sicherungsmaßnahmen im Insolvenzeröffnungsverfahren

Vorbemerkung . . . 54
I. Sinn und Zweck vorläufiger Sicherungsmaßnahmen . . . 56
II. Aufgaben des Insolvenzgerichts . . . 57
1. Gerichtlicher Beschluß . . . 57
2. Voraussetzungen für die Anordnung von Sicherungsmaßnahmen . . . 57
3. Amtsermittlungspflichten . . . 58
4. Anhörung des Schuldners . . . 58
5. Bekanntmachung/Registereintragungen . . . 59
III. Einzelne Sicherungsmaßnahmen . . . 59
1. Anordnung von Verfügungsbeschränkungen . . . 60
a) Allgemeines Verfügungsverbot . . . 60
b) Verfügung nur mit Zustimmung des vorläufigen Verwalters . . . 61
2. Anordnung einer Postsperre . . . 62
3. Bestellung eines vorläufigen Insolvenzverwalters . . . 63
a) Rechtsstellung des vorläufigen Insolvenzverwalters . . . 63
b) Bestellung durch das Insolvenzgericht . . . 64
c) Der vorläufige Insolvenzverwalter ohne Verwaltungs- und Verfügungsbefugnis . . . 65
d) Der vorläufige Insolvenzverwalter mit Verwaltungs- und Verfügungsbefugnis . . . 67

4. Einstellung von Zwangsvollstreckungsmaßnahmen 71
a) Einstellungs-/ Untersagungsanordnung 71
b) Keine Einstellung bei unbeweglichen Gegenständen 72
c) Beendigung des Vollstreckungsschutzes 72
5. Vorführung und Inhaftierung des Schuldners 73
6. Sonstige in Betracht kommende Maßnahmen 73
a) Siegelung von Gegenständen oder Räumen 73
b) Verbot der Inbesitznahme von Sicherungsgut oder der Forderungseinziehung 74
c) Kontensperre 74
7. Aufhebung von Sicherungsmaßnahmen 74
IV. Rechtsbehelfe gegen vorläufige Maßnahmen 75

4. Kapitel: Wirkung der Eröffnung des Insolvenzverfahrens durch Erlaß des Eröffnungsbeschlusses

Vorbemerkung 79
I. Übergang der Verwaltungs- und Verfügungsbefugnisse 80
1. Übergang des Verwaltungs- und Verfügungsrechtes vom Schuldner auf den Verwalter 80
a) Das zur Insolvenzmasse gehörende Vermögen 80
b) Verwaltungs- und Verfügungsbefugnis 82
c) Zeitpunkt des Übergangs der Verwaltungs- und Verfügungsbefugnis 82
2. Verfügungsbefugnis des Verwalters bei relativen Veräußerungsverboten 82
3. Unwirksamkeit von Verfügungen des Schuldners 83
a) Unwirksamkeit von Verfügungen 83
b) Gutgläubiger Erwerb 84
c) Verfügung des Schuldners über künftige Forderungen 84
d) Verfügung des Schuldners am Tag der Eröffnung 85
4. Dem Schuldner verbleibende Befugnisse 85
5. Unwirksamkeit weiteren Rechtserwerbs 86
II. Sonstige Pflichten und Beschränkungen des Schuldners und Dritter 86
1. Auskunftspflicht des Schuldners und weiterer Personen . . . 86
a) Auskunftspflicht des Schuldners 86
b) Umfang der Auskunftsverpflichtung 87
c) Auskunftspflicht Dritter 88
2. Unterstützungspflicht 89
3. Zwangsweise Durchsetzung der Auskunftsverpflichtung des Schuldners 89

a) Eidesstattliche Versicherung 89
b) Anordnung der zwangsweisen Vorführung, Haft 90
c) Zwangsmittel gegen Dritte 91
4. Anordnung einer Postsperre 91
a) Antrag auf Anordnung einer Postsperre 91
b) Anhörung des Schuldners 92
c) Öffnungsbefugnis des Verwalters 92
d) Anordnung der Postsperre gegen Dritte 92
e) Rechtsmittel 92
III. Leistungen an den Schuldner 93
IV. Geltendmachung bestimmter Ansprüche durch den Verwalter . . 94
1. Gesamtschaden 94
a) Gesamtschaden durch Handlungen des Schuldners oder Dritter 94
b) Gesamtschaden durch Handlungen des Verwalters 95
2. Persönliche Haftung der Gesellschafter 95
V. Aufrechnung 96
1. Aufrechnungsberechtigung vor Eröffnung des Insolvenzverfahrens . 96
2. Aufrechnungseinschränkung nach Eröffnung 97
3. Aufrechnungsverbot nach Eröffnung 98
VI. Wirkung der Insolvenz auf laufende Rechtsstreitigkeiten 98
1. Auswirkungen der Übertragung der Verwaltungs- und Verfügungsbefugnis auf einen vorläufigen Insolvenzverwalter im Eröffnungsverfahren auf laufende Rechtsstreitigkeiten . . . 99
2. Auswirkungen der Insolvenzeröffnung auf laufende Rechtsstreitigkeiten 99
a) Grundsatz: Unterbrechung 99
b) Voraussetzungen der Unterbrechung 100
c) Verfahren, die nicht unterbrochen werden 100
3. Fortführung der Aktivprozesse 100
4. Fortführung von Passivprozessen 101
a) Aus- und Absonderungsrechte; Masseforderungen 101
b) Insolvenzforderungen 102
VII. Vollstreckungsverbote 102
1. Maßnahmen der Einzelzwangsvollstreckung vor Verfahrenseröffnung 103
a) Erlangen einer Sicherheit 103
b) Zeitpunkt der Erlangung der Sicherheit 103
c) Von § 88 InsO betroffene Gläubiger 104
d) Rechtsfolge: Unwirksamkeit der Sicherung 104
2. Verbot von Maßnahmen der Einzelzwangsvollstreckung nach Eröffnung des Insolvenzverfahrens 104
a) Einzelzwangsvollstreckungsverbot für Insolvenzgläubiger . 104
b) Einzelzwangsvollstreckungsmaßnahmen von Massegläubigern 105

aa) Beschränkung nach § 89 Abs. 2 InsO 105
bb) Beschränkung nach § 90 InsO 105
cc) Beschränkung nach § 210 InsO 106
3. Rechtsmittel gegen Maßnahmen der Einzelzwangsvollstreckung 106
VIII. Gesellschaftsrechtliche Auswirkungen 107
1. Insolvenz einer Gesellschaft oder eines Vereins 107
2. Insolvenz eines Gesellschafters 108

5. Kapitel: Masseunzulängliche Verfahren

Vorbemerkung 110
I. Keine die Kosten des Verfahrens deckende Masse 110
1. „Kosten des Verfahrens" 111
2. Kostenvorschuß 111
3. Verteilung der vorhandenen baren Mittel 112
4. Einstellung des Verfahrens 113
II. Keine die übrigen Masseverbindlichkeiten deckende Masse 113
1. Anzeige der Masseunzulänglichkeit 113
2. Fortsetzung der Verwaltung und Verwertung der Masse 114
3. Befriedigung der Massegläubiger 114
4. Zeitpunkt der Befriedigung der Massegläubiger 115
5. Einstellung des Verfahrens 116
III. Rechtsmittel gegen die Einstellung des Verfahrens 116

6. Kapitel: Stellung, Rechte und Pflichten des Insolvenzverwalters

Vorbemerkung 118
I. Rechtsstellung des endgültigen Insolvenzverwalters 118
1. Auswahl und Ernennung 119
a) Unabhängigkeit des Verwalters 119
b) Geschäftskundigkeit des Verwalters 119
c) Auswahlermessen der Gerichte 119
d) Bestellung durch das Insolvenzgericht 120
e) Einflußmöglichkeiten der Gläubiger 120
2. Aufsichtspflicht und Sanktionsmöglichkeiten des Insolvenzgerichts 120
3. Rechtsnatur des Verwalteramts 122
a) Amtstheorie 122
b) Vertretertheorie 122
c) Organtheorie 122
d) Gesetzliche Vertretung kraft Amtes 122
II. Pflichten des Insolvenzverwalters 123

1. Führen der Tabelle und Prüfung der angemeldeten Forderungen 123
a) Aufnahme in Tabelle und Niederlegung der Tabelle 123
b) Prüfung der Forderungen 124
c) Prüfungstermin 125
aa) Bestreiten der Forderungen 125
bb) „Vorläufiges Bestreiten“ 126
cc) Nachträgliche angemeldete Forderungen 126
2. Rechnungslegungspflichten des Verwalters 126
a) Eröffnungsbilanz und Jahresabschlüsse 127
b) Inventar 127
c) Vermögensübersicht 128
d) Planbilanz 128
e) Schlußrechnung des Verwalters 129
3. Beendigung und Abwicklung bestehender Schuldverhältnisse . 130
a) Wahlrecht der Erfüllung 130
b) Gesicherte Ansprüche des Gläubigers 131
c) Miet- und Pachtverhältnisse 132
4. Verwaltung und Verwertung der Insolvenzmasse 132
a) Übernahme und Sicherung der Insolvenzmasse 133
b) Verwertungsmaßnahmen 133
c) Gegenstände mit Absonderungsrechten 135
III. Die Haftung des Insolvenzverwalters 135
1. Voraussetzungen der Haftung 135
a) Verletzung amtsspezifischer Pflichten 135
b) Nichterfüllung von Masseverbindlichkeiten 136
c) Verstoß gegen sonstige Pflichten 136
d) Haftung für das Handeln anderer Personen 136
e) Mitwirkendes Verschulden des Gläubigers 137
f) Versicherungen 137
2. Verjährung 137

7. Kapitel: Die Insolvenzanfechtung

Vorbemerkung 138
I. Am Anfechtungsverfahren Beteiligte 139
1. Anfechtungsberechtigter 139
2. Anfechtungsgegner 140
a) Nahestehende Personen 140
b) Rechtsnachfolger 140
II. Geltendmachung und Erlöschen des Anfechtungsrechts 141
1. Anfechtungserklärung 141
2. Erlöschen des Anfechtungsrechts 141
III. Anfechtungstatbestände 142
1. Kongruente Deckungen 142

2. Inkongruente Deckungen 143
3. Unmittelbar nachteilige Rechtshandlungen (§ 132 InsO) 144
4. Vorsätzliche Benachteiligung (§ 133 InsO) 144
5. Entgeltliche Verträge mit nahestehenden Personen (§ 133 Abs. 2 InsO) 146
6. Unentgeltliche Leistungen (§ 134 InsO) 146
7. Kapitalersetzende Darlehen (§ 135 InsO) 147
IV. Rechtsfolgen der Anfechtung 148

8. Kapitel: Gläubigerforderungen

Vorbemerkung 151
I. Masseansprüche 152
1. Masseverbindlichkeiten gemäß §§ 54, 55 InsO 152
2. Masseverbindlichkeiten in der Nachlaßinsolvenz 153
3. Vorwegbefriedigung der Masseverbindlichkeiten 154
II. Eigentums- und insbesondere Sicherungsrechte Dritter im Insolvenzverfahren 154
1. Aussonderung als Befriedigung außerhalb des Insolvenzverfahrens 154
a) Ansprüche aus dinglichen Rechten 155
aa) Eigentum 155
bb) Sicherungseigentum und -abtretung 156
b) Ansprüche aus persönlichen Rechten 156
aa) Schuldrechtliche Ansprüche auf Herausgabe 156
bb) Ansprüche auf Rechtsübertragung 157
c) Ersatzaussonderung 157
aa) Abtretung der Gegenleistung 158
bb) Auskehr der zur Masse geflossenen Gegenleistungen . . 159
2. Absonderung 161
a) Die zur Absonderung berechtigenden Rechte 161
aa) Absonderungsrechte an unbeweglichen Sachen 161
bb) Vertragspfandrechte 162
cc) Gesetzliche Pfandrechte 162
dd) Pfändungspfandrechte 163
ee) Zurückbehaltungsrechte 163
ff) Sonstige Absonderungsrechte außerhalb der Insolvenzordnung 163
gg) Sicherungsübertragungen 164
aaa) Sicherungsübereignung 164
bbb) Eigentumsvorbehalt 166
ccc) Globalzession 168
b) Teilnahme der absonderungsberechtigten Gläubiger am Insolvenzverfahren 168
aa) Forderungsanmeldung 168

bb) Teilnahme mit der gesicherten Forderung an Verteilungen 169
cc) Rechte der absonderungsberechtigten Gläubiger in Gläubigerversammlungen 170
c) Absonderungsrechte im Insolvenzplanverfahren 170
d) Sicherheitenverwertung im eröffneten Verfahren durch den Verwalter 171
aa) Immobilienverwertung 172
aaa) Einstellung der Zwangsversteigerung 172
bbb) Einstellung der Zwangsverwaltung 174
bb) Mobilien im Besitz des Verwalters und zur Sicherheit zedierte Forderungen 174
aaa) Übergang des Verwertungsrechts auf den Verwalter 174
bbb) Unterrichtung des Gläubigers über das Sicherungsgut vor der Verwertung 175
(1) Sachen 175
(2) Forderungen 176
ccc) Auskunft nach der Verwertung 176
cc) Mitteilung der Veräußerungsabsicht 177
dd) Verzinsung der gesicherten Forderungen 178
ee) Erlösverteilung und Kostenbeteiligung des Gläubigers 179
aaa) Feststellungskosten 179
bbb) Verwertungskosten 180
ccc) Umsatzsteuer 180
ddd) Erhaltungskosten 180
ff) Verwendung des Sicherungsgegenstandes durch den Verwalter 181
e) Ersatzabsonderung 181
III. Insolvenzforderungen 182
1. Insolvenzforderungen und nachrangige Insolvenzforderungen 182
2. Nachrangige Insolvenzforderungen in der Nachlaßinsolvenz 183
3. Besondere Forderungen 183
a) Nicht fällige und bedingte Forderungen 183
b) Gesamtschuldner und Bürgen 184
c) Nicht in D-Mark ausgedrückte Forderungen 184
d) Wiederkehrende Leistungen 184
IV. Forderungsanmeldung und Prüfungsergebnis 185
1. Masseverbindlichkeiten 185
2. Insolvenzforderungen 185
a) Anmeldung der Forderungen 185
b) Prüfung der Forderungen und Prüfungstermin 186
c) Prüfung der nachträglich angemeldeten Forderungen 186

3. Nachrangige Insolvenzforderungen . . . 187
4. Prüfungsergebnis . . . 188
V. Klageweise Durchsetzung der Insolvenzforderungen . . . 188
1. Feststellungsklage des Gläubigers . . . 189
a) Zuständiges Gericht . . . 189
b) Klageantrag . . . 190
2. Feststellungsklage bei „vorläufigem Bestreiten" . . . 191
3. Anhängige Klage des Gläubigers zur Zeit der Eröffnung des Insolvenzverfahrens (§ 180 Abs 2 InsO) . . . 191
4. Feststellungsklage gegen titulierte Forderungen des Gläubigers (§ 179 Abs 2 InsO) . . . 192
5. Klage gegen einen Widerspruch des Schuldners (§ 184 InsO) . 192
6. Kosten . . . 192
a) Gerichtskosten . . . 193
b) Rechtsanwaltskosten . . . 194
c) Kostentragung . . . 194

9. Kapitel: Die Rechtsstellung der Arbeitnehmer in der Insolvenz

Vorbemerkung . . . 196
I. Allgemeines . . . 196
II. Fortbestehende Arbeitsverhältnisse . . . 196
1. Rechtslage vor der Verfahrenseröffnung . . . 197
2. Rechtslage nach der Verfahrenseröffnung . . . 199
a) Fortbestand und Kündigung von Arbeitsverhältnissen . . . 199
aa) Kündigungsschutzgesetz . . . 201
bb) Kollektivrechtliche Ansprüche . . . 203
cc) Sonstige Kündigungsschutzbestimmungen . . . 205
b) Nach Eröffnung des Insolvenzverfahrens begründete Arbeitsverhältnisse . . . 207
c) Noch nicht angetretene Dienstverhältnisse (§§ 113, 103 Abs. 1 Satz 1 InsO) . . . 208
d) Befriedigung der Lohnansprüche der Arbeitnehmer . . . 208
aa) Vor Eröffnung entstandene Lohnansprüche . . . 208
bb) Nach Eröffnung entstandene Lohnansprüche . . . 209
cc) Insolvenzgeld . . . 210
e) Sonstige Ansprüche . . . 212
aa) Arbeitnehmererfindungen . . . 213
bb) Rentenansprüche und Rentenanwartschaften . . . 214
cc) Urlaubs- und Zeugnisansprüche . . . 215
f) Betriebsänderungen in der Insolvenz . . . 215
aa) Kündigung von Betriebsvereinbarungen . . . 215
bb) Betriebsänderungen und Vermittlungsverfahren . . . 218

cc) Gerichtliche Zustimmung zur Durchführung einer Betriebsänderung 219
dd) Sozialplanregelungen in der Insolvenz 224
ee) Interessenausgleich und Kündigungsschutz 227
ff) Beschlußverfahren zum Kündigungsschutz 229
g) Der Betriebsübergang in der Insolvenz 232
III. Zum Zeitpunkt der Verfahrenseröffnung beendete Arbeitsverhältnisse 236
1. Rechtslage vor der Verfahrenseröffnung 236
2. Rechtslage nach der Verfahrenseröffnung 237
IV. Der Arbeitnehmer in der Gläubigerversammlung 238

10. Kapitel: Die Gläubigerversammlung

Vorbemerkung 241
I. Aufgaben und Befugnisse der Gläubigerversammlung 241
1. Berichtstermin 242
2. Prüfungstermin 242
3. Erörterungs- und Abstimmungstermin 243
4. Schlußtermin 243
5. Weitere Aufgaben und Befugnisse 244
II. Einberufung und Einberufungsfristen der Gläubigerversammlung . 248
1. Berichts- und Prüfungstermin 248
a) Berichtstermin 249
b) Prüfungstermin 249
2. Weitere Gläubigerversammlungen 249
a) Einberufung von Amts wegen und gesetzliche Terminsvorgaben 249
b) Einberufung auf Antrag und gesetzliche Terminsvorgaben . 250
aa) Antragsberechtigung 251
bb) Einberufungsfrist 252
cc) Rechtsmittel 253
3. Bekanntmachung und Ladung 253
a) Bekanntmachung 253
aa) Berichts- und Prüfungstermin 253
bb) Weitere Gläubigerversammlungen 255
b) Ladungsfrist 256
4. Versammlungsort 256
5. Tagesordnung 257
III. Leitung der Gläubigerversammlung 257
IV. Teilnahmeberechtigung an der Gläubigerversammlung 259
1. Teilnahmerecht Betroffener 259
2. Zulassung anderer Personen 260
V. Beschlußfassung in der Gläubigerversammlung 261
1. Beschlußfähigkeit 261

2. Zustandekommen von Beschlüssen . . . 262
a) Grundfall . . . 262
b) Sonderfall des Insolvenzplans . . . 263
3. Stimmberechtigung . . . 264
a) Umfang des Stimmrechts . . . 264
b) Berechnung des Stimmrechts absonderungsberechtigter Gläubiger . . . 265
aa) Stimmrecht bei persönlicher Haftung . . . 265
bb) Stimmrecht bei Sicherung einer Forderung gegen einen Dritten . . . 265
cc) Stimmrecht bei teilweiser Sicherung . . . 266
c) Feststellung des Stimmrechts aufschiebend bedingter und absonderungsberechtigter Forderungen . . . 266
d) Stimmrecht noch nicht geprüfter Forderungen . . . 268
e) Stimmverbote . . . 269
f) Sonderfall des Insolvenzplans . . . 270
4. Nichtigkeit von Beschlüssen . . . 271
5. Aufhebung von Beschlüssen durch das Insolvenzgericht . . . 272
6. Änderung von Beschlüssen durch die Gläubigerversammlung . . . 276
VI. Ablauf der Gläubigerversammlung . . . 276
1. Berichtstermin . . . 276
a) Bericht des Insolvenzverwalters . . . 277
b) Wahl eines anderen Insolvenzverwalters . . . 277
c) Beschluß über den Fortgang des Verfahrens . . . 278
d) Einsetzung eines Gläubigerausschusses und Benennung der Mitglieder . . . 278
e) Weitere Entscheidungen im Berichtstermin . . . 279
2. Prüfungstermin . . . 279
3. Erörterungs- und Abstimmungstermin . . . 281
4. Schlußtermin . . . 281
VII. Anleihegläubigerversammlung . . . 284

11. Kapitel: Der Gläubigerausschuß

Vorbemerkung . . . 286
I. Bestellung oder Wahl eines Gläubigerausschusses . . . 287
1. Bestellung des vorläufigen Gläubigerausschusses durch das Gericht . . . 287
a) Zusammensetzung des vorläufigen Gläubigerausschusses . . . 287
b) Gerichtliche Bestellung . . . 288
c) Rechte und Pflichten/Beendigung der Mitgliedschaft . . . 288
2. Von der Gläubigerversammlung eingesetzter Gläubigerausschuß . . . 288
a) Beschlußfassung und Wahl . . . 289

b) Mitglieder des Gläubigerausschusses 289
c) Wählbarkeit 290
d) Beendigung der Ausschußmitgliedschaft 291
II. Aufgaben und Befugnisse des Gläubigerausschusses 292
1. Gläubigerausschuß als Kollegialorgan 292
2. Rechtsstellung gegenüber den Gläubigern 293
3. Rechtsstellung gegenüber dem Insolvenzgericht 294
4. Rechtsstellung gegenüber dem Insolvenzverwalter 295
a) Unterstützung des Verwalters und Befugnisse des Gläubigerausschusses 295
b) Kontrollpflicht 295
aa) Berichterstattung 296
bb) Kassenprüfung 296
cc) Interessenkollisionen 297
5. Zustimmungspflichtige Rechtshandlungen 298
6. Zustimmungserfordernisse in anderen Fällen 299
a) Zustimmung zu bedeutsamen Rechtshandlungen bei Eigenverwaltung des Schuldners 299
b) Zustimmung bei Gewährung von Unterhalt aus der Insolvenzmasse 300
c) Zustimmung bei Antrag des Verwalters auf Zurückweisung eines Insolvenzplanes 300
d) Zustimmung bei Fortsetzung der Verwertung im Planverfahren 300
e) Zustimmung bei Geschäftsstillegung 301
7. Mitbestimmungsrechte des Gläubigerausschusses 302
a) Mitbestimmung bei Geldanlagen 302
b) Mitbestimmung bei Abschlagsverteilung 303
8. Mitwirkungsrechte des Gläubigerausschusses 303
a) Quittierungspflicht nach § 149 Abs. 2 InsO 303
b) Mitwirkung bei der Aufstellung eines Insolvenzplanes . . 304
9. Anhörungsrechte des Gläubigerausschusses 304
a) Stellungnahme im Berichtstermin 304
b) Anhörung bei Verfahrenseinstellung 305
c) Stellungnahme zur Schlußrechnung des Verwalters 305
10. Informationsrechte des Gläubigerausschusses 306
a) Informationsrecht während der Planüberwachung 306
b) Anzeigepflicht bei Eigenverwaltung 306
c) Informationen über die Vergütungsfestsetzung 306
d) Information über Verfahrensaufhebung 307
III. Arbeitsweise des Gläubigerausschusses 307
1. Einberufung einer Gläubigerausschußsitzung 307
a) Recht zur Einberufung 307
b) Form und Frist 308
2. Sitzungsteilnehmer 309

3. Ablauf von Gläubigerausschußsitzungen 309
a) Tagesordnung 310
b) Beschlußfassung, Stimmrecht 310
c) Protokoll 311
4. Haftung der Gläubigerausschußmitglieder 312
a) Pflichtenkreis 312
aa) Kausalität 312
bb) Verschulden 312
b) Gesamtschuldnerische Haftung 313
c) Geltendmachen des Schadens 313
d) Verjährung der Ersatzansprüche 313
5. Vermögensschadenhaftpflichtversicherung der Ausschußmitglieder 314

12. Kapitel: Weitere Informations- und Mitwirkungsrechte der Gläubiger

Vorbemerkung 315
I. Informationsrechte 315
1. Informationen in Gläubigerversammlungen 316
2. Akteneinsicht 316
a) Akteneinsichtsrecht der Verfahrensbeteiligten 317
b) Akteneinsichtsrecht dritter Personen 318
II. Auskunftspflicht des Verwalters 318
1. Anfragen nach dem Stand des Verfahrens 319
2. Anfragen zur Wahrung von Verfahrensrechten 319
3. Anfragen zur materiellen Durchsetzung der eigenen Forderung 319
4. Anfragen im Zusammenhang mit Sicherungsrechten 320
III. Unterstützung und Überwachung des Verwalters 320
1. Hinweise an den Verwalter oder das Gericht 321
a) Hinweise und Anregungen an den Verwalter 321
b) Hinweise und Anregungen an das Gericht 322
2. Anträge an das Gericht 322
IV. Kooperation mit anderen Gläubigern 323

13. Kapitel: Der Insolvenzplan

Vorbemerkung 327
I. Planinitiativrecht, Planinhalt und Planverfahren 328
1. Vorlageberechtigte und zeitliche Grenzen für die Vorlage eines Insolvenzplanes 328
a) Vorlageberechtigte Personen 328
b) Zeitliche Grenzen für die Vorlage des Insolvenzplanes . . 329
c) Parallele Planinitiative 330

2. Gliederung und Inhalt des Insolvenzplanes 330
a) Der darstellende Teil des Insolvenzplanes 331
aa) Vorgesehene Maßnahmen nach Verfahrenseröffnung . 331
bb) Sonstige entscheidungserhebliche Angaben 331
b) Der gestaltende Teil des Insolvenzplanes 332
c) Anlagen zum Insolvenzplan 333
aa) Vergleichende Vermögensübersicht, Ergebnis- und Finanzplan 333
bb) Sonstige Anlagen, § 230 InsO 333
d) Die Gläubigergruppen 334
aa) Gesetzlich vorgeschriebene Gläubigergruppen 334
bb) Weitere Gläubigergruppen 335
e) Plananforderungen des Gesetzgebers für einzelne Gläubigergruppen und den Schuldner 336
aa) Absonderungsberechtigte Gläubiger 336
bb) Nicht nachrangige Gläubiger 336
cc) Nachrangige Gläubiger 336
dd) Schuldner 336
f) Gleichbehandlung innerhalb der Gläubigergruppen und Einflußnahme des Planinitiators auf die Planakzeptanz durch Gruppenbildung 336
aa) Gleichbehandlungsgrundsatz 336
bb) Einflußnahme auf das Abstimmungsergebnis durch entsprechende Gruppenbildung 337
g) Begrenzung der Haftung des Schuldners 338
h) Änderungen sachenrechtlicher Verhältnisse 338
3. Prüfung des Planes durch das Insolvenzgericht; Einzuholende Stellungnahmen 339
a) Vorprüfung des Planes und ggf. Zurückweisung durch das Insolvenzgericht 339
aa) Zurückweisung wegen Verletzung von Rechtsvorschriften 339
bb) Zurückweisung wegen offensichtlicher Unannehmbarkeit 339
cc) Zurückweisung wegen Unschlüssigkeit des Planes . . 340
dd) Zurückweisung auf Antrag 340
ee) Rechtsmittel gegen die gerichtliche Zurückweisung . . 340
b) Einzuholende Stellungnahmen 340
c) Niederlegung des Planes, Einsichtsrecht 341
d) Aussetzung von Verwertung und Verteilung 341
aa) Gefährdung des Planes durch Verwertungsmaßnahmen 341
bb) Keine Aussetzung bei Nachteilen für die Insolvenzmasse oder auf Antrag des Verwalters 342
4. Annahme und Bestätigung des Planes 343

a) Erörterungs- und Abstimmungstermin 343
aa) Bekanntmachung/Ladung 343
bb) Erörterung und Änderung des Insolvenzplanes 345
cc) Gesonderter Abstimmungstermin 346
b) Feststellung der Stimmrechte der Insolvenzgläubiger 346
aa) Nicht bestrittene Forderungen 347
bb) Bestrittene Forderungen 347
cc) Absonderungsberechtigte Gläubiger als Insolvenzgläubiger 347
dd) Nachrangige Insolvenzforderungen 348
ee) Insolvenzforderungen ohne Stimmrecht 348
ff) Stimmrecht absonderungsberechtigter Gläubiger und sonstige Besonderheiten 348
gg) Aufnahme des Stimmrechts in die Stimmliste 349
c) Abstimmungsverfahren 349
aa) Besonderheiten bei der Abstimmung in einem gesonderten Abstimmungstermin 350
bb) Abstimmung in Gruppen 350
cc) Erforderliche Mehrheiten 351
dd) Zustimmung nachrangiger Insolvenzgläubiger 352
d) Gerichtliche Ersetzung der fehlenden Zustimmung (Obstruktionsverbot) 353
aa) Voraussetzung für die Zustimmung 354
bb) Prüfung der Zustimmungsfiktion durch das Insolvenzgericht 354
cc) Entscheidung/Rechtsmittel 356
e) Zustimmung des Schuldners 357
aa) Zustimmungsfiktion 357
bb) Beachtlicher Widerspruch 358
cc) Entscheidung/Rechtsmittel 359
f) Minderheitenschutz 359
aa) Zulässigkeit des Antrages 360
bb) Begründetheit des Antrages 360
cc) Entscheidung/Rechtsmittel 360
g) Gerichtliche Bestätigung des Insolvenzplanes 360
aa) Bedingter Plan 361
bb) Sonstige Voraussetzungen für die Bestätigung durch das Gericht 361
cc) Entscheidung/Bekanntgabe/Rechtsmittel 361
II. Wirkungen und Folgen des bestätigten Planes und die Überwachung der Planerfüllung 362
1. Die allgemeinen Wirkungen des Planes 362
a) Dingliche Rechte 362
b) Rechte der Insolvenzgläubiger gegenüber Mithaftenden . . 363
c) Kein Rückgewähranspruch für überobligatorische Leistungen 363

2. Titelwirkung des Planes 364
3. Aufhebung und Wirkungen der Aufhebung des Insolvenzverfahrens 364
a) Aufhebung des Insolvenzverfahrens 364
b) Wirkungen der Aufhebung 365
4. Rechtsfolgen bei Nichterfüllung der im Plan festgeschriebenen Verpflichtungen 365
a) Wiederaufleben von Gläubigerforderungen 365
b) Streitige Forderungen/Ausfallforderungen 366
5. Die Überwachung der Planerfüllung und Kreditnahmen für Neukredite (§§ 260ff InsO) 366
a) Aufgaben und Befugnisse des Insolvenzverwalters während der Planüberwachung 367
b) Berichts- und Anzeigepflichten des Insolvenzverwalters . 368
aa) Berichtspflichten 368
bb) Anzeigepflichten 368
c) Zustimmungsbedürftige Geschäfte 369
d) Kreditrahmen und vorrangige Forderungen 370
aa) Voraussetzungen für eine rangmäßige Begünstigung . 371
bb) Nachrang von Neugläubigern 371
cc) Berücksichtigung des Nachrangs 372
e) Bekanntmachung der Überwachung 373
f) Die Aufhebung der Überwachung 374
g) Kosten der Überwachung 374

14. Kapitel: Eigenverwaltung des Schuldners

Vorbemerkung 377
I. Verfahren nach Eingang eines Eigenverwaltungsantrages 378
1. Sicherungsmaßnahmen 378
2. Prüfung der Voraussetzungen 379
II. Voraussetzungen der Eigenverwaltung gemäß § 270 InsO 380
1. Eigenverwaltungsantrag des Schuldners 380
a) Zustimmungserfordernis des antragstellenden Gläubigers . 380
b) Einflußmöglichkeiten des Gläubigers 380
2. Keine Gefährdung von Gläubigerinteressen 381
III. Rechtsstellung des Sachwalters 381
1. Aufsichtsfunktionen 382
a) Überwachung der Geschäftsführung 382
b) Prüfung des Masseverzeichnisses, der Forderungsanmeldungen und des Verteilungsverzeichnisses 382
2. Mitwirkungsrechte des Sachwalters 383
a) Gesetzliche Zustimmungs- und Widerspruchsrechte . . . 383
b) Angeordnete Zustimmungsrechte 384
c) Erstellung des Insolvenzplans 384

3. Ausschließliche Handlungsbefugnisse des Sachwalters 385
4. Aufgabenverteilung von Schuldner und Sachwalter 385
IV. Befugnisse und Aufgaben des Schuldners 385
1. Entnahme von Mitteln zur Lebensführung 386
2. Kündigung von gegenseitigen Verträgen und Wahlrecht 386
3. Verwertung und Verwendung von Sicherungsgut 387
4. Aufstellung des Verteilungsverzeichnisses und Verteilung . . . 387
5. Aufstellung des Insolvenzplans 388
V. Einflußmöglichkeiten und Rechte der Gläubiger 388
1. Zustimmung des Gläubigerausschusses 388
2. Antrag auf Anordnung der Zustimmungsbedürftigkeit 389
a) Antrag der Gläubigerversammlung (§ 277 Abs. 1 InsO) 389
b) Antrag des einzelnen Gläubigers (§ 277 Abs. 2 InsO) . . . 389
c) Öffentliche Bekanntmachung 389
VI. Aufhebung der Eigenverwaltungsanordnung 390
1. Antrag des Schuldners 390
2. Antrag durch Gläubigerversammlung 390
3. Antrag durch den einzelnen Gläubiger 390
4. Öffentliche Bekanntmachung 391
5. Rechtsmittel gegen Aufhebungbeschluß 391

15. Kapitel: Beendigung des Insolvenzverfahrens

Vorbemerkung 392
I. Aufhebung des Verfahrens und seine Voraussetzungen 393
1. Aufhebung nach dem Vollzug der Schlußverteilung (§ 200 InsO) 393
a) Schlußrechnung des Verwalters 394
b) Bekanntmachung von Forderungssumme und Verteilungsbetrag 395
c) Schlußtermin 396
aa) Zeitpunkt des Schlußtermins 396
bb) Durchführung des Schlußtermins 397
cc) Beschlußfassungen im Schlußtermin 397
d) Schlußverteilung 398
e) Aufhebung 399
2. Aufhebung des Verfahrens nach Rechtskraft des Insolvenzplans (§ 258 InsO) 399
II. Die Einstellung des Verfahrens 400
1. Einstellung mangels Masse (§ 207 InsO) 401
a) Verfahren 401
b) Abwendung durch Massekostenvorschuß 402
c) Rechtsmittel 402
d) Bekanntmachung und Wirkung des Beschlusses 402

2. Einstellung nach Anzeige der Masseunzulänglichkeit (§ 211 InsO) . . . 402
a) Anzeige der Masseunzulänglichkeit . . . 403
b) Verwertung und Verteilung des vorhandenen Vermögens . . 404
c) Bekanntmachung der Masseunzulänglichkeit . . . 404
d) Vollstreckungsverbot . . . 404
e) Verteilung . . . 404
f) Einstellungsbeschluß . . . 405
3. Einstellung wegen Wegfall des Eröffnungsgrundes (§ 212 InsO) 406
a) Beseitigung des Insolvenzgrundes . . . 406
b) Einstellungsverfahren . . . 407
c) Einstellungsbeschluß . . . 407
4. Einstellung mit Zustimmung der Gläubiger (§ 213 InsO) . . . 407
a) Antrag des Schuldners . . . 407
b) Sicherheitsleistung . . . 408
c) Anhörung und Bekanntmachung . . . 408

16. Kapitel: Die Restschuldbefreiung

Vorbemerkung . . . 409
I. Verfahren . . . 410
1. Antrag . . . 410
2. Abtretungserklärung . . . 411
3. Entscheidung durch das Insolvenzgericht . . . 412
4. Treuhänder . . . 414
5. Versagung während der Wohlverhaltensphase . . . 415
a) Obliegenheitsverletzung . . . 415
b) Insolvenzstraftat . . . 416
c) Mindestvergütung des Treuhänders . . . 416
d) Rechtsmittel . . . 416
6. Entscheidung am Ende der Wohlverhaltensphase . . . 417
7. Widerruf . . . 417
II. Materielle Voraussetzungen . . . 417
1. Eröffnung des Insolvenzverfahrens . . . 417
2. Prozeßkostenhilfe . . . 418
3. Begünstigter Personenkreis . . . 419
4. Redlichkeit . . . 420
a) Insolvenzstraftat . . . 420
b) Betrug . . . 420
c) Vorausgegangene Restschuldbefreiung . . . 420
d) Gläubigerschädigung . . . 421
e) Verletzung von Mitwirkungspflichten . . . 421
f) Pflichtverletzung bei der Verbraucherinsolvenz . . . 421
5. Beachtung von Obliegenheiten während der Wohlverhaltensphase . . . 421

a) Erwerbstätigkeit . . . 422
b) Sonstiger Vermögenserwerb . . . 422
c) Auskunfts- und Informationspflichten . . . 423
d) Gleichmäßige Gläubigerbefriedigung . . . 423
III. Wirkung . . . 423

17. Kapitel: Außergerichtliche Schuldenbereinigung und Verbraucherinsolvenzverfahren

Vorbemerkung . . . 426
I. Anwendungsbereich und systematischer Aufbau der Verbraucherinsolvenzvorschriften . . . 428
1. Persönlicher Anwendungsbereich . . . 428
a) Verbraucher . . . 428
b) Geringfügig selbständig Tätige . . . 428
2. Systematischer Aufbau des Verbraucherinsolvenzverfahrens . 430
II. Der außergerichtliche Schuldenbereinigungsplan . . . 431
1. Darstellender Teil des Planes . . . 432
a) Verzeichnis über Vermögens- und Einkommensverhältnisse 432
b) Verzeichnis über die Verbindlichkeiten . . . 433
c) Verbraucherkreditgesetz . . . 434
2. Gestaltender Teil des Planes . . . 434
a) Plan ohne Quotenausschüttung („Null-Plan“) . . . 435
b) Plan auf Basis der Regelungen über die Restschuldbefreiung 435
c) Plan mit überobligatorischen Leistungen . . . 436
3. Verfahren und Rechtsfolgen der außergerichtlichen Schuldenbereinigung . . . 437
a) Verfahren bis zur Einigung . . . 437
b) Annahme/Ablehnung des Planes . . . 438
III. Gerichtliche Schuldenbereinigung im Eröffnungsverfahren . . . 439
1. Antrag auf Eröffnung des Insolvenzverfahrens . . . 439
a) Antrag des Schuldners . . . 439
b) Verfahren bei Antrag eines Gläubigers . . . 440
aa) Parallelantrag des Schuldners . . . 440
bb) Keine außergerichtliche Schuldenbereinigung bei Parallelantrag . . . 440
2. Zusätzliche Anforderungen an den Eröffnungsantrag des Schuldners . . . 441
a) Angaben zur Zulassung des Antrages . . . 441
b) Bescheinigung über erfolglos versuchte Schuldenbereinigung 441
c) Antrag auf Restschuldbefreiung . . . 443
d) Zu erstellende Verzeichnisse . . . 444
aa) Verzeichnisse . . . 444
bb) Mitwirkungspflichten der Gläubiger . . . 445

cc) Erklärung des Schuldners über Vollständigkeit und Richtigkeit seiner Angaben 446
e) Schuldenbereinigungsplan 446
aa) Planinhalt 446
bb) Angaben zu Gläubigersicherheiten 447
3. Prozeßkostenhilfe für das Verbraucherinsolvenzverfahren . . 449
4. Verfahren bis zur Entscheidung über den Schuldenbereinigungsplan 450
a) Ruhen des Eröffnungsverfahrens 450
b) Ergänzung des Schuldnerantrages 451
c) Anordnung von Sicherungsmaßnahmen durch das Gericht 451
d) Zustellungen an die Gläubiger 452
aa) Information der Gläubiger 452
bb) Aufforderung zur Stellungnahme 452
cc) Fristberechnung 453
5. Annahme/Ablehnung des Schuldenbereinigungsplanes 453
a) Annahme des Schuldenbereinigungsplanes 453
b) Ersetzung fehlender Zustimmungen durch das Insolvenzgericht 454
aa) Mehrheitserfordernisse 454
bb) Voraussetzungen für die gerichtliche Ersetzung der fehlenden Zustimmungen 454
cc) Angemessene Beteiligung im Verhältnis zu den übrigen Gläubigern 455
dd) Wirtschaftliche Schlechterstellung gegenüber einer Restschuldbefreiung 456
ee) Rechtsbehelfe 457
c) Rechtsfolgen der Ablehnung/Annahme des Schuldenbereinigungsplanes 457
aa) Wiederaufnahme des Verfahrens 457
bb) Rücknahmefiktion für Eröffnungsantrag 457
cc) Vergleichswirkung des Planes 457
dd) Folgen der Nichterfüllung des Planes 458
ee) Vollstreckung aus dem Plan 458
IV. Das vereinfachte (Verbraucher-)Insolvenzverfahren 459
1. Fortsetzung des Eröffnungsverfahrens/Antragsrücknahme . . 459
2. Eröffnungsvoraussetzungen 460
a) Insolvenzgründe 460
b) Kostendeckung 461
c) Einstweilige Sicherungsmaßnahmen 461
d) Eröffnungsbeschluß 462
3. Besonderheiten des Verfahrensablaufes 462
a) Treuhänder 463
b) Anfechtung durch Insolvenzgläubiger 464
c) Gläubigerversammlung/Gläubigerausschuß 465

d) Schriftliches Verfahren 466
e) Verwertung der Insolvenzmasse 466
f) Verteilung der Insolvenzmasse 467
g) Beendigung des vereinfachten Verfahrens 468

18. Kapitel: Nachlaßinsolvenzverfahren und sonstige besondere Insolvenzverfahren

Vorbemerkung 469
I. Das Nachlaßinsolvenzverfahren 470
1. Besondere gerichtliche Zuständigkeit 470
2. Der Eröffnungsantrag 471
a) Antragsberechtigte 471
b) Pflicht zur Antragstellung 472
c) Antragsfrist 472
d) Gerichtliche Anhörungspflichten 472
3. Insolvenzeröffnungsgründe 473
4. Verfahrenseröffnung und deren Wirkung 473
5. Anfechtbare Rechtsgeschäfte 474
6. Forderungsanmeldung 475
7. Besonderheiten bei gleichzeitiger Insolvenz der Erben 475
a) Nachlaßforderung 476
b) Verteilung 476
c) Stimmrecht im Insolvenzplanverfahren 477
d) Stimmrecht in der Gläubigerversammlung 477
8. Unterschiedliche Verteilungsregelung 478
a) Masseverbindlichkeiten 478
b) Insolvenzgläubiger 479
c) Nachrangige Verbindlichkeiten 479
9. Beendigung des Nachlaßinsolvenzverfahrens 480
II. Insolvenzverfahren über das eheliche Gesamtgut 480
1. Eherechtliche Güterstände 481
a) Sondergut 481
b) Vorbehaltsgut 482
c) Gesamtgut 482
d) Fortgesetzte Gütergemeinschaft 483
2. Insolvenzrechtliche Besonderheiten bei vereinbarter Gütergemeinschaft 483
a) Insolvenzverfahren über das Vermögen eines Ehegatten bei Alleinverwaltungsbefugnis 483
b) Insolvenzverfahren über das gemeinschaftlich verwaltete Gesamtgut einer Gütergemeinschaft 484
c) Insolvenzverfahren über das Gesamtgut einer fortgesetzten Gütergemeinschaft 485

Verzeichnis der Abkürzungen und der abgekürzt zitierten Literatur

Autoren von Einzelwerken und Zeitschriften-Beiträgen wurden im Text kursiv angegeben; Autoren und Herausgeber von Sammelwerken wurden nicht kursiv angegeben.

aA	andere(r) Ansicht
Abs	Absatz
abw	abweichend
aE	am Ende
aF	alte Fassung
AFG	Arbeitsförderungsgesetz
AG (mit Ortsname)	Amtsgericht
AG	Aktiengesellschaft
AGB	allgemeine Geschäftsbedingung
AiB	Arbeitsrecht im Betrieb (Zeitschrift)
AktG	Aktiengesetz
allgem	allgemein
Anm	Anmerkung
AnwBl	Anwaltsblatt (Zeitschrift)
ArbG	Arbeitsgericht
Arend	Arend, Katrin Der Personalabbau nach der Insolvenzordnung Frankfurt, 1998
Art	Artikel
Aufl	Auflage
Az	Aktenzeichen
BAG	Bundesarbeitsgericht
Bähner	Bähner, Eberhard Die Prüfung der Schlußrechnung des Konkursverwalters KTS 1991, 347 ff
Bähr	Bähr, Rainer Forderungsprüfung und Tabellenführung InVo 1998, 205 ff
Balz/Landfermann	Balz, Manfred/Landfermann, Hans-Georg Die neuen Insolvenzgesetze Düsseldorf, 1995
Baumbach/Lauterbach/Albers/Hartmann	Baumbach, Adolf/Lauterbach, Wolfgang/Albers, Jan/Hartmann, Peter Zivilprozeßordnung München, 1997

Baur/Stürner	Baur, Fritz/Stürner, Rolf Zwangsvollstreckungs-, Konkurs- und Vergleichsrecht Heidelberg, 12. Auflage, 1990
Bd	Band
BB	Betriebsberater (Zeitschrift)
Begr	Begründung
Berscheid	Berscheid, Ernst-Dieter Konkurs, Gesamtvollstreckung, Sanierung Wiesbaden, 1992 Kündigungsbefugnis in der Sequestration, ZIP 1997, 1569ff Personalabbau vor und in der Insolvenz unter Berücksichtigung des Betriebsüberganges AnwBl 1995, 8, 17
bes	besonders
betr	betreffend
BetrAVG	Gesetz zur Verbesserung der betrieblichen Altersversorgung
BetrVG	Betriebsverfassungsgesetz
BGB	Bürgerliches Gesetzbuch
BGBl	Bundesgesetzblatt
BGH	Bundesgerichtshof
BGHZ	Entscheidungen des BGH in Zivilsachen
Bork	Bork, Reinhard Einführung in das neue Insolvenzrecht Tübingen, 1995 Der Insolvenzplan ZZP 1996, 476ff
Bratvogel	Bratvogel, Gerhard In welchen Fällen muß der Konkursverwalter die Termine vor dem Konkursgericht persönlich wahrnehmen, in welchen Fällen kann er sich vertreten lassen und wann kann und muß ein anderer Konkursverwalter bestellt werden KTS 1977, 229ff
Bsp	Beispiel
BT-Drucks	Drucksache des Deutschen Bundestages
Burger/Schellberg	Burger, Anton/Schellberg, Bernhard Der Insolvenzplan im neuen Insolvenzrecht DB 1994, 1833ff
BVerfG	Bundesverfassungsgericht
BVerfGE	Entscheidungen des Bundesverfassungsgerichts
BVerwG	Bundesverwaltungsgericht
bzgl	bezüglich
bzw	beziehungsweise

Canaris	Canaris, Claus Wilhelm Die Problematik der Sicherheitenfreigabeklauseln im Hinblick auf § 9 AGBG und § 138 BGB ZIP 1996, 1109 ff; Voraussetzungen und Inhalt des Anspruchs auf Freigabe von Globalsicherheiten gem § 242 BGB ZIP 1997, 813 ff
Caspers	Caspers, Georg Personalabbau und Betriebsänderung im Insolvenzverfahren Köln, 1998
DB	Der Betrieb (Zeitschrift)
ders	derselbe
dh	das heißt
Drucks	Drucksache
DStR	Deutsches Steuerrecht (Zeitschrift)
DtZ	Deutsch-Deutsche Rechtszeitschrift
EGInsO	Einführungsgesetz zur Insolvenzordnung
Eickmann	Eickmann, Dieter Höchstpersönliches Verwalterhandeln oder Delegationsbefugnis KTS 1986, 197 ff (203)
entspr	entsprechend
Entw	Entwurf
EuGH	Europäischer Gerichtshof
EWiR	Entscheidungen zum Wirtschaftsrecht
f, ff	folgende, fortfolgende
Fitting/Auffarth/ Kaiser/Heither	Fitting, Karl/Auffarth, Fritz/Kaiser, Heinz/Heither, Friedrich Betriebsverfassungsgesetz – Kommentar München, 19. Auflage, 1998
Fn	Fußnote
GBL	Gesetzblatt
GbR	Gesellschaft bürgerlichen Rechts
GesO	Gesamtvollstreckungsordnung
GG	Grundgesetz
GenG	Genossenschaftsgesetz
gem	gemäß
ggf	gegebenenfalls
GKG	Gerichtskostengesetz
GK SGB III *(/Bearbeiter)*	Gemeinschaftskommentar zum Arbeitsförderungsrecht Neuwied, 1998
GK BetrVG *(/Bearbeiter)*	Gemeinschaftskommentar zum Betriebsverfassungsgesetz Fabricius, Fritz/Wiese, Gunther/Thiele, Wolfgang Neuwied, 5. Auflage, 1995
GmbH	Gesellschaft mit beschränkter Haftung

GmbHG	Gesetz betreffend die Gesellschaften mit beschränkter Haftung
GmbHR	GmbH-Rundschau (Zeitschrift)
Gottwald (/Bearbeiter)	Gottwald, Peter Insolvenzrechtshandbuch München, 1990
Grub	Grub, Volker Zur wirtschaftlichen Bedeutung des § 613 a BGB bei Betriebsveräußerungen im Konkurs KTS 1978 129 ff
Grunsky	Grunsky, Wolfgang Das Arbeitsverhältnis im Konkurs- und Vergleichsverfahren Köln, 3. Auflage, 1994
Grunsky, ArbGG	Grunsky, Wolfgang ArbGG, Kommentar zum Arbeitsgerichtsgesetz München, 7. Auflage, 1995
Haarmeyer	Haarmeyer, Hans Die Auswahl des Insolvenzverwalters nach der InsO und das richterliche Ermessen InVo 1997, 57 ff
Haarmeyer/Wutzke/Förster	Haarmeyer, Hans/Wutzke, Wolfgang/Förster, Karsten Handbuch zur Insolvenzordnung München/Berlin, 1. Auflage, 1997
Haarmeyer/Wutzke/Förster, GesO	Haarmeyer, Hans/Wutzke, Wolfgang/Förster, Karsten Kommentar zur Gesamtvollstreckungsordnung Köln, 3. Auflage, 1995
Hachenburg/Ulmer	Hachenburg, Max/Ulmer, Peter Großkommentar zum GmbHG Berlin, 8. Auflage, 1992
Halbs	Halbsatz
Hartmann	Hartmann, Peter Kostengesetze München, 27. Auflage, 1997
Häsemeyer	Häsemeyer, Ludwig Insolvenzrecht Köln/Berlin, 1992
Happ/Huntemann	HappWilhelm/Huntemann, Eva Maria Der Gläubiger in der Gesamtvollstreckung Berlin/New York, 1996
Hegmanns	Hegmanns, Ekkehard Der Gläubigerausschuß Köln, 1986
Hess, KO	Hess, Harald Kommentar zur Konkursordnung Neuwied, 6. Auflage, 1998

Hess, Insolvenzrecht	Hess, Harald Insolvenzrecht Köln, 4. Auflage, 1996
Hess/Binz/Wienberg, GesO	Hess, Harald/Binz, Fritz/Wienberg, Rüdiger Gesamtvollstreckungsordnung – Kommentar Neuwied, 3. Auflage, 1997
Hess/Boochs/Weis	Hess, Harald/Boochs, Wolfgang/Weis, Michaela Steuerrecht in der Insolvenz Neuwied, 1996
Hess/Kropshofer	Hess, Harald/Kropshofer, Birger Kommentar zur Konkursordnung Neuwied, 5. Auflage, 1995
Hess/Obermüller, Insolvenzplan	Hess, Harald/Obermüller, Manfred Insolvenzplan, Restschuldbefreiung und Verbraucherinsolvenz Heidelberg, 1996
Hess/Obermüller, Rechtsstellung	Hess, Harald/Obermüller, Manfred Die Rechtsstellung der Verfahrensbeteiligten nach der Insolvenzordnung Heidelberg, 1996
Hess/Weis	Hess, Harald/Weis, Michaela Das neue Anfechtungsrecht Heidelberg, 1996 Der Insolvenzplan nach der InsO InVo 1996, 91 ff Die Rechtsstellung der vorläufigen Insolvenzverwalterin/des vorläufigen Insolvenzverwalters nach der Insolvenzordnung InVo 1997, 141 ff Die Rechtslegung des Insolvenzverwalters nach der Insolvenzordnung InVo 1996, 281 ff
Hess/Weis/Wienberg, Insolvenzarbeitsrecht	Hess, Harald/Weis, Michaela/Wienberg, Rüdiger Insolvenzarbeitsrecht Heidelberg, 1997
Hess/Pape, InsO und EGInsO	Hess, Harald/Pape, Gerhard InsO und EGInsO – Grundzüge des neuen Insolvenzrechts Köln, 1995
Heyer	Heyer, Hans Ulrich Verbraucherinsolvenzverfahren und Restschuldbefreiung Köln, 1997
hM	herrschende Meinung
Höfer/Reiners/Wüst	Höfer, Reinhold/Reiners, Stephan/Wüst, Herbert BetrAVG – Kommentar München, 4. Auflage, 1995

Holzer	Holzer, Johannes Die Entscheidungsträger im Insolvenzverfahren Köln, 1996
Hopt	Hopt, Klaus Änderungen von Anleihebedingungen, Schuldverschreibungsgesetz WM 1990, 1733 ff
Hrsg	Herausgeber
idF	in der Fassung
idR	in der Regel
idS	in diesem Sinne
iErg	im Ergebnis
im allgem	im allgemeinen
insbes	insbesonders, insbesondere
InsO	Insolvenzordnung
InVo	Insolvenz und Vollstreckung (Zeitschrift)
IPRax	Praxis des internationalen Privat- und Verfahrensrechts (Zeitschrift)
iSd (v)	im Sinne des (von)
iVm	in Verbindung mit
iwS	im weiteren Sinne
iZw	im Zweifel
Jarass/Pieroth	Jarass, Hans-Dieter/Pieroth, Bodo Grundgesetz für die BRD – Kommentar München, 4. Auflage, 1997
Jaeger *(/Bearbeiter)*	Jaeger, Ernst Konkursordnung mit Einführungsgesetzen, Großkommentar Berlin/New York, 9. Auflage, seit 1977
Kap	Kapitel
KG	Kammergericht, Kommanditgesellschaft
Kilger	Kilger, Joachim Über die Möglichkeit der Geschäftsfortführung insolventer Unternehmen unter dem geltenden Recht und nach dem Diskussionsentwurf einer Insolvenzordnung KTS 1989, 495 ff
Kilger/K. Schmidt	Kilger, Joachim/Schmidt, Karsten Insolvenzgesetze, KO/VglO/GesO München, 17. Auflage, 1997
Klebe	Klebe, Thomas Aktuelle Gesetzesänderungen und Betriebsratsrechte AiB 1996, 717 ff
KO	Konkursordnung
Kohte	Kohte, Wolfhard Schuldenbereinigungsverfahren, ein untauglicher Versuch ZIP 1994, 184 ff

KR -(*Bearbeiter*)	Etzel, Gerhard (Gesamtredaktion) ua Gemeinschaftskommentar zum Kündigungsschutzgesetz Berlin, 4. Auflage, 1996
Krug	Krug, Peter Der Verbraucherkonkurs Köln, 1998
KschG	Kündigungsschutzgesetz
KTS	Zeitschrift für Konkurs-, Treuhand-, und Schiedsgerichtswesen
Kübler	Kübler, Bruno Die Neuordnung des Insolvenzrechts Köln, 1989
Kübler/Prütting, InsO	Kübler, Bruno/Prütting, Hans InsO, Kommentar zur Insolvenzordnung Köln, letzter Stand: August 1998
Kuhn/Uhlenbruck, KO	Kuhn, Georg/ Uhlenbruck, Wilhelm Konkursordnung – Kommentar München, 11. Auflage, 1994
Kölner Schrift zur InsO (*/Verfasser)*	Kölner Schrift zur Insolvenzordnung Hrsg: Arbeitskreis für Insolvenz und Schiedsgerichtswesen eV Köln Herne/Berlin, 1997
KV	Kostenverzeichnis
Landfermann	Landfermann, Hans-Georg Der Ablauf eines künftigen Insolvenzverfahrens BB 1995, 1649ff
LAG	Landesarbeitsgericht
LG	Landgericht
Liebelt-Westphal	Liebelt-Westphal, Ulf Die gesetzliche Deckungsgrenze bei der Gewährung von Sicherheiten ZIP 1997, 230ff Die Zulässigkeit der weiteren Beschwerde im Gesamtvollstreckungsverfahren ZIP 1994, 1007ff
lit	Buchstabe
Lohkemper	Lohkemper, Wolfgang Die Bedeutung des neuen Insolvenzrechts für das Arbeitsrecht KTS 1996, 34ff
Löwisch	Löwisch, Manfred Das arbeitsrechtliche Beschäftigungsförderungsgesetz NZA 1996, 1009ff
Lutter/Hommelhoff	Lutter, Marcus/Hommelhoff, Peter Großkommentar zum GmbHG Köln, 14. Auflage, 1995

LSG	Landessozialgericht
Lwowski/Heyn	Lwowski, Hans-Jürgen/Heyn, Benedict Die Rechtsstellung des absonderungsberechtigten Gläubigers nach der InsO WM 1998, 473ff
Marten	Marten, Gerhard Zur Haftung des Erwerbers bei Betriebsveräußerung durch den Konkursverwalter nach § 613 a BGB, inbes für Versorgungsanwartschaften DB 1977, 495ff
Maunz/Dürig *(/Bearbeiter)*	Maunz, Theodor/Dürig, Günter Kommentar zum Grundgesetz München, 1997
MDR	Monatsschrift für Deutsches Recht
Mittmann	Mittmann, Volker Zulässigkeit und Rechtswirkungen der Konzernklausel NJW 1973, 1108ff
m krit Anm	mit kritischen Anmerkungen
Mohrbutter/ Mohrbutter	Mohrbutter, Harro/Mohrbutter, Christian ua Handbuch der Insolvenzverwaltung Köln, 7. Auflage, 1996
Münchn Hdb zum Arbeitsrecht *(/Bearbeiter)*	Richardi, Reinhard/Wlotzke, Otfried (Hrsg) Münchner Handbuch zum Arbeitsrecht München, 1993
Münchn Komm *(/Bearbeiter)*	Lüke, Gerhard/Walchshöfer, Alfred (Hrsg) Münchner Kommentar zur ZPO München, 1992
MuSchG	Mutterschutzgesetz
mwN	mit weiteren Nennungen
Nachw	Nachweise
nF	neue Fassung
Nielebock	Nielebock, Helga Das arbeitsrechtliche Beschäftigungsförderungsgesetz, Handlungsmöglichkeiten des Betriebsrates AiB 1997, 88ff
Niesert	Niesert, Burkhard BGH führt für Konkursanfechtung den Begriff der objektiven Kenntnis ein BB 1996, 805ff
NJW	Neue Juristische Wochenschrift
Nobbe	Nobbe, Gerd Aktuelle Entwicklung zu Sicherungsübereignung und Globalzession im Lichte des AGB Gesetzes ZIP 1996, 657
Nr	Nummer

NZA	Neue Zeitschrift für Arbeitsrecht
o	oben
oä	oder ähnlich
Obermüller, Insolvenzrecht in der Bankpraxis	Obermüller, Manfred Insolvenzrecht in der Bankpraxis Köln, 5. Auflage, 1997
Obermüller	Obermüller, Manfred Eingriffe in die Kreditsicherheiten durch Insolvenzplan und Verbraucherinsolvenzverfahren WM 1998, 483 ff
Obermüller/Hess, InsO	Obermüller, Manfred/Hess, Harald InsO Heidelberg, 2. Auflage, 1998
Oehlerkling	Oehlerkling, Jürgen Änderungen bei Konkursausfallgeld ZIP 1980, 18 f
Oetker	Oetker, Hartmut Die Anhörung des Betriebsrates vor Kündigungen und die Darlegungs- und Beweislast im Kündigungsschutzprozeß BB 1989, 417 ff
OLG	Oberlandesgericht
oHG	offene Handelsgesellschaft
Onusseit	Onusseit, Dietmar Steuererklärungspflichten in der Insolvenz ZIP 1995, 1798 ff
Palandt *(/Bearbeiter)*	Palandt, Otto Bürgerliches Gesetzbuch München, 57. Auflage 1998
Pape	Pape, Gerhard Zur Stellung und Bedeutung der Gläubigerversammlung im Konkurs ZIP 1990, 1251 ff Zur Problematik der Unanfechtbarkeit von Stimmrechtsfestsetzungen in der Gläubigerversammlung ZIP 1991, 837 ff
Pfeiffer	Pfeiffer, Thomas Der gesetzliche Inhalt des allgemeinen Freigabeanspruchs ZIP 1997, 49 ff
Pohlmann	Pohlmann, Ulrich Befugnisse und Funktionen des vorläufigen Insolvenzverwalters Köln, 1998
Priester	Priester, Hans-Joachim Das Gesellschaftsverhältnis im Vorgründungsstadium – Einheit oder Dualismus GmbHR 1995, 481 ff

RA	Rechtsanwalt
Raiser	Raiser, Rolf Probleme des Versicherungs- und Konkursrechts zur Feuerversicherung sicherungsübereigneter Sachen VersR 1954, 201 ff (203)
RAussch	Rechtsausschuß
RegEntw	Regierungsentwurf (wenn nicht anders angegeben: RegEntw zur InsO)
RGZ	Entscheidungen des Reichsgerichts in Zivilsachen
Richardi	Richardi, Reinhard Betriebsverfassungsgesetz mit Wahlordnung München, 7. Auflage, 1998
Rn	Randnummer
Röder/Baeck	Röder, Gerhard/Baeck, Ulrich Sozialplan- und Ausgleichsansprüche im Konkurs- und Vergleichsverfahren DstR 1995, 260 ff
Rpfleger	Der Deutsche Rechtspfleger (Zeitschrift)
Rspr	Rechtsprechung
Rünkel	Rünkel, Hans-Peter die 10 wichtigsten Maßnahmen des Insolvenzverwalters InVo 1998, E1 – E 4
S	Seite, Satz
s	siehe
sa	siehe auch
Schmidt	Schmidt, Eckhard Kündigung und Kündigungsschutz in der Insolvenz Köln, 1991
Schmidt-Räntsch, InsO	Schmidt-Räntsch, Ruth Insolvenzordnung mit Einführungsgesetz Köln, 1995
Schiessler	Schiessler, Wolfram Der Insolvenzplan Bielefeld, 1997
Scholz *(/Bearbeiter)*	Scholz, Franz ua Kommentar zum GmbHGesetz Köln, 8. Auflage, 1993
Schrader	Schrader, Peter Übergangsregelungen zum Konkursrecht NZA 1997, 70 ff
Serick	Serick, Rolf Nachträgliche Übersicherung eines Kredits ZIP 1995, 789 ff
SGB	Sozialgesetzbuch

Smid	Smid, Stefan Gesamtvollstreckungsordnung Baden-Baden, 3. Auflage, 1996/97 Kontrolle der sachgerechten Abgrenzung von Gläubigergruppen in Insolvenzplanverfahren InVo 1997, 1698 ff Rechtsmittel gegen Eingriffe in Teilnahmerechte Verfahrensbeteiligter durch das Insolvenzgericht KTS 1993, 1 ff Funktion des Sequesters und Aufgaben des Insolvenzgerichts in der Eröffnungsphase nach der verabschiedeten InsO WM 1995, 785 ff
Smid/Rattunde	Smid, Stefan/Rattunde, Rolf Der Insolvenzplan Stuttgart, 1998
so	siehe oben
sog	sogenannt (e)
st	ständig (e)
stRspr	ständige Rechtsprechung
Stein/Jonas *(/Bearbeiter)*	Stein, Friedrich/Jonas, Martin Kommentar zur Zivilprozeßordnung Tübingen, 21. Auflage, 1995
str	strittig, streitig
su	siehe unten
Thomas/Putzo	Thomas, Heinz/Putzo, Hans Zivilprozeßordnung München, 20. Auflage, 1997
Trinkner	Trinkner, Reinhold Wiedereinführung der altorientalischen Schuldknechtschaft durch die Insolvenzordnung? BB 1992, 2441 ff
u	unten
ua	unter anderem, und andere
uä	und ähnliche
Uhlenbruck, Das neue Insolvenzrecht	Uhlenbruck, Wilhelm Das neue Insolvenzrecht Herne/Berlin, 1994
Uhlenbruck	Uhlenbruck, Wilhelm Die Prüfung der Rechnungslegung des Konkursverwalters ZIP 1982, 125 ff Mitwirkung und Mitarbeit des Schuldners und seiner organschaftlichen Vertreter in künftigen Insolvenzverfahren InVo 1997, 225 ff

Uhlenbruck/Delhaes	Uhlenbruck, Wilhelm/Delhaes, Karl Konkurs und Vergleichsverfahren Köln, 1990
unstr	unstrittig, unstreitig
uU	unter Umständen
v	vom
Vallender	Vallender, Heinz Die bevorzugte Behandlung von „Altfall-Schuldnern" bei der Restschuldbefreiung ZIP 1996, 2058 ff Die Rechtsprechung des BGH zur Konkursverwalterhaftung ZIP 1997, 345 ff
VersR	Das Versicherungsrecht (Zeitschrift)
vgl	vergleiche
VglO	Vergleichsordnung
Warrikoff	Warrikoff, Alexander Die Stellung der Arbeitnehmer nach der neuen Insolvenzordnung BB 1994, 2338 ff
Wiester	Wiester, Roland Das Konkursausfallgeld: Instrument zur Massenanreicherung? BB 1997, 949 ff
Wimmer	Wimmer, Klaus Der Rechtspfleger im neuen Insolvenzverfahren InVo 1997, 316 ff
WM	Zeitschrift für Witschafts-, Wertpapier- und Bankrecht
zB	zum Beispiel
ZIP	Zeitschrift für Wirtschaftsrecht und Insolvenzpraxis
Zöller *(/Bearbeiter)*	Zöller, Richard (Begr) Zivilprozeßordnung Köln, 20. Auflage, 1997
ZPO	Zivilprozeßordnung
Zwanziger	Zwanziger, Bertram Das Arbeitsrecht der Insolvenzordnung München/Berlin, 1997
ZZP	Zeitschrift für den Zivilprozeß

1. Kapitel: Einführung

Übersicht

	Rn
Vorbemerkung	1
I. Entwicklung und Bedeutung der Insolvenzordnung . . .	2
1. Geschichte der Insolvenzordnung	3
2. Ziele der Insolvenzrechtsreform	11
II. Zeitlicher und räumlicher Geltungsbereich der Insolvenzordnung	16
1. Zeitlicher Anwendungsbereich der Insolvenzordnung	17
a) Bereits in Kraft getretene Normen	18
b) Sonstige Regelungen der Insolvenzordnung	22
2. Räumlicher Geltungsbereich	23

Vorbemerkung

Am 1. 1. 1999 hat die Insolvenzordnung die seit dem Jahre 1877 geltende Konkursordnung, die Vergleichsordnung aus dem Jahre 1935 und die Gesamtvollstreckungsordnung mit ihrem Geltungsbereich nur für die neuen Bundesländer aus dem Jahre 1990 abgelöst. Für das Deutsche Recht bedeutet dies eine der grundlegendsten Rechtsreformen dieses Jahrhunderts, deren Folgen weder im Positiven noch im Negativen prognostizierbar sind. Die Umsetzung der Reform ist nicht nur für die Verwalter, sondern auch für die zuständigen Insolvenzgerichte und die Landesjustizverwaltung ihre bisher wohl größte Herausforderung. 1

I. Entwicklung und Bedeutung der Insolvenzordnung

In den 70er Jahren verloren Konkurs- und Vergleichsrecht zunehmend ihren Zweck. Dies zeigte sich in erster Linie an der großen Anzahl von Abweisungen von Konkursanträgen mangels Masse. Selbst wenn ein Verfahren zur Eröffnung kam, erhielten die Gläubiger regelmäßig nur sehr niedrige Quoten. Wesentliches Ziel der Insolvenzrechtsreform ist es, diese und andere Unzulänglichkeiten des bis zum 31. 12. 1998 geltenden Insolvenzrechts zu beseitigen und ein funktionsfähiges Insolvenzrecht zu schaffen,[1] insbesondere auch der Sanierung von Unternehmen im Rahmen von Insolvenzverfahren größere Bedeutung einzuräumen. 2

1 Vgl hierzu *Uhlenbruck* Kölner Schrift zur InsO, S 779.

1. Geschichte der Insolvenzordnung

3 Im Jahre 1978 setzte der Bundesminister der Justiz eine Sachverständigenkommission zur Neuregelung des Insolvenzrechts ein, deren zwei Berichte in den Jahren 1985 und 1986 veröffentlicht wurden. Bereits diese beiden Berichte sahen ein einheitliches Insolvenzverfahren vor, verabschiedeten also die Trennung von Konkurs- und Vergleichsverfahren in zwei unterschiedlichen Gesetzen. Um die Abweisung von Konkurseröffnungsanträgen mangels Masse zu vermindern, sahen die Berichte ferner die Änderung einer Regelung der Kostendeckung und die Einführung des Insolvenzgrundes der drohenden Zahlungsunfähigkeit vor.

4 Im August 1988 veröffentlichte das Bundesministerium der Justiz den Diskussionsentwurf eines Gesetzes zur Reform des Insolvenzrechts. Am 1. 11. 1989 veröffentlichte die Bundesregierung den aufgrund der Erörterungen des Diskussionsentwurfs in Teilbereichen geänderten Regierungsentwurf eines Gesetzes zur Reform des Insolvenzrechts.

5 In dieser Phase des Gesetzgebungsverfahrens trat die Sanierung von Unternehmen in den Vordergrund der Überlegungen, was sich im wesentlichen in der Einführung der Regelungen über den Insolvenzplan dokumentierte.

6 Im November 1991 brachte die Bundesregierung den Referentenentwurf mit leichten Modifikationen als Regierungsentwurf in das Gesetzgebungsverfahren ein. Der Regierungsentwurf[2] wurde am 3. 6. 1992 erstmals im Bundestag gelesen und dem Rechtsausschuß zur weiteren Beratung überwiesen.

7 Am 21. 4. 1994 verabschiedete der Bundestag den Gesetzesentwurf, der im wesentlichen die Regelungen des Regierungsentwurfs beibehielt. Als inhaltliche Abweichungen und Ergänzungen zum Regierungsentwurf sind etwa zu nennen die Streichung der Möglichkeit von juristischen Personen, in das Amt des (vorläufigen) Insolvenzverwalters berufen zu werden. Aufgrund der in der Zwischenzeit gemachten Erfahrungen mit der Gesamtvollstreckungsordnung, die entspr Regelungen bereits vorher enthielt, sieht der verabschiedete Gesetzesentwurf im Vergleich zum Regierungsentwurf ferner die Änderung vor, daß nicht das Gericht, sondern der Verwalter für das Führen der Tabelle zuständig ist. Gestrichen wurde die im Regierungsentwurf noch vorgesehene Möglichkeit für den Schuldner, das Insolvenzverfahren selbständig und ohne die Aufsicht eines Sachwalters abzuwickeln. Als wichtige Ergänzung des Regierungsentwurfs ist hervorzuheben, die Einführung eines speziellen Verbraucherinsolvenzverfahrens für insolvente natürliche Personen, die nicht oder nur geringfügig selbständig wirtschaftlich tätig sind.

8 Kritik erfuhr der verabschiedete Gesetzesentwurf im erheblichen Maße von den Bundesländern. Diese Kritik hatte ihre Ursache im wesentlichen in der Kostenlast, die die Bundesländer unter anderem aufgrund des personalintensiven Verbraucherinsolvenzverfahrens auf sich zukommen sahen.

---

2 RegEntw InsO abgedruckt in Balz/Landfermann S 70ff.

Der aufgrund der Einwände der Bundesländer gegen den Gesetzesentwurf eingesetzte Vermittlungsausschuß änderte die Insolvenzordnung allerdings nur noch dahingehend, daß deren Inkrafttreten hinausgeschoben wurde. Der Vermittlungsausschuß beschloß am 15.6.1994 das Inkrafttreten erst für den 1.1.1999. 9

Obwohl sich an der befürchteten Kostenlast für den insolvenzgerechten Aufbau der für die Abwicklung der Verfahren zuständigen Gerichte und die geplante Einsetzung von Schuldnerberatungsstellen hierdurch nichts änderte – sie wurde lediglich hinausgeschoben – verzichtete der Bundesrat im wesentlichen aus politischen Gründen darauf, gegen das Gesetz seinen Einspruch einzulegen. Das Gesetzgebungsverfahren war damit beendet. Die Insolvenzordnung ist am 1.1.1999 in der vom Bundestag am 21.4.1994 verabschiedeten Form in Kraft getreten. 10

2. Ziele der Insolvenzrechtsreform

Wie bisher auch ist zentraler Zweck eines Insolvenzverfahrens die gleichmäßige Befriedigung aller Gläubiger des insolventen Schuldners. Eine Änderung erfährt diese Zielsetzung in der Insolvenzordnung lediglich dahingehend, daß die gleichmäßige Befriedigung aller Gläubiger nun nicht mehr in erster Linie durch die Zerschlagung des Schuldnervermögens erreicht werden soll, sondern die Sanierung und die Befriedigung der Gläubiger auch aus Erträgnissen einer Sanierung vorgesehen ist. 11

Eine grundlegende Neuerung erfährt das Insolvenzrecht in der nun vorgesehenen Restschuldbefreiung des Schuldners. Die Befreiung von sämtlichen Verbindlichkeiten des Schuldners soll natürlichen Personen, die nach Beendigung eines über ihr Vermögen eröffneten Insolvenzverfahrens früher weitere 30 Jahre lang den Vollstreckungshandlungen ihrer Gläubiger in ihr neu erlangtes Vermögen ausgesetzt waren, die Möglichkeit eines Neubeginns verschaffen. Dies unter der Maßgabe, daß sie eine siebenjährige Wohlverhaltensperiode erfolgreich durchlaufen haben. 12

Ein weiteres wesentliches Ziel des Gesetzgebers war die Verminderung der Abweisung oder Einstellung von massearmen Verfahren, dem die Insolvenzordnung mit den entspr Regelungen Rechnung getragen hat. 13

In ihren Auswirkungen noch nicht absehbar ist die Einführung der Eigenverwaltung durch den insolventen Schuldner. Diese geht konform mit dem neu eingeführten Insolvenzgrund der drohenden Zahlungsunfähigkeit und hat im wesentlichen den Zweck, Schuldner dazu zu motivieren, die Insolvenzanträge frühzeitig zu stellen, um zu gewährleisten, daß die Sanierung eines Unternehmens nicht von vorne herein an nicht mehr vorhandener Masse scheitert. 14

Der Sanierungsgedanke findet auch Ausdruck in einer weiteren zentralen Neuregelung des Insolvenzverfahrens, der Möglichkeit, anstelle des gesetzlichen Regelverfahrens einen Insolvenzplan zu erstellen, der die Sanierung des Schuldners 15 zum Inhalt hat. Mit dieser Regelung werden nicht nur die Insolvenzverwalter, sondern auch die Gerichte, die derartige Insolvenzpläne zumindest auf Schlüssigkeit zu prüfen haben werden, vor neue und vor allem neuartige Aufgaben gestellt.

II. Zeitlicher und räumlicher Geltungsbereich der Insolvenzordnung

16 Ein Gläubiger wird nur dann Beteiligter des Insolvenzverfahrens nach den Regeln der Insolvenzordnung, wenn diese in zeitlicher und räumlicher Hinsicht für die Durchsetzung seiner Ansprüche anwendbar ist.

1. Zeitlicher Anwendungsbereich der Insolvenzordnung

17 Die am 1.1.1999 in Kraft tretende Insolvenzordnung wird keine Auswirkungen haben auf diejenigen Konkurs-, Vergleichs- und Gesamtvollstreckungsverfahren, deren Eröffnung vor dem 1.1.1999 **beantragt** worden ist. Hierauf finden die bisherigen Vorschriften, also Konkurs-, Vergleichs- und Gesamtvollstreckungsordnung weiterhin Anwendung.

a) Bereits in Kraft getretene Normen

18 Einige Regelungen der Insolvenzordnung sind bereits vor dem 1.1.1999 in Kraft getreten.

19 Hierbei handelt es sich etwa um § 2 Abs 2 InsO, mit dem die Landesregierungen bereits ermächtigt werden, zur zügigen Erledigung von Insolvenzverfahren durch Rechtsverordnung andere oder zusätzliche Amtsgerichte zu Insolvenzgerichten zu bestimmen, als die die grundsätzlich gem § 2 Abs 1 InsO vorgesehen sind. Gleiches gilt für die in § 7 Abs 3 InsO ausgesprochene Ermächtigung der Landesregierungen, die Beschwerdezuständigkeit bei den Oberlandesgerichten abweichend von der Insolvenzordnung zu regeln (§ 7 Abs 3 InsO).

20 Auch die Verordnungsermächtigungen für das Bundesministerium der Justiz zur Regelung der Vergütung und der Erstattung von Auslagen des Insolvenzverwalters und/oder Sachwalters sind bereits seit dem Jahre 1994 (§§ 65 und 274 Abs 1 InsO) in Kraft.

21 Vorgezogen in Kraft getreten sind zudem Regelungen des Verbraucherinsolvenzverfahrens, die Bedeutung für die außergerichtliche Schuldenbereinigung haben (§ 305 Abs 1 Nr 1 und § 313 InsO). Bereits am 1.10.1996 sind wesentliche Vorschriften in Kraft getreten, die die Rechtsstellung der Arbeitnehmer regeln (§§ 113, 120 – 122 und 125 – 128 InsO).

b) Sonstige Sonderregelungen der Insolvenzordnung

Eine Besonderheit gilt für die Anfechtungsvorschriften. Diese sind zwar mit dem bisherigen Insolvenzrecht auch am 1.1.1999 in Kraft getreten. Allerdings finden sie Anwendung auf Rechtshandlungen, die vor dem 1.1.1999 vorgenommen wurden, nur unter gewissen Voraussetzungen. Die Rechtshandlungen dürften nicht nach dem bisherigen Recht der Anfechtung entzogen oder in geringerem Umfang unterworfen gewesen sein (Art 106 EGInsO). Der Gesetzgeber trägt hiermit dem Rechtsstaatsprinzip des Art 20 GG Rechnung, der Rechtssicherheit fordert. Die schärferen Vorschriften des Anfechtungsrechts nach der Insolvenzordnung sollen nicht auch denjenigen treffen, der bereits vor Inkrafttreten der Insolvenzordnung unter bisher geltendem Recht gehandelt hat und die Folgen seines Handelns nach den Regelungen der Insolvenzordnung noch gar nicht absehen konnte. **22**

2. Räumlicher Geltungsbereich

Die Insolvenzordnung wird im gesamten deutschen Bundesgebiet gelten und damit die bisherige Zweiteilung von Gesamtvollstreckungsordnung für die fünf neuen Bundesländer und Konkurs- bzw Vergleichsordnung für die alten Bundesländer für alle neuen Verfahren beenden. **23**

Sie unterwirft ferner das gesamte im Ausland belegene Vermögen eines Schuldners ihren Regelungen (§ 35 InsO). **24**

2. Kapitel: Einleitung eines Insolvenzverfahrens

Übersicht

	Rn
Vorbemerkung	1
I. Insolvenzfähigkeit	2
1. Insolvenzfähigkeit natürlicher Personen	3
2. Insolvenzfähigkeit juristischer Personen	4
3. Insolvenzfähigkeit von Gesellschaften ohne Rechtspersönlichkeit . .	8
4. Insolvenzfähigkeit von Rechtsgebilden im Gründungsstadium	12
5. Insolvenzfähigkeit von Nachlaßvermögen und sonstigen Vermögensmassen	16
II. Eröffnungsgründe	18
1. Zahlungsunfähigkeit . . .	19
2. Drohende Zahlungsunfähigkeit	26
3. Überschuldung einer juristischen Person . . .	32
4. Überschuldung einer Gesellschaft ohne Rechtspersönlichkeit	40
5. Überschuldung eines Nachlasses	41
III. Gerichtliche Zuständigkeit und Eröffnungsantrag . . .	43
1. Zuständiges Gericht . .	44
a) Amtsgerichtliche Zuständigkeit	45
b) Bestimmung des zuständigen Gerichts nach Wohnsitz oder Sitz	47
aa) Zuständigkeit für natürliche Personen	48
bb) Zuständigkeit für juristische Personen und Vermögensmassen .	49
cc) Zuständigkeit für die Gesellschaft bürgerlichen Rechts	50
dd) Zuständigkeit für den Nachlaß	51
c) Folgen der Antragstellung bei einem örtlich unzuständigen Gericht	53
d) Zuständigkeit des Richters oder des Rechtspflegers	55
2. Antragstellung und Prüfung der Eröffnungsvoraussetzungen	57
a) Antragsberechtigung .	59
aa) Antrag des Schuldners	60
bb) Antrag eines Gläubigers	69
b) Antragspflichtige . . .	71
c) Zeitpunkt der Antragstellung bei Antragspflicht	76
d) Form und Inhalt des Antrages	79
aa) Form des Antrages	80
bb) Inhalt des Antrages	81
e) Rechtliches Interesse und Glaubhaftmachung	83
aa) Rechtliches Interesse an der Verfahrenseröffnung . .	84
bb) Begriff der Glaubhaftmachung . . .	86
cc) Glaubhaftmachung durch den Gläubiger	87
dd) Glaubhaftmachung durch den Schuldner und sonstige antragsberechtigte Personen	92
ee) Rechtsfolgen fehlender Glaubhaftmachung	95

Christian Graf Brockdorff

	Rn
3. Rücknahme des Eröffnungsantrags	96
IV. Entscheidung über die Eröffnung	97
1. Amtsermittlungsgrundsatz, Anhörungspflichten des Gerichts und Auskunftspflicht des Schuldners	98
a) Amtsermittlungsgrundsatz	99
aa) Zulässigkeitsprüfung	100
bb) Feststellung eines Insolvenzgrundes	102
b) Anhörungspflichten	103
c) Auskunftspflichten des Schuldners im Eröffnungsverfahren	105
d) Verfahrenskostendeckung	107
e) Massekostenvorschuß	109
2. Beschlußinhalt	112
a) Eröffnungsbeschluß	113
b) Abweisungsbeschluß	117
3. Bekanntmachung des Eröffnungsbeschlusses und Hinweispflichten des Insolvenzgerichts	119
4. Mitteilungen an Register- und Grundbuchämter	120
V. Rechtsfolgen der Abweisung mangels Masse	123
VI. Rechtsmittel im Insolvenzeröffnungsverfahren	125
1. Sofortige Beschwerde	126
a) Einlegung der sofortigen Beschwerde	127
b) Beschwerdeberechtigung	133
c) Wirkung der Einlegung der Beschwerde	139
d) Beschwerdefrist	141
2. Weitere sofortige Beschwerde	148
a) Einlegung der weiteren Beschwerde	150
b) Verletzung des Gesetzes	152
c) Sicherung einer einheitlichen Rechtsprechung	155
3. Vorlage zum Bundesgerichtshof	157
VII. Kosten und Kostenschuldner im Insolvenzeröffnungsverfahren	159
1. Kostenschuldner	160
a) Kostentragung des Schuldners	161
b) Kostentragung des antragstellenden Gläubigers	162
2. Gebührentatbestand und Gebührenanzahl	166
3. Wertberechnung	171
a) Gegenstandswert bei Schuldnerantrag	172
b) Gegenstandswert bei Gläubigerantrag	174
c) Gegenstandswert für die Berechnung der Gebühr für das Beschwerdeverfahren	176
4. Gebührenhöhe	179
5. Auslagen	180
6. Fälligkeit der Gebühren	182

Vorbemerkung

1 Ein Insolvenzverfahren kann nur unter bestimmten Voraussetzungen eröffnet werden. Erforderlich ist, daß die Person oder Vermögensmasse, über deren Vermögen das Insolvenzverfahren eröffnet werden soll, **insolvenzfähig** ist und ein **Verfahrenseröffnungsgrund** vorliegt. Ferner bedarf es eines **Antrages** auf Eröffnung des Insolvenzverfahrens, der bei dem zuständigen Insolvenzgericht zu stellen ist. Das **Insolvenzgericht prüft** sodann das Vorliegen der Eröff-

nungsvoraussetzungen und entscheidet ggf nach **Anhörung** des Antragsgegners über den Antrag durch **Beschluß**. Das Verfahren wird eröffnet, wenn ein Eröffnungsgrund vorliegt und eine **die Kosten des Verfahrens deckende Vermögensmasse** vorhanden ist oder ein ausreichender **Geldbetrag vorgeschossen** wird. Die Entscheidung des Gerichts ist unter bestimmten Voraussetzungen mit der **sofortigen Beschwerde** angreifbar.

I. Insolvenzfähigkeit

2 Nach § 11 Abs 1 S 1 InsO sind alle **natürlichen** und **juristischen Personen** insolvenzfähig. Ferner kann über das Vermögen einer **Gesellschaft ohne Rechtspersönlichkeit** und nach Maßgabe der §§ 315 bis 334 InsO über einen **Nachlaß**, über das **Gesamtgut einer fortgesetzten Gütergemeinschaft** oder über das **Gesamtgut einer Gütergemeinschaft**, das von den Ehegatten gemeinschaftlich verwaltet wird, ein Insolvenzverfahren eröffnet werden (vgl § 11 Abs 2 InsO).

1. Insolvenzfähigkeit natürlicher Personen

3 Für natürliche Personen macht die Insolvenzordnung keinen Unterschied zwischen Kaufleuten und Nichtkaufleuten. Insolvenzfähig sind **alle Personen**; einziges Kriterium ist die Rechtsfähigkeit. Damit sind auch Kinder, Minderjährige und selbst Geisteskranke insolvenzfähig.[1] Für Verbraucher und Kleingewerbetreibende finden aber die bes Verfahrensvorschriften über die Verbraucherinsolvenz Anwendung (vgl § 304 ff InsO und Kap 15 Rn 1 ff).

2. Insolvenzfähigkeit juristischer Personen

4 Alle **juristischen Personen des Privatrechts** sind nach § 11 Abs 1 InsO insolvenzfähig, so insbes:

- die Aktiengesellschaft,
- die Kommanditgesellschaft auf Aktien,
- die Gesellschaft mit beschränkter Haftung,
- die eingetragene Genossenschaft,
- die Stiftung und
- der rechtsfähige Verein.

5 Ebenso ist der **nichtrechtsfähige Verein** insolvenzfähig. Nach § 11 Abs 1 S 2 InsO steht dieser im Insolvenzfalle einer juristischen Person gleich. Schuldner im insolvenzrechtlichen Sinne ist deshalb der Verein selbst, so daß der Verein

1 Vgl Haarmeyer/Wutzke/Förster, GesO, § 1 Rn 9; Happ/Huntemann (Hrsg), § 4 Rn 3.

und nicht seine Mitglieder die dem Schuldner nach der InsO zugewiesenen Rechte und Pflichten zu erfüllen hat.[2]

Nach § 11 Abs 3 InsO ist die Eröffnung eines Insolvenzverfahrens auch nach Auflösung einer juristischen Person über deren Vermögen zulässig. Voraussetzung ist aber, daß die Verteilung des Liquidationsvermögens noch nicht abgeschlossen ist. 6

Auch die **juristischen Personen des öffentlichen Rechts** sind grundsätzlich insolvenzfähig.[3] Hierzu zählen: 7

- die Körperschaften,[4]
- die Stiftungen und
- die Anstalten (§ 89 BGB).[5]

Die Insolvenzfähigkeit juristischer Personen des öffentlichen Rechts erfährt aber durch § 12 Abs 1 InsO eine ausdrückliche Einschränkung. Demnach ist das Insolvenzverfahren über das **Vermögen des Bundes oder eines Landes unzulässig.** Gleiches gilt, soweit dies durch Landesrecht bestimmt ist, für eine juristische Person des öffentlichen Rechts, die der Aufsicht eines Landes untersteht. Im letzteren Fall können bei Zahlungsunfähigkeit oder der Überschuldung dieser juristischen Person deren Arbeitnehmer gem § 12 Abs 2 InsO von dem Land die Leistungen verlangen, die sie im Falle der Eröffnung eines Insolvenzverfahrens nach den Vorschriften über das Insolvenzgeld vom Arbeitsamt (vgl hierzu Kap 9 Rn 53 ff) und nach den Vorschriften des Gesetzes zur Verbesserung der betrieblichen Altersversorgung vom Träger der Insolvenzsicherung beanspruchen könnten.

3. Insolvenzfähigkeit von Gesellschaften ohne Rechtspersönlichkeit

Auch Gesellschaften ohne Rechtspersönlichkeit sind nach § 11 Abs 2 Nr 1 InsO insolvenzfähig. Nicht für alle Personengesellschaften ist aber sicher, ob sie als „nicht rechtsfähige Personengesellschaft" im Sinne dieser Vorschrift angesehen werden können. 8

Nach der Literatur sind Gesellschaften ohne Rechtspersönlichkeit solche Gesellschaften, die gesamthänderisch organisiert und mit einem Gesamthandsver- 9

---

2 *Bork* Rn 30; Haarmeyer/Wutzke/Förster, Kap 1 Rn 52.

3 Vgl zur bisherigen Rechtslage Haarmeyer/Wutzke/Förster, GesO, § 1 Rn 12; vgl auch Kuhn/Uhlenbruck, KO, § 213 Rn 1 ff.

4 Zur Insolvenzfähigkeit von Bund und Ländern nach altem Recht vgl Kuhn/Uhlenbruck, KO, § 213 Rn 2 ff.

5 Zur Insolvenzfähigkeit von Kirchen, kirchlichen Einrichtungen und ihren Organisationen nach dem bisherigen Recht vgl Haarmeyer/Wutzke/Förster, GesO, § 1 Rn 43 sowie Kuhn/Uhlenbruck, KO, § 213 Rn 2c.

mögen ausgestattet sind.[6] Dies sind in erster Linie die **offene Handelsgesellschaft** (oHG) und die **Kommanditgesellschaft** (KG), die in § 11 Abs 1 Nr 1 InsO auch ausdrücklich genannt sind. Zudem gehört auch die **GmbH & Co. KG** zu dem Kreis insolvenzfähiger Handelsgesellschaften.

10 Auch die **Gesellschaft bürgerlichen Rechts (GbR)** ist nach dem Wortlaut von § 11 Abs 1 Nr 1 InsO insolvenzfähig. Dies ergab sich für das bisherige Recht bereits aus dem Wortlaut des § 1 Abs 1 GesO, der alle „nicht rechtsfähigen Personengesellschaften" ohne weitere Differenzierung und damit auch die GbR für gesamtvollstreckungsfähig erklärte, und ist nunmehr durch die ausdrückliche Nennung der GbR klarstellend geregelt worden.

11 Nach § 11 Abs 1 Nr 1 InsO ist auch die **Partenreederei** (vgl § 489 HGB) und die **Europäische wirtschaftliche Interessenvereinigung** in den Kreis der insolvenzfähigen Organisationsformen einbezogen worden. Die Notwendigkeit für diese Einbeziehung liegt nach Auffassung des Gesetzgebers in der gewachsenen wirtschaftlichen Bedeutung dieser Organisationsformen.[7]

4. Insolvenzfähigkeit von Rechtsgebilden im Gründungsstadium

12 Die Vorschrift von § 11 Abs 2 Nr 1 InsO erfaßt auch Rechtsgebilde, die zwar noch nicht in ihrer endgültigen Form errichtet worden sind, die sich aber durch Abschluß des Gesellschaftsvertrages bereits im Gründungsstadium befinden.

13 Unter diesen Rechtsgebilden ist als bes wichtiges Beispiel die **Vorgesellschaft** für eine GmbH (Vor-GmbH) zu nennen. Sie entsteht mit notarieller Beurkundung des Gesellschaftsvertrages, dessen Abschluß man in Anlehnung an die Terminologie des Aktiengesetzes (§ 29 AktG) als Errichtung der Gesellschaft bezeichnen kann. Die rechtliche Einordnung dieser Vorgesellschaft war lange umstritten, von der Rspr wird sie als eine Gesellschaft sui generis angesehen.[8] Sie untersteht weitgehend bereits dem Recht der juristischen Person. Auf die Einzelheiten der gesellschaftsrechtlichen Einordnung der Vorgesellschaft kommt es aus insolvenzrechtlicher Sicht nicht an: Auch dann, wenn man diese Vorgesellschaften aber als Personengesellschaft ansehen sollte, ist die **Insolvenzfähigkeit** gegeben, da nach § 11 InsO sowohl juristische Personen als auch Gesellschaften ohne Rechtspersönlichkeit insolvenzfähig sind.

14 Vorstehendes gilt in entspr Weise auch für **Vorvereine und Vorgenossenschaften** bis zur Eintragung des Vereins oder der Genossenschaft im Vereins-

---

6 Kilger/K.Schmidt, § 1 GesO Anm 1 c).

7 Vgl Begr zu § 13 RegEntw InsO abgedruckt in Balz/Landfermann S 84f; Haarmeyer/Wutzke/Förster, Kap 1 Rn 56.

8 BGH WM 1980, 956; ausführlich hierzu Scholz/K.Schmidt, § 11 GmbHG Rn 21; Lutter/Hommelhoff, § 11 GmbHG Rn 2.

bzw Genossenschaftsregister. Diese sind stets insolvenzfähig, wenn sie bereits Gesamthandsvermögen gebildet haben.

Die **Vorgründungsgesellschaft**, dh eine zum Zwecke der Gründung einer juristischen Person eingegangene Innengesellschaft mehrerer künftiger Gründer,[9] ist grundsätzlich **nicht insolvenzfähig.**[10] Etwas anderes gilt nur, wenn sie entweder als Gesellschaft bürgerlichen Rechts bereits Gesamthandsvermögen gebildet hat oder nach außen aufgetreten und damit keine reine Innengesellschaft mehr ist. 15

5. Insolvenzfähigkeit von Nachlaßvermögen und sonstigen Vermögensmassen

§ 11 Abs 1 Nr 2 InsO regelt, daß ein Insolvenzverfahren nach Maßgabe der §§ 315 ff InsO auch über einen Nachlaß stattfindet. Dadurch ist den Nachlaßgläubigern ein gemeinschaftlicher Zugriff auf den **Nachlaß als nichtrechtsfähiges Sondervermögen** eröffnet. Zur Masse gehört das Nachlaßvermögen, das zum Zeitpunkt der Eröffnung des Insolvenzverfahrens vorhanden ist. Der Erbe oder die Erbengemeinschaft[11] sind in ihrer Eigenschaft als Träger der in der Masse vereinigten Vermögenswerte und Nachlaßverbindlichkeiten Schuldner des Insolvenzverfahrens. Die Insolvenzbeschlagnahme ist aber auf den Nachlaß als Sondervermögen beschränkt.[12] Das Nachlaßinsolvenzverfahren beinhaltet damit die organisierte Verwaltung und Abwicklung eines dem oder den Erben zufallenden Sondervermögens[13] (vgl im einzelnen Kap 18 Rn 1 ff). 16

Ferner kann gem § 11 Abs 2 Nr 2 InsO nach Maßgabe der §§ 332 ff InsO ein Insolvenzverfahren über das Gesamtgut einer fortgesetzten Gütergemeinschaft oder über das Gesamtgut einer Gütergemeinschaft, das von den Ehegatten gemeinschaftlich verwaltet wird, eröffnet werden. Damit sind auch diese Vermögensmassen zu insolvenzfähigen Sondervermögen erklärt worden. 17

II. Eröffnungsgründe

Sachliche Voraussetzung für die Eröffnung des Insolvenzverfahrens nach § 16 InsO ist ein **materieller Eröffnungsgrund**. Dieser muß zum Zeitpunkt der Verfahrenseröffnung vorliegen und zur Überzeugung des Insolvenzgerichts fest- 18

---

9 Scholz/K.Schmidt, § 11 GmbHG Rn 14; Hachenburg/Ulmer, § 11 GmbHG Rn 21; Lutter/Hommelhoff, § 11 GmbHG Rn 23; *Priester* GmbHR 1995, 481 f.

10 Vgl für das bisherige Recht: Kilger/K.Schmidt, § 1 GesO Anm 1 c); Vgl Kuhn/Uhlenbruck, KO, § 207 Vorbem D Rn 4–10 mwN.

11 Haarmeyer/Wutzke/Förster, GesO, § 1 Rn 74.

12 *Bork* Rn 427.

13 Kilger/K.Schmidt, § 1 GesO Anm 1 d).

stehen.[14] Der Gesetzgeber hat in der Insolvenzordnung die bereits im Konkurs- und Gesamtvollstreckungsrecht einschlägigen Eröffnungsgründe der Zahlungsunfähigkeit und der Überschuldung präzisiert und zudem entspr einem Vorschlag der Kommission für Insolvenzrecht die drohende Zahlungsunfähigkeit als neuen Eröffnungsgrund festgeschrieben.[15] Eröffnungsgründe sind demnach

- die **Zahlungsunfähigkeit** (§ 17 InsO),
- die **drohende Zahlungsunfähigkeit** (§ 18 InsO),
- die **Überschuldung** (§ 19 InsO).

1. Zahlungsunfähigkeit

19 Die Zahlungsunfähigkeit ist gem § 17 Abs 1 InsO der allgem Grund für die Eröffnung des Insolvenzverfahrens über das Vermögen einer **natürlichen** oder **juristischen Person** sowie einer **Gesellschaft ohne Rechtspersönlichkeit** (vgl zur Insolvenzfähigkeit o Rn 8ff). Abw von den Bestimmungen der Konkursordnung ist neben der Überschuldung auch die Zahlungsunfähigkeit Grund für die Eröffnung eines Insolvenzverfahrens über einen **Nachlaß** (vgl § 320 InsO). Gleichermaßen ist die Zahlungsunfähigkeit auch Grund für die Eröffnung eines Insolvenzverfahrens über das **Gesamtgut einer fortgesetzten Gütergemeinschaft** (§ 332 InsO iVm § 320 InsO) und über das **gemeinschaftlich verwaltete Gesamtgut einer Gütergemeinschaft** (vgl § 333 InsO und Kap 18 Rn 57).

20 Der **Begriff der Zahlungsunfähigkeit** ist in der Insolvenzordnung in § 17 Abs 2 S 2 im Interesse der Rechtsklarheit gesetzlich umschrieben worden. Dabei wird die Definition zugrunde gelegt, die sich in Rspr und Literatur für die Zahlungsunfähigkeit bereits durchgesetzt hat.[16] Unter Zahlungsunfähigkeit wurde bisher überwiegend das auf Mangel an Zahlungsmitteln beruhende, **voraussichtlich dauernde** Unvermögen des Schuldners verstanden, einen **wesentlichen Teil** seiner fälligen Geldschulden ganz oder teilweise zu erfüllen.[17] Diese aus dem Konkursrecht entlehnte Definition galt nach der wohl überwiegenden Auffassung auch für den in der Gesamtvollstreckungsordnung gleichlautend verwendeten Begriff.[18]

21 Nach der nunmehr geltenden **Legaldefinition** in § 17 Abs 2 InsO ist der Schuldner zahlungsunfähig, wenn **er nicht in der Lage ist, die fälligen Zah-**

---

14 Vgl Hess/Binz/Wienberg, § 1 GesO Rn 112.

15 Vgl Begr zu §§ 20, 21, 22 RegEntw InsO abgedruckt in Balz/Landfermann S 90ff.

16 Vgl Begr zu §§ 20, 21 RegEntw InsO abgedruckt in Balz/Landfermann S 90ff.

17 Hess/Binz/Wienberg, GesO, § 1 Rn 104; Kilger/K.Schmidt, § 1 GesO Anm 2 a); Kuhn/Uhlenbruck, KO, § 102 Rn 2; vgl auch BGH ZIP 1997, 423, 425, BGH EWir 1997, 1133 (*Eckhardt*).

18 Hess/Binz/Wienberg, GesO, § 1 Rn 104; Kilger/K.Schmidt, § 1 GesO Anm 2 a). Für nur eingeschränkte Übernahme dieses Begriffs in den Bereich der GesO Haarmeyer/Wutzke/Förster, GesO, § 1 Rn 85ff.

lungspflichten zu erfüllen, wobei eine Zahlungsunfähigkeit idR anzunehmen ist, wenn der Schuldner seine Zahlungen eingestellt hat. Nach dem Wortlaut dieser Definition fehlt es an dem bisher erforderlichen dauerndem Unvermögen des Schuldners, seine fälligen Zahlungspflichten zu einem wesentlichen Teil zu erfüllen, so daß hiernach ein Eröffnungsgrund bereits vorliegen könnte, wenn der Schuldner lediglich vorübergehend nicht in der Lage ist, seinen wenn auch nur unwesentlichen Zahlungspflichten nachzukommen.

Der Gesetzgeber legt aber trotz des Wortlautes von § 17 Abs 2 InsO die bisherige von Rspr und Literatur verwendete Definition für die Beurteilung der Zahlungsunfähigkeit zugrunde und vertritt die Auffassung, im Gesetz müsse nicht bes zum Ausdruck gebracht werden, daß eine **vorübergehende Zahlungsstockung keine Zahlungsunfähigkeit begründet**. Es verstehe sich von selbst, daß ein Schuldner, dem in einem bestimmten Zeitpunkt liquide Mittel fehlen, der sich die Liquidität aber kurzfristig wieder beschaffen kann, im Sinne der Vorschrift des § 17 InsO in der Lage ist, die fälligen Zahlungspflichten zu erfüllen.[19] Würde der Gesetzeswortlaut ausdrücklich eine „andauernde" Zahlungsunfähigkeit voraussetzen, so könne dies als Bestätigung der verbreiteten Neigung verstanden werden, den Begriff der Zahlungsunfähigkeit soweit einzuengen, daß auch eine über Wochen oder gar Monate fortbestehende Illiquidität zur rechtlich unerheblichen Zahlungsstockung erklärt wird. Eine solche Auslegung würde das Ziel einer rechtzeitigen Verfahrenseröffnung nach Auffassung des Gesetzgebers erheblich gefährden.[20] Es muß demnach nach dem Willen des Gesetzgebers durch das Insolvenzgericht festgestellt werden, daß dem Schuldner die erforderlichen Zahlungsmittel fehlen und er deshalb **andauernd** nicht in der Lage ist, seine fälligen Geldverbindlichkeiten noch zu berichtigen.[21] **22**

Von der Zahlungsunfähigkeit ist demnach auch nach neuem Recht die **bloße Zahlungsstockung** abzugrenzen, die noch keinen Grund für die Eröffnung eines Insolvenzverfahrens darstellt.[22] Eine Zahlungsstockung liegt vor, wenn der Schuldner lediglich einzelne Verbindlichkeiten vorübergehend nicht befriedigt, wie dies beispielsweise bei verzögertem Eingang von Außenständen oder bei einem unerwarteten Forderungsausfall geschehen kann. Es muß aber absehbar sein, daß die Illiquidität nur vorübergehender Natur ist.[23] In der konkursrechtlichen Rspr zur Zahlungsstockung wurden Zeiträume von einer Woche bis hin zu drei Monaten als vorübergehend angesehen.[24] Letztlich wird die Frage, **23**

---

19 Vgl Begr zu §§ 20, 21 RegEntw InsO abgedruckt in Balz/Landfermann S 90.
20 Vgl Begr zu §§ 20, 21 RegEntw InsO abgedruckt in Balz/Landfermann S 90.
21 *Bork* Einführung in das neue Insolvenzrecht, Rn 84 mwN; Hess/Pape, InsO und EGInsO Rn 95; aA Haarmeyer/Wutzke/Förster, Kap 1 Rn 80.
22 Hess/Pape, InsO und EGInsO Rn 97.
23 Hess/Binz/Wienberg, GesO, § 1 Rn 105; *Smid* § 1 GesO Rn 83; vgl auch Kuhn/Uhlenbruck, KO, § 102 Rn 2 e); Hess/Pape, InsO und EGInsO, Rn 97.
24 Hess/Binz/Wienberg, § 1 GesO Rn 105; *Smid* § 1 GesO Rn 56; vgl auch Kuhn/Uhlenbruck, KO, § 102 Rn 2 e).

ob eine bloße Zahlungsstockung oder aber schon eine Zahlungsunfähigkeit vorliegt, anhand der Umstände des Einzelfalles zu entscheiden sein.

24 Auch ist es nach dem Wortlaut der in § 17 Abs 2 S 1 InsO enthaltenen Regelung für die Feststellung der Zahlungsunfähigkeit nicht mehr erforderlich, daß der Schuldner außerstande ist, einen **wesentlichen Teil** seiner Verbindlichkeiten zu begleichen. Diese Klarstellung dient dem Zweck, ein übermäßiges Anwachsen der Fälle zu verhindern, in denen eine Zahlungsunfähigkeit mit der Begründung verneint wird, es könnten nur unwesentliche Teile der Verbindlichkeiten nicht beglichen werden.[25] Es kann deshalb für die Annahme einer Zahlungsunfähigkeit auch nicht darauf abgestellt werden, daß der Schuldner einen bestimmten Bruchteil der Gesamtsumme der Verbindlichkeiten nicht mehr erfüllen kann. Ganz **geringfügige Liquiditätslücken** führen aber auch nach neuem Recht nicht zur Annahme einer Zahlungsunfähigkeit.[26] Welche Beträge noch als geringfügig einzustufen sind, hängt von den Umständen des Einzelfalles ab, insbes von der Summe der insgesamt fälligen Verbindlichkeiten und den Ursachen für deren Fälligkeit.

25 Der **Zeitpunkt**, in dem die Zahlungsunfähigkeit eintritt, ist idR für den außenstehenden Gläubiger nicht erkennbar. § 17 Abs 2 S 2 InsO bestimmt deshalb in Anlehnung an die bisherige Regelung des § 102 Abs 2 KO, daß Zahlungsunfähigkeit insbes dann anzunehmen ist, wenn der Schuldner seine **Zahlungen eingestellt** hat. Diese widerlegbare gesetzliche Vermutung indiziert dann die Zahlungsunfähigkeit.[27] Im Zusammenhang mit der Feststellung der Zahlungsunfähigkeit sind die zur Zahlungseinstellung nach § 102 Abs 2 KO entwickelten Grundsätze sinngemäß anzuwenden. Eine **Zahlungseinstellung** liegt als stärkste Form der Zahlungsunfähigkeit nach ständiger Rspr dann vor, wenn der Schuldner wegen eines voraussichtlich dauernden Mangels an Zahlungsmitteln seine fälligen und von den jeweiligen Gläubigern ernsthaft eingeforderten Verbindlichkeiten im allgemeinen nicht mehr erfüllen kann und wenn dieser Zustand für die beteiligten Verkehrskreise erkennbar wird.[28] Wechselproteste und die Hingabe ungedeckter Schecks sind ein starkes Indiz für die Zahlungseinstellung, insbes dann, wenn dies mehrfach geschieht. Gleiches gilt für die Nichtzahlung von Löhnen und Gehältern, die Einstellung des Geschäftsbetriebes, Pfändungen durch den Gerichtsvollzieher. Auch Informationen in der Presse und Hinweise aufgrund eines Rundschreibens an die Gläubiger über die Einstellung des Geschäftsbetriebes[29] sowie das Vorliegen eines Antrages auf

---

25 Vgl Hess/Pape, InsO und EGInsO, Rn 96.

26 Vgl Begr zu §§ 20, 21 RegEntw InsO abgedruckt in Balz/Landfermann S 90; Haarmeyer/Wutzke/Förster, Kap 1 Rn 81, die im Interesse klarer Abgrenzungskriterien vorschlagen, eine Antragspflicht erst dann anzunehmen, wenn der Schuldner mehr als 20% seiner fälligen Verbindlichkeiten nicht innerhalb von zwei Monaten begleichen kann.

27 Hess/Pape, InsO und EGInsO, Rn 99.

28 BGH WM 1975, 6; Kuhn/Uhlenbruck, KO, § 102 Rn 2f.

29 Kuhn/Uhlenbruck, KO, § 102 Rn 2f; *Bork* Rn 16.

Abgabe der eidesstattlichen Versicherung oder auf Erlaß eines Haftbefehls zur Erzwingung derselben können ein solches Indiz sein.[30]

2. Drohende Zahlungsunfähigkeit

Entspr einem Vorschlag der Kommission für Insolvenzrecht hat der Gesetzgeber in § 18 InsO die **drohende Zahlungsunfähigkeit** als einen weiteren Grund für die Eröffnung eines Insolvenzverfahrens eingeführt. Durch die frühzeitige Eröffnung eines Insolvenzverfahrens bei einer sich deutlich abzeichnenden Insolvenz sollen bereits vor deren Eintritt verfahrensrechtliche Gegenmaßnahmen eingeleitet werden können.[31] Ein frühzeitiger Insolvenzantrag kann dazu beitragen, ein Unternehmen mit Hilfe von insolvenzrechtlichen Anordnungen aufrechtzuerhalten. Insbes Einzelzwangsvollstreckungsmaßnahmen und die Sicherstellung von Sicherungsgut durch die Sicherungsgläubiger können durch einen frühzeitigen Antrag verhindert werden, um das Unternehmen in seinem Bestand zumindest vorübergehend zu erhalten, bis feststeht, ob eine Sanierung möglich ist oder nicht. 26

Ein Insolvenzantrag, der auf den Eröffnungsgrund der drohenden Zahlungsunfähigkeit gestützt wird, ist aber gem § 18 Abs 1 InsO nur dann zulässig, wenn er von dem **Schuldner selbst gestellt** wird. Gläubiger können einen Eröffnungsantrag nach wie vor lediglich auf die Insolvenzgründe der Zahlungsunfähigkeit und/oder Überschuldung stützen. Durch diese Einschränkung soll vermieden werden, daß Außenstehende den Schuldner schon im Vorfeld der Insolvenz durch einen Insolvenzantrag unter Druck setzen können. Auch sollen Bemühungen um eine außergerichtliche Sanierung in diesem Stadium durch einen vorschnellen Gläubigerantrag gestützt auf eine drohende Insolvenz nicht behindert werden können.[32] 27

Nach der Legaldefinition in § 18 Abs 2 InsO droht der Schuldner zahlungsunfähig zu werden, wenn er **voraussichtlich nicht in der Lage sein wird, die bestehenden Zahlungspflichten im Zeitpunkt der Fälligkeit zu erfüllen.** Anders als bei der Zahlungsunfähigkeit iSv § 17 Abs 2 InsO kommt es bei der drohenden Zahlungsunfähigkeit nicht auf die Zeitpunkt – Illiquidität an, sondern es ist auf die **Zeitraum – Illiquidität** abzustellen. Deshalb sind bei der Prüfung des Insolvenzgrundes der drohenden Zahlungsunfähigkeit auch diejenigen Zahlungspflichten des Schuldners in die Betrachtung einzubeziehen, die schon bestehen, aber noch nicht fällig sind.[33] Ebenso sind die noch nicht begründeten Verbindlichkeiten zu berücksichtigen, deren Entstehung bereits voraussehbar 28

30 Hess/Binz/Wienberg, GesO, § 1 Rn 110.
31 Vgl Begr zu § 22 RegEntw InsO abgedruckt in Balz/Landfermann S 91.
32 Vgl Begr zu § 22 RegEntw InsO abgedruckt in Balz/Landfermann; Haarmeyer/Wutzke/Förster, Kap 1 Rn 84; *Bork* Rn 88.
33 Vgl Begr zu § 22 RegEntw InsO abgedruckt in Balz/Landfermann S 92.

ist.[34] Ist damit zu rechnen, daß der Schuldner im Zeitpunkt der Fälligkeit oder Entstehung der vorstehend genannten Zahlungsverpflichtungen zu ihrer Erfüllung nicht imstande sein wird, so ist der Eröffnungsgrund der drohenden Zahlungsunfähigkeit gegeben. Eine vorübergehende **Zahlungsstockung** bleibt im Rahmen der Prüfung des Insolvenzgrundes ebenso außer Betracht wie eine ganz geringfügige **Liquiditätslücke**.[35]

29 Die **Prognose**, die durch das Insolvenzgericht bei der drohenden Zahlungsunfähigkeit anzustellen ist, muß deshalb die gesamte **Entwicklung der Finanzlage** des Schuldners bis zur Fälligkeit aller bestehenden Verbindlichkeiten einbeziehen. Die vorhandene Liquidität und die Einnahmen, die bis zu dem genannten zukünftigen Zeitpunkt der Zahlungsunfähigkeit zu erwarten sind, müssen den Verbindlichkeiten gegenüber gestellt werden, die bereits fällig sind oder bis zu diesem Zeitpunkt voraussichtlich fällig werden.[36] Da eine solche Prognoseentscheidung von dem Gericht nicht ohne nachvollziehbare Unterlagen möglich ist, kann der Schuldner, der den Eröffnungsantrag auf seine drohende Zahlungsfähigkeit stützt, vom Gericht aufgefordert werden, einen derartigen **Liquiditätsplan** einzureichen.[37] Die Pflicht, Unterlagen zur Ermöglichung der erforderlichen Prognoseentscheidung einzureichen, folgt für den Schuldner aus § 20 InsO. Hiernach hat der Schuldner dem Insolvenzgericht alle Auskünfte zu erteilen, die zur Entscheidung über den Antrag erforderlich sind.

30 Insbes wenn sich eine Zahlungsunfähigkeit nicht kurzfristig und deutlich abzeichnet, wird das Gericht ohne einen Liquiditätsplan, aus dem sich der voraussichtliche Zeitpunkt der Zahlungsunfähigkeit hinreichend wahrscheinlich ergibt, kaum auskommen. Dem Schuldner, der einen Insolvenzantrag auf den Insolvenzgrund der drohenden Zahlungsunfähigkeit zu stützen beabsichtigt, ist deshalb anzuraten, mit dem Eröffnungsantrag gleichzeitig entspr Unterlagen bei Gericht einzureichen.

31 Ergeben die Ermittlungen des Insolvenzgerichts, daß der Eintritt der Zahlungsunfähigkeit wahrscheinlicher ist als deren Vermeidung, so ist die Befriedigung der Gläubiger so stark gefährdet, daß die Eröffnung eines Insolvenzverfahrens wegen drohender Zahlungsunfähigkeit gerechtfertigt ist.[38]

3. Überschuldung einer juristischen Person

32 Bei juristischen Personen und nicht rechtsfähigen Vereinen, die den juristischen Personen gleichgestellt sind (vgl § 11 Abs 1 S 2 InsO) ist gem § 19 Abs 1 InsO

---

34 Vgl *Bork* Rn 89.
35 Vgl Begr zu § 22 RegEntw InsO abgedruckt in Balz/Landfermann S 92.
36 Vgl Begr zu § 22 RegEntw InsO abgedruckt in Balz/Landfermann S 91 f; Haarmeyer/Wutzke/Förster, Kap 3 Rn 71; *Bork* Rn 89; Hess/Pape, InsO und EGInsO Rn 100.
37 Vgl Begr zu § 22 RegEntw InsO abgedruckt in Balz/Landfermann S 91 f.
38 Vgl Begr zu § 22 RegEntw InsO abgedruckt in Balz/Landfermann S 91 f.

neben der Zahlungsunfähigkeit und der drohenden Zahlungsunfähigkeit auch die Überschuldung ein Grund für die Eröffnung eines Insolvenzverfahrens.

Der **Begriff der Überschuldung** war bisher weder in der Konkurs- noch in der Gesamtvollstreckungsordnung näher bestimmt. Für juristische Personen wurde daher auf die Definitionen in § 92 Abs 2 S 2 AktG, § 64 Abs 1 S 1 GmbHG und § 98 Abs 1 Nr 2 GenG abgestellt.[39] **33**

Hiernach liegt eine **Überschuldung** einer juristischen Person vor, **wenn das Vermögen die bestehenden Verbindlichkeiten nicht mehr deckt.** Dieser Überschuldungsbegriff ist nunmehr auch in § 19 Abs 1 S 1 InsO enthalten. Maßgeblich ist ein Vergleich des Vermögens, das im Falle einer Eröffnung des Insolvenzverfahrens als Insolvenzmasse zur Verfügung stünde, mit den Verbindlichkeiten, die im Falle der Verfahrenseröffnung gegenüber Insolvenzgläubigern bestünden.[40] Dieser Vermögensvergleich ist mit Hilfe einer **Überschuldungsbilanz** anzustellen, in der Aktiva und Passiva gegenübergestellt werden. **34**

Die in die Bilanz einzustellenden Vermögensgegenstände (Aktiva) sind zunächst mit Liquidationswerten anzusetzen. Dies sind die Werte, die im Wege der Einzelveräußerung bei einer Zerschlagung des Schuldnervermögens für jeden einzelnen Gegenstand voraussichtlich erzielt werden könnten.[41] **35**

Auf der Passivseite der Bilanz sind neben den nicht nachrangigen Verbindlichkeiten, die im Falle der Verfahrenseröffnung gegenüber Insolvenzgläubigern bestünden (vgl § 38 InsO) auch die nachrangigen Insolvenzgläubiger im Sinne von § 39 InsO zu berücksichtigen, soweit es sich um solche Verbindlichkeiten handelt, die zum Zeitpunkt der Aufstellung der Überschuldungsbilanz bereits bestehen. Die in § 39 InsO aufgelisteten Ansprüche, die den Zeitraum nach Eröffnung des Insolvenzverfahrens betreffen, bleiben hingegen außer Betracht, weil diese zum Zeitpunkt der Erstellung der Überschuldungsbilanz schlicht **36**

---

39 Wortlaut – § 92 Abs 2 AktG:
„Wird die Gesellschaft zahlungsunfähig, so hat der Vorstand ohne schuldhaftes Zögern, spätestens aber drei Wochen nach Eintritt der Zahlungsunfähigkeit, die Eröffnung des Konkursverfahrens oder des gerichtlichen Vergleichsverfahrens zu beantragen. Dies gilt sinngemäß, wenn das Vermögen der Gesellschaft nicht mehr die Schulden deckt. Der Antrag ist nicht schuldhaft verzögert, wenn der Vorstand die Eröffnung des gerichtlichen Vergleichsverfahrens mit der Sorgfalt eines ordentlichen und gewissenhaften Geschäftsleiters betreibt. …"
– § 64 Abs 1 GmbHG entspricht inhaltlich § 92 Abs 2 AktG.
– § 98 Abs 1 Nr 2 GenG:
„(1) Das Konkursverfahren über das Vermögen einer Genossenschaft findet statt …
2. bei einer Genossenschaft, bei der die Genossen Nachschüsse bis zu einer Haftsumme zu leisten haben, auch in Fällen, in denen das Vermögen die Schulden nicht mehr deckt (Überschuldung) und die Überschuldung ein Viertel des Gesamtbetrages der Haftsummen aller Genossen übersteigt; . .".

40 Vgl Begr zu § 23 RegEntw InsO abgedruckt in Balz/Landfermann S 92f.

41 Vgl Begr zu § 23 RegEntw InsO abgedruckt in Balz/Landfermann S 92f.

noch nicht bestehen.[42] Ergibt sich aus dieser Gegenüberstellung der Aktiva und Passiva, daß die Vermögenswerte des Schuldners die bestehenden Verbindlichkeiten nicht mehr decken, so liegt der erforderliche Gesamtvollstreckungsgrund vor.

37 Etwas anderes gilt aber dann, wenn eine juristische Person ein Unternehmen betreibt. Denn bei der Bewertung des Vermögens ist nach § 19 Abs 2 S 2 InsO die **Fortführung des Unternehmens** zugrunde zu legen, wenn diese nach den Umständen überwiegend wahrscheinlich ist. Ergibt eine **Fortführungsprognose**, daß eine Fortführung des Unternehmens nach den Umständen nicht überwiegend wahrscheinlich ist, steht die Überschuldung fest. Ist hingegen aufgrund einer betriebswirtschaftlichen Rentabilitätsanalyse und der Finanzierungslage des Unternehmens sowie fundierter Erwartungen hinsichtlich der zukünftigen Entwicklung überwiegend wahrscheinlich, daß die Unternehmung fortgeführt werden kann, so hat die Bewertung der Aktiva unter Berücksichtigung der Fortführung des Unternehmens zu erfolgen. In diesem Falle ist eine **zweite Überschuldungsbilanz** zu erstellen, in der die Aktiva mit Fortführungswerten anzusetzen sind. Berücksichtigt wird dann der bei einer Veräußerung des gesamten Unternehmens zu erzielende wirkliche Unternehmenswert einschließlich aller stillen Reserven und des sog good will. Ermittelt wird dieser Wert nach dem Zeitwert bezogen auf die Wiederbeschaffungs- oder Reproduktionskosten.[43] Ist auch nach dieser zweiten Gegenüberstellung von Aktiva und Passiva immer noch eine Überschuldung gegeben, liegt der Eröffnungsgrund vor. Andernfalls ist der auf die Überschuldung des Unternehmens gestützte Antrag als unbegründet abzuweisen.

38 Mit dieser auf Unternehmen bezogenen Überschuldungsprüfung ist der Gesetzgeber von der bisherigen in Literatur und Rspr vertretenen Auffassung abgewichen, nach der von einer Überschuldung nur dann gesprochen werden konnte, wenn das Vermögen einer Gesellschaft bei Ansatz von Liquidationswerten unter Einbeziehung der stillen Reserven die bestehenden Verbindlichkeiten nicht deckt (rechnerische Überschuldung) und die Finanzkraft des Unternehmens nach überwiegender Wahrscheinlichkeit mittelfristig nicht zur Fortführung des Unternehmens ausreicht (Überlebens- und Fortbestehungsprognose).[44] Auch diese Bewertungsmethode hatte zum Ziel, die Ertragsfähigkeit des Unternehmens bei der Wertermittlung zu berücksichtigen. Nunmehr ist aber klarstellend in § 19 Abs 2 S 2 InsO geregelt, daß auch bei einer positiven Fortführungsprognose eine zweite Überschuldungsbilanz mit Fortfüh-

---

42 Vgl hierzu Begr zu § 23 RegEntw InsO abgedruckt in Balz/Landfermann S 92f; aA Haarmeyer/Wutzke/Förster, Kap 1 Rn 93 die unzutreffenderweise wohl davon ausgehen, daß sämtliche in § 39 InsO genannten Ansprüche erst nach Eröffnung des Verfahrens entstehen.

43 Vgl BGH ZIP 1995, 819, 825; *Bork* Rn 92.

44 Vgl Hess/Binz/Wienberg, § 1 GesO Rn 116ff; Kilger/K. Schmidt, § 102 KO Anm 2 b, BGH ZIP 1992, 1382, 1386 mwN; BGH ZIP 1995, 819, 824f.

rungswerten erstellt wird, auf deren Grundlage konkret festgestellt werden muß, ob eine Überschuldung vorliegt oder nicht. Allein die günstige Fortführungsprognose reicht nicht mehr aus, um eine Antragspflicht zu verneinen.[45]

Die gem § 19 Abs 2 S 2 InsO genannten Bewertungsgrundsätze sind aber nur zur Beurteilung einer Unternehmensüberschuldung anzuwenden. Bei juristischen Personen, die **kein Unternehmen** betreiben, ist die Überschuldung hingegen auf der Grundlage der herkömmlichen Methode nach Liquidationswerten zu prüfen. Wenn kein Unternehmen betrieben wird, gibt es auch keinen Fortführungswert, der in Betracht gezogen werden könnte. **39**

4. Überschuldung einer Gesellschaft ohne Rechtspersönlichkeit

Bei einer Gesellschaft ohne Rechtspersönlichkeit iSv § 11 Abs 2 Nr 1 InsO kann neben der Zahlungsunfähigkeit auch die Überschuldung Grund für die Eröffnung eines Insolvenzverfahrens sein, wenn kein unbeschränkt haftender Gesellschafter eine natürliche Person ist (§ 19 Abs 3 S 1 InsO). So ist beispielsweise im Falle der Überschuldung einer **oHG** dann das Insolvenzverfahren zu eröffnen, wenn deren Gesellschafterkreis ausschließlich aus juristischen Personen besteht. Bei der KG müssen nur der oder die persönlich haftenden Gesellschafter juristische Personen sein.[46] Die Vorschrift entspricht der Regelung, die bereits in § 209 Abs 1 S 3 KO für offene Handelsgesellschaften und Kommanditgesellschaften getroffen wurde. Die Überschuldung ist gem § 19 Abs 3 S 2 InsO allerdings dann kein Eröffnungsgrund, wenn zu den persönlich haftenden Gesellschaftern eine andere Gesellschaft gehört, bei der ein persönlich haftender Gesellschafter eine natürliche Person ist. **40**

Zur Frage, wann eine Überschuldung vorliegt, kann auf die Ausführungen zur juristischen Person verwiesen werden (vgl o Rn 32ff).

5. Überschuldung eines Nachlasses und des Gesamtgutes bei fortgesetzter Gütergemeinschaft

Die Überschuldung eines Nachlasses eröffnet neben der Zahlungsunfähigkeit und der drohenden Zahlungsunfähigkeit gem § 320 Abs 1 InsO die Möglichkeit der Eröffnung eines Insolvenzverfahrens über den Nachlaß. Entspr gilt für das Gesamtgut einer fortgesetzten Gütergemeinschaft, da § 332 InsO ausdrücklich auf die Nachlaßinsolvenzvorschriften verweist und damit insoweit auch § 320 Abs 1 InsO anwendbar ist. **41**

Zweckmäßigerweise sollte für die Überschuldungsprüfung auf die im Zusammenhang mit dem Nachlaßkonkurs entwickelte Definition zurückgegriffen **42**

---

45 Vgl Begr zu § 23 RegEntw InsO abgedruckt in Balz/Landfermann S 92f.
46 Vgl Kilger/K.Schmidt, § 1 GesO Anm 2 c).

werden. Danach liegt eine Überschuldung vor, wenn die Aktiva des Nachlasses zur vollen Befriedigung aller Nachlaßverbindlichkeiten zum Zeitpunkt der Eröffnung des Verfahrens nicht ausreichen.[47] Besteht das maßgebliche Nachlaßvermögen in einem Unternehmen, ist auch bei der Bewertung des Nachlaßvermögens gem § 19 Abs 2 S 2 InsO die Fortführung des Unternehmens zugrunde zu legen, wenn diese nach den Umständen überwiegend wahrscheinlich ist, so daß die bereits zur juristischen Person erläuterten Bewertungsgrundsätze zur Anmeldung kommen (vgl im einzelnen Rn 33ff).

III. Gerichtliche Zuständigkeit und Eröffnungsantrag

43 Das Insolvenzverfahren wird gem § 13 Abs 1 InsO nur auf **Antrag** eröffnet. **Antragsberechtigt** sind gem § 13 Abs 2 S 2 InsO die Gläubiger und der Schuldner. Daneben bestehen für das Nachlaßinsolvenzverfahren und die Insolvenzverfahren über bes Vermögensmassen gesonderte Antragsrechte (vgl §§ 317, 318 InsO und Kap 18 Rn 8ff). Der Antrag ist beim zuständigen Gericht einzureichen. In bestimmten Fällen besteht eine Pflicht zur Antragstellung.

1. Zuständiges Gericht

44 Der Antrag auf Eröffnung eines Insolvenzverfahrens über das Vermögen eines Schuldners ist bei dem sachlich und örtlich zuständigen Gericht einzureichen. Innerhalb des Gerichts besteht eine Aufgabenverteilung zwischen dem Richter und dem Rechtspfleger.

a) Amtsgerichtliche Zuständigkeit

45 Nach dem Wortlaut von § 2 Abs 1 InsO ist für das Insolvenzverfahren das **Amtsgericht**, in dessen Bezirk ein Landgericht seinen Sitz hat, **als Insolvenzgericht** für den Bezirk dieses Landgerichts **ausschließlich zuständig**.

Das Insolvenzgericht ist eine gem § 22 GVG mit einem **Einzelrichter** besetzte Abteilung des Amtsgerichts, die nach dem Geschäftsverteilungsplan für das Insolvenzverfahren zuständig ist.[48] Da das Insolvenzgericht ausschließlich zuständig ist, kann diese Zuständigkeit durch Parteivereinbarung nicht geändert werden.

46 Abweichend von dem bisherigen Recht ist nur ein Amtsgericht, nämlich das **Amtsgericht am Sitz des Landgerichts**, für Insolvenzsachen zuständig. Durch diese Zuständigkeitskonzentration soll erreicht werden, daß die Richter und Rechtspfleger an den Insolvenzgerichten bes Erfahrungen und Sachkunde auf diesem Gebiet erwerben und damit auch den erhöhten Anforderungen des

---

47 Kuhn/Uhlenbruck, KO, § 215 Rn 2; Kilger/K.Schmidt, § 215 KO Anm 1.
48 *Bork* Rn 42.

neuen Insolvenzverfahrens gewachsen sind.[49] Für den Fall, daß diese Konzentration nach den bes örtlichen Verhältnissen einzelner Landgerichtsbezirke nicht zweckmäßig erscheint, werden die Landesregierungen in § 2 Abs 2 InsO ermächtigt, zur sachdienlichen Förderung oder schnelleren Erledigung der Verfahren andere oder zusätzliche Amtsgerichte zu Insolvenzgerichten zu bestimmen und die Bezirke der Insolvenzgerichte abweichend festzulegen.[50] Vor der Antragstellung sollte deshalb jeweils vom Antragsteller geprüft werden, ob es eine Abweichung von der Regelzuständigkeit aufgrund einer Landesverordnung gibt.

b) Bestimmung des zuständigen Gerichts nach Wohnsitz oder Sitz

47 Die örtliche Zuständigkeit eines für mehrere Amtsgerichtsbezirke bestimmten Insolvenzgerichts am Sitz des Landgerichts richtet sich gem § 3 Abs 1 InsO ausschließlich danach, wo der Schuldner seinen allgem Gerichtsstand hat, also bei natürlichen Personen nach deren **Wohnsitz** (vgl §§ 12 bis 16 ZPO) und bei juristischen Personen sowie Personenhandelsgesellschaften nach deren **Sitz** (§ 17 ZPO). Für den Fall, daß der **Mittelpunkt einer selbständigen wirtschaftlichen Tätigkeit** des Schuldners an einem anderen Ort liegt, so ist gem § 3 Abs 1 S 2 InsO ausschließlich das Insolvenzgericht zuständig, in dessen Bezirk dieser Ort liegt. Hat der Schuldner mehrere Niederlassungen, so ist das Insolvenzgericht am Sitz der Hauptniederlassung zuständig.[51] Für die GbR und als solche behandelte Vermögensmassen sowie den Nachlaß sind zudem Besonderheiten zu berücksichtigen.

aa) Zuständigkeit für natürliche Personen

48 Bei natürlichen Personen ist der Wohnsitz des Schuldners für die Bestimmung des örtlich zuständigen Insolvenzgerichts maßgebend (§ 13 ZPO). Hat ein Schuldner mehrere Wohnsitze, für die verschiedene Insolvenzgerichte zuständig wären, könnte ein Verfahren grundsätzlich bei jedem Insolvenzgericht eröffnet werden.[52] In § 3 Abs 2 InsO ist für diesen Fall aber bestimmt, daß bei der Zuständigkeit mehrerer Gerichte dasjenige, bei welchem zuerst die Eröffnung des Verfahrens beantragt worden ist, die Zuständigkeit der übrigen ausschließt. Diese Vorgabe entspricht der früheren Regelung in § 71 Abs 2 KO.

bb) Zuständigkeit für juristische Personen und Vermögensmassen

49 Bei juristischen Personen und Vermögensmassen ist für die Bestimmung des örtlich zuständigen Insolvenzgerichts der Sitz der Gesellschaft oder der Vermögensmasse maßgebend (§ 17 ZPO). Als Sitz gilt regelmäßig der Ort, an dem die

49 Vgl Begr zu § 2 RegEntw InsO abgedruckt in Balz/Landfermann S 72f.
50 Vgl hierzu zB das hessische Ausführungsgesetz zur InsO ZInsO 2/98, S 79f.
51 Vgl Begr zu § 3 RegEntw InsO BT-DrucksS 12/2443 S 110.
52 Vgl RGZ 102, 82, 86.

Verwaltung geführt wird (§ 17 Abs 1 S 2 ZPO). Im allgem wird hierunter die Hauptniederlassung verstanden, weil sich hier der Schwerpunkt der Geschäftstätigkeit der juristischen Person oder der Vermögensmasse befindet. Hingegen sind Zweigniederlassungen selbst dann nicht als Sitz des Schuldners anzusehen, wenn sie einen eigenständigen Geschäftsbetrieb entfalten. Entscheidend ist idR der im Handelsregister eingetragene Sitz, der durch die Satzung bestimmt wird[53] und in der Praxis meist mit dem tatsächlichen Verwaltungssitz übereinstimmt.

cc) Zuständigkeit für die Gesellschaft bürgerlichen Rechts

50 Im Falle der Insolvenz einer Gesellschaft bürgerlichen Rechts (vgl o Rn 10ff) bestimmt sich die gerichtliche Zuständigkeit danach, an welchem Ort für und gegen die Gesellschaft wirksame Zustellungen vorgenommen werden können. Dies ist idR dort, wo der oder die geschäftsführungsbefugten Gesellschafter ihren Wohnsitz haben. Wird hierdurch die Zuständigkeit mehrerer Gerichte begründet, kann die Zuständigkeit **nicht** nach § 36 Nr 3 ZPO bestimmt werden. Die Anwendung dieser Vorschrift würde voraussetzen, daß das Insolvenzverfahren über das Vermögen der einzelnen Gesellschafter eröffnet würde. Dies ist jedoch nicht der Fall, weil nach § 11 Abs 2 Nr 1 InsO das Insolvenzverfahren unmittelbar über das Gesellschaftsvermögen der Gesellschaft bürgerlichen Rechts erfolgt.[54] Es gilt deshalb auch hier, daß gem § 3 Abs 2 InsO das Gericht zuständig ist, bei dem zuerst ein Antrag auf Eröffnung des Insolvenzverfahrens eingegangen ist.

dd) Zuständigkeit für den Nachlaß und sonstige Vermögensmassen

51 Für die Nachlaßinsolvenz ist nach § 315 S 1 InsO das Insolvenzgericht ausschließlich zuständig, bei dem der Erblasser zum Zeitpunkt seines Todes den allgemeinen Gerichtsstand hatte. Für den Fall, daß der Mittelpunkt einer selbständigen wirtschaftlichen Tätigkeit des Erblassers an einem anderen Ort lag, so ist gem § 315 S 2 InsO ausschließlich das Insolvenzgericht zuständig, in dessen Bezirk dieser Ort liegt. Diese Zuständigkeitsregelung gilt gem § 332 InsO für das Insolvenzverfahren über das Gesamtgut einer fortgesetzten Gütergemeinschaft entsprechend.

52 Die gerichtliche Zuständigkeit richtet sich gem § 3 Abs 1 InsO nach dem allgem Gerichtsstand der Ehegatten.

Für den Antrag auf Eröffnung des Insolvenzverfahrens über das Gesamtgut einer Gütergemeinschaft, das von den Ehegatten gemeinschaftlich verwaltet wird (§ 333 InsO), können hiernach mehrere Gerichte in Betracht kommen.

---

53 Vgl *Gottwald*/Uhlenbruck, Nachtrag GesO S 4f; aA Haarmeyer/Wutzke/Förster, GesO, § 1 Rn 258.

54 *Smid* § 1 GesO Rn 192.

Das Gericht, bei dem zuerst die Eröffnung des Insolvenzverfahrens beantragt worden ist, schließt die übrigen Gerichte aus (vgl § 3 Abs 2 InsO).

c) Folgen der Antragstellung bei einem örtlich unzuständigen Gericht

Wenn der Antrag auf Eröffnung eines Insolvenzverfahrens bei einem örtlich **53** unzuständigen Gericht eingereicht wird, ist er abzuweisen. Stellt das Insolvenzgericht seine Unzuständigkeit fest, hat es dem Antragsteller jedoch Gelegenheit zu geben, die **Verweisung an das örtlich zuständige Gericht** zu beantragen (vgl § 4 InsO iVm §§ 281 Abs 1, 139 ZPO). Der Antragsteller ist von dem Insolvenzgericht entspr zu belehren.[55] Wird eine Verweisung beantragt, hat das unzuständige Gericht die Verweisung an das örtlich zuständige Gericht durch Beschluß auszusprechen (§ 4 InsO iVm §§ 281, 495 ZPO). Gegen diesen Beschluß ist kein Rechtsmittel möglich, er ist auch für das Gericht, an das verwiesen wird, bindend (§ 281 Abs 2 ZPO).[56]

Maßgeblicher **Zeitpunkt** für die Ermittlung der örtlichen Zuständigkeit ist der **54** Eingang des Eröffnungsantrages bei Gericht.

d) Zuständigkeit des Richters oder des Rechtspflegers

Für das Insolvenzverfahren ist grundsätzlich der Rechtspfleger zuständig (vgl **55** § 3 Nr 2e RPflG). Dies gilt jedoch nicht uneingeschränkt. Nach § 18 Abs 1 Nr 1 RPflG ist dem Richter das Verfahren bis zur Entscheidung über die Eröffnung vorbehalten. Zu diesem Verfahren gehören neben der Ausfertigung des Eröffnungsbeschlusses die Anordnung vorläufiger Maßnahmen und die Bestellung des Insolvenzverwalters sowie das Verfahren über einen Schuldenbereinigungsplan nach den §§ 305 bis 310 InsO. Der Richter ist ferner gem § 18 Abs 1 Nr 2 RPflG im Restschuldbefreiungsverfahren für die Entscheidung über den Antrag eines Gläubigers auf Versagung der Restschuldbefreiung zuständig (vgl §§ 289, 296, 297, 300, 303 InsO), denn insoweit handelt es sich um rechtsprechende Tätigkeit, für die der Richtervorbehalt des Art 92 GG gilt.[57] Der Richter kann sich nach § 18 Abs 2 RPflG weitere Entscheidungen vorbehalten. Er kann demnach auch nach der Eröffnung Aufgaben des Rechtspflegers an sich ziehen. Eine Rückübertragung dieser Geschäfte auf den Rechtspfleger ist jederzeit möglich.

Folgende Tätigkeiten werden regelmäßig durch Richter wahrgenommen:[58] **56**

- Entscheidung über die Zulässigkeit des Insolvenzantrages (§§ 11–19 InsO);
- Anhörung des Schuldners (§§ 14 Abs 2 und 20 InsO);

55 *Smid* § 1 GesO Rn 196; Hess/Binz/Wienberg, GesO, § 1 Rn 229; Thomas/Putzo, § 139 ZPO Rn 11.
56 BGH ZIP 1992, 1274; *Smid* § 1 GesO Rn 196; Hess/Binz/Wienberg, GesO, § 1 Rn 239.
57 Vgl *Bork* Rn 45.
58 Vgl auch Haarmeyer/Wutzke/Förster, Kap 2 Rn 100.

- Übertragung der Zustellungen auf den Insolvenzverwalter (§ 8 Abs 3 InsO);
- Amtsermittlungen (§ 5 InsO);
- Prüfung der Insolvenzgründe (§§ 16ff InsO);
- Anordnung vorläufiger Maßnahmen (§§ 21ff InsO);
- Entscheidung über die Stillegung des Schuldnerunternehmens (§ 22 Abs 1 Nr 2 InsO);
- Feststellung der Annahme des Schuldenbereinigungsplanes (§ 308 InsO);
- Verfahrenseröffnungsbeschluß oder dessen Ablehnung (§§ 26, 27 InsO);
- Bestellung, Entlassung und Neubestellung des Verwalters (§§ 56ff InsO);
- Bestellung eines vorläufigen Gläubigerausschusses (§ 67 InsO); Entlassung eines Gläubigerausschußmitgliedes aus wichtigem Grund (§ 70 InsO).

2. Antragstellung und Prüfung der Eröffnungsvoraussetzungen

57 Das Insolvenzverfahren wird nur auf **Antrag** eröffnet (§ 13 Abs 1 InsO). Ein Tätigwerden des Gerichts von Amts wegen ist ausgeschlossen. Der Antrag kann weder telefonisch noch per Telegramm gestellt werden, denn er ist Prozeßhandlung, so daß erst mit Eingang des schriftlichen Antrages bei Gericht oder mit der Abgabe der Antragserklärung zu Protokoll der Geschäftsstelle der Antrag anhängig ist. Der schriftliche Antrag muß ferner eine lesbare Unterschrift enthalten.

58 Im Falle der Insolvenz von juristischen Personen oder Gesellschaften ohne Rechtspersönlichkeit, die durch ihre Organe vertreten werden (vgl § 35 GmbHG, 78 AktG, §§ 161 Abs 2, 170 HGB, § 278 AktG), sind die Sonderregelungen des § 15 InsO für juristische Personen und Gesellschaften ohne Rechtspersönlichkeit zu beachten.

a) Antragsberechtigung

59 Sowohl der Schuldner als auch jeder Gläubiger ist berechtigt, einen Antrag auf Eröffnung des Insolvenzverfahrens zu stellen (§ 13 Abs 1 InsO).

aa) Antrag des Schuldners

60 Antragsberechtigt ist zunächst **der Schuldner**, über dessen Vermögen das Insolvenzverfahren eröffnet werden soll.

61 Im Falle der Zahlungsunfähigkeit einer **natürlichen Person** kann diese selbst, ein von ihr Bevollmächtigter oder ein gesetzlicher Vertreter (zB bei Prozeßunfähigkeit) den Antrag stellen.[59]

62 Bei **juristischen Personen** ist grundsätzlich der Vorstand oder die Geschäftsführung gem den jeweiligen spezialgesetzlichen Normen berechtigt, einen An-

59 Happ/Huntemann (Hrsg), § 4 Rn 53.

trag auf Eröffnung des Insolvenzverfahrens zu stellen (vgl § 92 Abs 2 AktG; § 99 GenG; § 64 GmbHG; zur Antragspflicht vgl u Rn 71). Das Antragsrecht steht hierbei gem § 15 Abs 1 InsO jedem Geschäftsführer oder Mitglied des Vorstandes selbständig zu, und zwar unabhängig von der Regelung der Vertretungsmacht im Innenverhältnis der Gesellschaft. Wenn die Gesellschaft aufgelöst ist, sind gem § 15 Abs 1 InsO in gleicher Weise die Liquidatoren antragsberechtigt (vgl § 268 Abs 2 AktG; § 99 GenG; § 71 Abs 4 GmbHG).

Für die **Personenhandelsgesellschaft** ist nach § 15 Abs 1 InsO jeder persönlich haftende Gesellschafter antragsberechtigt. Für die GmbH & Co. KG steht die Antragsbefugnis jedem Geschäftsführer der Komplementär-GmbH zu.[60] **63**

Bei der **Gesellschaft bürgerlichen Rechts** ist jeder Gesellschafter unabhängig von den gesetzlichen Vertretungsregeln oder einer vereinbarten Gesamtvertretung antragsbefugt.[61] **64**

Wird der Antrag auf den Insolvenzgrund der **drohenden Zahlungsunfähigkeit** gestützt, ist der Antrag gem § 18 Abs 3 InsO nur zulässig, wenn der Antrag bei einer juristischen Person oder einer Gesellschaft ohne Rechtspersönlichkeit entweder von allen Mitgliedern des Vertretungsorgans, allen persönlich haftenden Gesellschaftern oder allen Abwicklern gestellt wird oder aber der oder die Antragsteller zur Vertretung der juristischen Person oder der Gesellschaft berechtigt sind. **65**

Zur Antragstellung auf Eröffnung des Insolvenzverfahrens über einen **Nachlaß** ist der **Erbe**, bei mehreren Erben jeder für sich allein, antragsberechtigt. Dies ergibt sich aus § 317 Abs 1 InsO. Neben den Erben ist auch der **Testamentsvollstrecker**, der **Nachlaßverwalter**, wenn ihm die Verwaltung des Nachlasses zusteht und jeder **Nachlaßgläubiger** antragsbefugt.[62] **66**

Prokura und Handlungsvollmacht berechtigen nicht zur Stellung eines Eröffnungsantrages, da die Antragstellung keine Rechtshandlung ist, die der Betrieb eines Handelsgewerbes gewöhnlich mit sich bringt.[63] **67**

Wegen der bes Voraussetzungen für die mit der Antragstellung ggf erforderliche **Glaubhaftmachung** kann auf die Ausführungen unten unter Rn 86ff verwiesen werden. **68**

bb) Antrag eines Gläubigers

Neben dem Schuldner ist **jeder Gläubiger** zur Antragstellung berechtigt. Gläubiger ist, wer im Zeitpunkt der Antragstellung einen Anspruch gegen den Schuldner hat.[64] Für die Zulässigkeit des Gläubigerantrages ist es erforderlich, **69**

60 Vgl Kuhn/Uhlenbruck, KO, § 103 KO Rn 8a.
61 *Smid* § 2 GesO Rn 21.
62 Zum Antragsrecht des Erbschaftskäufers vgl § 322 InsO und *Smid* § 2 GesO Rn 23.
63 Happ/Huntemann (Hrsg), § 4 Rn 58; Haarmeyer/Wutzke/Förster, GesO, § 2 Rn 27; Hess/Binz/Wienberg, § 2 GesO Rn 6.
64 *Smid* § 2 GesO Rn 11.

daß der Gläubiger ein **rechtliches Interesse** an der Eröffnung des Insolvenzverfahrens hat und er **seine Forderung** und den **Eröffnungsgrund glaubhaft macht** (§ 14 Abs 1 InsO). Der Antrag eines Gläubigers, der als absonderungsberechtigter Gläubiger seine Rechte innerhalb wie außerhalb des Verfahrens in gleicher Weise geltend machen kann, ist wegen Fehlens eines rechtlichen Interesses deshalb unzulässig.[65]

70 Stellt ein Gläubiger einen Antrag, ist er nach der anwendbaren Vorschrift von § 50 Abs 1 GKG als Antragsteller Schuldner der Gebühr für das Verfahren über den Antrag auf Eröffnung des Insolvenzverfahrens. Wird der Antrag abgewiesen oder zurückgenommen, so ist der Antragsteller auch Schuldner der in dem Verfahren entstandenen Auslagen. Die Gebühr wird mit Einreichung des Antrages fällig.

b) Antragspflichtige

71 Nach dem Gesetz sind bestimmte Personen verpflichtet, einen Antrag auf Eröffnung eines Insolvenzverfahrens zu stellen, wenn die entsprechenden Voraussetzungen vorliegen. Es sind zwei Gruppen zu unterscheiden:

72 Folgende Personen trifft die Antragspflicht, wenn der Schuldner zahlungsunfähig **oder** überschuldet ist:

- Vorstandsmitglieder und Liquidatoren einer **AG** sowie Geschäftsführer und Liquidatoren einer **GmbH** (vgl §§ 92 Abs 2, 268 Abs 2, 278 Abs 3, 283 Nr 14 AktG, §§ 64, 71, 84 GmbHG);
- organschaftliche Vertreter einer zur Vertretung einer **Personenhandelsgesellschaft** oder **KGaA** ermächtigten juristischen Person, deren sämtliche persönlich haftenden Gesellschafter ihrerseits juristische Personen sind sowie deren Liquidatoren (§§ 130 a, 177 a HGB, 278 Abs 2AktG);
- Vorstandsmitglieder und Liquidatoren einer **Genossenschaft** (vgl §§ 99, 148 GenG).

73 Andere Personen sind **nur im Falle der Überschuldung** zur Antragstellung verpflichtet:

- Vorstandsmitglieder und Liquidatoren eines **Vereins** oder einer **Stiftung des bürgerlichen Rechts** sowie die Vertretungsorgane der **juristischen Personen des öffentlichen Rechts** wie Körperschaften, Stiftungen und Anstalten (vgl §§ 42 Abs 2, 48, 53, 86, 88, 89 Abs 2 BGB);
- Erben und Nachlaßverwalter bei Überschuldung eines **Nachlasses** (§§ 1980, 1985 BGB) sowie der überlebende **Ehegatte**, der die Gütergemeinschaft fortsetzt, bei Überschuldung des Gesamtgutes (§ 1489 Abs 1 iVm § 1980 BGB).

74 Die Verpflichtung zur Antragstellung entfällt nicht dadurch, daß der antragspflichtige organschaftliche Vertreter oder Liquidator sein Amt niederlegt.[66]

---

65 Vgl Begr zu § 15 RegEntw InsO abgedruckt in Balz/Landfermann S 87f.
66 Vgl BGH NJW 1952, 554; Kuhn/Uhlenbruck, KO, § 103 Rn 8e mwN.

Auch wenn ein Gläubiger bereits einen Antrag auf Eröffnung des Gesamtvollstreckungsverfahrens gestellt hat, bleiben die vorstehenden Antragspflichten bestehen.[67] Diese Antragspflichten bestehen hingegen nicht, wenn lediglich eine drohende Zahlungsunfähigkeit iSd § 18 Abs 2 InsO vorliegt (vgl hierzu o Rn 26ff).[68] **75**

c) Zeitpunkt der Antragstellung bei Antragspflicht

Besteht eine Antragspflicht, ist der Eröffnungsantrag **ohne schuldhaftes Zögern,**[69] spätestens aber drei Wochen nach Eintritt der Zahlungsunfähigkeit oder nachdem sich eine Überschuldung aus der Aufstellung der Bilanz ergeben hat, zu stellen (§§ 92 Abs 2 AktG, 64 Abs 2 GmbHG, 99 Abs 1 GenG, 130 a Abs 1, 161 HGB, 278 Abs 2 AktG).[70] **76**

Der **Beginn** der Dreiwochenfrist ist in den entspr Vorschriften des Handels- und Gesellschaftsrechts nicht geregelt. Nach der Rspr des BGH[71] zur Konkursantragspflicht beginnt die Dreiwochenfrist bei **Überschuldung** eines antragspflichtigen Unternehmens mit der Kenntnis des zuständigen Organs vom Vorliegen des Insolvenzgrundes. Die Dreiwochenfrist ist nach Auffassung des BGH die absolute Höchstgrenze für den Insolvenzantrag. Von jeder antragspflichtigen Person ist, abhängig von dem Geschäftsumfang, ein bestimmter Planungsaufwand zu verlangen, nach dem aufgrund einer zuverlässigen Eigenprüfung festgestellt werden kann, ob eine Überschuldung vorliegt oder nicht. **77**

Im Falle der Zahlungsunfähigkeit des Schuldners beschränkt sich die Verpflichtung zur Eigenprüfung auf die Überprüfung der Liquidität des Unternehmens. **78**

d) Form und Inhalt des Antrages

An den Antrag sind bestimmte formelle und inhaltliche Anforderungen zu stellen. **79**

aa) Form des Antrages

Der Antrag kann schriftlich oder zu Protokoll der Geschäftsstelle des zuständigen Insolvenzgerichts gestellt werden.[72] Hierbei kann sich der Antragsteller durch einen Rechtsanwalt vertreten lassen.[73] Der Antrag auf Eröffnung des In- **80**

67 Vgl Kuhn/Uhlenbruck, KO, § 103 Rn 8a.
68 Vgl Begr zu § 22 RegEntw InsO abgedruckt in Balz/Landfermann S 91.
69 nicht bei drohender Zahlungsunfähigkeit: Begr zu § 22 RegEntw InsO abgedruckt in Balz/Landfermann S 92f.
70 Kuhn/Uhlenbruck, *KO*, § 103 Rn 9.
71 Vgl BGHZ 75, 96, 108 *(Herstatt)*.
72 Haarmeyer/Wutzke/Förster, Kap 3 Rn 15.
73 *Smid* § 2 GesO Rn 5; Hess/Kropshofer, § 103 KO Rn 9.

solvenzverfahrens ist eine Prozeßhandlung. **Befristete und bedingte** Anträge auf Einleitung des Insolvenzverfahrens sind deshalb unzulässig.[74]

bb) Inhalt des Antrages

81 Der Inhalt des Antrages muß deutlich zum Ausdruck bringen, daß ein Insolvenzverfahren über das Vermögen einer bestimmten Person oder über ein Sondervermögen eingeleitet werden soll.

82 Als inhaltliche Mindestanforderungen sollte der Antrag Angaben enthalten über

- den **Wohnsitz** oder den **Sitz** des Schuldners;
- die genaue Bezeichnung von **Antragsteller und Antragsgegner** (insbes ladungsfähige Anschrift des Antragstellers und des Schuldners, Vertretungsverhältnisse – § 4 InsO iVm §§ 253, 191 ZPO);
- das **rechtliche Interesse** an der Eröffnung des Verfahrens (nur bei Gläubigerantrag; vgl § 14 Abs 1 InsO);
- die **Glaubhaftmachung der Gläubigerforderung** (nur bei Gläubigerantrag, § 14 InsO);
- die **Glaubhaftmachung des Eröffnungsgrundes für die Einleitung eines Insolvenzverfahrens** (Zahlungsunfähigkeit und/oder Überschuldung; vgl hierzu im einzelnen o Rn 19ff);
- bei **drohender Zahlungsunfähigkeit** ggf Nachweis der Vertretungsberechtigung (§ 18 Abs 2 InsO);
- **Antrag auf Erteilung der Restschuldbefreiung** oder die Erklärung, daß Restschuldbefreiung nicht beantragt werden soll (nur bei Schuldnerantrag im Verbraucherinsolvenzverfahren, vgl § 305 Abs 1 Nr 2 InsO, sonst nicht zwingend, aber möglich; vgl § 287 Abs 1 InsO).

e) Rechtliches Interesse und Glaubhaftmachung

83 Insbes die Anforderungen an den Antrag im Zusammenhang mit der Darlegung des rechtlichen Interesses und der Glaubhaftmachung der Forderung und des Insolvenzgrundes bereiten in der Praxis häufig Schwierigkeiten. Diese Voraussetzungen werden deshalb nachfolgend behandelt.

aa) Rechtliches Interesse an der Verfahrenseröffnung

84 Nach § 14 Abs 1 InsO ist der **Antrag eines Gläubigers** nur dann zulässig, wenn der antragstellende Gläubiger ein **rechtliches Interesse an der Eröffnung** des Insolvenzverfahrens hat. Der Schuldnerantrag erfordert hingegen das Vorliegen eines rechtlichen Interesses nicht.

85 Der Staat stellt grundsätzlich seine Gerichte und von diesen anzuwendende Zwangsmittel nur demjenigen zur Verfügung, der ein von der Rechtsordnung

---

74 Haarmeyer/Wutzke/Förster, Kap 3 Rn 18; *Bork* Rn 79.

anzuerkennendes Bedürfnis nach Rechtsschutz hat. Aus diesem Grunde enthält § 14 Abs 1 InsO für die Zulässigkeit des Gläubigerantrages die Voraussetzung eines Rechtsschutzinteresses für den Antrag, das von dem **Gläubiger darzulegen** und im Falle seines **Fehlens von Amts wegen zu berücksichtigen** ist.[75] An einem rechtlichen Interesse fehlt es beispielsweise, wenn der Gläubiger im Falle der Eröffnung des Insolvenzverfahrens an diesem Verfahren nicht beteiligt ist[76] und außerdem dann, wenn mit dem Eröffnungsantrag insolvenzfremde Zwecke verfolgt werden. Als Beispiele werden insoweit Vermeidung eines Erkenntnisverfahrens über die Gläubigerforderung, die Auflösung einer Gesellschaft und die Auseinandersetzung mit Konkurrenten im Wettbewerb genannt.[77] Dem Antrag eines Gläubigers fehlt das Rechtsschutzinteresse, wenn dieser als Aussonderungsberechtigter ohne persönliche Forderung seine Rechte innerhalb wie außerhalb des Verfahrens in gleicher Weise geltend machen kann.[78] An einem Rechtsschutzinteresse fehlt es ferner, wenn ein Gläubiger durch Sicherungsrechte im Schuldnervermögen oder im Vermögen eines Dritten hinreichend abgesichert ist und durch einen Zugriff auf sein Sicherungsrecht seinen Anspruch auf einfachere oder billigere Art und Weise als durch ein Insolvenzverfahren realisieren kann.[79] Des weiteren fehlt es dem Gläubiger einer verjährten Forderung an dem erforderlichen Rechtsschutzinteresse, weil diesem auch im Insolvenzverfahren die Verjährung von dem Insolvenzverwalter entgegengehalten werden kann.[80]

bb) Begriff der Glaubhaftmachung

Für die Glaubhaftmachung finden über § 4 InsO die zu § 294 ZPO entwickelten Grundsätze Anwendung. An die Glaubhaftmachung hat das Gericht demnach regelmäßig geringere Anforderungen zu stellen als an den vollen Beweis.[81] **86**
Der Beweis setzt eine an Sicherheit grenzende Wahrscheinlichkeit voraus. Die Glaubhaftmachung hingegen läßt eine überwiegende Wahrscheinlichkeit des glaubhaft zu machenden Umstandes ausreichen.[82] Demnach ist neben allen **präsenten Beweismitteln** auch die **eidesstattliche Versicherung** als Mittel der Glaubhaftmachung zulässig.[83] Beweiserhebungen sind im Eröffnungsverfahren hingegen unzulässig, da das Eröffnungsverfahren ein Eilverfahren ist. Das Insolvenzgericht ist deshalb weder berechtigt noch verpflichtet, Beweise über

75 BGH WM 1996, 652; *Bork* Rn 80; Haarmeyer/Wutzke/Förster, Kap 3 Rn 42.
76 Vgl Begr zu § 16 RegEntw InsO abgedruckt in Balz/Landfermann S 88f.
77 Vgl Begr zu § 16 RegEntw InsO abgedruckt in Balz/Landfermann S 88f; *Bork* Rn 80 (Fn 4).
78 Haarmeyer/Wutzke/Förster, Kap 3 Rn 43.
79 Vgl LG Magdeburg ZIP 1995, 579.
80 Haarmeyer/Wutzke/Förster, Kap 3 Rn 43 mwN.
81 *Smid* § 2 GesO Rn 51.
82 Haarmeyer/Wutzke/Förster, Kap 3 Rn 50; vgl Baumbach/Lauterbach/*Hartmann* ZPO § 294 Anm 1.
83 Vgl *Smid* § 2 GesO Rn 52; Haarmeyer/Wutzke/Förster, GesO, § 2 Rn 105.

glaubhaft zu machende Tatsachen zu erheben.[84] Eine glaubhaft gemachte Tatsache kann im Eröffnungsverfahren durch eine Glaubhaftmachung entgegenstehender Tatsachen durch den Antragsgegner erschüttert werden.[85]

cc) Glaubhaftmachung durch den Gläubiger

87 In der Insolvenzordnung ist in § 14 Abs 1 geregelt, daß der Gläubiger seine **Forderung glaubhaft machen** muß. Die Glaubhaftmachung ist wegen des Rechtsschutzbedürfnisses des Schuldners geboten, dessen Rechte durch den Antrag des Gläubigers in erheblichem Maße berührt werden. Das Erfordernis der Glaubhaftmachung gilt auch, wenn die Finanzbehörden, sonstige Behörden oder die Sozialversicherungsträger als Gläubiger Antragsteller sind.[86]

88 Die Glaubhaftmachung der Forderung erfolgt nach Möglichkeit durch Vorlage von Urkunden, aus denen sich die Forderung ergibt, erforderlichenfalls durch eine entspr eidesstattliche Versicherung.[87] Die Forderung braucht grundsätzlich nicht tituliert, darf aber nicht verjährt oder gestundet sein. Insbes Pfändungsprotokolle über fruchtlose Pfändungen, Schuldtitel, Wechsel, Schuldscheine, Kontoauszüge oder Rechnungen über Warenlieferungen, aus denen sich das Bestehen der Gläubigerforderung ergibt, können in diesem Zusammenhang verwendet werden.[88]

89 Der Gläubiger, der einen Antrag auf Eröffnung des Insolvenzverfahrens stellt, hat gem § 14 Abs 1 InsO ferner die **Zahlungsunfähigkeit oder die Überschuldung** des Antragsgegners glaubhaft zu machen.

90 Auch zur Glaubhaftmachung der **Zahlungsunfähigkeit** hat der Gläubiger seinem Antrag entspr Unterlagen beizufügen, aus denen sich der behauptete Insolvenzgrund schlüssig ergibt. Die bloße Angabe oder der Nachweis von Indizien für das Vorliegen eines Insolvenzgrundes reicht zur Glaubhaftmachung nicht aus. Unzureichend ist insbes der Nachweis für die Hingabe einzelner ungedeckter Schecks des Schuldners oder einzelner Wechselproteste. Allerdings kann eine Vielzahl solcher Indizien zur Glaubhaftmachung der Zahlungsunfähigkeit ausreichen. Weitere Indizien sind die Einstellung des Geschäftsbetriebes durch den Schuldner, die Nichtzahlung von Löhnen und Gehältern oder die Nichtabführung von Lohnsteuern und Sozialversicherungsbeiträgen.[89] Ebenso ist die Bescheinigung eines Gerichtsvollziehers oder Vollstreckungsbeamten über den fruchtlosen Verlauf einer Pfändung zur Glaubhaftmachung der Zahlungsunfähigkeit im Regelfall ausreichend.

---

84 BGH BB 1986, 1048; Haarmeyer/Wutzke/Förster, Kap 3 Rn 50.
85 Haarmeyer/Wutzke/Förster, Kap 3 Rn 50.
86 Zu den Einzelheiten vgl Kuhn/Uhlenbruck, KO, § 105 Rn 3b) und Rn 3c).
87 Vgl Haarmeyer/Wutzke/Förster, Kap 3 Rn 51.
88 Kuhn/Uhlenbruck, KO, § 105 Rn 3r); Haarmeyer/Wutzke/Förster, Kap 3 Rn 51.
89 Kuhn/Uhlenbruck, KO, § 105 Rn 3d) mwN; Haarmeyer/Wutzke/Förster, Kap 3 Rn 58.

Die **Überschuldung** des Antragsgegners ist hingegen ungleich schwieriger glaubhaft zu machen. Der Gläubiger hat regelmäßig keine Informationen oder interne Kenntnisse über das Rechnungswerk des Schuldners. Wenn allerdings mit der Buchführung vertraute Mitarbeiter des Schuldners unter Darlegung der Einzelheiten an Eides Statt versichern, daß die Gesellschaft überschuldet ist, dürfte dies ausreichen. Insbes bei Insolvenzanträgen von Arbeitnehmern sind solche internen Kenntnisse denkbar.[90] Ausreichend für die Glaubhaftmachung der Überschuldung dürfte auch die Vorlage eines testierten Jahresabschlusses sein, aus dem sich die Überschuldung ergibt. Insbes das Finanzamt oder die Geschäftsbanken des Schuldners verfügen zuweilen über solche Dokumente. Soweit die Angaben in dem Jahresabschluß überholt sein sollten, hat der Schuldner im Rahmen der in § 14 Abs 2 InsO vorgesehenen gerichtlichen Anhörung die Möglichkeit, gegenteilige Tatsachen glaubhaft zu machen, um den Antrag zu Fall zu bringen. **91**

dd) Glaubhaftmachung durch den Schuldner und sonstige antragsberechtigte Personen

Der Antrag des **Schuldners** erfordert grundsätzlich weder die Glaubhaftmachung der Zahlungsunfähigkeit und/oder Überschuldung noch die schlüssige Darlegung einer Gläubigerforderung. Ausnahmsweise ist jedoch der **Insolvenzgrund** ebenfalls **glaubhaft zu machen**, wenn bei einer juristischen Person oder Personengesellschaft der Antrag nicht von allen Vertretungsberechtigten oder Liquidatoren gestellt wird (§ 15 Abs 2 InsO; § 100 Abs 2 GenG). **92**

Das gleiche gilt, wenn bei einer **Gesellschaft ohne Rechtspersönlichkeit** (vgl § 11 Abs 2 Nr 1 InsO und o Rn 8ff) nicht sämtliche persönlich haftenden Gesellschafter oder alle Abwickler den Antrag stellen. Der Insolvenzgrund ist dann von dem oder den antragstellenden Personen ebenfalls glaubhaft zu machen.[91] **93**

Auch für den Fall eines Antrages auf Eröffnung des Insolvenzverfahrens über einen **Nachlaß**, der nicht von sämtlichen Erben gestellt wird, ist die Zahlungsunfähigkeit und/oder die Überschuldung des Nachlasses glaubhaft zu machen (§ 317 Abs 2 InsO). Hierbei ist die Antragsfrist von zwei Jahren seit Annahme der Erbschaft zu beachten (vgl § 319 InsO). **94**

ee) Rechtsfolgen fehlender Glaubhaftmachung

Macht der zur Glaubhaftmachung Verpflichtete seine Forderung und/oder den Insolvenzgrund in seinem Antrag nicht hinreichend glaubhaft, so wird das Insolvenzgericht ihm regelmäßig eine Frist setzen, binnen derer er den Mangel heilen kann. Wenn die Glaubhaftmachung nicht gelingt, ist der Antrag als unzulässig zurückzuweisen mit der Folge, daß der Antragsteller die Kosten zu **95**

---

90 Kuhn/Uhlenbruck, KO, § 105 Rn 3d).
91 Vgl Haarmeyer/Wutzke/Förster, Kap 3 Rn 34.

tragen hat (§§ 4 InsO, 91 ZPO). Gegen die Zurückweisung des Antrages steht dem Antragsteller nach § 34 Abs 1 InsO die sofortige Beschwerde zu (vgl hierzu Rn 127ff).

3. Rücknahme des Eröffnungsantrages

96 Der Eröffnungsantrag kann zurückgenommen werden, bis das Verfahren eröffnet ist. Nach der bisherigen Rechtslage konnte der Antrag sogar bis zur **Rechtskraft** des Eröffnungsbeschlusses zurückgenommen werden.[92] Mit Einführung der Insolvenzordnung ist eine Rücknahme des Antrages nach der Eröffnung des Insolvenzverfahrens nicht mehr möglich, also auch nicht in dem Zeitraum, in dem der Eröffnungsbeschluß noch nicht rechtskräftig ist. Im Interesse der Rechtssicherheit soll eine Verfahrenseröffnung mit ihren Wirkungen gegenüber Dritten durch eine Rücknahme des Antrages nicht mehr in Frage gestellt werden können.[93] Der Eröffnungsbeschluß wird regelmäßig wirksam, wenn er dem Verwalter, dem Schuldner oder einem Gläubiger mit Einverständnis des Gerichts bekanntgeworden ist. Er ist aber als Verfahrenshandlung nicht nach den §§ 119ff BGB anfechtbar.[94] Selbst wenn der Eröffnungsbeschluß nach dessen Bekanntgabe mit der sofortigen Beschwerde angegriffen wird, kann der Antrag trotz der fehlenden Rechtskraft nicht mehr zurückgenommen werden.

IV. Entscheidung über die Eröffnung

97 Das Insolvenzgericht prüft zunächst die Zulässigkeit des Antrages und eröffnet das Verfahren, wenn es zu der Überzeugung gelangt ist, daß ein Eröffnungsgrund vorliegt und das Vermögen des Schuldners voraussichtlich ausreichen wird, um die Kosten des Verfahrens zu decken, oder ein ausreichender Betrag vorgeschossen wird.

1. Amtsermittlungsgrundsatz, Anhörungspflichten des Gerichts und Auskunftspflicht des Schuldners

98 Das Insolvenzgericht hat nach § 5 Abs 1 InsO von Amts wegen alle Umstände zu ermitteln, die für das Insolvenzverfahren von Bedeutung sind. Es hat in Erfüllung dieser Aufgabe verschiedene Beteiligte anzuhören und kann von dem Schuldner Auskünfte verlangen.

---

92 Kuhn/Uhlenbruck, KO, § 103 Rn 3; aA *Smid* § 2 GesO Rn 6; Haarmeyer/Wutzke/Förster, GesO, § 2 Rn 20; Kilger/K.Schmidt, § 103 KO Anm 2.
93 Vgl Begr zu § 15 RegEntw InsO abgedruckt in Balz/Landfermann S 87f.
94 Vgl nur *Smid* § 2 GesO Rn 6 mwN; Kuhn/Uhlenbruck, KO, § 103 Rn 3h).

a) Amtsermittlungen des Insolvenzgerichts

Das Gericht hat zunächst folgende Ermittlungen anzustellen. **99**

aa) Zulässigkeitsprüfung

Sobald ein Antrag auf Eröffnung des Insolvenzverfahrens vorliegt, so hat das **100** Gericht unverzüglich dessen Zulässigkeit zu prüfen. Zulässigkeitsfragen betreffen insbes:

- die Zuständigkeit des Gerichts;
- die Partei und Prozeßfähigkeit des Antragstellers (§ 4 InsO iVm §§ 50 ff ZPO);
- die Klärung des Rechtsschutzbedürfnisses;
- die Glaubhaftmachung von Forderung und Insolvenzgrund und
- die Insolvenzfähigkeit des Schuldners.

Ist eine dieser Voraussetzungen nicht gegeben, weist das Gericht den Antrag **101** als unzulässig zurück oder verweist bei fehlender Zuständigkeit das Verfahren nach Anhörung des Antragstellers und einem **Verweisungsantrag** des Antragstellers an das örtlich zuständige Gericht. Gegen die Zurückweisung des Eröffnungsantrages kann der Antragsteller gem §§ 34 Abs 1, 6 InsO das Rechtsmittel der sofortigen Beschwerde einlegen.

bb) Feststellung eines Insolvenzgrundes

Ist der Insolvenzantrag zulässig, wendet sich das Gericht der Begründetheits- **102** prüfung zu. Das Insolvenzgericht hat zunächst festzustellen, ob ein Eröffnungsgrund vorliegt oder nicht (vgl hierzu Rn 18 ff). Es hat gem § 5 Abs 1 InsO auch im Eröffnungsverfahren alle Umstände zu ermitteln, die für das Insolvenzverfahren von Bedeutung sind und kann für die Prüfung des Vorliegens eines Eröffnungsgrundes auch **Zeugen** und Sachverständige vernehmen[95] oder letztere als **Gutachter** zur Feststellung der Eröffnungsvoraussetzungen bestellen. Als Sachverständiger kann nach § 22 Abs 1 S 2 und Abs 2 InsO insbes ein gerichtlich bestellter vorläufiger Insolvenzverwalter mit oder ohne Verwaltungs- und Verfügungsbefugnis mit der Prüfung des Eröffnungsgrundes beauftragt werden.

b) Anhörungspflichten

Im Rahmen seiner Ermittlungspflichten hat das Insolvenzgericht im Eröff- **103** nungsverfahren, je nachdem wer den Eröffnungsantrag gestellt hat, verschiedene **Anhörungspflichten** zu erfüllen. Bei einem zulässigen Gläubigerantrag hat das Insolvenzgericht den Schuldner zu hören. Entspr gilt, wenn bei einem Schuldnerantrag auf Eröffnung des Insolvenzverfahrens über das Vermögen einer **juristischen Person** oder einer **Gesellschaft ohne Rechtspersönlichkeit**

---

95 *Bork* Rn 97.

der Antrag nicht von allen Mitgliedern eines Vertretungsorgans, allen persönlich haftenden Gesellschaftern oder allen Abwicklern gestellt wird. In einem solchen Falle hat das Gericht nach § 15 Abs 2 InsO die übrigen Mitglieder des Vertretungsorgans, persönlich haftenden Gesellschafter oder Abwickler zu hören. Die gleiche Pflicht trifft das Insolvenzgericht, wenn ein Antrag auf Eröffnung eines **Nachlaßinsolvenzverfahrens** von allen Erben gestellt wird. Das Insolvenzgericht hat in einem solchen Falle gem § 317 Abs 2 S 2 InsO die übrigen Erben zu hören (vgl hierzu auch Kap 18 Rn 13)

104 Die Anhörung der vorstehend bezeichneten Personen ist nicht nur Ausdruck der Gewährung rechtlichen Gehörs iSv Art 3 Abs 1 GG, sondern auch richterliche Maßnahme zur Sachverhaltsaufklärung im Rahmen von § 5 Abs 1 InsO.

c) Auskunftspflichten des Schuldners im Eröffnungsverfahren

105 Ist der Eröffnungsantrag zulässig, hat der Schuldner dem Insolvenzgericht nach § 20 InsO die Auskünfte zu erteilen, die zur Entscheidung über den Insolvenzantrag erforderlich sind. Diese Vorschrift verallgemeinert die bisherigen Pflichten des Schuldners gem § 104 KO, nach der bei einem Konkursantrag des Schuldners ein Verzeichnis der Gläubiger und Schuldner sowie eine Vermögensübersicht möglichst bei Antragstellung bei Gericht einzureichen waren. Solche und ähnliche Mitteilungen des Schuldners schon im Eröffnungsverfahren dürften auch künftig im Falle eines Gläubigerantrages erforderlich sein. Das Gericht wird dem Schuldner erforderlichenfalls aufgeben, die benötigten Informationen anhand eines Fragebogens binnen einer bestimmten Frist zu erteilen. Beispielsweise kann die Eröffnung eines massearmen Verfahrens dadurch ermöglicht werden, daß durch Auskünfte des Schuldners im Rahmen der Befragung durch das Gericht Anfechtungsansprüche oder sonstige Vermögensgegenstände ermittelt werden.[96]

106 Wird ein Schuldnerantrag auf den Eröffnungsgrund der **drohenden Zahlungsunfähigkeit** gestützt, kann das Gericht dem Schuldner aufgeben, eine Liquiditätsbilanz oder einen auf einen längeren Zeitraum bezogenen **Liquiditätsplan** zur Feststellung der drohenden Zahlungsunfähigkeit vorzulegen. Entspr gilt für die Vorlage einer Überschuldungsbilanz zwecks Feststellung der Überschuldung.[97] Die Mitwirkung des Schuldners im Eröffnungsverfahren kann gem § 20 S 2 iVm § 98 InsO zwangsweise durchgesetzt werden, indem der Schuldner die Richtigkeit und Vollständigkeit seiner Auskünfte an Eides Statt zu versichern hat. Unter den in § 98 Abs 2 InsO genannten Voraussetzungen kann das Gericht den Schuldner ferner zwangsweise vorführen und nach Anhörung in Haft nehmen lassen (vgl hierzu Kap 3 Rn 61).

---

96 Vgl Begr zu § 24 RegEntw InsO abgedruckt in Balz/Landfermann S 94f.
97 Vgl *Bork* Rn 96.

d) Verfahrenskostendeckung

107 Ist das Insolvenzgericht im Rahmen seiner Ermittlungen zu der Auffassung gelangt, daß ein Eröffnungsgrund nicht vorliegt, weist das Gericht den Eröffnungsantrag als unbegründet ab. Anderenfalls hat es nunmehr zu prüfen, ob eine die Kosten des Insolvenzverfahrens deckende Masse vorhanden ist. Das Insolvenzgericht hat sich durch entspr Ermittlungen davon zu überzeugen, daß der Schuldner noch über ausreichend Vermögen verfügt, um die Kosten des Insolvenzverfahrens zu decken. Eine Ausnahme gilt für den Fall, daß von dem Gericht bereits ein vorläufiger Insolvenzverwalter eingesetzt wurde, auf den die Verwaltungs- und Verfügungsbefugnis gem § 22 Abs 1 InsO übergegangen ist (vgl Kap 3 Rn 41 ff). Nach § 22 Abs 2 S 2 InsO hat in einem solchen Fall der vorläufige Insolvenzverwalter zu prüfen, ob das Vermögen des Schuldners die Kosten des Verfahrens decken wird und dem Gericht sein Ergebnis mitzuteilen.

108 Zu berücksichtigen sind lediglich die **Kosten des Insolvenzverfahrens** iSd § 54 InsO. Dies sind die **Gerichtskosten** für das Insolvenzverfahren, die **Vergütung und die Auslagen** des vorläufigen Insolvenzverwalters, des Insolvenzverwalters und der Mitglieder des Gläubigerausschusses. Die **sonstigen Masseverbindlichkeiten** iSv § 55 InsO, insbes diejenigen Verbindlichkeiten, die durch Handlungen des Insolvenzverwalters oder in anderer Weise durch die Verwaltung, Verwertung und Verteilung der Insolvenzmasse begründet werden, haben für die Frage der Kostendeckung außer Betracht zu bleiben.[98] Wenn die sonstigen Masseverbindlichkeiten im eröffneten Verfahren nicht gedeckt werden können, führt dies nach § 208 Abs 1 InsO lediglich dazu, daß **Masseunzulänglichkeit** vorliegt, jedoch nicht zur sofortigen Einstellung des Verfahrens mangels Masse. Durch diese Regelung soll nach dem Willen des Gesetzgebers erreicht werden, daß in einer größeren Zahl von Fällen das gerichtliche Verfahren eröffnet werden kann. Denn oftmals wird der Verwalter erst nach Verfahrenseröffnung einen Überblick über das tatsächlich vorhandene Vermögen des Schuldners, über die Möglichkeit einer Insolvenzanfechtung und über den Schuldenstand erhalten. Das Insolvenzgericht bzw der beauftragte Sachverständige hat demnach im Eröffnungsverfahren zu prüfen, ob die Verfahrenskosten des **gesamten Verfahrens** gedeckt sind.[99] Gelangt das Insolvenzgericht zu dem Ergebnis, daß eine die Verfahrenskosten deckende Masse nicht vorhanden ist, weist es den Antrag auf Eröffnung des Insolvenzverfahrens nach § 26 Abs 1 S 1 InsO ab.

e) Massekostenvorschuß

109 Nach § 26 Abs 1 S 2 InsO unterbleibt die Abweisung mangels Masse, wenn ein ausreichender Geldbetrag vorgeschossen wird. Die **Höhe des Kostenvorschusses** bemißt sich an den voraussichtlichen Kosten des Insolvenzverfahrens

98 Vgl Begr zu § 30 RegEntw InsO abgedruckt in Balz/Landfermann S 103 f.
99 Vgl zu § 30 RegEntw InsO Balz/Landfermann S 103 ff.

iSv § 54 InsO (vgl o Rn 108). Die Leistung eines Massekostenvorschusses wird insbes immer dann sinnvoll sein, wenn absehbar ist, daß die vorhandene Masse nach Eröffnung des Verfahrens noch angereichert werden kann. Dies kommt insbes bei Realisierung von Vermögenswerten durch Anfechtungs- oder sonstige Prozesse in Betracht. Entspr gilt für den Fall, daß durch eine Auslaufproduktion an sich wertlose Halbfertigprodukte fertiggestellt und veräußert werden können.[100] Den antragstellenden Gläubigern sollte das Gericht in jedem Falle Gelegenheit geben, einen ausreichenden Massekostenvorschuß zu leisten, bevor es über die Eröffnung des Verfahrens entscheidet. Der Vorschuß wird nur zum Zwecke der Massekostendeckung erhoben und darf auch nur hierfür verwendet werden.[101] Der Massekostenvorschuß kann durch den **Antragsteller**, einen sonstigen Gläubiger oder einen Dritten aufgebracht werden[102] und ist auf ein bei dem künftigen Verwalter einzurichtendes Anderkonto oder bei der Gerichtskasse einzuzahlen.

110 Hinzuweisen ist auf die Neuregelung des § 26 Abs 3 InsO. Hiernach kann derjenige, der einen Massekostenvorschuß geleistet hat, die **Erstattung des vorgeschossenen Betrages** von jeder Person verlangen, die entgegen den Vorschriften des Gesellschaftsrechts den Antrag auf Eröffnung des Insolvenzverfahrens pflichtwidrig und schuldhaft nicht gestellt hat. Ist streitig, ob die Antragstellung pflichtwidrig oder schuldhaft unterblieben ist, trifft den **Antragspflichtigen die Beweislast**. Dem Antragspflichtigen bleibt insoweit die Möglichkeit, sich durch den Nachweis zu entlasten, daß bes Umstände vorlagen, aufgrund derer die Verzögerung einer Antragstellung nicht pflichtwidrig oder nicht schuldhaft erscheint. Mißbräuche, die sich in der Praxis insbes bei der Rechtsform der Gesellschaft mit beschränkter Haftung durch eine verspätete oder unterlassene Antragstellung ergeben haben, sollen durch diese Regelung verhindert werden.[103] Der Erstattungsanspruch des Vorschußleistenden verjährt nach § 26 Abs 3 S 3 InsO in fünf Jahren und lehnt sich damit an die entspr Regelungen im Recht der Handelsgesellschaften und der Genossenschaften an.[104]

111 Ist weder ein Gläubiger noch ein sonstiger Dritter nach einer entspr Aufforderung bereit, einen ausreichenden Geldbetrag vorzuschießen, so weist das Gericht den Antrag mangels Masse durch Beschluß ab.

2. Beschlußinhalt

112 Je nachdem, ob das Verfahren nach den vorstehenden Ermittlungen eröffnet wird oder nicht, stellt das Gesetz bestimmte Anforderungen an den gerichtlichen Beschluß, mit dem über die Eröffnung des Verfahrens entschieden wird.

---

100 Vgl *Bork* Rn 100.
101 Vgl Kuhn/Uhlenbruck, KO, § 107 Rn 4.
102 Haarmeyer/Wutzke/Förster, Kap 3 Rn 291.
103 Vgl Begr zu § 30 RegEntw InsO abgedruckt in Balz/Landfermann S 103 ff.
104 Vgl § 93 Abs 6 AktG; § 43 Abs 4 GmbHG; § 34 Abs 6 GenG; § 130a Abs 3 S 6 HGB.

a) Eröffnungsbeschluß

Nach § 27 Abs 2 InsO enthält der Eröffnungsbeschluß folgende Angaben: **113**

- Firma oder Namen und Vornamen, Geschäftszweig oder Beschäftigung, gewerbliche Niederlassung oder Wohnung des Schuldners;
- Namen und Anschrift des (vom Gericht gem § 27 Abs 1 InsO zuvor ernannten) Insolvenzverwalters;
- Die Stunde der Eröffnung des Verfahrens.

Für den Fall, daß die Stunde der Eröffnung in dem Beschluß nicht angegeben ist, gilt nach § 27 Abs 3 InsO als **Zeitpunkt der Eröffnung die Mittagsstunde** des Tages, an dem der Beschluß erlassen worden ist. **114**

Zudem hat der Eröffnungsbeschluß die **an die Gläubiger gerichtete Aufforderung** zu enthalten, ihre **Forderungen** innerhalb einer bestimmten Frist unter Beachtung des § 174 InsO (vgl hierzu Kap 8 Rn 122) beim Insolvenzverwalter **anzumelden**. Das Gericht hat für die **Fristbemessung** nach § 28 S 2 InsO zu beachten, daß die Frist für die Anmeldung in einem Zeitraum von mindestens zwei Wochen und höchstens drei Monaten, gerechnet ab dem Zeitpunkt der Eröffnung des Verfahrens, festzusetzen ist.

Ferner sind die **Gläubiger** in dem Eröffnungsbeschluß nach § 28 Abs 2 InsO **115** **aufzufordern**, dem Verwalter unverzüglich mitzuteilen, welche **Sicherungsrechte** sie an beweglichen Sachen oder an Rechten des Schuldners in Anspruch nehmen. Sie sind darauf hinzuweisen, daß der Gegenstand, an dem das Sicherungsrecht beansprucht wird, die Art und der Entstehungsgrund des Sicherungsrechts sowie die gesicherte Forderung in der Mitteilung zu bezeichnen sind. In § 28 Abs 1 S 3 InsO wird klargestellt, daß derjenige, der die Mitteilung schuldhaft unterläßt oder verzögert, für den daraus entstehenden Schaden haftet. Hierauf sollten die Gläubiger in dem Beschluß ebenfalls hingewiesen werden.

Nach § 28 Abs 3 InsO sind im Eröffnungsbeschluß ferner die Personen, die **116** Verpflichtungen gegen den Schuldner haben, aufzufordern, nicht mehr dem Schuldner zu leisten, sondern nur noch an den Verwalter. Das Insolvenzgericht hat im Eröffnungsbeschluß ferner **Termine** für eine Gläubigerversammlung, in der auf Grundlage eines Berichts des Insolvenzverwalters über den Fortgang des Insolvenzverfahrens beschlossen wird (**Berichtstermin**) und eine Gläubigerversammlung, in der die angemeldeten Forderungen geprüft werden (**Prüfungstermin**) zu bestimmen (§ 29 InsO). Der Berichtstermin soll zwischen sechs Wochen und drei Monaten gerechnet ab Eröffnung des Verfahrens angesetzt werden. Für den Prüfungstermin bestimmt § 29 Abs 1 Nr 2 InsO, daß der Zeitraum zwischen dem Ablauf der Anmeldefrist und dem Prüfungstermin mindestens eine Woche und höchstens zwei Monate betragen soll. Soweit das Gericht von der Möglichkeit Gebrauch macht, **Berichtstermin und Prüfungstermin** gem § 29 Abs 2 InsO zu **verbinden**, ist hierauf in dem Beschluß bes hinzuweisen.

b) Abweisungsbeschluß

117 Weist das Gericht den Eröffnungsantrag ab, weil entweder ein Eröffnungsgrund nicht festgestellt werden konnte oder die Kosten des Verfahrens aus dem Vermögen des Schuldners oder einem Massekostenvorschuß nicht gedeckt sind, so ist dies ebenfalls durch **Beschluß** auszusprechen. In den Beschlußtext ist ausdrücklich aufzunehmen, aus welchem Grunde die Eröffnung des Verfahrens unterbleibt.

118 Für den Fall, daß von seiten des Insolvenzgerichts im Eröffnungsverfahren **Sicherungsmaßnahmen** gem §§ 21, 22 InsO angeordnet wurden, so sind diese nach Möglichkeit gleichzeitig mit dem Abweisungsbeschluß aufzuheben (vgl im einzelnen Kap 3 Rn 67ff). Zweckmäßigerweise sollte die Aufhebung der Sicherungsmaßnahmen in dem Abweisungsbeschluß mit ausgesprochen werden.

3. Bekanntmachung des Eröffnungsbeschlusses und Hinweispflichten des Insolvenzgerichts

119 Nach § 30 Abs 1 InsO hat die Geschäftsstelle des Insolvenzgerichts den Eröffnungsbeschluß **sofort öffentlich bekanntzumachen**. Die öffentliche Bekanntmachung erfolgt gem § 30 Abs 1 S 2 InsO durch auszugsweise Veröffentlichung des Beschlusses im **Bundesanzeiger** sowie durch Veröffentlichung in dem für amtliche Bekanntmachung des Gerichts bestimmten Blatt (vgl § 9 Abs 1 S 1 InsO). Dies ist idR eine **örtliche Tageszeitung** mit hohem Verbreitungsgrad in der Region, in der der Schuldner ansässig ist. Die Veröffentlichung kann nach § 9 Abs 1 S 1 2. Halbs InsO auszugsweise geschehen. Dabei ist der Schuldner genau zu bezeichnen, insbes sind seine Anschrift und sein Geschäftszweig anzugeben. Nach § 9 Abs 1 S 3 InsO **gilt die Bekanntmachung als bewirkt**, sobald nach dem Tag der Veröffentlichung zwei weitere Tage verstrichen sind. Darüberhinaus ist den Gläubigern und Schuldnern und dem Schuldner selbst der **Beschluß** nach § 30 Abs 2 InsO **bes zuzustellen**, wobei die öffentliche Bekanntmachung zum Nachweis der Zustellung an alle Beteiligten ausreicht (vgl § 9 Abs 3 InsO). Handelt es sich bei dem Schuldner um eine natürliche Person, soll das Insolvenzgericht ihn im Zuge der Eröffnung des Insolvenzgerichtsverfahrens nach § 30 Abs 3 InsO darauf hinweisen, daß er nach Maßgabe der §§ 286–303 InsO Restschuldbefreiung erlangen kann (vgl hierzu Kap 16).

4. Mitteilungen an Register- und Grundbuchämter

120 Ist der Schuldner in Handels-, Genossenschafts- oder Vereinsregister eingetragen, so hat die Geschäftsstelle des Insolvenzgerichts dem Registergericht eine Ausfertigung des Eröffnungsbeschlusses zu übermitteln. Entspr gilt im Falle der Abweisung des Eröffnungsantrages mangels Masse, wenn der Schuldner eine juristische Person oder eine Gesellschaft ohne Rechtspersönlichkeit ist, die durch die Abweisung mangels Masse aufgelöst wird.

Nach § 32 InsO ist die Eröffnung des Insolvenzverfahrens ferner in den Grundbüchern der Grundstücke einzutragen, die im Eigentum des Schuldners stehen. Die Eröffnung ist auch in die Grundbücher einzutragen, in denen für den Schuldner eingetragene Rechte an Grundstücken und Rechte an eingetragenen Rechten bestehen, wenn nach der Art des Rechts oder den Umständen zu befürchten ist, daß ohne die Eintragung die Insolvenzgläubiger benachteiligt würden. Soweit das Insolvenzgericht von solchen Grundstücken oder Rechten Kenntnis hat, ist das Grundbuchamt von Amts wegen um die Eintragung zu ersuchen. Die Eintragung kann allerdings auch von dem Insolvenzverwalter beim Grundbuchamt beantragt werden. **121**

Nach § 33 InsO gilt § 32 InsO entspr für die Eintragung der Eröffnung des Insolvenzverfahrens in das Schiffsregister, das Schiffsbauregister und das Register für Pfandrechte an Luftfahrzeugen. Dabei treten an die Stelle der Grundstücke die in diese Register eingetragenen Schiffe, Schiffsbauwerke und Luftfahrzeuge und an die Stelle des Grundbuchamts tritt das Registergericht. **122**

V. Rechtsfolgen der Abweisung mangels Masse

Weist das Insolvenzgericht den Eröffnungsantrag mangels Masse ab, so ist der Schuldner in ein **Schuldnerverzeichnis** einzutragen. Das Recht auf Einsicht, Auskünfte und auf Abschriften aus dem Verzeichnis richtet sich nach den Vorschriften über das Schuldnerverzeichnis nach der Zivilprozeßordnung (vgl § 915ff ZPO iVm der Schuldnerschutzverordnung).[105] Die Frist für die Löschung aus dem Verzeichnis beträgt nach § 26 Abs 2 InsO fünf Jahre. **123**

Bei den juristischen Personen des Handelsrechts (Aktiengesellschaft, Kommanditgesellschaft auf Aktien, Gesellschaft mit beschränkter Haftung) führt die Abweisung des Eröffnungsantrages mangels Masse außerdem zur Auflösung der Gesellschaft. Zu beachten ist, daß die bisher im Gesetz über die Auflösung und Löschung von Gesellschaften und Genossenschaften enthaltenen Regelungen mit Einführung der InsO durch entspr Gesetzesänderungen in die Gesetze verlagert wurden, in denen sie ihren systematisch richtigen Standort haben.[106] Dies dient nach Auffassung des Gesetzgebers der Rechtsklarheit.[107] **124**

VI. Rechtsmittel im Eröffnungsverfahren

Entscheidungen des Insolvenzgerichts können nur dann angefochten werden, wenn die Insolvenzordnung die sofortige Beschwerde vorsieht (vgl § 6 Abs 1 **125**

105 Vgl Baumbach/Lauterbach/Albers/*Hartmann* ZPO § 915h Rn 1.
106 Vgl §§ 131 Abs 1 Nr 3, Abs 2 Nr 2 HGB, 262 Abs 1 Nr 4 AktG, 60 Abs 1 Nr 5 GmbHG, 81a Nr 1 GenG.
107 Vgl Begr zu Art 2 RegEntw EGInsO abgedruckt in Balz/Landfermann S 462.

InsO). Die Entscheidung, die Eröffnung des Insolvenzverfahrens anzuordnen oder abzulehnen, ist nach § 34 InsO mit der formfreien **sofortigen Beschwerde** angreifbar (su unter 1.). Ob gegen die Entscheidung des Landgerichts der Rechtsbehelf der **weiteren sofortigen Beschwerde** zugelassen wird oder eine Vorlage an den Bundesgerichtshof erfolgt, hängt davon ab, ob dies zur Sicherung einer einheitlichen Rspr geboten ist (su unter 2. und 3.).

1. Sofortige Beschwerde

126 Nach § 4 InsO gelten für die sofortige Beschwerde die Bestimmungen der Zivilprozeßordnung und damit die Regelungen der §§ 577 und 567 ff ZPO, soweit die Insolvenzordnung nicht speziellere Regeln enthält. Dabei ist folgendes zu beachten:

a) Einlegung der sofortigen Beschwerde

127 Die sofortige Beschwerde ist bei dem Gericht einzulegen, das die angefochtene Entscheidung erlassen hat (§ 569 Abs 1 ZPO). In Insolvenzverfahren ist dies das **Amtsgericht**, dort die Insolvenzabteilung. Nur in dringenden Fällen kann die sofortige Beschwerde auch bei dem Beschwerdegericht - in Insolvenzverfahren also dem Landgericht - eingelegt werden (§ 569 Abs 1 ZPO). Die Einlegung bei dem Beschwerdegericht ist zur Fristwahrung auch ausreichend, wenn kein dringender Fall vorliegt (§ 577 Abs 2 S 2 ZPO).

128 Die Beschwerde kann entweder durch Einreichung einer **Beschwerdeschrift** (§ 569 Abs 2 S 1 ZPO) oder mündlich durch Erklärung zu Protokoll der Geschäftsstelle eingelegt werden (§ 569 Abs 2 S 2 ZPO). Die sofortige Beschwerde muß nicht durch einen bei dem örtlichen Gericht zugelassenen Rechtsanwalt erhoben werden, da der **Anwaltszwang** nach § 78 Abs 3 ZPO nicht für Prozeßhandlungen gilt, die durch Erklärung zu Protokoll der Geschäftsstelle vorgenommen werden können. Die sofortige Beschwerde kann daher vom Betroffenen selbst, mündlich oder schriftlich, oder auch durch einen beim Beschwerdegericht nicht zugelassenen Rechtsanwalt oder sonstigen Bevollmächtigten erhoben werden.

129 Sofern die Beschwerde schriftlich erhoben und nicht zu Protokoll erklärt wird, muß die Beschwerdeschrift vom Beschwerdeführer oder seinem Bevollmächtigten eigenhändig **unterschrieben** sein.[108]

130 Bei **schriftlicher** Einlegung ist die Form auch gewahrt, wenn die Beschwerde per **Telegramm,**[109] per **Fernschreiber,**[110] per **Telefax** oder **Telebrief**[111] einge-

---

108 Vgl hierzu im einzelnen Thomas/*Putzo* § 129 ZPO Rn 6; Baumbach/Lauterbach/Albers/*Hartmann* § 129 ZPO Rn 9; MünchKomm/*Peters* § 129 ZPO Rn 9.

109 Thomas/*Putzo* § 129 ZPO Rn 11; Baumbach/Lauterbach/Albers/*Hartmann* § 129 ZPO Rn 45 mwN; MünchKomm/*Peters* § 129 ZPO Rn 16, Fn 28.

legt wird. Eine auf diesem Wege eingelegte Beschwerde ist vom Absender unmittelbar an das Gericht zu senden. Durch die Versendung an einen Dritten am Ort des Gerichts, der die Beschwerdeschrift dann bei Gericht einreicht, wird die Schriftform hingegen nicht gewahrt.[112]

Die mittels der genannten elektronischen Übermittlungsarten eingelegte Beschwerde ist auch dann als vollständig eingegangen anzusehen, wenn der Inhalt der Beschwerdeschrift aufgrund eines Mangels der Empfangsanlage unlesbar angekommen ist, sofern sich der Inhalt der Beschwerdeschrift nachträglich feststellen läßt.[113] Da die sofortige Beschwerde keinen bestimmten Antrag und auch keine Begründung enthalten muß,[114] reicht es zur Fristwahrung aus, wenn aus der Beschwerdeschrift erkennbar ist, gegen welche Entscheidung des Gerichts sich der Beschwerdeführer wendet. Gleichwohl empfiehlt es sich stets, dem Gericht die Gründe für die Einlegung des Rechtsmittels der sofortigen Beschwerde darzulegen. Aus diesem Grunde sollte in der Beschwerdeschrift eine umfassende Begründung angekündigt werden, wenn sie noch nicht in ihr enthalten ist. **131**

Häufig bleibt dem Betroffenen aus Zeitnot, beispielsweise am letzten Tag der Beschwerdefrist, nur die Möglichkeit, die Beschwerde mittels der genannten elektronischen Übermittlungswege einzulegen. In derartigen Fällen wird es als ausreichend angesehen, wenn dem Gericht mitgeteilt wird, daß man sich gegen die angefochtene Entscheidung wende und der elektronisch übermittelten Schrift mit einfacher Post eine Begründung werde folgen lassen. Dabei ist es nicht zwingend erforderlich, in der Schrift auch das Wort „Beschwerde" zu verwenden, solange nur aus ihr eindeutig zu entnehmen ist, daß man gegen die zu nennende Entscheidung vorgeht.[115] Das Gericht muß aufgrund der Verpflichtung zur Gewährung rechtlichen Gehörs (Art 104 Abs 1 GG) die Begründung abwarten, bevor es seine Entscheidung erläßt.[116] **132**

b) Beschwerdeberechtigung

Die sofortige Beschwerde kann, anders als im Geltungsbereich der Gesamtvollstreckungsordnung (§ 20 GesO) und nach den bisherigen Regelungen der Konkursordnung (§ 73 Abs 3 KO) nicht von jedem eingelegt werden, der durch die Entscheidung des Gerichts beschwert ist. **133**

---

110 Vgl BGHZ 101, 276; BGHZ 97, 283; BVerfG NJW 87, 2067; Baumbach/Lauterbach/Albers/*Hartmann* § 129 ZPO Rn 21; MünchKomm/*Peters* § 129 ZPO Rn 16, Fn 29.
111 Vgl Thomas/*Putzo* § 129 ZPO Rn 13; Baumbach/Lauterbach/Albers/*Hartmann* § 129 ZPO Rn 44, 21, 22; MünchKomm/*Peters* § 129 ZPO Rn 16 Fn 30.
112 BGHZ 79, 314.
113 Vgl BGHZ 105, 40; Baumbach/Lauterbach/Albers/*Hartmann* § 129 ZPO Rn 22.
114 AllgM, vgl Thomas/*Putzo* § 569 ZPO Rn 7; Baumbach/Lauterbach/Albers/*Hartmann* § 569 ZPO Rn 5, 6; MünchKomm/*Braun* § 569 ZPO Rn 3.
115 Vgl Baumbach/Lauterbach/Albers/*Hartmann* § 569 ZPO Rn 4.
116 MünchKomm/*Braun* § 569 ZPO Rn 3; OLG München MDR 1959, 308.

134 Die Insolvenzordnung enthält Regelungen über eine **Beschränkung des Beschwerderechtes** dahingehend, daß gegen Beschlüsse des Insolvenzgerichts eine Beschwerde nur zulässig ist, wenn dies in der Insolvenzordnung ausdrücklich vorgesehen ist (§ 6 Abs 1 InsO).

135 Gegen den **Eröffnungsbeschluß** ist nur dem Schuldner und gegen den die Eröffnung ablehnenden Beschluß ist nur dem Antragsteller ein Beschwerderecht zuerkannt worden (§ 34 InsO). Der Schuldner kann gegen einen die Eröffnung **ablehnenden Beschluß** nur dann Rechtsmittel einlegen, wenn die Ablehnung der Eröffnung mangels Masse nach § 26 InsO erfolgte (§ 34 Abs 1 InsO).

136 **Alle anderen Entscheidungen** des Insolvenzgerichts im Eröffnungsverfahren, wie insbes die Anordnung von Sicherungsmaßnahmen und/oder die Bestellung eines vorläufigen Verwalters nach § 21 InsO, unterliegen nach dem Wortlaut des Gesetzes nicht der sofortigen Beschwerde. Dies ist iErg auch sachgerecht, wenn sich der Schuldner gegen die Anordnung solcher Maßnahmen im Eröffnungsverfahren nur mit der Behauptung wehrt, es liege kein Insolvenzgrund vor. In diesem Falle müßte das Beschwerdegericht die vom Insolvenzgericht im Zuge des Eröffnungsverfahrens zu beantwortende Frage des Insolvenzgrundes im Beschwerdeverfahren prüfen, bevor das Insolvenzgericht über diese Frage entscheiden konnte.

137 Zweifelhaft wird dies allerdings dann, wenn sich die Angriffe des Schuldners gegen die Auswahl des vorläufigen Verwalters oder den Inhalt der angeordneten Maßnahmen richten (gesetzlich nicht vorgesehene Einschränkungen oder fehlerhafte Ausübung des Ermessens), oder gar der Insolvenzantrag schon als unschlüssig anzusehen ist. In diesen Fällen unterliegt der Ausschluß von Rechtsmitteln erheblichen Bedenken,[117] da mit der Anordnung derartiger Maßnahmen erhebliche Folgen für den Schuldner verbunden sind, die bis zum Verlust seiner wirtschaftlichen Existenz führen können. Es dürfte allerdings die Zulassung der Beschwerde im Hinblick auf Art 19 Abs 4 GG nicht als geboten anzusehen sein. Art 19 Abs 4 GG gewährt lediglich Schutz durch den Richter, nicht aber gegen ihn.[118] Dies soll auch dann gelten, wenn der Richter nicht lediglich in der streitigen Gerichtsbarkeit Entscheidungen trifft, sondern auch dann, wenn er eher administrative Tätigkeiten vornimmt.[119] Es bleibt wohl abzuwarten, wie sich das Bundesverfassungsgericht zu dieser Frage stellen wird.

138 In Fällen, in denen die Anordnung von Sicherungsmaßnahmen greifbar gesetzeswidrig ist, wird man aber ungeachtet einer etwaigen Ergänzung der Insolvenzordnung jedenfalls die Beschwerde als außerordentliche Beschwerde[120] zu-

117 Vgl Haarmeyer/Wutzke/Förster, Kap 3 Rn 201; Hess/Pape, InsO und EGInsO, Rn 182.

118 *Jarass*/Pieroth, Art 19 Rn 26; Maunz/Dürig/*Schmidt-Assmann* Art 19 Abs IV Rn 96 mwN.

119 Maunz/Dürig/*Schmidt-Assmann* Art 19 Abs IV Rn 100/101 mwN.

120 Vgl BGH ZIP 1998, 792, 793; BGH ZIP 1997, 1353.

lassen müssen. Dieser von der Rspr entwickelte Rechtsbehelf wird auch sonst zugelassen, wenn Entscheidungen von Gerichten mit der geltenden Rechtsordnung schlechthin unvereinbar sind.[121] Es ist kein Grund ersichtlich, warum in Fällen greifbarer Gesetzeswidrigkeit nicht auch Entscheidungen der Insolvenzgerichte anfechtbar sein sollen.

c) Wirkung der Einlegung der Beschwerde

Die Einlegung der Beschwerde hat keine aufschiebende Wirkung (§ 572 Abs 1 ZPO). Das Gericht kann jedoch anordnen, daß die Vollziehung des Eröffnungsbeschlusses ausgesetzt wird (§ 572 Abs 2 ZPO). Diese Anordnung kann von Amts wegen erfolgen;[122] ein Antrag ist hierfür nicht erforderlich. **139**

Anders als bei einer sofortigen Beschwerde nach der Zivilprozeßordnung (vgl § 577 Abs 3 ZPO) hat aber das Insolvenzgericht die Möglichkeit, nach § 6 Abs 2 S 2 InsO der Beschwerde selbst abzuhelfen. In den Fällen, in denen eine Abhilfe erfolgt, wird man aber einer jeweils anderen Partei wiederum ein Beschwerderecht einräumen müssen, wenn diese durch die Abhilfeentscheidung erstmals beschwert wird. Wenn beispielsweise das Insolvenzgericht die Eröffnung eines Insolvenzverfahrens ablehnt und der den Antrag stellende Gläubiger eine Beschwerde einlegt, der das Gericht abhilft, muß der Schuldner seinerseits gegen die Abhilfeentscheidung, die dann zur Eröffnung des Insolvenzverfahrens führt, Beschwerde einlegen können. **140**

d) Beschwerdefrist

Die sofortige Beschwerde ist binnen einer **Notfrist** von **zwei Wochen** einzulegen (§ 577 Abs 2 S 1 ZPO). **141**

Die **Frist beginnt** mit der **Zustellung** des Beschlusses.[123]

Der Beschluß über die **Eröffnung** des Insolvenzverfahrens ist öffentlich bekannt zu machen und den Gläubigern und dem Schuldner und dessen Schuldnern zuzustellen (§ 30 Abs 2 InsO; vgl hierzu o Rn 119). Dieser Beschluß über die Eröffnung kann nach § 34 Abs 2 InsO nur vom Schuldner mit der sofortigen Beschwerde angegriffen werden. **142**

Für die Fristberechnung ist zu beachten, daß im Falle der **öffentlichen Bekanntmachung** des Beschlusses, die bei Eröffnung des Verfahrens zu erfolgen hat (§ 30 Abs 1 InsO), die Zwei-Wochen-Frist nach Ablauf der Zwei-Tages-Frist gem § 9 Abs 1 S 3 InsO (vgl o Rn 119) zu laufen beginnt. Da das Gericht nach § 9 Abs 2 InsO auch wiederholte Veröffentlichungen veranlassen kann, und das Gesetz in bestimmten Fällen auch die Einrückung in den Bundesanzei- **143**

---

121 BGHZ 119, 372; BGH ZIP 1998, 792, 793; BGH MDR 1996, 845; NJW-RR 1994, 62; ZIP 1993, 621; vgl auch Zöller/*Gummer* § 567 ZPO Rn 18ff.
122 Vgl Baumbach/Lauterbach/Albers/*Hartmann* § 572 ZPO Rn 6.
123 Haarmeyer/Wutzke/Förster, GesO, § 20 Rn 9; Thomas/*Putzo* § 577 ZPO Rn 5.

ger vorzusehen hat (§§ 30 Abs 1, 200 Abs 2 und 300 Abs 3 InsO) und auch die Veröffentlichung in anderen Blättern möglich ist, stellt sich die Frage, welche Einrückung für den Fristbeginn maßgeblich ist. Der Sinn der mehrfachen und ggf wiederholten Veröffentlichung kann nur sein, die Betroffenen über den Inhalt der Gerichtsentscheidung zu informieren und ihnen die Möglichkeit zu geben, ihre Rechte wahrzunehmen, um hiermit die einschneidenden Wirkungen der öffentlichen Bekanntmachung abzumildern. Man muß deshalb davon ausgehen, daß für die Fristberechnung die zeitlich letzte Veröffentlichung maßgeblich ist. Dies insbes auch deshalb, weil die öffentliche Bekanntmachung zum Nachweis der Zustellung an alle Beteiligten genügt, § 9 Abs 3 InsO.

144 Selbst wenn neben der öffentlichen Bekanntmachung eine Einzelzustellung erfolgt sein sollte, die nach § 30 Abs 2 InsO gesetzlich vorgeschrieben ist, soll nach der zu § 76 KO vertretenen Auffassung für die Beschwerdefristberechnung ausschließlich der Zeitpunkt der öffentlichen Bekanntmachung maßgeblich sein.[124] Sollte die öffentliche Zustellung also nach der Einzelzustellung erfolgen, wäre somit von der späteren öffentlichen Zustellung für die Fristberechnung auszugehen und umgekehrt. Es dürfte davon auszugehen sein, daß diese Auffassung auch auf die inhaltlich nahezu unveränderten Vorschriften der Insolvenzordnung übertragen wird. Vorsorglich sollte der Rechtsmittelführer aber im Zweifel seine Beschwerde binnen der jeweils früher ablaufenden Frist einlegen, um somit Auseinandersetzungen über die Zulässigkeit seines Rechtsmittels aus dem Wege zu gehen.

145 Der Beschluß über die **Ablehnung** des Antrages auf Eröffnung des Insolvenzverfahrens ist dem Schuldner und dem antragstellenden Gläubiger zuzustellen, § 4 InsO iVm § 329 Abs 2 S 2 ZPO. Einem Gläubiger steht gegen einen solchen Beschluß über die Ablehnung der Eröffnung nur dann ein Beschwerderecht zu, wenn er selbst den Insolvenzantrag gestellt hat, § 34 Abs 1 InsO. Für den Fall der Ablehnung der Eröffnung sieht die Insolvenzordnung keine öffentliche Bekanntmachung vor, so daß für die Fristberechnung grundsätzlich auf die Zustellung des Beschlusses beim antragstellenden Gläubiger abzustellen wäre.

146 Ob die öffentliche Bekanntmachung unter Berufung auf § 9 Abs 2 InsO gleichwohl erfolgen kann und die Rechtswirkungen des § 9 Abs 3 InsO auch in diesen Fällen eintreten können, erscheint jedenfalls zweifelhaft, obwohl dies zu den inhaltlich fast wortgleichen Regelungen zur Konkursordnung so vertreten worden ist.[125] Die Insolvenzordnung erlaubt dem Insolvenzgericht, „weitere und wiederholte" Veröffentlichungen zu veranlassen. Ob mit dem Wort „weitere" gemeint ist, auch in den Fällen, in denen das Gesetz die öffentliche Bekanntmachung nicht vorsieht, diese gleichwohl zu veranlassen oder ob hiermit nur gemeint ist, in weiteren Blättern als denjenigen, die hierfür nach § 9 Abs 1

---

124 Kuhn/Uhlenbruck, KO, § 76 Rn 4; Jaeger/*Weber* § 76 KO Rn 5 jeweils mwN.
125 Kuhn/Uhlenbruck, KO, § 76 Rn 1 und 6.

InsO bestimmt wurden, eine Veröffentlichung einzurücken, erscheint zumindest sehr zweifelhaft, zumal sich der Begründung zum Referentenentwurf zur Insolvenzordnung[126] entnehmen läßt, daß nur an weitere Veröffentlichungen, „zB in Lokalzeitungen ... oder in überregionalen Wirtschaftszeitungen" gedacht wurde. Dies wird noch verstärkt dadurch, daß sich der Vorschlag der Kommission für Insolvenzrecht, den Beschluß über die Ablehnung der Eröffnung mangels Masse öffentlich bekanntzumachen, nicht durchzusetzen vermochte.[127] Diese Bedenken gelten umso mehr, wenn man auch bei gesetzlich nicht vorgesehenen Veröffentlichungen die Rechtsfolge des § 9 Abs 3 InsO über die Fiktion der Zustellung eintreten läßt. In den vom Gesetz nicht vorgesehenen Fällen einer Veröffentlichung muß nämlich der Verfahrenbeteiligte nicht mit einer Veröffentlichung rechnen und kann auf eine Zustellung vertrauen. Erfolgt diese Einzelzustellung nicht oder verspätet, würde er sein Rechtsmittel verlieren. Aus diesem Grunde wird man zu dem Ergebnis gelangen müssen, daß jedenfalls die Zustellungsfiktion des § 9 Abs 3 InsO nur dann Anwendung finden kann, wenn die Insolvenzordnung die öffentliche Zustellung vorsieht. Wenn die Veröffentlichung ohne gesetzliche Anordnung erfolgt, gilt für die Fristberechnung der Zeitpunkt der Einzelzustellung. Wenn also ein Beschluß über die Ablehnung der Eröffnung öffentlich bekannt gemacht worden ist, gilt für die Fristberechnung gleichwohl nur der Zeitpunkt der Einzelzustellung an den antragstellenden beschwerdeberechtigten Gläubiger, nicht aber die öffentliche Bekanntmachung. Vorsorglich sollten Gläubiger, die einen Eröffnungsantrag gestellt haben, der erfolglos blieb und die hiervon nur über die Veröffentlichung erfahren, ungeachtet des Zeitpunktes der Einzelzustellung binnen der jeweils kürzer berechneten Frist ihre Beschwerde gegen die Nichteröffnung einlegen. Dies gilt gleichermaßen für den Schuldner, wenn die Eröffnung mangels Masse nach § 26 InsO abgelehnt worden ist.

Bei einer Fristversäumung ist eine **Wiedereinsetzung** in den vorigen Stand **147**
(§§ 233 ff ZPO) nur auf Antrag und nur dann möglich, wenn der Beschwerdeführer an der fristgerechten Einlegung der Beschwerde ohne Verschulden verhindert war. Es ist außerdem die zweiwöchige Wiedereinsetzungsfrist gem § 234 ZPO zu beachten.

2. Weitere sofortige Beschwerde

Die **weitere sofortige Beschwerde** war nach der gem § 1 Abs 3 GesO auch für **148**
das Gesamtvollstreckungsverfahren anwendbaren Vorschrift von § 568 Abs 2 ZPO nur zulässig, wenn dieses im Gesetz bes bestimmt ist. Eine solche Bestimmung fand sich in § 73 Abs 3 KO für das Konkursverfahren, nicht aber in § 20 GesO für das Gesamtvollstreckungsverfahren. Die Zulässigkeit der sofor-

126 Begr zu § 9 RegEntw InsO abgedruckt in Balz/Landfermann S 79 ff.
127 Erster Bericht der Kommission für Insolvenzrecht, Ziffer 1.2.9.

tigen weiteren Beschwerde ist deshalb von mehreren Oberlandesgerichten für Gesamtvollstreckungsverfahren verneint worden.[128]

149 Nach der Insolvenzordnung ist die weitere Beschwerde in Anlehnung an § 34 FGG nach § 7 InsO stets zulässig, wenn diese darauf gestützt wird, daß die Entscheidung des Landgerichts auf einer Verletzung des Gesetzes beruht, und die Nachprüfung der Entscheidung zur Sicherung einer einheitlichen Rspr geboten ist. Anders als nach dem bisherigen Recht, muß die weitere Beschwerde also nicht damit begründet werden, die Entscheidung des Landgerichts enthalte einen neuen selbständigen Beschwerdegrund (§ 568 Abs 2 S 2 ZPO). Für die weitere Beschwerde also ist folgendes zu beachten:

a) Einlegung der weiteren Beschwerde

150 Für die Einlegung der weiteren Beschwerde gelten die Vorschriften über die Einlegung der sofortigen weiteren Beschwerde entspr (§ 7 Abs 1 S 2 InsO). Die weitere Beschwerde ist somit **beim Landgericht binnen einer Notfrist von zwei Wochen** einzulegen (§§ 569, 577 Abs 2 ZPO). Die Einlegung beim Oberlandesgericht wahrt die Beschwerdefrist auch dann, wenn der Fall nicht dringlich ist (§ 577 Abs 2 ZPO). Anders als bei der sofortigen Beschwerde, der bereits das Amtsgericht abhelfen kann (§ 6 Abs 2 S 2 InsO), kann das Landgericht der sofortigen weiteren Beschwerde nicht selbst abhelfen, weil hierfür die Bestimmungen der Zivilprozeßordnung maßgeblich sind (§ 577 Abs 3 ZPO), ohne daß die Insolvenzordnung Sonderregelungen enthält.

151 Die Beschwerde muß den **Antrag** enthalten, diese zuzulassen (§ 7 Abs 2 InsO). Es muß also mit der weiteren Beschwerde vorgetragen werden, daß die Entscheidung auf der Verletzung von Gesetzen beruht und die Durchführung des weiteren Beschwerdeverfahrens zur Sicherung einer einheitlichen Rspr geboten ist.

b) Verletzung des Gesetzes

152 Die Insolvenzordnung (§ 7 Abs 1 S 2 InsO) verweist hinsichtlich der Frage der Gesetzesverletzung auf einige Vorschriften der Zivilprozeßordnung zur Revision. Danach liegt eine Gesetzesverletzung vor, wenn eine Rechtsnorm nicht oder nicht richtig angewendet worden ist (§ 550 ZPO). Regelmäßig wird also dieses Tatbestandsmerkmal als erfüllt angesehen werden können, wenn Regelungen der Insolvenzordnung oder andere Rechtsnormen nicht richtig angewendet worden sind.

153 Im Beschwerdeverfahren gelten im übrigen auch die absoluten Revisionsgründe des § 551 ZPO. Wenn also das Landgericht bei seiner Entscheidung nicht ord-

128 OLG Rostock, ZIP 1993, 1417; OLG Naumburg (5. Zivilsenat), ZIP 1994, 1031; OLG Dresden (nicht veröffentlicht) Beschluß vom 25.7.1994, Gz. 3 W 358/93; aA OLG Naumburg ZIP 1993, 1573f; *Liebelt-Westphal* ZIP 1994, 1007f; vgl *Smid* § 20 GesO Rn 40f.

nungsgemäß besetzt war oder die Beschwerdeentscheidung keine Begründung enthält, ist die weitere Beschwerde stets zulässig und regelmäßig wohl auch begründet.

Grundlage der Entscheidung ist, wie auch im Revisionsverfahren, nur dasjenige Parteivorbringen, welches aus dem Tatbestand der Beschwerdeentscheidung des Landgerichts oder einem etwaigen Sitzungsprotokoll zu entnehmen ist (§ 7 Abs 1 InsO iVm § 561 ZPO). Sollte der Tatbestand der Beschwerdeentscheidung also unzutreffend oder unvollständig sein, muß vom Beschwerdeführer nach den §§ 319 und 320 ZPO eine Berichtigung des Tatbestandes erwirkt werden, damit ein Verfahren der weiteren Beschwerde nicht an einem unzutreffenden Tatbestand scheitert. 154

c) Sicherung einer einheitlichen Rechtsprechung

Weitere Voraussetzung der Zulässigkeit der sofortigen weiteren Beschwerde ist, daß die Nachprüfung zur „Sicherung einer einheitlichen Rspr geboten ist" (§ 7 Abs 1 S 1 InsO). 155

Unmittelbar nach Inkrafttreten der Insolvenzordnung wird man wohl stets davon ausgehen können, daß dieses Tatbestandsmerkmal erfüllt ist. Solange noch keine Entscheidungen vorliegen, wird zunächst jede Entscheidung zur Herstellung einer einheitlichen Rspr auch als eine solche zur Sicherung einer einheitlichen Rspr anzusehen sein. Nachdem sich eine Rspr zu bestimmten Fragen herausgebildet hat, wird jede Entscheidung eines Landgerichts, welche von derjenigen eines Oberlandesgerichts abweicht, der sofortigen weiteren Beschwerde unterliegen, damit durch solche abweichenden Entscheidungen die einheitliche Rspr entweder durchgesetzt oder abgeändert werden kann. 156

3. Vorlage zum Bundesgerichtshof

Während im Geltungsbereich der Gesamtvollstreckungsordnung eine Einheitlichkeit der Rspr nicht einmal im Zuständigkeitsbereich von Oberlandesgerichten gewährleistet werden konnte und im Geltungsbereich der Konkursordnung dies nur innerhalb von Oberlandesgerichtsbezirken möglich war, hat sich der Gesetzgeber erfreulicherweise für die Insolvenzordnung dazu entschlossen, eine bundesweit einheitliche Rspr und damit Auslegung der Insolvenzordnung zu ermöglichen. 157

Nach § 7 Abs 2 InsO haben Oberlandesgerichte Rechtsfragen dem Bundesgerichtshof vorzulegen, wenn sie von Entscheidungen anderer Oberlandesgerichte abweichen wollen. Auch dann, wenn der Bundesgerichtshof eine Frage bereits entschieden hat, muß ein Oberlandesgericht die weitere Beschwerde dem Bundesgerichtshof vorlegen, wenn es abweichen möchte. Auf diese Weise wird es möglich, eine bundeseinheitliche Rspr zur Auslegung der Insolvenzordnung herbeizuführen. Da es wohl eine geraume Zeit dauern wird, bis Entscheidungen der Oberlandesgerichte zur Auslegung der Insolvenzordnung vor- 158 liegen, dürfte eine Befassung des Bundesgerichtshofes mit diesen Fragen erst einige Zeit nach Inkrafttreten der Insolvenzordnung zu erwarten sein.

VII. Kosten und Kostenschuldner im Insolvenzeröffnungsverfahren

159 Für die Tätigkeit in einem Insolvenzverfahren stehen dem Insolvenzgericht Gebühren und die Erstattung von Auslagen nach den Vorschriften des Gerichtskostengesetzes (GKG) zu, soweit dies gesetzlich vorgesehen ist.

1. Kostenschuldner

160 Die Frage, wer die als Gerichtskosten anfallenden Gerichtsgebühren und Auslagen zu zahlen hat, beantwortet sich danach, ob das Insolvenzverfahren eröffnet oder der Antrag auf Eröffnung des Verfahrens abgelehnt bzw zurückgenommen wird. Der Schuldner und ein antragstellender Gläubiger sind in folgenden Fällen zur Kostentragung verpflichtet:

a) Kostentragung des Schuldners

161 Im Falle der **Verfahrenseröffnung** hat der Schuldner die Gerichtskosten (Gebühren und Auslagen) zu tragen. Diese sind vorab aus der Masse zu begleichen (§ 50 Abs 3 GKG nF; § 54 Nr 1 InsO).[129] Der Schuldner hat ferner **bei Eigenanträgen im Falle der Ablehnung** der Eröffnung des Insolvenzverfahrens oder der Zurücknahme des Eröffnungsantrags die **Eröffnungsgebühr** und die angefallenen **Auslagen** zu tragen (§ 50 Abs 1 S 1 und 2 GKG).

b) Kostentragung des antragstellenden Gläubigers

162 Im Falle der **Ablehnung** der Eröffnung des Insolvenzverfahrens oder der Zurücknahme des Eröffnungsantrags hat der antragstellende Gläubiger die **Eröffnungsgebühr** und die angefallenen **Auslagen** zu tragen (§ 50 Abs 1 S 1 und 2 GKG).

163 Möglich ist jedoch auch eine abweichende Kostenentscheidung des Gerichts. Diese kann beispielsweise dann sachgerecht sein, wenn die Forderung des den Insolvenzantrag stellenden Gläubigers vor Verfahrenseröffnung vom Schuldner bezahlt wird. In einem solchen Fall soll nach der überwiegenden Meinung in Rspr und Literatur zur Konkursordnung die Erklärung der Erledigung der Hauptsache durch den befriedigten Gläubiger möglich sein, so daß das Gericht dem Schuldner bei Vorliegen der Voraussetzungen des § 91 a ZPO die angefallenen Kosten auferlegt.[130]

---

129 *Smid* § 13 GesO Rn 25; Kuhn/Uhlenbruck, KO, § 103 Rn 34.
130 Vgl Kuhn/Uhlenbruck, KO, § 103 Rn 3f (ausführlich und mwN).

Darüber hinaus bestimmt das Gerichtskostengesetz, daß auch der **antragstellende Gläubiger** neben dem Schuldner bzw der Masse für die **Eröffnungsgebühren haftet** (§ 50 Abs 1 S 1 GKG nF), auch wenn es zur Eröffnung des Verfahrens kommen sollte. Der Gläubiger haftet dann allerdings nicht für die Auslagen des Gerichts im Zusammenhang mit der Eröffnung des Verfahrens. Ferner hat er nicht für die Durchführungsgebühr und die Auslagen, die im Zusammenhang mit der Durchführung des Verfahrens entstehen können, aufzukommen. 164

Bei einer eigenen Forderungen eines Gläubigers von DM 50.000,00 und einer diesen Betrag übersteigenden Insolvenzmasse ergibt sich für einen Gläubiger ein Kostenrisiko hinsichtlich der Eröffnungsgebühr in Höhe von DM 262,00 (Nr. 4111 KV) zuzüglich der Auslagen, wobei der Gläubiger für die Auslagen im Falle der Eröffnung des Verfahrens nicht haftet, sondern nur dann, wenn der Antrag abgewiesen oder zurückgenommen worden ist. 165

2. Gebührentatbestand und Gebührenanzahl

Die Höhe und die Anzahl der Gerichtsgebühren richtet sich nach der durch den Gebührentatbestand bestimmten Tätigkeit des Gerichts. Die so ermittelte Gebührenanzahl ist mit dem nach § 11 Abs 2 GKG zu errechnenden Betrag für eine Gebühr zu multiplizieren. 166

Der Gebührentatbestand und die Anzahl der zu zahlenden Gebühren ergeben sich aus dem Kostenverzeichnis der Anlage 1 zum Gerichtskostengesetz (§ 11 Abs 1 GKG). Im Teil 4 des künftigen Kostenverzeichnisses[131] ist unter den laufenden Nummern 4110 bis 4301 im einzelnen geregelt, welche Anzahl an Gebühren für einzelne Gebührentatbestände zu entrichten sind. 167

So entstehen Gebühren für das Eröffnungsverfahren (**Eröffnungsgebühr**) in Höhe von 0,5 Gebühren bzw mindestens DM 200,00 bei einem Gläubigerantrag (Nr. 4110 und 4111 KV). 168

Die Gebühr für die Durchführung des Verfahrens (**Durchführungsgebühr**) beläuft sich im Falle eines Schuldnerantrages auf 2,5 Gebühren (Nr 4120 KV) auch wenn gleichzeitig ein Gläubiger den Antrag gestellt hat. Bei einem alleinigen Gläubigerantrag werden 3,0 Gebühren erhoben (Nr. 4130 KV). Wird das Verfahren vor einem Prüfungstermin eingestellt, ermäßigen sich die Gebühren bei einem Schuldnerantrag auf 0,5 und bei einem alleinigen Gläubigerantrag auf 1,0 Gebühren (Nr 4121 bzw 4131 KV). Erfolgt die Einstellung hingegen erst nach einem Prüfungstermin ermäßigt sich die Gebühr nur auf 1,5 bzw 2,0 Gebühren (Nr 4122 bzw 4132 KV). 169

Ferner entstehen uU Gebühren für das Beschwerdeverfahren gegen die Entscheidungen des Gerichts über die Eröffnung des Verfahrens, die mit der sofor- 170

131 Vgl BGBl 1998 Teil I, S 2031.

tigen Beschwerde angegriffen werden können (**Beschwerdegebühr**). Diese beläuft sich auf 1,0 Gebühren (Nr 4300 KV).

3. Wertberechnung

171 Die Höhe der Gebühren richtet sich nach dem Wert des Streitgegenstandes, § 11 Abs 1 S 1 GKG. Die Wertberechnung hängt in erster Linie davon ab, wer den Antrag auf Eröffnung eines Insolvenzverfahrens gestellt oder Beschwerde gegen den Eröffnungsbeschluß bzw den Beschluß über die Ablehnung der Eröffnung gestellt hat.

a) Gegenstandswert bei Schuldnerantrag

172 Stellt der Schuldner den Antrag auf Eröffnung des Insolvenzverfahrens, so bestimmt sich der Wert für die Berechnung der Eröffnungs- und Durchführungsgebühr nach der im Zeitpunkt der Verfahrensbeendigung vorhandenen Insolvenzmasse (§ 37 Abs 1 GKG nF).

173 Die **Insolvenzmasse** umfaßt das dem Schuldner gehörende, der Pfändung unterliegende Vermögen einschließlich der Früchte, Nutzungen und Zinsen. Hiervon sind die zur Befriedigung der absonderungsberechtigten Gläubiger erforderlichen Beträge abzuziehen[132] (§ 37 Abs 1 S 2 GKG nF).

b) Gegenstandswert bei Gläubigerantrag

174 Stellt der Gläubiger den Antrag auf Eröffnung eines Insolvenzverfahrens, so richtet sich der für die Bestimmung der Höhe zu ermittelnde Wert von Eröffnungs- und Durchführungsgebühr, für die er Kostenschuldner oder Haftender ist (vgl dazu Rn 164ff), nach dem **Nominalbetrag seiner Forderung** (§ 37 Abs 2 GKG nF). Dies gilt auch dann, wenn der Gläubiger einen geringeren Betrag als den tatsächlich geschuldeten angegeben hat. Nebenforderungen werden bei der Wertberechnung nicht berücksichtigt, § 35 GKG iVm § 22 GKG.

175 Sofern der Nominalbetrag der Forderung die vorhandene Insolvenzmasse übersteigt, ist der geringere **Wert der Insolvenzmasse** zugrundezulegen. Dies gilt auch dann, wenn der Antrag von dem Gläubiger zurückgenommen oder die Verfahrenseröffnung mangels Masse zurückgewiesen wird[133] (zur Berechnung der Insolvenzmasse vgl Rn 173). Auch hier ist der Wert zum Zeitpunkt der Beendigung des Insolvenzverfahrens maßgeblich.[134]

---

132 *Hartmann* § 37 GKG Rn 2, 3.

133 *Hartmann* § 37 GKG Rn 9; aA LG Krefeld, Rechtspfleger 1983, 332; LG Mainz, Rechtspfleger 1986, 110 (Die Landgerichte sind der Auffassung, daß auch in diesen Fällen der Nominalbetrag der Forderung maßgeblich sei).

134 *Hartmann* § 37 GKG Rn 6.

c) Gegenstandswert für die Berechnung der Gebühr für das Beschwerdeverfahren

Für die Ermittlung des Gegenstandswertes für die Berechnung der Beschwerdegebühr sind folgende Fallgruppen zu unterscheiden: 176

Bei einer Beschwerde des **Schuldners** gegen den Beschluß über die **Eröffnung** des Insolvenzverfahrens richtet sich der Beschwerdewert wie im Falle der Eröffnungs- und Durchführungsgebühr nach dem Wert der Insolvenzmasse (§§ 38 nF iVm 37 Abs 1 GKG nF).[135] Der Wert der Beschwerde eines sonstigen **Antragstellers** gegen den Beschluß über die Abweisung des Eröffnungsantrages bestimmt sich dagegen höchstens nach dem Nominalbetrag der Forderung (§ 38 S 2 GKG nF).[136] Wurde die Eröffnung des Verfahrens also aufgrund eines **Gläubigerantrages** abgelehnt, ist für die Beschwerde gegen diesen Beschluß der Nominalbetrag der Forderung zugrunde zulegen, es sei denn, die Insolvenzmasse ist geringer (siehe o Rn 173). 177

In allen übrigen Fällen einer Beschwerde gegen einen gerichtlichen Beschluß ist der Gegenstandswert nach dem Interesse des Beschwerdeführers zu schätzen (§ 35 GKG iVm § 3 ZPO).[137] Die Beschwerdegebühr fällt in einem solchen Verfahren aber nur an, wenn die Beschwerde verworfen oder zurückgewiesen wird (Nr 4301 Kostenverzeichnis nF). 178

4. Gebührenhöhe

Die im konkreten Fall zu zahlende Gebühr ist anhand des Gebührentatbestandes und der sich daraus ergebenden Gebührenanzahl (vgl Rn 167 ff) zu ermitteln. Dabei richtet sich gem § 11 Abs. 2 GKG[138] die Höhe der einzelnen Gebühr nach dem Wert des Streitgegenstandes (zur Wertermittlung vgl Rn 171 ff). 179

---

135 *Hartmann* § 38 GKG Rn 1, 5.

136 *Hartmann* § 38 GKG Rn 4.

137 *Hartmann* § 38 GKG Rn 6.

138 § 11 Abs 2 GKG lautet: „Die Gebühren richten sich nach dem Wert des Streitgegenstandes (Streitwert), soweit nichts anderes bestimmt ist. Die Gebühr bei einem Streitwert bis 600 DM beträgt 50 DM. Die Gebühr erhöht sich bei einem

Streitwert bis … DM	für jeden angefangenen Betrag von weiteren … DM	um … DM
3.000	600	20
10.000	1.000	15
20.000	2.000	30
50.000	5.000	45
100.000	10.000	60
400.000	30.000	200
1.000.000	60.000	295
über 1 Mio.	100.000	300

Eine Gebührentabelle für Streitwerte bis eine Million Deutsche Mark ist diesem Gesetz als Anlage 2 beigefügt."

Die Mindestgebühr beträgt bis zu einem Streitwert von DM 600,– DM 50,–. Sie bestimmt sich im übrigen nach der Anlage 2 zu § 11 Abs 2 GKG.

5. Auslagen

180 Als Auslagen sind dem Gericht ausschließlich diejenigen im Kostenverzeichnis unter Ziff. 9000ff aufgeführten zu erstatten.[139] Hierbei sind im wesentlichen die Schreibauslagen (Nr 9000 Kostenverzeichnis), Zustellungen (Nr 9002 Kostenverzeichnis), Kosten für öffentliche Bekanntmachungen (Nr 9004 Kostenverzeichnis) zu nennen. Dabei betragen die Schreibauslagen für jede Seite DM 1,– für die ersten 50 Seiten und DM 0,30 für jede weitere Seite (vgl Nr 9000 des Kostenverzeichnisses zu § 11 GKG iVm § 56 Abs 1 S 2 GKG). Die weiteren Kosten sind jeweils in der vollen tatsächlich entstandenen Höhe zu erstatten.

181 Ein Kostenrisiko für einen antragstellenden Gläubiger kann sich in diesem Zusammenhang für die Zeit der vorläufigen Verwaltung hinsichtlich der Vergütung eines Verwalters nicht ergeben. Die Kosten der vorläufigen Verwaltung sind nämlich nicht als Auslagen des Gerichts für das Eröffnungsverfahren anzusehen, die nach dem Kostenverzeichnis erstattungsfähig sein könnten. Dies folgt daraus, daß sich die Vergütung des vorläufigen Verwalters nach den Bestimmungen der Insolvenzrechtlichen Vergütungsverordnung (InsVV[140]) richtet. Als Auslagen im Sinne des Gerichtskostengesetzes werden aber nur solche Beträge angesehen, die nach dem Gesetz über die Entschädigung von Zeugen und Sachverständigen zu zahlen sind (Nr 9005 KV). Eine Kostenbelastung eines antragstellenden Gläubigers kommt somit lediglich dann in Betracht, wenn dem vorläufigen Verwalter, was regelmäßig der Fall sein dürfte, auch der Auftrag erteilt wird, sachverständig zu der Frage Stellung zu nehmen, ob ein Insolvenzgrund vorliegt und die vorhandene Masse zur Begleichung der Verfahrenskosten ausreicht. Wenn der Staatskasse für diese Sachverständigentätigkeit zusätzliche Kosten entstehen, die nach dem ZSEG zu zahlen sind, sind diese vom antragstellenden Gläubiger zu erstatten.

6. Fälligkeit der Gebühren

182 Die **Eröffnungsgebühr** wird mit Eingang des Antrages beim Gericht fällig (§ 61 GKG).[141] Die Durchführungsgebühren entstehen mit Erlaß des Eröffnungsbeschlusses.

183 Nach der Antragstellung hat das Gericht von Amts wegen zu ermitteln, ob eine die Verfahrenskosten deckende Masse vorhanden ist. Das Gericht kann von dem Antragsteller einen Vorschuß zur Deckung der Auslagen erheben (§ 68

---

139 Hartmann Übers 9000 KV, Rn 1.
140 Vgl ZIP 1998, 1460ff.
141 *Hartmann* KV 4210/4211 Rn 5.

Abs 3 S 1 GKG). Es ist aber nicht statthaft, die amtlichen Ermittlungen von der Einzahlung eines Vorschusses abhängig zu machen.[142]

Haben die von dem Gericht in dem Eröffnungsverfahren durchgeführten Ermittlungen ergeben, daß eine die sämtlichen Verfahrenskosten deckende Masse nicht vorhanden ist, so kann das Gericht dem Antragsteller aufgeben, einen hierfür ausreichenden Kostenvorschuß einzuzahlen und dem Antragsteller androhen, den Eröffnungsantrag bei Nichtzahlung zurückzuweisen, da eine die Verfahrenskosten deckende Masse nicht vorhanden ist (vgl o Rn 109ff). **184**

142 BGH MDR 1976, 396; Jäger/*Weber* § 75 KO Rn 3; Kuhn/Uhlenbruck, KO, § 75 Rn 7.

3. Kapitel: Anordnung von Sicherungsmaßnahmen im Insolvenzeröffnungsverfahren

Übersicht

	Rn
Vorbemerkung	1
I. Sinn und Zweck vorläufiger Sicherungsmaßnahmen	6
II. Aufgaben des Insolvenzgerichts	9
1. Gerichtlicher Beschluß	10
2. Voraussetzungen für die Anordnung von Sicherungsmaßnahmen	11
3. Amtsermittlungspflichten	12
4. Anhörung des Schuldners	14
5. Bekanntmachung/Registereintragungen	15
III. Einzelne Sicherungsmaßnahmen	17
1. Anordnung von Verfügungsbeschränkungen	18
a) Allgemeines Verfügungsverbot	18
b) Verfügung nur mit Zustimmung des vorläufigen Verwalters	24
2. Anordnung einer Postsperre	25
3. Bestellung eines vorläufigen Insolvenzverwalters	28
a) Rechtsstellung des vorläufigen Insolvenzverwalters	29
b) Bestellung durch das Insolvenzgericht	33
c) Der vorläufige Insolvenzverwalter ohne Verwaltungs- und Verfügungsbefugnis	36
d) Der vorläufige Insolvenzverwalter mit Verwaltungs- und Verfügungsbefugnis	41
4. Einstellung von Zwangsvollstreckungsmaßnahmen	53
a) Einstellungs-/Untersagungsanordnung	54
b) Keine Einstellung bei unbeweglichen Gegenständen	57
c) Beendigung des Vollstreckungsschutzes	59
5. Vorführung und Inhaftierung des Schuldners	61
6. Sonstige in Betracht kommende Maßnahmen	63
a) Siegelung von Gegenständen oder Räumen	64
b) Verbot der Inbesitznahme von Sicherungsgut oder der Forderungseinziehung	65
c) Kontensperre	66
7. Aufhebung von Sicherungsmaßnahmen	67
IV. Rechtsbehelfe gegen vorläufige Maßnahmen	70

Vorbemerkung

1 Während Inhalt und Rechtsfolgen von Sicherungsmaßnahmen im Eröffnungsverfahren nach dem bisherigen Recht in der Konkursordnung und der Gesamtvollstreckungsordnung eher allgem und unvollständig geregelt waren,[1] enthält

1 Vgl § 106 KO, § 2 Abs 3 InsO.

die Insolvenzordnung in den §§ 21 bis 25 InsO eine wesentlich präzisere Regelung über Sicherungsmaßnahmen im Insolvenzeröffnungsverfahren.

Nach § 21 Abs 2 InsO kann das Insolvenzgericht insbes: 2

- einen vorläufigen Insolvenzverwalter bestellen;
- dem Schuldner ein allgem Verfügungsverbot auferlegen oder anordnen, daß Verfügungen des Schuldners nur mit Zustimmung des vorläufigen Insolvenzverwalters wirksam sind und
- Maßnahmen der Zwangsvollstreckung gegen den Schuldner untersagen oder einstweilen einstellen, soweit nicht unbewegliche Gegenstände betroffen sind.

Dieser Maßnahmenkatalog ist aufgrund der Generalklausel in § 21 Abs 1 InsO, 3
nach der das Gericht bis zur Entscheidung über den Eröffnungsantrag **„alle" erforderlichen Maßnahmen** zu treffen hat, um nachteilige Verfügungen über das schuldnerische Vermögen zu verhindern, nicht abschließend.[2] Je nachdem welcher Sicherungszweck geboten ist, sind auch andere Maßnahmen zulässig. Dem Schuldner kann beispielsweise untersagt werden, bewegliche Sachen, die Gegenstand von Absonderungsrechten sind, an Sicherungsgläubiger herauszugeben. Weiterhin kommt in Betracht, nur bestimmte, bes wichtige Verfügungen des Schuldners an die Zustimmung des vorläufigen Insolvenzverwalters zu binden. Das Gericht kann ferner die Beschlagnahme einzelner Vermögenswerte, Guthaben oder Forderungen des Schuldners anordnen, Gebäude oder Räume siegeln oder Büro- und Geschäftsräume schließen.[3]

Künftig ersetzt der vorläufige Insolvenzverwalter die Funktionen des Seque- 4
sters oder vorläufigen Vergleichsverwalters, wobei die Rechtsstellung des vorläufigen Insolvenzverwalters nunmehr durch den vom Gesetzgeber eingeräumten Entscheidungsspielraum des Gerichts flexibel an die verfahrensbezogenen Anforderungen angepaßt werden kann. Soweit dem vorläufigen Verwalter die Verwaltungs- und Verfügungsbefugnis vom Gericht übertragen wird, steht aufgrund einer eindeutigen gesetzlichen Regelung (vgl § 22 Abs 1 Nr 2 InsO) nunmehr fest, daß dieser bis zur Entscheidung über die Eröffnung des Verfahrens idR auch das Schuldnerunternehmen einstweilen fortzuführen hat.[4]

Geht die Verwaltungs- und Verfügungsbefugnis bereits im Eröffnungsverfahren 5
auf den vorläufigen Insolvenzverwalter über, hat dies zur Folge, daß **Rechtsstreitigkeiten** schon im Eröffnungsverfahren gem § 240 S 2 ZPO **unterbrochen** werden. In Abweichung von der bisherigen Rspr des Bundesgerichtshofs ist nunmehr in § 55 Abs 2 InsO festgeschrieben, daß die Verbindlichkeiten, die von dem vorläufigen Verwalter mit Verwaltungs- und Verfügungsbefugnis begründet wurden, Masseverbindlichkeiten sind.[5]

---

2 Vgl Begr zu § 25 RegEntw InsO abgedruckt in Balz/Landfermann S 95; *Pohlmann* Befugnisse und Funktionen des vorläufigen Insolvenzverwalters, Rn 20.

3 Vgl Haarmeyer/Wutzke/Förster, Kap 3, Rn 195.

4 *Pohlmann* Rn 135 mwN.

5 Vgl *Pohlmann* Rn 33; Haarmeyer/Wutzke/Förster, Kap 1 Rn 21 mwN; *Bork* Einführung in das neue Insolvenzrecht, Rn 105.

I. Sinn und Zweck vorläufiger Sicherungsmaßnahmen

6 Die gerichtliche Anordnung von Sicherungsmaßnahmen soll vor allem die **Erhaltung und Sicherung des Vermögens des Schuldners** gewährleisten. Die Sicherungsmaßnahmen dienen dem Schutz der Insolvenzgläubiger und derjenigen Personen, denen Aus- oder/und Absonderungsrechte (vgl §§ 47ff InsO) an Gegenständen des Schuldnervermögens zustehen.[6]

7 Sicherungsmaßnahmen sollen ferner einer Verschlechterung der Vermögenslage im Eröffnungsverfahren vorbeugen. Denn sobald ein Antrag auf Eröffnung eines Insolvenzverfahrens bei dem Insolvenzgericht eingeht, hat der zuständige Richter zunächst zu prüfen, ob der Antrag zulässig und begründet ist. Während die Zulässigkeit des Antrages an Verfahrensvoraussetzungen anknüpft, die sich idR relativ zügig klären lassen, muß im weiteren Verlauf der Antragsprüfung geklärt werden, ob ein Insolvenzeröffnungsgrund vorliegt und die Kosten des Verfahrens aus der vorhandenen Masse oder aufgrund eines Vorschusses gedeckt werden können (vgl § 26 Abs 1 InsO).[7] Da die Feststellung des Insolvenzeröffnungsgrundes und die Frage der Kostendeckung oftmals mit zeitaufwendigen Ermittlungen verbunden ist, vergeht nach Antragstellung bis zur Entscheidung über die Verfahrenseröffnung regelmäßig ein längerer Zeitraum, in dem die zur Entscheidung über den Antrag erforderlichen Ermittlungen durch das Gericht und beauftragte Sachverständige angestellt werden. In dieser Phase herrscht regelmäßig ein Schwebezustand, in dem die Gefahr besteht, daß die Masse durch schädigende Handlungen des Schuldners, sonstiger Dritter oder der Gläubiger, die zur Absicherung ihrer Forderungen Massegegenstände in ihren Besitz bringen, geschmälert wird.[8] In einer solchen Situation kann bereits ein Verfügungsverbot oder/und eine Vollstreckungsschutzanordnung wirksam Abhilfe schaffen.

8 Auch kann es bei einem noch **laufenden Betrieb** nach der Antragstellung dazu kommen, daß die Arbeitnehmer, deren Löhne zumeist bereits rückständig sind, ihre weitere Arbeitstätigkeit aufgrund des Eröffnungsantrages und wegen des damit oft einhergehenden Vertrauensverlustes in die Fähigkeiten der Geschäftsführung, einstellen. Dies kann zu erheblichen Nachteilen für die Sanierungsfähigkeit des Betriebes führen, denn ein einmal eingestellter Betrieb ist - wenn überhaupt - regelmäßig sehr viel schwieriger zu sanieren als ein laufender. Im ersteren Falle werden die qualifiziertesten Mitarbeiter sehr bald eine andere Beschäftigung aufnehmen, so daß eine Sanierung bereits an dem sich schnell einstellenden Personalmangel scheitern kann. Einer solchen Entwicklung kann, beispielsweise durch die Bestellung eines vorläufigen Insolvenzverwalters, entgegengewirkt werden. Dieser ist in der Lage, gemeinsam mit der Geschäftsfüh-

---

6 Vgl Smid, § 2 Rn 106ff; Happ/Huntemann (Hrsg) § 5 Rn 4.
7 Vgl Begr zu § 25 RegEntw InsO abgedruckt in Balz/Landfermann S 95f.
8 Vgl Hess/Pape, InsO und EGInsO, Rn 135.

rung ggf Sanierungsmöglichkeiten aufzuzeigen und allgem zu einer Stabilisierung der Verhältnisse und zur Vertrauensbildung beizutragen. Die Arbeitsfähigkeit des Betriebes und damit die Möglichkeit einer Sanierung wird dadurch zumindest über einen gewissen Zeitraum erhalten.

II. Aufgaben des Insolvenzgerichts

Die Vorschrift des § 21 Abs 1 InsO legt allgem fest, daß von Seiten des Insol- 9
venzgerichts **alle Maßnahmen anzuordnen** sind, die erforderlich erscheinen, um bis zur Entscheidung über den Antrag für die Gläubiger nachteilige Veränderungen in der Vermögenslage des Schuldners zu verhüten. Demnach hat das Insolvenzgericht die **Pflicht**, tätig zu werden, sobald Masseschädigungen erkennbar werden.[9] Dies gilt auch dann, wenn gem § 306 Abs 1 InsO das Eröffnungsverfahren ruht, weil über einen Schuldenbereinigungsplan noch nicht entschieden wurde. Denn das Ruhen des Verfahrens steht der Anordnung von Sicherungsmaßnahmen nach § 306 Abs 2 InsO nicht entgegen.

1. Gerichtlicher Beschluß

Sicherungsmaßnahmen werden durch **gerichtlichen Beschluß** angeordnet.[10] In 10
dem Beschluß sind die **Art und der Umfang** der angeordneten Sicherungsmaßnahmen sowie die genaue Zeit der Anordnung anzugeben (vgl auch § 27 Abs 2 InsO für den Eröffnungsbeschluß). Letzteres ist erforderlich, um den **Zeitpunkt des Wirksamwerdens** der Maßnahmen zu fixieren.[11] Eine Verkündung des Beschlusses findet idR nicht statt. Er wird mit Unterschriftsleistung des Richters zu der in dem Beschluß angegebenen Stunde wirksam, sobald er den Tisch des Richters verlassen hat. Dies ist der Moment, in dem der Beschluß Außenwirkung erlangt und aufhört, eine innere Angelegenheit des Gerichts zu sein.[12]

2. Voraussetzungen für die Anordnung von Sicherungsmaßnahmen

Vorläufige Sicherungsmaßnahmen dürfen erst angeordnet werden, wenn fest- 11
steht, daß der Antrag auf Eröffnung des Insolvenzverfahrens zulässig ist (vgl hierzu Kap 2 Rn 100).[13] Dies war schon nach bisherigem Recht so[14] und ändert sich auch mit Einführung der Insolvenzordnung nicht.

9 Vgl *Pohlmann* Rn 20.
10 *Pohlmann* Rn 38.
11 Vgl zum Wirksamkeitszeitpunkt mit ausführlicher Erörterung *Pohlmann* Rn 38 mwN.
12 Begr zu § 25 RegEntw InsO abgedruckt in Balz/Landfermann S 95f.
13 Vgl Begr zu § 25 RegEntw InsO abgedruckt in Balz/Landfermann S 95f.
14 Vgl OLG Köln, ZIP 1988, 664; Hess, KO, § 106 Rn 1.

3. Amtsermittlungspflichten

12 Die Zulässigkeit des Antrages auf Eröffnung des Insolvenzverfahrens führt dazu, daß von Seiten des Gerichts gem § 5 Abs 1 InsO alle für das Insolvenzverfahren bedeutsamen Umstände zu ermitteln sind. Stellt das Gericht hierbei fest, daß ein Sicherungsbedürfnis für die Insolvenzmasse besteht, hat es bereits in der Eröffnungsphase **unverzüglich** einstweilige Sicherungsmaßnahmen nach pflichtgemäßem Ermessen anzuordnen.[15]

13 Hierbei ist einzelfallbezogen sorgfältig zu prüfen, ob die beabsichtigte Maßnahme zur Erreichung des Sicherungszwecks erforderlich ist oder ggf zu weitgehend in die Schuldnerautonomie eingreift.[16] Bei der gerichtlichen Entscheidung, welche Maßnahmen einzuleiten sind, steht ein sehr weiter Ermessensspielraum zur Verfügung. Bereits in den §§ 21, 22 InsO sind umfangreiche Sicherungsmaßnahmen aufgeführt. Daneben kommen aber auch weitere im Gesetz nicht ausdrücklich aufgeführte Maßnahmen in Betracht (s hierzu im einzelnen Rn 63ff). Mit dem Charakter vorläufiger Maßnahmen wäre es aber nicht vereinbar, umfassende Maßnahmen anzuordnen, die quasi die Eröffnungswirkungen des Insolvenzverfahrens vollständig vorwegnehmen würden. Auch dies hat der Richter bei seiner Entscheidung zu berücksichtigen. Bei einzelnen Regelungen wird sich eine solche Wirkung nicht immer vermeiden lassen, um die Masse zu schonen.

4. Anhörung des Schuldners

14 Eine Anhörung des Schuldners vor Erlaß des Beschlusses, mit dem Sicherungsmaßnahmen angeordnet werden, ist nach den Vorschriften der InsO aus gutem Grund nicht vorgesehen. Denn die Sicherungsmaßnahmen dienen der Wahrung gefährdeter Gläubigerinteressen. IdR ist ein sofortiges Handeln erforderlich. Eine vorherige Anhörung des Schuldners würde meist zuviel Zeit in Anspruch nehmen und führt in dem Fall, daß die Anordnung dazu dient, masseschädigende Verhaltensweisen des Schuldners zu verhindern, auch noch dazu, daß der Schuldner gewarnt würde. Durch eine vorherige Anhörung des Schuldners wäre der Zweck von vorläufigen Sicherungsmaßnahmen deshalb nicht mehr vollständig gewährleistet.[17] Etwas anderes gilt aber dann, wenn die Sicherungsmaßnahmen nicht aufgrund eigener Feststellungen des Gerichts getroffen werden, sondern von dritter Seite, insbes von einem Gläubiger angeregt werden. In einem solchen Fall ist der Schuldner vor der Anordnung der Maßnahmen zu hören. Denn die beabsichtigte Anordnung beruht nicht auf dem Ergebnis amtlicher Ermittlungen, sondern auf Tatsachenschilderungen dritter Perso-

---

15 *Pohlmann* Rn 20.

16 *Pohlmann* Rn 21; Haarmeyer/Wutzke/Förster, Kap 3 Rn 194.

17 Kuhn/Uhlenbruck, KO, § 106 Rn 1b; Jäger/*Weber* KO, § 106, Rn 1; Haarmeyer/Wutzke/Förster, Kap 3 Rn 193.

nen.[18] Darüberhinaus ist der Schuldner vor Erlaß von Sicherungsmaßnahmen nur dann anzuhören, wenn er ohne gesetzliche Verpflichtung (vgl hierzu Kap 2 Rn 71 ff) selbst den Eröffnungsantrag gestellt hat oder wenn aus anderen Gründen eine den Gläubigern nachteilige Veränderung in der Vermögenslage des Schuldners nicht zu befürchten ist.[19]

5. Bekanntmachung der Verfügungsbeschränkungen/ Registereintragungen

Der Beschluß, mit dem das Gericht ein Verfügungsverbot iSv § 21 Abs 2 Nr 2 InsO gegenüber dem Schuldner anordnet und ein vorläufiger Insolvenzverwalter bestellt wird, ist durch das Insolvenzgericht öffentlich bekannt zu machen (§ 23 Abs 1 InsO). Zudem ist der Beschluß dem Schuldner, dem vorläufigen Insolvenzverwalter und den Personen, die Verpflichtungen gegenüber dem Schuldner haben, bes zuzustellen. Hierbei handelt es sich in erster Linie um die Auftraggeber und die sonstigen zumeist in der Debitorenliste des Schuldners aufgeführten Personen, von denen der Schuldner gleich aus welchem Rechtsgrund etwas zu fordern hat. Letztere sind zugleich aufzufordern, nur noch unter Beachtung des Beschlusses zu leisten (§ 23 Abs 2 InsO). Soweit dem Gericht aus diesem Kreis der Aufenthaltsort nicht aller Personen bekannt ist, kann eine gesonderte Zustellung gem § 8 Abs 2 InsO unterbleiben oder an einen zur Entgegennahme von Zustellungen berechtigten Vertreter erfolgen.[20] Diese Regelungen sollen sicherstellen, daß die angeordneten Verfügungsbeschränkungen dem Geschäftsverkehr bekannt werden.[21] 15

Ist der Schuldner im Handels-, Genossenschafts- oder Vereinsregister eingetragen, hat die Geschäftsstelle des Insolvenzgerichts dem jeweiligen Registergericht zudem eine Ausfertigung des Beschlusses zu übermitteln (§ 23 Abs 2 InsO), damit die Verfügungsbeschränkungen unverzüglich nach Maßgabe der §§ 32 und 33 InsO ggf in das Grundbuch, Schiffsregister, Schiffsbauregister oder Register über Pfandrechte über Luftfahrzeuge eingetragen werden können (§ 23 Abs 3 InsO). 16

III. Einzelne Sicherungsmaßnahmen

Einzelne Verfügungsbeschränkungen erfassen auch solches Vermögen, das erst nach Anordnung der Sicherungsmaßnahmen in das Vermögen des Schuldners 17

18 Vgl Kuhn/Uhlenbruck, KO, § 106, Rn 1b, Bekanntmachung der Verfügungsbeschränkungen.
19 Vgl hierzu die ausführliche Darlegung bei *Pohlmann* Rn 65 ff.
20 Haarmeyer/Wutzke/Förster, Kap 3, Rn 256.
21 Vgl Begr zu § 27 RegEntw InsO abgedruckt in Balz/Landfermann S 100.

gelangt.[22] Im Insolvenzeröffnungsverfahren kommen, wie einleitend bereits erwähnt, zur Sicherung der Gläubigerinteressen insbes die nachfolgend im einzelnen erläuterten Maßnahmen in Betracht:

1. Anordnung von Verfügungsbeschränkungen (§ 21 Abs 2 Nr 2 InsO)

a) Allgemeines Verfügungsverbot

18 Das Gericht kann nach § 21 Abs 2 Nr 2 InsO dem Schuldner ein allgem **Verfügungsverbot** auferlegen oder den Schuldner in seiner **Verfügungsbefugnis** in der Weise **beschränken**, daß er Verfügungen nur mit Zustimmung des vorläufigen Insolvenzverwalters vornehmen kann.

19 Die Anordnung dieser Verfügungsbeschränkungen für den Schuldner dienen dazu, Vermögensverluste durch Handlungen des Schuldners zu unterbinden.[23] Denn durch die Anordnung eines allgem Verfügungsverbotes kann der Schuldner über sein Vermögen nicht mehr wirksam verfügen, so daß negative Auswirkungen auf das Vermögen des Schuldners durch Verfügungen ausgeschlossen sind.

21 Der das Verfügungsverbot anordnende **Beschluß wird mit** seinem **Erlaß wirksam**, unabhängig davon, wann der Beschluß den Adressaten oder Beteiligten zur Kenntnis gelangt und ob er verkündet wird oder nicht.[24] Nach Erlaß eines Verfügungsverbotes sind beispielsweise die Übertragung, Belastung, Änderung und Aufhebung von Rechten, ferner der Verzicht auf Rechte, der Erlaß und die Einziehung von Forderungen, soweit der eingezogene Forderungsbetrag nicht in die Masse gelangt, unwirksam.[25]

21 Anders als nach der bisherigen Regelung in § 106 KO handelt es sich bei dem Verfügungsverbot nicht nur um ein relatives, nur den Insolvenzgläubigern gegenüber wirkendes Verbot,[26] sondern um **ein absolutes, gegen jedermann wirkendes gesetzliches Verbot**.[27] Dies ergibt sich aus § 24 Abs 1 InsO, der § 81 Abs 1 S 1 InsO für entspr anwendbar erklärt. In § 81 InsO ist die absolute Unwirksamkeit der erfassten Verfügungen angeordnet. Weil der Schuldner mit der Anordnung des allgem Verfügungsverbotes die Verfügungsbefugnis vollständig einbüßt, ist dies folgerichtig.[28]

22 Nach dem Wortlaut von § 81 Abs 1 InsO sind Verfügungen **absolut unwirksam**. Aufgrund dieser Ausgestaltung des Verfügungsverbotes liegt insoweit

22 Vgl Begr zu § 25 RegEntw InsO abgedruckt in Balz/Landfermann S 95f.
23 Vgl Begr zu § 25 RegEntw InsO abgedruckt in Balz/Landfermann S 95f.
24 Haarmeyer/Wutzke/Förster, Kap 3 Rn 210, 256; Vgl BGH ZIP 1996, 1909, 1911.
25 Happ/Huntemann (Hrsg), § 5 Rn 17.
26 Vgl hierzu Kuhn/Uhlenbruck, KO, § 106 Rn 4.
27 Haarmeyer/Wutzke/Förster, Kap 3 Rn 210; *Bork* Rn 106; *Pohlmann* Rn 263.
28 Vgl Begr zu § 92 RegEntw InsO abgedruckt in Balz/Landfermann S 164.

nunmehr ein Verbotsgesetz iSd § 134 BGB vor, das dem Schutz der Allgemeinheit dient.[29] Da das Verfügungsverbot auch im Eröffnungsverfahren ein absolutes Verfügungsverbot ist, führt dies dazu, daß ein **gutgläubiger Erwerb** künftig nur noch sehr eingeschränkt möglich ist, weil das Verfügungsverbot – anders als nach bisherigem Recht – nicht mehr unter die §§ 135, 136 BGB fällt.[30]

Grundsätzlich kann sich derjenige, der einen dem Verfügungsverbot unterfallenden Gegenstand vom Schuldner erwirbt, nicht mehr darauf berufen, er habe von den Verfügungsbeschränkungen nichts gewußt. Allerdings ist wie nach bisherigem Recht der **öffentliche Glaube** des Grundbuchs, des Schiffs-, Luftfahrzeug- und des Schiffsbauregisters **geschützt**. Allein Verfügungen über Immobilien, Schiffe und Luftfahrzeuge, die zu einem gutgläubigen Erwerb, insbes nach den §§ 892, 893 BGB führen, sind auch künftig wirksam. Dies gilt allerdings nur, wenn die Verfügungsbeschränkungen noch nicht nach § 23 Abs 3 iVm §§ 32, 33 InsO in das Grundbuch bzw in die vorgenannten Register eingetragen wurden.[31] Um die Möglichkeit eines gutgläubigen Erwerbs möglichst frühzeitig auszuschließen, sollte zeitgleich mit dem Erlaß eines Verfügungsverbotes jedenfalls die Benachrichtigung an die zuständigen Grundbuchämter oder/und Register erfolgen. **23**

b) Verfügung nur mit Zustimmung des vorläufigen Verwalters

Alternativ kann von dem Insolvenzgericht angeordnet werden, daß Verfügungen des Schuldners nur mit Zustimmung des vorläufigen Insolvenzverwalters wirksam sind. Eine solche Verfügungsbeschränkung setzt voraus, daß spätestens mit der Anordnung auch ein vorläufiger Insolvenzverwalter bestellt wird, ohne daß diesem gleichzeitig die Verwaltungs- und Verfügungsbefugnis übertragen wird (vgl Rn 41). In einem solchen Fall bleibt der Schuldner grundsätzlich handlungsfähig, er muß beabsichtigte Verfügungen aber mit dem Verwalter abstimmen und dessen Zustimmung einholen.[32] Eine solche Verfügungsbeschränkung wird das Gericht insbes in den Fällen anordnen, in denen ein Unternehmen zunächst unter der Leitung des bisherigen Geschäftsführers weitergeführt werden soll[33] oder in denen die spätere Eigenverwaltung durch den Schuldner nach den §§ 270ff InsO (vgl hierzu Kap 14 Rn 1ff) dem Insolvenzgericht überwiegend wahrscheinlich erscheint.[34] Aufgrund des durch § 21 Abs 1 InsO vorgegebenen Ermessensspielraumes kann das Gericht das Zustimmungserfordernis auch nur auf einzelne bestimmte Verfügungen beschränken, die dann konkret in dem Beschluß zu bezeichnen sind. Handelt der Schuldner ohne die Zu- **24**

29 Vgl Palandt/*Heinrichs*, § 134 Rn 5.
30 *Pohlmann* Rn 263; *Bork* Rn 106, 136; vgl zur bisherigen Rechtslage Kuhn/Uhlenbruck, KO, § 106 Rn 4 mwN.
31 Haarmeyer/Wutzke/Förster, Kap 4 Rn 7; *Bork* Rn 138.
32 Vgl mit ausführlicher Begr *Pohlmann* Rn 258f.
33 Haarmeyer/Wutzke/Förster, Kap 3 Rn 217.
34 Vgl *Pohlmann* Rn 256.

stimmung des vorläufigen Verwalters, so hat dies ebenfalls die absolute Unwirksamkeit der schuldnerischen Verfügung mit den vorstehend beschriebenen Einschränkungen zur Folge (§ 24 Abs 1 iVm § 81 InsO; vgl o Rn 18ff).

2. Anordnung einer Postsperre

25 Auch die Anordnung einer Postsperre ist bereits im Eröffnungsverfahren als Sicherungsmaßnahme denkbar.[35] Diese ist zwar in § 21 Abs 2 InsO nicht ausdrücklich aufgeführt, wird aber in der Begr zum RegEntw als zulässige Maßnahme ausdrücklich erwähnt.[36] Der Gesetzgeber plant insoweit eine Gesetzesänderung. § 21 Abs 2 InsO soll um eine Nr 4 ergänzt werden. Danach kann das Insolvenzgericht eine vorläufige Postsperre auch im Eröffnungsverfahren anordnen, für die die Vorschriften der §§ 99, 101 Abs 1 S 1 InsO entspr gelten (Beschlußempfehlung des Rechtsausschusses vom Dezember 1998; BT-Ds 14/120).

26 Es ist aber darauf hinzuweisen, daß eine solche **Anordnung** nach der derzeitigen Gesetzeslage **verfassungswidrig** ist. Die Anordnung einer Postsperre stellt einen erheblichen Eingriff in das Grundrecht der Unverletzbarkeit des Brief-, Post- und Fernmeldegeheimnisses dar (Art 10 Abs 1 GG). Es bedarf deshalb einer ausdrücklichen gesetzlichen Ermächtigung für die Anordnung einer Postsperre im Eröffnungsverfahren.

27 Die Vorschrift des § 21 Abs 1 InsO, nach der das Gericht alle Maßnahmen zu treffen hat, die zur Sicherung des Schuldnervermögens erforderlich sind, reicht als gesetzliche Ermächtigung nicht aus, weil diese Vorschrift zu allgem gehalten ist. Auch § 99 InsO, in dem die Postsperre für das eröffnete Verfahren im einzelnen ausgestaltet ist, hilft hier nicht weiter, weil diese Vorschrift auf das Eröffnungsverfahren keine Anwendung findet. Es fehlt insoweit an einem Verweis, mit dem § 99 InsO für das Eröffnungsverfahren für anwendbar erklärt wird. Schließlich enthält § 102 InsO, in dem auf die Einschränkung der Grundrechte aus Art 10 GG durch die §§ 99, 101 Abs 1 InsO hingewiesen wird, ebenfalls keinerlei Angaben, nach denen § 21 InsO grundrechtseinschränkende Wirkung zukommen könnte. Auf Grund dessen ist die Anordnung einer Postsperre im Eröffnungsverfahren derzeit nicht möglich. Es ist deshalb dringend erforderlich, daß der Gesetzgeber, der sich mit der Begr zum RegEntw auf die Möglichkeit einer Postsperre als Sicherungsmaßnahme im Eröffnungsverfahren festgelegt hat, insoweit gesetzgeberisch tätig wird und die Normen der §§ 21 und 102 InsO klarstellend ergänzt.[37]

---

35 Zu den Voraussetzungen einer Postsperre im eröffneten Verfahren vgl Kap 4 Rn 46ff und § 99 InsO.

36 Vgl Begr zu § 25 RegEntw InsO abgedruckt in Balz/Landfermann S 95f; *Pohlmann* Rn 9.

37 Ähnlich mit zutr Erwägungen Haarmeyer/Wutzke/Förster, Kap 3 Rn 219; vgl zur Parallelproblematik in der GesO Haarmeyer/Wutzke/Förster, GesO, § 2 Rn 170, Smid, § 6 Rn 34; alle Autoren gehen von der Verfassungswidrigkeit der Anordnung aus; aA Hess/Binz/Wienberg, § 2 Rn 104 a, ohne ersichtliche verfassungsdogmatische Begr.

3. Bestellung eines vorläufigen Insolvenzverwalters

Nach § 21 Abs 2 Nr 1 InsO kann das Insolvenzgericht einen vorläufigen Insolvenzverwalter bestellen. Seine Funktion ist mit derjenigen des Sequesters nach bisherigem Recht vergleichbar. Während Aufgaben und Befugnisse nach bisherigem Recht nicht ausdrücklich geregelt waren (vgl § 106 KO; § 2 Abs 3 GesO), sondern im Laufe der Zeit weitgehend von Literatur und Rspr entwickelt wurden,[38] ist mit der Einführung der Insolvenzordnung nunmehr eine erfreulich detaillierte Regelung hinsichtlich der Pflichten des Insolvenzgerichts und der Rechtsstellung des vorläufigen Verwalters geschaffen worden. 28

a) Die Rechtsstellung des vorläufigen Insolvenzverwalters

Die Rechtsstellung des vorläufigen Insolvenzverwalters ist mit derjenigen des im eröffneten Verfahren bestellten Insolvenzverwalters in weiten Bereichen identisch. Demgemäß gelten nach § 21 Abs 2 Nr 1 InsO für den vorläufigen Insolvenzverwalter die Regelungen über 29

- die **Bestellung** des Insolvenzverwalters (§ 56 InsO);
- die **Aufsicht** des Insolvenzgerichts über den Insolvenzverwalter (§ 58 InsO);
- die **Entlassung** des Verwalters (§ 59 InsO);
- die **Haftung** des Insolvenzverwalters (§ 60 InsO);
- die Nichterfüllung von Masseverbindlichkeiten (§ 61 InsO);
- die **Verjährung** von Schadensersatzansprüchen (§ 62 InsO);
- die **Vergütung** (§§ 63, 64, 65 InsO) und
- die **Rechnungslegung** gegenüber der Gläubigerversammlung (§ 66 InsO)

entsprechend.[39]

Darüberhinaus bestimmt § 22 Abs 3 InsO allgem, daß der vorläufige Insolvenzverwalter berechtigt ist, die **Geschäftsräume des Schuldners zu betreten** und dort Nachforschungen anzustellen und in die Bücher und Geschäftsunterlagen des Schuldners Einsicht zu nehmen.[40] Der vorläufige Insolvenzverwalter hat gegenüber dem Schuldner ferner einen **Anspruch auf** Erteilung aller erforderlichen **Auskünfte**. Denn § 22 Abs 3 Satz 3 InsO verweist auf die Vorschriften der §§ 97, 98, 101 Abs 1 S 1, 2, Abs 2. Deshalb ist auch der Auskunfts- und Mitwirkungsanspruch gegenüber dem Schuldner bzw dessen organschaftliche Vertreter für das Eröffnungsverfahren nunmehr klar umrissen (vgl hierzu Kap 2 Rn 105) 30

Soweit der Schuldner seinen Auskunfts- und Mitwirkungspflichten nicht nachkommt, kann der vorläufige Verwalter gegenüber dem Insolvenzgericht Maßnahmen nach § 98 InsO anregen. Das Gericht kann zur Durchsetzung der 31

---

38 Vgl Happ/Huntemann (Hrsg), § 5 Rn 23ff mwN; Kuhn/Uhlenbruck, KO § 106 Rn 6ff.

39 *Hess/Weis*, InVo 1997, 141, 142; *Pohlmann* Rn 213.

40 *Bork* Rn 104; *Pohlmann* Rn 198ff.

Pflichten des Schuldners anordnen, daß der Schuldner eine eidesstattliche Versicherung über die vom ihm verlangten Auskünfte abgibt. Er kann den Schuldner zur Erzwingung der Erteilung der erforderlichen Auskünfte unter den Voraussetzungen des § 98 InsO auch zwangsweise vorführen und nach Anhörung in Haft nehmen lassen.

32 Im übrigen unterscheidet sich die Rechtsstellung des vorläufigen Insolvenzverwalters grundlegend, je nachdem, ob das Insolvenzgericht eine vorläufige Verwaltung ohne (vgl Rn 36) oder mit Verwaltungs- und Verfügungsbefugnis (vgl Rn 41 ff) des vorläufigen Verwalters angeordnet hat.

b) Bestellung durch das Insolvenzgericht

33 Der vorläufige Insolvenzverwalter wird **durch gerichtlichen Beschluß** bestellt. Zu den Voraussetzungen für die Bestellung sind die oben bereits dargelegten allgem Grundsätze zu beachten (vgl Kap 6 Rn 25 ff). Insbes muß das Gericht nach pflichtgemäßem Ermessen prüfen, ob die Bestellung eines vorläufigen Insolvenzverwalters geboten ist und mit welchen Befugnissen der vorläufige Insolvenzverwalter im einzelnen auszustatten ist. Erforderlichenfalls ist dem Schuldner zudem ein **allgem Verfügungsverbot** aufzuerlegen, was zur Folge hat, daß die Verwaltungs- und Verfügungsbefugnis auf den vorläufigen Verwalter übergeht. Sieht das Insolvenzgericht davon ab, dem Schuldner ein allgem Verfügungsverbot aufzuerlegen, hat es die Pflichten des vorläufigen Insolvenzverwalters in dem Beschluß im einzelnen zu bestimmen.[41]

34 Hinsichtlich der **persönlichen und fachlichen Eignung** des vorläufigen Insolvenzverwalters ist aufgrund des in § 21 Abs 2 Nr 1 InsO enthaltenen Verweises die Vorschrift des § 56 InsO zu berücksichtigen. Das Gericht hat danach bei seiner Auswahl zu beachten, daß der vorläufige Insolvenzverwalter geschäftskundig und für den jeweiligen Einzelfall für die zu erfüllende Aufgabe geeignet ist.[42] Die Vorschrift des § 56 Abs 1 InsO stellt ausdrücklich klar, daß zum Insolvenzverwalter nur eine **natürliche Person** bestellt werden kann. Dies gilt entspr für die Bestellung eines vorläufigen Insolvenzverwalters.[43] Es kann idR nur eine von Gläubigern und dem Schuldner unabhängige Person bestellt werden.[44] Ein vom Schuldner im Vorfeld der Insolvenz zur Beratung herangezogener Rechtsanwalt kommt deshalb als vorläufiger Insolvenzverwalter kaum in Betracht.

35 Je nach Art und Umfang der zu übernehmenden Aufgabe kommen als vorläufige Verwalter vor allem Rechtsanwälte, Wirtschaftsprüfer, Steuerberater und vereidigte Buchprüfer in Betracht, soweit diese in der Praxis bereits die erfor-

---

41 *Hess/Weis* InVo 1997, 141, 142; Haarmeyer/Wutzke/Förster, Kap 3 Rn 235.
42 Vgl *Pohlmann* Rn 74.
43 Vgl *Pohlmann* Rn 77.
44 *Hess/Weis* InVo 1997, 141, 142; *Uhlenbruck* Kölner Schrift zur InsO, 240 ff Rn 3; *Pohlmann* Rn 72.

derlichen Erfahrungen sammeln konnten.[45] Nach § 21 Abs 2 Nr 1 iVm § 56 Abs 2 InsO erhält der vorläufige Insolvenzverwalter eine **Urkunde über seine Bestellung** von dem Insolvenzgericht als Nachweis seiner Legitimation ausgehändigt. In die Urkunde sollte das Gericht die **einzelnen Befugnisse** des vorläufigen Insolvenzverwalters aufnehmen, damit die Rechtsstellung des vorläufigen Insolvenzverwalters mit oder ohne Verfügungsbefugnis für die von der vorläufigen Verwaltung betroffenen Verkehrskreise ohne weiteres deutlich wird.[46]

c) Der vorläufige Insolvenzverwalter ohne Verwaltungs- und Verfügungsbefugnis

Bestellt das Gericht einen vorläufigen Insolvenzverwalter, ohne daß dem Schuldner ein allgem Verfügungsverbot auferlegt wird, hat das Gericht die Pflichten des vorläufigen Insolvenzverwalters gem § 22 Abs 2 InsO im einzelnen zu bestimmen und in den Beschluß über die Bestellung aufzunehmen.[47] Der festzulegende **Pflichtenkreis** darf nach § 22 Abs 2 S 2 InsO nicht über die in § 22 Abs 1 S 2 InsO für den vorläufigen Verwalter mit Verwaltungs- und Verfügungsbefugnis hinausgehen. Da der Schuldner in einem solchen Falle weiterhin befugt ist, über sein Vermögen zu verfügen und selbiges zu verwalten, ist der vorläufige Verwalter weder prozeßführungsbefugt, noch kann er die zukünftige Masse wirksam verpflichten. Auch Sanierungsverhandlungen kann der vorläufige Verwalter nur gemeinsam mit dem Schuldner führen.[48] Er ist zunächst lediglich eine Art Berater ohne eigene Verfügungsmacht.[49] **36**

Der vorläufige Insolvenzverwalter hat aber gegenüber dem Schuldner die bereits erwähnten Auskunfts- und Einsichtsrechte (vgl Rn 30).[50] Stellt er hierbei fest, daß weitere Sicherungsmaßnahmen erforderlich sind, kann er gegenüber dem Insolvenzgericht jederzeit anregen, daß dem Schuldner gem § 21 Abs 2 Nr 2 InsO auferlegt wird, künftig Verfügungen nur noch mit Zustimmung des vorläufigen Insolvenzverwalters vorzunehmen.[51] Der Schuldner ist zwar weiterhin verfügungsbefugt, die Verfügung ohne eine Zustimmung des vorläufigen Verwalters ist aber absolut unwirksam.[52] Der vorläufige Insolvenzverwalter ohne Verwaltungs- und Verfügungsbefugnis hat zumindest die Aufgabe der Massesicherung und Masseerhaltung. Seine Rechtsstellung entspricht der einer Aufsichtsperson, die das Verhalten des Schuldners zu überwachen hat und der erforderlichenfalls jederzeit weitere Befugnisse übertragen werden können. Die **37**

45 Vgl *Pohlmann* Rn 74.
46 Vgl hierzu *Pohlmann* Rn 83.
47 *Bork* Rn 103; *Pohlmann* Rn 84.
48 Haarmeyer/Wutzke/Förster, Kap 3 Rn 236.
49 *Bork* Rn 103.
50 *Pohlmann* Rn 213.
51 Vgl *Hess/Weis* InVo 1997, 141, 142.
52 *Pohlmann* Rn 217.

Möglichkeit, weitergehende Maßnahmen zu ergreifen, sollte gegenüber dem Schuldner deutlich gemacht werden.[53] Um seiner Sicherungsfunktion gerecht werden zu können, hat der Verwalter die Pflicht, analog § 151 Abs 1 InsO ein **Verzeichnis** der einzelnen Gegenstände des **schuldnerischen Vermögens** aufzustellen. Stellt der Verwalter bei seinen insoweit erforderlichen Ermittlungen fest, daß Gegenstände von dem Schuldner nicht ordnungsgemäß oder sicher verwahrt werden, muß er die Möglichkeit haben, solche Gegenstände in Besitz zu nehmen. Das Gericht wird den vorläufigen Insolvenzverwalter deshalb in dem Bestellungsbeschluß ermächtigen, Gegenstände und Dokumente nach eigenem Ermessen **in Besitz zu nehmen,** soweit dies zur Massesicherung erforderlich ist.[54] Falls eine Herausgabevollstreckung erforderlich wird, sollte das Gericht einen besonderen **Wegnahmebeschluß** erlassen, der für eine Herausgabevollstreckung den oder die Vollstreckungsgegenstände hinreichend deutlich bestimmt.[55] Auch eine **Kassenführung** durch den vorläufigen Insolvenzverwalter kann durch einen entspr Beschluß zur Sicherung der Insolvenzmasse angeordnet werden.

38 Ferner kann der vorläufige Insolvenzverwalter ohne Verwaltungs- und Verfügungsbefugnis wie der Sequester nach bisherigem Recht im Zusammenwirken mit dem Schuldner die Maßnahmen ergreifen, die zur Schaffung der für die Verfahrenseröffnung erforderlichen Masse geboten sind. Er wird den Schuldner insbes beratend bei der **Führung von Rechtsstreitigkeiten** unterstützen oder ggf gemeinsam mit diesem dafür Sorge tragen, daß der **Betrieb aufrecht erhalten bleibt,** ohne selbst verwaltungs- und verfügungsbefugt zu sein.[56]

39 Der vorläufige Insolvenzverwalter kann, wie bisher der Sequester, die **Vorfinanzierung von Insolvenzgeld** besorgen.[57] Dies wird zumeist dann erforderlich, wenn im Eröffnungsverfahren die Liquiditätslage des schuldnerischen Betriebes eine Zahlung der Löhne und Gehälter der Arbeitnehmer nicht mehr zulässt, eine Fortbeschäftigung aber zur Schaffung von Masse oder zur Einleitung von Sanierungsmaßnahmen geboten ist. Eine Reihe von Banken bieten für diese Situation Finanzierungsmodelle an. IdR treten die Arbeitnehmer das rückständige, durch die Insolvenzgeldversicherung abgedeckte Nettoarbeitsentgelt an eine vom Schuldner und Verwalter unabhängige Bank ab. Die Bank zahlt im Gegenzug an die Arbeitnehmer deren Nettoarbeitsentgelt aus und erhält die Insolvenzgeldbeträge aufgrund der Abtretung von der Bundesanstalt für Arbeit zurück.[58]

---

53 *Pohlmann* Rn 220.
54 *Pohlmann* Rn 223.
55 Vgl *Pohlmann* Rn 224.
56 Vgl *Pohlmann* Rn 230f.
57 Vgl *Hess/Weis* InVo 1997, 141, 143; zur Vorfinanzierung durch Sequester nach bisherigem Recht, vgl Kuhn/Uhlenbruck, KO, § 59 Rn 15g; Kilger/K. Schmidt, KO, § 106 Anm 4.
58 Vgl im einzelnen *Hess/Weis* InVo 1997, 141, 143; *Pohlmann* Rn 87ff.

Das Insolvenzgericht hat gem § 5 Abs 1 InsO von Amts wegen alle Umstände zu erforschen, die für das Insolvenzverfahren von Bedeutung sind. Es ist berechtigt, zur Erfüllung dieser Aufgabe auch Sachverständige mit der **Prüfung der Eröffnungsvoraussetzungen** zu betrauen (vgl Kap 2 Rn 98ff). Wenn das Gericht die Eröffnungsvoraussetzungen nicht aus den unmittelbaren Eigenermittlungen feststellen kann, hat es auch die Möglichkeit, den vorläufigen Insolvenzverwalter ohne Verwaltungs- und Verfügungsbefugnis gleichzeitig als **Sachverständigen** mit der Prüfung der Frage zu betrauen, ob ein Insolvenzgrund vorliegt und die Kosten des Verfahrens aus der Masse gedeckt werden können (vgl hierzu Kap 2 Rn 102). **40**

d) Der vorläufige Insolvenzverwalter mit Verwaltungs- und Verfügungsbefugnis

Bestellt das Gericht einen **vorläufigen Insolvenzverwalter** und erlegt es dem Schuldner **gleichzeitig ein allgem Verfügungsverbot** auf, so geht die Verwaltungs- und Verfügungsbefugnis über das Vermögen des Schuldners bereits im Eröffnungsverfahren auf den vorläufigen Insolvenzverwalter über (§ 22 Abs 1 InsO).[59] In einem solchen Falle, entspricht die Rechtsstellung des vorläufigen Verwalters weitgehend der des späteren Insolvenzverwalters.[60] **41**

Bei Übergang der Verwaltungs- und Verfügungsbefugnis auf den vorläufigen Verwalter hat dieser die **Pflicht**, das **Vermögen des Schuldners zu sichern und zu erhalten** (§ 22 Abs 1 Nr 1 InsO). Er wird hierzu selbiges **in Besitz nehmen**, verwalten und inventarisieren. Soweit Anhaltspunkte dafür bestehen, daß Massegegenstände abhanden kommen könnten, hat er die **Geschäftsräume siegeln** zu lassen, und er hat zumindest bei verderblichen Waren bereits im Eröffnungsverfahren **Verwertungsmaßnahmen** durchzuführen, wenn dies zum Vermögenserhalt erforderlich ist.[61] **42**

Ferner wird er **Verträge beenden**, wenn hierdurch Belastungen der Masse insbes spätere Massekosten vermieden werden können oder dies zu Liquiditätsvorteilen für den Schuldner führt. Der vorläufige Verwalter ist verpflichtet zu prüfen, ob ein hinreichender **Versicherungsschutz**, insbes für Gebäude und Warenbestände, besteht. Er hat bereits im Eröffnungsverfahren mit dem **Forderungseinzug** zu beginnen bzw diesen fortzusetzen, wenn dies der Sicherung oder Schaffung von Masse dient oder zur Aufrechterhaltung des Betriebes geboten ist.[62] **43**

IdR hat der vorläufige Insolvenzverwalter das **Schuldnerunternehmen** bis zur Entscheidung des Insolvenzgerichts über die Eröffnung des Verfahrens fortzuführen (§ 22 Abs 1 Nr 2 InsO). Diese gesetzliche Verpflichtung des vorläufigen **44**

---

59 *Bork* Rn 103.
60 *Bork* Rn 104; Haarmeyer/Wutzke/Förster, Kap 3 Rn 240.
61 Vgl Begr zu § 26 RegEntw InsO abgedruckt in Balz/Landfermann S 98f; *Bork* Rn 104; *Pohlmann* Rn 110ff, 400ff.
62 Ausführlich *Pohlmann* Rn 426ff.

Verwalters zur **Betriebsfortführung** ist Ausdruck der Zielvorstellung der Insolvenzordnung, sanierungsfähige Betriebe zu erhalten.[63] Auch würde durch eine voreilige Betriebsschließung in die Entscheidungsautonomie der Gläubiger eingegriffen. Nach einer Betriebsschließung wäre beispielsweise die Erstellung eines Insolvenzplans kaum mehr möglich.[64] Der vorläufige Verwalter wird gemeinsam mit der Buchhaltung des Schuldners eine Liquiditätsplanung erstellen, um die Liquiditätslage zu ermitteln. Eine Fortführung wird dem vorläufigen Verwalter nur möglich sein, solange in deren Zuge hinreichend Liquidität geschaffen wird oder bereits vorhanden ist, um die vom vorläufigen Verwalter in der Fortführungsphase begründeten Verbindlichkeiten zu begleichen.

45 Wenn dies nicht der Fall ist, wird der vorläufige Verwalter einen laufenden Geschäftsbetrieb nach **gerichtlicher Zustimmung** unverzüglich schließen.[65] Gleiches gilt, wenn die Fortführung des Betriebes eine erhebliche Verminderung des Schuldnervermögens zur Folge hätte und damit für die Gläubiger nachteilig wäre (vgl § 22 Abs 1 Nr 2 InsO).

46 Bisher ungeklärt in diesem Zusammenhang ist die Frage der Haftung des vorläufigen Verwalters für den Fall, daß das Gericht seine Zustimmung zur Stilllegung des Unternehmens versagt, obwohl der Verwalter um eine solche Zustimmung nachgesucht hat (§ 22 Abs 1 Nr 2 InsO). Insoweit wird vertreten, daß aus einer solchen Zustimmungsverweigerung für den Verwalter rechtlich eine Haftungsfreistellung in der Fortführungsphase folgt, weil der Verwalter, trotz gegenteiliger Empfehlung das Unternehmen im Auftrag des Gerichts weiter zu führen hat.[66]

47 Aufgrund des Überganges der Verwaltungs- und Verfügungsbefugnis ist der vorläufige Insolvenzverwalter Dritten gegenüber in vielen Bereichen aus der laufenden Betriebstätigkeit und der Anordnung der vorläufigen Verwaltung unmittelbar berechtigt und verpflichtet. Deshalb werden die von dem vorläufigen Insolvenzverwalter, auf den die Verwaltungs- und Verfügungsbefugnis übergegangen ist, begründeten Verbindlichkeiten bevorzugt und gem § 55 Abs 2 S 1 InsO zu **Masseverbindlichkeiten** im eröffneten Verfahren erklärt, obwohl sie vor Verfahrenseröffnung begründet werden und deshalb an sich gem § 38 InsO als Insolvenzforderungen quotal zu befriedigen wären.[67] Entsprechendes gilt nach § 55 Abs 2 S 2 InsO für Verbindlichkeiten aus einem **Dauerschuldverhältnis**, soweit der vorläufige Insolvenzverwalter für das von ihm verwaltete Vermögen die Gegenleistung in Anspruch genommen hat. Damit sollen diejenigen Personen geschützt werden, die mit dem vorläufigen Insolvenzverwalter in der unsicheren Lage des Schuldners noch Geschäfte abschließen.[68] Der vor-

---

63 Haarmeyer/Wutzke/Förster, Kap 3 Rn 248.
64 Vgl *Hess/Weis* InVo 1997, 142, 144.
65 Ausführlich *Pohlmann* Rn 139ff.
66 Haarmeyer/Wutzke/Förster, Kap 3 Rn 250.
67 Vgl hierzu *Pohlmann* Rn 326ff.
68 Vgl Begr zu § 55 RegEntw InsO abgedruckt in Balz/Landfermann S 126f.

läufige Insolvenzverwalter hat insoweit dafür Sorge zu tragen, daß die vorhandene oder von ihm erwirtschaftete Masse zur Berichtigung dieser von ihm begründeten Masseverbindlichkeit, insbes für Löhne und Gehälter, ausreicht. Reicht die Masse für die Erfüllung dieser Masseverbindlichkeiten nicht aus, so ist der vorläufige Verwalter den Massegläubigern gem §§ 21 Abs 2 Nr 1 iVm 61 Abs 1 InsO zum **Schadenersatz** verpflichtet. Dies obwohl er bei Anordnung der vorläufigen Verwaltung idR noch keinen Überblick über die tatsächlichen Verhältnisse und insbes die laufenden Verpflichtungen haben kann. Insbes aus der kurzfristigen Fortbeschäftigung von Arbeitnehmern und der Aufrechterhaltung von sonstigen gegenseitigen Verträgen, die für die Fortführung des Betriebes unerläßlich sind, können deshalb erhebliche Verbindlichkeiten erwachsen, die wohlmöglich nicht beglichen werden können, wenn aus der Fortführung nicht die Überschüsse erwirtschaftet werden, die erforderlich sind, um diese Verbindlichkeiten abzudecken.

Die **Haftung** nach § 61 InsO für die Nichterfüllung von Masseverbindlichkei- **48**
ten greift auch dann ein, wenn der vorläufige Insolvenzverwalter von der Kündigung und Freistellung der Arbeitsverhältnisse abgesehen hat[69] (vgl § 55 Abs 2 S 2 InsO) und besteht unabhängig davon, ob das Insolvenzverfahren eröffnet wird oder nicht.[70] Zwar sieht § 61 S 2 InsO vor, daß eine **Schadensersatzpflicht** des Verwalters **ausscheidet**, wenn der Verwalter die Masseunzulänglichkeit bei Begründung der Verbindlichkeit nicht erkennen konnte, wodurch das Haftungsrisiko erheblich abgemildert wird, es läßt sich derzeit aber noch nicht absehen, welcher Verschuldensmaßstab für diese Haftungsfragen durch die Rspr einmal angelegt wird. Ebenso offen ist die Frage der Beweislast.[71] Daß dieses Haftungsrisiko auch den vorläufigen Verwalter trifft, steht außer Zweifel. Denn § 25 Abs 2 InsO ordnet für den Fall der gerichtlichen Aufhebung der Bestellung des vorläufigen Insolvenzverwalters an, daß dieser aus dem von ihm verwalteten Vermögen die entstandenen Kosten zu berichtigen und die von ihm begründeten Verbindlichkeiten zu erfüllen hat. Gleiches gilt für die Verbindlichkeit aus einem Dauerschuldverhältnis, soweit der vorläufige Insolvenzverwalter für das vom ihm verwaltete Vermögen die Gegenleistung in Anspruch genommen hat.

Mit dem Übergang der Verwaltungs- und Verfügungsbefugnis hat der vorläu- **49**
fige Verwalter die Verpflichtung, **Steuern** aus den von ihm verwalteten Mitteln zu entrichten. Denn er ist als Vermögensverwalter iSv § 34 Abs 3 Abgabenordnung anzusehen und damit zur Erfüllung der steuerlichen Pflichten des Schuld-

---

69 Begr zu § 72 RegEntw InsO abgedruckt in Balz/Landfermann S 141 f.
70 Ausführlich *Pohlmann* Rn 373 mwN.
71 Nach der bisherigen Rspr des BGH zum eröffneten Verfahren wird dem Vertragspartner die Darlegungs- und Beweislast nach allgem Grundsätzen dafür auferlegt, daß ihm der Konkursverwalter die Verantwortung für die Folgen des Massegeschäfts abgenommen oder einen Vertrauenstatbestand geschaffen habe, an dem sich der Konkursverwalter nach Treu und Glauben festhalten lassen müsse. (BGH ZIP 1987, 650, 652; vgl dazu BGH EWir (Baur) 1987, 609); sa *Pohlmann* Rn 369.

ners verpflichtet.[72] Während einer Unternehmensfortführung hat der Verwalter ferner sicher zu stellen, daß die laufenden Steuern, insbes die **Lohnsteuern,** an das Finanzamt abgeführt werden.[73] Hinsichtlich der **Umsatzsteuern** gilt § 55 Abs 2 S 1 InsO uneingeschränkt, so daß diese für in der Eröffnungsphase getätigte Umsätze an das Finanzamt aus der Insolvenzmasse abzuführen sind. Den Verwalter treffen hier Haftungsrisiken, falls er seinen steuerlichen Pflichten schuldhaft nicht nachkommt. Insbes haftet er ggf nach § 21 Abs 2 Nr 1 iVm § 61 InsO, wenn aus der Masse die begründeten Umsatzsteuerverbindlichkeiten nicht erfüllt werden können.[74]

50 Um die vorstehend geschilderten erheblichen Haftungsrisiken zu begrenzen, sollte das **Insolvenzgericht mit dem vorläufigen Verwalter**, den es zu bestellen gedenkt, **im einzelnen abstimmen**, welche Maßnahmen in der konkreten Insolvenzsituation geboten sind. Nur so kann sich der vorläufige Verwalter auf die zu bewältigende Aufgabe hinreichend vorbereiten.[75] Die vorhandenen Haftungsrisiken können zudem auf ein überschaubares Maß eingegrenzt werden, wenn das Gericht eine vorläufige Verwaltung anordnet, aber die Verwaltungs- und Verfügungsbefugnis zunächst bei dem Schuldner beläßt, bis der vorläufige Verwalter sich einen Überblick über die Vermögenslage verschafft hat. Denkbar ist auch der Erlaß eines allgem Verfügungsverbotes mit einem gleichzeitigen Gutachterauftrag an diejenige Person, die bei Bedarf auch als vorläufiger Verwalter in Betracht kommt. Auf diese Weise kann zunächst die Entstehung von Masseverbindlichkeiten im Eröffnungsverfahren vermieden werden und zudem erwachsen für den vorläufigen Verwalter keine unüberschaubaren Haftungsrisiken. Eine Betriebsfortführung kann der redliche Schuldner auch gemeinsam mit dem Verwalter ohne Verwaltungs- und Verfügungsbefugnis organisieren. Bei Bedarf haben der vorläufige Verwalter oder der Gutachter die Möglichkeit, gegenüber dem Gericht weitergehende vorläufige Maßnahmen anzuregen. Um die Masse vor Nachteilen zu schützen, kann das Gericht Verfügungen erforderlichenfalls von der Zustimmung des vorläufigen Insolvenzverwalters abhängig machen (§ 21 Abs 2 Nr 2 InsO) oder zu einem späteren Zeitpunkt dafür Sorge tragen, daß die Verwaltungs- und Verfügungsbefugnis auf einen vorläufigen Verwalter übergeht.

51 Der Verwalter mit Verwaltungs- und Verfügungsbefugnis hat ferner gem § 22 Abs 1 Nr 3 InsO zu **prüfen, ob das Vermögen des Schuldners die Kosten des Insolvenzverfahrens decken wird** (zu den Verfahrenskosten vgl Kap 2 Rn 107). Er wird zunächst die nach Abzug der Aus- und Absonderungsrechte verbleibende Aktivmasse ermitteln. Anschließend wird er anhand der Aktivmasse die voraussichtlichen Verfahrenskosten errechnen und in einem weiteren Schritt feststellen, ob insoweit ausreichend Vermögen zur Deckung dieser Ko-

72 Hess/Boochs/Weis, Steuerrecht in der Insolvenz, Rn 1044; *Pohlmann* Rn 380.
73 Haarmeyer/Wutzke/Förster, Kap 3 Rn 249.
74 *Pohlmann* Rn 379.
75 Haarmeyer/Wutzke/Förster, Kap 3 Rn 250.

sten vorhanden ist. Sein Ergebnis wird der vorläufige Verwalter dem Gericht in einem Bericht darlegen.[76]

Zusätzlich kann das Gericht den vorläufigen Verwalter mit Verwaltungs- und Verfügungsbefugnis gem § 22 Abs 1 Nr 3 InsO beauftragen, als **Sachverständiger** zu prüfen, ob ein **Eröffnungsgrund** vorliegt. In diesem Falle wird der vorläufige Verwalter dem Gericht ein Gutachten vorlegen, aus dem sich ergibt, ob Eröffnungsgründe der §§ 17, 18 oder 19 InsO vorliegen (vgl hierzu Kap 2 Rn 18ff). Ferner wird er auf entspr Anforderung des Gerichts hin Ausführungen in sein Gutachten aufzunehmen haben, welche Aussichten für eine **Fortführung des schuldnerischen Unternehmens** bestehen (§ 22 Abs 1 Nr 3 InsO).[77] 52

4. Untersagung/einstweilige Einstellung von Zwangsvollstreckungsmaßnahmen

Durch die Regelung in § 21 Abs 2 Nr 3 InsO wird dem Insolvenzgericht bereits im Eröffnungsverfahren die Möglichkeit eingeräumt, Maßnahmen der **Zwangsvollstreckung** gegen den Schuldner zu **untersagen oder einstweilen einzustellen**, soweit nicht unbewegliche Gegenstände betroffen sind. Anders als die Gesamtvollstreckungsordnung, die bereits eine ähnliche Regelung enthielt (vgl § 2 Abs 4 GesO),[78] eröffnete die Konkursordnung keine Möglichkeit, Einzelzwangsvollstreckungen im Eröffnungsverfahren zu unterbinden.[79] Mit der Vorschrift des § 21 Abs 2 Nr 3 InsO wurde nunmehr eine einheitliche Regelung geschaffen, mit der die Wirkungen eines Vollstreckungsverbotes, die grundsätzlich gem § 89 InsO erst mit der Eröffnung eintreten, durch eine entspr Anordnung des Gerichts in das Eröffnungsverfahren vorverlagert werden können.[80] 53

a) Einstellungs-/Untersagungsanordnung

Durch einen Einstellungs- oder/und Untersagungsbeschluß hat das Gericht die Möglichkeit zu unterbinden, daß sich Gläubiger mit titulierten Forderungen durch Einzelzwangsvollstreckungsmaßnahmen Vorteile verschaffen. 54

Um insbes bei Unternehmensinsolvenzen ein frühzeitiges Auseinanderfallen des Betriebsvermögens zu verhindern, sollte das Gericht den Gläubigern die Zwangsvollstreckung in das Vermögen des Schuldners untersagen und bereits eingeleitete Zwangsvollstreckungen einstweilen einstellen. Einzelzwangsvollstreckungsmaßnahmen führen idR zu einer Besserstellung nur einzelner Gläubiger. Da das Insolvenzverfahren eine gleichmäßige Befriedigung aller Gläubiger 55

76 Vgl hierzu auch *Pohlmann* Rn 180ff.
77 Ausführlich *Pohlmann* Rn 190ff.
78 Vgl Haarmeyer/Wutzke/Förster, GesO, § 2 Rn 213.
79 Vgl zu Zwangsvollstreckungen in der Sequestration Kuhn/Uhlenbruck, KO § 14 Rn 9.
80 Haarmeyer/Wutzke/Förster, Kap 3, Rn 211.

sicherstellen soll, hat das Insolvenzgericht **von Amts wegen Vollstreckungsschutzmaßnahmen** anzuordnen, wenn es von laufenden oder bevorstehenden Vollstreckungsmaßnahmen Kenntnis erhält. Zur Vermeidung von Nachteilen für die spätere Insolvenzmasse bietet sich an, die Einstellung aller anhängigen und künftigen Vollstreckungsmaßnahmen in einem einheitlichen Beschluß anzuordnen[81] sobald feststeht, daß der Insolvenzantrag zulässig ist.

56 Soweit mit einem entspr **Gerichtsbeschluß** Maßnahmen der Zwangsvollstrekkung gegen den Schuldner untersagt oder einstweilen eingestellt werden, ist dies durch das von Einzelgläubigern beauftragte Vollstreckungsorgan **von Amts wegen zu beachten**. Neue oder bereits vorliegende Zwangsvollstreckungsaufträge dürfen nicht mehr weiter ausgeführt werden. Für bereits eingeleitete Vollstreckungsmaßnahmen bedeutet dies aber nicht, daß diese aufzuheben sind, sie sind lediglich gem § 775 Nr 2 ZPO einzustellen.

b) Keine Einstellung bei unbeweglichen Gegenständen

57 Eine **Ausnahme** bildet nach der nunmehr geltenden Regelung, die Zwangsvollstreckung in das **Immobiliarvermögen** des Schuldners. Das Gericht kann solche Einzelzwangsvollstreckungsmaßnahmen im Eröffnungsverfahren **weder untersagen noch einstellen**.

58 Aufgrund der Neufassung von § 30 d ZVG und der Ergänzung des ZVG durch die Regelungen der §§ 30 e und 39 f, kann der Verwalter aber nach Eröffnung des Insolvenzverfahrens bei dem für die Zwangsversteigerung zuständigen Gericht die einstweilige Einstellung des Zwangsversteigerungsverfahrens erreichen, wenn das Grundstück für eine Fortführung des Unternehmens oder die Durchführung eines Insolvenzplanes benötigt wird und die Einstellung des Zwangsversteigerungsverfahrens für den betreibenden Gläubiger zumutbar ist.[82]

c) Beendigung des Vollstreckungsschutzes

59 **Mit Eröffnung** des Insolvenzverfahrens **verliert der Beschluß**, mit dem Maßnahmen der Zwangsvollstreckung untersagt oder einstweilen eingestellt werden, **seine Wirkung**, denn mit Eröffnung des Insolvenzverfahrens sind Einzelzwangsvollstreckungsmaßnahmen unzulässig und materiell wirkungslos.[83]

60 Für den Fall, daß der Eröffnungsantrag nach § 26 InsO mangels Masse abgewiesen wird, hat das Insolvenzgericht durch Beschluß auszusprechen, daß die im Eröffnungsverfahren angeordneten Vollstreckungsschutzmaßnahmen aufgehoben werden. Zweckmäßigerweise wird das Insolvenzgericht diese Aufhebung in den Abweisungsbeschluß mit aufnehmen.

---

81 Haarmeyer/Wutzke/Förster, Kap 3 Rn 214.
82 Vgl Art 20 EGInsO.
83 Haarmeyer/Wutzke/Förster, Kap 3 Rn 216.

5. Vorführung und Inhaftierung des Schuldners

Nach § 21 Abs 3 InsO kann das Gericht den Schuldner zwangsweise vorführen und nach Anhörung in Haft nehmen lassen, soweit andere Maßnahmen zur Sicherung der Vermögensmasse nicht ausreichen. Für den Fall, daß der Schuldner keine natürliche Person ist, gilt entsprechendes für seine organschaftlichen Vertreter. Für die Anordnung von Haft gilt nach § 21 Abs 3 S 3 InsO die Vorschrift des § 98 Abs 3 InsO entspr. Letztere verweist auf die Haftvorschriften der ZPO, die demnach auch für die im Rahmen des Eröffnungsverfahrens anzuordnende Haft maßgeblich sind (§§ 904 bis 910, § 913 ZPO). Ferner bestimmt § 98 Abs 3 InsO, daß der Haftbefehl von Amts wegen aufzuheben ist, sobald die Voraussetzungen für die Haft nicht mehr vorliegen. Dies ist immer dann der Fall, wenn die Inhaftierung des Schuldners zur Sicherung der späteren Insolvenzmasse nicht mehr zwingend erforderlich ist. 61

Die Vorschrift des § 21 Abs 3 InsO entspricht im Grundsatz § 106 Abs 1 S 1 KO. Jedoch stellt der Wortlaut klar, daß Zwangsmaßnahmen nur angewandt werden dürfen, wenn der angestrebte Zweck mit anderen Mitteln nicht zu erreichen ist und daß der Schuldner vor der Anordnung der Haft zu hören ist.[84] Ohne vorherige Anhörung des Schuldners kann deshalb nur ein Vorführungsbefehl, nicht jedoch ein Haftbefehl erlassen werden. 62

6. Sonstige in Betracht kommende Maßnahmen

Von Seiten des Gerichts können ferner eine Reihe sonstiger Maßnahmen zur Sicherung des schuldnerischen Vermögens nach pflichtgemäßem Ermessen angeordnet werden. Insbes kommen in Betracht: 63

a) Siegelung von Gegenständen oder Räumen

Hervorzuheben ist die Möglichkeit, durch den Gerichtsvollzieher einzelne Gegenstände des Schuldnervermögens siegeln zu lassen und in amtliche Verwahrung zu nehmen, wie dies im eröffneten Verfahren gem § 150 InsO durch den Verwalter veranlaßt werden kann. Eine solche Anordnung kann im Eröffnungsverfahren auf § 21 Abs 1 InsO gestützt werden und wird immer dann geboten sein, wenn es sich um Einzelgegenstände von hohem Wert handelt, die vom Schuldner oder von Dritten ohne Schwierigkeiten weggeschafft werden können. Es kommt auch die Siegelung von Räumen in Betracht, um darin befindliche Ansammlungen werthaltiger Gegenstände oder wichtiger Dokumente dem Zugriff Dritter zu entziehen. 64

---

84 Vgl Begr zu § 25 RegEntw InsO abgedruckt in Balz/Landfermann S 95f.

b) Verbot der Inbesitznahme von Sicherungsgut und der Forderungseinziehung

65 Da der Verwalter nach den Regelungen der §§ 166 ff InsO berechtigt ist, bewegliche Sachen, an denen Absonderungsrechte bestehen, freihändig zu verwerten oder Forderungen, die zur Sicherung vom Schuldner abgetreten sind, einzuziehen oder in anderer Weise zu verwerten, kann es im Einzelfall bereits im Eröffnungsverfahren geboten sein, den absonderungsberechtigten Gläubigern die Inbesitznahme ihres Sicherungsguts und/oder die Einziehung der abgetretenen Forderungen zu untersagen. Eine solche Anordnung kommt in Betracht, um das Schuldnervermögen als ganzes für die Durchführung eines Insolvenzplanes, im Zuge dessen ein Unternehmen fortzuführen ist, zu erhalten. Auch dem Schuldner sollte in einem solchen Falle durch Beschluß rechtzeitig aufgegeben werden, keine Gegenstände an absonderungsberechtigte Gläubiger herauszugeben.[85]

c) Kontensperre

66 Das Gericht hat auch die Möglichkeit, eine Kontensperre zu verhängen, um im Eröffnungsverfahren vorhandene Bankguthaben vor dem Einzelzugriff, insbes des kontoführenden Kreditinstitutes zu schützen.[86]

7. Aufhebung von Sicherungsmaßnahmen

67 Die im Eröffnungsverfahren gem § 21 ff InsO angeordneten Sicherungsmaßnahmen sind im Falle der Abweisung des Eröffnungsantrages mangels Masse oder wenn die Maßnahmen aus anderen Gründen entbehrlich werden, aufzuheben. In § 25 Abs 1 InsO wird die Aufhebung von Sicherungsmaßnahmen schlicht unterstellt; es fehlt aber an einer ausdrücklichen gesetzlichen Regelung. In der ursprünglichen Fassung des § 29 Abs 1 RegEntw InsO war eine entspr Regelung enthalten,[87] aber der Rechtsausschuß des deutschen Bundestages hielt es nicht für erforderlich, die Regelung über die Aufhebung von Sicherungsmaßnahmen in die InsO zu übernehmen, da sich die Notwendigkeit der Aufhebung auch ohne ausdrückliche Anordnung ergebe.[88]

68 Die den Schuldner belastenden, vorläufigen Maßnahmen sind auch ohne ausdrückliche gesetzliche Regelung unverzüglich, also idR gleichzeitig mit dem Abweisungsbeschluß aufzuheben. Denn unter Berücksichtigung des Grundsatzes der Verhältnismäßigkeit sind die angeordneten Beschränkungen dann nicht

85 Haarmeyer/Wutzke/Förster, Kap 3 Rn 213.
86 Haarmeyer/Wutzke/Förster, Kap 3 Rn 227.
87 Wortlaut § 29 Abs 1 RegEntw InsO: Die Sicherungsmaßnahmen sind aufzuheben, wenn der Antrag auf Eröffnung mangels Masse abgewiesen wird, oder die Maßnahmen aus anderen Gründen entbehrlich werden.
88 Vgl Haarmeyer/Wutzke/Förster Kap 3 Rn 260.

mehr zu rechtfertigen. Das Sicherungsinteresse fällt regelmäßig mit dem Erlaß der das Eröffnungsverfahren abschließenden Entscheidung weg. Dies gilt insbes für die Fälle, in denen sich im Eröffnungsverfahren zeigt, daß der Antrag nicht zulässig ist, ein Insolvenzgrund nicht vorliegt oder der Antrag vor Eröffnung vom Antragsteller zurückgenommen wird.[89] Entspr gilt für den Fall, daß Sicherungsmaßnahmen aus anderen Gründen entbehrlich werden

Für den Fall, daß ein **vorläufiger Insolvenzverwalter** bestellt wurde, dem die Verwaltungs- und Verfügungsbefugnis übertragen wurde, ist vor der Aufhebung der Bestellung zu beachten, daß dieser aus dem von ihm verwalteten Vermögen die entstandenen **Kosten zu berichtigen** und die von ihm begründeten **Verbindlichkeiten zu erfüllen** hat (§ 25 Abs 2 InsO). Diese Regelung soll sicherstellen, daß nach Aufhebung der Sicherungsmaßnahmen über die Begleichung von Verbindlichkeiten über die Vergütung des vorläufigen Verwalters kein Streit entsteht.[90] Das Insolvenzgericht sollte vor einer Aufhebung der vorläufigen Verwaltung dem vorläufigen Verwalter deshalb Gelegenheit geben, seinen Verpflichtungen aus § 25 Abs 2 InsO nachzukommen und die Aufhebungsverfügung erst dann treffen, wenn die genannten Verbindlichkeiten erfüllt sind. Ein solcher Beschluß ist nach § 25 Abs 1 InsO iVm § 23 Abs 1 InsO **öffentlich bekannt zu machen** sowie dem Schuldner, den Personen, die Verpflichtungen gegenüber dem Schuldner haben und dem vorläufigen Insolvenzverwalter besonders **zuzustellen**. 69

IV. Rechtsbehelfe gegen vorläufige Maßnahmen

Nach § 21 Abs 3 iVm § 98 Abs 3 InsO findet gegen die Anordnung der Haft und die Abweisung eines Antrages auf Aufhebung eines Haftbefehles wegen Wegfalls seiner Voraussetzungen die sofortige Beschwerde statt. 70

Ansonsten ist **kein Rechtsbehelf vorgesehen**. Weder Schuldner noch Gläubiger haben die Möglichkeit, einen Rechtsbehelf gegen Beschlüsse einzulegen, mit denen vorläufige Sicherungsmaßnahmen nach §§ 21, 22 InsO angeordnet werden. Dies ergibt sich aus § 6 Abs 1 InsO, der ausdrücklich bestimmt, daß Entscheidungen des Insolvenzgerichts nur in den Fällen einem Rechtsmittel unterliegen, in denen die Insolvenzordnung die sofortige Beschwerde vorsieht. Für das Eröffnungsverfahren ist lediglich in § 34 Abs 1 und 2 InsO ein Rechtsmittel gegen die Entscheidung über den Eröffnungsantrag selbst vorgesehen.[91] Auch schließt § 6 Abs 1 InsO nicht die Rechtspflegererinnerung nach § 11 Abs 1 RPflG aus, jedoch ist im Insolvenzeröffnungsverfahren gem § 18 Abs 1 Nr 1 RPflG der Einzelrichter funktionell zuständig (vgl Kap 2 Rn 54).[92] Der Schuld- 71

89 Haarmeyer/Wutzke/Förster Kap 3 Rn 261.
90 Vgl Begr zu § 29 RegEntw InsO abgedruckt in Balz/Landfermann S 102.
91 Haarmeyer/Wutzke/Förster Kap 3 Rn 200.
92 Vgl Begr zu § 6 RegEntw InsO abgedruckt in Balz/Landfermann S 75 f.

ner und die von den Sicherungsmaßnahmen betroffenen Gläubiger haben demnach aufgrund dieser strengen Regelungen bis zur Entscheidung über die Eröffnung keine Möglichkeit, sich gegen angeordnete Sicherungsmaßnahmen zu wehren. Dies ist insbes aufgrund des teilweise einschneidenden Charakters der in Betracht kommenden Sicherungsmaßnahmen und der Länge des Eröffnungsverfahrens ein nicht hinnehmbarer Zustand.

72 Die eingeschränkte Beschwerdemöglichkeit nach § 6 Abs 1 InsO soll generell einen zügigen Ablauf des Insolvenzverfahrens gewährleisten.[93] Eine sofortige Beschwerde hätte gem § 4 InsO iVm § 572 Abs 1 ZPO aber ohnehin keine aufschiebende Wirkung (vgl Kap 2 Rn 139), so daß der Vollzug der Sicherungsmaßnahmen durch eine sofortige Beschwerde nicht gehemmt würde. Die Umsetzung der angeordneten Sicherungsmaßnahmen könnte also trotz eines Beschwerderechts uneingeschränkt erfolgen. Allerdings besteht gem § 572 Abs 2, 3 InsO für das Insolvenz- und das Beschwerdegericht die Möglichkeit, die Vollziehung der angefochtenen Entscheidung auszusetzen. Nur im Falle einer solchen Aussetzungsentscheidung würden die für das Eröffnungsverfahren vorgesehenen vorläufigen Maßnahmen unterbrochen werden und der vom Gesetzgeber gewollte Beschleunigungseffekt könnte insoweit beeinträchtigt sein. Andererseits wird eine Aussetzung der Vollziehung durch das Insolvenz- oder Beschwerdegericht nur dann erfolgen, wenn Anhaltspunkte dafür bestehen, daß die Interessen des Beschwerdeführers durch eine Durchführung der angeordneten vorläufigen Sicherungsmaßnahmen im Verhältnis zu den Interessen der Gläubigergemeinschaft unangemessen beeinträchtigt werden. In einem solchen Fall spricht deshalb nichts gegen eine Aussetzung der vorläufigen Maßnahmen, weil die Interessen des Schuldners überwiegen. Andererseits können die Sicherungsmaßnahmen für den Schuldner zum vollständigen Verlust seines Besitzes und der Verwaltungs- und Verfügungsbefugnis über sein Vermögen führen, ohne daß der Schuldner sich nach der derzeitigen gesetzlichen Regelung hiergegen wehren kann. Die angestrebte Verfahrensbeschleunigung würde nur in sehr eingeschränktem Umfang bei Einräumung einer Beschwerdemöglichkeit gegen die Anordnung vorläufiger Maßnahmen betroffen werden, während der Eingriff in die Freiheitsrechte des Schuldners, insbes bei Entzug der Verwaltungs- und Verfügungsbefugnis, sehr erheblich sein kann. Deshalb steht der Ausschluß des Beschwerderechts mit dem intensiven Eingriff in die Rechte des Schuldners durch die möglichen Sicherungsmaßnahmen in keinem angemessenen Verhältnis. Die auf § 6 Abs 1 InsO beruhende Unanfechtbarkeit von angeordneten Sicherungsmaßnahmen gem §§ 21, 22 InsO ist danach als unverhältnismäßiger Eingriff in die Freiheitsrechte des Schuldners zu werten und verletzt dessen aus dem Rechtsstaatsprinzip abzuleitenden allgem Justizanspruch. Aufgrund dessen hat der Gesetzgeber dem Schuldner die Möglichkeit einer sofortigen Beschwerde gegen vorläufige Maßnahmen einzuräumen.

---

93 Vgl Begr zu § 6 RegEntw InsO abgedruckt in Balz/Landfermann S 75f.

Deshalb stellt diese fehlende Beschwerderegelung einen Verfassungsverstoß dar.[94]

Es bleibt derzeit nur die Hoffnung, daß der Gesetzgeber diese gravierende Lücke erkennt und kurzfristig eine angemessene Rechtsschutzmöglichkeit schafft. **73**

94 Vgl hierzu die eingehende Untersuchung bei *Pohlmann* Rn 54ff.

Christian Graf Brockdorff

4. Kapitel: Wirkung der Eröffnung des Insolvenzverfahrens durch Erlaß des Eröffnungsbeschlusses

Übersicht

	Rn
Vorbemerkung	1
I. Übergang der Verwaltungs- und Verfügungsbefugnisse	2
1. Übergang des Verwaltungs- und Verfügungsrechtes vom Schuldner auf den Verwalter	3
a) Das zur Insolvenzmasse gehörende Vermögen	4
b) Verwaltungs- und Verfügungsbefugnis	9
c) Zeitpunkt des Übergangs der Verwaltungs- und Verfügungsbefugnis	10
2. Verfügungsbefugnis des Verwalters bei relativen Veräußerungsverboten	12
3. Unwirksamkeit von Verfügungen des Schuldners	14
a) Unwirksamkeit von Verfügungen	15
b) Gutgläubiger Erwerb	16
c) Verfügung des Schuldners über künftige Forderungen	18
d) Verfügung des Schuldners am Tag der Eröffnung	21
4. Dem Schuldner verbleibende Befugnisse	22
5. Unwirksamkeit weiteren Rechtserwerbs	26
II. Sonstige Pflichten und Beschränkungen des Schuldners und Dritter	27
1. Auskunftspflicht des Schuldners und weiterer Personen	28
a) Auskunftspflicht des Schuldners	28
b) Umfang der Auskunftsverpflichtung	32
c) Auskunftspflicht Dritter	34
2. Unterstützungspflicht	37
3. Zwangsweise Durchsetzung der Auskunftsverpflichtung des Schuldners	40
a) Eidesstattliche Versicherung	41
b) Anordnung der zwangsweisen Vorführung, Haft	42
c) Zwangsmittel gegen Dritte	45
4. Anordnung einer Postsperre	46
a) Antrag auf Anordnung einer Postsperre	48
b) Anhörung des Schuldners	49
c) Öffnungsbefugnis des Verwalters	50
d) Anordnung der Postsperre gegen Dritte	51
e) Rechtsmittel	52
III. Leistungen an den Schuldner	53
IV. Geltendmachung bestimmter Ansprüche durch den Verwalter	58
1. Gesamtschaden	59
a) Gesamtschaden durch Handlungen des Schuldners oder Dritter	60
b) Gesamtschaden durch Handlungen des Verwalters	62
2. Persönliche Haftung der Gesellschafter	63
V. Aufrechnung	65
1. Aufrechnungsberechtigung vor Eröffnung des Insolvenzverfahrens	67
2. Aufrechnungseinschränkung nach Eröffnung	70

Ilona Muráti-Laebe

	Rn
3. Aufrechnungsverbot nach Eröffnung	72
VI. Wirkung der Insolvenz auf laufende Rechtsstreitigkeiten	75
1. Auswirkungen der Übertragung der Verwaltungs- und Verfügungsbefugnis auf einen vorläufigen Insolvenzverwalter im Eröffnungsverfahren auf laufende Rechtsstreitigkeiten	76
2. Auswirkungen der Insolvenzeröffnung auf laufende Rechtsstreitigkeiten	77
a) Grundsatz: Unterbrechung	78
b) Voraussetzungen der Unterbrechung	79
c) Verfahren, die nicht unterbrochen werden	82
3. Fortführung von Aktivprozessen	83
4. Fortführung von Passivprozessen	85
a) Aus- und Absonderungsrechte; Masseforderungen	86
b) Insolvenzforderungen	88
VII. Vollstreckungsverbote	93
1. Maßnahmen der Einzelzwangsvollstreckung vor Verfahrenseröffnung	94
a) Erlangung einer Sicherheit	95
b) Zeitpunkt der Erlangung der Sicherheit	98
c) Von § 88 InsO betroffene Gläubiger	100
d) Rechtsfolge: Unwirksamkeit der Sicherung	101
2. Verbot von Maßnahmen der Einzelzwangsvollstreckung nach Eröffnung des Insolvenzverfahrens	103
a) Einzelzwangsvollstreckungsverbot für Insolvenzgläubiger	104
b) Einzelzwangsvollstreckungsmaßnahmen von Massegläubigern	105
aa) Beschränkungen nach § 89 Abs 2 InsO	106
bb) Beschränkungen nach § 90 InsO	107
cc) Beschränkungen nach § 210 InsO	109
3. Rechtsmittel gegen Maßnahmen der Einzelzwangsvollstreckung	110
VIII. Gesellschaftsrechtliche Auswirkungen	112
1. Insolvenz einer Gesellschaft oder eines Vereins	113
2. Insolvenz eines Gesellschafters	119

Vorbemerkung

An den Eröffnungsbeschluß sind verschiedene Wirkungen geknüpft: 1

- der insolvente Schuldner verliert die Verwaltungs- und Verfügungsbefugnis über sein Vermögen, die auf einen Verwalter übergeht;
- dem Schuldner und ggf Dritten werden bestimmte Auskunfts- und Unterstützungspflichten auferlegt;
- schuldbefreiend kann nur noch an die Insolvenzmasse geleistet werden;
- die Aufrechnungsmöglichkeiten werden eingeschränkt;
- bestimmte Ansprüche der Insolvenzgläubiger können nur durch den Verwalter geltend gemacht werden;

- der Fortgang der meisten Rechtsstreitigkeiten wird zunächst unterbrochen und folgt besonderen Regeln und
- einige Gesellschaftsformen verändern ihre Rechtspersönlichkeit.

Im Eröffnungsbeschluß kann ferner eine Postsperre angeordnet werden.

Schließlich kann im Eröffnungsbeschluß die Eigenverwaltung angeordnet werden. Damit wird die Abwicklung des Insolvenzverfahrens den bes Vorschriften der §§ 270 ff InsO unterstellt. Insbesondere obliegen dabei Verwaltung der und Verfügung über die Insolvenzmasse nicht einem Verwalter, sondern dem Schuldner selbst unter der Aufsicht eines Sachwalters.

Zu den Wirkungen des Eröffnungsbeschlusses nachfolgend im einzelnen:

I. Übergang der Verwaltungs- und Verfügungsbefugnisse

2 Die Verwaltungs- und Verfügungsbefugnis über das Vermögen des Schuldners geht mit der Eröffnung des Verfahrens auf den Verwalter über. Sie erstreckt sich (nur) auf das insolvenzbefangene Vermögen des Schuldners. Verfügungen des Schuldners über das zur Insolvenzmasse gehörende Vermögen sind ab Eröffnung des Verfahrens unwirksam. Im einzelnen:

1. Übergang des Verwaltungs- und Verfügungsrechtes vom Schuldner auf den Verwalter

3 Wie es schon für das Konkursverfahren in § 6 KO bestimmt war, sieht auch § 80 Abs 1 InsO vor, daß durch die Eröffnung des Insolvenzverfahrens das Recht des Schuldners, das zur Insolvenzmasse gehörende Vermögen zu verwalten und über es zu verfügen, auf den Insolvenzverwalter übergeht. Eine gesonderte Anordnung des Verwaltungs- und Verfügungsverbotes im Eröffnungsbeschlusses, wie in § 5 Nr 1 GesO bestimmt, ist nicht erforderlich. Die Verwaltungs- und Verfügungsbefugnis geht kraft Gesetzes auf den Insolvenzverwalter über.[1]

a) Das zur Insolvenzmasse gehörende Vermögen

4 Die Insolvenzmasse wird in § 35 InsO dahingehend bestimmt, daß das Insolvenzverfahren

> „das gesamte Vermögen, das dem Schuldner zur Zeit der Eröffnung des Verfahrens gehört und das er während des Verfahrens erlangt“,

---

1 Vgl *Gerhardt* Kölner Schrift zur InsO, S 174; Haarmeyer/Wutzke/Förster, S 302; ausführlich zur KO Kuhn/Uhlenbruck, KO, § 6 Rn 1 ff.

erfaßt. Im Unterschied zum geltenden Recht gehört damit nicht nur das Vermögen des Schuldners im Zeitpunkt der Eröffnung, sondern auch das Neuvermögen, das er nach Eröffnung erlangt, zur Insolvenzmasse.[2]

Was zu dem „Vermögen, das dem Schuldner gehört" zu zählen ist, wird in der InsO nicht näher bestimmt. Die an die Regelung in § 6 KO angelehnte Formulierung läßt jedoch den Schluß zu, daß das dem Schuldner gehörige Vermögen alle Gegenstände, Rechte und Forderungen umfaßt, deren Eigentümer oder Inhaber der Schuldner ist.[3] 5

Ausgenommen von der Zugehörigkeit zur Insolvenzmasse sind gem § 36 InsO Gegenstände, die unpfändbar sind. Zur Bestimmung der unpfändbaren Gegenstände sind die Regelungen in §§ 850ff ZPO heranzuziehen.[4] Auch gewöhnlicher Hausrat, der im Haushalt des Schuldners gebraucht wird und dessen Verwertungserlös ersichtlicherweise zum Wert außer Verhältnis stehen würde, gehört gem § 36 Abs 3 InsO nicht zur Insolvenzmasse. 6

Wegen der Besonderheiten des Insolvenzverfahrens[5] sind in bezug auf unpfändbare Vermögensgegenstände allerdings in § 36 Abs 2 InsO Einschränkungen vorgesehen. Demnach gehören folgende Gegenstände zur Insolvenzmasse, auch wenn sie zivilprozessual unpfändbar sein sollten: 7

- die Geschäftsbücher des Schuldners
- die zum Betrieb eines landwirtschaftlichen Betriebes erforderlichen Gerätschaften, das Vieh und die landwirtschaftlichen Erzeugnisse (§ 811 Nr 4 ZPO)
- die zum Betrieb einer Apotheke unentbehrlichen Geräte, Gefäße und Waren (§ 811 Nr 9 ZPO)

Schließlich regelt § 37 InsO noch Besonderheiten für das Gesamtgut bei Gütergemeinschaft, die zu einer Erweiterung des von dem Insolvenzbeschlag erfaßten Vermögens führen. Das Gesamtgut gehört insgesamt zur Insolvenzmasse, wenn es von einem Ehegatten allein verwaltet wird und über das Vermögen dieses Ehegatten das Insolvenzverfahren eröffnet wird. Wird über das Vermögen des nicht das Gesamtgut verwaltenden Ehegatten das Insolvenzverfahren eröffnet, wird hierdurch das Gesamtgut nicht berührt, dh, fällt das Gesamtgut nicht in die Insolvenzmasse. Auch wenn die Verwaltung des Gesamtgutes den Ehegatten gemeinschaftlich obliegt, fällt das Gesamtgut nicht in die Insolvenzmasse. Mit dieser Vorschrift wird die schon für das Konkursverfahren bestehende Bestimmung des § 2 Abs 1, Abs 2 S 1 1.Hs, Abs 3 KO in das neue Insolvenzrecht übernommen.[6] 8

---

2 Vgl zur Begr für die Einbeziehung des Neuvermögens: Begr zu § 42 RegEntw (§ 35 InsO) abgedruckt in Balz/Landfermann S 116f.

3 Vgl im einzelnen Kuhn/Uhlenbruck, KO,§ 1 Rn 3ff.

4 Vgl zur inhaltlich gleichen Vorschrift des § 1 Abs 1 S 2 GesO: Haarmeyer/Wutzke/Förster, GesO, § 1 Rn 188f.

5 Hess/*Pape* InsO und EGInsO, S 93 Rn 196.

6 Vgl deshalb im einzelnen Kuhn/Uhlenbruck, KO § 2 Rn 3ff; die Bestimmung in § 2 Abs 2, 2. Halbs KO (selbständiges Konkursverfahren über das Gesamtgut) ist im wesentlichen in § 11 Abs 2 Nr 2 InsO übernommen worden.

b) Verwaltungs- und Verfügungsbefugnis

9 Mit dem Übergang der Verwaltungs- und Verfügungsbefugnis auf den Insolvenzverwalter darf nur noch er die Gegenstände der Insolvenzmasse verwalten und über sie verfügen. Der Schuldner ist hierzu nicht mehr befugt. Im Rahmen der Verwaltungsbefugnis verliert der Schuldner auch die Prozeßführungsbefugnis in bezug auf das dem Insolvenzbeschlag unterliegende, von einem Rechtsstreit betroffene Vermögen, die dann allein dem Verwalter zusteht. Der Verlust der Verfügungsbefugnis bedeutet vor allem, daß rechtsgeschäftliche Handlungen zur Übertragung von Rechten, die die Insolvenzmasse schmälern, nur noch vom Verwalter vorgenommen werden können. Das Eigentum des Schuldners wird dadurch nicht berührt.[7]

c) Zeitpunkt des Übergangs der Verwaltungs- und Verfügungsbefugnis

10 Gem § 80 Abs 1 InsO erfolgt der Übergang des Verwaltungs- und Verfügungsrechtes auf den Verwalter durch die Eröffnung des Insolvenzverfahrens. Die Regelung entspricht inhaltlich der Bestimmung in § 6 KO. Der maßgebliche Zeitpunkt ist hier deshalb ebenso das Datum des Eröffnungsbeschlusses, und zwar nicht nur bzgl des Tages, sondern auch bzgl der Stunde, die gem § 27 Abs 2 Nr 3 InsO im Eröffnungsbeschluß anzugeben ist.[8] Ab diesem Zeitpunkt verliert der Schuldner seine Verwaltungs- und Verfügungsbefugnis.

11 Sollte die Stunde der Eröffnung im Eröffnungsbeschluß nicht angegeben sein, so gilt gem § 27 Abs 3 InsO als Zeitpunkt der Eröffnung die Mittagsstunde des Tages, an dem der Beschluß erlassen worden ist.

2. Verfügungsbefugnis des Verwalters bei relativen Veräußerungsverboten

12 Für bestimmte Fälle räumt § 80 Abs 2 S 1 InsO dem Verwalter eine weitergehende Verfügungsbefugnis ein, als sie dem Schuldner zustehen würde. Der Verwalter darf gem § 80 Abs 2 S 1 InsO über Vermögensgegenstände der Insolvenzmasse verfügen, auch wenn der Schuldner bzgl dieser Vermögensgegenstände einem relativen, dh nur gegenüber bestimmten Personen wirkenden Veräußerungsverbot unterliegt (§§ 135, 136 BGB) und deshalb seinerseits nicht verfügen dürfte. Denn ein derartiges relatives Veräußerungsverbot hat im Insolvenzverfahren keine Wirkung. Dies betrifft etwa den Fall, wo einem Schuldner im Wege der einstweiligen Verfügung die Veräußerung eines bestimmten Gegenstandes untersagt worden ist. Über eine solche Anordnung, die nur den an-

7 Vgl zur im wesentlichen übereinstimmenden Regelung des § 6 KO Kuhn/Uhlenbruck, KO, § 6.

8 Vgl zur inhaltlich übereinstimmenden Regelung des § 6 KO Kuhn/Uhlenbruck, KO § 6.

tragstellenden Gläubiger schützen soll, kann sich der Verwalter gem § 80 Abs 2 S 1 InsO hinwegsetzen.[9]

Dies gilt jedoch nicht uneingeschränkt. Ähnlich wie bereits in § 13 KO wird zum Schutze der Gläubiger, die aufgrund von Pfändungen des beweglichen oder Beschlagnahmen von unbeweglichem Vermögen im Wege der Einzelzwangsvollstreckung vor Verfahrenseröffnung im Verfahren absonderungsberechtigt sind, in § 80 Abs 2 S 2 InsO angeordnet, daß diese Rechte unberührt bleiben. (Vgl zu den Absonderungsrechten Kap 8 Rn 12ff). In dieser Regelung kommt darüber hinaus ein deutlicher Unterschied der Insolvenzordnung zur Gesamtvollstreckungsordnung zum Ausdruck. Denn gem § 7 Abs 3 GesO waren Einzelzwangsvollstreckungsmaßnahmen, die vor Eröffnung des Verfahrens eingeleitet, aber nicht abgeschlossen wurden, stets unwirksam.[10] Demgegenüber bleiben Einzelzwangsvollstreckungsmaßnahmen vor Eröffnung des Insolvenzverfahrens grundsätzlich wirksam. Auch hierzu gibt es jedoch verschiedene Einschränkungen, so zB § 88 InsO. Ferner kann bereits im Eröffnungsverfahren die Einstellung von Einzelzwangsvollstreckungsmaßnahmen gem § 21 Abs 2 Nr 3 InsO (für Vollstreckungsmaßnahmen in das bewegliche Vermögen) bzw gem § 30 d Abs 4 ZVG (Einstellung der Zwangsversteigerung von unbeweglichem Vermögen) durch das Gericht angeordnet werden. 13

3. Unwirksamkeit von Verfügungen des Schuldners

Da mit dem Zeitpunkt der Eröffnung des Insolvenzverfahrens das Verfügungsrecht beim Verwalter liegt, bestimmt § 81 InsO, was geschieht, wenn der Schuldner gleichwohl verfügt hat. Die Bestimmung befaßt sich, im Unterschied zu § 7 KO, nur mit den dinglichen Verfügungs-, nicht aber mit nur schuldrechtlich wirkenden Verpflichtungsgeschäften, die der Schuldner nach Eröffnung abschließt. Die Unwirksamkeit von Verpflichtungsgeschäften des Schuldners läßt sich aber aus § 38 InsO ableiten, demzufolge nur zur Zeit der Eröffnung gegen den Schuldner begründete Ansprüche im Insolvenzverfahren befriedigt werden können.[11] 14

a) Unwirksamkeit von Verfügungen

In § 81 Abs 1 InsO wird der Grundsatz geregelt, daß Verfügungen, die der Schuldner über einen Gegenstand der Insolvenzmasse nach Eröffnung des Insolvenzverfahrens trifft, unwirksam sind. Die Unwirksamkeit besteht im Unterschied zu der Regelung in § 7 KO nicht nur gegenüber den Insolvenzgläubigern, sondern absolut, dh auch gegenüber anderen Personen. Dies ist die 15

9 Begr RegEntw § 80 InsO abgedruckt in Balz/Landfermann S 162f; zur inhaltlich identischen Regelung des § 13 KO Vgl Kuhn/Uhlenbruck, KO § 13.
10 Vgl Happ/Huntemann (Hrsg), § 5 Rn 37f mwN.
11 Vgl *Gerhardt* Kölner Schrift zur InsO, S 175 Rn 38; Begr zu § 81 InsO abgedruckt in Balz/Landfermann S 163f.

konsequente Fortführung des absolut bestehenden Verfügungsverbotes für den Schuldner.[12] Die Unwirksamkeit einer Schuldnerverfügung läßt, wie dies bereits für das Konkursverfahren überwiegend angenommen wurde,[13] die Möglichkeit zu, daß der Verwalter die Verfügung in entsprechender Anwendung des § 185 BGB nachträglich genehmigen und somit wirksam machen kann.[14]

b) Gutgläubiger Erwerb

16 Ein gutgläubiger Erwerb vom Schuldner nach Verfahrenseröffnung ist im wesentlichen nur möglich bei Grundstücken, da der gute Glaube an die Richtigkeit des Grundbuchs (§§ 892, 893 BGB) auch im Insolvenzverfahren geschützt wird. (Dies gilt in bezug auf den gutgläubigen Erwerb von Schiffen bzw Luftfahrzeugen ebenso für die §§ 16, 17 des Ges über Rechte an eingetragenen Schiffen und Schiffsbauwerken und §§ 16, 17 des Ges über Rechte an Luftfahrzeugen). Damit wird zugleich deutlich, daß ein gutgläubiger Erwerb beweglicher Sachen nach §§ 932ff BGB ausgeschlossen sein soll. Dies entspricht der Regelung des § 7 KO.[15]

17 Konnte der Gegenstand wegen der Unwirksamkeit der Verfügung des Schuldners nicht, auch nicht gutgläubig wirksam erworben werden, ist die Gegenleistung gem § 81 Abs 1 S 3 InsO aus der Insolvenzmasse zurückzugewähren, jedoch nur soweit, als die Masse dadurch (noch) bereichert ist.

c) Verfügung des Schuldners über künftige Forderungen

18 In § 81 Abs 2 InsO wird die Unwirksamkeit darüber hinaus für Verfügungen des Schuldners über künftige Forderungen auf Bezüge aus einem Dienstverhältnis (Arbeitseinkommen) angeordnet, die nach Beendigung des Insolvenzverfahrens anfallen (vor Beendigung des Verfahrens folgt die Unwirksamkeit bereits aus § 81 Abs 1 InsO). Hintergrund dieser neuen Regelung, die in der KO und in der GesO keinen Vorläufer hat, ist vor allem, daß dieses Arbeitseinkommen (oder an dessen Stelle tretende laufende Bezüge) für den Fall der Restschuldbefreiung oder eines Insolvenzplanes zur Verteilung an die Gläubiger zur Verfügung stehen sollen.[16]

19 Es bleibt deshalb auch gem § 81 Abs 2 S 2 InsO möglich, daß der Schuldner diese (nach Verfahrensbeendigung anfallenden) Bezüge an einen Treuhänder abtritt, da eine solche Abtretung im Zusammenhang mit der Restschuldbefrei-

---

12 So die amtliche Begr zu § 92 RegEntw (§ 81 InsO) abgedruckt in Balz/Landfermann S 163f.

13 Vgl Kuhn/Uhlenbruck, KO, § 7 Rn 8 mwN.

14 Vgl Begr zu § 92 RegEntw abgedruckt in Balz/Landfermann S 163f; *Gerhardt* Kölner Schrift zur InsO, S 175 Rn 38.

15 *Gerhardt* Kölner Schrift zur InsO, S 176 Rn 140; vgl zu dem insoweit inhaltlich übereinstimmenden § 7 KO Kuhn/Uhlenbruck, KO, § 7.

16 Vgl die Begr § 92 RegEntw abgedruckt in Balz/Landfermann S 163f; *Gerhardt* Kölner Schrift zur InsO, S 176 Rn 39.

ung erforderlich und auch für die Einigung mit den Gläubigern im Rahmen eines Insolvenzplans von Bedeutung sein kann. (vgl insoweit zur Restschuldbefreiung Kap 16 und zum Insolvenzplan Kap 13).

Zu den Bezügen aus einem Dienstverhältnis und den an deren Stelle tretenden laufenden Bezügen gehören nach der Begründung zum Regierungsentwurf zur InsO sämtliches Arbeitseinkommen iSd § 850 ZPO, Renten sowie die sonstigen laufenden Geldleistungen im Falle des Ruhestands, der Erwerbsunfähigkeit und der Arbeitslosigkeit, einschließlich des Arbeitsentgeltes, das ein in Haft befindlicher Schuldner für seine im Gefängnis geleistete Arbeit erhält.[17] **20**

d) Verfügung des Schuldners am Tag der Eröffnung

Da es für die Frage, ob der Schuldner wirksam verfügen konnte, auf die Stunde des Eröffnungsbeschlusses ankommt, es sich aber uU nicht wird aufklären lassen, ob der Schuldner vor oder nach dieser Stunde verfügt hat, stellt § 81 Abs 3 InsO die Vermutung auf, daß eine Verfügung am Tag der Eröffnung nach Eröffnung, dh nach der im Eröffnungsbeschluß angegebenen Stunde oder der Mittagstunde (vgl § 27 Abs 2, Abs 3 InsO) vorgenommen worden ist. Hierbei handelt es sich allerdings um eine widerlegliche Vermutung. Die Beweislast dafür, daß der Schuldner tatsächlich vor Eröffnung verfügt hat, liegt bei dem Dritten, an den verfügt wurde.[18] **21**

4. Dem Schuldner verbleibende Befugnisse

Die umfassende Unwirksamkeit von Verfügungen des Schuldners nach Eröffnung des Insolvenzverfahrens erfährt in § 83 InsO Einschränkungen. **22**

a) Die Erklärungsbefugnis für die Annahme oder Ausschlagung einer Erbschaft und eines Vermächtnisses, die dem Schuldner anfallen, sowie für die Ablehnung der fortgesetzten Gütergemeinschaft (§ 1483 BGB) hat allein der Schuldner. Im Unterschied zu der im übrigen inhaltsgleichen Bestimmung des § 9 KO, die diese Regelung nur für vor Verfahrenseröffnung angefallene Erbschaften und Vermächtnisse traf, gilt dies im Insolvenzverfahren auch für Erbschaften und Vermächtnisse, die dem Schuldner nach Eröffnung des Verfahrens anfallen. Die Einbeziehung war notwendig, da es sich dabei um „Neuerwerb" handelt, der ebenfalls dem Insolvenzbeschlag unterliegt und die vorstehenden Rechte deshalb ohne die getroffene Regelung dem Verwalter zustehen würden. **23**

Nimmt der Schuldner die Erbschaft oder das Vermächtnis an, fällt diese in die Insolvenzmasse.[19] Lehnt der Schuldner die Fortsetzung der Gütergemeinschaft nicht innerhalb der gesetzlichen Frist (§ 1484 iVm § 1444 BGB) ab, fällt das Ge- **24**

17 Vgl Begr zu § 92 RegEntw abgedruckt in Balz/Landfermann S 163 ff.
18 Vgl zum inhaltsgleichen § 7 KO, Kuhn/Uhlenbruck, KO, § 7 Rn 24.
19 Vgl zu dem insoweit inhaltsgleichen § 9 KO Kuhn/Uhlenbruck, KO, § 9 Rn 4.

samtgut in die Insolvenzmasse. Im Falle der Ablehnung ist die Gütergemeinschaft außerhalb des Insolvenzverfahrens auseinanderzusetzen.[20]

25 b) Ist der Schuldner als Vorerbe eingesetzt, so unterliegt der Verwalter in seiner Verfügungsbefugnis den Beschränkungen des § 2115 BGB, dh, er darf über die Erbschaft nicht verfügen, wenn die Verfügung im Falle des Eintritts nach Nacherbfolge nach § 2115 BGB dem Nacherben gegenüber unwirksam ist, § 83 Abs 2 InsO.

5. Unwirksamkeit weiteren Rechtserwerbs

26 Zum Schutze der Insolvenzmasse und der gleichmäßigen Gläubigerbefriedigung sieht § 91 InsO darüber hinaus vor, daß der Rechtserwerb an Gegenständen der Insolvenzmasse nach Eröffnung des Insolvenzverfahrens auch dann unwirksam ist, wenn keine Verfügung des Schuldners und keine Zwangsvollstreckung für einen Insolvenzgläubiger zugrunde liegt, also zB, wenn eine vor Eröffnung abgetretene künftige Forderung nach Eröffnung des Verfahrens entsteht. Auch in diesem Fall ist der gutgläubige Erwerb von Grundstücken (und gleichgestellten Rechten, zB einer Vormerkung) geschützt, und zwar bereits ab dem Zeitpunkt, ab dem die dingliche Einigung bindend und der Eintragungsantrag beim Grundbuchamt gestellt worden ist. Dies ergibt sich aus dem Verweis auf die Vorschriften der §§ 878, 892 und 893 BGB zum Schutze des guten Glaubens an die Richtigkeit des Grundbuchs.[21] (Dies gilt auch hier für die Vorschriften in §§ 3 Abs 3, 16 und 17 des Ges über Rechte an eingetragenen Schiffen und Schiffsbauwerken und §§ 5 Abs 3, 16 und 17 des Ges über Rechte an Luftfahrzeugen sowie § 20 Abs 3 der seerechtlichen Verteilungsordnung).

II. Sonstige Pflichten und Beschränkungen des Schuldners und Dritter

27 Den Schuldner treffen neben dem Verlust der Verwaltungs- und Verfügungsbefügnis über sein Vermögen weitere Einschränkungen bzw Verpflichtungen. Diese betreffen vor allem seine Auskunfts- und Unterstützungspflicht sowie, falls im Eröffnungsbeschluß angeordnet, weitreichende Beschränkungen seines Postverkehrs durch eine Postsperre.

1. Auskunftspflicht des Schuldners und weiterer Personen

a) Auskunftspflicht des Schuldners

28 Der Schuldner ist gem § 97 Abs 1 InsO gegenüber dem Gericht, dem Verwalter und dem Gläubigerausschuß verpflichtet, Auskunft zu erteilen (zum Inhalt vgl

20 Vgl Kuhn/Uhlenbruck, KO, § 9 Rn 8f.
21 Vgl zu dem insoweit inhaltsgleichen § 15 KO Kuhn/Uhlenbruck, KO, § 15 Rn 17ff, 21.

nachfolgend b)). Einer besonderen Anordnung hierüber bedarf es nicht. Das einzelne Mitglied des Gläubigerausschusses hat per se kein eigenes Auskunftsrecht, da nach dem Gesetzeswortlaut nur der Gläubigerausschuß in seiner Gesamtheit auskunftsberechtigt ist.[22]

Gegenüber der Gläubigerversammlung ist der Schuldner nur nach einer besonderen Anordnung des Gerichts auskunftspflichtig. Einzelheiten der Anordnung regelt § 97 InsO nicht. Für das Konkursverfahren wird die vergleichbare Vorschrift des § 100 KO dahingehend ausgelegt, daß die Anordnung von der Gläubigerversammlung beantragt werden muß.[23] Es dürfte dafür die für eine Beschlußfassung in der Gläubigerversammlung übliche Mehrheit erforderlich sein (vgl § 76 Abs 2 InsO). **29**

In § 97 Abs 3 InsO wird die allgemeine Auskunftsverpflichtung des Schuldners gem § 97 Abs 1 InsO dahingehend konkretisiert, daß der Schuldner auf Anordnung des Gerichts jederzeit seiner Auskunftsverpflichtung nachzukommen hat. Der Sinn dieser Vorschrift wird vor dem Hintergrund der Bestimmung des § 101 Abs 1 KO deutlich, der dem Gemeinschuldner eine Residenzpflicht auferlegt. Um diese erhebliche Einschränkung des Schuldners bei der Wahl seines Aufenthaltsortes zu vermeiden, den Schuldner aber gleichfalls im Bedarfsfalle befragen zu können, ist nunmehr vorgesehen, daß der Schuldner, auch wenn er sich nicht an seinem Wohnort aufhält, auf Anordnung des Gerichts zur Verfügung zu stehen hat.[24] **30**

Dies setzt allerdings voraus, daß der Schuldner überhaupt erreichbar ist und ihm eine Anordnung des Gerichtes zugestellt werden kann. Die Insolvenzordnung trifft keine Regelung, um dies sicherzustellen. Allerdings hat der Schuldner gem § 97 Abs 3 S 2 InsO alle Handlungen zu unterlassen, die der Erfüllung der Auskunfts- und Mitwirkungspflichten zuwiderlaufen. Daraus könnte man herleiten, daß der Schuldner zumindest dem Gericht eine aktuelle Postanschrift mitteilen müßte. Dies wird allerdings bisher von den Gerichten, soweit ersichtlich, nicht verlangt. Für die Konkursordnung stellte sich dieses Problem, zumindest dem Gesetzeswortlaut nach, nicht, da aufgrund der Residenzpflicht der Aufenthaltsort des Schuldners regelmäßig bekannt war. **31**

b) Umfang der Auskunftsverpflichtung

Vom Umfang her erstreckt sich die Auskunftspflicht des Schuldners gem § 97 Abs 1 S 1 InsO auf alle das Verfahren betreffenden Verhältnisse. In erster Linie zählt hierzu die Auskunft über Vermögensgegenstände des Schuldners, ggf auch über deren Verbleib, sofern sie sich im Zeitpunkt der Eröffnung nicht mehr im Vermögen des Schuldners befinden. Zu den das Verfahren betreffenden Verhältnissen zählen ferner gesellschaftsrechtliche Beteiligungsverhältnisse **32**

22 So für den insoweit gleichlautenden § 100 KO Kuhn/Uhlenbruck, KO, § 100 Rn 5.
23 Vgl Kuhn/Uhlenbruck, KO, § 100 Rn 5.
24 Vgl Begr RegEntw (§ 97 InsO) abgedruckt in Balz/Landfermann S 180ff.

aufgrund ggf nur mündlich getroffener Absprachen sowie weitere Umstände, die sich aus den Geschäftsunterlagen nicht entnehmen lassen.

33 In § 97 Abs 1 S 2 InsO ist nunmehr auch ausdrücklich geregelt, daß sich die Auskunftspflicht auch auf Umstände erstreckt, die geeignet sind, eine strafrechtliche Verfolgung des Schuldners auszulösen. Dies ist vor allem wesentlich, um Vermögensverschiebungen zu Lasten der Gläubiger aufzudecken. Zum Schutz des Schuldners bestimmt § 97 Abs 1 S 3 InsO allerdings folgerichtig, daß diese Informationen in einem Straf- oder Ordnungswidrigkeitenverfahren gegen den Schuldner oder einen nahen Angehörigen (vgl § 52 Abs 1 StPO) nur mit Zustimmung des Schuldners verwendet werden dürfen.[25] Denn in einem Straf- oder Ordnungswidrigkeitenverfahren wäre der Schuldner nicht verpflichtet, sich selbst durch seine Aussagen zu belasten; als naher Angehöriger stünde ihm ein Zeugnisverweigerungsrecht zu. Diese Rechte dürfen durch die Auskunftsverpflichtung im Insolvenzverfahren nicht unterlaufen werden.

c) Auskunftspflicht Dritter

34 Eine wichtige Ergänzung des § 97 InsO enthält § 101 InsO, der die Auskunftspflicht bei Schuldnern, die keine natürliche Person sind, auf organschaftliche Vertreter und Angestellte erstreckt. Insoweit bestimmt § 101 Abs 1 InsO, daß § 97 InsO vollen Umfangs für die Mitglieder des Vertretungs- oder Aufsichtsorgans und die vertretungsberechtigten persönlich haftenden Gesellschafter des Schuldners gilt. Sie haben demnach nicht nur im gleichen Umfang wie der Schuldner Auskunft zu erteilen, sondern hierzu ebenfalls auf Anordnung des Gerichts jederzeit zur Verfügung zu stehen.

35 Die Auskunftspflicht gem § 97 Abs 1 InsO obliegt ferner den Mitgliedern des Vertretungs- oder Aufsichtsorgans und den vertretungsberechtigten persönlich haftenden Gesellschaftern, die nicht früher als zwei Jahre vor dem Antrag auf Eröffnung des Insolvenzverfahrens aus dieser Position ausgeschieden sind. Die Pflicht, sich jederzeit zur Auskunftserteilung bereitzuhalten (§ 97 Abs3 InsO) obliegt diesem Personenkreis indes nicht.

36 Schließlich trifft die Auskunftsverpflichtung gem § 97 Abs 1 S 1 InsO auch die Angestellten des Schuldners, ebenso wie seine früheren Angestellten, sofern diese nicht früher als zwei Jahre vor dem Antrag auf Eröffnung des Insolvenzverfahrens ausgeschieden sind, § 101 Abs 2 InsO. Die ausdrückliche Beschränkung auf § 97 Abs 1 S 1 InsO macht deutlich, daß dieser Personenkreis Tatsachen, die geeignet sind, eine Verfolgung wegen einer Straftat oder einer Ordnungswidrigkeit herbeizuführen, nicht zu offenbaren hat.[26]

---

25 Diese Regelung wurde im Anschluß an die Entscheidung des BverfG, BerfGE 56,37, klarstellend in die InsO aufgenommen.

26 Vgl hierzu Begr § 115 RegEntw (§ 101 InsO) abgedruckt in Balz/Landfermann S 189f.

2. Unterstützungspflicht

37 Der Schuldner ist ferner gem § 97 Abs 2 InsO verpflichtet, den Verwalter bei der Erfüllung seiner Aufgaben zu unterstützen. Ist der Schuldner keine natürliche Person, so trifft dieselbe Verpflichtung die Mitglieder der Vertretungs- oder Aufsichtsorgane und die vertretungsberechtigten persönlich haftenden Gesellschafter des Schuldners, § 101 Abs 1 S 1 InsO. Die Abgrenzung, zu welchen Unterstützungshandlungen der Schuldner im Rahmen seiner Mitwirkungspflicht verpflichtet ist und welche Leistungen eine – gesondert zu vergütende – Mitarbeit des Schuldners begründen, kann in der Praxis schwierig und nur im Einzelfall zu treffen sein. Ein Indiz für sehr umfangreiche Mitwirkungspflichten kann ein besonderes Eigeninteresse des Schuldners am Verfahren sein, was besonders bei einer von ihm beantragten Eigenverwaltung deutlich wird.[27]

38 Unterstützungshandlungen, zu denen der Schuldner verpflichtet sein dürfte, können zB sein:

- Verhandlungen mit Banken und anderen Gläubigern, zB von Sicherungsrechten, zB über die Freigabe von Sicherungsrechten, die Beteiligung an Verwertungserlösen etc;
- Mithilfe bei der gerichtlichen und außergerichtlichen Beitreibung von Forderungen gegenüber Drittschuldnern;
- Mithilfe bei der Inventarisierung, zB bei komplizierten technischen Gerätschaften;
- Mithilfe bei der Verwertung, zB durch Hinweise auf mögliche Kaufinteressenten;
- Abrechnung einer erbrachten, aber noch nicht berechneten Leistung;
- Aufmaß bei Bauleistungen;
- Abgabe von Erklärungen, falls diese nur der Schuldner selbst abgeben kann;
- Mithilfe bei der Erstellung von Verdienstbescheinigungen.

39 Auch in bezug auf seine Mitwirkungspflichten hat sich der Schuldner gem § 97 Abs 3 InsO auf Anordnung des Gerichts jederzeit zur Verfügung zu stellen, um diese zu erfüllen.

3. Zwangsweise Durchsetzung der Auskunftsverpflichtung des Schuldners

40 Kommt der Schuldner seiner Auskunftsverpflichtung nicht nach, stehen dem Insolvenzgericht die nachfolgenden (Zwangs)mittel zur Verfügung:

a) Eidesstattliche Versicherung

41 Das Insolvenzgericht kann gem § 98 Abs 1 S 1 InsO anordnen, daß der Schuldner zu Protokoll an Eides statt versichert, er habe die von ihm verlangte Aus-

---

27 Vgl hierzu auch *Uhlenbruck* InVo 1997, 225 ff.

kunft nach bestem Wissen und Gewissen richtig und vollständig erteilt, sofern es zur Herbeiführung wahrheitsgemäßer Aussagen erforderlich erscheint. Die Anordnung kann von Amts wegen oder auf Antrag des Insolvenzverwalters oder eines Insolvenzgläubigers getroffen werden.[28] Gegen die Anordnung der eidesstattlichen Versicherung steht dem Schuldner kein Rechtsmittel zu. Denn gem § 6 InsO unterliegen Entscheidungen des Insolvenzgerichts nur in den Fällen einem Rechtsmittel, in denen die Insolvenzordnung die sofortige Beschwerde vorsieht. Dies ist bzgl der Anordnung der Abnahme der eidesstattlichen Versicherung gem § 98 InsO nicht der Fall, da gegen diese Anordnung keine sofortige Beschwerde vorgesehen ist. Wegen der besonderen Wichtigkeit, die insbesondere im Hinblick auf zumeist unvollständige Geschäftsunterlagen der vollständigen und wahrheitsgemäßen Auskunft des Schuldners zukommt, erscheint es zur zügigen Abwicklung und zur Sicherung des Vermögens für die Insolvenzgläubiger sachgerecht, dem Schuldner hier ein Rechtsmittel zu verwehren.

b) Anordnung der zwangsweisen Vorführung, Haft

42 In bestimmten Fällen kann das Gericht den Schuldner darüber hinaus zwangsweise vorführen und nach Anhörung in Haft nehmen lassen. Diese Möglichkeit besteht gem § 98 Abs 2 InsO in folgenden Fällen:

- Der Schuldner verweigert eine Auskunft, die Abgabe der eidesstattlichen Versicherung oder eine Mitwirkungshandlung;
- es besteht der begründete Verdacht, daß sich der Schuldner seinen Auskunfts- und Mitwirkungspflichten, insbesondere durch Flucht, entziehen will;
- die zwangsweise Vorführung und ggf Inhaftnahme ist erforderlich, um Handlungen des Schuldners, die seinen Auskunfts- und Mitwirkungspflichten zuwiderlaufen und die Insolvenzmasse schädigen können, zu vermeiden.

43 Anders als die Konkursordnung, die eine ähnliche Vorschrift über die zwangsweise Vorführung und Anordnung der Haft in § 101 Abs 2 enthält, verweist § 98 Abs 3 InsO für die Anordnung der Haft ausdrücklich auf die entsprechend anzuwendenden Regelungen der §§ 904 bis 910, 913 ZPO bzgl der Erzwingungshaft. Dadurch wird klargestellt, nach welchen Regeln die Inhaftierung gem § 98 Abs 2 InsO durchzuführen ist. Geregelt werden in den §§ 904ff ZPO ua der Erlaß eines Haftbefehls, die Verhaftung durch einen Gerichtsvollzieher, die Haftdauer sowie die Gewährung von Haftaufschub.[29]

44 Gegen die Anordnung der Haft und die Abweisung eines Antrags auf Aufhebung des Haftbefehls wegen Wegfalls seiner Voraussetzungen steht dem Schuldner das Rechtsmittel der sofortigen Beschwerde zu (vgl hierzu Kap 2

---

28 So die Begr RegEntw zu § 98 InsO abgedruckt in Balz/Landfermann S 181 f.
29 Wegen der Einzelheiten dieser Vorschriften verweisen wir auf die zivilprozessuale Literatur, zB Baumbach/Lauterbach/Albers/*Hartmann* §§ 904ff ZPO; Zöller/*Stöber* §§ 904ff ZPO.

Rn 126ff). Demgegenüber kann sich der Schuldner gegen die zwangsweise Vorführung nicht wehren.

c) Zwangsmittel gegen Dritte

Die vorstehenden Zwangsmöglichkeiten des § 98 InsO bestehen gem § 101 **45**
Abs 1 InsO in gleicher Weise gegenüber den Mitgliedern des Vertretungs- oder Aufsichtsorgans und gegenüber den vertretungsberechtigten persönlich haftenden Gesellschaftern des Schuldners, sofern dieser keine natürliche Person ist.

4. Anordnung einer Postsperre

Sowohl für das Konkurs- als auch für das Gesamtvollstreckungsverfahren war **46**
nur sehr allgemein bzw überhaupt nicht geregelt, unter welchen Voraussetzungen und mit welchen Wirkungen eine Postsperre angeordnet werden kann. Es ist zu begrüßen, daß zu dieser Frage in § 99 InsO nunmehr eine zumindest etwas deutlichere Regelung getroffen worden ist. Aus den durch die Postsperre dem Verwalter zugeleiteten Sendungen sind häufig, vor allem in der Frühphase des Verfahrens, Informationen über Vermögensgegenstände zu gewinnen, über die der Schuldner Auskunft nicht erteilen konnte oder wollte.

Um den verfassungsrechtlichen Anforderungen zu genügen,[30] bestimmt § 102 **47**
InsO in diesem Zusammenhang ausdrücklich, daß durch die Vorschriften betreffend die Postsperre das Grundrecht des Briefgeheimnisses sowie des Post- und Fernmeldegeheimnisses (Art 10 GG) eingeschränkt wird. Außerdem wird die Zulässigkeit gegenüber der sehr allgemeinen Regelung in § 121 KO ua dahingehend einschränkt, daß vor dem Erlaß der Postsperre bestimmte Voraussetzungen von dem Insolvenzgericht zu prüfen sind. Im einzelnen:

a) Antrag auf Anordnung einer Postsperre

Das Gericht ordnet die Postsperre auf Antrag des Insolvenzverwalters oder **48**
von Amts wegen an, soweit dies erforderlich erscheint, um für die Gläubiger nachteilige Rechtshandlungen des Schuldners aufzuklären oder zu verhindern. Die Anordnung ergeht durch Beschluß, den das Gericht begründen muß. In dem Beschluß ist auszusprechen, ob bestimmte oder alle Postsendungen für den Schuldner dem Verwalter zuzuleiten sind. Die Umsetzung dürfte hier in der Praxis insofern Schwierigkeiten bereiten, als es der Post in der Regel nicht gelingt, zwischen Sendungen, die von der Postsperre umfaßt sind und Sendungen, die nicht darunter fallen (zB persönliche Post des Schuldners) zu unterscheiden.

---

30 Vgl hierzu Hess/*Pape* InsO und EGInsO, S 142 Rn 302.

b) Anhörung des Schuldners

49 Die Anordnung der Postsperre soll grundsätzlich erst nach Anhörung des Schuldners ergehen, sofern nicht der Zweck der Anordnung dadurch aufgrund besonderer Umstände gefährdet wird. Diese Umstände bestehen insbesondere darin, daß der Schuldner, wenn er vor Anordnung der Postsperre Kenntnis davon erlangt, ggf veranlassen kann, daß bestimmte Korrespondenz an eine andere Adresse bzw über einen Dritten geleitet und somit dem Zugriff des Verwalters entzogen wird. Derartige Umstände, aufgrund derer die vorherige Anhörung des Schuldners unterbleibt, sind in dem Beschluß über die Anordnung gesondert zu begründen. Ferner bestimmt § 99 Abs 1 S 3 InsO, daß die Anhörung unverzüglich nachzuholen ist. Die unverzügliche Nachholung der Anhörung eröffnet allerdings gleichfalls die Gefahr, daß der Schuldner danach unverzüglich eine Umleitung bestimmter Postsendungen veranlassen könnte.

c) Öffnungsbefugnis des Verwalters

50 Um die Postsperre umsetzen zu können, räumt § 99 Abs 2 InsO dem Verwalter die Befugnis ein, die ihm zugeleiteten Sendungen zu öffnen. Er braucht dabei seinerseits nicht zu unterscheiden, ob es sich um Sendungen handelt, die von der Postsperre erfaßt werden, oder um solche, die nicht für die Insolvenzmasse bestimmt sind. Stellt sich nach dem Öffnen einer Sendung heraus, daß deren Inhalt die Insolvenzmasse nicht betrifft, ist diese dem Schuldner unverzüglich zuzuleiten. Bzgl der übrigen Sendungen hat der Schuldner lediglich das Recht zur Einsichtnahme.

d) Anordnung der Postsperre gegen Dritte

51 Die Möglichkeit, eine Postsperre anzuordnen, wird in § 101 Abs 1 InsO auch auf die Mitglieder des Vertretungs- oder Aufsichtsorgans und die vertretungsberechtigten persönlich haftenden Gesellschafter des Schuldners erstreckt, wenn der Schuldner keine natürliche Person ist. Die vorstehend unter a) bis c) beschriebenen Bestimmungen, die bei der Anordnung einer Postsperre zu beachten sind, gelten für diesen Personenkreis entsprechend.

e) Rechtsmittel

52 Gegen die Anordnung der Postsperre steht sowohl dem Schuldner (§ 99 Abs 3 InsO) als auch den nach § 101 Abs 1 S 1 InsO betroffenen Personen das Recht der sofortigen Beschwerde (vgl hierzu Kap 2 Rn 126ff) zu. Wird die Anordnung der Postsperre nach einem Antrag des Verwalters hingegen abgelehnt, steht diesem hiergegen kein Rechtsmittel zu.[31] Die Beurteilung, ob die Postsperre zur Aufklärung oder zur Verhinderung nachteiliger Rechtshandlungen des Schuldners erforderlich ist, obliegt damit allein dem Gericht. Es entscheidet

31 *Grub* Kölner Schrift zur InsO, S 529 Rn 50.

auch allein über einen etwaigen Umfang der Postsperre unter Beachtung des Grundsatzes der Verhältnismäßigkeit.

III. Leistungen an den Schuldner

Nach Eröffnung des Insolvenzverfahrens können (Dritt)Schuldner grundsätzlich nur noch an die Insolvenzmasse mit befreiender Wirkung leisten. Leistet ein Dritter nach Eröffnung zur Erfüllung einer Verbindlichkeit an den Schuldner, obwohl es sich um eine Verbindlichkeit gegenüber der Insolvenzmasse handelt, so wird der leistende Dritte von seiner Leistungspflicht nur befreit, wenn er zur Zeit der Leistung von der Eröffnung des Verfahrens keine Kenntnis hatte. Diese in § 82 S 1 InsO vorgesehene Regelung hat ihren Vorläufer in der Bestimmung des § 8 KO, weicht jedoch von jener Regelung ab. **53**

Im Unterschied zu § 8 KO wird zunächst die befreiende Wirkung nicht auf das Verhältnis zu den Konkursgläubigern beschränkt, sondern gilt absolut, also auch gegenüber anderen Gläubigern, die nicht am Insolvenzverfahren teilnehmen.[32] Da nach Verfahrenseröffnung neuerworbenes Vermögen des Schuldners ebenfalls zur Insolvenzmasse gehört (§ 35 InsO) kann auch eine Forderung, die neuerworbenes Vermögen darstellt, vom Drittschuldner unter den Voraussetzungen des § 82 InsO befreiend nur noch an den Verwalter, dh an die Masse beglichen werden.[33] **54**

Die fehlende Kenntnis von der Eröffnung, dh die Gutgläubigkeit des leistenden (Dritt)Schuldners, soll grundsätzlich auch im Insolvenzverfahren geschützt werden. Anders als in § 7 Abs 4 GesO wird dieser bereits aus der Konkursordnung bekannte Grundsatz - Schutz des gutgläubig Leistenden vor erneuter Inanspruchnahme durch den Verwalter - in der Insolvenzordnung ausdrücklich geregelt. Die Gesamtvollstreckungsordnung enthielt keine entspr Regelung, sondern bestimmte lediglich die Unwirksamkeit der Leistung, soweit sie nicht in die Masse gelangte. **55**

Allerdings muß der (Dritt)Schuldner seine fehlende Kenntnis grundsätzlich beweisen. Für den Umfang der Beweispflicht ist zu unterscheiden, ob die Leistung vor oder nach der öffentlichen Bekanntmachung der Verfahrenseröffnung erfolgte. Soweit die Leistung nach Eröffnung, aber vor der öffentlichen Bekanntmachung erbracht wurde, wird gem § 82 S 2 InsO zugunsten des Leistenden vermutet, daß er von der Eröffnung keine Kenntnis hatte. In diesem Fall trifft also den Verwalter die Beweislast für die Kenntnis des (Dritt)Schuldners von der Verfahrenseröffnung. Ab dem Zeitpunkt der öffentlichen Bekanntmachung muß hingegen der Leistende den vollen Beweis dafür erbringen, daß er von der Eröffnung keine Kenntnis hatte. Dabei wird sich der Leistende nicht **56**

32 Vgl Begr § 93 RegEntw (§ 82 InsO) abgedruckt in Balz/Landfermann S 164 f.
33 So auch Haarmeyer/Wutzke/Förster, S 303 Rn 9.

darauf berufen können, ihm sei der Eröffnungsbeschluß nicht zugestellt worden. Denn zum Nachweis der Zustellung an alle Beteiligten genügt gem § 9 Abs. 3 InsO die öffentliche Bekanntmachung.

57 Obwohl § 82 InsO seinem Wortlaut nach lediglich auf die öffentliche Bekanntmachung bezug nimmt, wird für die Bestimmung des Zeitpunktes der öffentlichen Bekanntmachung nicht das Datum der Veröffentlichung maßgeblich sein können. Denn in § 9 Abs 1 S 3 InsO wird bestimmt, daß die öffentliche Bekanntmachung (erst) als bewirkt gilt, wenn nach dem Tag der Veröffentlichung zwei weitere Tage verstrichen sind. Diese Regelung, die sich im 1. Teil der Insolvenzordnung unter der Überschrift „Allgemeine Vorschriften" befindet, ist auch im Rahmen des § 82 InsO zu berücksichtigen. Leistet ein (Dritt)Schuldner also nach Veröffentlichung des Eröffnungsbeschlusses, aber noch vor Ablauf der Frist von zwei Tagen nach dem Tag der Veröffentlichung, dürfte die Vermutung seiner Unkenntnis von der Eröffnung ebenfalls eingreifen.[34]

IV. Geltendmachung bestimmter Ansprüche durch den Verwalter

58 Mit der Eröffnung und während der Dauer des Insolvenzverfahrens ist in bezug auf bestimmte Ansprüche der Insolvenzgläubiger nur noch der Verwalter berechtigt, diese geltend zu machen. Im einzelnen:

1. Gesamtschaden

59 Zu den Ansprüchen, die ausschließlich vom Verwalter geltend gemacht werden können, gehört der Ersatz solcher Schäden, durch die die Insolvenzmasse verringert und deshalb die Gesamtheit der Gläubiger geschädigt wurde (sog „Gesamtschaden"), § 92 InsO. Es soll damit vermieden werden, daß sich einzelne Insolvenzgläubiger zum Nachteil der gleichmäßigen Befriedigung der Gläubigergesamtheit Vorteile verschaffen.[35] Zwei Fälle sind zu unterscheiden:

a) Gesamtschaden durch Handlungen des Schuldners oder Dritter

60 Zu einem Gesamtschaden können zB anfechtbare Rechtshandlungen oder eine Verletzung der Antragspflicht des Schuldners führen, wenn die Insolvenzmasse sich hierdurch verringert und Gläubiger ganz oder zum Teil mit ihren Forderungen ausfallen. Der Anspruch auf Ersatz eines solchen Schadens ist vom Verwalter durchzusetzen.

61 Unterläßt es der Verwalter, einen entsprechenden Schadensersatzanspruch gegen einen Dritten geltend zu machen, so stellt sich die Frage, ob die Gläubiger

34 Vgl Kuhn/Uhlenbruck,KO, § 8 Rn 7.
35 Vgl Begr zu § 103 RegEntw abgedruckt in Balz/Landfermann S 173f.

die Möglichkeit haben, dessen Geltendmachung zu erzwingen. Regelungen hierzu trifft die Insolvenzordnung nicht. Zu denken ist hier zunächst daran, daß aus dem Kreise der Gläubiger dem Gericht der Sachverhalt zur Kenntnis gebracht wird, verbunden mit der Bitte, das Gericht möge im Rahmen seiner Aufsichtspflicht den Verwalter anhalten, den Anspruch zu verfolgen. Ist die Weigerung des Verwalters, einen entsprechenden Anspruch zu verfolgen, nicht ausreichend begründet, so könnte sein Verhalten ggf ein wichtiger Grund für seine Entlassung sein, die entweder von Amts wegen oder auf Antrag des Gläubigerausschusses oder der Gläubigerversammlung vorgenommen werden könnte (vgl § 59 InsO). Führt auch dies nicht zu dem gewünschten Erfolg, bleibt der Weg, den Verwalter wegen der Verletzung der ihm obliegenden Pflichten gem § 60 Abs 1 InsO in Anspruch zu nehmen. Ein derartiger Schadensersatzanspruch kann von jedem Gläubiger erhoben werden.

b) Gesamtschaden durch Handlungen des Verwalters

Andererseits kann ein Gesamtschaden auch durch unsachgemäße Verwertungshandlungen des Verwalters entstanden sein, so daß sich der Schadensersatzanspruch der Masse gegen den Verwalter selbst richtet. Für diesen Fall bestimmt § 92 S 2 InsO, daß ein neuer Insolvenzverwalter zu bestellen ist, und nur dieser die Ansprüche gegen den ursprüngliche Verwalter geltend machen kann. Die einzelnen Gläubiger können in diesem Fall nicht gegen den früheren Verwalter vorgehen.[36] **62**

2. Persönliche Haftung der Gesellschafter

Wird eine Gesellschaft insolvent, deren Gesellschafter persönlich haften, konnte nach dem bisherigen Insolvenzrecht jeder Gläubiger die Gesellschafter in Anspruch nehmen. Er konnte sich durch die Inanspruchnahme der Gesellschafter gegenüber anderen Gläubigern Vorteile verschaffen. Im Interesse einer möglichst weitreichenden gleichmäßigen Befriedigung der Gläubigergesamtheit schließt § 93 InsO nunmehr die Möglichkeit des einzelnen Gläubigers der Gesellschaft, deren Gesellschafter unmittelbar in Anspruch zu nehmen, aus und bestimmt, daß während des Verfahrens allein der Insolvenzverwalter die persönliche Haftung der Gesellschafter geltend machen kann.[37] **63**

Dies gilt im Falle eines Insolvenzverfahrens über eine Gesellschaft bürgerlichen Rechts (GbR), eine offene Handelsgesellschaft (oHG), eine Kommanditgesellschaft (KG, GmbH & Co.KG) oder eine Kommanditgesellschaft auf Aktien (KGaA).[38] **64**

36 Vgl Begr zu § 103 RegEntw (§ 92 InsO) abgedruckt in Balz/Landfermann S 173f.
37 Vgl Haarmeyer/Wutzke/Förster, S 304 Rn 14.
38 Vgl *Schmidt-Räntsch* § 93 InsO Rn 6.

V. Aufrechnung

65 Schon im geltenden Insolvenzrecht (KO, GesO) wird die Möglichkeit der Aufrechnung im Rahmen des Insolvenzverfahrens beschränkt. Die Gesamtvollstreckungsordnung bestimmt in § 7 Abs 5 GesO, daß die Aufrechnung auch noch im Verfahren erklärt werden kann, wenn die Aufrechnungslage im Zeitpunkt der Eröffnung bestand. Über diesen Grundsatz hinaus, der auch für das Konkursverfahren gilt, enthalten die §§ 54 und 55 KO Erweiterungen bzw Einschränkungen der Aufrechnungsmöglichkeit bei bestimmten Forderungen. Die Abschaffung der in der Konkursordnung enthaltenen Privilegien war hier ein erklärtes Reformziel der Insolvenzordnung.[39]

66 Das Aufrechnungsrecht ist in §§ 94 bis 96 InsO geregelt. Die Aufrechnung kann nach Maßgabe der nachfolgend erläuterten Bestimmungen sowohl vom Verwalter als auch von einem Dritten erklärt werden.

1. Aufrechnungsberechtigung vor Eröffnung des Insolvenzverfahrens

67 Ein schon aus dem Konkurs- und dem Gesamtvollstreckungsrecht bekannter Grundsatz wird in § 94 InsO beibehalten: Soweit ein Insolvenzgläubiger zur Zeit der Eröffnung des Insolvenzverfahrens zur Aufrechnung berechtigt ist, wird dieses Recht durch das Verfahren nicht berührt, dh, die Aufrechnung kann (noch) im Laufe des Insolvenzverfahrens erklärt werden. Um zur Aufrechnung berechtigt zu sein, muß die Aufrechnungslage bereits im Zeitpunkt der Eröffnung bestanden haben. Ob dies der Fall ist, bestimmt sich nach den Vorschriften der §§ 387ff BGB. Die Forderungen müssen gleichartig sein und gegenseitig, dh zwischen den Parteien der Aufrechnung bestehen; die Forderung, gegen die aufgerechnet wird, muß erfüllbar und die Forderung, mit der aufgerechnet wird, muß vollwirksam und fällig sein.[40]

68 Zeitpunkt der Eröffnung ist hier das in dem Eröffnungsbeschluß angegebene Datum. Auf die öffentliche Bekanntmachung oder die Kenntnis des Aufrechnungsberechtigten von der Eröffnung kommt es nicht an. Die Aufrechnungslage muß also objektiv zu dem im Eröffnungsbeschluß angegebenen Datum bestanden haben, unabhängig davon, ob der Aufrechnungsberechtigte erst später von der Eröffnung Kenntnis erhalten hat.

69 Von der Prüfung, ob die Aufrechnungslage im Zeitpunkt der Eröffnung bestanden hat, ist die Frage zu unterscheiden, ob ein Gläubiger gegen jede vollwirksame und erfüllbare Forderung aufrechnen kann. Hintergrund war bisher die von der Rspr zum Gesamtvollstreckungsverfahren angestellte Überlegung, daß

39 Vgl *Schmidt-Räntsch* § 95 InsO Rn 1.
40 Zu den Voraussetzungen der Aufrechnungslage gem §§ 387ff BGB vgl zB Palandt/*Heinrichs* §§ 387ff BGB.

bereits ab dem Zeitpunkt, an dem ein Antrag auf Eröffnung des Insolvenzverfahrens gestellt wird, Maßnahmen der Einzelzwangsvollstreckung unwirksam sind. Die Aufrechnung wurde als eine Form der Einzelzwangsvollstreckung oder zumindest eine der Einzelzwangsvollstreckung in ihrer Wirkung vergleichbare Maßnahme betrachtet. Dies führte dann - insoweit folgerichtig - in der Rspr zu dem Ergebnis, daß auch die Aufrechnung gegen Forderungen des Schuldners, die erst nach dem Antrag auf Eröffnung des Insolvenzverfahrens begründet worden sind, ausgeschlossen ist, da auch die Einzelzwangsvollstrekkung insofern ausgeschlossen wäre.[41] Für das Insolvenzverfahren wird nun in § 88 InsO bestimmt, daß eine Sicherung, die ein Gläubiger im Wege der Einzelzwangsvollstreckung im letzten Monat vor bzw nach der Antragstellung erlangt hat, unwirksam wird. Falls die Rspr ihre bisherige Argumentation, insbesondere der Vergleichbarkeit der Aufrechnung mit einer Maßnahme der Einzelzwangsvollstreckung, fortführt, würde dies im Hinblick auf die Regelung des § 88 InsO konsequenterweise bedeuten, daß im Insolvenzverfahren die Aufrechnung eines Gläubigers gegen Forderungen, die im letzten Monat vor oder nach der Antragstellung begründet worden sind, unzulässig wäre. Die Entwicklung der Rspr bleibt hier abzuwarten.

2. Aufrechnungseinschränkung nach Eröffnung

Über den in § 94 InsO festgelegten Grundsatz hinaus soll durch die in § 95 **70** InsO getroffene Regelung derjenige Gläubiger geschützt werden, in bezug auf dessen Forderung zwar die Aufrechnungslage im Zeitpunkt der Eröffnung noch nicht bestand, diese aber zu einem späteren Zeitpunkt eintritt, beispielsweise, weil der vereinbarte Zahlungszeitpunkt in die Zeit nach Verfahrenseröffnung fällt. Der Gläubiger kann die Aufrechnung dann grundsätzlich zwar nicht sofort, aber im laufenden Verfahren erklären, sobald die Aufrechnungslage besteht, also zB der Fälligkeitszeitpunkt erreicht oder eine aufschiebende Bedingung eingetreten ist, § 95 Abs 1 S 1 InsO.[42] Allerdings erfolgt hierzu in § 95 Abs 1 S 3 InsO eine bedeutsame Einschränkung: Die Aufrechnung ist gleichwohl ausgeschlossen, wenn die Forderung, gegen die aufgerechnet werden soll, unbedingt und fällig wird, bevor die Aufrechnung erfolgen kann. Wenn also die Forderung eines Gläubigers später fällig wird, als die Forderung des Schuldners bzw dann der Insolvenzmasse, kann der Gläubiger die Aufrechnung nicht erklären.

Ist die Aufrechnung nach den vorstehenden Regelungen dem Grunde nach zu- **71** lässig, so wird sie nicht dadurch ausgeschlossen, daß die Forderungen in unterschiedlichen Währungen oder Rechnungseinheiten ausgedrückt sind, wenn diese frei getauscht werden können. Die freie Umtauschmöglichkeit muß am

41 Vgl hierzu zB BGH MDR 1995,1223ff; BGH InVO 1996, 206f; BGH ZIP 1996, 845ff.

42 Vgl hierzu *Schmidt-Räntsch* § 95 InsO Rn 2.

Zahlungsort der Forderung, gegen die aufgerechnet wird, bestehen.[43] Für die Umrechnung ist gem § 95 Abs 2 S 2 InsO der Kurswert zugrunde zu legen, der zum Zeitpunkt des Zugangs der Aufrechnungserklärung am Zahlungsort der Forderung, gegen die aufgerechnet wird, maßgeblich ist. Der Zahlungsort wird nach den allgemeinen zivilrechtlichen Vorschriften ermittelt.

3. Aufrechnungsverbot nach Eröffnung

72 In § 96 InsO wird beschrieben, wann eine Aufrechnung unzulässig ist. Demnach kann in folgenden vier Fällen nicht aufgerechnet werden:

a) Ein Insolvenzgläubiger hat eine Forderung an die Insolvenzmasse; erst nach Eröffnung des Insolvenzverfahrens wird er seinerseits etwas zur Insolvenzmasse schuldig. Er kann mit seiner Forderung nicht gegen die Forderung der Insolvenzmasse an ihn aufrechnen.
b) Ein Insolvenzgläubiger erwirbt seine Forderung erst nach der Eröffnung des Verfahrens von einem anderen Gläubiger. Mit dieser Forderung kann er nicht aufrechnen.
c) Der Insolvenzgläubiger hat die Möglichkeit zur Aufrechnung durch eine anfechtbare Rechtshandlung erlangt.

73 In allen diesen drei Fällen ist das Aufrechnungsverbot das konsequente Ergebnis der Überlegung, welcher Gläubiger im Zeitpunkt der Eröffnung auf die Aufrechnungsmöglichkeit vertrauen durfte und deshalb schutzwürdig ist. In den Fällen a) und b) ist die zur Aufrechnung erforderliche „Gegenforderung" jeweils erst nach Eröffnung entstanden, so daß der Gläubiger im Zeitpunkt der Eröffnung nicht auf eine Aufrechnungssituation vertrauen konnte. Auch im Fall c), daß der Gläubiger sich die Aufrechnungslage durch eine anfechtbare Rechtshandlung „verschafft" hat, ist er nicht schutzwürdig.[44]

74 d) Wenn ein Gläubiger etwas zur Insolvenzmasse schuldet, kann er nicht mit einer Forderung aufrechnen, die aus dem freien, nicht insolvenzbefangenen Vermögen des Schuldners zu erfüllen ist. Dies entspricht dem Grundsatz, daß die Insolvenzmasse und das freie Vermögen des Schuldners als getrennte Vermögensmassen zu behandeln sind.

VI. Wirkung der Insolvenz auf laufende Rechtsstreitigkeiten

75 Gerichtsverfahren wurden bisher gem § 240 ZPO grundsätzlich (erst) mit der Eröffnung des Konkurs- oder des Gesamtvollstreckungsverfahrens unterbrochen und nach besonderen Bestimmungen fortgesetzt. Der durch Art 18 EGInsO

---

43 Vgl Begr § 107 RegEntw (§ 95 InsO) abgedruckt in Balz/Landfermann S 177f.
44 Vgl Begr zu § 108 RegEntw (§ 96 InsO) abgedruckt in Balz/Landfermann S 179f.

geänderte § 240 ZPO erweitert die Unterbrechungswirkung. Ein beantragtes oder eröffnetes Insolvenzverfahren hat künftig die nachfolgend beschriebenen Auswirkungen auf anhängige Verfahren.

1. Auswirkungen der Übertragung der Verwaltungs- und Verfügungsbefugnis auf einen vorläufigen Insolvenzverwalter im Eröffnungsverfahren auf laufende Rechtsstreitigkeiten

Der durch Art 18 Nr 2 EGInsO in § 240 ZPO neu eingefügte S 2 sieht vor, daß **76** die in § 240 S 1 ZPO angeordnete Unterbrechung eines Rechtsstreites bis zur Aufnahme bzw Beendigung des Insolvenzverfahrens gleichermaßen gilt, wenn die Verwaltungs- und Verfügungsbefugnis über das Vermögen des Schuldners im Eröffnungsverfahren einem vorläufigen Insolvenzverwalter übertragen wird. Die nachfolgenden Ausführungen bzgl der Unterbrechung und Fortführung von Rechtsstreitigkeiten gelten deshalb für diesen Fall in gleicher Weise.

2. Auswirkungen der Insolvenzeröffnung auf laufende Rechtsstreitigkeiten

Mit der Insolvenzeröffnung werden anhängige Rechtsstreitigkeiten grundsätz- **77** lich unterbrochen. Die Unterbrechung ist aber an verschiedene Voraussetzungen geknüpft. Für bestimmte Verfahrensarten greift die Unterbrechungswirkung nicht ein.

a) Grundsatz: Unterbrechung

Für Zivilverfahren, die im Zeitpunkt der Eröffnung eines Insolvenzverfahrens **78** für oder gegen den Schuldner geführt werden, ist in § 240 ZPO vorgesehen, daß diese unterbrochen werden. Die Unterbrechung tritt von Gesetzes wegen ein. Sie betrifft zunächst nur die im Zeitpunkt der Eröffnung rechtshängigen Verfahren. Allerdings tritt die Unterbrechung auch dann ein, wenn ein im Zeitpunkt der Eröffnung anhängiges Verfahren erst nach Eröffnung, zB durch die Zustellung der Klageschrift, rechtshängig wird. Der BGH[45] hat insoweit für den Geltungsbereich der Gesamtvollstreckungsordnung ausgesprochen, daß anhängige Verfahren ebenfalls unterbrochen werden. Auch §§ 85 und 86 InsO sprechen im Hinblick auf die Aufnahme von „anhängigen" Prozessen. Die Unterbrechung tritt demnach grundsätzlich bereits bei anhängigen Verfahren ein.

---

45 BGH DtZ 1992, 282.

b) Voraussetzungen der Unterbrechung

79 Zunächst werden vermögensrechtliche Streitigkeiten unterbrochen, die die Insolvenzmasse betreffen. Auch arbeitsrechtliche Streitigkeiten (zB Kündigungsschutzprozesse) werden unterbrochen. Ebenso werden Verfahren vor Verwaltungsbehörden und Verwaltungsgerichten sowie Verfahren vor Steuerbehörden (Ausnahme: Ermittlungsverfahren nach §§ 88, 90ff AO) und Finanzgerichten unterbrochen, wenn ihnen vermögensrechtliche Ansprüche zugrundeliegen. Demgegenüber werden Streitigkeiten, die keine vermögensrechtlichen Ansprüche zum Gegenstand haben, wie zB die Abberufung eines Geschäftsführers, nicht unterbrochen. Auch Streitigkeiten über das nicht insolvenzbefangene Vermögen werden nicht unterbrochen, ebenso wie Unterlassungsklagen, sofern sie sich gegen rein tatsächliche Störungen richten, die vom Schuldner ausgehen.

80 Unterbrochen werden nur die Verfahren, an denen der Schuldner als Partei, im Regelfall also als Kläger oder als Beklagter, teilnimmt. Als notwendiger Streitgenosse ist der Schuldner idS ebenfalls Partei. Die Insolvenz über das Vermögen eines notwendigen Streitgenossen unterbricht das Verfahren gegenüber allen Streitgenossen. Demgegenüber wird ein Rechtsstreit nicht unterbrochen, wenn der insolvente Schuldner lediglich Streithelfer oder einfacher Streitgenosse und damit nicht Partei des Verfahrens ist.[46]

81 Die Unterbrechung hat den Stillstand des Rechtsstreits zur Folge.[47] Sie dauert an, bis der Rechtsstreit durch Aufnahme gem §§ 85, 86 InsO fortgeführt wird oder das Insolvenzverfahren beendet ist.

c) Verfahren, die nicht unterbrochen werden

82 Von der Unterbrechungswirkung sind insbes folgende Verfahren ausgenommen, die auch im eröffneten Insolvenzverfahren ohne weiteres fortgeführt werden:

- selbständige Beweisverfahren,
- Schiedsverfahren,
- Streitwertfestsetzungsverfahren,
- steuerliche Ermittlungsverfahren (§§ 88, 90ff AO),
- Straf- und Ordnungswidrigkeitenverfahren gegen den Schuldner.

3. Fortführung von Aktivprozessen

83 Ein im Zeitpunkt der Insolvenzeröffnung für den Schuldner anhängiger Aktivprozeß über das zur Insolvenzmasse gehörende Vermögen kann gem § 85 InsO vom Insolvenzverwalter aufgenommen werden. Verzögert er die Aufnahme, finden § 239 Abs 2 bis 4 der ZPO entsprechende Anwendung, dh, insbeson-

46 Vgl zu den Einzelheiten Kuhn/Uhlenbruck, KO, vor §§ 10 – 12 Rn 9 mwN zur Rspr.

47 Vgl zu den Einzelheiten die zivilprozessuale Literatur, zB Zöller/*Greger*, § 249 ZPO Rn 1ff.

dere ist der Insolvenzverwalter auf Antrag des Gegners, also des Gläubigers, zur Aufnahme und zugleich zur Hauptverhandlung durch das Gericht zu laden. Der Einwand einer Verzögerung der Aufnahme durch den Verwalter kann deshalb erst erhoben werden, nachdem der Verwalter zu einer Erklärung über die Aufnahme aufgefordert worden ist.

Die Aufnahme selbst ist gegenüber dem Prozeßgericht durch einen Schriftsatz **84** anzuzeigen. Erst wenn der Verwalter die Aufnahme des Rechtsstreits abgelehnt hat, können gem § 85 Abs 2 InsO sowohl der Schuldner als auch der Gegner den Rechtsstreit aufnehmen. Auch dies ist durch einen Schriftsatz an das Gericht anzuzeigen.

Die Regelung in § 85 InsO entspricht damit der bereits in § 10 KO enthaltenen Bestimmung.[48]

4. Fortführung von Passivprozessen

Hinsichtlich der Fortführung von Passivprozessen, die ein Gläubiger gegen den **85** Schuldner angestrengt hat, ist nach der Art der Forderungen des Gläubigers zu unterscheiden.

a) Aus- und Absonderungsrechte; Masseforderungen

Hat ein Rechtsstreit Aus- oder Absonderungsrechte (vgl hierzu Kap 8) zum **86** Gegenstand oder bezieht er sich auf eine Masseschuld, kann gem § 86 Abs 1 InsO sowohl der Insolvenzverwalter als auch der klagende Gläubiger den Rechtsstreit aufnehmen. Die Aufnahme erfolgt auch hier durch einen Schriftsatz an das Prozeßgericht. Dabei sollte aus dem Schriftsatz erkennbar sein, daß der Rechtsstreit aufgenommen wird. Die Bestimmung des § 86 Abs 1 entspricht der Regelung des § 11 Abs 1 KO.[49]

Mit der Aufnahme wird das Verfahren im normalen Prozeßgang fortgeführt. Eine **87** besondere Kostenfolge sieht jedoch § 86 Abs 2 InsO für den Fall vor, daß der Verwalter den Anspruch sofort anerkennt. Ein sofortiges Anerkenntnis liegt vor, wenn es (spätestens) in der mündlichen Verhandlung (vor den Sachanträgen) oder bei einem schriftlichen Vorverfahren in der ersten Erwiderung abgegeben wird.[50] In diesem Fall hat der klagende Gläubiger einen Anspruch auf Erstattung seiner Kosten nur im Range eines Insolvenzgläubigers. Er kann seine Kosten also nicht als Masseforderung geltend machen, sondern lediglich als (einfache) Insolvenzforderung und trägt damit das Risiko, wegen seines Kostenerstattungsanspruches keine Befriedigung bzw nur eine quotale Befriedigung zu erhalten.

---

48 Wegen der Einzelheiten kann deshalb auf die Literatur zur KO verwiesen werden, zB Kuhn/Uhlenbruck, KO, § 10 Rn 1 ff.

49 Wegen der Einzelheiten wird deshalb auch hier auf die Literatur zur KO Bezug genommen, zB Kuhn/Uhlenbruck, KO § 11 Rn 1 ff.

50 Vgl Zöller/*Herget* § 93 ZPO Rn 4.

b) Insolvenzforderungen

88 Insolvenzgläubiger können ihre Forderungen nur nach den Vorschriften über das Insolvenzverfahren verfolgen, § 87 InsO. Dies bedeutet im wesentlichen, daß die Insolvenzgläubiger zunächst ihre Forderungen zur Insolvenztabelle anmelden und das Prüfungsergebnis abwarten müssen. Erkennt der Verwalter die Forderung an, ist die Fortsetzung eines rechtshängigen, bis dahin unterbrochenen Rechtsstreites, überflüssig.[51] Der Rechtsstreit ist in der Hauptsache erledigt. Die Aufnahme ist nur für eine Entscheidung über die Kosten von Bedeutung.

89 Wird die Forderung vom Insolvenzverwalter oder von einem anderen Insolvenzgläubiger bestritten, hat der Gläubiger gem § 179 Abs 1 InsO die Feststellung gegen den Bestreitenden zu betreiben. Für ein bereits bei Eröffnung rechtshängiges und nachfolgend unterbrochenes Verfahren bedeutet dies, daß der Gläubiger das Verfahren durch Aufnahme des Rechtsstreits fortführen kann, § 180 Abs 2 InsO.

90 Bestreitet der Insolvenzverwalter oder ein anderer Insolvenzgläubiger eine Forderung, für die bereits ein vollstreckbarer Schuldtitel oder ein Endurteil vorliegt, so muß gem § 179 Abs 2 InsO der Bestreitende, zumeist der Insolvenzverwalter, ggf aber auch der bestreitende Gläubiger, den Widerspruch verfolgen. Dies bedeutet, daß er entweder ein noch nicht rechtskräftig abgeschlossenes Verfahren durch Aufnahme fortführen oder ggf erneut klagen muß.

91 Um die Rechtsfolgen des § 179 Abs 2 InsO auszulösen, genügt es, ebenso wie schon für das Konkurs- und das Gesamtvollstreckungsverfahren, wenn der Gläubiger über einen vorläufig vollstreckbaren Titel, dh auch ein noch nicht rechtskräftiges Urteil oder einen noch nicht rechtskräftigen Vollstreckungsbescheid, verfügt .[52]

92 Nicht geregelt ist, was geschieht, wenn der Insolvenzverwalter eine titulierte (zB aufgrund eines vorläufig vollstreckbaren Titels) Forderung bestreitet, gleichwohl aber den Widerspruch nicht verfolgt, also die Aufnahme des Rechtsstreites nicht erklärt. Es erscheint hier sachgerecht, diesen Fall ebenso wie eine Verzögerung der Aufnahme zu behandeln und in entspr Anwendung des § 85 InsO nach §§ 239 Abs 2 bis 4 ZPO vorzugehen, dh, insbesondere ist der Verwalter auf Antrag des Gegners, also des Gläubigers, zur Aufnahme und zugleich zur Hauptverhandlung durch das Gericht zu laden.

VII. Vollstreckungsverbote

93 Wie schon die Konkurs- und die Gesamtvollstreckungsordnung verbietet bzw beschränkt die Insolvenzordnung ebenfalls die Durchführung von Maßnahmen

51 Vgl hierzu BGH WM 1961, 428.
52 Vgl Kuhn/Uhlenbruck, KO, § 146 Rn 30.

der Einzelzwangsvollstreckung ab der Eröffnung des Verfahrens und darüber hinaus in der Krise, dh dem Zeitraum kurz vor Einleitung eines Insolvenzverfahrens.

1. Maßnahmen der Einzelzwangsvollstreckung vor Verfahrenseröffnung

Bereits in der letzten Phase der Krise vor Eröffnung des Insolvenzverfahrens bzw deren Ablehnung soll zum Schutze des insolvenzbefangenen Vermögens die Zwangsvollstreckung einzelner Gläubiger erschwert werden. Hierzu sieht § 88 InsO vor, daß eine Sicherung mit der Eröffnung des Verfahrens unwirksam wird, wenn sie ein Insolvenzgläubiger im letzten Monat vor dem Antrag auf Eröffnung des Insolvenzverfahrens oder nach diesem Antrag durch Zwangsvollstreckung in das zur Insolvenzmasse gehörende Vermögen erlangt hat. 94

a) Erlangung einer Sicherheit

Die Voraussetzung, daß der Insolvenzgläubiger eine Sicherheit vor der Eröffnung erlangt haben muß, macht zunächst deutlich, daß die Vorschrift nicht die Fälle erfaßt, in denen der Gläubiger durch die Einzelzwangsvollstreckungsmaßnahme und deren vollständige Durchführung bereits Befriedigung für seine Forderung erhalten hat. Insoweit knüpft § 88 InsO an bestehende Regelungen an, daß Zwangsvollstreckungsmaßnahmen, die vor Eröffnung vollständig abgeschlossen sind, jedenfalls nicht aufgrund von Zwangsvollstreckungsverboten nachträglich unwirksam werden. 95

Die Sicherheit muß an einem Gegenstand erlangt sein, der in die Insolvenzmasse fällt. Für Vermögenswerte, die nicht in die Insolvenzmasse fallen, gilt die Bestimmung des § 88 InsO nicht.[53] 96

Unwirksam werden nach § 88 InsO insbesondere zugunsten des Gläubigers begründete Pfändungspfandrechte bzw eine bereits im Grundbuch eingetragene Sicherungshypothek. Ein dem Drittschuldner nach § 845 ZPO zugestelltes vorläufiges Zahlungsverbot wird ebenfalls unwirksam.[54] 97

b) Zeitpunkt der Erlangung der Sicherheit

Von § 88 InsO werden solche Zwangsvollstreckungsmaßnahmen erfaßt, die im letzten Monat vor dem Antrag auf Eröffnung oder nach Antragstellung bis zur Eröffnung des Verfahrens durchgeführt worden sind. Um die Monatsfrist vor Antragstellung eindeutig bestimmen zu können, sieht § 139 InsO vor, daß die Frist mit dem Anfang des Tages des Vormonates beginnt, der durch seine Zahl dem Tag entspricht, an dem der Antrag auf Eröffnung des Insolvenzverfahrens 98

53 Vgl *Schmidt-Räntsch* § 88 InsO Rn 2.
54 Vgl zum Pfändungspfandrecht zB Baumbach/ Lauterbach /Albers/*Hartmann* § 803 ff ZPO.

beim Insolvenzgericht eingegangen ist. Gibt es einen solchen Tag nicht, beginnt die Frist mit dem Anfang des folgenden Tages (des Vormonates).

Beispiel:
99 Eingang des Antrages bei Gericht: 15.3.
Beginn der Monatsfrist: 15.2.

Eingang des Antrages am 30.3.
Beginn der Frist: 1.3, da es keinen 30.2. gibt und auf den 28. oder 29.2. der 1.3. folgt.

c) Von § 88 InsO betroffene Gläubiger

100 In § 88 InsO werden ausdrücklich nur von **Insolvenzgläubigern** in der Krise erlangte Sicherheiten erwähnt. Wenn hingegen Gläubiger von Masseverbindlichkeiten in der Krise Sicherheiten erlangen, werden diese nicht von § 88 InsO erfaßt und bleiben wirksam. Dies ist sachgerecht, da Massegläubiger, vorbehaltlich der nachfolgend beschriebenen Einschränkungen im Unterschied zu den Insolvenzgläubigern ihre Forderungen auch nach Eröffnung des Verfahrens im Wege der Einzelzwangsvollstreckung beitreiben können.

d) Rechtsfolge: Unwirksamkeit der Sicherung

101 Als Rechtsfolge sieht § 88 InsO vor, daß die nach den vorstehenden Kriterien erlangte Sicherheit mit der Eröffnung des Verfahrens unwirksam wird. Der betroffene Insolvenzgläubiger kann aus der ursprünglich begründeten Sicherheit weder Befriedigung noch andere Rechte verlangen. Sofern die Sicherung in der Eintragung einer Sicherungshypothek bestand, kann der Verwalter die Zustimmung zur Löschung dieser Sicherungshypothek verlangen. Bewegliche Sachen und Forderungen unterliegen nicht mehr dem Pfandbeschlag und fallen in die Insolvenzmasse.

102 Wird die Eröffnung des Verfahrens abgelehnt, behalten auch die im Zeitraum des § 88 InsO erworbenen Sicherheiten ihre Wirksamkeit. Der Gläubiger kann nach Ablehnung der Eröffnung aus den zu seinen Gunsten entstandenen Sicherungen Befriedigung suchen.

2. Verbot von Maßnahmen der Einzelzwangsvollstreckung nach Eröffnung des Insolvenzverfahrens

103 Mit Eröffnung des Insolvenzverfahrens werden Maßnahmen der Einzelzwangsvollstreckung verboten bzw beschränkt. Die Insolvenzordnung sieht insofern unterschiedliche Regelungen für Insolvenzgläubiger einerseits und Massegläubiger andererseits vor:

a) Einzelzwangsvollstreckungsverbot für Insolvenzgläubiger

104 Für den einzelnen Gläubiger einer Insolvenzforderung sind Zwangsvollstreckungsmaßnahmen ab Eröffnung und während der Dauer des Insolvenzverfah-

rens sowohl in die Insolvenzmasse als auch in das sonstige Vermögen des Schuldners unzulässig, § 89 Abs 1 InsO. Es werden damit, anders als in der Konkurs- und Gesamtvollstreckungsordnung, auch Zwangsvollstreckungen in das Neuvermögen des Schuldners ausgeschlossen, da dieses nach der Insolvenzordnung ebenfalls zur Insolvenzmasse gehört. Unter den Begriff „Zwangsvollstreckung" sollen auch Maßnahmen im Arrest- und einstweiligen Verfügungsverfahren fallen, da diese ebenfalls im 8. Buch der Zivilprozeßordnung („Zwangsvollstreckung") geregelt seien.[55] Die Einbeziehung erscheint zumindest fragwürdig. Bei den Verfahren des einstweiligen Rechtsschutzes handelt es sich nicht um Maßnahmen zur zwangsweisen Vollstreckung eines rechtskräftigen Titels, und deshalb wird schon im Zusammenhang mit der ZPO gerügt, daß systematisch Arrest und einstweilige Verfügung an der falschen Stelle geregelt sind.

b) Einzelzwangsvollstreckungsmaßnahmen von Massegläubigern

Gläubiger von Masseverbindlichkeiten können auch ab Eröffnung des Insolvenzverfahrens wegen ihrer Forderungen grundsätzlich die (Einzel-) Zwangsvollstreckung betreiben. Sie unterliegen dabei aber Beschränkungen nach Maßgabe der §§ 89 Abs 2, 90, 210 InsO. **105**

aa) Beschränkungen nach § 89 Abs 2 InsO

Massegläubiger dürfen die Einzelzwangsvollstreckung nicht in künftige Forderungen auf Bezüge aus einem Dienstverhältnis des Schuldners oder an deren Stelle tretende laufende Bezüge betreiben, § 89 Abs 2 S 1 InsO. Dieses Verbot der Einzelzwangsvollstreckung wird durch § 89 Abs 2 S 2 InsO insoweit eingeschränkt, als das Massegläubiger wegen eines Unterhaltsanspruchs oder wegen einer Forderung aus einer vorsätzlichen unerlaubten Handlung in den Teil der Bezüge vollstrecken können, der nach dem § 850 d, 850f, Abs 2 ZPO für derartige Gläubiger erweitert pfändbar ist. Dies betrifft das erweitert pfändbare Arbeitseinkommen des Schuldners und ist systemkonform, da dieser Teil der Einkünfte des Schuldners nicht in die Insolvenzmasse fällt.[56] **106**

bb) Beschränkungen nach § 90 InsO

Ferner sind gem § 90 Abs 1 Einzelzwangsvollstreckungsmaßnahmen von Massegläubigern wegen Masseverbindlichkeiten, die nicht durch eine Rechtshandlung des Insolvenzverwalters begründet worden sind, für die Dauer von 6 Monaten seit der Eröffnung des Insolvenzverfahrens unzulässig. Diese Vorschrift verfolgt das Ziel, den Insolvenzverwalter in der Anfangsphase des Verfahrens vor einer Ausdünnung der Masse zu schützen, jedoch nur insoweit, als es Mas- **107**

55 So die Begr § 100 RegEntw (§ 89 InsO) abgedruckt in Balz/Landfermann S 168f.
56 *Schmidt-Räntsch* § 89 InsO Rn 5.

severbindlichkeiten betrifft, die der Insolvenzverwalter nicht selbst begründet hat.[57]

108 Folgerichtig bestimmt deshalb § 90 Abs 2 InsO, daß das Zwangsvollstreckungsverbot des § 90 Abs 1 InsO nicht für Masseverbindlichkeiten gilt, die der Insolvenzverwalter selbst begründet bzw nicht beendet hat, namentlich

- aus einem gegenseitigen Vertrag, wenn der Verwalter Erfüllung gewählt hat;
- aus einem Dauerschuldverhältnis für die Zeit nach dem 1. möglichen Kündigungstermin, wenn der Verwalter das Schuldverhältnis nicht zu diesem Zeitpunkt gekündigt hat;
- aus einem Dauerschuldverhältnis, soweit der Verwalter die Gegenleistung für die Insolvenzmasse in Anspruch nimmt.

cc) Beschränkungen nach § 210 InsO

109 Ein weiteres Vollstreckungsverbot wegen einer Masseverbindlichkeit ist in § 210 InsO für den Fall der angezeigten Masseunzulänglichkeit vorgesehen. Auf die Ausführungen hierzu in Kap 15 Rn 62 wird verwiesen.

3. Rechtsmittel gegen Maßnahmen der Einzelzwangsvollstreckung

110 Betreibt ein Gläubiger trotz des Vollstreckungsverbotes des § 89 Abs 1 oder Abs 2 InsO die Zwangsvollstreckung in die Insolvenzmasse, kann der Insolvenzverwalter hiergegen die Erinnerung gem § 766 Abs 1 S 1 ZPO[58] einlegen. Über die Erinnerung entscheidet gem § 89 Abs 3 InsO das Insolvenzgericht. Zur Sicherung der Masse kann es vor der Entscheidung über die Zulässigkeit der Zwangsvollstreckung eine einstweilige Anordnung erlassen, um die Zwangsvollstreckung einstweilen einzustellen oder nur gegen Sicherheitsleistung fortzusetzen. Diese Möglichkeit entspricht im wesentlichen der Vorschrift des § 732 Abs 2 ZPO.

111 Die Vorschrift des § 89 Abs 3 InsO bezieht sich ausdrücklich nur auf Einwendungen gegen Vollstreckungsmaßnahmen nach § 89 Abs 1 und Abs 2 InsO. Daraus ist zu schließen, daß Einwendungen gegen die Zulässigkeit von Zwangsvollstreckungsmaßnahmen wegen nicht vom Insolvenzverwalter begründeter Masseverbindlichkeiten gem § 90 InsO bei dem nach allgemeinen Vorschriften zuständigen Vollstreckungsgericht zu erheben sind. Statthaft ist auch hier die Erinnerung (§ 766 ZPO). Diese Unterscheidung in der Zuständigkeit des Gerichts kann nur damit begründet werden, daß die Vollstreckungsverbote des § 89 InsO einen sehr ausgeprägten Bezug zum Insolvenzverfahren selbst haben. Die Zuständigkeit des Insolvenzgerichts wird deshalb auch damit begründet, daß das Insolvenzgericht die Voraussetzungen der in § 89 Abs 1 und 2

57 *Schmidt-Räntsch* § 90 InsO Rn 1.
58 Vgl *Schmidt-Räntsch* § 89 InsO Rn 7.

InsO enthaltenen Verbote besser beurteilen könne.[59] Allerdings ist für das Bestehen eines Vollstreckungsverbotes nach § 90 InsO entscheidend, um welche Art Masseverbindlichkeit es sich bei der Forderung, wegen derer vollstreckt wird, handelt. Diese hat ebenfalls insolvenzrechtlichen Bezug. Das sachnähere Gericht dürfte deshalb auch in diesem Fall das Insolvenzgericht sein. Die Zuständigkeit des Vollstreckungsgerichtes nach allgemeinen Vorschriften könnte allenfalls noch damit begründet werden, daß die Massegläubiger ihre Forderungen grundsätzlich außerhalb des Insolvenzverfahrens verfolgen. Es bleibt abzuwarten, wie die Rspr hier entscheiden wird.

VIII. Gesellschaftsrechtliche Auswirkungen

Die Eröffnung des Insolvenzverfahrens über das Vermögen einer Gesellschaft oder eines Vereins hat Auswirkungen auf den rechtlichen Fortbestand der Gesellschaft. Wird das Insolvenzverfahren über das Vermögen eines Gesellschafters eröffnet, so kann dies ebenfalls Folgen für den Fortbestand der Gesellschaft haben. **112**

1. Insolvenz einer Gesellschaft oder eines Vereins

Die **Gesellschaft mit beschränkter Haftung (GmbH)** wird durch die Eröffnung oder die Ablehnung der Eröffnung des Insolvenzverfahrens über ihr Vermögen gem § 60 Abs 1 Nr 4, 5 GmbHG in der durch Art 48 Nr 5 EGInsO geänderten Fassung aufgelöst. Die Auflösung wird im Handelsregister eingetragen. Im Falle der Ablehnung der Eröffnung tritt die GmbH mit der Auflösung entweder in das Stadium der Liquidation gem des Vorschriften des GmbHG,[60] sofern noch Gesellschaftsvermögen vorhanden ist; ist die GmbH vermögenslos, wird sie gem § 141 a FGG, der durch Art 23 EGInsO neu eingeführt wurde, aufgrund von Vermögenslosigkeit im Handelsregister gelöscht. Wird das Insolvenzverfahren eröffnet und durchgeführt, so wird die GmbH nach Beendigung des Verfahrens ebenfalls gem § 141 a FGG von Amts wegen gelöscht. **113**

Für die **Aktiengesellschaft (AG)** ist die Rechtslage entsprechend den Bestimmungen für die GmbH geregelt (§ 262 Abs 1 Nr 3 und 4 AktG in der durch Art 47 Nr 9 EGInsO geänderten Fassung; § 141 a FGG), dh, die AG wird gleichfalls aufgelöst, die Auflösung im Handelsregister eingetragen. Wird die Eröffnung abgelehnt, wird eine noch vermögende AG liquidiert, eine vermögenslose AG im Handelsregister gelöscht. **114**

Die **Kommanditgesellschaft auf Aktien (KGaA)** wird gem § 289 Abs 1 AktG in Verbindung mit § 161 Abs 2 HGB und dem durch Art 40 EGInsO geänderten § 131 Abs 1 Nr 3 HGB mit Eröffnung des Insolvenzverfahrens aufgelöst. **115**

59 *Schmidt-Räntsch* § 89 InsO Rn 7.
60 Zur Liquidation einer GmbH vgl zB Scholz/*K.Schmidt* §§ 65 ff GmbHG .

Sie wird ebenfalls aufgelöst mit Rechtskraft des Beschlusses, durch den die Eröffnung des Insolvenzverfahrens mangels Masse abgelehnt wird, § 289 Abs 2 Nr 1 AktG in der durch Art 47 Nr 14 EGInsO geänderten Fassung. Die Auflösung der Gesellschaft ist gem § 289 Abs 6 AktG von allen persönlich haftenden Gesellschaftern zur Eintragung in das Handelsregister anzumelden.

116 Die **offene Handelsgesellschaft (oHG)** und die **Kommanditgesellschaft (KG)** werden ebenfalls immer mit Eröffnung des Insolvenzverfahrens über das Vermögen der Gesellschaft aufgelöst, § 131 Abs 1 Nr 3, § 161 Abs 2 HGB. Soweit bei der oHG oder bei der KG kein persönlich haftender Gesellschafter eine natürliche Person ist, wird die Gesellschaft auch dann aufgelöst, wenn die Eröffnung des Insolvenzverfahrens mangels Masse rechtskräftig abgelehnt worden ist, § 131 Abs 2 Nr 1 HGB in der durch Art 40 Nr 6 EGInsO geänderten Fassung. Dieser Auflösungstatbestand greift dann nicht ein, wenn zu den persönlich haftenden Gesellschaftern eine andere oHG oder KG gehört, bei der zumindest ein persönlich haftender Gesellschafter eine natürliche Person ist. Das Gericht hat die Auflösung von Amts wegen in das Handelsregister einzutragen, § 143 Abs 1 S 2 und 3 HGB in der durch Art 40 Nr 11 geänderten Fassung.

117 Für die **Gesellschaft bürgerlichen Rechts (GbR)** sieht der durch Art 33 Nr 21 EGInsO insoweit geänderte § 728 BGB nunmehr ebenfalls vor, daß die Gesellschaft durch die Eröffnung des Insolvenzverfahrens über das Vermögen der Gesellschaft aufgelöst wird. Dieser Auflösungstatbestand war bisher nicht geregelt.

118 Für den **Verein** schließlich wird in dem durch Art 33 Nr 1 EGInsO entsprechend geänderten § 42 BGB gleichfalls festgelegt, daß er durch die Eröffnung des Insolvenzverfahrens aufgelöst wird. Die Satzung des Vereins kann vorsehen, daß der Verein im Falle der Eröffnung des Insolvenzverfahrens als nicht rechtsfähiger Verein fortbesteht.

2. Insolvenz eines Gesellschafters

119 In bezug auf das rechtliche Schicksal einer Gesellschaft oder eines Vereins bei Eröffnung des Insolvenzverfahrens über das Vermögen eines Gesellschafters bzw Mitgliedes hat sich die Rechtslage durch die Insolvenzordnung gegenüber der bisherigen Rechtslage nicht verändert.

120 Die Eröffnung des Insolvenzverfahrens über das Vermögen eines Gesellschafters oder Aktionärs berührt den Fortbestand einer GmbH bzw einer AG grundsätzlich nicht.

121 Für die KGaA ist zu unterscheiden: Bei Eröffnung des Insolvenzverfahrens über das Vermögen des persönlich haftenden Gesellschafters wird die Gesellschaft nach § 131 Nr 5 HGB in Verbindung mit § 161 Abs 2 HGB, § 289 Abs 1 AktG aufgelöst. Hingegen ist die Insolvenz eines Kommanditaktionärs für den Bestand der Gesellschaft ohne Bedeutung, § 289 Abs 3 AktG.

Ilona Muráti-Laebe

Demgegenüber werden die oHG nach § 131 Nr 5 HGB, die KG einschließlich der GmbH & Co KG nach § 131 Nr 5 HGB iVm § 161 Abs 2 HGB und die GbR nach § 728 Abs 2 BGB in der durch Art 33 EGInsO geänderten Fassung aufgelöst. Der Gesellschaftsvertrag kann in den vorstehenden Fällen allerdings die Fortsetzung unter den verbleibenden Gesellschaftern vorsehen. Die Auflösungsfolge für die KG greift sowohl bei Insolvenz des persönlich haftenden Komplementärs als auch des Kommanditisten ein. **122**

Der Verein schließlich wird aufgrund seiner körperschaftlichen Struktur durch die Insolvenz über das Vermögen eines Vereinsmitgliedes nicht aufgelöst. **123**

5. Kapitel: Masseunzulängliche Verfahren

Übersicht

	Rn
Vorbemerkung	1
I. Keine die Kosten des Verfahrens deckende Masse	2
1. „Kosten des Verfahrens“	4
2. Kostenvorschuß	7
3. Verteilung der vorhandenen baren Mittel	10
4. Einstellung des Verfahrens	12
II. Keine die übrigen Masseverbindlichkeiten deckende Masse	14
1. Anzeige der Masseunzulänglichkeit	15
2. Fortsetzung der Verwaltung und Verwertung der Masse	17
3. Befriedigung der Massegläubiger	18
4. Zeitpunkt der Befriedigung der Massegläubiger	26
5. Einstellung des Verfahrens	27
III. Rechtsmittel gegen die Einstellung des Verfahrens	30

Vorbemerkung

1 Wenn die vorhandene freie Masse nicht ausreicht, um die Masseansprüche zu befriedigen, ist das Insolvenzverfahren **massearm**. Masseunzulänglichkeit besteht bei den beiden folgenden Fallkonstellationen:

- Die Masse reicht nicht aus, um die Kosten des Insolvenzverfahrens zu decken.
- Die Kosten des Insolvenzverfahrens sind gedeckt, jedoch können die sonstigen Masseverbindlichkeiten nicht vollständig erfüllt werden.

I. Keine die Kosten des Verfahrens deckende Masse

2 Ist bereits vor der Entscheidung über die Eröffnung des Verfahrens erkennbar, daß der insolvente Schuldner nicht über ausreichend freies Vermögen verfügt, um die Kosten eines Insolvenzverfahrens (zum Begriff vgl nachfolgend 1.) zu decken, wird die Eröffnung des Verfahrens mangels Masse abgelehnt, es sei denn, es wird ein zur Deckung der Verfahrenskosten ausreichender Geldbetrag vorgeschossen, § 26 Abs 1 InsO. Wenn ein ausreichender Kostenvorschuß geleistet wird (und die Eröffnungsvoraussetzungen im übrigen vorliegen), muß das Insolvenzgericht das Verfahren eröffnen.

3 Stellt sich erst nach Eröffnung während des laufenden Insolvenzverfahrens heraus, daß die Kosten des Insolvenzverfahrens aus der freien Insolvenzmasse nicht gedeckt werden können (zB weil sich Forderungen nachträglich als unbegründet oder nicht beitreibbar erweisen), ist in § 207 InsO vorgesehen, daß das

Insolvenzgericht das Verfahren einstellt. Vor der Einstellung des Verfahrens sind gem § 207 Abs 2 InsO die Gläubigerversammlung, der Insolvenzverwalter und die Massegläubiger (dh die Gläubiger von Masseforderungen) zu hören. Dies ist vor allem deshalb notwendig und auch sinnvoll, weil den Gläubigern dadurch die Möglichkeit gegeben wird, über die bevorstehende Einstellung informiert zu werden und zu entscheiden, ob sie ggf einen (weiteren) Kostenvorschuß zur Deckung der Verfahrenskosten leisten wollen.[1] Auch in § 207 Abs 1 S 2 InsO ist ebenso wie in § 26 Abs 1 InsO vorgesehen, daß die Einstellung des Verfahrens mangels Masse unterbleibt, wenn ein für die Deckung der Verfahrenskosten ausreichender Geldbetrag vorgeschossen wird.

1. „Kosten des Verfahrens"

Der Begriff der „Kosten des Verfahrens" ist in § 54 InsO definiert. Zu den Kosten des Verfahrens zählen demnach: 4

- die Gerichtskosten für das Insolvenzverfahren und
- die Vergütungen und die Auslagen des vorläufigen Insolvenzverwalters, des Insolvenzverwalters und der Mitglieder des Gläubigerausschusses.

Damit ist der Begriff der Kosten des Insolvenzverfahrens in § 54 InsO enger gefaßt, als der Begriff der Massekosten nach der bisherigen Regelung in § 58 KO.[2] Insbesondere zählen zu den Verfahrenskosten nicht mehr die dem Schuldner und dessen Familie bewilligte Unterstützung. Ferner werden als Verfahrenskosten nur noch die Vergütung einschließlich der Auslagen des Insolvenzverwalters berücksichtigt, nicht jedoch sämtliche Ausgaben für die Verwaltung, Verwertung und Verteilung der Masse, wie dies noch in § 58 Nr 2 KO vorgesehen ist.[3] 5

Andererseits wird nunmehr in § 54 InsO ausdrücklich geregelt, daß auch die Vergütungen und Auslagen des vorläufigen Insolvenzverwalters sowie der Mitglieder des Gläubigerausschusses zu den Verfahrenskosten zählen. Obwohl bereits für die Konkursordnung und auch für die Gesamtvollstreckungsordnung anerkannt war, daß die Vergütung und die Auslagen des Sequesters und der Mitglieder des Gläubigerausschusses Verfahrenskosten darstellten,[4] fehlte bisher eine entsprechende gesetzliche Regelung, die jetzt durch § 54 InsO geschaffen worden ist. 6

2. Kostenvorschuß

Wenn ein Gläubiger die Ablehnung der Eröffnung oder die Einstellung des Insolvenzverfahrens mangels Masse verhindern möchte, kann er einen Kosten- 7

1 Vgl zur ähnlichen Regelung des § 204 KO, Kuhn/Uhlenbruck, KO, § 204 Rn 6.
2 Vgl *Schmidt-Räntsch*, § 207 InsO Rn 1.
3 Zum Begriff der „Ausgaben für die Verwaltung und Verwertung der Masse" nach § 58 KO vgl ausführlich Kuhn/Uhlenbruck, KO, § 58 Rn 7ff.
4 Vgl Kuhn/Uhlenbruck, KO, § 58 Rn 8a; Happ/Huntemann (Hrsg) § 13 Rn 8.

vorschuß leisten, der die voraussichtlich anfallenden „Kosten des Verfahrens" gem § 54 InsO (vgl hierzu o Rn 4) vollständig abdecken muß, sofern diese nicht aus der vorhandenen Masse gedeckt werden können.

8 Die Höhe des zu leistenden Vorschusses wird vom Insolvenzgericht festgesetzt, nachdem es selbst ermittelt hat oder durch einen Sachverständigen oder den vorläufigen Verwalter hat ermitteln lassen, mit Verfahrenskosten in welcher Höhe zu rechnen ist.[5]

9 Gläubiger, die einen Vorschuß zur Deckung der Verfahrenskosten leisteten, trugen bisher das Risiko, nicht einmal diesen Vorschuß zurückzuerhalten, wenn keine weiteren Vermögenswerte zur Masse gezogen werden konnten, um die Kosten des Verfahrens zu decken. Dieses Risiko besteht auch im Insolvenzverfahren. Es wird aber künftig durch die Regelung des § 26 Abs 3 InsO etwas abgemildert. Danach kann der Gläubiger, der einen Kostenvorschuß geleistet hat, die Erstattung seines vorgeschossenen Betrages von denjenigen Personen verlangen, die unter Verstoß gegen die Vorschriften des Gesellschaftsrechts den Antrag auf Eröffnung des Insolvenzverfahrens pflichtwidrig und schuldhaft nicht gestellt haben. Wer einen Kostenvorschuß leistet, erhält damit die Möglichkeit, zB den Geschäftsführer einer GmbH, der es schuldhaft unterläßt, Antrag auf Eröffnung des Insolvenzverfahrens zu stellen, auf Erstattung des vorgeschossenen Betrages persönlich in Anspruch zu nehmen. Wenn ein Kostenvorschuß geleistet wurde, nachdem sich die Masseunzulänglichkeit im eröffneten Verfahren herausgestellt hat und die Einstellung des Verfahrens damit abgewendet werden soll, gilt die im Zusammenhang mit der drohenden Ablehnung der Eröffnung mangels Masse neu eingeführte Vorschrift des § 26 Abs 3 InsO aufgrund eines entsprechenden Verweises in § 207 Abs 1 S 2 InsO ebenfalls.

3. Verteilung der vorhandenen baren Mittel

10 Stellt sich nachträglich heraus, daß die Masse nicht ausreicht, um die Kosten des Verfahrens zu decken und wird auch kein Vorschuß geleistet, ist der Verwalter nicht mehr verpflichtet, Maßnahmen zur Verwertung von Massegegenständen zu ergreifen, § 207 Abs 3 S 2 InsO.

11 Vorhandene bare Mittel hat der Verwalter gem § 207 Abs 3 S 1 InsO zu verwenden, um zuerst die Verfahrenskosten, und von diesen zuerst die Auslagen zu berichtigen. Reichen die baren Mittel zur vollständigen Begleichung nicht aus, müssen diese im Verhältnis ihrer Beträge anteilig befriedigt werden.[6] Erst und nur wenn die Auslagen vollständig ausgeglichen worden sind, sind die übrigen Verfahrenskosten, ggf ebenfalls nach dem Verhältnis ihrer Beträge anteilig, zu begleichen.

5 Vgl Kuhn/Uhlenbruck, KO, § 107 Rn 4; zur Amtsermittlungspflicht vgl Haarmeyer/Wutzke/Förster, S 111 ff.

6 Vgl *Schmidt-Räntsch*, § 207 InsO Rn 3.

4. Einstellung des Verfahrens

Nach dem Abschluß der Verteilung der vorhandenen Mittel unter Beachtung der vorstehend erläuterten Grundsätze wird das Verfahren durch Beschluß eingestellt. Der Beschluß, ebenso wie der Grund der Einstellung sind öffentlich bekannt zu machen (§ 215 Abs 1 InsO). Die öffentliche Bekanntmachung erfolgt gem § 9 InsO durch Veröffentlichung in dem für amtliche Bekanntmachungen des Gerichts bestimmten Blatt. Die Bekanntmachung gilt als bewirkt, sobald nach dem Tag der Veröffentlichung zwei weitere Tage verstrichen sind. Über diesen Zeitpunkt hat das Gericht den Schuldner, den Insolvenzverwalter und die Mitglieder des Gläubigerausschusses vorab zu unterrichten. Darüber hinaus wird durch § 215 Abs 1 S 3 iVm § 200 Abs 2 S 2 und 3 InsO festgelegt, daß der Einstellungsbeschluß in jedem Falle auch auszugsweise im Bundesanzeiger zu veröffentlichen, die Einstellung dem Handels-, Genossenschafts- oder Vereinsregister mitzuteilen und sie im Grundbuch einzutragen ist. **12**

Die nicht verwerteten Massegegenstände gelangen nach der Einstellung des Verfahrens wieder in die Verfügungsbefugnis des Schuldners, § 215 Abs 2 InsO.[7] **13**

II. Keine die übrigen Masseverbindlichkeiten deckende Masse

Wenn die Kosten des Insolvenzverfahrens aus der freien Masse gedeckt werden können, die Masse jedoch nicht ausreicht, um die übrigen Masseverbindlichkeiten zu befriedigen, unterliegt der weitere Verfahrensablauf den nachfolgend beschriebenen Regelungen. **14**

1. Anzeige der Masseunzulänglichkeit

Gem § 208 Abs 1 S 1 InsO muß der Verwalter dem Insolvenzgericht die Masseunzulänglichkeit anzeigen, wenn die Insolvenzmasse nicht ausreicht, um die fälligen Masseverbindlichkeiten zu befriedigen. Auch wenn die Masse voraussichtlich nicht ausreichen wird, um die bestehenden Masseverbindlichkeiten bei Eintritt der Fälligkeit zu befriedigen, hat er die Masseunzulänglichkeit anzuzeigen, § 208 Abs 1 S 2 InsO. Diese Anzeigepflicht bei drohender Masseunzulänglichkeit korrespondiert mit dem in der Insolvenzordnung neu eingeführten Eröffnungsgrund der drohenden Zahlungsunfähigkeit. Maßstab für den Zeitpunkt der Anzeige dürfte, ebenso wie schon für das Konkursverfahren, die Erkennbarkeit der Masseunzulänglichkeit für den Verwalter sein.[8] Unterläßt der Verwalter die Anzeige, obwohl die Masseunzulänglichkeit für ihn erkennbar war, setzt er sich ggf Schadensersatzansprüchen aus. **15**

---

7 Vgl Haarmeyer/Wutzke/Förster, S 659.
8 Vgl Kuhn/Uhlenbruck, KO, § 60 Rn 3.

16 Erstmals regelt die Insolvenzordnung in § 208 Abs 2 InsO ausdrücklich die Verpflichtung zur öffentlichen Bekanntmachung der Masseunzulänglichkeit. Sie obliegt dem Gericht, das darüber hinaus die Mitteilung über die Masseunzulänglichkeit den Massegläubigern besonders zuzustellen hat.

2. Fortsetzung der Verwaltung und Verwertung der Masse

17 Auch wenn die Masseansprüche nicht befriedigt werden können, ist der Verwalter verpflichtet, die Masse zu verwalten und zu verwerten, solange die Kosten des Insolvenzverfahrens gedeckt sind. Dies wird in § 208 Abs 3 InsO ausdrücklich festgelegt.

3. Befriedigung der Massegläubiger

18 Da im Falle der Masseunzulänglichkeit nicht alle Masseansprüche befriedigt werden können, waren ähnlich wie für das Konkursverfahren (§ 60 KO) Regelungen dafür zu treffen, in welcher Rangfolge die Masseansprüche auszugleichen sind. Für das Insolvenzverfahren finden sich diese Regelungen in § 209 InsO. Sie weichen von den Bestimmungen des § 60 KO ab, weil sie einer anderen Systematik folgen. Für die Rangfolge des § 209 InsO ist nunmehr die Unterscheidung zwischen „Altmasseverbindlichkeiten" und „Neumasseverbindlichkeiten" maßgeblich.

19 Wesentlich ist hier zunächst, daß an **erster Stelle** die Kosten des Insolvenzverfahrens (§ 54 InsO) zu berichtigen sind. Der in § 60 Abs 1 Nr 2 KO vorgesehene Vorrang der Ansprüche aus Geschäften oder Handlungen des Konkursverwalters bzw aus zweiseitigen Verträgen, deren Erfüllung zur Konkursmasse verlangt wird, ist damit weggefallen.

20 An **zweiter Rangstelle** sind die Masseverbindlichkeiten zu befriedigen, die nach der Anzeige der Masseunzulänglichkeit begründet worden sind, die sog „Neumasseverbindlichkeiten". Reicht die vorhandene Masse nicht aus, um diese Masseverbindlichkeiten vollständig zu befriedigen, sind sie gleichmäßig anteilig ihrem Verhältnis nach zu begleichen.

21 Erst wenn alle Neumasseverbindlichkeiten vollständig befriedigt wurden, sind an **dritter Rangstelle** alle übrigen Masseverbindlichkeiten, die sog „Altmasseverbindlichkeiten", zu berichtigen. Auch hier ist die Berichtigung verhältnismäßig vorzunehmen, wenn die Masse zur vollständigen Befriedigung der Verbindlichkeiten dieser Gruppe nicht ausreicht. Innerhalb dieser Gruppe sind jedoch die Ansprüche des Schuldners bzw des vertretungsberechtigten persönlich haftenden Gesellschafters des Schuldners und seiner Familie wegen der Bewilligung von Unterhalt an letzter Position zu befriedigen, also erst dann, wenn alle übrigen (Neu- und Alt)Masseverbindlichkeiten vollständig befriedigt worden sind.

22 Zur **Abgrenzung**, welche Masseverbindlichkeiten an zweiter Rangstelle und welche erst an dritter Rangstelle zu befriedigen sind, enthält § 209 Abs 2 InsO spezielle Regelungen für gegenseitige Verträge und Dauerschuldverhältnisse.

- Für Masseverbindlichkeiten aus **gegenseitigen Verträgen** gilt, daß sie Neumasseverbindlichkeiten sind und damit an zweiter Stelle zu befriedigen, wenn der Verwalter nach Anzeige der Masseunzulänglichkeit Erfüllung gewählt hat. Demgegenüber sind Schadensersatzforderungen, die sich ergeben, wenn der Verwalter die Erfüllung ablehnt, Altmasseverbindlichkeiten und damit nur als übrige Masseverbindlichkeiten an dritter Rangstelle zu befriedigen. 23
- Bei einem **Dauerschuldverhältnis** (zB einem Mietverhältnis) sind Masseverbindlichkeiten iSd § 209 Abs 1 Nr 2 InsO solche, die nach dem erstmöglichen Kündigungstermin nach der Anzeige der Masseunzulänglichkeit erwachsen. Die vor diesem Zeitpunkt anfallenden Masseverbindlichkeiten sind Altmasseverbindlichkeiten. Schließlich sind an zweiter Rangstelle (und damit wie Neumasseverbindlichkeiten) Verbindlichkeiten aus einem Dauerschuldverhältnis zu befriedigen, wenn und in dem Umfang, in dem der Verwalter nach der Anzeige der Masseunzulänglichkeit die Gegenleistung für die Insolvenzmasse in Anspruch genommen hat. Diese Regelung ist vor allem für Arbeitnehmer bedeutsam. Ähnlich wie es schon in § 13 Abs 1 Nr 3 lit. a) und c) GesO vorgesehen war, sind deren Lohnansprüche nur dann an zweiter Rangstelle zu befriedigen, wenn der Verwalter die Arbeitsleistung in Anspruch genommen hat. Wenn hingegen der Verwalter den Arbeitnehmer freigestellt hat, sind seine Lohnforderungen „übrige Masseverbindlichkeiten" und damit erst an dritter Rangstelle zu befriedigen.[9] 24

Die Unterscheidung zwischen den Masseverbindlichkeiten gem § 209 Abs 1 Nr 2 und § 209 Abs 1 Nr 3 InsO ist auch für § 210 InsO von Bedeutung. Dort wird angeordnet, daß Gläubiger von Verbindlichkeiten iSd § 209 Abs 1 Nr 3 InsO nach der Anzeige der Masseunzulänglichkeit ihre Forderung nicht mehr im Wege der Einzelzwangsvollstreckung beitreiben dürfen. Für Gläubiger von Forderungen gem § 209 Abs 1 Nr 2 InsO bleibt hingegen im Umkehrschluß die Möglichkeit der Einzelzwangsvollstreckung, die dann gegen den Verwalter als über die Masse Verfügungsberechtigter durchzuführen ist, auch nach Anzeige der Masseunzulänglichkeit erhalten. 25

4. Zeitpunkt der Befriedigung der Massegläubiger

Der Insolvenzverwalter hat die Befriedigung der Massegläubiger in der Rangfolge des § 209 InsO vor der Einstellung des Verfahrens, nicht jedoch zwingend unmittelbar nach Anzeige der Masseunzulänglichkeit vorzunehmen. Da er weiterhin zur Verwaltung und Verwertung der Masse verpflichtet ist, ist es vielfach sachgerecht, wenn der Verwalter zunächst die Verwertungsmaßnahmen zum Abschluß bringt und die Massegläubiger vor Beendigung des Verfahrens ggf anteilig befriedigt. 26

---

9 Vgl hierzu *Schmidt-Räntsch*, § 209 InsO Rn 4.

5. Einstellung des Verfahrens

27 Nach dem Abschluß der Verteilung stellt das Insolvenzgericht das Insolvenzverfahren gem § 211 Abs 1 InsO durch Beschluß ein. Die Einstellung setzt darüber hinaus voraus, daß der Verwalter das ihm bekannte Vermögen des Schuldners vollständig verwertet hat. Das Einstellungsverfahren richtet sich ebenfalls nach § 215 InsO.

28 Wird ein Insolvenzverfahren mangels Masse eingestellt, hat der Insolvenzverwalter bei Erstellung der Schlußrechnung zu berücksichtigen, daß er gem § 211 Abs 2 InsO über seine Tätigkeit nach Anzeige der Masseunzulänglichkeit gesondert Rechnung zu legen hat. Dies ist notwendig und sinnvoll, um überprüfen zu können, ob bei der Befriedigung der Massegläubiger die Rangfolge des § 209 InsO gewahrt wurde.

29 Sollte sich nach der Einstellung des Verfahrens herausstellen, daß weiteres Vermögen des Schuldners vorhanden ist, das in die Insolvenzmasse gefallen wäre, wenn man von dessen Existenz vor Verfahrenseinstellung erfahren hätte, kann das Gericht auf Antrag des Verwalters, eines Massegläubigers oder von Amts wegen eine Nachtragsverteilung anordnen, § 211 Abs 3 InsO.

III. Rechtsmittel gegen die Einstellung des Verfahren

30 Wird ein Insolvenzverfahren gem § 207 InsO mangels einer die Kosten des Verfahrens deckenden Masse eingestellt, steht jedem Insolvenzgläubiger sowie dem Schuldner gegen den Einstellungsbeschluß die sofortige Beschwerde zu, § 216 Abs 1 InsO (zur Einlegung und Durchführung der sofortigen Beschwerde vgl im einzelnen Kap 2 Rn 126ff). Demgegenüber ist gegen den Einstellungsbeschluß nach § 211 InsO, der nach Anzeige der Masseunzulänglichkeit und Verteilung der vorhandenen Masse ergeht, kein Rechtsmittel gegeben.

6. Kapitel: Stellung, Rechte und Pflichten des Insolvenzverwalters

Übersicht

	Rn
Vorbemerkung	1
I. Rechtsstellung des endgültigen Insolvenzverwalters	4
1. Auswahl und Ernennung	5
a) Unabhängigkeit des Verwalters	6
b) Geschäftskundigkeit des Verwalters	7
c) Auswahlermessen der Gerichte	9
d) Bestellung durch das Insolvenzgericht	11
e) Einflußmöglichkeiten der Gläubiger	12
2. Aufsichtspflicht und Sanktionsmöglichkeiten des Insolvenzgerichts	13
3. Rechtsnatur des Verwalteramtes	21
a) Amtstheorie	22
b) Vertretertheorie	23
c) Organtheorie	24
d) Gesetzliche Vertretung kraft Amtes	25
II. Pflichten des Insolvenzverwalters	26
1. Führen der Tabelle und Prüfung der angemeldeten Forderungen	28
a) Aufnahme in Tabelle und Niederlegung der Tabelle	28
b) Prüfung der Forderungen	31
c) Prüfungstermin	32
aa) Bestreiten der Forderungen	33
bb) „Vorläufiges Bestreitens“	35
cc) Nachträgliche angemeldete Forderungen	36
2. Rechnungslegungspflichten des Verwalters	38
a) Eröffnungsbilanz und Jahresabschlüsse	40
b) Inventar	41
c) Vermögensübersicht	44
d) Planbilanz	45
e) Schlußrechnung des Verwalters	47
3. Beendigung und Abwicklung bestehender Schuldverhältnisse	58
a) Wahlrecht der Erfüllung	59
b) Gesicherte Ansprüche des Gläubigers	63
c) Miet- und Pachtverhältnisse	66
4. Verwaltung und Verwertung der Insolvenzmasse	69
a) Übernahme und Sicherung der Insolvenzmasse	72
b) Verwertungsmaßnahmen	75
c) Gegenstände mit Absonderungsrechten	84
III. Die Haftung des Insolvenzverwalters	85
1. Voraussetzungen der Haftung	86
a) Verletzung amtsspezifischer Pflichten	87
b) Nichterfüllung von Masseverbindlichkeiten	89
c) Verstoß gegen sonstige Pflichten	90
d) Haftung für das Handeln anderer Personen	91
e) Mitwirkendes Verschulden des Gläubigers	92
f) Versicherungen	93
2. Verjährung	95

Eva Maria Huntemann

Vorbemerkung

1 Die Insolvenzordnung unterscheidet zwischen dem „vorläufigen" und dem „endgültigen" Insolvenzverwalter. Eine wesentliche Neuregelung der Insolvenzordnung ist darin zu sehen, daß statt der bisher nur unzureichend in § 106 KO geregelten Aufgaben und Pflichten des Sequesters nunmehr die vorläufige Insolvenzverwaltung und die Aufgaben des vorläufigen Insolvenzverwalters in den §§ 21 und 22ff InsO ausführlich geregelt sind. Die Rechtsstellung des vorläufigen Insolvenzverwalters entspricht dann, wenn das Gericht ihm die Verwaltungs- und Verfügungsbefugnis einräumt (§ 22 Abs 1 InsO) bereits weitgehend der des Insolvenzverwalters. Dies wird insbes auch dadurch deutlich, daß ein Vertragspartner des Insolvenzverwalters seine Forderung nach Eröffnung des Verfahrens als Masseverbindlichkeit gem § 55 Abs 2 InsO gegen den endgültigen Insolvenzverwalter geltend machen kann, die Forderung also nicht wie nach den Regelungen von Gesamtvollstreckungsordnung und Konkursordnung zur einfachen Konkurs- bzw Gesamtvollstreckungsverfahrensverbindlichkeit wird.

2 Gleichwohl hat die vorläufige Insolvenzverwaltung im wesentlichen den Zweck, bis zur Entscheidung über die Eröffnung des Insolvenzverfahrens das schuldnerische Vermögen zu sichern und keine abschließenden Maßnahmen zu treffen. Mit der Eröffnung des Insolvenzverfahrens gehen hingegen die gesamten Verfügungs- und Verwaltungsrechte über das zur Insolvenzmasse gehörende Vermögen auf den Verwalter über (§ 80 InsO).

3 Die wesentlichen Aufgaben des endgültigen Insolvenzverwalters liegen über die vorläufige Insolvenzverwaltung hinausgehend entweder in der Aufstellung und Durchführung des von ihm aufgestellten Insolvenzplans oder – wenn ein solcher nicht aufgestellt ist, in der Verwaltung, Verwertung und Verteilung des Vermögens des Schuldners. Hierzu gehört ferner anders als nach den bisherigen Regelungen derKO, ähnlich aber wie nach den Regelungen der GesO, die Führung der Insolvenztabelle gem § 175 InsO.

Da die Aufgaben des Insolvenzverwalters im Zusammenhang mit dem Insolvenzplan im einzelnen dargestellt sind, wird nachfolgend im wesentlichen auf die Aufgaben des Insolvenzverwalters im Rahmen der Liquidation der Vermögensgegenstände des Schuldners eingegangen werden.

I. Rechtsstellung des Insolvenzverwalters

4 Die Ausgestaltung der Rechtsstellung des Insolvenzverwalters lehnt sich an die bisherigen Vorschriften zur KO und GesO an. Bestimmungen über seine Auswahl und Ernennung fehlen auch weiterhin, das Gesetz konkretisiert lediglich die Auswahlkriterien.

1. Auswahl und Ernennung

Als Insolvenzverwalter ist gem § 56 Abs 1 InsO eine natürliche, geschäftskundige und von den Beteiligten an dem Insolvenzverfahren unabhängige Person zu bestellen. **5**

a) Unabhängigkeit des Verwalters

Unabhängigkeit des Verwalters bedeutet, daß die in Aussicht genommene Person nicht bereits im Vorfeld des konkreten Insolvenzverfahrens beratend für den Schuldner oder betroffene Gläubiger tätig geworden sein darf. In diesem Fall wäre der Verwalter in der steten Gefahr von Interessenkollisionen. Unschädlich ist es hingegen, wenn ein Gläubiger den Insolvenzverwalter vorgeschlagen hat. Dies allein kann Zweifel an seiner Unabhängigkeit nicht begründen.[1] Gläubiger, die in einer Vielzahl von Verfahren mitwirken – Banken oder Sozialversicherungsträger etwa – erleben häufig eher als das Insolvenzgericht, ob ein Insolvenzverwalter kompetent handelt oder nicht. Daher sollte der Vorschlag eines „erfahrenen Gläubigers" allein nicht dazu führen können, daß die benannte Person nicht zum Verwalter bestellt wird. Eine andere Beurteilung dürfte allerdings geboten sein, wenn der etwa von der Hausbank vorgeschlagene Verwalter stets in Kooperation mit dieser agiert und sie möglicherweise sogar in insolvenzrechtlichen Fragen berät. Denn hier ist die Befürchtung nicht von der Hand zu weisen, daß der vorgeschlagene Verwalter ihr gegenüber nicht mit der gebotenen Objektivität handeln kann.[2] **6**

b) Geschäftskundigkeit des Verwalters

Für das Amt eines Insolvenzverwalters kommen im Regelfall in Betracht geschäftskundige, rechtlich und wirtschaftlich unabhängige Personen wie Rechtsanwälte, Kaufleute, Wirtschaftsprüfer und Steuerberater, die eine hinreichende praktische Erfahrung im Hinblick auf die vielfältigen Aufgaben eines Insolvenzverwalters haben.[3] **7**

Da die Insolvenzordnung die Tätigkeit des Verwalters zukünftig noch komplexer gestalten wird (Fertigung des Insolvenzplans und Führen der Tabelle) werden die Gerichte insbes auch darauf zu achten haben, ob das Büro des Verwalters die erforderliche Infrastruktur aufweist, um alle im Rahmen der Insolvenzverwaltung zu bewältigenden Aufgaben erfüllen zu können. **8**

c) Auswahlermessen der Gerichte

Die Auswahl des Insolvenzverwalters obliegt – wie bisher nach KO und GesO auch – dem richterlichen Ermessen. Der Bestellung geht im Regelfalle bereits **9**

1 Begr zu § 65 RegEntw abgedruckt in Balz/Landfermann S 134.
2 Vgl *Holzer* Rr 500 mwN.
3 Vgl hierzu Obermüller/Hess, InsO, Rn 318.

eine Vorauswahl voraus, die sich in einem rechtlich nicht geregelten Rahmen bewegt. Demzufolge ist nach einer Entscheidung des OLG Düsseldorf[4] die **Auswahl** des Gerichts einem Rechtsmittel auch nicht zugänglich. Das OLG Düsseldorf hat in vorgenannter Entscheidung zwar auf die Grenzen richterlichen Ermessens hingewiesen, zugleich aber festgehalten, daß die Aufnahme in den Kreis potentiell zu bestellender Verwalter eines Gerichts einen nicht überprüfbaren Justizverwaltungsakt darstellt.[5]

10 Allerdings darf diese Auswahlmöglichkeit des Gerichts wohl nicht soweit gehen – wie in einigen Gerichtsbezirken aber praktiziert –, daß einige Verwalter dort eine Art „Erbhof" haben. Trotz wachsender Anzahl von Insolvenzverfahren werden stets dieselben wenigen Personen bestellt, mit der Folge, daß diese überlastet sind und die Verfahren nicht in der gebotenen und möglichen Zeit abwickeln können. Hier dürfte eine Ermessensfehlgebrauch vorliegen, der nicht mehr von der richterlichen Unabhängigkeit gedeckt ist.

d) Bestellung durch das Insolvenzgericht

11 Nach der gerichtlichen Bestellung des Insolvenzverwalters ist diesem nach § 56 Abs 2 InsO eine Bestallungsurkunde auszuhändigen; der Name des Insolvenzverwalters ist ferner bei der öffentlichen Bekanntmachung der Insolvenzeröffnung anzugeben.

e) Einflußmöglichkeiten der Gläubiger

12 Wie auch nach den bisherigen Regelungen der KO und GesO können die Gläubiger in der ersten Gläubigerversammlung, die auf die Bestellung des Insolvenzverwalters durch das Gericht folgt, an die Stelle des vom Gericht bestellten Verwalters eine andere Person wählen (§ 57 Abs 2 InsO) (sa Kap 10 Rn 119). Von dieser Möglichkeit – die auch nach bisher geltendem Recht in § 80 S 1 KO und § 15 Abs 3 S 1 GesO vorgesehen war, machen die Gläubiger in der Praxis kaum Gebrauch. Dies, obwohl ihnen hiermit das gesetzliche Instrumentarium an die Hand gegeben wird, über einen aus ihrer Sicht kompetenten und sachkundigen Verwalter selbst zu bestimmen. Gerade im Hinblick auf die „Erbhöfepolitik" bei einigen Insolvenzgerichten sollten die Gläubiger diese Möglichkeit häufiger in Betracht ziehen.

2. Aufsichtspflicht und Sanktionsmöglichkeiten des Insolvenzgerichts

13 Die Gläubiger können gegen Handlungen des Verwalters keine Rechtsmittel ergreifen. Sie haben lediglich die Möglichkeit, mit der erforderlichen Mehrheit in einer hierfür einzuberufenden Gläubigerversammlung, einen Verwalter abzu-

---

4 OLG Düsseldorf, Rechtspfleger 1996, 522.
5 Vgl hierzu die ausführliche Darstellung von *Haarmeyer* InVo 1997, 57.

wählen und gleichzeitig über die Einsetzung einer anderen Person als Verwalter zu beschließen.

Als Korrektiv für das mit Rechtsmitteln nicht anzugreifende Handeln des Verwalters sieht die InsO – ebenso wie zuvor KO und GesO – die Beaufsichtigung des Verwalters durch das Gericht vor. **14**

§§ 58 und 59 InsO regeln die Kompetenzen des Insolvenzgerichts im Rahmen seiner Aufsichtspflicht über die Handlungen des Insolvenzverwalters. Das Gericht kann etwa jederzeit einzelne Auskünfte oder einen Bericht über den Sachstand und die Geschäftsführung von dem Insolvenzverwalter verlangen (§ 58 Abs 1 S 2 InsO). **15**

Erfüllt der Verwalter seine Pflichten nicht, so hat das Gericht zunächst die Möglichkeit, nach entspr vorheriger Androhung ein Zwangsgeld von bis zu DM 50.000,00 gegen ihn festzusetzen (§ 58 Abs 2 InsO). **16**

Als weitaus schärfere Sanktion von Pflichtverletzungen hat das Insolvenzgericht gem § 59 InsO auch die Möglichkeit, den Insolvenzverwalter aus wichtigem Grund aus dem Amt zu entlassen. Diese Entlassung kann das Gericht von Amts wegen aussprechen. Sie kann auch auf Antrag des Verwalters selbst, eines Gläubigerausschusses oder der Gläubigerversammlung erfolgen. **17**

Die Befugnisse des Gerichts werden mit den Regelungen der §§ 58 und 59 InsO sowohl gegenüber der KO als auch gegenüber der GesO erweitert. Die Regelungen der GesO sahen lediglich die Entlassung des Verwalters vor (§ 8 Abs 3 S 2 GesO). Dies führte dazu, daß die Gerichte in den neuen Bundesländern Sanktionsmaßnahmen gegenüber den Verwaltern ausgesprochen selten ergriffen haben, da die Entlassung eines mit dem Verfahren seit langer Zeit vertrauten Verwalters und die Bestellung eines neuen Verwalters naturgemäß schwierig ist. Denn kaum ein Verwalter wird gerne dazu bereit sein, ein derartiges Verfahren nach der Abwahl des alten Verwalters fortzuführen. **18**

Nach der KO war umgekehrt zwar die Verhängung eines Zwangsgeldes gegen den Verwalter möglich. Allerdings konnte das Konkursgericht den Konkursverwalter nach der ersten Gläubigerversammlung nur auf Antrag des Gläubigerausschusses oder der Gläubigerversammlung aus dem Amt entlassen (§ 84 Abs 1 S 2 KO). Nur vor diesem Zeitpunkt, also bis zur ersten Gläubigerversammlung, konnte die Entlassung auch von Amts wegen erfolgen. **19**

§ 59 InsO läßt nunmehr auch nach der ersten Gläubigerversammlung die sofortige Entlassung durch das Gericht zu. Hintergrund dieser Regelung ist im wesentlichen, die Entlassung auch dann durch das Gericht zu ermöglichen, wenn ein Verwalter gegen seine Pflichten verstößt, aber ein Teil der Gläubiger – deren Interessen durch das Verhalten des Verwalters begünstigt werden – über die hinreichende Mehrheit verfügten, den Verwalter im Amt zu halten. Diese Regelung schafft ein Gegengewicht dazu, daß die Ernennung des Verwalters durch das Insolvenzgericht im Eröffnungsbeschluß gem § 27 Abs 1 InsO nur vorläufigen Charakter hat und die Gläubiger, insbes Großgläubiger, in der er- **20** sten Versammlung nach § 57 InsO versuchen können, einen ihnen genehmeren und bequemeren Verwalter ins Amt zu bringen, der ihre Interessen bei der Abwicklung des Verfahrens über Gebühr berücksichtigt.

3. Rechtsnatur des Verwalteramtes

21 Die Rechtsnatur des Verwalteramtes war schon während der Geltungsdauer der KO Gegenstand einer Vielzahl literarischer Erörterungen. Zur Rechtstellung der Verwalter nach der KO und der GesO hat das Schrifttum ebenso wie die Rspr bisher verschiedene Theorien vertreten. Dies waren im wesentlichen die Amtstheorie, die Vertretertheorie und die Organtheorie.[6] In der Praxis haben die Theorien kaum Auswirkungen, sie sollen hier daher nur der Vollständigkeit halber kurz dargestellt werden.

a) Amtstheorie

22 Nach der Amtstheorie, die ua von der Rspr vertreten wird,[7] ist der Konkursverwalter Partei kraft Amtes. Er handelt in Ausführung eines privaten Amtes kraft eigenen Rechts, in eigenem Namen und mit unmittelbarer Wirkung für und gegen den Schuldner als Träger der den Gläubigern als Haftungsobjekt zugewiesenen Konkursmasse.

b) Vertretertheorie

23 Die Vertretertheorie sieht den Verwalter als zwangsweise eingesetzten gesetzlichen Vertreter der Masse. Danach verliert der Schuldner das Verwaltungs- und Verfügungsrecht über sein Vermögen mit Verfahrenseröffnung; diese Rechte gehen mit diesem Zeitpunkt auf den Verwalter über.

c) Organtheorie

24 Die Organtheorie sieht die Masse selbst als Rechtspersönlichkeit an. Der Verwalter handelt danach als Vertreter oder Organ des Rechtssubjekts „Masse", das bei Verfahrenseröffnung entsteht und auf welches das beschlagnahmte Schuldnervermögen zu diesem Zeitpunkt übergeht. Schuldner und Masse sind also zwei selbständige, getrennte Rechtssubjekte.

d) Gesetzliche Vertretung kraft Amtes

25 Für das Verfahren nach der InsO wird im wesentlichen von *Hess*[8] die Theorie der gesetzlichen Vertretung kraft Amtes vertreten. Danach ist der Insolvenzverwalter ein Vertreter des Schuldners kraft Amtes, ähnlich wie der Vormund. Sein Handeln ist also privatrechtlich zu qualifizieren, seine Beziehung zu dem

---

6 Siehe hierzu die Zusammenfassung bei Hess/Pape, InsO und EGInsO, Rn 580ff.
7 Vgl bereits das Reichsgericht in RGZ 29, 29 und später BGH in BGHZ 24, 393.
8 *Hess/Weis* InVo 1996, 1, 3; Hess/Pape, InsO und EGInsO, Rn 593ff.

Gericht ist ähnlich wie diejenige des Vormundes zum Gericht, aber öffentlich-rechtlicher Natur. Diese Auffassung dürfte für die Rechtsstellung des Insolvenzverwalters nach der InsO der Vorzug zu geben sein. Denn sie wird am ehesten der Tatsache gerecht, daß der Insolvenzverwalter nicht nur für die Masse, sondern mit erheblichen Auswirkungen auch für den Schuldner handelt. Deutlich wird dies etwa bei den Steuererklärungen, die der Verwalter mit Wirkung für einen Zeitraum vor der Eröffnung des Insolvenzverfahrens abgibt. Sein Handeln hat also nicht nur Auswirkungen auf die von ihm verwaltete Masse, sondern auch auf das Rechtssubjekt Schuldner.

II. Pflichten des Insolvenzverwalters

Wie eingangs bereits skizziert, liegen die wesentlichen Aufgaben des Verwalters **26** neben der Aufstellung und Durchführung eines Insolvenzplans (s hierzu Kap13) darin, das Vermögen des Schuldners zu verwerten und zu verteilen.

Während des Verfahrens obliegt dem Verwalter das Führen der Insolvenz- **27** tabelle. Er hat zudem den handels- und steuerrechtlichen Rechnungslegungspflichten Genüge zu tun.

Da die Aufgaben des Verwalters im Zusammenhang mit dem Insolvenzplan in gesonderten Abschnitten behandelt werden, soll nachfolgend im wesentlichen auf die Pflicht zum Führen der Tabelle und die Rechnungslegungspflichten des Verwalters eingegangen werden.

1. Führen der Tabelle und Prüfung der angemeldeten Forderungen (§§ 175ff InsO)

a) Aufnahme in die Tabelle und Niederlegung der Tabelle

§ 174 Abs 1 InsO sieht vor, daß die Gläubiger ihre Forderungen schriftlich beim **28** Insolvenzverwalter anmelden und der Anmeldung die Urkunden beifügen, aus denen sich der Rechtsgrund für die angemeldete Forderung ergibt. Ferner haben die Insolvenzgläubiger bei der Anmeldung den Grund und den Betrag der Forderung anzugeben.

Die nachrangigen Insolvenzgläubiger können ihre Forderungen nur dann an- **29** melden, wenn das Insolvenzgericht hierzu bes auffordert. Nachrangige Forderungen sind die in § 39 InsO genannten – etwa die seit der Eröffnung des Insolvenzverfahrens laufenden Zinsen auf die Hauptforderung der Insolvenzgläubiger bzw die Kosten, die den einzelnen Insolvenzgläubigern durch ihre Teilnahme am Verfahren erwachsen.

Der Insolvenzverwalter hat sodann jede der angemeldeten Forderungen, mit **30** dem bei der Anmeldung genannten Grund und Betrag (§ 174 Abs 2 InsO) und soweit nachrangige Forderungen angemeldet worden sind, mit dem Hinweis auf den Nachrang in eine Tabelle einzutragen. Diese Tabelle hat er zusammen mit den Forderungsanmeldungen und den diesen beigefügten Urkunden innerhalb des ersten Drittels des Zeitraumes, der zwischen dem Ablauf der Anmeldefrist und dem Prüfungstermin liegt, in der Geschäftsstelle des Insolvenzgerichts zur Einsicht durch die an dem Verfahren Beteiligten niederzulegen. Da die Frist für die Forderungsanmeldung auf einen Zeitraum von mindestens zwei Wochen und höchstens drei Monaten nach Bekanntgabe des Eröffnungsbeschlusses festzusetzen ist (§ 28 InsO) und § 29 InsO vorsieht, daß der Prüfungstermin nach Ablauf der Anmeldefrist binnen eines Zeitraumes von einer Woche bis höchstens zwei Monaten stattzufinden hat, bedeutet dies, daß die Niederlegung binnen einer Frist von wenigstens ca zwei Tagen bis höchstens ca 2 1/2 Wochen nach Ablauf der Forderungsanmeldungsfrist zu geschehen hat. Die kürzeste vom Gesetz vorgesehene Frist von zwei Tagen wird vom Verwalter kaum – allenfalls bei Kleinstverfahren – eingehalten werden können. Denn erfahrungsgemäß meldet eine sehr große Zahl von Gläubigern ihre Forderung erst kurz vor oder sogar am Tage des Ablaufes der Forderungsanmeldungsfrist an. Schon aus technischen Gründen ist es bis zum Ablauf von zwei Tagen nach Verstreichen der Forderungsanmeldungsfrist kaum möglich, diese mit Grund der Anmeldung und in der Höhe des angemeldeten Betrages in die Tabelle aufzunehmen, dh in das hierfür vorgesehene Programm einzugeben, auszudrukken und bei Gericht auszulegen. Es dürfte daher davon auszugehen sein, daß regelmäßig die höchst mögliche Frist von ca 2 1/2 Wochen nach Ablauf der Anmeldefrist für das Niederlegen des Verzeichnisses bei dem Gericht ausgeschöpft werden wird.

b) Prüfung der Forderungen

31 Der Verwalter hat die angemeldeten Forderungen in einem Prüfungstermin ihrem Betrag und ihrem Rang nach zu prüfen. Der Prüfungstermin soll höchstens zwei Monate nach dem Ablauf der Forderungsanmeldungsfrist stattfinden. Dies ist ein Zeitraum, der überwiegend auch bereits jetzt im Gebiet der fünf neuen Bundesländer – also im Geltungsbereich der GesO, die seit ihrem Inkrafttreten im Jahre 1990 das Führen der Tabelle und die Prüfung der Forderungen dem Verwalter auferlegt hat – zumeist ausgeschöpft wird. Dies, weil sowohl die sorgfältige Prüfung der Forderungen als auch die technische Verarbeitung der Prüfungsergebnisse, also die Eingabe der Daten in die für die Erstellung der Tabellen vorgesehenen Programme – erhebliche Zeit in Anspruch nimmt, denn – wie bereits erwähnt – meldet eine große Zahl von Gläubigern ihre Forderungen erst kurz vor oder sogar mit Ablauf der Forderungsanmeldungsfrist an. Der Verwalter hat nach Ablauf der Forderungsanmeldungsfrist die Forderung zu prüfen, also die angemeldete Forderung mit den Unterlagen des Schuldners (zB offene Postenliste) abzugleichen und ggf bei Unklarheiten mit dem Schuldner bzw den gesetzlichen Vertretern des Schuldners oder auch mit dem anmeldenden Gläubiger Rücksprache zu nehmen.

c) Prüfungstermin

Im Prüfungstermin hat der Verwalter die angemeldete Forderung ihrem Betrag **32**
und ihrem Rang nach zu prüfen (§ 176 S 1 InsO), dh das Ergebnis seiner Prüfungen bekanntzugeben.

aa) Bestreiten der Forderungen

§ 176 InsO sieht vor, daß alle vom Schuldner, dem Verwalter oder auch einem **33**
Insolvenzgläubiger bestrittenen Forderungen bei dem Prüfungstermin im einzelnen zu erörtern sind. Hieraus ist zu entnehmen, daß die Erörterung der bestrittenen Forderungen auch dann stattzufinden hat, wenn in dem Prüfungstermin – was sehr häufig der Fall ist – die betroffenen Gläubiger nicht bzw überhaupt keine Gläubiger anwesend sind.[9] Der Verwalter hat dann den Grund des Bestreitens dem Gericht und den erschienenen Gläubigern darzulegen. Wie dies verfahrenstechnisch bei Großverfahren ablaufen soll, ist etwas zweifelhaft. Denn sehr häufig muß der Verwalter – etwa weil Unterlagen für den Nachweis der angemeldeten Forderungen fehlen oder diese sich aus den beigefügten Unterlagen nicht schlüssig ergeben – Forderungen bestreiten. Die Erörterung der einzelnen Bestreitensgründe schon in kleineren bis mittleren Verfahren, wenn beispielsweise 100 bis 200 Forderungen bestritten werden, dürfte also einen erheblichen Zeitraum in Anspruch nehmen. Der Sinn dieser Regelung vermag sich auch kaum zu erschließen. Zumal auch bisher in den Verfahren nach KO und GesO, die ähnliche Regelungen enthalten, weitgehend auf die Erörterung der einzelnen Bestreitensgründe bei nichtanwesenden Gläubigern verzichtet wird. Zweckmäßig ist die Diskussion der Bestreitensgründe nur dann, wenn der Gläubiger, dessen Forderung bestritten wird, im Prüfungstermin auch anwesend ist und sich hierzu äußern oder seine Forderungsanmeldung ggf aufgrund der Darlegungen des Verwalters entsprechend nachbessern kann. Der Ablauf des Prüfungstermins wird allerdings dadurch beschleunigt, daß anders als nach dem Recht der KO (vgl § 141 Abs 1 KO) nur noch die bestrittenen Forderungen Gegenstand der Erörterungen sein sollen.

Im Prüfungstermin kann jeder Gläubiger die von einem anderen Insolvenzgläu- **34**
biger angemeldete Forderung bestreiten (§ 176 S 2 InsO). Auch in diesem Falle ist die Forderung im einzelnen zu erörtern. In der Praxis kommt es allerdings ausgesprochen selten vor, daß ein Gläubiger die angemeldete Forderung eines anderen Gläubigers bestreitet. Dies, obwohl eine vom Verwalter zu Unrecht anerkannte betragsmäßig hohe Forderung erhebliche Auswirkungen auf die Quoten anderer Gläubiger und – insbes im Hinblick auf die Stimmrechte – auf den weiteren Ablauf des Verfahrens haben kann.

---

9 Dies ergibt sich auch aus den Materialien zu § 176 InsO, wonach zunächst ein später gestrichener § 203 ausdrücklich vorsah, daß eine Forderung auch dann zu prüfen ist, wenn der anmeldende Gläubiger im Prüfungstermin ausbleibt(s § 203 RegEntw abgedruckt in Balz/Landfermann S 292).

bb) „Vorläufiges Bestreiten"

35 Das Gesetz sagt nichts aus, über das bisher sowohl im Bereich der KO als auch im Bereich der GesO von den Verwaltern häufig praktizierte sog „vorläufige Bestreiten". Mit dem Terminus „vorläufig bestritten" will der Verwalter regelmäßig deutlich machen, daß ihm eine abschließende Prüfung der angemeldeten Forderungen bis zum Prüfungstermin noch nicht möglich war. Auch in KO und GesO ist das vorläufige Bestreiten gesetzlich nicht geregelt. Allerdings hat sich die Rspr hiermit häufiger befassen müssen, mit dem Ergebnis, daß die Gerichte die Zulässigkeit des vorläufigen Bestreitens unterschiedlich beurteilen.[10] Aus der jetzigen Regelung in der InsO wird nicht ganz deutlich, ob der Gesetzgeber dadurch, daß er das „vorläufige Bestreiten" trotz der insoweit regelmäßig geübten Praxis nicht in das Gesetz aufgenommen hat, diesem Vorgehen ein Ende setzen wollte, das „vorläufige Bestreiten" also in Zukunft nicht mehr zulässig sein soll. Wie die Praxis sich hierzu verhalten wird bleibt abzuwarten. Es ist davon auszugehen, daß sich an dem bisherigen Procedere des vorläufigen Bestreitens nichts ändern wird.

cc) Nachträglich angemeldete Forderungen

36 § 177 InsO sieht vor, daß nachträglich angemeldete Forderungen in einem gesonderten Prüfungstermin, den das Gericht auch gesondert bekannt machen muß, zu prüfen sind. Mit dieser Regelung ist die im Bereich der fünf neuen Bundesländer sehr problematische Vorschrift des § 14 GesO, der die Präklusion unentschuldigt verspätet angemeldeter Forderung vorsieht, hinfällig geworden. Nachteile ergeben sich für Gläubiger, die Forderungen verspätet anmelden, nur noch dahingehend, daß diese ggf die Kosten für den bes anzuberaumenden Prüfungstermin zu tragen haben. Dies allerdings auch nur dann, wenn die Forderung noch nach dem Prüfungstermin angemeldet wird oder wenn die Forderung zwar vor dem Prüfungstermin angemeldet wird, ein Gläubiger oder der Insolvenzverwalter aber der Prüfung im Prüfungstermin widerspricht (§ 177 Abs 1 S 2 InsO).

37 Das Gericht kann auch die Prüfung im schriftlichen Verfahren anordnen. Diese Regelung ist sowohl im Vergleich zu den Vorschriften der KO als auch zu denen der GesO im Hinblick auf das dort geregelte Erfordernis der unverschuldet verspätet angemeldeten Forderungen zu begrüßen. Sie erlaubt es dem Verwalter ohne bes Aufwand die verspätet angemeldete Forderung zu prüfen und dem Gläubiger das Prüfungsergebnis im schriftlichen Verfahren zu übermitteln.

2. Rechnungslegungspflichten des Verwalters

38 § 155 Abs 1 InsO stellt klar, daß auch im Falle der Eröffnung des Insolvenzverfahrens die handels- und steuerrechtlichen Pflichten des Schuldners zur Buch-

---

10 Vgl die umfangreichen Nachweise bei Kuhn/Uhlenbruck, KO, § 144 Rn 2 g.

führung und zur Rechnungslegung fortbestehen. Diese Verpflichtungen hat gem § 155 Abs 1 S 2 InsO der Insolvenzverwalter zu erfüllen.

Der Insolvenzverwalter hat also grundsätzlich Handelsbücher (§ 239 HGB) zu führen und auf den Schluß eines jeden Geschäftsjahres eine Bilanz und eine Gewinn- und Verlustrechnung aufzustellen (§ 242 HGB). Dies gilt jedenfalls dann, wenn das Insolvenzverfahren ein vollkaufmännisches Handelsunternehmen betrifft (vgl § 4 Abs 1 HGB). Hinzu kommen die spezifisch insolvenzrechtlichen Rechnungslegungs- und Buchführungspflichten des Verwalters. 39

a) Eröffnungsbilanz und Jahresabschlüsse

Mit der Eröffnung des Insolvenzverfahrens beginnt gem § 155 Abs 2 InsO ein neues Geschäftsjahr. Der Insolvenzverwalter hat daher auf den Zeitpunkt der Verfahrenseröffnung eine Eröffnungsbilanz und einen Jahresabschluß auf den Tag vor der Eröffnung des Verfahrens aufzustellen (§ 154 HGB iVm § 270 Abs 1 AktienG und § 71 Abs 1 GmbHG). Zur Entlastung des Verwalters werden die gesetzlichen Fristen für die Aufstellung und Offenlegung des Jahresabschlusses bis zum Berichtstermin (§ 156 InsO) verlängert. 40

b) Inventar

Anläßlich der Verfahrenseröffnung hat der Verwalter gem § 151 Abs 1 S 1 InsO ein Verzeichnis der einzelnen Gegenstände der Insolvenzmasse aufzustellen. Dabei hat er für jeden Vermögensgegenstand dessen Wert anzugeben (§ 151 Abs 2 S 1 InsO). Hängt der Wert davon ab, ob das Unternehmen fortgeführt wird (going-concern-Wert) oder aber der Verwalter das Unternehmen zerschlägt und dabei die Gegenstände einzeln verwertet (Zerschlagungswert), so hat er in dem Vermögensverzeichnis beide Werte anzugeben (§ 151 Abs 2 S 2 InsO). Die Regelung begründet der Gesetzgeber damit, daß der Verwalter durch seine Bewertung der Vermögensgegenstände die Entscheidung der Gläubiger über die Zerschlagung oder Fortführung des Unternehmens nicht vorwegnehmen soll.[11] 41

Die Frage der Bewertung zu Fortführungs- bzw Zerschlagungswerten spielt im wesentlichen dann eine Rolle, wenn im Unternehmen des Schuldners halbfertige Produkte vorhanden sind. Ist die Fertigstellung dieser Produkte im Rahmen einer Betriebsfortführung geplant, so werden die Halbfertigfabrikate auf der Aktivseite mit dem Deckungsbeitrag ausgewiesen. Im Fall der Liquidation kann dagegen nur der Zerschlagungswert, dies ist idR ein Bruchteil hiervon, angesetzt werden.[12] Denn derartige Halbfertigprodukte sind im Falle der Zerschlagung unter Umständen überhaupt nicht zu veräußern, es muß hierfür ggf sogar ein zusätzlicher Entsorgungsaufwand als Rückstellung in die Bilanz eingestellt werden. 42

11 Begr zu § 170 RegEntw abgedruckt in Balz/Landfermann S 259.
12 S hierzu *Hess/Weis* InVo 1996, 281.

43 Die weitgehende Verpflichtung des Verwalters zur Ermittlung der Werte der einzelnen Vermögensgegenstände ggf unter Fortführungs- und Zerschlagungsgesichtspunkten ist mit erheblichem Aufwand verbunden und insbes bei kleineren Verfahren kaum gerechtfertigt. Selbst die Erfassung jedes einzelnen Vermögensgegenstandes dürfte bei kleineren Insolvenzverfahren nicht durchzuhalten sein, da die Kosten für die Inventarisierung eines jeden auch noch so geringwertigen Vermögensgegenstandes zu einer derartigen Belastung der Massen führen würden, daß viele Verfahren schon aus diesem Grunde nicht eröffnet werden könnten. Der Gesetzgeber hat daher in § 151 Abs 3 S 1 InsO vorgesehen, daß das Insolvenzgericht auf Antrag des Verwalters auf die Erstellung eines Inventars verzichten kann. Für den Fall, daß ein Gläubigerausschuß bestellt ist, hat dieser dem Verzicht zuzustimmen (§ 151 Abs 3 S 2 InsO).

c) Vermögensübersicht

44 Auf den Zeitpunkt der Eröffnung des Insolvenzverfahrens stellt der Verwalter eine geordnete Übersicht auf, in der die Gegenstände der Insolvenzmasse (Aktiva) sowie die Verbindlichkeiten des Schuldners (Passiva) aufgeführt und einander gegenübergestellt werden. Die Passivseite der Vermögensübersicht, in die die Verbindlichkeiten mit ihrem wahrem Wert aufgenommen werden, wird ergänzt durch das nach § 152 InsO von dem Verwalter zu erstellende Gläubigerverzeichnis. Dieses Gläubigerverzeichnis hat sämtliche Gläubiger des Schuldners zu enthalten, die dem Verwalter aus den Büchern und Geschäftspapieren des Schuldners durch die Anmeldung von Forderungen oder auf andere Weise bekannt geworden sind (§ 152 Abs 1 InsO).

d) Planbilanz

45 Im Rahmen eines Insolvenzplans, der die Sanierung des Unternehmens zum Gegenstand hat und nach dem die Verbindlichkeiten ganz oder zum Teil aus den künftigen Erträgen des Unternehmens erfüllt werden sollen, hat der Verwalter gem § 229 InsO eine Vermögensübersicht vorzulegen, in der die Vermögensgegenstände und die Verbindlichkeiten, die sich bei einem Wirksamwerden des Plans gegenüberstünden, mit ihren Werten aufgeführt werden. Bei dieser Bilanz handelt es sich um die sog Planbilanz. Ergänzend hat der Verwalter darzustellen, welche Aufwendungen und Erträge für den Zeitraum, währenddessen die Gläubiger befriedigt werden sollen, zu erwarten sind und auf welche Abfolge von Einnahmen und Ausgaben sie die Zahlungsfähigkeit des Unternehmens während dieses Zeitraums gewährleistet sollen (s hierzu im einzelnen Kap 13 Rn 14 ff).

46 Die Planbilanz entspricht einem Sanierungs- und Fortführungskonzept. Auch dies ist mit zusätzlichen Kostenaufwendungen verbunden und daher bei kleineren Unternehmen kaum durchführbar. Anders als im Falle der Verpflichtung zur Inventarisierung ist die Möglichkeit der Befreiung hiervon nicht vorgesehen. Diese Entscheidung des Gesetzgebers ist jedoch sachgerecht, da ein Insol-

venzplan nur dann aufgestellt und die Gläubigerversammlung nur dann darüber entscheiden kann, wenn diese Daten ihr zur Verfügung gestellt werden.

e) Schlußrechnung des Verwalters

§ 66 InsO regelt die Verpflichtung des Verwalters, bei der Beendigung seines Amtes der Gläubigerversammlung Rechnung zu legen. 47

Nach der bisherigen Praxis der Gerichte besteht die Schlußrechnung des Verwalters aus dem Bestandteilen der Überschußrechnung, der Schlußbilanz, dem Schlußbericht sowie dem Schlußverzeichnis. 48

Hierzu hat er die Schlußrechnung mit den Belegen, mit einem Vermerk über die Prüfung – ggf bei Bestellung eines Gläubigerausschusses auch mit dessen Bemerkungen – zur Einsicht der Beteiligten an dem Verfahren auszulegen. Den Ort der Auslegung regelt das Gesetz bewußt nicht, um dem Gericht bei Großverfahren die Möglichkeit zu geben, die Auslegung nicht in der Geschäftsstelle, sondern an einem anderen Ort vorzusehen.[13] 49

Die Schlußrechnung muß erkennen lassen, welche Aus- und Absonderungsrechte beansprucht, festgestellt und bedient worden sind, mit welchem Erfolg der Verwalter schwebende Rechtsgeschäfte und Prozesse abgewickelt hat und was durch Anfechtung für die Masse zurückgewonnen werden konnte.[14] 50

Die Überschußrechnung, eine Einnahmen- und Ausgabenrechnung, wird üblicherweise durch die Erfassung sämtlicher Zahlungsvorgänge – also Einnahmen und Ausgaben – fortlaufend in zeitlicher Reihenfolge erstellt. Der Saldo der Einnahmen und Ausgaben entspricht dem handels- und steuerrechtlichen Gewinn. 51

Hat der Verwalter Anderkonten oder eine Kasse für Bargeld angelegt, so sind diese in die Einnahmen- und Ausgabenrechnung einzubeziehen. 52

Die **Insolvenzschlußbilanz** steht im unmittelbaren Zusammenhang zur Insolvenzeröffnungsbilanz und soll das zahlenmäßige Ergebnis der gesamten Verwertungs- und Abwicklungstätigkeit des Verwalters darstellen. Zwischenbilanzen – also Bilanzen auf das jeweilige Ende des Geschäftsjahres – verlangt die InsO nicht. Jedoch hat der Verwalter aus handels- und steuerrechtlichen Rechnungspflichten heraus bei vollkaufmännischen Unternehmen auf den Schluß eines jeden Geschäftsjahres eine Bilanz bzw eine Gewinn- und Verlustrechnung aufzustellen (§ 242 HGB). 53

Die Insolvenzschlußbilanz verschafft sowohl den Gläubigern als auch dem Gericht damit einen statusmäßigen Überblick über das Ergebnis der Abwicklung des Unternehmens und die zur Ausschüttung gelangende Quote. 54

---

13 Vgl Ausschußbericht zu § 76 Abs 2 RegEntw abgedruckt in Balz/Landfermann S 146f.

14 Vgl *Hess/Weis* InVo 1996, 281, 282.

55 Erläuternd hat der Verwalter in seinem **Schlußbericht** zu den verschiedenen zahlenmäßigen Darstellungen der Schlußrechnung mit der Einnahmen- und Ausgabenrechnung, der Insolvenzschlußbilanz und dem Schlußverzeichnis Stellung zu nehmen. Dies soll bewirken, daß der Inhalt der Insolvenzbilanz für die Adressaten verständlich ist – ähnlich einem Anhang zu einer auf das Ende des Geschäftsjahres aufgestellten Bilanz.

56 Der Verwalter hat ferner ein **Schlußverzeichnis** vorzulegen. Das Schlußverzeichnis enthält die Insolvenztabelle und die festgestellten Insolvenzforderungen. Es dient als Grundlage für das Verteilungsverfahren nach Verwertung des Aktivvermögens (s hierzu Kap 15 Rn 7ff).

57 Das Insolvenzgericht hat im Rahmen seiner allgem Aufsichtspflicht über den Verwalter die Schlußrechnung zu prüfen. Gleiches gilt für den Gläubigerausschuß (vgl § 66 Abs 2 S 2 InsO). Sowohl Gericht als auch der Gläubigerausschuß können bei umfangreichen Schlußrechnungen einen Sachverständigen mit der Prüfung beauftragen.

3. Beendigung und Abwicklung bestehender Schuldverhältnisse

58 Die Beendigung bzw Abwicklung oder Fortführung bestehender Schuldverhältnisse richtet sich im wesentlichen nach den §§ 103 bis 116 InsO, wobei die §§ 112 bis 116 InsO hier nicht erörtert werden sollen, weil sie an anderer Stelle Gegenstand der Darstellungen sind (s hierzu Kap 9 Rn 4ff).

a) Wahlrecht der Erfüllung

59 § 103 InsO gibt dem Verwalter – wie vorher § 17 KO bzw § 9 Abs 1 GesO auch – das Recht, zu entscheiden, ob ein zur Zeit der Eröffnung des Insolvenzverfahrens vom Schuldner und vom anderen Teil nicht oder nicht vollständig erfüllter Vertrag vom Insolvenzverwalter an Stelle des Schuldners erfüllt werden soll und im Gegenzuge auch die andere Partei zur Erfüllung verpflichtet ist.

60 Der andere Teil hat insoweit lediglich das Recht, den Verwalter zur Ausübung seines Wahlrechts aufzufordern, diesem also eine Frist für seine Entscheidung zu setzen (§ 103 Abs 2 S 2 InsO). Erklärt der Verwalter sich binnen der gesetzten Frist nicht, so kann der Vertragspartner die Erfüllung der Leistung ablehnen. Über die Länge der zu setzenden Frist sagt das Gesetz nichts. Der RegEntw führt hierzu aus, daß die Frist sich daran orientieren soll, wieviel Zeit der Verwalter braucht, um die Vor- und Nachteile der Erfüllung des Schuldverhältnisses für die Insolvenzmasse beurteilen zu können.[15] Da die Vorstellungen von Gläubiger und Verwalter hierüber im Einzelfall sehr voneinander abwei-

15 Begr zu § 117 RegEntw abgedruckt in Balz/Landfermann S 192.

chen können, wird diese Regelung vermutlich sehr schnell Gegenstand der Rspr werden.

Das Wahlrecht des Verwalters ist eingeschränkt bei Fixgeschäften sowie Finanztermingeschäften. Läuft bei dieser Art Schuldverhältnissen der Erfüllungstermin bzw der Ablauf der Frist erst nach Eröffnung des Insolvenzverfahrens ab, so kann der Verwalter nicht die Erfüllung verlangen, sondern im Falle der Nichterfüllung lediglich eine Forderung wegen Nichterfüllung geltend machen (§ 104 Abs 1 InsO). **61**

Hat der andere Vertragspartner die ihm obliegende Leistung zur Zeit der Eröffnung des Insolvenzverfahrens bereits teilweise erbracht, so kann er auch dann, wenn der Verwalter die Erfüllung wählt, für die bereits erbrachten Leistungen die Gegenleistung nicht verlangen. Wichtig ist dies insbes für Versorgungsleistungen, etwa Strom, Wasser oder Telekommunikation. Hier hat der Gläubiger also im Falle der Wahl der Erfüllung durch den Insolvenzverwalter weiterhin die aus dem Versorgungsvertrag geschuldete Leistung zu erbringen, kann aber für bereits erbrachte Leistungen Zahlung nicht verlangen. Insoweit muß er wie andere Gläubiger auch seine Forderung zur Tabelle anmelden. **62**

b) Gesicherte Ansprüche des Gläubigers

Wie auch im Konkurs- und Gesamtvollstreckungsrecht geregelt (§ 24 KO und § 9 Abs 1 S 3 GesO) muß der Insolvenzverwalter einen durch Vormerkung gesicherten Anspruch aus der Insolvenzmasse erfüllen, kann insoweit also ein Wahlrecht nicht ausüben (§ 106 Abs 1 InsO). Die Vormerkungssicherung des Gläubigers greift auch nach Eröffnung des Insolvenzverfahrens uneingeschränkt durch. **63**

Gleiches gilt im Falle des Erwerbs eines Gegenstands unter Eigentumsvorbehalt, wenn also ein Gläubiger von dem Schuldner eine bewegliche Sache gekauft hat und hieran bereits ein Anwartschaftsrecht des Gläubigers entstanden ist. Dieses Anwartschaftsrecht bleibt auch nach der Eröffnung des Insolvenzverfahrens bestehen. Der Verwalter kann die Anwartschaft des Vorbehaltskäufers nicht durch Ablehnung der Erfüllung des Kaufvertrages vernichten. **64**

Hat umgekehrt der Schuldner einen Gegenstand unter Eigentumsvorbehalt erworben, so regelt § 107 Abs 2 InsO, daß die unter Eigentumsvorbehalt gelieferte bewegliche Sache nicht schon kurz nach der Eröffnung des Insolvenzverfahrens aus dem Unternehmen des Schuldners von dem Gläubiger herausverlangt werden kann. Der Verwalter kann sein Wahlrecht nach § 103 Abs 2 S 2 InsO bis unmittelbar nach dem Berichtstermin, in dem die Gläubiger über Fortführung oder Stillegung des Unternehmens entscheiden, hinausschieben. Dies gilt nur dann nicht, wenn in der Zeit bis zum Gerichtstermin – etwa bei Saisonartikeln oder leicht verderblichen Waren – der Wert der Ware sich erheblich vermindern würde. Der Verwalter hat sein Wahlrecht in diesen Fällen unverzüglich auszuüben. Das gilt allerdings nach dem Wortlaut des § 107 Abs 2 **65**

S 2 InsO nur dann, wenn der Gläubiger den Verwalter auf den Umstand der Wertminderung bis zum Berichtstermin hingewiesen hat. Dies sollte in jedem Falle schriftlich erfolgen, damit der Gläubiger für einen derartigen Hinweis den Nachweis erbringen kann. Denn übt der Verwalter nach einem solchen Hinweis sein Wahlrecht nicht unverzüglich aus, sondern erklärt er sich hierzu erst nach dem Berichtstermin und hat die Ware sich erheblich verschlechtert, hat der Gläubiger möglicherweise Schadensersatzansprüche gegen den Verwalter. Hierfür sollte er die entspr Nachweise beibringen können.

c) Miet- und Pachtverhältnisse

66 Miet- und Pachtverträge des Schuldners über unbewegliche Gegenstände bleiben von der Eröffnung des Insolvenzverfahrens unberührt (§ 108 Abs 1 InsO), wenn der Schuldner Mieter oder Pächter ist. Der Verwalter kann ein derartiges Schuldverhältnis ohne Rücksicht auf die vereinbarte Vertragsdauer unter Einhaltung der gesetzlichen Frist kündigen (§ 109 Abs 1 S 1 InsO). Der Vermieter oder Verpächter kann im Falle der Kündigung durch den Verwalter wegen der vorzeitigen Beendigung des Vertragsverhältnisses als Insolvenzgläubiger Schadenersatz verlangen (§ 109 Abs 1 S 2 InsO). Der Gläubiger muß die Forderung also bei dem Verwalter anmelden und kann sie nicht in voller Höhe gegen die Masse geltend machen (vgl § 38 InsO).

67 Für den Fall, daß der Schuldner Vermieter oder Verpächter ist, unterliegt die Fortführung des Miet- oder Pachtverhältnisses ebenfalls dem Wahlrecht des Verwalters. Wenn dieser Nichterfüllung wählt, enden Miete oder Pacht mit der Eröffnung des Insolvenzverfahrens. Anders als nach bisher geltendem Konkursrecht hat der Verwalter nun also die Möglichkeit, Miet- oder Pachtverhältnisse sehr schnell zu beenden. Dies erleichtert die Verwertung der Gegenstände, die nicht länger mit schuldrechtlichen Rechten Dritter belastet sind.

68 Diesen Zweck verfolgt auch § 111 InsO. Diese Regelung bestimmt, daß im Falle der Veräußerung eines unbeweglichen Gegenstandes aus der Insolvenzmasse durch den Insolvenzverwalter, der mit einem Miet- oder Pachtverhältnis belastet ist, der Erwerber das Miet- oder Pachtverhältnis unter Einhaltung der gesetzlichen Frist kündigen kann (§ 111 S 1 InsO).

4. Verwaltung und Verwertung der Insolvenzmasse

69 Die §§ 148 ff InsO regeln in Anlehnung an das Konkursrecht die Übernahme, die tatsächliche Sicherung und die buchhalterische Erfassung der Insolvenzmasse durch den Insolvenzverwalter.

70 Im Hinblick auf die Verwertung des Vermögens des Schuldners ist nun – anders als nach den Regelungen von KO und GesO – vorgesehen, daß diese grundsätzlich erst nach dem Berichtstermin stattfindet, damit Entscheidungen der Gläubigerversammlung über die Fortführung oder Stillegung des Unternehmens und die Erstellung eines Insolvenzplans nicht durch die vorherige Veräußerung der Insolvenzmasse präjudiziert werden.[16]

Die §§ 165 ff InsO befassen sich mit der Verwertung und Verwendung von Gegenständen, an denen Absonderungsrechte bestehen. 71

a) Übernahme und Sicherung der Insolvenzmasse

Der Insolvenzverwalter hat wie nach bis zum 1. 1. 1999 geltender Rechtslage auch nach der Eröffnung des Insolvenzverfahrens das gesamte zur Insolvenzmasse gehörende Vermögen in Besitz und Verwaltung zu nehmen (§ 148 Abs 1 InsO). 72

Klargestellt wird durch § 148 Abs 2 InsO nun, daß der Eröffnungsbeschluß als Vollstreckungstitel für die Herausgabe beweglicher Sachen dienen kann, die sich im Gewahrsam des Schuldners befinden und die dieser nicht herausgibt. Der Verwalter kann aufgrund des Eröffnungsbeschlusses gemeinsam mit dem von ihm beauftragten Gerichtsvollzieher die Wohnung des Schuldners betreten, um Gegenstände der Insolvenzmasse in Besitz zu nehmen. Gleiches gilt für die Besitzeinräumung an unbeweglichen Sachen. 73

Die einzelnen Gegenstände der Insolvenzmasse sind nach der Inbesitznahme durch den Insolvenzverwalter zu inventarisieren (§ 151 Abs 1 InsO).[17] 74

b) Verwertungsmaßnahmen

Der Verwalter darf unverzüglich nach seinem Bericht über die wirtschaftliche Lage des Schuldners für die Gläubigerversammlung (§ 156 Abs 1 InsO) mit der Verwertung der Insolvenzmasse beginnen, wenn die Gläubigerversammlung keine Beschlüsse gefaßt hat, die der Verwertung entgegenstehen (§ 159 InsO). 75

Will er ein Unternehmen, einen Betrieb, ein Warenlager im ganzen, einen unbeweglichen Gegenstand aus freier Hand, oder die Beteiligung des Schuldners an einem anderen Unternehmen verwerten, so muß der Verwalter zuvor die Zustimmung des Gläubigerausschusses oder, wenn ein solcher nicht bestellt ist, der Gläubigerversammlung einholen (§ 160 Abs 2 Nr 1 InsO). 76

Gleiches gilt, wenn der Verwalter ein Darlehen aufnehmen will, das die Insolvenzmasse erheblich belasten würde oder einen Rechtsstreit mit erheblichem Streitwert anhängig zu machen beabsichtigt (§ 160 Abs 2 Nr 2, 3 InsO). 77

Diese Zustimmungspflichten sind bereits nach bisher geltendem Recht in §§ 133 Nr 2, 134 KO ebenso wie ähnlich in § 15 Abs 6 S 4 GesO vorgesehen. Häufig wird dem Zustimmungserfordernis dadurch Genüge getan, daß die Gläubiger schon im ersten Berichtstermin eine pauschale Zustimmungserklärung zu den in § 160 InsO erwähnten Handlungen des Verwalters abgeben. Dies ist sicherlich sachgerecht für die Veräußerung etwa von Grundstücken die nicht betriebsnotwendig sind, weil sonst für die Veräußerung eines jeden Grundstücks die Gläu- 78

16 Begr zu § 167 RegEntw abgedruckt in Balz/Landfermann S 255 f.
17 Zur Inventarisierung und Rechnungslegung siehe im einzelnen oben …

bigerversammlung zusammenkommen und hierüber beschließen müßte. In den anderen Fällen, wie etwa der Veräußerung des Warenlagers im Ganzen oder der Beteiligung des Schuldners an einem anderen Unternehmen sowie der Veräußerung des Rechtes auf den Bezug wiederkehrender Einkünfte (§ 160 Abs 2 Nr 1 InsO) kann im Einzelfall eine pauschale Vorabgenehmigung ebenfalls sinnvoll sein. Ggf sollten die Gläubiger sich allerdings das Recht zur Genehmigung derartiger Veräußerungshandlungen im Einzelfall vorbehalten. Dies gibt ihnen die Möglichkeit, die vertraglichen Regelungen der Veräußerung ebenso wie die Konditionen vorher zu prüfen.

79 Der Verwalter hat bei den in § 160 InsO genannten Verwertungsfällen vor der Beschlußfassung des Gläubigersausschusses oder der Gläubigerversammlung über die geplante Transaktion den Schuldner zu unterrichten, wenn dies ohne nachteilige Verzögerung möglich ist (§ 161 S 1 InsO). Der Schuldner kann seine Auffassung hierzu gegenüber dem Insolvenzverwalter darlegen und bei Gericht beantragen, daß anstelle eines gewählten Gläubigerausschusses die Gläubigerversammlung über die Zweckmäßigkeit der Veräußerung zu entscheiden hat. Das Gericht hat in diesem Fall die Möglichkeit, die Vornahme der Veräußerung, der Aufnahme eines Darlehens oder eines Rechtsstreits mit erheblichem Streitwert vorläufig zu untersagen und eine Gläubigerversammlung einzuberufen, die darüber entscheidet, ob der Verwalter die von ihm geplante Handlung vornehmen soll (§ 161 S 2 InsO). Eine bereits getroffene Entscheidung des Gläubigerausschusses kann dann von der Gläubigerversammlung abgeändert werden.

80 In bes Fällen ist die Veräußerung des Unternehmens oder eines Betriebsteils immer nur mit Zustimmung der Gläubigerversammlung zulässig. Die Zustimmung des Gläubigerausschusses ist also nicht ausreichend. Dies ist dann der Fall, wenn der Erwerber eine juristische Person ist und ein Gesellschafter mit einer Beteiligung von wenigstens 1/5 entweder dem Schuldner nahesteht oder ein größerer Gläubiger in dem Insolvenzverfahren ist und bes Einfluß auf den Ablauf des Verfahrens hat. Letzteres wird angenommen, wenn Forderungen oder Absonderungsrechte des Gläubigers wenigstens ein fünftel der insgesamt angemeldeten nicht nachrangigen Forderungen bzw aller Absonderungsrechte ausmachen. Die Veräußerung an eine solche Person ist offenzulegen und bedarf der Zustimmung der Gläubigerversammlung (§ 162 Abs 1 InsO). Dies findet seine Begründung darin, daß die Veräußerung des Unternehmens oder größerer Teile daran an eine dem Schuldner nahestehende Person oder an einen Großgläubiger die Vermutung nahelegt, der bei der Veräußerung erzielte Preis könne möglicherweise nicht dem Marktpreis entsprechen. Daher sollen alle übrigen Gläubiger sich über die Einzelheiten der vorgesehenen Veräußerung unterrichten können und ggf ihre Stimmrechte gegen die Veräußerung wahrnehmen dürfen.

81 Diese Regelung führt dazu, daß auch eine „Auffanglösung“, die der Schuldner selbst mit einer neu zu gründenden juristischen Person beabsichtigt, immer der Zustimmung der Gläubigerversammlung bedarf.

Eva Maria Huntemann

Eine weitere Regelung, die die Verwertung des Betriebsvermögens im Vergleich zu den Regelungen von KO und GesO für den Verwalter erschwert, enthält § 163 InsO. Auf Antrag des Schuldners oder der Mehrheit von Gläubigern kann das Insolvenzgericht unabhängig von der Person des Erwerbers anordnen, daß die geplante Veräußerung des Unternehmens oder eines Betriebs nur mit Zustimmung der Gläubigerversammlung zulässig sein soll. Voraussetzung hierfür ist allerdings die Glaubhaftmachung des Antragstellers, daß eine Veräußerung an einen anderen Erwerber für die Insolvenzmasse günstiger wäre (§ 163 Abs 1 InsO). Hierdurch wird den Gläubigern die Möglichkeit an die Hand gegeben, jede Veräußerung eines Unternehmens zu kontrollieren und im Zweifel zu unterbinden, auf die Verwertung eines Unternehmens also maßgebenden Einfluß zu nehmen. **82**

Verstößt der Verwalter gegen die Vorschriften der §§ 160 bis 163 InsO, so ist seine Handlung trotzdem wirksam. Er kann sich aber gegenüber Schuldner und Gläubigern schadensersatzpflichtig machen. **83**

c) Gegenstände mit Absonderungsrechten

Die Behandlung von Gegenständen, die Absonderungsrechten unterworfen sind, ergibt sich aus den §§ 165 bis 172 InsO (s hierzu im einzelnen Kap 8 Rn 33ff). **84**

III. Die Haftung des Insolvenzverwalters

Im Vergleich zu dem bisher geltenden Insolvenzrecht grenzen die Regelungen der InsO die Voraussetzungen der Haftung des Insolvenzverwalters schärfer ab. Die Haftungstatbestände sind konkret formuliert und die Verjährung der Haftungsansprüche ist geregelt. **85**

1. Voraussetzungen der Haftung

Der Insolvenzverwalter ist für die Erfüllung der ihm obliegenden Pflichten allen Beteiligten – also dem Schuldner, den Insolvenzgläubigern, den Massegläubigern und den Aus- und Absonderungsberechtigten – verantwortlich (§ 60 Abs 1 InsO). **86**

a) Verletzung amtsspezifischer Pflichten

§ 60 Abs 1 InsO folgt von seiner Formulierung her der neueren Rspr zu § 82 KO, wonach der Insolvenzverwalter nur dann haftet, wenn er **amtsspezifische Pflichten** verletzt hat, also Pflichten, die ihm in seiner Eigenschaft als Verwalter nach den Vorschriften der Insolvenzgesetze obliegen. **87**

Beispiele für derartige Pflichtverletzungen sind etwa der Verstoß gegen die insolvenzrechtlichen Rechnungslegungs- und Aufzeichnungspflichten, die fehler- **88** hafte Erstellung des Schlußverzeichnisses, die Nichterfüllung steuerlicher und Buchführungspflichten, die Verkürzung der Insolvenzmasse, die Nichterfüllung der nach dem AFG bestehenden Melde- und Bescheinigungspflichten sowie die Nichtabführung von Verwertungserlösen, die absonderungsberechtigten Gläubigern zustehen.[18] Der Verwalter hat bei seiner Tätigkeit den Sorgfaltsmaßstab eines ordentlichen und gewissenhaften Insolvenzverwalters anzulegen (§ 60 Abs 1 S 2 InsO). Dies bedeutet, daß die Sorgfaltskriterien des Handels- und Gesellschaftsrechts nicht unverändert auf den Insolvenzverwalter übertragen werden können (vgl § 347 Abs 1 HGB). Vielmehr sind insolvenzrechtliche Besonderheiten zu beachten, wie beispielsweise die vom Insolvenzverwalter benötigte Einarbeitungszeit in die Strukturen des für ihn fremden Unternehmens.

b) Nichterfüllung von Masseverbindlichkeiten

89 Gem § 61 InsO haftet der Verwalter ferner für die Nichterfüllung von Masseverbindlichkeiten. Dies allerdings nur dann, wenn er bei der Begründung der Verbindlichkeiten erkennen konnte, daß die Masse voraussichtlich zu ihrer Erfüllung nicht ausreichen würde.

Damit nimmt die Insolvenzordnung die bereits zu § 82 KO ergangene Rspr zur Haftung des Verwalters für das Eingehen von Masseverbindlichkeiten auf.[19]

c) Verstoß gegen sonstige Pflichten

90 Neben der Erfüllung der gesetzlichen Pflichten aus § 60 InsO haftet der Verwalter ferner für von ihm übernommene eigene Pflichten, etwa der Abgabe einer rechtsverbindlichen Garantieerklärung. Er haftet darüber hinaus im Rahmen der §§ 823 ff BGB für unerlaubte Handlungen und gem § 826 BGB für sittenwidrige Schädigungen zum Nachteil des Schuldners oder einer seiner Gläubiger. Gem § 69 KO haftet der Konkursverwalter zudem für die Erfüllung der ihm obliegenden steuerrechtlichen Pflichten.[20]

d) Haftung für das Handeln anderer Personen

91 Bedient sich der Verwalter bei der Erfüllung seiner spezifischen Pflichten eines Erfüllungsgehilfen, so haftet er gem § 60 Abs 2 InsO nach § 278 BGB auch für das Handeln dieser Person. Dies gilt jedoch dann nicht, wenn der Verwalter nach den Umständen des Falls keine andere Möglichkeit hat, als Angestellte des Schuldners im Rahmen ihrer bisherigen Tätigkeit einzusetzen und diese hierfür nicht offensichtlich ungeeignet sind. Für derartige Personen trifft den Verwalter

---

18 Siehe hierzu im einzelnen mit Rspr-Nachweisen *Hess*/Pape, InsO und EGInsO, Rn 657 ff.

19 Vgl BGHZ 100, 346, 351.

20 S hierzu im einzelnen *Onusseit* ZIP 1995, 1798 ff.

nur eine Überwachungspflicht sowie die Verantwortlichkeit für Entscheidungen von bes Bedeutung.[21]

e) Mitwirkendes Verschulden des Gläubigers

Mitwirkendes Verschulden des Geschädigten kann die Verantwortlichkeit des Insolvenzverwalters mindern oder sogar ausschließen. Ein derartiges Mitverschulden eines Insolvenzgläubigers kann etwa vorliegen, wenn ein Absonderungsberechtigter seinen Anspruch nicht genügend gewahrt hat oder ein Insolvenzgläubiger, dessen angemeldete Forderung der Verwalter unrechtmäßig nicht berücksichtigt hat, sich über einen langen Zeitraum hinweg nicht nach einer von ihm zur Tabelle angemeldeten Forderung erkundigt und im Schlußtermin keine Einwendungen gegen die Verteilung erhoben hat. **92**

f) Versicherungen

Regelmäßig sind die Insolvenzverwalter gegen ihre Haftungsrisiken aus der Insolvenzverwaltung versichert. Da es sich bei der Haftung des Verwalters um eine Pflicht iSd §§ 949 ff VVG handelt, kann der Verwalter sein Haftungsrisiko durch den Abschluß einer speziellen Haftpflichtversicherung verringern. Teilweise gehen die Gerichte sogar dazu über, die hinreichende Versicherung der Verwalter zu überprüfen. Einige Gerichte verlangen ein Versicherungsvolumen, das deutlich oberhalb der gesetzlich vorgeschriebenen Versicherung für Rechtsanwälte von 500.000,00 DM pro Versicherungsfall liegt. Dies ist jedenfalls im Hinblick auf das Haftungsrisiko bei der Verwaltung größerer Unternehmen nicht ganz unberechtigt. **93**

Die Prämien für derartige Versicherungen gehen nicht zu Lasten der Masse, sondern sind vom Verwalter selbst aufzubringen, da die Versicherung sein persönliches Berufsrisiko deckt.[22] **94**

2. Verjährung

Gem § 62 InsO verjähren Haftungsansprüche gegen den Verwalter spätestens in drei Jahren von der Aufhebung oder der Rechtskraft des Einstellungsbeschlusses des Insolvenzverfahrens an. Hat der Verwalter die Pflichtverletzung im Rahmen einer Nachtragsverteilung (§ 203 InsO) oder der Überwachung der Planerfüllung (§ 260 InsO) begangen, so tritt an die Stelle der Aufhebung des Insolvenzverfahrens entspr der Abschluß der Nachtragsverteilung oder die Beendigung der Überwachung (§ 62 S 3 InsO). **95**

---

21 Vgl *Vallender* ZIP 1997, 345, 351.
22 So OLG Dresden und *Vallender* ZIP 1997, 345, 353.

7. Kapitel: Die Insolvenzanfechtung

Übersicht

	Rn
Vorbemerkung	1
I. Am Anfechtungsverfahren Beteiligte	6
1. Anfechtungsberechtigter	6
2. Anfechtungsgegner	9
a) Nahestehende Personen	10
b) Rechtsnachfolger	13
II. Geltendmachung und Erlöschen des Anfechtungsrechts	17
1. Anfechtungserklärung	17
2. Erlöschen des Anfechtungsrechts	18
III. Anfechtungstatbestände	21
1. Kongruente Deckungen	23
2. Inkongruente Deckungen	30
3. Unmittelbar nachteilige Rechtshandlungen (§ 132 InsO)	33
4. Vorsätzliche Benachteiligung (§ 133 InsO)	40
5. Entgeltliche Verträge mit nahestehenden Personen (§ 133 Abs 2 InsO)	44
6. Unentgeltliche Leistungen (§ 134 InsO)	48
7. Kapitalersetzende Darlehen (§ 135 InsO)	52
IV. Rechtsfolgen der Anfechtung	56

Vorbemerkung

1 Eine wesentliche Grundlage des Insolvenzrechts ist das Prinzip der gleichmäßigen Befriedigung aller Insolvenzgläubiger. Diesen Grundsatz versuchen einzelne Gläubiger in Zusammenarbeit mit dem Schuldner teilweise zu umgehen, indem sie sich vor der Eröffnung des Verfahrens noch gesondert befriedigen oder sich bereits bestehende Forderungen im nachhinein sichern lassen. Die Insolvenzanfechtung soll es dem Verwalter ermöglichen, derartige Vermögensverschiebungen zu beseitigen, insbes wenn sie schon in der Zeit der Krise unmittelbar vor Antragstellung zum Nachteil der übrigen Gläubiger geschehen sind. Die Anfechtungsmöglichkeiten nach §§ 129ff InsO geben dem Insolvenzverwalter hierzu das notwendige Instrumentarium an die Hand.

2 Im Vergleich zur Konkursordnung bzw Gesamtvollstreckungsordnung enthält die Insolvenzordnung für den Verwalter eine Vielzahl von Anfechtungserleichterungen. Dies gilt insbes für die subjektiven Tatbestandsvoraussetzungen der Anfechtung, etwa die Kenntnis des durch die angefochtene Handlung bevorzugten Gläubigers von den Krisentatsachen wie Zahlungsunfähigkeit und dem Vorliegen eines Eröffnungsantrages.

3 Die subjektiven Tatbestandsvoraussetzungen für die Anfechtbarkeit von Rechtshandlungen sind durch die Regelungen der Insolvenzordnung teilweise beseitigt oder eingeengt worden, die Beweislast hat der Gesetzgeber in vielen Fällen zugunsten des Verwalters umgekehrt.

4 Kernbereich der Anfechtungsregelungen sind neben der besonderen Insolvenzanfechtung die Absichtsanfechtung, die Schenkungsanfechtung und die Anfechtung der Sicherung oder Befriedigung kapitalersetzender Darlehen.

Eva Maria Huntemann

Das bisher geltende Anfechtungsrecht hat sowohl nach Konkurs- als auch nach Gesamtvollstreckungsordnung Unterlassungen nicht berücksichtigt. Rspr und Schrifttum haben hierzu jedoch seit längerem die Auffassung vertreten, daß Unterlassungen den Rechtshandlungen gleichstehen können. In Betracht kommt etwa die Unterlassung prozessual gebotener Handlungen wie Nichteinlegung des Widerspruchs gegen einen Mahnbescheid oder eines Einspruchs gegen ein Versäumnisurteil auf prozeßrechtlichem Gebiet sowie nicht rechtzeitige Erhebung einer Klage zur Unterbrechung der Verjährung auf materiell rechtlichem Gebiet[1] Die Insolvenzordnung stellt derartige Unterlassungen nunmehr ausdrücklich einer Rechtshandlung gleich (§ 129 Abs 2 InsO). 5

I. Am Anfechtungsverfahren Beteiligte

1. Anfechtungsberechtigter

Anfechtungsberechtigter iSd §§ 129f InsO ist ausschließlich der endgültige Insolvenzverwalter. Dem vorläufigen Insolvenzverwalter im Antragsverfahren stehen keine Anfechtungsrechte zu. Er muß hierfür stets die Verfahrenseröffnung abwarten. Ob diese Einschränkungen der Befugnisse des vorläufigen Verwalters, die auch der Konkursordnung und der Gesamtvollstreckungsordnung zu eigen sind, sinnvoll sind, mag dahinstehen. Oft hängt die Möglichkeit der Eröffnung eines Verfahrens insbes im Hinblick darauf, ob genügend Masse für die Kosten des Verfahrens zur Verfügung steht, davon ab, daß Vermögensgegenstände, die unmittelbar vor der Antragstellung dem Vermögen des Schuldners entzogen worden sind, wieder zur Masse gezogen werden können. Für den vorläufigen Verwalter bedeutet es im Einzelfall ein erhebliches Risiko, das Verfahren zu eröffnen und nicht sicher sein zu können, ob er sein Anfechtungsrecht durchsetzen kann. Er wird daher in derartigen Fällen möglicherweise die Verfahrenseröffnung nicht anregen, um nicht das Risiko tragen zu müssen, daß das Verfahren im Falle des Scheiterns einer Anfechtungsklage mangels hinreichender Masse zur Deckung der Verfahrenskosten wieder eingestellt werden muß. 6

Der Treuhänder im vereinfachten Insolvenzverfahren (zum Verbraucherinsolvenzverfahren s Kap 17) kann das Anfechtungsrecht ebenfalls nicht ausüben. Allerdings ist hier jeder Insolvenzgläubiger gem § 313 Abs 2 S 1 InsO zur Anfechtung berechtigt. Die Gläubigerversammlung kann einzelne Gläubiger mit der Anfechtung beauftragen, und diesen sind aus der Insolvenzmasse die Kosten zu erstatten, die sie nicht aus dem Erlangten decken können. Dies ist dann der Fall, wenn die Kosten für das Anfechtungsverfahren höher sind als die Einnahmen aus der Anfechtung oder aber wenn der Anfechtungsprozeß verloren geht. 7

---

1 S hierzu die ausführliche Darstellung bei Kuhn/Uhlenbruck, KO, § 29 Rn 6.

8 Im Falle der Eigenverwaltung gem §§ 270f InsO (hierzu im einzelnen Kap 14) steht das Anfechtungsrecht nicht dem Schuldner, sondern dem Sachwalter zu (§ 280 InsO).

2. Anfechtungsgegner

9 Gegner der Anfechtung sind (vormalige) Gläubiger des Schuldners, dem Schuldner nahestehende Personen oder sonstige durch anfechtbare Rechtsgeschäfte unmittelbar begünstigte Personen. Unter den Gläubigern des Schuldners bilden diejenigen eine besondere und nicht unbedeutende Gruppe, die gleichzeitig Gesellschafter des Schuldners sind und deren Forderungen kapitalersetzende Darlehen iSd § 32 a GmbHG darstellen. Sie zählen zu den nachrangigen Gläubigern des § 39 InsO.

a) Nahestehende Personen

10 § 138 InsO erweitert den Kreis der dem Schuldner nahestehenden Personen gegenüber dem bisher geltenden Recht. Erfaßt werden jetzt nicht mehr nur Verwandte und der Ehegatte des Schuldners, sondern darüber hinaus Personen, die mit dem Schuldner in häuslicher Gemeinschaft leben oder im letzten Jahr vor der anfechtbaren Handlung gelebt haben (§ 138 Abs 1 Nr 3 InsO).

11 Die Regelung ist sachgerecht, weil auch der Personenkreis, der mit dem Schuldner in häuslicher Gemeinschaft lebt, gemeinhin besondere Informationsmöglichkeiten über dessen wirtschaftliche Verhältnisse hat.

12 Ist der Schuldner eine juristische Person oder Gesellschaft ohne eigene Rechtspersönlichkeit, so sind nahestehende Personen alle Mitglieder von Aufsichts- oder Vertretungsorganen sowie Personen oder Gesellschaften die bes enge Beziehung zu dem Schuldner unterhalten (§ 138 Abs 2 Nr 2, 3 InsO).

b) Rechtsnachfolger

13 Stirbt der Anfechtungsgegner, so ist das Rechtsgeschäft gegenüber dem Erben anfechtbar (§ 145 Abs 1 InsO).

14 Ebenso wie nach bisher in § 40 Abs 2 Nr 1 KO geregeltem Recht kann die Anfechtbarkeit im übrigen auch gegen sonstige Rechtsnachfolger durchgreifen, wenn ihnen zur Zeit des Erwerbs die Umstände bekannt waren, die die Anfechtbarkeit begründeten (§ 145 Abs 2 InsO). Dies ist allerdings regelmäßig schwer nachzuweisen.

15 Stand der Rechtsnachfolger zur Zeit seines Erwerbs dem Schuldner nahe, gehört er also zu dem Personenkreis der sog nahestehenden Personen, so kann ihm gegenüber ebenfalls die Anfechtung erklärt werden, wenn ihm zur Zeit des Erwerbs die Umstände bekannt waren, welche die Anfechtbarkeit des Erwerbs seines Rechtsvorgängers begründen (§ 145 Abs 2 Nr 2 InsO). Grob fahrlässige

Unkenntnis reicht nicht aus.[2] Auch dies entspricht dem bisher geltenden Recht. Hier geht der Gesetzgeber davon aus, daß die dem Schuldner nahestehenden Personen im Regelfall die Umstände kennen, unter denen Vermögensgegenstände des Schuldners aus seinem Vermögen entfernt werden. Allerdings kann der Rechtsnachfolger seinerseits beweisen, daß er den Vermögensgegenstand in Unkenntnis der die Anfechtung begründenden Tatsachen erworben hat.

Entspr der Regelung des § 40 Abs 2 Nr 3 KO kann schließlich gegenüber einem **16** Rechtsnachfolger die Anfechtung erklärt werden, dem das Erlangte unentgeltlich zugewendet worden ist (§ 145 Abs 2 Nr 3 InsO).

II. Geltendmachung und Erlöschen des Anfechtungsrechts

1. Anfechtungserklärung

Die Anfechtung kann nicht – wie im Falle der §§ 119ff BGB – durch formlose **17** Anfechtungserklärung, sondern nur durch Klage, Widerklage, Einrede (§ 146 Abs 2 InsO) oder Replik erklärt werden.[3] Dies geschieht im Regelfalle vor dem Zivilgericht. Ausnahmen im Hinblick auf den Rechtsweg sind möglich für die Fälle anfechtbarer öffentlich-rechtlicher Rechtshandlungen.[4]

2. Erlöschen des Anfechtungsrechts

Das Anfechtungsrecht entsteht originär erst mit Eröffnung des Insolvenzver- **18** fahrens. Dies hat zur Folge, daß ein Verzicht des vorläufigen Insolvenzverwalters, den dieser vor Eröffnung des Verfahrens gegenüber einem Gläubiger erklärt, den Verwalter nicht bindet, auch wenn der Verwalter mit dem vorläufigen Insolvenzverwalter personenidentisch ist. Hierdurch geht das Anfechtungsrecht also nicht unter.

Das Recht des Verwalters zur Anfechtung und damit die Durchsetzungsmög- **19** lichkeit des Anfechtungsrechts erlischt hingegen mit dem Verzicht des endgültigen Verwalters hierauf oder mit der Beendigung des Insolvenzverfahrens.

Das aktive Anfechtungsrecht erlischt ferner mit seiner Verjährung. Die Rück- **20** übertragungsansprüche aus der Anfechtung verjähren binnen zwei Jahren nach Eröffnung des Insolvenzverfahrens. Für die Hemmung und Unterbrechung dieser Verjährungsfrist gelten die allgem Vorschriften der §§ 202ff BGB.

Für die Zeit nach Ablauf der Verjährungsfrist sieht § 146 Abs 2 InsO allerdings **21** ausdrücklich vor, daß der Verwalter einredeweise die Erfüllung einer Leistungs-

2 Hess/Weis,Rn 793.
3 Vgl Hess/Weis, Rn 803.
4 S hierzu BGHZ 52, 343, 58, 47; 62, 199; vgl BGHZ 114, 515 = ZIP 1991, 737.

pflicht verweigern kann, wenn diese auf einer anfechtbaren Handlung beruht. Dies bedeutet, daß anfechtbar veräußerte Gegenstände, die sich auch zwei Jahre nach Eröffnung des Insolvenzverfahrens noch in der Masse befinden, der Masse nicht entzogen werden können, weil der Verwalter die Herausgabe unter Berufung auf sein Anfechtungsrecht verweigern darf.

III. Anfechtungstatbestände

21 Anders als in § 10 GesO vorgesehen, ist es für die Anfechtung nach den Regelungen der Insolvenzordnung nicht erforderlich, daß der Schuldner die zugrundeliegende Rechtshandlung ausgeführt hat. Der Verwalter kann – so wie schon in § 29 KO geregelt – vielmehr auch Rechtshandlungen Dritter anfechten, sofern diese zu einer Gläubigerbenachteiligung geführt haben.

22 Voraussetzung für die Anfechtbarkeit von Rechtshandlungen ist immer, daß die Handlung die Gläubigergemeinschaft objektiv benachteiligt, die Vermögensmasse also zu Lasten anderer Insolvenzgläubiger geschmälert worden ist. Dies ist ausschließlich nach wirtschaftlichen Kriterien zu entscheiden.

1. Kongruente Deckungen

23 Der Fall des § 130 InsO regelt den bisher in § 30 Nr 1 2. Alt KO geregelten Sachverhalt der sog **kongruenten Deckung.**

24 Damit ist zum einen der Fall gemeint, daß ein Gläubiger innerhalb der letzten drei Monate vor dem Eröffnungsantrag eine ihm grundsätzlich gebührende – also kongruente – Sicherung oder Befriedigung erlangt hat. Dies aber zu einem Zeitpunkt, als der Schuldner schon zahlungsunfähig war und der Gläubiger hiervon zur Zeit der Vornahme des Rechtsgeschäfts Kenntnis hatte oder den Umständen nach hätte Kenntnis haben müssen. Der Gesetzgeber will damit sicherstellen, daß schon bei Eintritt von Zahlungsunfähigkeit oder Einreichung des Eröffnungsantrags dem Prinzip der gleichmäßigen Befriedigung aller Gläubiger Rechnung getragen und das Vermögen des Schuldners gegen hiergegen verstoßende Handlungen einzelner gesichert wird.

25 Für den einzelnen Gläubiger, dem der Schuldner etwa aus Vertrag Zahlung oder Lieferung schuldet, hat dies zur Konsequenz, daß er die ihm gewährte und vertraglich geschuldete Leistung zur Insolvenzmasse zurückgewähren muß, wenn er grob fahrlässig von der Zahlungsunfähigkeit des Schuldners zum Zeitpunkt des Empfangs der Leistung keine Kenntnis hatte. Hat er beispielsweise durch Arbeitnehmer des Schuldners davon gewußt, daß diese keine Löhne mehr erhalten haben und es dem Schuldner seit geraumer Zeit nicht mehr möglich ist, auch andere Verbindlichkeiten zu bedienen, kennt er also die finanziellen Lage des Schuldners oder hat er hiervon grob fahrlässig keine Kenntnis, so ist die ihm gewährte Leistung anfechtbar. Zu denken ist auch an die Hausbank, die sämtliche Kredite in Kenntnis der sonstigen finanziellen

Schwierigkeiten des Schuldners gekündigt und fälliggestellt hat, aber Rückzahlungen auf gewährte Darlehen noch entgegennimmt. Im einzelnen wird durch die Rspr noch zu klären sein, in welchen Fällen der Gläubiger Kenntnis von Umständen hat, die zwingend auf die Zahlungsunfähigkeit oder den Eröffnungsantrag schließen lassen.

Allerdings wird es dem Gläubiger nicht zugemutet, Nachforschungen über die wirtschaftliche Leistungsfähigkeit des Schuldners anzustellen.[5] **27**

Haben die Parteien die Rechtshandlung zwischen der Insolvenzantragstellung und der Eröffnung des Insolvenzverfahrens vorgenommen, so genügt die Kenntnis des Gläubigers von dem Eröffnungsantrag. **28**

Die Beweislast für die Voraussetzungen der Anfechtung nach § 130 InsO liegt beim Verwalter. Etwas anderes gilt nur dann, wenn es sich um nahe Angehörige des Schuldners handelt (§ 130 Abs 3 InsO). Bei diesen wird die Kenntnis von der Zahlungsunfähigkeit vermutet, es sei denn, sie können beweisen, daß ihnen über die Zahlungsunfähigkeit des Schuldners nichts bekannt war. **29**

2. Inkongruente Deckungen

Der Anfechtungstatbestand der inkongruenten Deckung ergibt sich aus § 131 InsO. Hier geht es ebenso wie im Falle des § 130 InsO um den Erwerb einer Sicherheit durch einen Gläubiger des Schuldners oder dessen Befriedigung. In diesem Falle muß der Gläubiger aber eine Sicherheit oder Befriedigung erhalten haben, die er zu dieser Zeit oder in dieser Art nicht hätte beanspruchen können. Hierunter fällt etwa die Bestellung einer nicht geschuldeten Grundschuld, die Erfüllung einer nicht fälligen oder verjährten Forderung oder die Zahlung von Honorar für eine unentgeltliche Leistung.[6] **30**

Im Falle der inkongruenten Deckung sind, ohne daß es auf die Kenntnis des Gläubigers von der Zahlungsunfähigkeit des Schuldners ankommt, alle Rechtshandlungen im letzten Monat vor der Antragstellung anfechtbar (§ 131 Abs 1 Nr 1 InsO). Ist die Handlung innerhalb des zweiten oder dritten Monats vor dem Eröffnungsantrag vorgenommen worden, kommt als weiteres Kriterium hinzu, daß der Schuldner zur Zeit der Handlung bereits zahlungsunfähig gewesen sein muß (§ 131 Abs 1 Nr 2 InsO) oder aber dem Gläubiger zur Zeit der Handlung bekannt war, daß diese die (übrigen) Insolvenzgläubiger benachteiligen werde (§ 131 Abs 1 Nr 3 InsO). **31**

Gegenüber dem Schuldner nahestehenden Personen gibt es wiederum eine Beweislastumkehr. Bei ihnen wird vermutet, daß sie die Benachteiligung der Insolvenzgläubiger kannten; sie müssen ihre Unkenntnis von der Benachteiligung der Insolvenzgläubiger beweisen, um die Anfechtbarkeit der Handlung auszuschließen (§ 131 Abs 2 S 2 InsO). **32**

---

5 Begr zu § 145 RegEntw abgedruckt in Balz/Landfermann S 230f.

6 Beispiele aus Haarmeyer/Wutzke/Förster, Kap 5 Rn 226.

3. Unmittelbar nachteilige Rechtshandlung (§ 132 InsO)

33 § 132 InsO fixiert einen Auffangtatbestand für alle unmittelbar gläubigerbenachteiligenden Rechtshandlungen des Schuldners in der Zeit zwischen Antragstellung und Eröffnung sowie in den letzten drei Monaten vor der Antragstellung, die von den §§ 130, 131 InsO nicht erfaßt werden. § 132 InsO ist nur dann anwendbar, wenn nicht als lex specialis die Tatbestände der §§ 130, 131 InsO erfüllt sind.

34 Die Vorschrift erfaßt auch die Unterlassungen des Schuldners, die die Gläubiger benachteiligen können (§ 132 Abs 2 InsO). Hierunter fällt etwa das Unterlassen des Schuldners, in dem fraglichen Zeitraum die Verjährung zu unterbrechen, die Verjährungseinrede zu erheben, Anfechtungsfristen zu wahren oder Wechsel rechtzeitig vorzulegen bzw zu protestieren.

35 § 132 InsO differenziert nach verschiedenen Zeiträumen, zu denen die anfechtbare Handlung vorgenommen ist:

36 - § 132 Abs 1 Ziff 1 InsO nimmt Rechtsgeschäfte in Bezug, die in den letzten drei Monaten vor dem Antrag auf Eröffnung des Insolvenzverfahrens vorgenommen worden sind. Diese sind anfechtbar, wenn der Schuldner zum Zeitpunkt des Rechtsgeschäfts bereits zahlungsunfähig war und der andere Teil zu dieser Zeit hiervon Kenntnis hatte.

37 - § 132 Abs 1 Ziff 2 InsO bezieht sich auf Rechtsgeschäfte, die der Schuldner nach dem Eröffnungsantrag vorgenommen hat. Da hier die anfechtbare Rechtshandlung sogar nach dem Zeitpunkt der Antragstellung gelegen hat, reicht es aus, wenn der durch die Handlung des Schuldners Bedachte den Eröffnungsantrag kannte; von konkreten Umständen der Zahlungsunfähigkeit muß er keine Kenntnis haben.

38 Der Regierungsentwurf führt als Unterschied zu § 30 Nr 1 1. Alt KO an, daß § 132 Abs 1 InsO auch einseitige Rechtsgeschäfte, wie die Kündigung erfasse.[7]

39 Als Beispiel ist hier etwa zu denken an die Kündigung eines sehr günstigen Mietvertrages durch den Schuldner unmittelbar vor Eröffnung des Insolvenzverfahrens, die den Insolvenzverwalter nach Eröffnung des Verfahrens dazu zwingen würde, den Betrieb in teurere bzw weniger günstig gelegene Betriebsräume zu verlegen. Eine derartige Kündigung wäre nach § 132 Abs 1 InsO anfechtbar.

4. Vorsätzliche Benachteiligung (§ 133 InsO)

40 Der Anfechtungstatbestand der vorsätzlichen Benachteiligung nach § 133 Abs 1 InsO verlangt anders als § 31 Nr 1 KO nicht mehr die Absicht des Schuldners, seine Gläubiger zu benachteiligen, sondern den dahingehenden Vorsatz. Da die

7 Begr zu § 147 RegEntw abgedruckt in Balz/Landfermann S 235.

Unterscheidung zwischen Absicht und Vorsatz in der bisherigen Rspr zu § 31 Nr 1 KO schon nahezu aufgegeben war, es danach genügte, wenn der Schuldner die Benachteiligung der Gläubiger neben anderen Zielen im Auge hatte,[8] ist dies nunmehr in § 133 Abs 1 InsO vom Gesetzgeber aufgenommen und gesetzestechnisch mit der Übernahme des Wortes „Vorsatz“ umgesetzt worden.

Die Begr zum RegEntw[9] führt aus, daß für den Vorsatz iSd § 133 Abs 1 InsO eine dem bedingten Vorsatz des Strafrechts entspr bedingte Benachteiligungsabsicht als ausreichend erachtet wird. Dies würde bedeuten, daß es für die Erfüllung der Voraussetzungen des § 133 Abs 1 InsO genügt, wenn der Schuldner die Benachteiligung der Gläubiger durch seine Handlung lediglich in Kauf nimmt. Anfechtbar wäre damit möglicherweise schon die unüblich hohe Besicherung eines zur Abwendung einer Unternehmenskrise gegebenen Darlehens, wenn der Schuldner bei Regelung der Sicherheiten nicht ausschließen konnte, daß er den ihm gewährten Liquiditätskredit nicht würde zurückzahlen können. Voraussetzung hierfür ist lediglich, daß der andere Teil von einer drohenden Zahlungsunfähigkeit des Schuldners weiß. Die Kenntnis von der drohenden Zahlungsunfähigkeit – auch hierzu wird die Rspr im einzelnen die verschiedenen Tatbestandsgestaltungen noch ausformen müssen – liegt wohl schon dann vor, wenn ein Schuldner dartut, Verbindlichkeiten zu einem noch ausstehenden ggf in weiterer Ferne liegenden Zeitpunkt nicht erfüllen zu können. **41**

Die Beweislast für den Benachteiligungsvorsatz des Schuldners und die Kenntnis derselben auf Seiten des begünstigten Gläubigers trägt der Verwalter. Zur Erleichterung dieser Beweislast schafft § 133 Abs 1 S 2 InsO die widerlegliche Vermutung der Kenntnis des Anfechtungsgegners von dem Benachteiligungsvorsatz des Schuldners, wenn es dem Verwalter gelingt, Tatsachen vorzutragen, die die Annahme rechtfertigen, daß der andere Teil von der drohenden Zahlungsunfähigkeit wußte und Kenntnis davon hatte, daß die Handlung die übrigen Gläubiger benachteiligt.[10] **42**

§ 133 InsO erlaubt es dem Verwalter, derartige Rechtshandlungen des Schuldners anzufechten, wenn sie in einem Zeitraum von bis zu zehn Jahren vor Antragstellung oder in der Zeit zwischen Antragstellung und Eröffnung vorgenommen sind. Für die Gläubiger birgt dieser sehr lange Anfechtungszeitraum ebenso wie der Anfechtungstatbestand selbst erhebliche Unsicherheiten bei Rechtsgeschäften mit Personen von deren mangelnder Bonität sie Kenntnis haben. **43**

---

8 BGH WM 1962, S 1371; BGH WM 1975, S 1182; ZIP 1981, S 1229.
9 Begr zu § 148 RegEntw abgedruckt in Balz/Landfermann S 237.
10 S hierzu *Niesert* BB 1996, 805; Hess/Pape, InsO, Rn 724f.

5. Entgeltliche Verträge mit nahestehenden Personen (§ 133 Abs 2 InsO)

44 § 133 Abs 2 InsO folgt in seiner Ausgestaltung im wesentlichen dem bisherigen § 31 Nr 2 KO und berücksichtigt die hierzu ergangene Rspr.

45 Anfechtbar sind danach vom Schuldner mit nahestehenden Personen (§ 138 InsO) geschlossene entgeltliche Verträge, wenn diese die Gläubiger unmittelbar benachteiligen und die Verträge innerhalb der letzten zwei Jahre vor dem Eröffnungsantrag geschlossen worden sind. Eine Ausnahme hiervon gilt lediglich dann, wenn dem anderen Teil zur Zeit des Vertragsschlusses der Vorsatz des Schuldners, die Gläubiger zu benachteiligen, nicht bekannt war.

46 Nahestehende Personen idS sind etwa unmittelbare Verwandte des Schuldners, sein Ehegatte oder Personen, die in häuslicher Gemeinschaft mit ihm leben (§ 138 Abs 1 InsO). Ist der Schuldner eine juristische Person oder eine Gesellschaft ohne Rechtspersönlichkeit (GbR), so sind nahestehende Personen seine Organe, Anteilseigner zu mehr als einem Viertel am Gesamtkapital, sowie Personen oder eine Gesellschaft, die aufgrund einer gesellschaftsrechtlichen oder dienstvertraglichen Verbindung zum Schuldner die Möglichkeit haben, sich über dessen wirtschaftliche Verhältnisse zu unterrichten (Geschäftsführer, Komplementäre) und Insider, also Personen, die zu einem Organ oder einem Anteilseigner in einer bes persönlichen Verbindung stehen.

47 § 133 Abs 2 S 2 InsO legt die Beweislast für die vorsätzliche Benachteiligung durch entgeltlich geschlossene Verträge früher als zwei Jahre vor dem Eröffnungsantrag der nahestehenden Person auf. Diese hat zu beweisen, daß sie zum Zeitpunkt des Vertragsschlusses den Vorsatz des Schuldners, die Gläubiger zu benachteiligen, nicht kannte. Gleiches gilt für den Zeitpunkt des Vertragsschlusses, um betrügerischen Rückdatierungen zukünftig besser begegnen zu können.

6. Unentgeltliche Leistungen (§ 134 InsO)

48 § 134 InsO entspricht der bisherigen Regelung in § 32 KO und § 10 Abs 2 GesO. Der Tatbestand der Unentgeltlichkeit umfaßt nicht nur Schenkungen, sondern alle Leistungen des Schuldners, durch die ein Vermögenswert aufgegeben wird, ohne daß hierfür ein adäquater Ausgleich erfolgt ist.[11]

49 Ausgenommen von der Anfechtung nach § 134 Abs 2 InsO sind gebräuchliche Gelegenheitsgeschenke geringen Wertes.

50 Für die Frage der Unentgeltlichkeit kommt es darauf an, ob nach subjektiven und normativen Kriterien die unentgeltliche Zuwendung durch einen hinreichenden Gegenwert abgegolten wird. Unentgeltliche Zuwendungen in diesem

11 Vgl hierzu BGHZ 1993, 1170, 1173.

Sinne sind etwa Verzichtserklärungen auf Forderungen oder dingliche Rechte, Zahlung fremder Verbindlichkeiten und die Übernahme einer fremden Schuld ohne eigene Verpflichtung hierzu.[12]

Die Anfechtungsfrist beträgt vier Jahre. Zur Beweiserleichterung für den Verwalter wird dem Anfechtungsgegner die Beweislast dafür auferlegt, daß die Rechtshandlung früher als vier Jahre vor dem Eröffnungsantrag geschehen ist. Ebenso wie beim Tatbestand des § 133 InsO sollen hierdurch betrügerische Rückdatierungen vermieden werden. **51**

7. Kapitalersetzende Darlehen (§ 135 InsO)

Einen dem § 135 InsO vergleichbaren Tatbestand gab es weder in der Konkursordnung noch in der Gesamtvollstreckungsordnung. Zwar wird hierdurch die Regelung des § 32 a KO aufgenommen. Anfechtbar ist danach eine Rechtshandlung, die für die Forderung eines Gesellschafters auf Rückgewähr eines kapitalersetzenden Darlehens Sicherung oder Befriedigung gewährt hat. Zu denken ist etwa an einen Fall, in dem das Darlehen eines Gesellschafters durch Grundschulden oder Hypotheken, ggf auch Sicherungseigentum besichert wird. **52**

§ 135 InsO nimmt jedoch anders als § 32 a KO nicht ausdrücklich auf die Vorschriften des GmbH-Gesetzes über kapitalersetzende Gesellschafterdarlehen Bezug (§ 32 a ff GmbH-Gesetz). Hiermit stellt der Gesetzgeber klar, daß nicht nur kapitalersetzende Darlehen eines GmbH-Gesellschafters, sondern auch Darlehen eines Komplementärs oder Kommanditisten an einer OHG oder KG, bei der kein persönlich haftender Gesellschafter eine natürliche Person ist, von diesem Anfechtungstatbestand erfaßt werden. Ferner soll die Regelung des Kapitalersatzes auf Kredite eines Aktionärs einer AG ausgedehnt werden können, wenn der Aktionär eine unternehmerische Stellung an der AG hat. Dies ist nach der Rspr des BGH dann der Fall, wenn der Aktionär über eine wesentliche Beteiligung am Grundkapital der Gesellschaft verfügt. Hiervon wird ausgegangen bei einem Anteil von mehr als 25 % am Grundkapital oder einem Anteil am Grundkapital, der dem Aktionär nach Gesetz oder Satzung eine Sperrminorität einräumt.[13] **53**

Die Frage, ob ein Darlehen bzw die Forderung des Gesellschafters als kapitalersetzend zu qualifizieren ist, ist nach den allgem Grundsätzen zu beurteilen. Die Sicherung des Rückzahlungsanspruchs ist dann anfechtbar, wenn sie innerhalb der letzten zehn Jahre – ein ausgesprochen langer Zeitraum – vor dem Insolvenzantrag oder aber nach diesem Antrag gewährt worden ist (§ 135 Nr 1 InsO). Die Befriedigung des kapitalersetzenden Darlehens ist dann anfechtbar, **54**

---

12 Haarmeyer/Wutzke/Förster, Kap 5 Rn 235.
13 Vgl BGH WM 1984, 625 und Begr zu § 150 RegEntw abgedruckt in Balz/Landfermann S 238f.

wenn sie innerhalb des letzten Jahres vor dem Eröffnungsantrag oder aber nach Stellung dieses Antrages erfolgt ist (§ 135 Nr 2 InsO).

55 Anfechtbar ist auch eine Rechtshandlung, durch die einem stillen Gesellschafter die Einlage ganz oder teilweise zurückgewährt oder sein Verlustanteil ganz oder teilweise erlassen wird (§ 136 InsO). Damit ist die Vorschrift des § 237 HGB in die Insolvenzordnung integriert und deren Konzeption angepaßt worden. Die Anfechtung ist nur dann zulässig, wenn die der Rückgewähr oder dem Erlaß zugrundeliegende Vereinbarung mit dem stillen Gesellschafter im letzten Jahr vor dem Antrag auf Eröffnung des Insolvenzverfahrens über das Vermögen des Inhabers des Handelsgeschäfts oder aber nach diesem Antrag geschlossen ist. Die Anfechtung ist nach § 136 Abs 2 InsO ausgeschlossen, wenn der Eröffnungsgrund erst nach der Vereinbarung entstanden ist.

IV. Rechtsfolgen der Anfechtung

56 Dringt der Verwalter mit der Anfechtungsklage durch, so muß alles, was dem Vermögen des Schuldners durch die anfechtbare Rechtshandlung entzogen worden ist, der Insolvenzmasse wieder zugeführt werden (§ 143 Abs 1 S 1 InsO). Es entsteht also ein schuldrechtlicher Rückübertragungsanspruch. Für den Umfang dieses Anspruchs verweist § 143 Abs 1 S 2 InsO auf die Rechtsfolgen der ungerechtfertigten Bereicherung. Der Empfänger hat also nicht nur das Erlangte selbst, sondern auch Nutzungen und Surrogate für das Erlangte herauszugeben und haftet nach den allgem Vorschriften für den bösgläubigen Bereicherungsschuldner (§ 819 BGB). Im Gegenzug regelt § 144 InsO, daß die Masse durch eine aus dem anfechtbaren Rechtsgeschäft erlangte Gegenleistung ihrerseits ungerechtfertigt bereichert wird und diese an den Anfechtungsgegner herauszugeben hat.

57 Für Grundstücke bedeutet das Rückgewährschuldverhältnis, daß der Anfechtungsgegner die Rückauflassung und Bewilligung der Eintragung des Schuldners als Eigentümer im Grundbuch zu erklären hat. War das Grundstück zum Zeitpunkt der anfechtbaren Rechtshandlung bereits belastet, so ist nur das belastete Grundstück zurückzugewähren. Belastungen, die der Anfechtungsgegner nach der anfechtbaren Veräußerung vorgenommen hat, hat er zu beseitigen. Er muß das Grundstück also so zurückzugeben, wie er es erhalten hat.

58 Wird die Zwangsversteigerung des anfechtbar erworbenen und mit einem Grundpfandrecht zu Gunsten des Erwerbers belasteten Grundstücks betrieben, so steht dem Verwalter für den Anspruch auf Rückgewähr die Vollstreckungsgegenklage in der Weise zu, daß der Anfechtungsgegner verpflichtet wird, von seinem Recht auf Zwangsvollstreckung gegenüber dem Verwalter keinen Gebrauch zu machen.[14]

---

14 RGZ 47, 222; BGH KTS 1958, 184; vgl hierzu auch Kilger/Karsten Schmidt, KO, § 37 Anm 2.

Ist die Rückgewähr des anfechtbar erworbenen Gegenstandes in Natur nicht möglich, so hat der Schuldner Wertersatz zu leisten. Hierfür ist stets der Wert maßgebend, den der Anfechtungsgegenstand für die Masse hätte, wenn die anfechtbare Handlung nicht stattgefunden hätte, mithin Ausgleich des entgangenen Wertes. Aus dem Rückgewährschuldverhältnis ergibt sich im übrigen die Verpflichtung des Anfechtungsgegners, dem Verwalter Auskunft über den Umfang des Rückgewähranspruchs zu erteilen.[15] **59**

In der Insolvenz des Rückgewährschuldners begründet der Rückgewähranspruch des Verwalters kein Aussonderungsrecht, sondern nur eine einfache Insolvenzforderung. **60**

15 OLG Zweibrücken 65, 310.

8. Kapitel: Gläubigerforderungen

Übersicht

Rn

Vorbemerkung 1

I. Masseansprüche 2

1. Masseverbindlichkeiten gem §§ 54, 55 InsO. . . . 3
2. Masseverbindlichkeiten in der Nachlaßinsolvenz. . . 9
3. Vorwegbefriedigung der Masseverbindlichkeiten . . 11

II. Eigentums- und insbesondere Sicherungsrechte Dritter im Insolvenzverfahren. 12

1. Aussonderung als Befriedigung außerhalb des Insolvenzverfahrens 12
   - a) Ansprüche aus dinglichen Rechten 13
     - aa) Eigentum 14
     - bb) Sicherungseigentum und -abtretung . . 16
   - b) Ansprüche aus persönlichen Rechten 17
     - aa) schuldrechtliche Ansprüche auf Herausgabe 18
     - bb) Ansprüche auf Rechtsübertragung 19
   - c) Ersatzaussonderung . . 23
     - aa) Abtretung der Gegenleistung 24
     - bb) Auskehr der zur Masse geflossenen Gegenleistungen . 27
2. Absonderung 33
   - a) Die zur Absonderung berechtigenden Rechte 35
     - aa) Absonderungsrechte an unbeweglichen Sachen . . . 36
     - bb) Vertragspfandrechte 38
     - cc) Gesetzliche Pfandrechte 40
     - dd) Pfändungspfandrechte 43
     - ee) Zurückbehaltungsrechte 44
     - ff) Sonstige Absonderungsrechte außerhalb der Insolvenzordnung 45
     - gg) Sicherungsübertragungen 47
       - α) Sicherungsübereignung. 48
       - β) Eigentumsvorbehalt 52
       - γ) Globalzession 55
   - b) Teilnahme der absonderungsberechtigten Gläubiger am Insolvenzverfahren 56
     - aa) Forderungsanmeldung 57
     - bb) Teilnahme mit der gesicherten Forderung an Verteilungen 59
     - cc) Rechte der absonderungsberechtigten Gläubiger in Gläubigerversammlungen 61
   - c) Absonderungsrechte im Insolvenzplanverfahren 62
   - d) Sicherheitenverwertung im eröffneten Verfahren durch den Verwalter . . 65
     - aa) Immobilienverwertung 68
       - α) Einstellung der Zwangsversteigerung 69
       - β) Einstellung der Zwangsverwaltung 74
     - bb) Mobilien im Besitz des Verwalters und zur Sicherheit zedierte Forderungen 75

	Rn
α) Übergang des Verwertungsrechts auf den Verwalter . . .	76
β) Unterrichtung des Gläubigers über das Sicherungsgut vor der Verwertung . .	80
(1) Sachen . . .	81
(2) Forderungen	85
γ) Auskunft nach der Verwertung . .	86
cc) Mitteilung der Veräußerungsabsicht .	87
dd) Verzinsung der gesicherten Forderungen	93
ee) Erlösverteilung und Kostenbeteiligung des Gläubigers . .	97
α) Feststellungskosten	99
β) Verwertungskosten	100
γ) Umsatzsteuer	101
δ) Erhaltungskosten	102
ff) Verwendung des Sicherungsgegenstandes durch den Verwalter	103
e) Ersatzabsonderung . .	105
III. Insolvenzforderungen	107
1. Insolvenzforderungen und nachrangige Insolvenzforderungen	108
2. Nachrangige Insolvenzforderungen in der Nachlaßinsolvenz	112
3. Besondere Forderungen . .	
a) Nicht fällige und bedingte Forderungen	114
b) Gesamtschuldner und Bürgen	115
c) Nicht in D-Mark ausgedrückte Forderungen	117
d) Wiederkehrende Leistungen	118
IV. Forderungsanmeldung und Prüfungsergebnis	119
1. Masseverbindlichkeiten	120
2. Insolvenzforderungen . . .	121
a) Anmeldung der Forderungen	122
b) Prüfung der Forderungen und Prüfungstermin	126
c) Prüfung der nachträglich angemeldeten Forderungen	128
3. Nachrangige Insolvenzforderungen	129
4. Prüfungsergebnis.	132
V. Klageweise Durchsetzung von Insolvenzforderungen	256

Vorbemerkung

1 Auch in der Insolvenzordnung wird, wie schon in der Konkurs- und der Gesamtvollstreckungsordnung im wesentlichen zwischen zwei Gläubigergruppen unterschieden:

- **Massegläubiger**, deren Masseansprüche gem § 53 InsO vorweg zu befriedigen sind und
- **Insolvenzgläubiger**, die Befriedigung ihrer Insolvenzforderungen erst erwarten können, wenn nach der Berichtigung der Masseverbindlichkeiten noch freie Masse verbleibt.

Eine dritte Gruppe, für die besondere Regeln gelten, bilden die Gläubiger mit **Aus-** und/oder **Absonderungsrechten.**

I. Masseansprüche

2 Die Masseansprüche gliedern sich auf in die Kosten des Insolvenzverfahrens und die sonstigen Masseverbindlichkeiten. Der Kreis der sonstigen Masseverbindlichkeiten wird bei einer Nachlaßinsolvenz (vgl hierzu im einzelnen Kap 18) erweitert.

1. Masseverbindlichkeiten gem §§ 54, 55 InsO

3 Masseansprüche sind gem § 54 InsO die Kosten des Insolvenzverfahrens. Darunter fallen die Gerichtskosten des Insolvenzverfahrens (vgl hierzu Kap 5 Rn 4) sowie die Vergütungen und die Auslagen des vorläufigen Insolvenzverwalters, des Insolvenzverwalters und der Mitglieder des Gläubigerausschusses.

4 Die „sonstigen Masseverbindlichkeiten" sind in § 55 InsO beschrieben. Zu diesen Masseverbindlichkeiten zählen:

- Verbindlichkeiten aus der Verwaltung, Verwertung und Verteilung der Masse,[1] soweit sie nicht zu den Kosten des Insolvenzverfahrens gehören, und zwar unabhängig davon, ob sie durch Handlungen des Insolvenzverwalters oder in anderer Weise begründet wurden;
- Verbindlichkeiten aus gegenseitigen Verträgen, sofern der Insolvenzverwalter die Erfüllung zur Masse verlangt oder diese erfolgen muß;
- Verbindlichkeiten aus einer ungerechtfertigten Bereicherung der Masse.

5 Verbindlichkeiten, die von einem vorläufigen Insolvenzverwalter begründet worden sind, dem die Verfügungsbefugnis für das Vermögen des Schuldners übertragen war, gelten gem § 55 Abs 2 InsO ebenfalls als Masseverbindlichkeiten. Die bisher in bezug auf Handlungen des Sequesters bestehende Unsicherheit hinsichtlich der Einordnung der von ihm begründeten Verbindlichkeiten wird damit beseitigt.

6 Die vorstehende Aufzählung der sonstigen Masseverbindlichkeiten in § 55 InsO ist abschließend. Eine wichtige Änderung gegenüber der Rechtslage nach Konkurs- und Gesamtvollstreckungsordnung ist es damit, daß rückständige Forderungen der Arbeitnehmer, der Sozialversicherungsträger und der Bundesanstalt für Arbeit für den Zeitraum von sechs Monaten vor Eröffnung des Verfahrens (vgl § 59 Abs 1 Nr 3 KO bzw § 13 Abs 1 Nr 3 GesO) künftig nicht mehr mit dem bevorzugten Rang einer Masseverbindlichkeit behandelt wer-

1 Vgl hierzu Kuhn/Uhlenbruck, KO, § 58 Rn 7ff.

den. Sie sind im Insolvenzverfahren nur als einfache Insolvenzforderung zu berücksichtigen.

Forderungen aus einem Sozialplan sind allerdings künftig gem § 123 InsO Masseverbindlichkeiten und nicht mehr nur bevorrechtigte Konkurs- bzw Gesamtvollstreckungsforderungen. In der Praxis wird sich dies allerdings nicht wesentlich auswirken. Bisher waren Sozialplanforderungen an erster Rangstelle der Insolvenzforderungen zu befriedigen (vgl hierzu § 4 des Gesetzes über den Sozialplan im Konkurs- und Vergleichsverfahren und § 17 Abs 3 Nr 1 c) GesO), künftig sind sie an letzter Stelle der Masseverbindlichkeiten zu berichtigen. Denn in § 123 InsO ist vorgesehen, daß, wenn nicht ein Insolvenzplan zustande kommt (vgl hierzu im einzelnen Kap 11), maximal ein Drittel der Masse, die ohne Sozialplan zur Ausschüttung an die Insolvenzgläubiger verwendet werden könnte, auf die Sozialplanforderungen ausgeschüttet werden darf. Zur Befriedigung von Sozialplanforderungen ist Masse somit nur dann vorhanden, wenn zuvor sämtliche anderen Masseverbindlichkeiten vollständig befriedigt werden konnten. Ohne daß dies ausdrücklich gesagt würde, sind Sozialplanverbindlichkeiten damit an letzter Stelle der Masseverbindlichkeiten zu befriedigen.[2] 7

Durch die Einordnung als Masseverbindlichkeit entfällt allerdings im Insolvenzverfahren die Notwendigkeit, Sozialplanansprüche zur Aufnahme in die Tabelle anzumelden und zu prüfen. 8

2. Masseverbindlichkeiten in der Nachlaßinsolvenz

Im Falle der Insolvenz über einen Nachlaß wird der Kreis der Masseverbindlichkeiten gem § 324 InsO erweitert. Als Masseverbindlichkeiten werden dann zusätzlich Aufwendungen begünstigt, die die Erben aufgrund des Todesfalls im Zusammenhang mit der ordnungsgemäßen Verwaltung der Erbschaft zu tragen haben.[3] Hierzu zählen: 9

a) Aufwendungen, die der Erbe für die Besorgung der Nachlaßverwaltung im Rahmen der Vorschriften über den Auftrag oder die Geschäftsführung ohne Auftrag ersetzt verlangen könnte (§ 1978 BGB);
b) Aufwendungen für die Berichtigung einer Nachlaßverbindlichkeit gem. § 1979 BGB;
c) die Kosten der Beerdigung des Erblassers;
d) die Kosten des Verfahrens im Falle der Todeserklärung des Erblassers, soweit sie dem Nachlaß zur Last fallen;
e) die Kosten der Eröffnung einer Verfügung des Erblassers von Todes wegen, der gerichtlichen Sicherung des Nachlasses, einer Nachlaßpflegschaft, des Aufgebotes der Nachlaßgläubiger und Inventarerrichtung;

---

2 So auch *Schmidt-Räntsch* § 123 InsO Rn 5.

3 Vgl *Schmidt-Räntsch* § 324 InsO.

f) die Verbindlichkeiten aus den von einem Nachlaßpfleger oder Testamentsvollstrecker vorgenommenen Rechtsgeschäften;
g) die Verbindlichkeiten, die für den Erben gegenüber einem Nachlaßpfleger, einem Testamentsvollstrecker oder einem Erben, der die Erbschaft ausgeschlagen hat, aus der Geschäftsführung dieser Person entstanden sind, soweit die Nachlaßgläubiger verpflichtet wären, wenn die bezeichneten Personen die Geschäfte für sie zu besorgen gehabt hätten.

10 Diese Masseverbindlichkeiten werden im Falle der Masseunzulänglichkeit im Rahmen des § 209 Abs 1 Nr 3 InsO, also an dritter Rangstelle, befriedigt (§ 324 Abs 2 InsO).

3. Vorwegbefriedigung der Masseverbindlichkeiten

11 Die Masseverbindlichkeiten sind vorweg zu befriedigen. Dies bedeutet, daß sie vor den Insolvenzforderungen zu berichtigen und die Insolvenzforderungen erst dann zu bedienen sind, wenn sämtliche Masseverbindlichkeiten vollständig befriedigt worden sind.

II. Eigentums- und insbesondere Sicherungsrechte Dritter im Insolvenzverfahren

Auch die Insolvenzordnung trennt, wie vorher auch schon die Konkursordnung, zwischen denjenigen Gläubigern, denen eine bloße Geldforderung zusteht und denjenigen, die aus dem Insolvenzbeschlag bestimmte Gegenstände oder Rechte herausverlangen (Aussonderung nach den §§ 47 und 48 InsO) oder jedenfalls aus dem Verwertungserlös bevorzugt befriedigt werden müssen (Absonderung nach den §§ 49ff InsO). Während absonderungsberechtigte Gläubiger Insolvenzgläubiger sind, sind aussonderungsberechtigte Gläubiger am Insolvenzverfahren nicht beteiligt und müssen ihre Befriedigung außerhalb des Insolvenzverfahrens suchen.

1. Aussonderung als Befriedigung außerhalb des Insolvenzverfahrens

12 Voraussetzung des Rechts auf Aussonderung ist, daß der Gläubiger auf Grund eines dinglichen oder persönlichen Rechts geltend machen kann, ein Gegenstand gehöre nicht zur Insolvenzmasse. Diese Rechte können ungeachtet der Eröffnung des Insolvenzverfahrens nach den Gesetzen geltend gemacht werden, die außerhalb des Insolvenzverfahrens gelten (§ 47 InsO). Dabei ist zu beachten, daß der Insolvenzverwalter nur dann passivlegitimiert ist, wenn er den auszusondernden Gegenstand im Besitz hat und die Rückgabe verweigert. Hat er den auszusondernden Gegenstand als nicht zur Masse gehörig im Vermögen des Schuldners belassen oder ggf auch in Unkenntnis des Aussonderungsrechts einem Dritten übergeben, müssen die Ansprüche gegenüber dem Schuldner oder dem Dritten geltend gemacht werden.[4] Nur wenn der Insolvenzverwalter die Massezugehörigkeit behauptet und deshalb die Herausgabe verweigert, kann ein Rechtstreit gegen ihn Aussicht auf Erfolg haben. Dies folgt daraus, daß auszusondernde Gegenstände nicht zur Insolvenzmasse gehören und der Insolvenzverwalter auch nur zur Verfügung und Verwertung von Gegenständen der Insolvenzmasse befugt ist (§§ 80 Abs 1, 148 Abs 1 InsO).

a) Ansprüche aus dinglichen Rechten

Vermögensgegenstände, zu denen auch Rechte wie Forderungen gehören, sind auszusondern, wenn der Gläubiger aufgrund eines dinglichen oder persönlichen Rechts geltend machen kann, ein Gegenstand gehöre nicht zur Insolvenzmasse. Wesentlich für die Auslegung ist aber nicht allein das dingliche oder persönliche Recht, sondern vielmehr die Frage, ob ein Gegenstand zur Insolvenzmasse gehört. Diese Frage richtet sich regelmäßig danach, ob die Insolvenzordnung ein bestehendes beispielsweise dingliches Recht nicht gleichwohl der Insolvenzmasse zuordnet und dem Gläubiger nur abgesonderte Befriedigung zuerkennt. So ist zwar der Sicherungseigentümer Inhaber des dinglichen Rechts, welches grundsätzlich einen Anspruch auf Herausgabe begründet, solche Rechte sind aber vom Gesetz ausdrücklich als gleichwohl zur Insolvenzmasse gehörig eingeordnet worden (§ 51 Ziff 1 InsO), so daß der Sicherungseigentümer keine Aussonderung verlangen kann. 13

Als dingliche Rechte, die zur Aussonderung berechtigen, sind im wesentlichen folgende anzusehen:

aa) Eigentum

Ihm gehörende Gegenstände, die der Schuldner im Besitz hat, kann der Eigentümer grundsätzlich heraus verlangen (§ 985 BGB), soweit auch der Insolvenzverwalter Besitz darin ergriffen hat (§ 148 Abs 1 InsO) und ggf die Grundbuchberichtigung verlangen, wenn fälschlich der Schuldner im Grundbuch eingetragen ist. Dies betrifft insbesondere die Fälle, in denen die herausverlangten Sachen aufgrund eines Nutzungsvertrages (Miete, Pacht, Leihe oder Verwahrung) in den Besitz des Schuldners gelangt sind und den Kommittenten, der in der Insolvenz des Kommissionärs die Herausgabe der Kommisionsware verlangen kann.[5] 14

Auch der Verkäufer, der seine Ware unter **einfachen Eigentumsvorbehalt** veräußert, kann in der Insolvenz des Käufers (wenn der Insolvenzverwalter nicht die Erfüllung wählt), die Herausgabe der Vorbehaltsgegenstände verlangen.[6] 15

---

4 Kuhn/Uhlenbruck,KO, § 43 Rn 71.
5 *Häsemeyer*, Rn 11.8.
6 Haarmeyer/Wutzke/Förster, Kap 5 Rn 254; Obermüller/Hess, InsO, Anm 26, 798; Hess/Pape, InsO und EGInsO, Rn 206; BGHZ 10, 72; zweifelnd: *Häsemeyer* Anm 11.10.

Da im Falle nicht vollständiger Kaufpreiszahlung allerdings von keiner Seite vollständig erfüllt wurde, kann der Insolvenzverwalter noch sein Wahlrecht nach § 103 InsO ausüben. Wählt der Insolvenzverwalter die Erfüllung, wäre er zur Kaufpreiszahlung verpflichtet, der Lieferant hätte nach der Zahlung sein Eigentum verloren und könnte keine Aussonderung verlangen; er wird hiermit nicht benachteiligt, da er ja den vereinbarten Kaufpreis erhält. Aufgrund der Regelungen über die Wahl des Verwalters für noch nicht vollständig erfüllte Geschäfte kann der Vorbehaltsverkäufer aber seine Reche nicht sofort geltend machen. Nach § 107 Abs 2 InsO muß der Verwalter seine Entscheidung, wie er sein Wahlrecht ausübt nämlich erst unverzüglich nach dem Berichtstermin treffen und mitteilen. Da der Berichtstermin nach § 29 Abs 1 Nr 1 InsO bis zu drei Monate nach der Eröffnung anberaumt werden kann, bedeutet dies, daß auch das Aussonderungsrecht erst nach Ablauf dieser Frist geltend gemacht werden kann.[7]

bb) Sicherungseigentum und -abtretung

16 Es entsprach schon der einhelligen Auffassung zur Konkursordnung, daß Sicherungseigentum[8] wirtschaftlich mit dem Pfandrecht gleichzusetzen sei und somit, ebenso wie die Sicherungsabtretung,[9] nur zur abgesonderten Befriedigung berechtige. Dies ist nun in die gesetzlichen Regelungen des § 51 Nr 1 InsO aufgenommen worden. Der Sicherungsnehmer kann somit in der Insolvenz des Sicherungsgebers keine Aussonderung verlangen.

b) Ansprüche aus persönlichen Rechten

17 Aussonderung kann nicht nur der Eigentümer einer Sache oder der Inhaber eines persönlichen Rechts in der Insolvenz geltend machen. Es gibt auch persönliche Ansprüche, die dazu führen, daß eine Befriedigung außerhalb des Insolvenzverfahrens zu suchen ist.

aa) Schuldrechtliche Ansprüche auf Herausgabe

18 Ansprüche aus persönlichen Rechten sind beispielsweise schuldrechtliche Herausgabeansprüche, wenn hiermit Gegenstände ausgesondert werden, die nicht zur Insolvenzmasse gehören. So kann der Vermieter oder Verleiher, auch wenn er nicht Eigentümer der übergebenen Sache ist, vom Schuldner als Mieter/Entleiher die Herausgabe des Vertragsgegenstandes verlangen. Maßgeblich für die geltend gemachten Ansprüche ist in diesen Fällen der Geltendmachung des Aussonderungsrechtes, daß der Gegenstand nicht in die Insolvenzmasse fällt.

---

7 Haarmeyer/Wutzke/Förster, Kap 5 Rn 256.
8 Vgl nur Kuhn/Uhlenbruck, KO, § 43 Rn 15c mwN.
9 Vgl BGH NJW 1974, 1749f.

bb) Ansprüche auf Rechtsübertragung

Ausgesondert werden können aber nicht nur diejenigen Gegenstände an denen Dritten das Eigentum bereits zusteht, sondern auch solche Gegenstände die zwar dem Schuldner gehören, die er aber aufgrund einer schuldrechtlichen Vereinbarung zurückzuübertragen hat. 19

In der Praxis handelt es sich hierbei regelmäßig um die Fälle vertraglicher **Treuhandverhältnisse**. Für die Frage der Behandlung in der Insolvenz ist zwischen der eigennützigen und der uneigennützigen Treuhand zu unterscheiden.[10]

Die **uneigennützige Treuhand** dient den Interessen des Treugebers. Dem Treugeber wird lediglich formal die Rechtsposition des Berechtigten eingeräumt. Die uneigennützige Treuhand begründet somit nur ein formales Recht des Treuhänders, so daß das Treugut materiell und wirtschaftlich zum Vermögen des Treugebers zu zählen ist. Im Konkurs des Treuhänders hat der Treugeber deshalb ein Aussonderungsrecht und kann die Übertragung des Eigentums auf sich verlangen.[11] In der Insolvenz des Treugebers gehört das Treugut allerdings zur Insolvenzmasse, so daß der Insolvenzverwalter die Herausgabe und Eigentumsverschaffung verlangen kann.[12] 20

Die **eigennützige Treuhand** besteht im Interesse des Treunehmers. Die Hauptanwendungsfälle sind die Sicherungsübereignungen. Für diese Treuhandverhältnisse ist nach den nunmehrigen gesetzlichen Regelungen kein Aussonderungsrecht, sondern nur ein Absonderungsrecht gegeben. 21

Von Treuhandverhältnissen sind die Fälle zu unterscheiden in denen jemand lediglich aufgrund eines Auftrages oder Geschäftsbesorgungsvertrages im eigenen Namen, aber für fremde Rechnung handelt. Der Auftraggeber hat in der Insolvenz des Auftragnehmers kein Aussonderungsrecht.[13] 22

c) Ersatzaussonderung

Die Regelung des § 48 InsO geht, wie vorher schon die Bestimmung des § 46 KO, von dem Grundgedanken aus, daß der Aussonderungsberechtigte das in der Insolvenzmasse (noch) vorhandene Surrogat erhalten soll, wenn er die Aussonderung wegen der Vereitelung seines Rechts nicht mehr verlangen kann.[14] Kann nämlich der Aussonderungsberechtigte den Gegenstand oder das Recht nicht herausgegeben oder zurückübertragen bekommen, kann er die Abtretung des Rechts auf die Gegenleistung verlangen, soweit diese noch aussteht. Der Aussonderungsberechtigte kann die Gegenleistung aber auch dann verlan- 23

10 Kuhn/Uhlenbruck, KO, § 43 Rn 10.
11 Kuhn/Uhlenbruck, KO, § 43 Rn 10b; BGH ZIP 1998, 655f.
12 Kuhn/Uhlenbruck, KO, § 43 Rn 10c.
13 Kuhn/Uhlenbruck, KO, § 43 Rn 10h; RGZ 84, 214; 91, 16; 133, 84; 153, 366; BGHZ 11, 37, 41; BGH WM 1964, 179; BGH NJW 1971, 559.
14 Ausschußbericht zu § 55 RegEntw abgedruckt in Balz/Landfermann S 127.

gen, wenn sie schon geleistet wurde und in der Masse unterscheidbar vorhanden ist (§ 48 S 2 InsO).

aa) Abtretung der Gegenleistung

24 Das Recht auf Abtretung der Gegenleistung besteht dann, wenn entweder der Schuldner vor der Eröffnung oder der Verwalter nach der Eröffnung des Verfahrens den auszusondernden Gegenstand unberechtigt veräußert haben und das Recht auf die Gegenleistung noch aussteht. Der Regierungsentwurf sah zunächst nur ein Ersatzaussonderungsrecht vor, wenn die Veräußerung des Gegenstandes durch den Insolvenzverwalter erfolgte. Auf Vorschlag des Rechtsausschusses ist dies aber auch auf die Fälle erweitert worden, in denen die Veräußerung durch den Schuldner erfolgte. Ebenso wie vorher in § 46 KO ist ein Anspruch auf Abtretung der Gegenleistung nur gegeben, wenn die Veräußerung unberechtigt gewesen ist. Dies wurde von der Rspr zur Konkursordnung damit begründet, daß § 46 KO keine Ansprüche schaffen, sondern verstärken will.[15]

25 Ersatzaussonderungsansprüche können folglich nicht bestehen, wenn der Vorbehaltskäufer nach dem abgeschlossenen Vertrag die Befugnis zur Weiterveräußerung im ordnungsmäßigen Geschäftsgang hatte und die Veräußerung in einem ordnungsgemäßen Geschäftsgang erfolgte.[16] Dies gilt aber nur dann, wenn der Vorbehaltsverkäufer durch den Weiterverkauf die Sicherungsrechte erhält, von deren Erhalt er seine Einwilligung zur Weiterveräußerung abhängig gemacht hat.[17] Die Weiterveräußerung wäre somit dann unberechtigt, wenn der Vorbehaltskäufer nur veräußern darf, nachdem er den aus dem Weiterverkauf entstehenden Anspruch abgetreten hat, aber weiterveräußert, ohne die Abtretung vorzunehmen.[18] Dies muß auch dann gelten, wenn die Gestattung der Weiterveräußerung mit einer Vorausabtretung der Ansprüche aus dem Weiterverkauf gekoppelt ist, die Ansprüche aus der Weiterveräußerung aber einem Abtretungsverbot unterliegen.[19] Hieran ändert auch die Neueinführung des § 354a HGB nichts, da nach dieser Regelung zwar ein vertragliches Abtretungsverbot unter Kaufleuten unwirksam ist, der Schuldner aber gleichwohl an den Zedenten leisten kann. Dies muß auch dann gelten, wenn die Vorausabtretung aus anderen Gründen gesetzlich nicht zur Übertragung der Ansprüche führen kann. So wenn beispielsweise im Insolvenzeröffnungsverfahren bei Geltung eines Veräußerungs- und Verfügungsverbotes ein Verkauf mit Zustimmung des oder durch den vorläufigen Insolvenzverwalter erfolgt. Hier ist die Veräußerung gegenüber dem Vorbehaltslieferanten unberechtigt, wenn ein verlängerter Eigentumsvorbehalt vereinbart war. Die Forderung aus dem Weiterverkauf

15 RGZ 115, 264; Kuhn/Uhlenbruck, KO, § 46 Rn 10.
16 BGHZ 68, 199.
17 BGHZ 30, 181.
18 BGHZ 27, 306.
19 BGHZ 27, 306; 51, 113, 116.

würde auf den Vorbehaltsverkäufer wegen der Wirkungen des Verfügungsverbotes nicht mehr übergehen können, so daß die Veräußerung unberechtigt wäre, auch wenn sie im ordnungsgemäßen Geschäftsgang erfolgt ist.

Für die Gestaltung bei Sicherungsverträgen bietet es sich vor diesem Hintergrund für die Sicherungsnehmer an, die Weiterveräußerung nur solange zu gestatten, bis entweder der Sicherungsgeber selbst einen Antrag auf Eröffnung eines Insolvenzverfahrens stellt oder aber auf den Antrag eines Dritten vorläufige Maßnahme vom Insolvenzgericht nach § 21 InsO angeordnet werden. In diesem Falle wäre jede Weiterveräußerung durch den Schuldner mit oder ohne Beteiligung des vorläufigen Insolvenzverwalters unberechtigt und der Sicherungsnehmer behält seinen Anspruch auf Ersatzaussonderung. **26**

bb) Auskehr der zur Masse geflossenen Gegenleistung

Wenn die Gegenleistung nicht mehr aussteht, kann der Aussonderungsberechtigte die Gegenleistung aus der Insolvenzmasse verlangen, soweit sie in der Masse unterscheidbar vorhanden ist (§ 48 S 2 InsO). Hier weicht der Wortlaut der Insolvenzordnung wesentlich vom Wortlaut der Regelung in § 46 S 2 KO ab. Während nach § 46 S 2 KO die Gegenleistung aus der Masse beansprucht werden konnte, wenn sie nach der Eröffnung des Verfahrens zu derselben eingezogen worden ist und, so die Rspr zu § 46 S 2 KO,[20] dort noch unterscheidbar vorhanden ist, reicht es nach der InsO nunmehr aus, wenn die Gegenleistung in der Masse unterscheidbar vorhanden ist. **27**

Nach der KO war eine Ersatzaussonderung der zur Masse geflossenen Gegenleistung damit nur möglich, wenn die Gegenleistung nach der Eröffnung des Konkursverfahrens zur Masse gelangt war. Jede Zahlung vor dem Tage der Eröffnung führte zum vollständigen Verlust des Ersatzaussonderungsrechts, dies selbst dann, wenn die Gegenleistung nach Konkursantragstellung und nach der Bestellung eines Sequesters eingegangen ist und noch unterscheidbar in der Masse vorhanden war.[21] Selbst wenn der Sequester der Veräußerung im Eröffnungsverfahren zugestimmt hat und die Gegenleistung vor der Eröffnung zum Vermögen des Schuldners gelangte, war eine Ersatzaussonderung ausgeschlossen. Aus der Änderung des Wortlautes gegenüber der KO kann für die InsO nur gefolgert werden, daß es für den Ersatzaussonderungsanspruch nicht auf den Zeitpunkt der Zahlung der Gegenleistung ankommt, sondern nur darauf, ob sich die Gegenleistung noch unterscheidbar in der Masse befindet. Dies deckt sich auch mit den Ausführungen des Rechtsausschusses zur Begr der Neufassung des § 48 InsO. Dort heißt es: „Diese Erweiterung entspricht § 46 KO. Abweichend von dieser Vorschrift der KO wird in der Ausschußfassung aber nicht verlangt, daß die Gegenleistung bei der Verfahrenseröffnung noch aussteht oder nach der Eröffnung eingezogen worden ist. Auch wenn der **28**

20 RGZ 98, 150; BGHZ 23, 307, 316; WM 1967, 1211 ff; BGH ZIP 1989, 118 ff.
21 BGHZ 130, 138; Vgl auch BGH ZIP 1998, 655 ff; Kuhn/Uhlenbruck, KO, § 46 Rn 1.

Schuldner schon vor der Verfahrenseröffnung die Gegenleistung eingezogen hatte, wenn diese aber in der Masse noch unterscheidbar vorhanden ist, erscheint die Ersatzaussonderung vom Surrogationsgedanken her gerechtfertigt."

29 Hieraus folgt, daß das Ersatzaussonderungsrecht auch dann geltend gemacht werden kann, wenn vor der Eröffnung des Verfahrens der Gegenstand des Aussonderungsrechts veräußert und auch noch vor der Eröffnung des Verfahrens die Gegenleistung in das Vermögen des Schuldners gelangt ist, soweit diese nur unterscheidbar in der Masse vorhanden ist.

30 Die Unterscheidbarkeit war in den Regelungen der KO kein im Wortlaut des Gesetzes benanntes Tatbestandsmerkmal. Die Rspr hat aber gleichwohl auch schon zur KO verlangt, daß die Gegenleistung noch unterscheidbar vorhanden sein muß, um einen Ersatzaussonderungsanspruch begründen zu können.[22] Unterscheidbarkeit wurde dann als gegeben angesehen, wenn der Konkursverwalter die Gegenleistung, ohne sie zuvor mit dem Vermögen der Konkursmasse zu vermengen, auf ein Sonderkonto genommen hat.[23] Unterscheidbarkeit ist aber auch gegeben, wenn die Gegenleistung auf das Bankkonto des Schuldners gelangt ist,[24] weil bei Beträgen, die vom Leistenden unmittelbar auf ein Bankkonto des Verwalters oder ein seiner Verfügung unterstelltes Konto des Gemeinschuldners gelangt sind, die Aussonderungsfähigkeit (Unterscheidbarkeit) durch die einzelnen Buchungen gegeben ist.[25] Es besteht dem Grunde nach keine Veranlassung das nunmehrige gesetzliche Tatbestandsmerkmal der Unterscheidbarkeit anders auszulegen.

31 Dies hat zur Folge, daß jedenfalls alle eingehenden Gegenleistungen, die auf das Konto des Gemeinschuldners gelangen, als unterscheidbar angesehen werden müssen, wenn jedenfalls die Verwaltungs- und Verfügungsbefugnis schon auf einen vorläufigen Verwalter übergegangen ist. Wie allerdings die Unterscheidbarkeit von den Gerichten in den Fällen angenommen wird, in denen die Gegenleistung vorher auf das Konto des Schuldners gelangt ist oder die Verwaltungs- und Verfügungsbefugnis nicht auf den vorläufigen Verwalter übertragen wurde, läßt sich auf der Grundlage der bisherigen Entscheidungen nicht vorhersehen. Man wird aber zu dem Ergebnis kommen müssen, daß alle Zahlungseingänge die nachvollzogen werden können, als noch unterscheidbar anzusehen sind. Nur in den Fällen in denen die Zahlung auf ein Konto des Schuldners gelangt ist, aber der Saldo des Kontos nur Ansprüche des Kreditinstitutes ausweist, wird man jedenfalls nicht mehr davon ausgehen können, daß die Gegenleistung noch vorhanden ist. Ein Anspruch auf Aussonderung nach § 48 S 2 InsO wäre dann nicht mehr gegeben.

---

22 RGZ 98, 150; BGHZ 23, 307, 316; BGH ZIP 1989, 118ff.
23 BGHZ 10, 384; 30, 185f.
24 BGH ZIP 1989, 118f.
25 Vgl schon *Raiser* VersR 1954, 203f; Kuhn/Uhlenbruck, KO, § 46 Rn 14; aA wohl BGH ZIP 1998, 655f.

Für den Fall, daß die Gegenleistung nach der Verfahrenseröffnung in die Insolvenzmasse gelangt ist und dort nicht mehr unterscheidbar vorhanden sein sollte, steht dem Aussonderungsberechtigten zwar kein Anspruch auf Ersatzaussonderung aber statt dessen ein Masseanspruch zu. Dieser folgt dann aus der ungerechtfertigten Bereicherung der Masse, so daß der Gläubiger eine Masseschuld nach § 55 Abs 1 Nr 3 InsO geltend machen kann.[26] **32**

2. Absonderung

Als Absonderung oder abgesonderte Befriedigung (§ 49 ff InsO) wird das Recht bezeichnet, Forderungen von Insolvenzgläubigern aus dem Verwertungserlös einzelner massezugehöriger Gegenstände zu befriedigen. Anders als der Aussonderungsberechtigte (§ 47 S 1 InsO) nimmt der Absonderungsberechtigte aber als Insolvenzgläubiger am Verfahren teil[27] (§ 38 InsO) und kann sich wegen der Nichtübernahme der Regelung des § 127 Abs 2 KO in die InsO nicht mehr außerhalb des gerichtlichen Verfahrens aus dem Sicherungsgut befriedigen. Hierdurch wird der von der InsO verfolgte Zweck der Verfahrensvereinheitlichung und -konzentration bes hervorgehoben.[28] Die absonderungsberechtigten Gläubiger werden deshalb auch an zahlreichen Stellen des Gesetzes in das Insolvenzverfahren einbezogen. **33**

Aufgrund ihrer Rechte aus dem Sicherungsgut können absonderungsberechtigte Insolvenzgläubiger in der Mehrzahl der Fälle das Sicherungsgut nicht aus dem Massebeschlag herauslösen. Die Verwertung übernimmt der Insolvenzverwalter und der Masse ist aus dem Verwertungserlös ein Anteil für die Kosten der Feststellung und der Verwertung der Absonderungsgegenstände zu zahlen. **34**

a) Die zur Absonderung berechtigenden Rechte

Welche Rechte zur Absonderung berechtigen ist einerseits unmittelbar in der Insolvenzordnung (§§ 49 bis 51 InsO) und andererseits in speziellen gesetzlichen Bestimmungen außerhalb der Insolvenzordnung geregelt. Dabei können Absonderungsrechte an unbeweglichen und beweglichen Gegenständen bestehen. **35**

aa) Absonderungsrechte an unbeweglichen Sachen

Die abgesonderte Befriedigung aus **unbeweglichem Vermögen** erfaßt Grundstücke und Miteigentumsanteile an Grundstücken, grundstücksgleichen Rechten und auch das mithaftende bewegliche Vermögen, auf das sich bei Grund- **36**

26 Zur KO insoweit: RGZ 98, 150; BGHZ 23, 307, 316; BGH ZIP 1989, 118 ff.
27 *Lwowski/Heyn* WM 1998, 473.
28 Vgl *Uhlenbruck* Das neue Insolvenzrecht, 46; *Lwowski/Heyn* WM 1998, 473.

stücken die Hypothek erstreckt (§§ 49 InsO iVm 864 Abs 1, 2, 865 ZPO, 1120ff BGB).

37 Der abgesonderten Befriedigung aus beweglichem Vermögen (§§ 50, 51 InsO) sind die Pfandrechte und sonstigen Sicherungsrechte an Sachen und auch Forderungen unterworfen.

bb) Vertragspfandrechte

38 **Vertragliche Pfandrechte** haben in Insolvenzverfahren in der Vergangenheit regelmäßig nur eine untergeordnete Bedeutung erlangen können. Dies hängt damit zusammen, daß zur Erlangung eines Pfandrechtes regelmäßig die Besitzerlangung durch den Sicherungsnehmer erforderlich ist und der Sicherungsgeber nach der Verpfändung das Sicherungsgut für seinen Geschäftsbetrieb nicht mehr nutzen kann. Wirtschaftliche Bedeutung hat das Pfandrecht somit nur in Ausnahmefällen.

39 Auch die **Verpfändung von Forderungen** bedarf zu ihrer Wirksamkeit der Anzeige an den Drittschuldner, so daß diese in der Praxis durch die stille Globalzession verdrängt worden ist. Lediglich in den Fällen, in denen die Anzeige an den Drittschuldner entbehrlich ist, vermag die Forderungsverpfändung noch zu Bedeutung gelangen. Dies ist insbes der Fall, wenn der Drittschuldner auch der Sicherungsnehmer ist, so daß insbes die Pfandrechte zur Absicherung der Forderungen einer Bank gegen den eigenen Kunden an Forderungen des Kunden gegen die Bank nach den AGB der Banken wirtschaftliche Bedeutung erlangen kann.

cc) Gesetzliche Pfandrechte

40 Neben den vertraglichen Pfandrechten gewähren auch die **gesetzlichen Pfandrechte** ein Recht zur abgesonderten Befriedigung. Dabei müssen alle Entstehungsvoraussetzungen vor der Eröffnung des Insolvenzverfahrens erfüllt worden sein. Als gesetzliche Besitzpfandrechte sind im übrigen diejenigen des Werkunternehmers (§ 647 BGB), die Pfandrechte des Kommissionärs (§ 397 HGB), des Spediteurs (§ 410 HGB), des Lagerhalters (§ 421 HGB) und des Frachtführers (§ 440 HGB), ferner das Pfandrecht des Grundstückspächters an den in seinen Besitz gelangten Inventarstücken (§§ 583, 585 Abs 2 BGB) zu nennen.

41 Als **besitzloses gesetzliches Pfandrecht** sei hier nur das des Vermieters (§§ 559, 580 BGB) und das entspr Recht des Verpächters (§§ 581 Abs 2, 559, 592 BGB) genannt. Diese Pfandrechte haben durch die Regelungen in § 50 Abs 2 InsO eine Einschränkung erfahren. Eine abgesonderte Befriedung kann der Vermieter/Verpächter danach nur für die Zeit der letzten zwölf Monate vor der Eröffnung des Insolvenzverfahrens verlangen und das Pfandrecht gewährt in der Insolvenz auch kein Recht auf abgesonderte Befriedigung wegen Schadenersatzansprüchen aufgrund der etwaigen vorzeitigen Kündigung des Mietverhältnisses durch den Verwalter.

Besitzlose Pfandrechte kennt das nationale Recht außerdem noch für den Pachtkreditgeber (§§ 1, 3 PachtKredG), den Düngemittellieferanten (§ 2 Abs 4 DüngemittelG) und den Lieferanten von anerkanntem Saatgut.[29] Das besitzlose Pfandrecht nach dem Recht der ehemaligen DDR (§§ 448ff ZGB, § 14 KreditVO) dürfte im Zeitpunkt des Inkrafttretens der Insolvenzordnung keine maßgebliche wirtschaftliche Bedeutung mehr haben, da es nur bis zum 3.10. 1990 an den bis dahin vom Verpfänder erworbenen Gegenständen bestellt werden konnte.[30] 42

dd) Pfändungspfandrechte

Neben den vertraglichen und gesetzlichen Pfandrechten gewähren auch **Pfändungspfandrechte** ein Recht zur abgesonderten Befriedigung (§ 50 Abs 1 InsO). Damit der Pfändungspfandgläubiger aber ein Recht auf abgesonderte Befriedigung geltend machen kann, muß die Pfändung mindestens einen Monat vor dem Antrag auf Eröffnung des Insolvenzverfahrens bewirkt sein (§§ 139, 88 InsO). 43

ee) Zurückbehaltungsrechte

Zurückbehaltungsrechte gewähren nach § 51 Ziff 2 InsO nur dann ein Absonderungsrecht, soweit diese wegen werterhöhender Aufwendungen geltend gemacht werden. Das allgem Zurückbehaltungsrecht nach § 273 BGB gewährt hingegen auch nach der Insolvenzordnung kein Recht auf abgesonderte Befriedigung. Dies hat zur Folge, daß der Gläubiger eine Leistung in die Insolvenzmasse zu erbringen hat, obwohl er mit seinen Ansprüchen auf die Quote verwiesen wird.[31] Anders ist dies nur wegen des kaufmännischen Zurückbehaltungsrechtes nach § 369 HGB. Dieses Zurückbehaltungsrecht gibt dem Gläubiger einen Anspruch auf Befriedigung aus den in seinen Besitz gelangten Gegenständen (§ 371 HGB) und steht deshalb den Besitzpfandrechten so nahe, daß die insolvenzrechtliche Gleichstellung dieser Rechte nach § 51 Nr 3 InsO naheliegend ist. 44

ff) Sonstige Absonderungsrechte außerhalb der Insolvenzordnung

Absonderungsrechte stehen im übrigen dem Steuerfiskus zu, soweit ihnen **zoll- und steuerpflichtige Sachen** nach den gesetzlichen Vorschriften als Sicherheit für öffentliche Abgaben dienen (§ 51 Nr 4 InsO). Es handelt sich hierbei insbes um Sicherungsrechte aus Verbrauchssteuern und Zöllen nach § 76 AO. 45

Außerhalb der Insolvenzordnung bestehen insbes Absonderungsrechte aus dem **Versicherungsvertragsgesetz**. So darf bei der **Versicherung für fremde Rechnung** (§§ 74ff VVG) der Versicherungsnehmer den Versicherungsschein 46

---

29 Kuhn/Uhlenbruck, KO, § 49 Rn 19.
30 BGH ZIP 1998, 257ff; BGH ZIP 1998, 171ff.
31 *Häsemeyer* Rn 18.20.

gegenüber dem insolventen Versicherten zurückhalten und sich aus dessen Entschädigungsforderung gegen den Versicherer vorweg befriedigen, wenn ihm Ansprüche gegen den Versicherten wegen der versicherten Sache zustehen (§ 77 VVG). Im übrigen kann ein Geschädigter, wenn der Schädiger eine **Haftpflichtversicherung** unterhält, hinsichtlich der Entschädigungsleistung gegen den Haftpflichtversicherer abgesonderte Befriedigung verlangen (§ 157 VVG). Dies gilt nach dem Wortlaut des Gesetzes unabhängig davon, ob es sich bei dem abgeschlossenen Versicherungsvertrag, um einen solchen handelt, der in Erfüllung einer gesetzlichen Verpflichtung (zB Kfz-Haftpflichtversicherung nach dem PflichtVersG) abgeschlossen wurde oder um eine freiwillige Versicherung (zB Privat- oder Berufshaftpflichtversicherung) handelt.

gg) Sicherungsübertragungen

47 Von maßgeblicher wirtschaftlicher Bedeutung sind die in § 51 Nr 1 InsO genannten Sicherungsrechte. Es handelt sich hierbei um all diejenigen Fälle, in denen der Schuldner zur Sicherung eines Anspruchs eine bewegliche Sache übereignet oder ein Recht übertragen hat. Hierunter fallen im wesentlichen die Sicherungsübereignung und die Sicherungsabtretung in ihren verschiedenen Erscheinungsformen.

α) Sicherungsübereignung

48 Die **Sicherungsübereignung** ist seit der Rspr des Reichsgerichts[32] als Sicherungsinstrument anerkannt. Die Sicherungsübereignung berechtigte auch schon nach den Regelungen der KO nur zur abgesonderten Befriedigung, da Sicherungseigentum wirtschaftlich als mit dem Pfandrecht vergleichbar angesehen worden ist.[33] Zur Wirksamkeit der Sicherungsübereignung ist einerseits die dingliche Einigung und andererseits entweder die Übergabe (§ 929 BGB), die Vereinbarung eines Besitzmittlungsverhältnisses (§ 930 BGB; zB eines treuhänderischen Verwahrungsvertrages) oder die Abtretung des Herausgabeanspruchs (§ 931 BGB) erforderlich. Die Sicherungsvereinbarung selbst stellt noch kein Besitzmittlungsverhältnis dar. Regelmäßig ist es aber ausreichend, wenn der Sicherungsgeber mit dem Sicherungsnehmer vereinbart, daß das Sicherungsgut dem Sicherungsgeber entweder leihweise zur Verfügung gestellt wird oder der Sicherungsgeber das Sicherungsgut für den Sicherungsnehmer verwahrt. Sicherungseigentum kann, wie jedes andere Eigentum, nur an individuell bestimmten Sachen begründet werden, bloße Bestimmbarkeit reicht nicht aus.[34] Deshalb ist bei der Abfassung solcher Verträge der Bezeichnung der Sicherungsgegenstände bes Aufmerksamkeit zuzuwenden. An der notwendigen Bestimmtheit fehlt es, wenn außerhalb des Vertrages liegende Umstände zur Klar-

---

32 Vgl insbes RGZ 24, 45ff; 26, 180ff.
33 RGZ 145, 73 mwN; BGH NJW 1959, 939; WM 1965, 85; Kuhn/Uhlenbruck, KO, § 43 Rn 15c mwN.
34 Vgl Kuhn/Uhlenbruck, KO, § 43 Rn 18; RGZ 132, 187; BGHZ 21, 55; 28, 19.

stellung herangezogen müssen.[35] Es ist also zu beachten, daß beispielsweise bei der Übereignung eines Warenlagers mit wechselndem Bestand, die bei Vertragschluß vorhandenen Sachen eindeutig bestimmt sind und hinsichtlich der neu hinzukommenden Sachen durch ein einfaches, nach außen erkennbares Geschehen im Zeitpunkt des Eigentumswechels, für jeden Kenner der Abreden ohne weiteres ersichtlich ist, welche Sachen nachträglich zur Übereignung gelangen sollen. Dabei ist es aber unschädlich, wenn die Übereignung der Sicherungsgüter unter der Verwendung von Sammelbezeichnungen wie „Rohmaterial, Halbzeug und Fertigfabrikaten" erfolgt.[36]

Eine Sicherungsübereignung wäre ungeachtet der Bestimmtheit der Sicherungsgegenstände aber auch unwirksam, wenn sich der Sicherungsgeber für die gesicherten Forderungen Sicherungsgegenstände übertragen läßt, die deren Wert erheblich übersteigen. Die in einer solchen Übertragung liegende Übersicherung kann sittenwidrig und damit nach § 138 BGB unwirksam sein. Hierfür ist objektiv erforderlich, daß eine übermäßige Einschränkung der Bewegungsfreiheit des Sicherungsgebers vorliegt,[37] die beispielsweise dann angenommen wird, wenn sich der Sicherungsnehmer Vorteile gewähren läßt, die nach Art und Umfang in keinem Verhältnis zu seinem Sicherungsbedürfnis stehen.[38] Von einer solchen Übersicherung wird man in Anlehnung an die gesetzlichen Regelungen der §§ 232ff BGB aber erst ausgehen können, wenn die dort für den Fall der Einräumung von Sicherungsrechten aufgeführten Sicherungsgrenzen erheblich überschritten werden.[39] Wobei man bei der Sicherungsübereignung von Waren und bei einer Globalzession von einer sittenwidrigen Übersicherung allenfalls dann sprechen kann, wenn der realisierbare Wert der Sicherheiten schon im Zeitpunkt des Vertragsschlusses mindestens 150% der Summe der gesicherten Forderungen ausmacht. **49**

In subjektiver Hinsicht ist ein Handeln in verwerflicher Gesinnung erforderlich.[40] So muß der Sicherungsnehmer, der sich Sicherungsrechte einräumen läßt, wissen, daß seine Sicherung für den Sicherungsgeber nachteilige Folgen hat.[41] Der subjektive Tatbestand ist auch erfüllt, wenn sich die Vertragspartner grob fahrlässig und gewissenlos der Erkenntnis verschlossen haben, daß Dritte getäuscht und geschädigt werden.[42] **50**

Eine formularmäßig vereinbarte Sicherungsübereignung kann nicht nur wegen Sittenwidrigkeit unwirksam sein, sondern auch wenn sie den Sicherungsgeber **51**

35 BGHZ 21, 56; BGH ZIP 1998, 257, 260.
36 BGHZ 28, 17, 22/23.
37 BGHZ 7, 111.
38 BGH WM 1966, 13; 1965, 84; 1961, 5; BGH BB 1981, 2024; BGH ZIP 1984, 37; BGH ZIP 1994, 939; BGH ZIP 1998, 235, 239; BGH ZIP 1998, 684f.
39 Vgl *Liebelt-Westphal* ZIP 1997, 230ff; *Canaris* ZIP 1997, 813, 825; BGH ZIP 1998, 684f.
40 BGH ZIP 1998, 684f.
41 BGH LM § 138 BGB C b Nr 11.
42 BGHZ 10, 233.

unangemessen benachteiligt (§ 9 AGBG). Dies wurde von der Rspr teilweise schon dann angenommen, wenn der Verwender im Sicherungsvertrag nicht durch eine Klausel, unter welchen Voraussetzungen er die Sicherungsgegenstände freizugeben hat, Vorkehrungen gegen eine nach Vertragschluß mögliche Übersicherung trifft.[43] Die Frage, ob eine solche Freigabeklausel zur Wirksamkeit einer Sicherungsübertragung erforderlich ist und wie diese ausgestaltet werden muß, hat zu einer umfangreichen und auch gegensätzlichen Diskussion in Rspr[44] und Literatur[45] geführt, die erst mit dem Beschluß des Großen Senates des Bundesgerichtshofes[46] zu einem jedenfalls vorläufigen Ende gekommen ist. Nach dem Großen Senat des BGH ist eine Sicherungsübertragung nunmehr auch dann als wirksam anzusehen, wenn im Vertrag keine Vereinbarung über die Rückübertragung des Sicherungsgutes enthalten ist, da der Anspruch auf Rückübertragung aus der Rechtsnatur des Sicherungsvertrages folge und deshalb im Vertrag nicht gesondert vereinbart werden müsse.[47] Für den Fall, daß im Vertrag eine Freigabeklausel enthalten ist, die die Interessen des Sicherungsgebers nicht hinreichend wahren sollte, ist nicht die Vereinbarung insgesamt unwirksam, sondern lediglich die Freigabeklausel.[48] Es tritt sodann an deren Stelle der gesetzliche Freigabeanspruch. Bei Sicherungsübereignungen soll eine Freigabe dann verlangt werden können, wenn der Marktwert der Sicherungsgegenstände mehr als 150 % des Wertes der gesicherten Forderungen ausmacht.[49] Wenn die Waren keinen Marktwert haben, gelten hilfsweise der Einkaufspreis oder die Herstellungskosten.[50] Dabei sind Sicherungsrechte Dritter abzuziehen und die Mehrwertsteuerbelastung des Sicherungsnehmers hinzuzusetzen.[51]

β) Eigentumsvorbehalt

52 Der **einfache Eigentumsvorbehalt** gewährt dem Verkäufer kein Recht auf Befriedigung aus dem Verwertungserlös, sondern einen Ausspruch auf Aussonderung (so Rn 12ff). Anders ist dies aber beim sogenannten verlängerten und dem erweiterten Eigentumsvorbehalt.

53 Der **verlängerte Eigentumsvorbehalt** verfolgt einen doppelten Zweck. Er soll es dem Käufer ermöglichen, über den Kaufgegenstand auch schon vor der

---

43 BGH ZIP 1996, 957; ZIP 1996, 1429 jeweils mwN.
44 BGH ZIP 1996, 957; BGH ZIP 1996, 1429ff; BGH ZIP 1997, 234ff; BGH ZIP 1997, 632ff.
45 *Pfeiffer* ZIP 1997, 49; *Nobbe* ZIP 1996, 657; *Canaris* ZIP 1996, 1109; ders ZIP 1997, 813ff; *Serick* ZIP 1995, 789; ders BB 1996, 857; *Ganter* ZIP 1994, 257; *Trapp* NJW 1996, 2914; Liebelt-Westphal ZIP 1996, 230.
46 BGH GS ZIP 1998, 235ff.
47 BGH GS ZIP 1998, 235, 237ff.
48 BGH GS ZIP 1998, 235, 238.
49 BGH GS ZIP 1998, 235, 243.
50 BGH GS ZIP 1998, 235, 242.
51 BGH GS ZIP 1998, 235, 242/243.

Kaufpreiszahlung zu verfügen oder ihn zu verarbeiten und andererseits dem Verkäufer eine Sicherung der Kaufpreisforderung ermöglichen. Dem Erwerber wird es gestattet, die Sache auch schon vor der vollständigen Tilgung des Kaufpreises zur veräußern (§ 185 Abs 1 BGB), wobei sich der Verkäufer durch eine Vorausabtretung der aus der Weiterveräußerung entstehenden Forderung sichert.[52] Bei der Gestattung der Verarbeitung der Kaufsache erlaubt der Verkäufer dem Erwerber die vorzeitige Verarbeitung der Kaufsache bei gleichzeitiger Eigentumsverschaffung der neu hergestellten Sache. Hiermit wird der Veräußerer zum Hersteller iSd § 950 BGB, so daß ihm mit der Verarbeitung automatisch das Eigentum an der neu hergestellten Sache zufällt.[53] Für diese Formen des Eigentumsvorbehalts war es schon nach der KO anerkannt, daß der Verkäufer nur ein Recht auf abgesonderte Befriedigung, nicht aber auf Aussonderung hat;[54] hieran hat sich mit den Neuregelungen in der InsO nichts geändert.[55]

Dies gilt auch für den sog **erweiterten Eigentumsvorbehalt**, bei dessen Vereinbarung sich der Verkäufer das Eigentum an der Kaufsache vorbehält, bis nicht nur der Kaufpreis aus dem gelieferten Gegenstand getilgt ist, sondern auch noch andere Forderungen aus der Geschäftsverbindung bezahlt worden sind.[56] In der Vergangenheit war es streitig, ob der Übergang des Eigentums auf den Käufer auch davon abhängig gemacht werden konnte, daß der Käufer nicht nur seine Verbindlichkeiten gegenüber dem Verkäufer, sondern auch an andere mit dem Verkäufer im Unternehmensverbund stehende Gesellschaften erfüllt hat (sog Konzernvorbehalt).[57] Da mit Inkrafttreten der InsO ein Eigentumsvorbehalt nichtig ist (§ 455 Abs 2 BGB nF), soweit der Eigentumsübergang davon abhängig gemacht wird, daß der Käufer Forderungen eines Dritten, insbes eines mit dem Verkäufer verbundenen Unternehmens erfüllt, geht das Eigentum ungeachtet solcher Drittforderungen gleichwohl über. Sollte nach dem Inkrafttreten der InsO ein solcher Konzernvorbehalt gleichwohl noch vereinbart werden, entfaltet er somit keine Wirkung; Absonderungsrechte könnten insoweit nicht geltend gemacht werden. Hiervon wird aber weder die Wirksamkeit des Kaufvertrages noch die Wirksamkeit des ansonsten vereinbarten Eigentumsvorbehaltes berührt, da nach der Neufassung des § 455 Abs 2 BGB der Eigentumsvorhalt nur „insoweit“ nichtig ist, als er gesicherte Forderungen Dritter betrifft.[58] Wegen eigener Forderungen, ob aus der Veräußerung des ab- **54**

52 Vgl BGHZ 20, 159, 163ff.
53 Vgl BGHZ 20, 159, 163ff.
54 Kuhn/Uhlenbruck, KO, § 43 Rn 36.
55 Begr zu § 58 RegEntw abgedruckt in Balz/Landfermann S 129f; Haarmeyer/Wutzke/Förster, Kap 5 Rn 272; *Gottwald/Adolphsen* Kölner Schrift zur InsO, 805, 809.
56 Vgl Begr zu § 58 RegEntw abgedruckt in Balz/Landfermann S 129f; Haarmeyer/Wutzke/Förster, Kap 5 Rn 272; *Gottwald/Adolphsen* Kölner Schrift zur InsO, 805, 809.
57 Vgl *Mittmann*, NJW 1973, 1108; Kilger/K.Schmidt § 17 KO Anm 3d.
58 RegEntw zu Art 33 Nr 17 EG InsO abgedruckt in Balz/Landfermann S 535ff.

zusondernden Gegenstandes oder anderer Verkäufe, kann der Verkäufer also seine Absonderungsrechte geltend machen.

γ) Globalzession

55 Die **Globalzession** dient, ähnlich wie die Sicherungsübereignung, regelmäßig der Sicherung der Geldkreditgeber. Mit einer Globalzession tritt der Sicherungsgeber eine Anzahl gegenwärtiger und künftiger Forderungen an den Sicherungsnehmer zur Absicherung von Forderungen ab. Anders als bei der Sicherungsübereignung muß die abgetretene Forderung im Vertrag aber nicht bestimmt bezeichnet werden. Es ist ausreichend, wenn die abgetretenen Forderungen in bestimmbarer Weise bezeichnet werden.[59] Es können also zur Bestimmung der Sicherungsrechte auch Umstände herangezogen werden, die außerhalb des Vertrages liegen. Auch die Globalzession gibt dem Sicherungsnehmer in der Insolvenz des Sicherungsgebers ein Absonderungsrecht. Hinsichtlich der Wirksamkeit der Globalzession (Übersicherung und Freigabeklausel) gelten im wesentlichen die gleichen Grundsätze wie auch bei der Sicherungsübereignung. Auch bei der Globalzession muß keine Freigabeklausel vereinbart werden, damit diese wirksam ist. Selbst eine unangemessene Freigabeklausel führt nur zur Unwirksamkeit der Freigaberegel. Der Sicherungsgeber kann dann ungeachtet der Regelung im formularmäßigen Sicherungsvertrag die Freigabe verlangen, wenn der Wert der gesicherten Forderung um 150% des Nominalwertes der abgetretenen Forderung ausmacht.[60] Auch hier sind Rechte Dritter und etwaige Einwendungen an den Forderungen vom Nominalwert abzuziehen[61]

b) Teilnahme der absonderungsberechtigten Gläubigers am Insolvenzverfahren

56 Auch absonderungsberechtigte Gläubiger nehmen am Insolvenzverfahren teil und müssen ihre Rechte im Verfahren geltend machen, wenn sie auch eine persönliche Forderung gegen den Schuldner haben. Wenn sie keine vollständige Befriedigung aus dem Sicherungsgut erlangen können, nehmen sie insoweit in Höhe des Ausfalles an der Schlußverteilung teil und ihnen steht ein Stimm- und Antragsrecht in Gläubigerversammlungen zu.

aa) Forderungsanmeldung

57 Anders als der aussonderungsberechtigte Gläubiger steht dem absonderungsberechtigten Gläubiger regelmäßig nicht nur ein Anspruch an einem Vermögensgegenstand des Schuldners zu, er hat auch schuldrechtliche Ansprüche auf Zahlung gegen den Schuldner, die durch sein dingliches Recht gesichert werden. Nach § 52 InsO sind diese Gläubiger auch Insolvenzgläubiger, soweit der Schuldner ihnen auch persönlich haftet. Zur Befriedigung aus der Insolvenz-

59 BGHZ 7, 365, 367; 26, 185, 189; BGH ZIP 1997, 678.
60 BGH GS ZIP 1998, 235, 242f.
61 BGH GS ZIP 1998, 235, 242f.

masse sind sie aber nur berechtigt, soweit sie auf eine abgesonderte Befriedigung verzichten oder bei ihr ausgefallen sind. Diese Gläubiger sollten also ihre Forderungen ungeachtet des Sicherungsrechtes auch binnen der vom Insolvenzgericht gesetzten Frist zur Aufnahme in das Vermögensverzeichnis beim Verwalter anmelden (§ 28 InsO).

Im übrigen müssen absonderungsberechtigte Gläubiger nach § 28 Abs 2 InsO 58 dem Insolvenzverwalter unverzüglich mitteilen, welche Sicherungsrechte sie an beweglichen Sachen oder an Rechten des Schuldners in Anspruch nehmen. Es sind hierbei der Gegenstand, an dem das Recht beansprucht wird, die Art und der Entstehungsgrund des Sicherungsrechts sowie die gesicherte Forderung zu bezeichnen. Sinn und Zweck dieser Regelung ist, daß dem Insolvenzverwalter so bald wie möglich bekannt werden soll, welche Sicherungsrechte bestehen, da dies häufig aus den Unterlagen des Schuldners nicht ersichtlich ist.[62] Unterläßt der absonderungsberechtigte Gläubiger diese Anzeige schuldhaft oder gibt er sie nicht unverzüglich ab, haftet er gegenüber der Masse aus einem daraus entstandenen Schaden (§ 28 Abs 2 S 3 InsO). Ein solcher Schaden kann beispielsweise dadurch entstehen, daß die Sache, wenn sie auf die Anzeige hin in den Besitz des Verwalters gelangt wäre, vor Beschädigung oder Untergang bewahrt worden wäre. Einen Schadenersatzanspruch gegen den Gläubiger kann es aber nur dann geben, wenn er die Anzeige schuldhaft nicht oder verspätet erstattet hat und darüber hinaus sein Versäumnis kausal für einen später eingetretenen Masseschaden geworden ist.[63]

bb) Teilnahme mit der gesicherten Forderung an Verteilungen

Ein gesicherter Gläubiger nimmt am Insolvenzverfahren nur teil, soweit er auf 59 eine abgesonderte Befriedigung verzichtet hat oder bei ihr ausgefallen ist (§ 52 InsO). Den Verzicht erklären bzw den Ausfall nachweisen muß er gegenüber dem Insolvenzverwalter innerhalb einer Ausschlußfrist von zwei Wochen nach der öffentlichen Bekanntmachung des Schlußtermins (§ 190 Abs 1 iVm § 189 Abs 1 InsO). Erklärt der absonderungsberechtigte Gläubiger seinen Verzicht nicht rechtzeitig oder weist er dem Verwalter den Ausfall nicht binnen der Frist nach, wird seine Forderung bei der Verteilung nicht berücksichtigt (§ 190 Abs 1 S 2 InsO). Den Nachweis eines Ausfalles wird der absonderungsberechtigte Gläubiger regelmäßig nur führen können, wenn er die Verwertung selbst betreiben konnte. In den Fällen in denen der Insolvenzverwalter die Verwertung übernommen hat, ist von ihm der Ausfall festzustellen. Er hat erforderlichenfalls die entspr Beträge festzustellen und ggf eine Schätzung vorzunehmen (§ 190 Abs 3 InsO).

Kommt es im Laufe des Insolvenzverfahrens zu Abschlagsverteilungen, so 60 kann die Forderung eines absonderungsberechtigten Gläubigers berücksichtigt werden, wenn er im Falle der Selbstverwertung dem Verwalter nachweist, daß

62 Vgl Begr zu § 33 RegEntw (§ 28 Abs 2 InsO) abgedruckt in Balz/Landfermann S 108.
63 Vgl hierzu Kuhn/Uhlenbruck, KO, § 119 Rn 2ff.

die Verwertung betrieben wird und den Betrag des mutmaßlichen Ausfalles glaubhaft macht. Der auf die Forderung dieses Gläubigers entfallende Anteil wird bei der Abschlagsverteilung sodann zurückbehalten (§ 190 Abs 2 S 2 InsO). Wenn dieser Gläubiger bis zum Schlußtermin seinen endgültigen Ausfall nicht nachweisen kann, wird der zurückbehaltene Anteil auf andere Gläubiger verteilt (§ 190 Abs 2 S 3 InsO).

cc) Rechte der absonderungsberechtigten Gläubiger in Gläubigerversammlungen

61 Da anders als nach der KO (§ 4 Abs 2 KO) der absonderungsberechtigte Gläubiger am Verfahren teilnimmt, gesteht ihm die InsO auch ausdrücklich ein Stimmrecht in Gläubigerversammlungen zu. Wie schon vorher nach der KO ist für die Mehrheitsbildung in Gläubigerversammlungen erforderlich, daß Beschlüsse nach der Mehrheit der Summe der Forderungen der abstimmenden Gläubiger gefaßt werden (§ 76 Abs 2 InsO). Bei den Gläubigern ohne Sicherungsrecht ist die Höhe der Forderung maßgeblich. Für absonderungsberechtigte Gläubiger bemißt sich das Stimmrecht nach dem Wert des Absonderungsrechts (§ 76 Abs 2 InsO). Ein absonderungsberechtigter Gläubiger kann somit einerseits insoweit an Abstimmungen teilnehmen als es dem Wert des Absonderungsrechts entspricht. Andererseits kann er, wenn die persönliche Forderung höher ist als der Wert des Absonderungsrechts, auch in Höhe des voraussichtlichen Ausfalles an Abstimmungen teilnehmen. IErg führt dies dazu, daß absonderungsberechtigte Gläubiger jedenfalls ein Stimmrecht in voller Höhe der persönlichen Forderung haben. Nur in den Fällen in denen im Insolvenzverfahren keine persönliche Forderung besteht und nur das Recht auf Absonderung geltend gemacht wird, ist allein der Wert des Sicherungsrechts maßgeblich. Dies kann beispielsweise dann der Fall sein, wenn die Ehefrau des Schuldners einen Kredit erhalten hat zu dessen Absicherung der in Vermögensverfall gefallene Ehemann eine Sicherheit bestellt hat.

c) Absonderungsrechte im Insolvenzplanverfahren

62 Eine der wesentlichen Neuerungen der InsO ist das Insolvenzplanverfahren. Nach den hierfür geltenden Bestimmungen der §§ 217ff InsO kann für die Befriedigung der absonderungsberechtigten Gläubiger und der Insolvenzgläubiger, die Verwertung der Masse und deren Verteilung an die Beteiligten eine von der InsO abweichende Regelung getroffen werden. Hiervon sind zwar grundsätzlich die Rechte der absonderungsberechtigten Gläubiger unberührt (§ 223 Abs 1 InsO), gleichwohl können aber auch deren Rechte eingeschränkt werden (§ 223 Abs 2 InsO).

63 Die Rechte der absonderungsberechtigten Gläubiger müssen somit, wenn eine vom Gesetz abweichende Regelung durch den Insolvenzplan erfolgen soll, im Insolvenzplanverfahren gesondert berücksichtigt werden.[64] So ist, wenn Ein-

---

64 Vgl hierzu auch Obermüller, WM 1998, 483ff.

griffe in die Rechte der absonderungsberechtigten Gläubiger vorgesehen sind, dies bei der Gruppenbildung zu berücksichtigen (§ 222 Abs 1 Nr 1 InsO). Im Insolvenzplan ist auch anzugeben, um welchen Bruchteil die Rechte gekürzt, für welchen Zeitraum sie gestundet oder sonst eingeschränkt werden sollen (§ 223 Abs 2 InsO). Zum Termin über die Abstimmung über den Plan sind die absonderungsberechtigten Gläubiger bes zu laden (§ 235 Abs 3 InsO). Bei der Abstimmung über den Insolvenzplan haben die absonderungsberechtigten Gläubiger ein Stimmrecht aus der persönlichen Forderung, soweit sie mit dem Sicherungsrecht voraussichtlich ausfallen (§ 237 Abs 1 InsO). Wenn im Insolvenzplan auch die Rechtsstellung der absonderungsberechtigten Gläubiger geregelt wird, haben die einzelnen Gläubiger ein Stimmrecht aus ihrem Sicherungsrecht nur dann, wenn die Absonderungsrechte vom Verwalter oder einem anderen Gläubiger nicht bestritten werden (§ 238 Abs 1 S 2 InsO). Im Falle eines Bestreitens des Absonderungsrechtes müssen die Anwesenden zunächst versuchen, sich über das Stimmrecht zu einigen. Gelingt dies nicht, entscheidet das Insolvenzgericht über das Stimmrecht (§§ 238 Abs 1 S 3 InsO iVm § 77 Abs 2 InsO).

Ein Insolvenzplan wird nur angenommen, wenn auch in der Gruppe der ab- **64**
sonderungsberechtigten Gläubiger die Mehrheit der abstimmenden Gläubiger dem Plan zustimmt und darüber hinaus die Summe der Ansprüche der zustimmenden Gläubiger mehr als die Hälfte der Summe der Ansprüche der abstimmenden Gläubiger beträgt (§ 244 Abs 1 InsO). Hinsichtlich der weiteren Einzelheiten[65] der Mehrheitsbildung wird auf die Ausführungen unter Kap 13 Rn 92ff verwiesen.

d) Sicherheitenverwertung im eröffneten Verfahren durch den Verwalter

Nach der KO sollte nach § 127 Abs 1 KO zwar grundsätzlich die Verwertungs- **65**
befugnis dem Verwalter auch für Gegenstände obliegen, an denen ein Absonderungsrecht bestand. Dies galt nur dann nicht, wenn zwischen dem absonderungsberechtigten Gläubiger und dem Schuldner vereinbart war, daß der Gläubiger sich aus dem Sicherungsgegenstand ohne gerichtliches Verfahren befriedigen könnte (§ 127 Abs 2 KO). Dies war in der Praxis die Regel, so daß die Verwertung durch den Verwalter zur Ausnahme geworden ist.[66]

Nach den Bestimmungen der §§ 166ff InsO soll nunmehr regelmäßig der Ver- **66**
walter die Verwertung übernehmen, wenn er im Besitz der Sicherungsgegenstände ist. Im Gegenzug mußte den absonderungsberechtigten Gläubigern aber ein Instrumentarium an die Hand gegeben werden, welches es ihnen erlaubt, gleichwohl auf die Verwertung Einfluß zu nehmen und ihre Rechte im Verfahren geltend machen zu können.

65 ausführlich auch: Obermüller, WM 1998, 483, 487ff.
66 Vgl Kuhn/Uhlenbruck, KO, § 127 Rn 1 mwN.

67 Welche Befugnisse und Verpflichtungen die Verfahrensbeteiligten treffen, richtet sich im wesentlichen danach, welcher der Verfahrensbeteiligten den Besitz am Sicherungsgut innehat.

aa) Immobilienverwertung

68 Die Verwertung unbeweglicher Gegenstände ist nunmehr in § 165 InsO geregelt, der inhaltlich im wesentlichen dem bisherigen § 126 KO entspricht. Aus § 165 InsO folgt, daß einerseits das Recht des gesicherten Gläubigers zur Betreibung der Zwangsversteigerung unberührt bleibt, gleichwohl aber auch der Insolvenzverwalter die Zwangsversteigerung des zur Masse gehörigen Grundstückes betreiben kann.

Mit dem Inkrafttreten der Insolvenzordnung treten aber auch einige Änderungen im Zwangsversteigerungsgesetz in Kraft, auf die hinzuweisen ist:

α) Einstellung der Zwangsversteigerung

69 Nach den Regelungen des künftigen § 30 d ZVG ordnet das Insolvenzgericht auf Antrag des Verwalters die einstweilige Einstellung an, wenn der Berichtstermin noch bevorsteht, das Grundstück für die Fortführung des Unternehmens oder für die Vorbereitung der Veräußerung des gesamten Betriebes oder einer Gesamtheit von Gegenständen benötigt wird, durch die Versteigerung die Durchführung eines Insolvenzplans gefährdet oder in sonstiger Weise durch die Versteigerung die angemessene Verwertung der Insolvenzmasse wesentlich erschwert würde. Ein auf diese Gründe gestützter Antrag eines Insolvenzverwalters ist vom Gericht nur dann abzulehnen, wenn die einstweilige Einstellung dem Gläubiger unter Berücksichtigung seiner wirtschaftlichen Verhältnisse nicht zuzumuten ist.

70 Da für den Fall, daß das Zwangsvollstreckungsgericht einem solchen Antrag eines Verwalters stattgibt, der gesicherte Gläubiger aus seiner Sicherheit nicht vorgehen kann, ist in dem künftigen § 30 e ZVG ein Nachteilsausgleich vorgesehen. So muß das Zwangsvollstreckungsgericht mit der Einstellung die Auflage verbinden, daß dem betreibenden Gläubiger für die Zeit nach dem Berichtstermin die laufend geschuldeten Zinsen binnen zwei Wochen nach Eintritt der Fälligkeit aus der Insolvenzmasse gezahlt werden (§ 30 e Abs 1 ZVG). Der Zinssatz richtet sich nach den vertraglichen (schuldrechtlichen) Vereinbarungen. Auf die Höhe der dinglichen Zinsen kommt es nicht an.[67] Wenn der Verwalter das Grundstück für die Insolvenzmasse benötigt und hierfür benutzt, ordnet das Gericht auf Antrag des betreibenden Gläubigers die Auflage an, daß der entstehende Wertverlust von der Einstellung des Zwangsversteigerungsverfahrens an, durch laufende Zahlungen aus der Insolvenzmasse an den Gläubiger auszugleichen ist (§ 30 e Abs 2 ZVG).

67 Obermüller/Hess, InsO, Rn 808.

Die vorgenannten Anordnungen muß das Zwangsvollstreckungsgericht nur dann nicht treffen, soweit nach der Höhe der Forderung sowie dem Wert und der sonstigen Belastung des Grundstücks der betreibende Gläubiger nicht mit einer Befriedigung aus dem Versteigerungserlös rechnen kann (§ 30 e Abs 3 ZVG). Dies heißt, daß wirtschaftlich nicht der Kapitalbetrag der gesicherten Forderung für die Verzinsung maßgeblich ist, sondern der voraussichtliche Wert der Sicherheit, soweit der Gläubiger mit einer Befriedigung hieraus rechnen kann. Das Zwangsversteigerungsgesetz regelt in der vorgenannten Vorschrift allerdings nicht, wann damit zu rechnen ist, daß der betreibende Gläubiger nicht mit einer Befriedigung rechnen kann. Man wird aber davon ausgehen müssen, daß mit einer Befriedigung nur für diejenigen Gläubiger gerechnet werden kann, deren Rechte mit einem voraussichtlichen Versteigerungserlös in Höhe des Verkehrswertes abzüglich Versteigerungskosten befriedigt werden. Für diejenigen Gläubiger, für die diese Prämisse nicht zutrifft, muß das Zwangsvollstreckungsgericht keine Anordnung nach § 30 e Abs 1 und/ oder 2 treffen. 71

Keine Regelungen enthält das Gesetz für den Fall, daß die ursprünglichen Erwartungen nicht eintreffen. Im Zwangsversteigerungsgesetz ist weder der Fall geregelt, daß der Verkehrswert in der Versteigerung entweder übertroffen oder aber, was in der Praxis wahrscheinlicher ist, nicht realisiert wird. Es stellt sich also die Frage, ob im Falle eines Mindererlöses diejenigen dinglich gesicherten Gläubiger, die Zahlungen nach § 30 e Abs 1 und/oder 2 erhalten haben, diese im Verhältnis des Mindererlöses zurückerstatten müssen und ob diejenigen Gläubiger, die keine Zahlungen erhalten haben, diese nachfordern können, wenn der Versteigerungserlös höher als ursprünglich angenommen ist. Aus dem Wortlaut des § 30 e ZVG folgt, daß Ansprüche der dinglich gesicherten Gläubiger nur auf der Grundlage einer Anordnung des Zwangsvollstreckungsgerichtes entstehen können. Das Gericht hat nach § 30 e Abs 3 ZVG eine Prognoseentscheidung darüber zu treffen, welche Gläubiger mit einer Befriedigung rechnen können. Eine nachträgliche Anpassung der Entscheidung des Gerichts ist nicht vorgesehen. Dies spricht dafür, daß ein Ausgleich nicht verlangt werden kann, auch wenn sich nachträglich herausstellt, daß der Gläubiger gemessen am Versteigerungserlös zu viel oder zu wenig erhalten hat.[68] 72

In den Fällen allerdings, in denen der Gläubiger zu geringe Zinsbeträge erhalten hat, wird der später zu zahlende Verwertungserlös auf die ungeachtet der Insolvenz weiterlaufende Zinsen, auf die der Gläubiger keine Zahlung erhielt, verrechnet werden müssen. Sollte der Verwertungsbetrag somit nicht ausreichen, um die Zinsen und die Hauptforderung vollständig zu tilgen, fällt der Gläubiger mit einer entspr höheren Forderung aus und erhält hierauf letzlich noch seine Insolvenzquote.[69] 73

68 Ebenso Obermüller/Hess, InsO, Rn 810.
69 Vgl hierzu BGH ZIP 1997, 120ff zur KO; aA *Häsemeyer* Rn 18.78.

β) Einstellung der Zwangsverwaltung

74 Ebenso wie der Insolvenzverwalter die Einstellung der Zwangsversteigerung beim Zwangsvollstreckungsgericht beantragen kann, ist dies auch bei Anordnung einer Zwangsverwaltung möglich. Nach § 153 b ZVG kann dies geschehen, wenn der Verwalter glaubhaft macht, daß durch die Fortsetzung der Zwangsverwaltung eine wirtschaftlich sinnvolle Nutzung der Insolvenzmasse wesentlich erschwert wird. Hiermit kann der Verwalter verhindern, daß ihn die Grundpfandgläubiger im Wege der Zwangsverwaltung durch Vermietung oder Verpachtung des Grundstückes an einen Dritten zwingen, den Betrieb vorzeitig stillzulegen. Nach § 153 b Abs 2 ZVG muß das Gericht die Einstellung der Zwangsverwaltung aber mit der Auflage verbinden, daß die Nachteile, die den betreibenden Gläubiger aus der Einstellung erwachsen, durch laufende Zahlungen aus der Insolvenzmasse ausgeglichen werden.

bb) Mobilien im Besitz des Verwalters und zur Sicherheit zedierte Forderungen

75 Nach § 166 Abs 1 InsO ist der Insolvenzverwalter berechtigt, alle mit Absonderungsrechten belasteten beweglichen Gegenstände freihändig zu verwerten, wenn er die Sachen in seinem Besitz hat. Forderungen, die der Schuldner zur Sicherheit abgetreten hat, darf der Insolvenzverwalter einziehen oder in anderer Weise verwerten (§ 166 InsO).

α) Übergang des Verwertungsrechts auf den Verwalter

76 Dieser Übergang des Verwertungsrechtes an Mobilien bewirkt, daß die Gläubiger während des gesamten Insolvenzverfahrens nicht auf die Sicherheit zugreifen dürfen. Dieser Übergang des Verwertungsrechtes ist neben den von den gesicherten Gläubigern zu leistenden Kostenbeiträgen als Kernstück der Reform des Rechts der Mobiliarsicherheiten anzusehen.[70] Dem Verwertungsrecht des Verwalters unterfallen wirtschaftlich in erster Linie die vom Schuldner zur Sicherheit übereigneten Gegenstände und solche, an denen ein Pfändungs- oder besitzloses Pfandrecht bestellt worden ist. Nicht betroffen von dieser Regelung ist das vertragliche Pfandrecht, da § 1205 BGB zu seiner wirksamen Bestellung voraussetzt, daß die Sache dem Gläubiger übergeben wird.

77 Ein Verwertungsrecht steht dem Verwalter nach § 166 Abs 2 InsO auch zu, wenn der Schuldner eine Forderung zur Sicherung eines Anspruches abgetreten hat. Solche Forderungen darf der Verwalter einziehen oder in anderer Weise verwerten. Als Verwertung in anderer Weise kommt beispielsweise der Verkauf von Forderungen oder die Abtretung zur Einziehung an eine Factoring-Bank in Betracht.

---

70 *Gottwald/Adolphsen* Kölner Schrift zur InsO, 805ff.

Das Verwertungsrecht an Forderungen geht an den Verwalter mit der Eröffnung des Insolvenzverfahrens über. Eine Inbesitznahme wie bei körperlichen Gegenständen ist bei Forderungen nicht möglich und auch nicht für den Übergang des Verwertungsrechtes erforderlich. Der Verwalter kann also mit der Eröffnung des Verfahrens auch solche Forderungen zur Masse ziehen, hinsichtlich derer der Sicherungsnehmer die Abtretung den Drittschuldnern bereits angezeigt hatte. Dies kann in der Praxis auf Seiten der Drittschuldner zur Verunsicherung und damit zur Zahlungsverweigerung führen. Es sollten sich deshalb die Sicherungsnehmer und die Insolvenzverwalter über den Forderungseinzug abstimmen. In der Vergangenheit hat sich regelmäßig gezeigt, daß Insolvenzverwalter Forderungen einfacher geltend machen können als die Sicherungsnehmer. Dies rührt allein daher, daß sie Zugriff auf die erforderlichen Unterlagen und ggf Mitarbeiter des Schuldners haben und somit eher in der Lage sind, ggf streitige Forderungen beizutreiben. Hilfreich kann es aber sein, wenn der Sicherungsnehmer die entspr Gläubiger, denen er die Abtretung schon angezeigt hatte, darauf hinweist, daß Zahlung nunmehr an den Insolvenzverwalter zu leisten ist. 78

Kein Verwertungsrecht steht dem Insolvenzverwalter an **verpfändeten Forderungen** zu. Auf diese ist § 166 Abs 1 InsO nicht anwendbar, da sich diese Regelung nur auf bewegliche Sachen bezieht. § 166 Abs 2 InsO findet keine Anwendung, da diese Regelung nur die Sicherungsabtretung, nicht aber die Forderungsverpfändung umfaßt. Der Sicherungsnehmer kann also bei der Forderungsverpfändung die Einziehung selbst durchführen und muß auch keinerlei Kostenbeiträge an die Masse entrichten. 79

β) Unterrichtung des Gläubigers über das Sicherungsgut vor der Verwertung

Da die absonderungsberechtigten Gläubiger keinen Anspruch auf Herausgabe der Sicherungsgegenstände mehr haben, ihnen aber ein Eintrittsrecht (§ 168 InsO) und Rechte zum Schutz vor einer Verzögerung der Verwertung (§ 169 InsO) zustehen, hat der Gesetzgeber diesen Gläubigern einen Anspruch auf Unterrichtung durch den Insolvenzverwalter gewährt. 80

(1) Sachen

Nach § 167 Abs 1 InsO muß der Insolvenzverwalter den absonderungsberechtigten Gläubigern auf deren Verlangen Auskunft über den Zustand der Sache erteilen. Hieraus folgt zunächst, daß der Insolvenzverwalter zur Auskunftserteilung nur nach einer Aufforderung des absonderungsberechtigten Gläubigers verpflichtet ist. 81

Inhalt der Auskunft ist nach dem Wortlaut der Regelung allein der Zustand des Sicherungsgegenstandes. Unter dem Begriff des Zustandes wird man sowohl die qualitative als auch die quantitative Beschaffenheit des Sicherungsgegenstandes zu verstehen haben. Der Auskunftsanspruch richtet sich folglich auf In- 82 formationen über etwaige Beschädigungen, aber auch auf eine eventuell durchgeführte Verarbeitung, Vermengung, Vermischung oder Verbindung der Sache und ggf auch eine etwaige Weiterveräußerung. Damit der absonderungsberechtigte Gläubiger seine Rechte hinreichend wahrnehmen kann, wird man den Insolvenzverwalter auch als verpflichtet ansehen müssen, über das Vorhandensein von Sicherungsgegenständen in der Insolvenzmasse Auskunft zu erteilen.[71]

83 Nach § 167 Abs 1 S 2 kann der Insolvenzverwalter den absonderungsberechtigten Gläubigern aber auch gestatten, anstelle der Auskunft die Sache zu besichtigen. Der Insolvenverwalter kann sich somit seiner Auskunftspflicht dadurch entledigen, daß er dem gesicherten Gläubiger gestattet, sich selbst ein Bild vom Sicherungsgegenstand zu machen. In den Fällen allerdings, in denen der Verwalter die mit Absonderungsrechten belasteten Gegenstände veräußert hatte, bzw dies ggf auch vor der Eröffnung geschah, wird man ihn nach den allgem Grundsätzen nach wie vor als zur Auskunftserteilung verpflichtet ansehen müssen.[72]

84 Aus der in § 167 Abs 1 S 2 geregelten Ersetzungsbefugnis ergeben sich für den Sicherungsnehmer prozessuale Besonderheiten. Nach der gesetzlichen Regelung hat der Verwalter die Wahl, ob er selbst Auskunft erteilt oder dem Gläubiger die Befugnis gibt, die Sache zu besichtigen. Für den Fall, daß ein Insolvenzverwalter auf Aufforderung des Gläubigers weder die Auskunft erteilt, noch die Besichtigung gestattet, wird eine Stufenklage, gerichtet auf Auskunft und Zahlung hinsichtlich des Auskunftsantrages, um einen Hilfsantrag auf Besichtigung bzw Einsicht in die Geschäftsbücher, zu ergänzen sein, falls der Verwalter erst im Prozeß von seiner Ersetzungsbefugnis Gebrauch macht.

(2) Forderungen

85 Bei Forderungen, zu deren Einziehung der Verwalter berechtigt ist, steht den Gläubigern ein umfassender Auskunftsanspruch zu (§ 167 Abs 2 S 1 InsO). Auch hier kann der Insolvenzverwalter den Gläubiger aber darauf verweisen, selbst Einsicht in die Bücher und Geschäftspapiere des Schuldners zu nehmen (§ 167 Abs 2 S 2 InsO).

γ) Auskunft nach der Verwertung

86 Nach seinem Wortlaut befaßt sich § 167 InsO nur mit der Unterrichtungspflicht des Verwalters hinsichtlich der Sicherungsgegenstände, solange die Verwertung nicht erfolgt ist. Es stellt sich somit die Frage, ob diese Regelungen entweder entspr auf die Zeit nach der Verwertung und insbes deren Erlöse erstreckt oder ob hierfür die allgem Auskunftsansprüche aus den §§ 666, 675 BGB, bzw 260, 402, 242 BGB Anwendung finden. Da Auskunftsansprüche entweder unmittelbar aus § 167 oder aus den vorgenannten Ansprüchen resul-

71 Begr zu § 192 RegEntw (§ 167 InsO) abgedruckt in Balz/Landfermann S 276f.
72 Vgl *Lwowski/Heyn* WM 1998, 473f mwN.

tieren können, kann diese Frage letztlich dahingestellt bleiben. Maßgeblich ist allein, ob der Insolvenzverwalter unter Rückgriff auf die Bestimmungen in § 167 Abs 1 S 2 und § 167 Abs 2 S 2 InsO die absonderungsberechtigten Gläubiger darauf verweisen kann, selbst Einsicht in die Bücher und Geschäftspapiere des Schuldners bzw des Verwalters hinsichtlich der Verwertungserlöse nehmen. Letzterem dürfte nach dem Wortlaut des Gesetzes nunmehr wohl der Vorzug zu geben sein, wenn sich die Verwertungserlöse aus den Unterlagen des Verwalters entnehmen lassen.

cc) Mitteilung der Veräußerungsabsicht

Nach § 168 InsO ist der Insolvenzverwalter verpflichtet, den absonderungsberechtigten Gläubigern mitzuteilen, auf welche Weise der Gegenstand veräußert werden soll. Auf diese Weise soll vermieden werden, daß günstigere Verwertungsmöglichkeiten eines absonderungsberechtigten Gläubigers ungenutzt bleiben und der Gläubiger dadurch einen Schaden erleidet.[73] Nach Zugang der Mitteilung des Insolvenzverwalters kann der absonderungsberechtigte Gläubiger binnen einer Woche auf eine andere, für ihn günstigere Möglichkeit der Verwertung hinweisen. **87**

Hieraus folgt einerseits, daß der Insolvenzverwalter den absonderungsberechtigten Gläubiger vor wirksamem Abschluß eines Verkaufsvertrages über die wesentlichen Bedingungen der Veräußerung informieren muß. Die Mitteilung des Verwalters muß also konkrete Angaben über die Verwertungsart und deren Bedingungen insbes zu den Verkaufspreisen enthalten, um die Gläubiger in die Lage zu versetzen, auf günstigere Verwertungsmöglichkeiten hinzuweisen. **88**

Erfolgt ein Hinweis durch einen Gläubiger innerhalb der Wochenfrist oder rechtzeitig vor der Veräußerung, so hat der Verwalter die vom Gläubiger genannte Verwertungsmöglichkeit wahrzunehmen oder den Gläubiger so zu stellen, wie wenn er sie wahrgenommen hätte (§ 168 Abs 2 InsO). Bei der Wochenfrist handelt es sich nach der Formulierung des Gesetzes aber nicht um eine Ausschlußfrist. Aus dem Wortlaut des Gesetzes folgt ausdrücklich, daß der Hinweis nur rechtzeitig vor der Veräußerung dem Verwalter zugehen muß. Da der Verwalter einen Gläubigerhinweis auch dann noch berücksichtigen muß, wenn er nach Ablauf der Frist, aber rechtzeitig vor der Veräußerung eingeht, muß dieser Hinweis vom Verwalter also beachtet werden, bis er einen wirksamen Vertrag über die Veräußerung des Sicherungsgegenstandes abgeschlossen bzw seinerseits ein bindendes nicht mehr widerrufliches Vertragsangebot unterbreitet hat. **89**

Damit der Verwalter die andere Verwertungsmöglichkeit wahrnehmen kann, bzw es möglich ist, den Gläubiger so zu stellen, als wenn er sie wahrgenommen hätte, muß der Hinweis des Gläubigers auf andere Verwertungsmöglichkeiten inhaltlich hinreichend konkret sein. Der Verwalter muß aufgrund des Hinwei- **90**

73 Begr zu § 193 RegEntw (§ 168 InsO) abgedruckt in Balz/Landfermann S 277f.

ses in der Lage sein, eine vergleichende Schätzung von Kosten und Erlös der zur Auswahl stehenden Verwertungsmöglichkeiten anzustellen. Damit die Rechtsfolgen des § 168 Abs 2 InsO eintreten können, muß der absonderungsberechtigte Gläubiger dem Insolvenzverwalter folglich einen Kaufinteressenten namentlich benennen und auch die wesentlichen Konditionen bezeichnen, zu denen dieser bereit ist, den Kaufgegenstand zu erwerben. Nicht notwendig ist es, daß der Gläubiger bereits ein rechtlich bindendes Vertragsangebot des interessierten Dritten vorlegt. Dies folgt aus § 168 Abs 1 InsO, wonach der Gläubiger lediglich eine „günstigere Möglichkeit" der Verwertung benennen muß.

91 Nach § 168 Abs 3 S 2 InsO ist eine andere Verwertungsmöglichkeit auch dann günstiger, wenn die Verwertungskosten geringer sind. Es kommt somit nicht allein auf den Verkaufspreis an, sondern auch auf die mit der Verwertung zusammenhängenden Kosten.

92 Im übrigen hat der Gläubiger das Recht, den Sicherungsgegenstand zu den Konditionen zu übernehmen, zu denen sie der Insolvenzverwalter an einen Dritten veräußern wollte (§ 168 Abs 3 S 1 InsO).

dd) Verzinsung der gesicherten Forderungen

93 Der Verwalter hat gem § 159 InsO nach dem Berichtstermin unverzüglich das zur Insolvenzmasse gehörende Vermögen zu verwerten, soweit die Beschlüsse der Gläubigerversammlung dem nicht entgegenstehen. Den absonderungsberechtigten Gläubigern müssen ab dem Berichtstermin laufend die geschuldeten Zinsen aus der Insolvenzmasse gezahlt werden (§ 169 S 1 InsO). Die Verzinsung kann auch schon ab einem Zeitpunkt vor dem Berichtstermin beginnen. Dies ist dann der Fall, wenn der Gläubiger schon vor der Eröffnung des Insolvenzverfahrens aufgrund einer Anordnung nach § 21 InsO an der Verwertung des Sicherungsgegenstandes gehindert worden ist. In diesem Fall sind die geschuldeten Zinsen spätestens von dem Zeitpunkt an zu zahlen, der drei Monate nach dieser Anordnung liegt (§ 169 S 2 InsO). Die Zahlung dieser Zinsen ist nicht davon abhängig, ob der Verwalter schuldhaft die Verwertung verzögert.[74]

94 Aus dem Gesetz ergibt sich nicht, bis zu welchem Zeitpunkt die Verzinsung erfolgen muß. Man wird aber davon ausgehen müssen, daß die Zinsen dem absonderungsberechtigten Gläubiger solange gebühren, bis ihm aus der Masse der Verwertungserlös zugeflossen ist. Die Höhe des Zinssatzes bestimmt sich entweder nach dem zwischen dem Gläubiger und Schuldner vertraglich vereinbarten Zinssatz oder nach den gesetzlichen Regelungen.[75]

95 Ebenso wie bei der Verwertung von Immobilien entfällt der Zinsanspruch dann, wenn nach der Höhe der Forderung sowie dem Wert und der sonstigen Belastung des Sicherungsgegenstandes nicht mit einer Befriedigung des Gläubi-

---

74 *Lwowski/Heyn* WM 1998, 473, 479.
75 Lwowski/Heyn WM 1998, 473, 480.

gers aus dem Verwertungserlös zu rechnen ist (§ 169 S 3 InsO). Dies führt iErg zunächst dazu, daß auch hier nicht die schuldrechtliche Forderung, sondern der Wert der Sicherheit Grundlage der Verzinsung ist. Auch hier stellt sich die Frage, ob über die Verzinsung im Zeitpunkt des Berichtstermins eine Prognoseentscheidung über Verwertungsmöglichkeiten zu treffen ist und ob diese für den späteren Verfahrensfortgang bindet. Da kein Grund ersichtlich ist, warum durch Grundpfandrechte gesicherte Gläubiger anders behandelt werden sollen als Pfandrechtsgläubiger oder Sicherungseigentümer wird man auch bei diesen Gläubigern davon auszugehen haben, daß für die Frage der Bewertung der Zeitpunkt des Zinsbeginns maßgeblich ist.

Auch hier kann aber der Verwertungserlös zunächst auf die nicht bedienten Zinsforderungen und erst danach auf die Hauptforderung verrechnet werden, so daß der Gläubiger dessen Zinsforderungen nicht vollständig erfüllt werden, mit einer entspr höheren Forderung an der Schlußverteilung teilnimmt. **96**

ee) Erlösverteilung und Kostenbeteiligung des Gläubigers

Während nach den bisherigen Regelungen der KO die absonderungsberechtigten Gläubiger an den Verfahrens- und auch Verwertungskosten nicht beteiligt wurden, ist diesbezüglich mit der Insolvenzordnung eine Änderung eingetreten. Nach § 170 InsO sind nach der Verwertung einer beweglichen Sache oder einer Forderung durch den Insolvenzverwalter aus dem Verwertungserlös die Kosten der Feststellung und der Verwertung des Gegenstandes vorweg für die Insolvenzmasse zu entnehmen. Nur aus dem verbleibenden Betrag erfolgt unverzüglich die Befriedigung des absonderungsberechtigten Gläubigers (§ 170 Abs 1 InsO). **97**

Für den Fall, daß der Insolvenzverwalter einen Gegenstand, zu dessen Verwertung er nach § 166 InsO berechtigt ist, dem Gläubiger zur Verwertung überläßt, hat der Gläubiger aus dem von ihm erzielten Verwertungserlös einen Betrag in Höhe der Kosten der Feststellung sowie einer etwaig zu Lasten der Masse anfallenden Umsatzsteuer vorweg an die Masse abzuführen, § 170 Abs 2 InsO. **98**

Die Einzelheiten der Kostenbeteiligung sind in § 171 InsO geregelt.

α) Feststellungskosten

Nach § 171 Abs 1 InsO umfassen die Kosten der Feststellung die Kosten der tatsächlichen Feststellung des Gegenstandes und der Feststellung der Rechte an den Sicherungsgegenständen. Die hiermit verbundenen Kosten sind pauschal mit vier vom Hundert des Verwertungserlöses anzusetzen. Diese Pauschale gilt sämtliche hiermit verbundenen Kosten ab. Selbst wenn die Kosten höher oder geringer sein sollten, ist eine Anpassung nicht möglich. Dies ergibt sich daraus, daß in § 171 Abs 2 InsO ausdrücklich eine diesbezügliche Regelung enthalten ist, die in § 171 Abs 1 InsO fehlt. **99**

β) Verwertungskosten

100 Als Kosten der Verwertung sind nach § 171 Abs 2 S 1 InsO pauschal fünf vom Hundert des Verwertungserlöses anzusetzen. Es handelt sich bei diesen Kosten um die Kosten der Vorbereitung und Durchführung der Verwertung.[76] Diese Pauschale ist hingegen als widerlegliche Vermutung ausgestaltet. Nach § 171 Abs 2 S 2 InsO sind die tatsächlich entstandenen Kosten anzusetzen, wenn diese erheblich niedriger oder erheblich höher ausfallen. Wann die Abweichung als erheblich anzusehen ist, regelt das Gesetz nicht. Man wird aber davon ausgehen können, daß jedenfalls Abweichungen von mehr als 10% als erheblich angesehen werden müssen.[77]

γ) Umsatzsteuer

101 Nach der KO mußte der Konkursverwalter, der Sicherungsgegenstände verwertet hatte, den Verwertungserlös einschließlich der im Kaufpreis enthaltenen Umsatzsteuer an den absonderungsberechtigten Gläubiger herausgeben. Dies führte iErg dazu, daß die Masse mit diesen Beträgen doppelt in Anspruch genommen wurde.[78] Nach der nunmehrigen Regelung des § 171 Abs 2 S 3 InsO ist der Verwalter lediglich zur Auskehr des Nettoerlöses verpflichtet. Übernimmt der Gläubiger die Verwertung selbst, gilt dies ebenso. Er hat die entspr Beträge an die Masse zu entrichten.

δ) Erhaltungskosten

102 Die InsO enthält ebensowenig wie die KO oder die Gesamtvollstreckungsordnung Regelungen über die Frage, ob Kosten, die zur Erhaltung des Sicherungsgutes aufgewendet worden sind, von den Sicherungsnehmern erstattet werden müssen. Eine entspr Regelung im Regierungsentwurf (§ 195 Abs 1 S 1 RegEntw) ist nicht Gesetz geworden, weil die Insolvenzgerichte von Auseinandersetzungen über die Feststellung und die Höhe solcher Kosten freigehalten werden sollten.[79] Der Verwalter ist gleichwohl aufgrund seines Amtes verpflichtet, die Sicherungsgegenstände zu schützen und verbotene Eigenmacht Dritter abzuwehren. Er ist wird auch als verpflichtet angesehen, für Sicherungsgegenstände eine Versicherung abzuschließen oder aufrechtzuerhalten. Dies allerdings nur, wenn die Masse ausreicht, um die Prämien zu entrichten und wenn die Prämien in einem angemessenen Verhältnis zum Risiko stehen. So wird die grundsätzliche Pflicht angenommen, eine Feuerversicherung abzuschließen, selbst wenn aus der Verwertung kein Überschuß für die Masse zu erwarten ist.[80] Kommt man allerdings zu dem Ergebnis, daß der Verwalter zu

76 Begr zu § 195 RegEntw (§ 170 InsO) abgedruckt in Balz/Landfermann S 102.
77 Haarmeyer/Wutzke/Förster, Kap 5 Rn 293, gehen von 25% aus.
78 Kuhn/Uhlenbruck, KO, § 127 Rn 16f – 16 k.
79 Ausschußbericht zu § 195 RegEntw.
80 BGH ZIP 1988, 1411; Obermüller/Hess, InsO, Rn 788f.

solchen Erhaltungsmaßnahmen verpflichtet ist, steht der Insolvenzmasse gegen den Sicherungsnehmer auch ein Aufwendungsersatzanspruch nach den allgemeinen Grundsätzen nach § 670 BGB zu.

ff) Verwendung des Sicherungsgegenstandes durch den Verwalter

Hinsichtlich der seiner Verwertung unterliegenden Gegenstände, kann der Verwalter auch von einer sofortigen Verwertung absehen, wenn er die Sicherungsgegenstände anderweitig für die Masse nutzen will. Er ist dann aber verpflichtet, den hierdurch entstehenden Wertverlust, von der Eröffnung des Verfahrens an, durch laufende Zahlungen an den Sicherungsnehmer auszugleichen, § 172 Abs 1 S 1 InsO. Diese Verpflichtung zum Ausgleich besteht allerdings nur, wenn der durch die Nutzung entstehende Wertverlust die Sicherung des Gläubigers beeinträchtigt, § 172 Abs 1 S 2 InsO. Der Verwalter kann die Sicherungsgüter aber auch verbinden, vermischen und verarbeiten, soweit dadurch die Sicherung des Gläubigers nicht beeinträchtigt wird. Dies wird man nur dann annehmen können, wenn sich das Sicherungsrecht des Gläubigers am neuen Gegenstand fortsetzt. In diesem Falle hat der Gläubiger allerdings die Verpflichtung, die neue Sicherheit insoweit freizugeben, als sie den Wert der bisherigen Sicherheit übersteigt, § 172 Abs 2 InsO. **103**

Nach dem Wortlaut der InsO kann der Verwalter Sicherungsgegenstände allerdings nicht verbrauchen.[81] In diesem Falle muß er die gesicherte Forderung, jedenfalls in Höhe des Wertes des Sicherungsgegenstandes, begleichen oder sonst eine Vereinbarung mit dem Sicherungsnehmer treffen.[82] **104**

e) Ersatzabsonderung

Die InsO enthält, ebenso wie zuvor die KO, keine Regelungen zur Ersatzabsonderung. Die hierüber ursprünglich in § 60 des RegEntw enthaltene Bestimmung wurde nicht in das Gesetz aufgenommen. Dies unterblieb aber nicht deshalb, weil man keine Ersatzabsonderung zulassen wollte, sondern aus redaktionellen Gründen. Der Rechtsausschuß wollte hiermit ausdrücklich nicht zum Ausdruck bringen, daß es eine Ersatzabsonderung nicht gebe, sondern hielt es für sachgerecht, auch nach der InsO für die Ersatzabsonderung auf die Regelungen zur Ersatzaussonderung zurückzugreifen. Es steht also auch dem absonderungsberechtigten Gläubiger ein Anspruch auf Ersatzabsonderung zu, wenn vor oder nach Eröffnung des Verfahrens eine unberechtigte Veräußerung des Sicherungsgegenstandes erfolgte und die Gegenleistung noch aussteht. Hierunter fallen aber jedenfalls nicht die Fälle der Veräußerung durch den Verwalter, da er nach der InsO bei den Sicherungsgegenständen, die er im Besitz **105**

81 Haarmeyer/Wutzke/Förster, Kap 5 Rn 288.
82 Vgl Ausschußbericht zu § 197 RegEntw (§ 172 InsO) abgedruckt in Balz/Landfermann S 286; Haarmeyer/Wutzke/Förster, Kap 5 Rn 288.

hat, zur Verwertung berechtigt ist. In diesen Fällen gelten die Regelungen über die Absonderung.

106 Wenn eine unberechtigte Verwertung vor oder nach Eröffnung des Verfahrens vorliegt, kann der Gläubiger auch nach Bewirkung der Gegenleistung noch Ersatzabsonderung verlangen, wenn die Gegenleistung noch unterscheidbar in der Masse vorhanden ist. Diesbezüglich wird auf die vorstehenden Ausführungen verwiesen (so Rn 105).

III. Insolvenzforderungen

107 Insolvenzforderungen sind Forderungen der persönlichen Gläubiger, die zur Zeit der Eröffnung des Insolvenzverfahrens einen begründeten Vermögensanspruch gegen den Schuldner haben (§ 38 InsO), und die nicht als Masseverbindlichkeiten zu qualifizieren sind. Sie sind grundsätzlich zu befriedigen, wenn und in dem Umfang, in dem nach der vollständigen Befriedigung aller Masseverbindlichkeiten noch freie Masse verbleibt. Innerhalb der Insolvenzforderungen ist zwischen den „eigentlichen" Insolvenzforderungen und den nachrangigen Insolvenzforderungen zu unterscheiden.

1. Insolvenzforderungen und nachrangige Insolvenzforderungen

108 Es stellt eine wesentliche Neuerung gegenüber der Konkursordnung und der Gesamtvollstreckungsordnung dar, daß das System der Rangklassen, wie es in § 61 KO bzw § 17 GesO vorgesehen war, ersatzlos weggefallen ist. Sämtliche Insolvenzforderungen, soweit sie berechtigt und nicht als Masseverbindlichkeiten oder nachrangige Insolvenzforderungen einzustufen sind, werden künftig im gleichen Range nach dem Verhältnis ihrer Beträge quotal befriedigt. Die Abschaffung der Rangklassen ist eine der Maßnahmen, durch die nach den Zielen der Insolvenzrechtsreform eine größere Gleichbehandlung und weitestgehende Verteilungsgerechtigkeit unter den Gläubigern erzielt und Vorrechte für einzelne Gläubigergruppen abgebaut werden sollen.

109 Die „eigentlichen" Insolvenzforderungen sind von den nachrangigen Insolvenzforderungen abzugrenzen, die wiederum erst nach der vollständigen Befriedigung der eigentlichen Insolvenzforderungen zu bedienen sind. Gem § 39 Abs 1 InsO zählen folgende Forderungen zu den nachrangigen Insolvenzforderungen:

a) die seit der Eröffnung des Insolvenzverfahrens laufenden Zinsen auf die Forderungen der Insolvenzgläubiger;
b) die Kosten, die den einzelnen Insolvenzgläubigern durch ihre Teilnahme am Verfahren erwachsen sind;
c) Geldstrafen, Geldbußen, Ordnungsgelder und Zwangsgelder, sowie solche

Nebenfolgen einer Straftat oder Ordnungswidrigkeit, die zu einer Geldzahlung verpflichten;
d) Forderungen auf eine unentgeltliche Leistung des Schuldners;
e) Forderungen auf Rückgewähr von kapitalersetzenden Darlehen eines Gesellschafters oder gleichgestellte Forderungen.

Bei diesen nachrangigen Forderungen handelt es sich größtenteils um solche, die bisher am Konkursverfahren nicht teilnehmen konnten (vgl § 63 KO; § 32 a Abs 1 S 1 GmbHG).

Die auf nachrangige Insolvenzforderungen nach § 39 Abs 1 InsO anfallenden Zinsen und die Kosten aus der Teilnahme am Insolvenzverfahren mit solchen Forderungen haben den gleichen Rang wie die nachrangige Forderung selbst, § 39 Abs 3 InsO. Demgegenüber sind Zinsen und Kosten, die bis zur Eröffnung des Insolvenzverfahrens für „eigentliche", dh nicht nachrangige Insolvenzforderungen entstanden sind, „normale" Insolvenzforderungen. **110**

Der Nachrang einer Forderung im Insolvenzverfahren kann auch zwischen Gläubiger und Schuldner vereinbart werden. Für diesen Fall bestimmt § 39 Abs 2 InsO, daß als nachrangig vereinbarte Forderungen im Zweifel erst nach den nachrangigen Insolvenzforderungen gem § 39 Abs 1 InsO berichtigt werden. **111**

2. Nachrangige Insolvenzforderungen in der Nachlaßinsolvenz

Im Fall einer Nachlaßinsolvenz bestimmt § 327 InsO, daß die folgenden weiteren Verbindlichkeiten ebenfalls als nachrangige Insolvenzverbindlichkeiten zu behandeln sind. Dies sind Verbindlichkeiten **112**

a) gegenüber Pflichtteilsberechtigten,
b) aus Auflagen und Vermächtnissen und
c) gegenüber Erbersatzberechtigten.

Diese Verbindlichkeiten sind im Range nach den in § 39 InsO beschriebenen nachrangigen Insolvenzforderungen zu berichtigen. Sie sind darüber hinaus in der vorstehend beschriebenen Rangfolge zu befriedigen und nur innerhalb der einzelnen Rangklassen gleichmäßig und anteilig nach ihrem Verhältnis. Das Prinzip der Aufhebung der Rangklassen wird hier also durchbrochen. **113**

3. Besondere Forderungen

a) Nicht fällige und bedingte Forderungen

Im Zeitpunkt der Eröffnung des Insolvenzverfahrens noch **nicht fällige** Forderungen werden als fällige Forderungen behandelt, § 41 InsO. Sofern diese Forderungen unverzinslich sind, sind sie um den gesetzlichen Zinssatz (4 bzw 5 %) abzuzinsen, dh die Forderung darf nur um den Betrag gemindert berücksichtigt werden, der sich ergibt, wenn man von dem vollen Forderungsbetrag den Betrag in Höhe der gesetzlichen Zinsen für den Zeitraum von der Eröffnung des **114**

Verfahrens bis zur Fälligkeit der Forderung abzieht, § 41 Abs 2 InsO. Diese Regelung entspricht der bisherigen Regelung in § 65 KO.[83] **Auflösend bedingte** Forderungen werden gem § 42 InsO wie unbedingte Forderungen bewertet. **Aufschiebend bedingte** Forderungen werden geprüft und in der Tabelle mit dem vollen anerkannten Betrag berücksichtigt. Bei Abschlagsverteilungen wird jedoch der auf die aufschiebend bedingte Forderung entfallende Anteil nicht ausgezahlt, sondern zurückbehalten, § 191 Abs 1 InsO.

b) Gesamtschuldner und Bürgen

115 Ein Gläubiger, dem mehrere Personen als Gesamtschuldner, also jeweils auf das Ganze haften, kann im Insolvenzverfahren eines Schuldners bis zur vollständigen Befriedigung der Forderung den gesamten Betrag geltend machen. Dies gilt für jedes Insolvenzverfahren über das Vermögen eines seiner Gesamtschuldner, § 43 InsO. Die Regelung entspricht derjenigen in § 68 KO.

116 Andererseits kann ein Gesamtschuldner oder ein Bürge, der durch Befriedigung des (Haupt)gläubigers eine Forderung gegenüber dem Schuldner erwerben könnte, diese (Rückgriffs)forderung nur geltend machen, wenn und soweit der (Haupt)gläubiger seine Forderung nicht anmeldet, § 44 InsO. Das darin liegende Prinzip, daß Forderung und Rückgriffsforderung im Insolvenzverfahren nicht nebeneinander geltend gemacht werden können, war bereits für das Konkursverfahren anerkannt, wenn auch nicht gesetzlich geregelt.[84]

c) Nicht in D-Mark ausgedrückte Forderungen

117 Forderungen sind grundsätzlich in Geld, dh in einem D-Mark Betrag anzumelden. Sind Forderungen nicht auf Geld gerichtet, oder ist der Geldbetrag unbestimmt, müssen sie mit dem Wert geltend gemacht werden, der ihnen im Zeitpunkt der Eröffnung des Insolvenzverfahrens im Wege der Schätzung beigelegt werden kann, § 45 Abs 1 InsO. Forderungen in ausländischer Währung oder in einer Rechnungseinheit müssen von dem anmeldenden Gläubiger[85] nach dem Kurswert, der zum Zeitpunkt der Verfahrenseröffnung für den Zahlungsort maßgeblich ist, in D-Mark umgerechnet werden.

d) Wiederkehrende Leistungen

118 Für wiederkehrende Leistungen, deren Dauer bestimmt ist, sieht § 46 InsO vor, daß der Gesamtbetrag aller noch offenen wiederkehrenden Leistungen, vermindert um den Abzinsungsbetrag gem § 41 Abs 2 InsO (vgl hierzu o Rn 114), geltend zu machen ist. Auch diese Regelung ist bereits aus § 70 KO bekannt. Ist die Dauer der wiederkehrenden Leistungen unbestimmt, so ist der anzumeldende Betrag gem § 45 S 1 InsO zu schätzen (vgl hierzu o Rn 117), § 46 S 2 InsO.

---

83 Vgl zur Abzinsung im einzelnen Kuhn/Uhlenbruck, KO, § 65 KO Rn 9ff.
84 Vgl *Schmidt-Räntsch* InsO, § 44 InsO.
85 Vgl zu der inhaltlich vergleichbaren Regelung des § 69 KO Kuhn/Uhlenbruck, KO, § 69 Rn 5.

IV. Forderungsanmeldung und Prüfungsergebnis

Die Berücksichtigung der Masseverbindlichkeiten einerseits und der Insolvenzforderungen andererseits im Insolvenzverfahren erfolgt nach unterschiedlichen Regelungen. 119

1. Masseverbindlichkeiten

Für Massegläubiger ist es im Unterschied zu den Insolvenzgläubigern keine Voraussetzung für die Berücksichtigung ihrer Forderung im Insolvenzverfahren, daß sie diese beim Insolvenzverwalter förmlich anmelden. Die formlose Geltendmachung genügt.[86] Die Masseverbindlichkeiten werden nicht im Prüfungstermin geprüft.[87] Sie werden dementsprechend auch nicht in die Tabelle der Insolvenzforderungen aufgenommen, denn sie richten sich individuell gegen die Masse und sind vom Verwalter grundsätzlich bei Fälligkeit zu berichtigen und nicht erst in der Schlußverteilung. 120

2. Insolvenzforderungen

Insolvenzforderungen sind beim Verwalter anzumelden und in einem Prüfungstermin zu prüfen. Zu den Besonderheiten für nachrangige Insolvenzforderungen vgl nachfolgend Rn 129. 121

a) Anmeldung der Forderungen

Gem § 174 Abs 1 und 2 InsO sind die Insolvenzforderungen schriftlich beim Insolvenzverwalter anzumelden. In der Anmeldung sind der Forderungsgrund und die Höhe der Forderung anzugeben. Urkunden, aus denen sich die Berechtigung der Forderung ergibt, sollen der Anmeldung in Kopie beigefügt werden. Die Beifügung der Unterlagen ist nicht zwingend; damit der Insolvenzverwalter indes die Berechtigung der Forderung prüfen kann, ist die Vorlage von zum Nachweis geeigneter Unterlagen durch den Gläubiger sinnvoll und notwendig, da sich in den Unterlagen des Schuldners häufig keine geeigneten Unterlagen über die Forderung befinden werden. 122

Im Eröffnungsbeschluß werden die Gläubiger gem § 28 Abs 1 InsO aufgefordert, ihre Forderungen innerhalb der im Beschluß hierfür festgesetzten Frist beim Insolvenzverwalter anzumelden. Diese Anmeldefrist ist, anders als es in § 14 GesO vorgesehen war, keine Ausschlußfrist. Wird eine Forderung erst nach Ablauf der Anmeldefrist angemeldet, führt dies nicht zum Ausschluß der Forderung (zur Prüfung nachträglich angemeldeter Forderungen vgl nachfolgend b)). 123

---

86 Vgl Kuhn/Uhlenbruck, KO, § 57 Rn 3.
87 Vgl Kuhn/Uhlenbruck, KO, § 141 Rn 3.

124 Jede angemeldete Forderung ist vom Verwalter gem § 175 InsO in eine Tabelle einzutragen. Dabei sind Grund und Betrag der Forderung anzugeben.

125 Die Tabelle ist gem § 175 InsO gemeinsam mit den Anmeldeschreiben sowie den beigefügten Urkunden innerhalb des ersten Drittels des Zeitraums, der zwischen dem Ablauf der Anmeldefrist und dem Prüfungstermin liegt, in der Geschäftsstelle des Insolvenzgerichts zur Einsicht der Beteiligten niederzulegen. Da der Zeitraum zwischen Ende der Anmeldefrist und Prüfungstermin gem § 29 Abs 1 Nr 2 InsO zwischen einer Woche und zwei Monaten betragen soll, wird die Frist zur Auslegung zwischen 2,33 und 20 Tagen betragen müssen. Wenn auch die durch die Niederlegung geschaffene Möglichkeit für die Beteiligten, sich über die angemeldeten Forderungen einen Überblick zu verschaffen und ggf bestimmten Forderungen im Prüfungstermin zu widersprechen, grundsätzlich begrüßenswert ist, bleibt es doch abzuwarten, ob sie praktisch durchführbar sein wird und ob die Gläubiger in nennenswertem Umfang Einsicht nehmen werden, zumal die Veröffentlichung der Frist zur Einsichtnahme nicht vorgesehen ist.

b) Prüfung der Forderungen und Prüfungstermin

126 Die angemeldeten Insolvenzforderungen sind gem § 176 InsO im Prüfungstermin, dessen Zeitpunkt ebenfalls im Beschluß über die Eröffnung des Insolvenzverfahrens bestimmt wird (§ 29 Abs 1 Nr 2 InsO), zu prüfen. Im einzelnen zu erörtern sind dabei allerdings nur diejenigen Forderungen, die vom Insolvenzverwalter, vom Schuldner oder von einem Insolvenzgläubiger bestritten werden, § 176 Abs 2 InsO. Regelmäßig wird der Insolvenzverwalter in diesem Termin nur über die Prüfungsergebnisse berichten, da die inhaltliche Prüfung aufgrund des erheblichen Prüfungsaufwandes bereits vor dem Termin erfolgt ist und ihrem Umfange nach in dem Prüfungstermin gar nicht möglich wäre.

127 Die Anwesenheit der Gläubiger beim Prüfungstermin ist nicht erforderlich. Allerdings haben die Gläubiger, ebenso wie der Schuldner selbst, im Prüfungstermin Gelegenheit, einzelne Forderungen zu bestreiten. Die Teilnahme am Prüfungstermin kann für den Gläubiger darüber hinaus sinnvoll sein, weil der Verwalter in diesem Termin regelmäßig zum Stand des Verfahrens berichtet.

c) Prüfung der nachträglich angemeldeten Forderungen

128 Grundsätzlich sollen gem § 177 Abs 1 S 1 InsO im Prüfungstermin auch diejenigen Forderungen geprüft werden, die erst nach Ablauf der Anmeldefrist angemeldet oder deren Beträge nachträglich geändert worden sind. Dem kann jedoch der Insolvenzverwalter oder ein Insolvenzgläubiger widersprechen. In diesem Falle, ebenso wie im Hinblick auf eine Forderung, die erst nach dem Prüfungstermin angemeldet wird, hat das Insolvenzgericht entweder einen besonderen Prüfungstermin zu bestimmen oder die Prüfung im schriftlichen Verfahren anzuordnen, § 177 Abs 1 S 2 InsO. Der besondere Prüfungstermin ist gem § 177 Abs 3 InsO öffentlich bekannt zu machen. Darüber hinaus sind der

Verwalter, der Schuldner und die Insolvenzgläubiger, die eine Forderung angemeldet haben, gesondert zu laden, § 177 Abs 3 InsO. Aufgrund der häufig sehr zahlreichen angemeldeten Forderungen können bereits die damit verbundenen Portokosten erheblich sein. Diese, ebenso wie die weiteren Kosten für den besonderen Prüfungstermin hat der säumige Gläubiger gem § 177 Abs 1 S 2 InsO zu tragen.[88]

3. Nachrangige Insolvenzforderungen

Bzgl der Anmeldung und Prüfung von nachrangigen Insolvenzforderungen **129** (zum Begriff so Rn 108f) gelten die nachfolgenden besonderen Regelungen:

Gläubiger nachrangiger Insolvenzforderungen werden nur in den seltensten **130** Fällen mit einer Befriedigung rechnen können. Ist absehbar, daß diese Forderungen auf keinen Fall berichtigt werden können, ist es unnötiger Aufwand, derartige Forderungen anzumelden und zu prüfen. Aus diesem Grunde sieht § 174 Abs 3 InsO vor, daß nachrangige Insolvenzforderungen nur anzumelden sind, wenn das Insolvenzgericht zur Anmeldung dieser Forderungen auffordert. Bei der Anmeldung solcher Forderungen haben die Gläubiger auf den Nachrang hinzuweisen und die der Forderung zustehende Rangstelle anzugeben, § 174 Abs 3 S 2 InsO. Wenn Nachrang und/oder Rangstelle nicht angegeben werden, ist die Forderung als „normale" Insolvenzforderung mit der Folge zu berücksichtigen, daß der Rang im Prüfungstermin bestritten werden würde.[89] Die Aufforderung zur Anmeldung kann das Insolvenzgericht auch auf diejenigen Rangklassen der nachrangigen Insolvenzforderungen beschränken, mit deren Befriedigung ganz oder teilweise zu rechnen ist. Diese Aufforderung braucht nicht bereits mit dem Eröffnungsbeschluß zu ergehen. Sie kann zu jedem späteren Zeitpunkt des Verfahrens vor dem Schlußtermin erfolgen, wenn der Umfang einer möglichen Befriedigung auch nachrangiger Insolvenzforderungen absehbar ist.[90] Im Hinblick auf die während des Verfahrens angefallenen Zinsen und Kosten wäre eine möglichst späte Aufforderung sogar sinnvoll, da dann diese Positionen weitestgehend berücksichtigt werden könnten.

Entscheidet sich ein nachrangiger Gläubiger, aufgrund der Aufforderung des **131** Insolvenzgerichts seine Forderung anzumelden, hat er dabei inhaltlich ebenso vorzugehen, wie bei einer „eigentlichen" Insolvenzforderung. Auch die Prüfung läuft dann ebenso ab wie oben dargestellt. Wenn das Gericht nachrangige Gläubiger zur Anmeldung ihrer Forderung auffordert, und die für die Anmeldung gesetzte Frist dabei später als eine Woche vor dem allgemeinen, im Eröffnungsbeschluß bestimmten, Prüfungstermin abläuft, hat das Gericht auf Ko-

88 Vgl *Schmidt-Räntsch* § 177 InsO Rn 2.
89 Vgl *Schmidt-Räntsch*, § 174 InsO Rn 3.
90 Vgl hierzu auch *Schmidt-Räntsch* § 174 InsO Rn 2.

sten der Insolvenzmasse entweder einen besonderen Prüfungstermin anzusetzen oder die Prüfung im schriftlichen Verfahren anzuordnen (§ 177 Abs 2 InsO).

4. Prüfungsergebnis

132 Als Ergebnis der Forderungsprüfung wird eine Forderung entweder als ganz oder teilweise berechtigt festgestellt oder bestritten. Eine Forderung gilt gem § 178 Abs 1 InsO als festgestellt, soweit ihrer Berechtigung im Prüfungstermin oder im schriftlichen Prüfungsverfahren weder vom Insolvenzverwalter noch von Insolvenzgläubigern widersprochen wurde oder soweit ein erhobener Widerspruch später beseitigt wird. Der Widerspruch des Schuldners steht der Feststellung der Forderung nicht entgegen, § 178 Abs 1 S 2 InsO.

133 Das Insolvenzgericht verzeichnet für jede angemeldete Forderung in der Tabelle inwieweit die Forderung ihrem Betrag und ihrem Range nach festgestellt wird und wer der Forderung widersprochen hat, § 178 Abs 2 InsO. Da sich ein Widerspruch auch nur gegen einen Teil der Forderung richten kann, ist es darüber hinaus sinnvoll, in der Tabelle auch die Höhe des Widerspruches einzutragen, auch wenn dies gesetzlich nicht ausdrücklich vorgesehen ist.

134 Die in der Tabelle eingetragene Feststellung einer Forderung wirkt gem § 178 Abs 3 InsO ihrem Betrag und ihrem Rang nach wie ein rechtskräftiges Urteil gegenüber dem Insolvenzverwalter und allen Insolvenzgläubigern. Darüber hinaus wirkt der Tabelleneintrag über die Feststellung auch gegenüber dem Schuldner wie ein rechtskräftiges Urteil. Allerdings kann der Gläubiger, dessen Forderung der Schuldner bestritten hat, nach Aufhebung des Insolvenzverfahrens aus der Tabelleneintragung nicht gegen den Schuldner vollstrecken (vgl § 201 Abs 2 InsO).[91]

135 Ist die Forderung als Ergebnis der Prüfung vom Verwalter oder einem anderen Gläubiger bestritten worden, obliegt es der Entscheidung des Gläubigers, dessen Forderung bestritten wurde, die Feststellung seiner Forderung zu betreiben, § 179 Abs 1 InsO (vgl zur Durchsetzung der Forderung ausführlich Rn 136ff).

V. Klageweise Durchsetzung von Insolvenzforderungen

136 Im Prüfungstermin können der Insolvenzverwalter oder ein Insolvenzgläubiger der angemeldeten Forderung eines Gläubigers widersprechen (§ 178 Abs 1 S 1 InsO).

137 Auch der Schuldner hat ein Widerspruchsrecht. Sein Widerspruch steht der Feststellung der Forderung jedoch nicht entgegen (§ 178 Abs 1 S 2 InsO) und

---

91 Vgl für die inhaltlich ähnliche Regelung des § 145 Abs 2 KO Kuhn/Uhlenbruck, KO, § 145 Rn 4.

hat lediglich nach Beendigung des Insolvenzverfahrens für die Vollstreckung des Gläubigers aus dem vollstreckbaren Tabellenauszug Bedeutung.

Hat der Insolvenzverwalter die angemeldete Forderung des Gläubigers bestritten – in der Praxis kommt es ausgesprochen selten vor, daß ein Insolvenzgläubiger im Prüfungstermin einer angemeldeten Forderung widerspricht – so kann der Gläubiger, dessen Forderung der Verwalter nicht anerkannt hat, die Feststellung seiner Forderung im Gerichtswege betreiben (§ 179 Abs 1 iVm mit § 180 Abs 1 InsO). 138

Umgekehrt ist es, wenn ein Gläubiger, dessen Forderung der Insolvenzverwalter oder ein Gläubiger bestritten hat, einen hierfür erwirkten Titel vorweisen kann. Liegt für eine bestrittene Forderung ein vollstreckbarer Schlußtitel oder ein Endurteil vor, so hat nicht der Gläubiger, dessen Forderung nicht anerkannt ist, sondern der bestreitende Insolvenzverwalter oder Gläubiger Klage gegen den Gläubiger der titulierten Forderung zu erheben (§ 179 Abs 2 InsO). 139

1. Feststellungsklage des Gläubigers

Hat der Insolvenzverwalter oder ein anderer Insolvenzgläubiger einer nicht bereits vor Eröffnung des Insolvenzverfahrens titulierten Forderung eines Gläubigers widersprochen, so hat der Gläubiger die Feststellung gegen den Bestreitenden zu betreiben (179 Abs 1 S 1 InsO). 140

a) Zuständiges Gericht

Die Feststellungsklage ist im ordentlichen zivilprozessualen Verfahren zu erheben (§ 180 Abs 1 S 1 InsO). Örtlich zuständig ist das Amtsgericht, bei dem das Insolvenzverfahren anhängig ist. § 180 Abs 1 S 2 InsO begründet eine **ausschließliche örtliche Zuständigkeit.** Dem Gläubiger steht es also nicht frei, den Verwalter oder den bestreitenden Gläubiger an deren allgem Gerichtstand zu verklagen (vgl §§ 12ff ZPO). Gläubiger und Verwalter können auch keine Gerichtsstandsvereinbarung treffen, um hierdurch die Zuständigkeit bei einem anderen Amtsgericht zu begründen. 141

Übersteigt der Streitgegenstand den **sachlichen Zuständigkeitsbereich** der Amtsgerichte, beträgt er also DM 10.000,00 oder mehr, so ist das Landgericht ausschließlich zuständig, zu dessen Bezirk das Insolvenzgericht gehört (§ 180 Abs 1 S 3 InsO). 142

Der Wert des Streitgegenstandes bestimmt sich bei Feststellungsklagen in Insolvenzverfahren nach dem Betrag, den der Gläubiger erhalten würde, wenn er im Rahmen eines Insolvenzplans oder bei der Verteilung der Insolvenzmasse berücksichtigt würde. Beträgt die angemeldete Forderung also DM 50.000,00 und wäre bei der Schlußverteilung eine Quote von 10% auf die angemeldeten Forderungen der Insolvenzgläubiger zu erwarten, so betrüge der Streitgegenstand DM 5.000,00. Zuständig wäre das Amtsgericht am Sitz des Insolvenzgerichts. 143

144 Die Insolvenzordnung trifft keine Regelung darüber, ob im Rahmen der landgerichtlichen Zuständigkeit eine Sonderzuständigkeit der Handelskammern gegeben sein kann, wenn die Parteien Kaufleute sind. Da keine die §§ 94ff GVG abbedingende Vorschrift in der InsO enthalten ist, ist von der Zuständigkeit der Kammer für Handelssachen auszugehen, falls beiden Parteien die Kaufmannseigenschaft zukommt. Der Verwalter ist als Kaufmann zu behandeln, wenn der Schuldner Kaufmann war und das zugrundeliegende Geschäft von ihm als Kaufmann abgeschlossen worden ist.[92]

145 Der Gläubiger sollte also, wenn dem Verwalter und auch dem Gläubiger selbst die Kaufmannseigenschaft zukommt, Klage nach § 94ff GVG vor der Kammer für Handelssachen erheben. Erhebt er die Klage vor der ordentlichen Zivilkammer, so könnte der Verwalter Verweisung des Rechtsstreites an die Kammer für Handelssachen beantragen (§ 97 Abs 1 GVG), was die Verzögerung des Rechtsstreits zur Folge haben würde.

146 Streitigkeiten über Forderungen, für deren Feststellung die ordentlichen Gerichte nicht zuständig sind, sollen gem § 185 S 1 InsO von den hierfür zuständigen bes Gerichten, ggf auch der zuständigen Verwaltungsbehörde, entschieden werden. Streitigkeiten um die Feststellung von Forderungen aus Arbeitsverhältnissen etwa sind vor den Arbeitsgerichten zu führen. Steuerrechtliche Streitigkeiten sind ggf vor den Finanzgerichten oder bei einem Widerspruch gegen eine angemeldete Steuerforderung vor der zuständigen Finanzbehörde zu führen, die den entsprechenden Feststellungsbescheid erlassen kann.

b) Klageantrag

147 Die Klage ist eine Feststellungsklage. Der Antrag des Gläubigers lautet also wie folgt:

> „... festzustellen, daß dem Kläger im Insolvenzverfahren über das Vermögen der x GmbH mit Sitz in y eine Forderung in Höhe von DM ... gem § 38 InsO zusteht."

148 Der Umfang der Feststellung (Grund der Forderung, deren Betrag und deren Rang) muß mit der Anmeldung der Forderung im Insolvenzverfahren und deren Bezeichnung im Prüfungstermin identisch sein (§ 181 InsO).

149 Dies bedeutet, daß die Forderung, was Betrag und Rang angeht, nach oben hin von der Forderungsanmeldung nicht abweichen darf. Es wird aber zulässig sein, die Feststellung für einen Betrag zu begehren, der unterhalb des angemeldeten Betrages liegt. Denn möglicherweise ist nach der Forderungsanmeldung ein Umstand eingetreten, der die Forderung vermindert hat – etwa durch Leistung eines Dritten. Der Gläubiger kann dann nicht darauf verwiesen werden, die Klage in der ursprünglich angemeldeten Höhe der Forderung zu erheben, mit der Folge, daß er in Höhe der etwa zwischenzeitlich geleisteten Zahlung abgewiesen würde und hierfür ggf die Kosten zu tragen hätte.

---

92 Vgl für Konkursverfahren LG Tübingen, MDR 1954, 302; LG Köln, ZIP 1980, 1071; Thomas/Putzo, § 95 GVG, Rn 2; Zöller/*Gummer* § 95 GVG, Rn 3.

2. Feststellungsklage bei „vorläufigem Bestreiten"

Sowohl im Rahmen des Konkursverfahrens als auch im Rahmen des Gesamtvollstreckungsverfahrens hatte sich die gesetzlich nicht geregelte Praxis eingebürgert, daß der Verwalter die Forderung nur „vorläufig" bestreiten konnte, weil es ihm bis zum Prüfungstermin nicht möglich war, die Forderung – beispielsweise auf Grund rechtlich schwer zu klärender Fragen – abschließend zu prüfen. 150

Die Rspr hat über die Zulässigkeit dieses vorläufigen Bestreitens im Rahmen von Konkurs- und Gesamtvollstreckungsverfahren unterschiedlich geurteilt.[93] Für den Gläubiger liegt die praktische Folge der Zulässigkeit des vorläufigen Bestreitens darin, daß er die Kosten des Rechtsstreits bei Erhebung einer Feststellungsklage nach § 93 ZPO tragen muß, wenn er vor Klageerhebung beim Verwalter nicht nochmal erfragt hat, ob das Bestreiten nunmehr ein endgültiges ist und der Verwalter sodann die Forderung im Prozeß sofort anerkennt. § 93 ZPO sieht vor, daß ein Beklagter dann, wenn sein Verhalten zur Erhebung der Klage keine Veranlassung gegeben hat, die Kosten für den Rechtsstreit nicht trägt, sofern er im Prozeß den Anspruch sofort anerkennt. 151

Die Tatsache, daß der Gesetzgeber in der InsO die Zulässigkeit des vorläufigen Bestreitens in Kenntnis der bisher hierum geführten Rechtsstreitigkeiten nicht ausdrücklich vorgesehen hat, läßt darauf schließen, daß diese Praxis nicht gesetzlich legitimiert werden soll. 152

Der Gläubiger wird also auch im Falle des vorläufigen Bestreitens sofort Klage auf Feststellung seiner Forderung erheben können. 153

3. Anhängige Klage des Gläubigers zur Zeit der Eröffnung des Insolvenzverfahrens (§ 180 Abs 2 InsO)

Wenn zum Zeitpunkt der Eröffnung des Insolvenzverfahrens ein Rechtsstreit über die später angemeldete Forderung anhängig ist, so wird dieser durch die Eröffnung des Insolvenzverfahrens zunächst unterbrochen. Dies bis zur Prüfung der Forderung des Gläubigers im Prüfungstermin. Bestreitet der Insolvenzverwalter oder ein Gläubiger die in dem anhängigen aber unterbrochenen Gerichtsverfahren geltendgemachte Forderung, so kann der Gläubiger die Feststellung dadurch betreiben, daß er den Rechtsstreit wieder aufnimmt. Er muß nicht einen neuen Prozeß anhängig machen, sondern kann den ursprünglichen Klageantrag in einen Feststellungsantrag gegen den Verwalter oder den bestreitenden Gläubiger ändern. 154

---

93 Vgl hierzu Kuhn/Uhlenbruck, KO, § 144 Rn 2 g mit umfangreicher Nachweisen.

4. Feststellungsklage gegen titulierte Forderungen des Gläubigers (§ 179 Abs 2 InsO)

155 Bestreiten der Insolvenzverwalter oder ein Gläubiger die Forderung eines Gläubigers die bereits tituliert ist, für die also ein rechtskräftiges Urteil oder ein sonstiger vollstreckbarer Schuldtitel vorliegt, so muß der bestreitende Verwalter oder der bestreitende Gläubiger seinen Widerspruch gegen die angemeldete Forderung im Rechtswege verfolgen. Denn einem Gläubiger, der bereits ein Endurteil für seine angemeldete Forderung erstritten hat, ist es nicht zuzumuten, seine Forderung ein weiteres Mal nun auch gegen den Verwalter durchzusetzen. Daher hat der Verwalter oder der bestreitende Gläubiger im Rechtswege geltend zu machen, warum die gerichtlich titulierte Forderung von ihm nicht anerkannt wird.

5. Klage gegen einen Widerspruch des Schuldners (§ 184 InsO)

156 § 178 Abs 1 S 2 InsO sieht vor, daß auch der Schuldner der angemeldeten Forderung im Prüfungstermin widersprechen kann. Das Bestreiten des Schuldners steht der Feststellung der Forderung durch den Insolvenzverwalter allerdings nicht entgegen.

157 Der Widerspruch des Schuldners ist in der Tabelle einzutragen (§ 178 Abs 2 S 2 InsO) mit der Folge, daß der Gläubiger nach Beendigung des Insolvenzverfahrens nicht gegen den Schuldner vollstrecken kann.[94]

158 Aus diesem Grunde sieht § 184 InsO vor, daß der Gläubiger auch gegen den bestreitenden Schuldner Klage auf Feststellung der Forderung erheben kann. Die Klage soll es ihm ermöglichen, nach der Aufhebung des Insolvenzverfahrens aus der Eintragung in der Tabelle die Zwangsvollstreckung gegen den Schuldner zu betreiben und dies bereits während des laufenden Insolvenzverfahrens sicherzustellen.[95] War vor Eröffnung des Insolvenzverfahrens bereits ein Rechtsstreit anhängig, so kann der Gläubiger im Wege der Aufnahme dieses Rechtsstreits die Feststellung seiner Forderung auch gegen den Schuldner zu erreichen suchen (§ 184 S 2 InsO).

6. Kosten

159 Für die Höhe der Gerichts- und Anwaltskosten ist maßgebend, welchen Betrag der Gläubiger, dessen Forderung streitgegenständlich ist, bei der Verteilung der Insolvenzmasse zu erwarten hat (§ 182 InsO).

94 Begr zu § 212 RegEntw abgedruckt in Balz/Landfermann S 297.
95 Begr zu § 212 RegEntw abgedruckt in Balz/Landfermann S 297.

a) Gerichtskosten

Anders als § 148 KO, der überwiegend auch im Gesamtvollstreckungsverfahren analog angewendet wurde, sieht § 182 InsO nicht mehr vor, daß die Festsetzung des Streitwerts vom Gericht nach freiem Ermessen nach dem Verhältnis von Teilungs- zur Schuldenmasse, also der zu erwartenden Quote, festzusetzen ist. 160

In der Praxis hat diese Änderung allerdings nur geringfügige Auswirkungen. 161 Der Streitgegenstand bestimmt sich gem § 182 InsO nach dem Betrag, den der Gläubiger bei der Verteilung der Insolvenzmasse auf seine Forderungen erwarten kann. Hierbei wird das Gericht wie bisher auch auf Schätzungen angewiesen sein. Anhand der Angaben von Verwalter und Gläubiger hat das Gericht zu bestimmen, welche voraussichtliche Quote der Gläubiger bei der Verteilung der Insolvenzmasse auf seine Forderung erhalten würde.

Maßgeblicher Zeitpunkt für die Quoteneinschätzung ist die Zustellung der 162 Klage bei dem Verwalter.[96] Das Gericht hat den Verwalter daher aufzufordern, zu der Quotenerwartung substantiiert vorzutragen. Der Gläubiger kann in der Klageschrift anregen, daß das Gericht den Verwalter zu einem entspr Vortrag auffordert; im übrigen kann sich der Gläubiger bei Berechnung des Kostenvorschusses zunächst auf die letzten Äußerungen des Verwalters zur Quotenerwartung in einem Zwischenbericht oder einer Gläubigerversammlung stützen.

Der Verwalter kann eine unrichtige Schätzung korrigieren, wenn die Fehleinschätzung 163 auf der Vernachlässigung bekannter oder erkennbarer Umstände beruht.[97] Veränderungen zwischen der Zustellung der Klage und dem Zeitpunkt der letzten mündlichen Verhandlung sind hingegen nicht zu beachten.[98]

Kann der Gläubiger mit keiner Quote rechnen (sog **„Null-Quoten-Fälle"**), 164 war schon nach der bisher wohl überwiegenden Ansicht vom Mindestwert von derzeit DM 600,00 nach § 11 GKG auszugehen.[99] Nach anderer Ansicht konnte das Gericht bei der Streitwertfestsetzung aber auch berücksichtigen, daß die Erwirkung eines Vollstreckungstitels für den Gläubiger auch später – nach Beendigung des Gesamtvollstreckungsverfahrens – noch von Bedeutung sein könnte,[100] was den Streitwert im Einzelfall erhöhte. Diese Auffassung wird sich nach dem Wortlaut des § 182 InsO nicht mehr halten lassen. Maßgebend ist danach ausschließlich der Betrag, den der Gläubiger bei der Verteilung der Insolvenzmasse auf seine Forderungen erwarten kann.

---

96 Vgl OlG Naumburg, ZIP 1995, 575, 576.

97 So wiederum OLG Naumburg ZIP 1995, 575, 576.

98 OLG Naumburg ZIP 1995, 575, 576 (unter 2 vor a); LG Magdeburg 8.9.1994, Az 12 C 1284/94 (unveröffentlicht).

99 BGH MDR 1993, 287; OLG Hamm ZIP 1984, 1258; LG Magdeburg 8.9.1994, Az 12 C 1284/94 (unveröffentlicht); Vgl auch Zöller/*Herget* § 3 ZPO Rn 16 unter „Konkursfeststellungsklage".

100 IdS Baumbach/Lauterbach/Albers/*Hartmann* Anh § 3 ZPO Rn 74 mwN.

b) Rechtsanwaltskosten

165 Da sich der **Gegenstandswert** für die Bemessung der Rechtsanwaltsgebühren (§ 7 BRAGO) an die für Gerichtsgebühren geltenden Wertvorschriften anlehnt (§ 8 Abs 1 BRAGO), hängen die Anwaltsgebühren ebenfalls von der Quoteneinschätzung im Zeitpunkt der Zustellung der Klage ab. In einem Null-Quoten-Verfahren beträgt der Gegenstandswert danach nur DM 600,00.

c) Kostentragung

166 Die Pflicht zur Tragung der Prozeßkosten ergibt sich aus § 91 ff ZPO. Hat der Verwalter dem Gläubiger durch sein Verhalten Anlaß zu Klagerhebung gegeben, trifft ihn die Kostentragungspflicht nach § 93 ZPO auch dann, wenn er gegen sich ein Anerkenntnisurteil (§ 307 ZPO) ergehen läßt. Dies gilt sowohl in den Fällen, in denen der Verwalter eine zur Tabelle angemeldete Forderung bestreitet, ohne sie zuvor zu prüfen,[101] als auch in den Fällen, in denen der Verwalter die Forderung des Gläubigers pauschal bestreitet (etwa im Hinblick auf die Klärung einer den Anspruch berührenden abstrakten Rechtsfrage durch höchstrichterliche Rspr).

167 Zukünftig dürfte die gleiche Kostenfolge im Falle des vorläufigen Bestreitens eintreten, da der Gesetzgeber in Kenntnis der bisherigen Problemstellung diese Form des Bestreitens nebst hierauf ggf folgender bes Erkundigungspflichten des Gläubigers nicht abweichend geregelt hat.

101 LG Bonn MDR 1990, 558, Haarmeyer/Wutzke/Förster, GesO, § 11 Rn 60.

9. Kapitel: Die Rechtsstellung der Arbeitnehmer in der Insolvenz

Übersicht

	Rn
Vorbemerkung	1
I. Allgemeines	2
II. Fortbestehende Arbeitsverhältnisse	4
1. Rechtslage vor der Verfahrenseröffnung	6
2. Rechtslage nach der Verfahrenseröffnung	11
a) Fortbestand und Kündigung von Arbeitsverhältnissen	11
aa) Kündigungsschutzgesetz	20
bb) Kollektivrechtliche Ansprüche	27
cc) Sonstige Kündigungsschutzbestimmungen	33
b) Nach Eröffnung des Insolvenzverfahrens begründete Arbeitsverhältnisse	42
c) Noch nicht angetretene Dienstverhältnisse §§ 113, 103 Abs 1 S 2 InsO	45
d) Befriedigung der Lohnansprüche der Arbeitnehmer	47
aa) Vor Eröffnung entstandene Lohnansprüche	48
bb) Nach Eröffnung entstandene Lohnansprüche	50
cc) Insolvenzgeld	53
e) sonstige Ansprüche	62
aa) Arbeitnehmererfindungen	63
bb) Rentenansprüche und Rentenanwartschaften	67
cc) Urlaubs- und Zeugnisansprüche	73
f) Betriebsänderungen in der Insolvenz	74
aa) Kündigung von Betriebsvereinbarungen	75
bb) Betriebsänderungen und Vermittlungsverfahren	85
cc) Gerichtliche Zustimmung zur Durchführung einer Betriebsänderung	90
dd) Sozialplanregelungen in der Insolvenz	106
ee) Interessenausgleich und Kündigungsschutz	120
ff) Beschlußverfahren zum Kündigungsschutz	126
g) Der Betriebsübergang in der Insolvenz	136
III. Zum Zeitpunkt der Verfahrenseröffnung beendete Arbeitsverhältnisse	151
1. Rechtslage vor der Verfahrenseröffnung	152
2. Rechtslage nach der Verfahrenseröffnung	155
IV. Der Arbeitnehmer in der Gläubigerversammlung	161

Volker von Alvensleben

Vorbemerkung

1 Die Arbeitnehmer des Schuldners bilden in der Insolvenz eine besondere Gläubigergruppe. Die aus dem Sozialstaatsgedanken folgende Schutzbedürftigkeit der Arbeitnehmer ist in der Insolvenz besonders zu berücksichtigen.[1] Dies hat zur Folge, daß Kündigungen nicht ohne weiteres ausgesprochen werden können und ausgeschiedene Arbeitnehmer Anspruch auf Insolvenzgeld haben. Die meisten Arbeitnehmerschutzvorschriften und Vorrechte gelten auch in der Insolvenz gegenüber dem Insolvenzverwalter und den Gläubigern.[2]

I. Allgemeines

2 Gegenüber der Konkursordnung und der Gesamtvollstreckungsordnung regelt die Insolvenzordnung nunmehr die Rechte und Pflichten der Arbeitnehmer erheblich detaillierter. Insbesondere die aufgrund des arbeitsrechtlichen Gesetzes zur Förderung von Wachstum und Beschäftigung (arbeitsrechtliches Beschäftigungsförderungsgesetz, BGBL I 1996, S 1476) bereits seit dem 1.10.1996 in Kraft getretenen §§ 113, 120–122 sowie 125–128 InsO sollen die Betriebe von beschäftigungsfeindlichen Lohnzusatzkosten entlasten und das Arbeitsrecht beschäftigungsfreundlich flexibilisieren.[3] Die übrigen Vorschriften der InsO, die sich auf die Arbeitsverhältnisse beziehen, finden sich in §§ 123, 124, 209 Abs 2 Nr 2, 55 Abs 2 S 2 InsO und sind erst mit Inkrafttreten der InsO anwendbar.

3 Entsprechend der Struktur der Insolvenzordnung wird nur noch zwischen Masseverbindlichkeiten und Insolvenzforderungen sowie nachrangigen Insolvenzforderungen unterschieden. Eine Rangfolge unter den Insolvenzforderungen im übrigen besteht nach den Regelungen der Insolvenzordnung im Gegensatz zur Konkursordnung und Gesamtvollstreckungsordnung nicht.[4] Insofern genießen die Lohn- und Gehaltsansprüche von Arbeitnehmern aus der Zeit vor Eröffnung des Insolvenzverfahrens keinen Vorrang mehr.[5]

II. Fortbestehende Arbeitsverhältnisse

4 Die Eröffnung des Insolvenzverfahrens hat keinen Einfluß auf den Fortbestand der Arbeitsverhältnisse. Dies ergibt sich unmittelbar aus § 108 InsO, wonach Dienstverhältnisse mit Wirkung für die Insolvenzmasse fortbestehen[6] und mit-

1 *Arend* S 4.
2 *Zwanziger* S 8.
3 Hess/Weis/Wienberg, Insolvenzarbeitsrecht, S 7; *Löwisch* NZA 1996, 1009, *Arend* S 2.
4 Obermüller/Hess, InsO, Rn 303.
5 Haarmeyer/Wutzke/Förster, S 412 unter Verweis auf § 108 Abs 2 InsO; Obermüller/Hess, InsO, Rn 457i.
6 Haarmeyer/Wutzke/Förster, S 412.

telbar aus § 113 InsO, da diese Vorschrift dem Insolvenzverwalter die Möglichkeit der Kündigung von Arbeitsverhältnissen gibt. Dies setzt voraus, daß das Arbeitsverhältnis über die Eröffnung des Insolvenzverfahrens hinaus fortbesteht.[7] § 113 InsO gibt dem Insolvenzverwalter wegen der Insolvenz auch kein besonderes Kündigungsrecht und keinen besonderen Kündigungsgrund.[8]

Allerdings bewirkt die Eröffnung des Insolvenzverfahrens, daß der Schuldner 5
die Verwaltungs- und Verfügungsbefugnis über sein zur Insolvenzmasse gehörendes Vermögen verliert (§ 80 Abs 1 InsO), sofern nicht der Fall der Eigenverwaltung gem §§ 270ff InsO vorliegt. Der Insolvenzverwalter übernimmt die arbeits- und/oder betriebsverfassungsrechtlichen Pflichten, die zuvor für den Betriebsinhaber bestanden haben. Die arbeitsrechtlichen Regelungen gelten – mit einigen Ausnahmen – im Grundsatz weiterhin. Der Verwalter hat die Betriebsvereinbarungen, Tarifverträge und sonstigen Rechte zu beachten.

1. Rechtslage vor der Verfahrenseröffnung

Bereits vor Eröffnung des Insolvenzverfahrens entfällt die Verwaltungs- und 6
Verfügungsbefugnis des Schuldners, wenn gem § 22 InsO ein vorläufiger Verwalter bestellt und dem Schuldner ein allgemeines Verfügungsverbot auferlegt wurde.[9]

Für die Lohn- und Gehaltsansprüche der Arbeitnehmer hat die Bestellung eines vorläufigen Insolvenzverwalters nach § 21 Abs 2 Nr 1 InsO eine besondere Bedeutung, da gem § 55 Abs 2 S 2 InsO die Verbindlichkeiten aus einem Dauerschuldverhältnis, soweit der vorläufige Insolvenzverwalter für das von ihm verwaltete Vermögen die Gegenleistung in Anspruch genommen hat, die Regelung des § 55 Abs 1 Nr 2 InsO Anwendung findet und die Lohnansprüche dadurch zu Masseverbindlichkeiten werden mit der Folge der vorrangigen Befriedigung. Dies gilt allerdings nur dann, wenn der vorläufige Insolvenzverwalter die Arbeitnehmer weiterbeschäftigt und auch nur, wenn dem vorläufigen Insolvenzverwalter die Verwaltungs- und Verfügungsbefugnis gem § 22 Abs 1 InsO übertragen wurde.[10] Ohne Übertragung der Verwaltungs- und Verfügungsbefugnis behält der Schuldner die Arbeitnehmerfunktionen. Verbindlichkeiten, die von dem vorläufigen Verwalter ohne Verfügungsbefugnis begründet worden sind, gelten nach § 55 Abs 2 InsO nicht als Masseverbindlichkeiten.[11]

Wird gem § 22 Abs 1 InsO die Verwaltungs- und Verfügungsbefugnis dagegen 7
dem vorläufigen Insolvenzverwalter übertragen, hat dieser auch die Rechte und Pflichten als Arbeitgeber wahrzunehmen, da diese nunmehr der Verfügungs-

7 Hess/Weis/Wienberg, Insolvenzarbeitsrecht, Rn 365; BAG ZIP 1988, 389 (zur Konkursordnung); Obermüller/Hess, InsO Rn 459 und Rn 483.
8 Obermüller/Hess, InsO, Rn 458; Zwanziger, S 52.
9 Obermüller/Hess, InsO, Rn 457 h.
10 Obermüller/Hess, InsO, Rn 457 h.
11 Hess/Weis/Wienberg, Insolvenzarbeitsrecht, Rn 108.

befugnis des Schuldners entzogen sind und insofern von ihm nicht mehr wirksam ausgeübt werden können.[12] Gem § 22 Abs 1 S 2 Nr 2 InsO gehört es zu den Pflichten des vorläufigen Insolvenzverwalters, das Unternehmen, das der Schuldner betreibt, bis zur Entscheidung über die Eröffnung des Insolvenzverfahrens fortzuführen, soweit nicht das Insolvenzgericht einer Stillegung zustimmt, um eine erhebliche Verminderung des Vermögens zu vermeiden. In diesem Rahmen wird der vorläufige Insolvenzverwalter alle Maßnahmen ergreifen, die ihm als Arbeitgeber zustehen. Er ist dabei selbstverständlich an die zwingenden Bestimmungen des Arbeitsrechts gebunden.[13]

8 Sofern das Insolvenzgericht gem § 22 Abs 1 Nr 2 InsO der Stillegung des Unternehmens zustimmt, muß dementsprechend der vorläufige Insolvenzverwalter auch die Kompetenz haben, die entsprechenden arbeits- und betriebsverfassungsrechtlichen Maßnahmen, die vor einer Stillegung zu ergreifen sind, durchzuführen.[14]

9 Dabei wird die Meinung vertreten, daß die §§ 113, 120ff InsO für die vorläufige Insolvenzverwaltung analog anwendbar sind, um unter Zuhilfenahme der Beschleunigungsmechanismen der Insolvenzordnung das Entstehen weiterer Verluste zu vermeiden.[15] Diese Frage wird insbesondere dann bedeutungsvoll, wenn nicht das gesamte Unternehmen, sondern einzelne Betriebe oder Betriebsteile unter Fortführung der übrigen Betriebe oder Betriebsteile stillgelegt und Arbeitnehmer entlassen werden müssen, um zumindest einen Teil des Unternehmens zu sichern und zu erhalten. Zu berücksichtigen sein wird allerdings auch, daß der vorläufige Insolvenzverwalter zunächst nur die Aufgabe hat, das Unternehmen fortzuführen, wenn ihm vom Insolvenzgericht nicht ausdrücklich die Stillegung des Unternehmens zugesagt wird. Von sich aus darf der vorläufige Insolvenzverwalter demnach weder das Unternehmen als ganzes noch etwa einzelne Betriebe oder Betriebsteile stillegen. Die Anordnung der Unternehmensfortführung erfaßt dementsprechend die Fortführung aller Einzelbetriebe.[16]

10 Fraglich ist weiterhin die Rechtmäßigkeit der Vorfinanzierung von Insolvenzgeld zur Finanzierung einer Unternehmens- und Betriebsfortführung durch den vorläufigen Insolvenzverwalter. Diese Finanzierung mit Hilfe des Insolvenzgeldes (bzw früher des Konkursausfallgeldes) gehörte in der Vergangenheit zum Instrumentarium eines jeden Vergleichsverwalters, vorläufigen Vergleichsverwalters und Sequesters, weil sie im Ergebnis die Personalkostenlast zeitweilig auf die Bundesanstalt für Arbeit verlagert hat und damit Liquidität schaffte.[17] Noch bestehende Lohnforderungen der Arbeitnehmer wurden dabei an ein vom Verwalter oder Sequester vermitteltes Kreditinstitut Zug um Zug

---

12 *Berscheid* ZIP 1997, 1569, 1574.
13 *Caspers* Rn 493.
14 *Smid* WM 1995, 785ff; *Berscheid* ZIP 1997, 1569, 1575ff; *Caspers* Rn 494.
15 *Caspers* Rn 494ff.
16 *Caspers* Rn 505.
17 *Kilger* KTS 1989, 495, 499; *Landfermann* BB 1995, 1649, 1655.

gegen Auszahlung eines Kaufpreises hierfür abgetreten. Aufgrund des übergegangenen Lohnanspruchs war das Kreditinstitut gesichert, da nunmehr ihm der Anspruch auf Konkursausfallgeld gegenüber der Bundesanstalt für Arbeit im Fall der Verfahrenseröffnung oder der Abweisung des Antrages auf Eröffnung des Insolvenzverfahrens mangels Masse zustand. Die Abtretung wurde als wirksam angesehen, soweit sie sich auf den nicht pfändbaren Teil des Arbeitsentgelts bezog und die Arbeitnehmer für die Abtretung den vollen Gegenwert erhalten haben.[18] Mit der Neuregelung des Insolvenzgeldes im SGB III (vgl hierzu u Rn 53) werden derartige Sanierungsversuche des vorläufigen Insolvenzverwalters erheblich erschwert, da ein neuer Gläubiger keinen Anspruch auf Insolvenzgeld hat, wenn ihm die Ansprüche auf Arbeitsentgelt vor dem Insolvenzereignis ohne Zustimmung des Arbeitsamtes zur Vorfinanzierung der Arbeitsentgelte abgetreten wurden. Das Arbeitsamt wiederum darf der Übertragung nur zustimmen, wenn Tatsachen die Annahme rechtfertigen, daß durch die Vorfinanzierung der Arbeitsentgelte ein erheblicher Teil der Arbeitsplätze erhalten bleibt. Damit wird es für die Zukunft erheblich schwieriger sein, durch derartige Vorfinanzierungsmaßnahmen Sanierungsversuche vorzunehmen (hierzu sa unten Rn 54ff).

2. Rechtslage nach der Verfahrenseröffnung

a) Fortbestand und Kündigung von Arbeitsverhältnissen

Mit der Insolvenzeröffnung ist anstelle des Schuldners der Insolvenzverwalter **11**
der arbeitsrechtliche Gegenpart des Arbeitnehmers.[19] Dabei spielt es dogmatisch keine Rolle, ob man die Rechtstellung des Insolvenzverwalters im Sinne der Amts-, Vertreter- oder der Organtheorie ansieht.[20]

Dies hat zur Folge, daß der Insolvenzverwalter, um auf das Arbeitsverhältnis einzuwirken, befugt ist, entsprechende Willenserklärungen gegenüber dem Arbeitnehmer abzugeben, und der Arbeitnehmer seinerseits rechtswirksam Willenserklärungen nur gegenüber dem Insolvenzverwalter abgeben kann.[21]

Da das Arbeitsverhältnis – wie oben bereits ausgeführt – auch nach Eröffnung **12**
des Insolvenzverfahrens fortbesteht, sind die Parteien des Arbeitsvertrages verpflichtet, die ihnen obliegenden Leistungen beiderseits zu erbringen. Damit steht dem Insolvenzverwalter der Anspruch auf die Arbeitsleistung zu, wohingegen der Arbeitnehmer den Vergütungsanspruch als Masseforderung gem § 55 Abs 1 Nr 2 InsO behält. Der Insolvenzverwalter hat dabei grundsätzlich kein Kürzungsrecht. Er könnte dies allenfalls im Rahmen einer Änderungskündigung durchsetzen. Lediglich bei Ansprüchen des Arbeitnehmers aus Betriebs-

18 BSG vom 8.4.1992, ZIP 1992, 941.
19 Obermüller/Hess, InsO, Rn 475.
20 Vgl Kilger/Schmidt, § 6 KO Anm 2 a.
21 Hess/Weis/Wienberg, Insolvenzarbeitsrecht, Rn 367.

vereinbarungen stände dem Insolvenzverwalter die Möglichkeiten nach § 120 InsO (su Rn 74 ff) zu.

13 Der Verwalter hat gem § 113 Abs 1 InsO die Möglichkeit, die nach Eröffnung des Insolvenzverfahrens unverändert fortbestehenden Arbeitsverhältnisse ohne Rücksicht auf eine vereinbarte Vertragsdauer oder einen vereinbarten Ausschluß des Rechts zur ordentlichen Kündigung mit einer Frist von 3 Monaten zum Monatsende zu kündigen, sofern nicht eine kürzere Frist maßgeblich ist.[22] Mit dieser Regelung besteht eine Maximalfrist, die gegenüber allen längeren, arbeitsvertraglich, tarifvertraglich oder gesetzlich bestehenden Kündigungsfristen oder vereinbarten Vertragslaufzeiten vorrangig ist.[23] Damit wurden die Folgen aus der Rspr des Bundesarbeitsgerichts, wonach tarifvertragliche Kündigungsfristen gesetzliche Kündigungsfristen iSd § 22 Abs 1 S 2 KO sind,[24] korrigiert.[25]

14 Zu klären ist noch, ob die 3-monatige Kündigungsfrist des § 113 Abs 1 S 2 InsO als eine von den Tarifverträgen abweichende kürzere Kündigungsfrist einen Eingriff in die Koalitionsfreiheit gem Art 9 GG darstellt.[26] Im Hinblick darauf, daß die Koalitionsfreiheit des Art 9 GG nur in ihrem Kernbereich unantastbar und unterhalb dieser Grenze nicht schrankenlos gewährleistet ist,[27] wird im Hinblick auf die Gläubigerrechte, die den Schutz des Art 14 Abs 1 GG genießen, eine Verletzung des Art 9 Abs 3 GG abzulehnen sein. Die tarifvertraglichen Regelungen sind prinzipiell nicht darauf ausgerichtet, die Interessen der Arbeitnehmer gerade im Fall der Insolvenz zu sichern. Der Eingriff in die Tarifautonomie ist insofern auf die Ausnahmesituation des Insolvenzverfahrens beschränkt und insoweit auch erforderlich, um eine gleichmäßige Verteilung der Insolvenzmasse an die berechtigten Gläubiger zu erreichen.[28]

15 Das gleiche Kündigungsrecht steht dem Arbeitnehmer zu. Kündigt der Verwalter, so kann der andere Teil wegen der vorzeitigen Beendigung des Dienstverhältnisses als Insolvenzgläubiger Schadensersatz verlangen. Der Arbeitnehmer muß die Forderung, wie jeder andere Insolvenzgläubiger auch, zur Tabelle anmelden.[29]

16 Als Schadensersatzansprüche kommt der entgangene Verdienst bis zur regulären Beendigung des Arbeitsverhältnisses in Betracht, wobei anderweitige Einnahmen, Sozialleistungen von den Sozialversicherungsträgern sowie Abfindun-

---

22 Obermüller/Hess, InsO, Rn 459.
23 *Zwanziger* S 53.
24 BAG vom 7.6.1984, ZIP 1984, 1517.
25 Rechtsausschuß zu § 127 RegE (§ 113 InsO) abgedruckt in Balz/Landfermann S 204 f.
26 Vgl LAG Düsseldorf vom 9.1.1998, LAGE § 113 InsO Nr 2; LAG Hamm vom 13.8.1997, ZIP Aktuell 1997, A 96, Nr 255; ArbG Stuttgart, Vorlagebeschluß vom 4.8.1997, ZIP 1997, 2013, 2015 ff; *Zwanziger* S 56.
27 BVerfG vom 14.11.1995, ZIP 1996, 470.
28 Vgl auch *Caspers* Rn 118.
29 Obermüller/Hess, InsO, Rn 502 f.

gen aufgrund von Sozialplanforderungen der Arbeitnehmer sich anrechnen lassen muß.[30]

Vorstandsmitglieder von Aktiengesellschaften können gem § 87 Abs 3 AktG im Falle der Kündigung durch den Insolvenzverwalter Schadensersatz lediglich für zwei Jahre seit dem Ablauf des Dienstverhältnisses verlangen. **17**

Will der Arbeitnehmer geltend machen, daß die Kündigung seines Arbeitsverhältnisses durch den Insolvenzverwalter unwirksam ist, muß er dies auch dann innerhalb von 3 Wochen nach Zugang der Kündigung im Rahmen der Kündigungsschutzklage beim Arbeitsgericht tun, wenn er sich für die Unwirksamkeit der Kündigung auf andere als die in § 1 Abs 2 und 3 des KSchG bezeichneten Gründe beruft (§ 113 Abs 2 InsO). Die bislang bekannte Ausschlußfrist von 3 Wochen gem § 4 KSchG, innerhalb derer der Arbeitnehmer Kündigungsschutzklage beim Arbeitsgericht erheben muß, wenn er sich auf die Sozialwidrigkeit der Kündigung iSv § 1 KSchG berufen will, ist insofern auf alle Unwirksamkeitsgründe erweitert worden. Will der Arbeitnehmer beispielsweise geltend machen, daß der Betriebsrat vor der Kündigung nicht ordnungsgemäß angehört wurde, so daß aus diesem Grunde gem § 102 BetrVG die Kündigung unwirksam ist, muß er ebenfalls innerhalb von 3 Wochen nach Ausspruch der Kündigung Klage erhoben haben, während dies außerhalb des Insolvenzverfahrens auch noch nach Ablauf der 3-Wochen-Frist des § 4 KSchG möglich wäre.[31] **18**

Bei rechtzeitig erhobener Kündigungsschutzklage stehen dem Arbeitnehmer dann jedoch alle Arbeitnehmerschutzbestimmungen zur Verfügung, die er auch außerhalb des Insolvenzverfahrens zu seinen Gunsten in Anspruch nehmen kann.[32] **19**

aa) Kündigungsschutzgesetz

Das Kündigungsschutzgesetz und insbes § 1 KSchG sind in vollem Umfang anwendbar.[33] Nach § 1 KSchG ist eine Kündigung rechtsunwirksam, wenn sie sozial ungerechtfertigt ist. Sozial ungerechtfertigt ist die Kündigung gem § 1 Abs 2 KSchG, wenn sie nicht durch Gründe, die in der Person oder in dem Verhalten des Arbeitnehmers liegen, oder durch dringende betriebliche Erfordernisse, die einer Weiterbeschäftigung des Arbeitnehmers in dem Betrieb entgegenstehen, bedingt ist. Der Verwalter hat die soziale Rechtfertigung einer jeden Kündigung zu prüfen und zu berücksichtigen. Die Sozialauswahl ist zu beachten.[34] **20**

---

30 *Zwanziger* S 58f.
31 Vgl Begr zu § 127 RegEntw (§ 113 InsO) abgedruckt in Balz/Landfermann S 204ff.
32 *Zwanziger* S 52f.
33 Obermüller/Hess, InsO, Rn 505; *Düwell* Kölner Schrift zur InsO, S 1120; *Zwanziger*, S 52.
34 Obermüller/Hess, InsO, Rn 506; *Düwell* Kölner Schrift zur InsO S 1120.

In Betrieben mit idR mehr als 5 Arbeitnehmern ausschließlich der zu ihrer Berufsbildung Beschäftigten kann der gekündigte Arbeitnehmer im Rahmen der Kündigungsschutzklage vor dem Arbeitsgericht gem §§ 1, 23 KSchG geltend machen, daß die Kündigung nicht sozial gerechtfertigt sei, da weder dringende betriebliche Erfordernisse noch personen- oder verhaltensbedingte Gründe vorliegen, die die Kündigung rechtfertigen könnten.

21 Der Verwalter hat sodann darzulegen und zu beweisen, daß die Kündigung im Sinne des § 1 KSchG sozial gerechtfertigt ist. Er hat dabei die Gründe im einzelnen darzulegen und unter Beweis zu stellen, die ihn zu der Kündigung veranlaßt haben. Im einzelnen kann hierzu auf die einschlägige Literatur und Rspr zum § 1 KSchG verwiesen werden.[35] Es gelten gegenüber der Rechtslage vor Eröffnung des Insolvenzverfahrens keine Besonderheiten.

22 Der Arbeitnehmer hat im Rahmen des Kündigungsschutzprozesses darzulegen und zu beweisen, daß der Verwalter bei der Auswahl des Arbeitnehmers die Kriterien der Sozialauswahl nicht beachtet hat. Der Verwalter hat gem § 1 Abs 3 S 1 KSchG bei der Auswahl des Arbeitnehmers soziale Gesichtspunkte zu berücksichtigen. Auch insoweit gelten keine Besonderheiten gegenüber einer Kündigung außerhalb des Insolvenzverfahrens.

23 Bei der Kündigung von Betriebsratsmitgliedern findet § 15 KSchG Anwendung.[36] Danach ist die Kündigung eines Mitglieds eines Betriebsrats, einer Jugend- und Auszubildendenvertretung, einer Bordvertretung oder eines Seebetriebsrats unzulässig, wenn nicht Tatsachen vorliegen, die den Arbeitgeber zur Kündigung aus wichtigem Grund ohne Einhaltung einer Kündigungsfrist berechtigen und die nach § 103 BetrVG erforderliche Zustimmung des Betriebsrats vorliegt oder diese durch eine gerichtliche Entscheidung ersetzt worden ist. Diesen Kündigungsschutz hat das Betriebsratsmitglied oder das Mitglied der übrigen Vertretungsorgane auch noch innerhalb eines Jahres nach Beendigung der Amtszeit. Lediglich ein Mitglied einer Bordvertretung hat diesen Schutz nur noch 6 Monate nach Beendigung der Amtszeit. Auch insoweit gelten keine Besonderheiten.[37]

24 Eine ordentliche Kündigung von Betriebsratsmitgliedern ist nach § 15 Abs 4 und 5 KSchG nur möglich, wenn der Betrieb oder eine Betriebsabteilung stillgelegt wird. Auch insoweit ergeben sich keine Besonderheiten gegenüber der Rechtslage vor Eröffnung des Insolvenzverfahrens.[38]

25 Führt der Insolvenzverwalter eine Massenentlassung durch, ist er gem § 17 KSchG verpflichtet, dem Arbeitsamt Anzeige zu erstatten, wenn die in § 17

35 S KR-*Etzel*, § 1 KSchG; Obermüller/Hess, InsO, Rn 507ff.
36 *Düwell* Kölner Schrift zur InsO, S 1124; *Zwanziger* S 53f.
37 Vgl hierzu KR-*Etzel* § 15 KSchG.
38 *Düwell* Kölner Schrift zur InsO S 1124; *Zwanziger* S 53f.

Abs 1 KSchG angegebene Anzahl von Arbeitnehmern betroffen ist.[39] Danach ist der Insolvenzverwalter verpflichtet, dem Arbeitsamt Anzeige zu erstatten, bevor er in Betrieben mit idR mehr als 20 und weniger als 60 Arbeitnehmern mehr als 5 Arbeitnehmer, in Betrieben mit idR mindestens 60 und weniger als 500 Arbeitnehmern 10% der im Betrieb regelmäßig beschäftigten Arbeitnehmer oder aber mehr als 25 Arbeitnehmer und in Betrieben mit idR mindestens 500 Arbeitnehmern mindestens 30 Arbeitnehmer innerhalb von 30 Kalendertagen entläßt. Dabei ist der Entlassungszeitpunkt maßgeblich.[40] Nach § 17 Abs 2 KSchG ist zugleich der Betriebsrat zu unterrichten. Anzeige- und Unterrichtungspflichten hat auch der Insolvenzverwalter zu beachten.[41]

Eine ohne Wahrnehmung der Anzeigepflicht durchgeführte Massenentlassung **26**
ist unwirksam. Die im einzelnen ausgesprochenen Kündigungen sind unwirksam. Hierauf kann sich der Arbeitnehmer im Kündigungsschutzverfahren berufen.[42]

bb) Kollektivrechtliche Ansprüche

Ein Betriebsrat ist gem § 102 Abs 1 BetrVG vor jeder Kündigung anzuhören.[43] **27**
Dies gilt in gleicher Weise im Insolvenzverfahren für die Kündigung durch den Insolvenzverwalter. Der Betriebsrat hat sodann bei einer ordentlichen Kündigung gem § 102 Abs 2 BetrVG eine Woche Zeit, zur beabsichtigten Kündigung Stellung zu nehmen. Bei einer außerordentlichen Kündigung beträgt die Frist zur Stellungnahme gem § 102 Abs 2 S 3 BetrVG 3 Tage. Der Arbeitnehmer kann im Kündigungsschutzprozeß geltend machen, daß der Betriebsrat nicht ordnungsgemäß angehört worden ist.[44] Der Arbeitgeber hat sodann darzulegen und zu beweisen, daß eine ordnungsgemäße Anhörung erfolgt ist.[45] Auch insoweit ergeben sich keine Besonderheiten gegenüber der Rechtslage vor Eröffnung des Insolvenzverfahrens.

Bei einer außerordentlichen Kündigung von Betriebsratsmitgliedern muß der Betriebsrat gem § 103 BetrVG zustimmen. Tut er dies nicht, ist die Zustimmung durch das Arbeitsgericht zu ersetzen. Anderenfalls ist eine Kündigung unzulässig.

---

39 *Berscheid* Kölner Schrift zur InsO, S 1045ff; *Caspers* Rn 151ff.

40 BAG v 13.3.1969, AP Nr 10 zu § 15 KSchG 1951; *Berscheid* Kölner Schrift zur InsO, S 1048 mwN.

41 BSG v 5.12.1978, DB 1979, 1283; BAG v 6.6.1984, NJW 1984, 2910; Hess/Weis/Wienberg, Insolvenzarbeitsrecht, Rn 642; *Berscheid* Kölner Schrift zur InsO, S 1045ff.

42 Vgl *Berscheid* Kölner Schrift zur InsO, S 1050 mwN.

43 *Grunsky* S 30.

44 BAG v 23.6.1983; EzA § 1 KSchG Krankheit Nr 12; *Oetker* BB 1989, 417, 421.

45 KR-*Etzel* § 102 BetrVG Rn 192 mwN.

28 Tarifliche Ansprüche gelten auch nach der Eröffnung des Insolvenzverfahrens fort. Der Insolvenzverwalter unterliegt insofern der Tarifbindung.[46]

Der Insolvenzverwalter kann sich auch nicht einseitig von einem Tarifvertrag lösen.[47] Ihm steht kein besonderes Kündigungsrecht wegen der Insolvenz zu. Dies gilt auch dann, wenn es sich um einen Firmentarifvertrag handelt.[48]

29 § 103 InsO findet auf den laufenden Tarifvertrag keine Anwendung. Diese Regelung, die den § 17 KO ersetzt, gibt dem Insolvenzverwalter kein Wahlrecht in dem Sinne, daß der Tarifvertrag als gegenseitiger und von den Vertragsparteien noch nicht oder nicht vollständig erfüllter Vertrag anzusehen wäre, bei dem der Insolvenzverwalter den Vertrag erfüllen und die Erfüllung vom anderen Teil verlangen kann. Gem § 103 Abs 2 InsO könnte der andere Teil bei Ablehnung der Erfüllung durch den Verwalter seine Forderung wegen der Nichterfüllung nur als Insolvenzgläubiger geltend machen. Der normative Teil des Tarifvertrages beinhaltet keinen gegenseitigen Vertrag und der schuldrechtliche Teil enthält auch keine Verpflichtungen, die aus dem Vermögen des Schuldners zu befriedigen wären, wie es § 103 InsO voraussetzt.[49]

30 Auch Betriebsvereinbarungen gelten nach Eröffnung des Insolvenzverfahrens weiter. Der Insolvenzverwalter kann eine Betriebsvereinbarung lediglich nach den allgemeinen Grundsätzen gem § 77 Abs 5 BetrVG unter Einhaltung einer Frist von 3 Monaten aufkündigen, sofern nichts anderes vereinbart ist.

31 Allerdings sollen nach § 120 InsO der Insolvenzverwalter und der Betriebsrat über eine einvernehmliche Herabsetzung der Leistungen beraten, sofern eine Betriebsvereinbarung Leistungen vorsieht, welche die Insolvenzmasse belasten. Diese Betriebsvereinbarungen können auch dann mit einer Frist von 3 Monaten gekündigt werden, wenn eine längere Frist vereinbart worden ist (s hierzu auch u Rn 75ff).

32 Plant der Insolvenzverwalter die Durchführung von Betriebsänderungen, wozu iSd § 111 S 2 BetrVG

- die Einschränkung und Stillegung des Betriebs oder von wesentlichen Betriebsteilen,
- die Verlegung des Betriebs oder von wesentlichen Betriebsteilen,
- der Zusammenschluß mit anderen Betrieben oder die Spaltung von Betrieben,
- die grundlegende Änderung der Betriebsorganisation, des Betriebszwecks oder der Betriebsanlagen und
- die Einführung grundlegend neuer Arbeitsmethoden und Fertigungsverfahren.

46 Hess/Weis/Wienberg, Insolvenzarbeitsrecht, S 63.
47 Obermüller/Hess, InsO, Rn 491.
48 Hess/Weis/Wienberg, Insolvenzarbeitsrecht, S 63; Obermüller/Hess, InsO, Rn 492.
49 Vgl Jaeger/*Henckel* KO § 17 Rn 13; Hess/Weis/Wienberg, Insolvenzarbeitsrecht, S 63.

gehören, ist er wie jeder Arbeitgeber sonst auch, verpflichtet, in Betrieben mit idR mehr als 20 wahlberechtigten Arbeitnehmern und bei Bestehen eines Betriebsrates mit diesem vor Durchführung der geplanten Betriebsänderung einen Interessenausgleich und Sozialplan hierüber zu verhandeln (sa unten Rn 93).[50] Die Insolvenzordnung sieht allerdings mit den §§ 125 – 127 InsO zahlreiche Modalitäten vor, die zur Sicherung der Insolvenzmasse die Verfahren zum Abschluß eines Interessenausgleichs und Sozialplans beschleunigen (hierzu su unter II, 2f).

cc) Sonstige Kündigungsschutzbestimmungen

Die übrigen Schutzbestimmungen wie zum Beispiel das Schwerbehindertengesetz und das Mutterschutzgesetz finden auch während des Insolvenzverfahrens Anwendung.[51] **33**

Gem § 9 Abs 1 MuSchG ist die Kündigung gegenüber einer Frau während der Schwangerschaft und bis zum Ablauf von 4 Monaten nach der Entbindung unzulässig, wenn dem Arbeitgeber zur Zeit der Kündigung die Schwangerschaft oder Entbindung bekannt war oder innerhalb zweier Wochen nach Zugang der Kündigung mitgeteilt wird. Diese Vorschrift gilt auch für den Insolvenzverwalter.

Gem § 9 Abs 3 MuSchG kann die oberste Landesbehörde in besonderen Fällen **34** eine Kündigung für zulässig erklären. Als besonderer Fall wurde die in der Insolvenz erfolgende Betriebsstillegung angesehen.[52] Da das Mutterschutzgesetz der Arbeitnehmerin die Sorge um ihren Arbeitsplatz abnehmen soll, könnte dieses Ziel bei einer Betriebsstillegung ohnehin nicht erreicht werden. Seit dem am 1. 1. 1997 in Kraft getretenen Gesetz zur Änderung des Mutterschutzrechts[53] bedarf die Kündigung der Schriftform. Außerdem muß der von der Behörde anerkannte besondere Kündigungsgrund im Kündigungsschreiben angegeben sein. Damit ist das Nachschieben von Kündigungsgründen ausgeschlossen.[54]

Gem § 18 Abs 1 BErzGG darf der Arbeitgeber das Arbeitsverhältnis ab dem **35** Zeitpunkt, von dem an Erziehungsurlaub verlangt worden ist, höchstens jedoch 6 Wochen vor Beginn des Erziehungsurlaubs und während des Erziehungsurlaubs nicht kündigen. Auch diese Regelung gilt für den Insolvenzverwalter. Gem § 18 Abs 1 S 2 und 3 BErzGG kann die oberste Landesbehörde in besonderen Fällen eine Kündigung ausnahmsweise für zulässig erklären. Auch hier wird als besonderer Fall die in der Insolvenz erfolgende Betriebsstillegung anerkannt.[55]

---

50 BAG AP Nr 6 zu § 112 BetrVG 1972; *Schwerdtner* Kölner Schrift zur InsO, S 1127; *Arend* S 16.
51 *Zwanziger* S 54.
52 BVerwG v 18. 8. 1977, AP § 9 MuSchG Nr 5; *Düwell* Kölner Schrift zur InsO, S 1123.
53 BGBl I, 2110.
54 *Düwell* Kölner Schrift zur InsO, S 1123.
55 *Berscheid* S 37; *Düwell* Kölner Schrift zur InsO, S 1122.

36 Für Schwerbehinderte gilt der besondere Kündigungsschutz des § 15 SchwbG in der Insolvenz weiter.[56] Vor der Kündigung muß die Zustimmung der Hauptfürsorgestelle eingeholt werden. Die Zustimmung ist unter den in dem durch Art 97 EGInsO ergänzten § 19 SchwbG geregelten Voraussetzungen zu erteilen. Die Zustimmungspflicht besteht, wenn:

- der Schwerbehinderte im Interessenausgleich nach § 125 InsO namentlich als einer der zu entlassenen Arbeitnehmer bezeichnet ist,
- die Schwerbehindertenvertretung beim Zustandekommen des Interessenausgleichs nach § 25 Abs 2 SchwbG beteiligt war,
- der Anteil, der nach dem Interessenausgleich zu entlassenen Schwerbehinderten an der Zahl der beschäftigten Schwerbehinderten nicht größer ist als der Anteil der zu entlassenen übrigen Arbeitnehmer zu den verbleibenden Arbeitnehmern,
- durch die verbleibenden Schwerbehinderten mindestens die Beschäftigungspflicht nach § 5 Abs 1 SchwbG (6%) erfüllt wird.

37 Damit sind die Voraussetzungen für die Erlangung der Zustimmung der Hauptfürsorgestelle erschwert worden.[57] Außerhalb des Insolvenzverfahrens ist nämlich von der Hauptfürsorgestelle lediglich zu prüfen, ob dem Arbeitnehmer wegen seiner Behinderung gekündigt werden soll. Bei Verneinung muß die Zustimmung erteilt werden.[58] Im übrigen ist bei einer Betriebsstillegung nach der Kündigung gem § 19 SchwbG der Lohn noch wenigstens drei Monate weiter zu zahlen.

38 Die Hauptfürsorgestelle soll ihre Entscheidung zur Kündigung innerhalb eines Monats vom Tage des Eingangs des Antrags an treffen. Erteilt sie die Zustimmung, kann der Arbeitgeber die Kündigung nur innerhalb eines Monats nach Zustellung der Zustimmung erklären. Diese Frist wird durch die Eröffnung des Insolvenzverfahrens nicht unterbrochen.[59] Insofern muß der Verwalter bei Zustellung des Zustimmungsbescheides der Hauptfürsorgestelle an den Schuldner die seitdem laufende Frist beachten.[60]

39 Gem § 15 Abs 2 BBiG können Ausbildungsverhältnisse nach der Probezeit nur aus wichtigem Grund ohne Einhaltung einer Kündigungsfrist gekündigt werden. Das Ausbildungsverhältnis soll auch durch den Insolvenzverwalter bei Fortführung des Betriebes weiterhin ordentlich unkündbar sein.[61] Sofern der Betrieb stillgelegt werden soll, wird eine entsprechende Anwendung des § 15 Abs 4, 5 KSchG zu einem interessengerechten Ergebnis führen.[62] Das Bundes-

---

56 *Zwanziger* S 54.
57 *Uhlenbruck* Das neue Insolvenzrecht, S 51; *Düwell* Kölner Schrift zur InsO, S 1123.
58 BVerwG v 2.7.1991, AP § 21 SchwbG Nr 1.
59 *Grunsky*, S 40 mwN.
60 KR-*Etzel* §§ 15–20 SchwbG Rn 127; LAG Düsseldorf ZIP 1982, 737.
61 *Hess* § 22 KO Rn 813 ff; *Kilger/Schmidt* zu § 22 KO Anm 3 d; *Zwanziger* S 54; offen gelassen von BAG AP Nr 9 zu § 22 KO.
62 *Grunsky* S 43 mwN.

arbeitsgericht[63] hat entschieden, daß das Ausbildungsverhältnis im Konkurs des Arbeitgebers für den Regelfall nicht außerordentlich, sondern unter Einhaltung der ordentlichen Kündigungsfrist vom Konkursverwalter gem § 22 Abs 1 S 2 KO iVm § 622 Abs 1 BGB analog gekündigt werden kann. In diesen Fällen ist daher diejenige Kündigungsfrist einzuhalten, die für das Arbeitsverhältnis gelten würde, wenn die Ausbildung zu dem erstrebten Beruf geführt hätte.

Da die §§ 14, 15 BBiG eine gesetzliche Unkündbarkeitsregel darstellen, wurde teils vertreten, daß eine Kündigungsmöglichkeit iSv § 113 Abs 1 S 1 und eine Abkürzung der Kündigungsfrist gem § 113 Abs 1 S 2 InsO auf drei Monate nicht in Frage kommt.[64] Die vom Bundesarbeitsgericht in seiner Entscheidung vom 27.5.1993 aufgestellten Rechtsgrundsätze werden jedoch auf die Insolvenzordnung übertragen werden, so daß eine Kündigung unter Einhaltung der 3-Monatsfrist gem § 113 InsO in Betracht kommt.[65] **40**

Will der Auszubildende selbst kündigen, ist er an die Beschränkungen des § 15 Abs 2 Nr 2 BBiG gebunden.[66] Danach kann der Auszubildende nach der Probezeit das Berufsausbildungsverhältnis nur mit einer Kündigungsfrist von 4 Wochen kündigen und nur dann, wenn er die Berufsausbildung aufgeben oder sich für eine andere Berufstätigkeit ausbilden lassen will. **41**

b) Nach Eröffnung des Insolvenzverfahrens begründete Arbeitsverhältnisse

Bei Arbeitsverhältnissen, die der Verwalter nach Eröffnung des Insolvenzverfahrens neu begründet, ist zu unterscheiden zwischen denjenigen, die der Verwalter als eigenständiger Arbeitgeber abschließt und solchen, die er in Wahrnehmung der abgeleiteten Arbeitgeberfunktionen für die Masse vereinbart. **42**

Die vom Verwalter als eigenständigen Arbeitgeber begründeten Arbeitsverhältnisse – etwa im Sekretariatsbereich des Verwalterbüros – bleiben im Insolvenzverfahren außer Betracht, da die Arbeitnehmer nicht in einem direkten Vertragsverhältnis zum Schuldner stehen. Die Löhne und Gehälter dieser Arbeitnehmer gehören entweder zu den durch die Verwaltervergütung abgegoltenen Kosten des Verwalters oder zu den Auslagen, die durch die Einstellung von Hilfskräften für bestimmte Aufgaben im Rahmen der Verwaltung tatsächlich erwachsen. **43**

Für Arbeitnehmer, die vom Verwalter in Wahrnehmung seiner abgeleiteten Arbeitgeberfunktion eingestellt werden, ergeben sich keine Unterschiede gegenüber den bereits bestehenden Arbeitsverhältnissen. **44**

63 BAG vom 27.5.1993, ZIP 1993, 1316.
64 So noch Hess/Weis/Wienberg, Insolvenzarbeitsrecht, Rn 529.
65 Obermüller/Hess, InsO, Rn 585.
66 *Hess* § 22 KO Rn 855; *Grunsky* S 46.

c) Noch nicht angetretene Dienstverhältnisse (§§ 113, 103 Abs 1 S 2 InsO)

45 Soweit ein Arbeitsverhältnis zum Zeitpunkt der Eröffnung des Insolvenzverfahrens noch nicht angetreten ist, stellt sich die Frage, ob und in welchem Umfang die Regelungen der §§ 103 Abs 1, 105, 107 InsO dem Insolvenzverwalter das Wahlrecht geben, an Stelle des Schuldners den Vertrag zu erfüllen und die Erfüllung vom Arbeitnehmer zu verlangen oder die Erfüllung abzulehnen. Im letzteren Fall könnte gem § 103 Abs 2 S 1 der Arbeitnehmer seine Forderung wegen der Nichterfüllung nur als Insolvenzgläubiger geltend machen.[67] In § 103 Abs 1 S 1 InsO ist die Beschränkung auf bereits angetretene Dienstverhältnisse jedoch nicht mehr enthalten. Zwischen bereits angetretenen und nicht angetretenen Beschäftigungsverhältnissen wird kein Unterschied gemacht.[68] Durch diese Änderung ist das „fristlose" Ablehnungsrecht ausgeschlossen und das Kündigungsrecht eingeführt worden, was jedoch keine besondere Belastung für die Insolvenzgläubiger darstellt. Dagegen wurde die Erfüllungsablehnung nach § 17 KO als eine mit dem Prinzip des Arbeitnehmerschutzes unvereinbare Beendigungsart angesehen.[69]

46 Die Dienstverhältnisse des Schuldners bestehen daher mit Wirkung für die Insolvenzmasse nach Eröffnung des Insolvenzverfahrens fort. Gem § 108 Abs 2 InsO hat der Arbeitnehmer jedoch seine Ansprüche für die Zeit vor der Eröffnung des Insolvenzverfahrens als Insolvenzgläubiger geltend zu machen.

d) Befriedigung der Lohnansprüche der Arbeitnehmer

47 Die Lohnansprüche der Arbeitnehmer haben im Geltungsbereich der Konkursordnung und der Gesamtvollstreckungsordnung Vorrang vor Forderungen anderer Gläubiger. Durch die Neuregelung im Rahmen der Insolvenzordnung hat sich hier eine entscheidende Änderung ergeben. Eine Rangfolge hinsichtlich der Forderungen der Gläubiger besteht nicht mehr. Vielmehr wird nur noch unterschieden zwischen Masseforderungen und sonstigen Insolvenzforderungen sowie nachrangigen Insolvenzforderungen.

aa) Vor Eröffnung entstandene Lohnansprüche

48 Vor Eröffnung entstandene Lohnansprüche der Arbeitnehmer sind gem § 108 Abs 2 InsO normale Insolvenzforderungen gem § 38 InsO. Ein Vorrang gegenüber anderen Insolvenzgläubigern iSv § 61 KO oder § 17 Abs 3 Nr 1a GesO besteht nicht mehr.[70]

---

67 Obermüller/Hess, InsO, Rn 502e.
68 *Düwell* Kölner Schrift zur InsO S 1111.
69 *Heinze*/Kübler S 100; *Schmid* S 123; *Düwell* Kölner Schrift zur InsO S 1111.
70 Haarmeyer/Wutzke/Förster S 412; Obermüller/Hess InsO, Rn 590; *Caspers* Rn 83.

Der Arbeitnehmer ist bei ausstehenden Lohn- und Gehaltsforderungen aus der Zeit vor Eröffnung des Insolvenzverfahrens daher verpflichtet, diese Forderungen zur Insolvenztabelle anzumelden. Insoweit gelten zunächst keine Besonderheiten gegenüber den übrigen Gläubigern und deren Verpflichtung zur Anmeldung. Besonderheiten ergeben sich lediglich im Rahmen der Bestimmungen über die Zahlung des Insolvenzgeldes (hierzu su Rn 53 ff). 49

bb) Nach Eröffnung entstandene Lohnansprüche

Lohnansprüche, die nach Eröffnung des Insolvenzverfahrens entstehen, sind gem § 55 Abs 1 Ziffer 2 InsO Masseverbindlichkeiten, die gem § 53 InsO vorweg zu berichtigen sind, wenn die Erfüllung des Vertragsverhältnisses zur Insolvenzmasse erfolgt oder für die Zeit nach der Eröffnung des Insolvenzverfahrens erfolgen muß. Im Gegensatz zur Regelung in der Gesamtvollstreckungsordnung, die dem Verwalter die Möglichkeit gewährt, den Arbeitnehmern unmittelbar nach Verfahrenseröffnung zu kündigen und sie gleichzeitig freizustellen, so daß die bis zum Ablauf der Kündigungsfrist anfallenden Lohnansprüche nicht als „durch die Verwaltung entstandene" notwendige Ausgaben gem § 13 Abs 1 Nr 1 GesO, sondern nachrangig gem § 13 Abs 1 Nr 3a GesO behandelt wurden,[71] gibt es eine derartige Regelung in der Insolvenzordnung nicht mehr.[72] Vielmehr wird der Insolvenzverwalter gem § 55 Abs 1 Nr 2 InsO verpflichtet sein, die Arbeitsverträge seinerseits bis zum Ablauf der Kündigungsfrist zu erfüllen, ohne durch Freistellung des Arbeitnehmers dessen Masseforderung einschränken zu können. Die von Obermüller/Hess[73] vertretene gegenteilige Auffassung, wonach die Ansprüche der Arbeitnehmer ab der Eröffnung des Insolvenzverfahrens dann nicht vorab zu bedienen sind, wenn der Insolvenzverwalter die Arbeitnehmer von der Arbeit freistellen kann, findet keine Bestätigung im Gesetzeswortlaut. Im Gegensatz zur Regelung von § 13 GesO heißt es in § 55 Abs 1 Nr 2 InsO, daß Masseverbindlichkeiten Verbindlichkeiten aus gegenseitigen Verträgen sind, soweit deren Erfüllung für die Zeit nach der Eröffnung des Insolvenzverfahrens erfolgen muß. Soweit Arbeitsverhältnisse nicht beendet worden sind, sind sie auch vom Insolvenzverwalter zu erfüllen, unabhängig davon, ob der Arbeitnehmer unter Fortzahlung seiner Bezüge freigestellt wird oder nicht. § 55 InsO knüpft insofern an § 59 KO an und nicht an § 13 GesO.[74] 50

Eine Differenzierung unter den Masseschulden besteht lediglich im Fall der Masseunzulänglichkeit. Sofern der Insolvenzverwalter die Arbeitsleistung der Arbeitnehmer noch in Anspruch genommen und den Arbeitnehmer dementsprechend nicht freigestellt hat, nachdem er die Masseunzulänglichkeit ange- 51

71 Vgl hierzu Happ/Huntemann (Hrsg) § 14 Rn 18 ff.
72 *Caspers* Rn 82.
73 Obermüller/Hess, InsO, Rn 590.
74 Vgl Referentenentw des Gesetzes zur Reform des Insolvenzrechts, 3. Teil (B), S 54 zu § 60.

zeigt hat, liegt eine Masseverbindlichkeit im Rang des § 209 Abs 1 Nr 2 InsO vor, die nach den Verfahrenskosten, aber vor den „übrigen Masseverbindlichkeiten" zu berichtigen ist. Die Masseentgeltansprüche der zum Zeitpunkt der Anzeige der Masseunzulänglichkeit freigestellten Arbeitnehmer zählen dagegen zu den „übrigen Masseverbindlichkeiten" im Rang des § 209 Abs 1 Nr 3 InsO.[75]

52 Im übrigen gibt es hinsichtlich der Masseverbindlichkeiten im Gegensatz zur früheren Rechtslage nach § 60 KO keine Rangordnung mehr. Vielmehr stehen alle Masseverbindlichkeiten gleichrangig nebeneinander. Insofern ergibt sich für die Lohnforderungen der Arbeitnehmer gegenüber den übrigen Masseverbindlichkeiten keine Besonderheit. Ansprüche auf Abfindungen aufgrund von Kündigungen des Insolvenzverwalters sind ebenfalls Masseverbindlichkeiten gem § 55 Abs 1 Nr InsO.[76]

cc) Insolvenzgeld

53 Die aufgrund der Regelung des § 108 Abs 2 InsO gegenüber dem früheren § 59 Abs 1 Nr 3 KO für die Arbeitnehmer nachteilige Regelung, wonach sie ihre Lohnansprüche für die Zeit vor Eröffnung des Insolvenzverfahrens nur als normale Gläubiger ohne jeden Vorrang anmelden können (so Rn 46), wird durch die Regelungen über das Insolvenzgeld teilweise kompensiert. Gem § 183 SGB III erhalten Arbeitnehmer Insolvenzgeld, wenn sie bei Eröffnung des Insolvenzverfahrens über das Vermögen ihres Arbeitgebers für die vorausgehenden drei Monate des Arbeitsverhältnisses noch Ansprüche auf Arbeitsentgelt haben. Insolvenzausfallgeld wird auch dann gewährt, wenn eine Sanierung des Unternehmens in einen Insolvenzplan beabsichtigt ist.[77]

54 Der Anspruch besteht für Arbeitsgeldansprüche der letzten dem Insolvenzverfahren vorausgehenden 3 Monate des Arbeitsverhältnisses.[78] Entscheidend sind dementsprechend die letzten 3 Monate des Arbeitsverhältnisses und nicht etwa die letzten 3 Monate vor Eröffnung des Insolvenzverfahrens. Für die Fristberechnung des Insolvenzgeld-Zeitraums gelten die Vorschriften der §§ 187 ff BGB.[79] Etwaige Nachzahlungen aufgrund rückwirkender Lohn- und Gehaltserhöhungen sind bei der Berechnung des Insolvenzgelds mindernd nur dann zu berücksichtigen, wenn sie für die letzten der Eröffnung des Insolvenzverfahrens vorausgehenden 3 Monate des Arbeitsverhältnisses bestimmt sind. Nachzahlungen für andere Zeiträume werden dementsprechend nicht berücksichtigt.[80] War der Arbeitgeber vor dem Insolvenzzeitpunkt nicht nur hinsichtlich

75 *Lohkemper* KTS 1996, 34 f; *Caspers* Rn 82.
76 *Lohkemper* KTS 1996, 35 f.
77 *Warrikoff* BB 1994, 2338, 2345; *Caspers* Rn 83.
78 GK-SGB III/*Hess* § 183 SGB III, Rn 58; *Öhlerking* ZIP 1980, 18 zur Regelung des AFG für Konkursausfallgeld.
79 GK-SGB III/*Hess* § 183 SGB III, Rn 65 ff.
80 GK-SGB III/*Hess* § 183 SGB III, Rn 173.

der Löhne für den Insolvenzgeld-Zeitraum, sondern für Zeiträume danach rückständig und hat er im Insolvenzgeld-Zeitraum Zahlungen geleistet, ohne zu bestimmen, für welchen Lohnabrechnungszeitraum die Zahlung gedacht war, so gilt § 366 Abs 2 BGB, wonach bei einer Mehrheit von Forderungen aus dem selben Schuldverhältnis unter mehreren fälligen Schulden zuerst die Schuld getilgt wird, die dem Gläubiger die geringere Sicherheit bietet.[81] Das sind diejenigen Forderungen, die im Zeitraum bis zum dritten Monat vor dem Insolvenzzeitpunkt entstanden sind.[82]

Insolvenzgeld wird gem § 185 SGB III von der Bundesanstalt für Arbeit für alle **55** Arbeitsbezüge einschließlich derjenigen für die Zeit bezahlten Urlaubs gezahlt. Ausgeschlossen sind gem § 184 SGB III lediglich Ansprüche auf Arbeitsentgelt, die der Arbeitnehmer wegen der Beendigung des Arbeitsverhältnisses oder für die Zeit nach der Beendigung des Arbeitsverhältnisses hat oder die der Insolvenzverwalter wegen eines Rechts zur Leistungsverweigerung nicht erfüllt hat oder die angefochten wurden. Das Insolvenzgeld entspricht in seiner Höhe gem § 185 Abs 1 SGB III dem Nettoarbeitsentgelt. Lohnsteuer wird hierauf nicht geschuldet.

Ausländische Arbeitnehmer stehen inländischen gleich.[83] Allerdings haben aus- **56** ländische Arbeitnehmer, die in einer im Ausland gelegenen Betriebsstätte des inländischen Gemeinschuldners tätig sind, keinen Anspruch auf Insolvenzgeld, weil die Bestimmungen des SGB III nur für inländische Betriebsstätten und deren Arbeitnehmer gelten.[84]

Soweit Insolvenzgeld gezahlt wird, gehen die Ansprüche der Arbeitnehmer auf **57** Lohn- und Gehaltszahlungen gem § 187 SGB III auf die Bundesanstalt für Arbeit über, die diese Ansprüche als Insolvenzgläubiger im Verfahren anmelden kann.[85]

Gem § 141 k AFG war es vor Inkrafttreten des SGB III möglich, zur Finanzie- **58** rung der Personalkosten Lohnansprüche der Arbeitnehmer mit Hilfe des Konkurs- bzw Insolvenzausfallgeldes zu finanzieren. Arbeitnehmer verkauften vor Stellung des Antrags auf Konkursausfallgeld bei der Bundesanstalt für Arbeit und vor Eröffnung des Insolvenzverfahrens die vom vorläufigen Verwalter nicht erfüllten Nettolohnforderungen zum Nennbetrag an ein von dem Verwalter vermitteltes Kreditinstitut und traten Zug um Zug gegen Auszahlung des Kaufpreises ihre Lohnforderung an das Kreditinstitut ab. Gem § 141 k AFG stand dann dem Kreditinstitut der Anspruch auf Konkursausfallgeld aufgrund des übergegangenen Lohnanspruchs zu (s hierzu auch o Rn 10).

81 BGHZ 91, S 375.
82 GK-SGB III/*Hess* § 183 SGB III, Rn 171.
83 Kilger/Schmidt, § 59 KO Anm 5 c.
84 LSG München IPRax 82, 191; Kilger/K. *Schmidt,* § 59 KO Anm 5 c.
85 GK-SGB III/*Hess* § 187 SGB III, Rn 21 ff mwN.

59 Diese Praxis war in der Vergangenheit umstritten und wurde insbes von der Bundesanstalt für Arbeit lange Zeit nicht akzeptiert.[86] Mit Entscheidung des Bundessozialgerichts vom 22.3.1995[87] wurde jedoch klargestellt, daß die Entlastung der Konkursmasse von vorkonkurslichen Personalkosten durchaus der Zielrichtung des Gesetzes über Konkursausfallgeld entspräche und der von der Bundesanstalt für Arbeit zur Begründung der Ablehnung dieser Praxis herangezogene Gesichtspunkt des Rechtsmißbrauchs nicht greife. Lediglich in den Fällen, in denen das Kreditinstitut, an das die Lohnforderung abgetreten wurde, zugleich Gläubiger des Arbeitgebers oder an dem Arbeitgeber beteiligt sei, läge ein Rechtsmißbrauch vor. Dieser Mißbrauchsmöglichkeit wurde durch die Regelung des § 141 k Abs 2 a AFG Rechnung getragen.[88]

60 Mit der Einführung des SGB III hat sich jedoch die Rechtslage hinsichtlich der Vorfinanzierung von Insolvenzgeld geändert. Mit § 188 Abs 4 SGB III hat ein neuer Gläubiger keinen Anspruch auf Insolvenzgeld, wenn ihm Ansprüche auf Arbeitsentgelt vor dem Insolvenzereignis ohne Zustimmung des Arbeitsamtes zur Vorfinanzierung der Arbeitsentgelte abgetreten wurden. Das Arbeitsamt darf der Übertragung nur zustimmen, wenn Tatsachen die Annahme rechtfertigen, daß durch die Vorfinanzierung der Arbeitsentgelte ein erheblicher Teil der Arbeitsplätze erhalten bleibt.[89]

61 Diese Neuregelung, die die bisherige Rechtsentwicklung wieder umdreht, kann dazu führen, daß Sanierungsversuche vor Eröffnung des Insolvenzverfahrens scheitern, wenn das Arbeitsamt bei der Prüfung seiner Zustimmung zögerlich handelt oder die Zustimmung verweigert. Damit würde entgegen der gesetzgeberischen Intention die sofortige Stillegung des Unternehmens und aller seiner Betriebe gefördert werden. Insofern sollte auch nach der neuen Rechtslage die Vorfinanzierung von Insolvenzgeld bereits dann als zulässig angesehen werden, wenn es lediglich ungewiß oder noch offen ist, ob in einem eröffneten Verfahren eine Sanierung oder eine sanierende Liquidation von Teilen des Unternehmens möglich sein wird.[90] In diesen Fällen sollte das Arbeitsamt immer dann einer Vorfinanzierung der Arbeitsentgelte mit Hilfe des Insolvenzgeldes zustimmen, wenn in einem Insolvenzeröffnungsverfahren der Geschäftsbetrieb von einem vorläufigen Insolvenzverwalter entsprechend seinem gesetzlichen Auftrag fortgeführt wird.[91]

e) Sonstige Ansprüche

62 Abfindungs- und Schadensersatzansprüche, Sozialplanansprüche, Karenzentschädigungen und Ansprüche auf Nachteilsausgleich sind Ansprüche, die gem

86 RdErl Nr 116/88 der Bundesanstalt für Arbeit vom 25.8.1988, ZIP 1988, 1290, 1292.
87 BSG v 22.3.1995, ZIP 1995, 935.
88 BSG v 22.3.1995, ZIP 1995, 935ff.
89 Vgl Caspers Rn 512ff; GK-SGB III/*Hess*, § 188 SGB III Rn 39ff.
90 So auch Caspers Rn 516; Wiester BB 1997, S 949ff.
91 *Caspers* Rn 518.

§ 108 Abs 2 InsO vor der Eröffnung des Insolvenzverfahrens entstanden sind, sofern die entsprechenden Ansprüche sich aus Sachverhalten vor der Eröffnung des Insolvenzverfahrens ableiten.[92] Sie können daher lediglich als normale Insolvenzforderungen geltend gemacht und angemeldet werden. Da es keine vorrangigen Insolvenzforderungen mehr gibt, besteht auch insoweit für die vor Eröffnung des Insolvenzverfahrens entstandenen Ansprüche keine Besserstellung gegenüber sonstigen Insolvenzforderungen.

aa) Arbeitnehmererfindungen

Ansprüche für Erfindungen nach dem Arbeitnehmererfindergesetz waren gem § 27 Abs 2 ArbNErfG aF bei unbeschränkter Inanspruchnahme durch den Arbeitgeber eine vorrangige Konkursforderung gem § 61 Nr 1 KO. Gem § 27 ArbNErfG nF tritt der Erwerber für die Zeit von der Eröffnung des Insolvenzverfahrens an in die Vergütungspflicht des Arbeitgebers gem § 9 ArbNErfG ein, wenn der Insolvenzverwalter die Diensterfindung mit dem Geschäftsbetrieb veräußert. Veräußert der Insolvenzverwalter die Diensterfindung ohne den Geschäftsbetrieb, so hat der Arbeitnehmer ein Vorkaufsrecht. Übt er das Vorkaufsrecht aus, so kann er mit seinen Ansprüchen auf Vergütung für die unbeschränkte Inanspruchnahme der Diensterfindung gegen die Kaufpreisforderung aufrechnen. Für den Fall, daß der Arbeitnehmer das Vorkaufsrecht nicht ausübt, kann der Insolvenzverwalter mit dem Erwerber vereinbaren, daß sich dieser verpflichtet, dem Arbeitnehmer eine angemessene Vergütung zu zahlen. Bei Fehlen einer derartigen Vereinbarung erhält der Arbeitnehmer eine angemessene Abfindung aus dem Veräußerungserlös. **63**

Verwertet der Insolvenzverwalter die Diensterfindung im Unternehmen des Schuldners, hat er dem Arbeitnehmer eine angemessene Vergütung für die Verwertung aus der Insolvenzmasse zu zahlen. **64**

Will der Insolvenzverwalter die Diensterfindung weder im Unternehmen des Schuldners verwerten noch veräußern, hat er gem § 16 ArbNErfG dem Arbeitnehmer dies mitzuteilen und ihm auf dessen Verlangen und Kosten das Recht zu übertragen, sowie die zur Wahrung des Rechts erforderlichen Unterlagen auszuhändigen. Der Insolvenzverwalter ist gem § 16 Abs 2 ArbNErfG allerdings berechtigt, das Recht aufzugeben, sofern der Arbeitnehmer nicht innerhalb von 3 Monaten nach Zugang der Mitteilung die Übertragung des Rechts verlangt. Verlangt der Arbeitnehmer die Übertragung der Erfindung, so kann er gem § 27 Ziff 4 ArbNErfG mit seinen Ansprüchen auf Vergütung für die unbeschränkte Inanspruchnahme der Diensterfindung gegen den Anspruch auf Erstattung der Kosten der Übertragung aufrechnen. **65**

Im übrigen kann der Arbeitnehmer seine Vergütungsansprüche aus der Arbeitnehmererfindung gem § 27 Ziff 5 ArbNErfG nur als Insolvenzgläubiger geltend machen. **66**

---

92 *Caspers* Rn 83.

bb) Rentenansprüche und Rentenanwartschaften

67 Während vor Eröffnung des Insolvenzverfahrens nach hM der Arbeitgeber noch die Möglichkeit hat, den Anspruch auf Leistungen aus einer betrieblichen Altersversorgung zu widerrufen oder zu reduzieren, wenn der Bestand des Unternehmens gefährdet ist und die Ruhegeldeinstellung oder -kürzung zusammen mit anderen sachdienlichen Maßnahmen geeignet ist, die Sanierung des Unternehmens herbeizuführen und nicht nur den Ruheständlern, sondern auch anderen Personen, wie zB den Vorständen oder den Leitenden Angestellten Opfer zugemutet werden und vor dem Widerruf der Träger der Insolvenzversicherung eingeschaltet wird,[93] kommt eine Einstellung oder Kürzung der Rentenzusage nach Eröffnung des Insolvenzverfahrens nicht in Frage.[94]Auf die Rentenanwartschaften und Rentenansprüche hat die Eröffnung des Insolvenzverfahrens keinen Einfluß. So können auch Rentenanwartschaften während des Insolvenzverfahrens unverfallbar werden und insoweit zu einer rechtlich durchsetzbaren Position erstarken.[95]

68 Soweit Arbeitnehmer bei Eröffnung des Insolvenzverfahrens eine nach § 1 BetrAVG unverfallbare Versorgungsanwartschaft haben, erhalten sie gem § 7 Abs 2 BetrAVG bei Eintritt des Versorgungsfalles einen Anspruch gegen den Träger der Insolvenzversicherung, den Pensionssicherungsverein, wenn die Anwartschaft auf einer unmittelbaren Versorgungszusage des Arbeitgebers oder auf einer Direktversicherung beruht und der Arbeitnehmer hinsichtlich der Leistungen des Versicherers widerruflich bezugsberechtigt ist, oder die Ansprüche aus dem Versicherungsvertrag durch den Arbeitgeber beliehen oder an Dritte abgetreten sind.

69 Betriebsrentner, die bereits Versorgungsempfänger sind, haben gem § 7 Abs 1 BetrAVG Ansprüche gegen den Pensionssicherungsverein, sofern ihre Ansprüche aus einer unmittelbaren Versorgungszusage des Arbeitgebers aufgrund der Insolvenz nicht erfüllt werden. Das gleiche gilt bei Ansprüchen aus einer Direktversicherung, wenn der Arbeitgeber die Ansprüche aus dem Versicherungsvertrag abgetreten oder beliehen hat.

70 Voraussetzung in beiden Fällen ist, daß zum Zeitpunkt der Eröffnung des Insolvenzverfahrens ein unverfallbarer Anspruch iSv § 1 BetrAVG bestanden hat. Unverfallbar iSv § 1 BetrAVG sind Betriebsrentenansprüche, wenn das Arbeitsverhältnis vor Eintritt des Versorgungsfalls endet, sofern in diesem Zeitpunkt der Arbeitnehmer mindestens das 35. Lebensjahr vollendet hat und entweder die Versorgungszusage für ihn mindestens 10 Jahre bestanden hat, oder der Beginn der Betriebszugehörigkeit mindestens 12 Jahre zurückliegt und die Versorgungszusage für ihn mindestens 3 Jahre bestanden hat. Vertraglich unverfallbare Rentenansprüche werden den gesetzlich unverfallbaren nicht gleich-

93 BAG WM 1972, 693; 1973, 501; DB 1975, 1563; WM 1977, 1287.
94 BAG WM 1972, 1436; 1973, 501; WM 1982, 801.
95 Hess/Weis/Wienberg, Insolvenzarbeitsrecht, S 60.

gestellt.[96] Hat der Arbeitnehmer lediglich einen vertraglich unverfallbaren Rentenanspruch oder eine vertraglich unverfallbare Anwartschaft, hat er lediglich eine normale Insolvenzforderung gem § 108 Abs 2 InsO.[97]

Gem § 7 Abs 3 S 1 BetrAVG wird die Höchstgrenze der Sicherungspflicht des Pensionssicherungsvereins für laufende Leistungen nach neuem Recht reduziert auf die Höhe des dreifachen der monatlichen Bezugsgröße gem § 18 SGB IV. Der Gesetzgeber ist damit einer bereits seit langem erhobenen Forderung des Pensionssicherungsvereins nachgekommen.[98] **71**

Soweit die Anwartschaften oder Rentenansprüche der Arbeitnehmer oder Rentner gegen den Arbeitgeber durch den Pensionssicherungsverein abgesichert sind, gehen deren Ansprüche mit Eröffnung des Insolvenzverfahrens oder mit Mitteilung des Pensionssicherungsvereins gegenüber dem Berechtigten hinsichtlich der ihm zustehenden Ansprüche gem § 9 Abs 1 BetrAVG auf den Pensionssicherungsverein gem § 9 Abs 2 BetrAVG über. Diese Ansprüche werden sodann gem § 108 Abs 2 InsO als normale Insolvenzforderungen behandelt. **72**

cc) Urlaubs- und Zeugnisansprüche

Urlaubs- und Zeugnisansprüche des Arbeitnehmers werden in der Insolvenz nicht eingeschränkt.[99] **73**

f) Betriebsänderungen in der Insolvenz

Zur Erleichterung der dem Insolvenzverwalter obliegenden Aufgaben zur Sanierung des Unternehmens sieht die Insolvenzordnung eine Reihe von Regelungen vor, die es in der Konkursordnung oder Gesamtvollstreckungsordnung zuvor nicht gab. Hierzu zählen die Kündigungen von Betriebsvereinbarungen (§ 120 InsO) genauso wie die Erleichterungen für die Verhandlung und Vereinbarung eines Interessenausgleichs und Sozialplans (§§ 121–123 InsO) und die Kündigungsschutzregelungen im Rahmen von Betriebsänderungen (§§ 125–127 InsO) sowie die Regelung zur Betriebsveräußerung (§ 128 InsO). **74**

aa) Kündigung von Betriebsvereinbarungen

Gem § 120 InsO sollen Insolvenzverwalter und Betriebsrat über eine einvernehmliche Herabsetzung der Leistungen einer Betriebsvereinbarung beraten, wenn diese Leistungen vorsieht, welche die Insolvenzmasse belastet. **75**

Betriebsvereinbarungen sind Verträge zwischen der Geschäftsführung und dem Betriebsrat, die Regelungen beinhalten, die für die einzelnen Arbeitsverhält- **76**

---

96 *Höfer/Reiners/Wüst* § 7 BetrAVG, Rn 2727 ff.
97 *Höfer/Reiners/Wüst* § 7 BetrAVG, Rn 2701 ff.
98 *Höfer/Reiners/Wüst* § 7 BetrAVG, Rn 2989 Pkt 6.
99 Hess/Weis/Wienberg, InsO S 60; Kilger/Schmidt, KO § 22 Anm 4.

nisse unmittelbar und zwingend gelten.[100] Derartige Betriebsvereinbarungen können das Unternehmen wirtschaftlich erheblich belasten. Zur Vereinfachung einer Sanierung des Unternehmens in der Insolvenz hat der Gesetzgeber daher mit § 120 InsO versucht, die Beendigung derartiger Betriebsvereinbarungen zu erleichtern. Das Unternehmen soll dadurch von derartigen Verbindlichkeiten entlastet werden, unabhängig davon, ob der Betrieb stillgelegt oder weitergeführt oder an einen Dritten veräußert wird.[101]

77 In diesem Zusammenhang ist die Regelung des § 613 a Abs 1 S 2 BGB besonders zu beachten. § 613 a BGB regelt den Übergang der Arbeitsverhältnisse im Falle eines Betriebsübergangs auf den neuen Inhaber des Betriebes. Soweit die Rechte und Pflichten der Arbeitsverhältnisse durch eine Betriebsvereinbarung geregelt sind, werden sie gem § 613 a Abs 1 S 2 BGB Inhalt des Arbeitsverhältnisses zwischen dem neuen Inhaber und dem Arbeitnehmer und dürfen nicht vor Ablauf eines Jahres nach dem Zeitpunkt des Übergangs zum Nachteil des Arbeitnehmers geändert werden. Da Betriebsvereinbarungen also im Falle eines Betriebsübergangs weitergelten, wird es in vielen Fällen erforderlich sein, daß der Insolvenzverwalter vor einer Veräußerung des Betriebes die diesen belastenden Betriebsvereinbarungen gem § 120 InsO kündigt.

78 Zwar bleiben gem § 120 Abs 2 InsO die Rechte, Betriebsvereinbarungen aus wichtigem Grund ohne Einhaltung einer Kündigungsfrist zu kündigen, unberührt. Wegen des Insolvenzverfahrens steht dem Insolvenzverwalter jedoch idR ein außerordentliches Kündigungsrecht nicht zu. Das außerordentliche Kündigungsrecht setzt eine Unzumutbarkeit des Festhaltens an der Betriebsvereinbarung voraus.[102] Allein die Eröffnung des Insolvenzverfahrens kann jedoch nicht als Unzumutbarkeit angesehen werden.[103] Die Unzumutbarkeit unter Berücksichtigung aller Umstände und unter Abwägung der Interessen beider Vertragspartner und damit ein wichtiger Grund zur außerordentlichen Kündigung kann insbesondere in der Änderung der Rechtslage und auch in der Veränderung der wirtschaftlichen Verhältnisse begründet sein.[104] Teilweise wird dabei vertreten, daß an das Vorliegen eines wichtigen Grundes für die außerordentliche Kündigung der Betriebsvereinbarung besonders strenge Anforderungen zu stellen sind.[105] Nichts anderes gilt für einen Sozialplan, der gem § 112 BetrVG als Betriebsvereinbarung zustande kommt. Auch dieser kann idR nur gem § 120 InsO mit einer Frist von 3 Monaten gekündigt werden. Zu prüfen wäre allenfalls, ob die Voraussetzungen einer Insolvenzanfechtung vorliegen.[106]

---

100 GK-*Kreutz* § 77 BetrVG Rn 27.
101 Hess/Weis/Wienberg, Insolvenzarbeitsrecht, S 64; Begr zu § 120 RegEntw abgedruckt in Balz/Landfermann S 212f.
102 *Richardi* § 77 BetrVG, Rn 186.
103 Hess/Weis/Wienberg, Insolvenzarbeitsrecht, S 64; Obermüller/Hess, InsO, Rn 500.
104 GK zum BetrVG/ *Kreutz* § 77 BetrVG Nr 314 mwN.
105 BAG v 17.1.1995, BB 1995, 1643; aA *Richardi* § 77 BetrVG, Rn 186.
106 LAG München v 5.9.1986 ZIP 1987, 589.

Wie sich im Rückschluß aus § 120 InsO ohne weiteres ergibt, wird der Fortbestand einer Betriebsvereinbarung durch die Eröffnung des Insolvenzverfahrens nicht berührt.[107] Solange der Betrieb als solcher bestehen bleibt, gelten auch die hierfür abgeschlossenen Betriebsvereinbarungen fort, solange sie nicht gekündigt und durch andere Vereinbarungen ersetzt sind.[108] **79**

Da die einverständliche Aufhebung oder Abänderung einer Betriebsvereinbarung zu Gunsten oder zu Lasten der Arbeitnehmer jederzeit möglich ist,[109] hat § 120 InsO zunächst nur die Bedeutung, die Betriebsparteien – der Insolvenzverwalter einerseits und der Betriebsrat andererseits – hierzu aufzufordern, um die Sanierungsmöglichkeiten des Unternehmens nicht zu gefährden. **80**

Soweit die Betriebsvereinbarung durch eine neue Abmachung zwischen dem Insolvenzverwalter und dem Betriebsrat ersetzt wird, gelten die allgem Regelungen des § 77 BetrVG über das Zustandekommen und den Inhalt von Betriebsvereinbarungen.[110] Sollte eine neue Vereinbarung jedoch nicht zustande kommen, hat der Insolvenzverwalter gem § 120 Abs 1 S 2 InsO die Möglichkeit, die Betriebsvereinbarung auch dann mit einer Frist von 3 Monaten zu kündigen, wenn eine längere Frist in der Betriebsvereinbarung vereinbart ist.[111] **81**

Fraglich ist jedoch, welche Rechtswirkung diese Kündigung entfaltet. Gem § 77 Abs 6 BetrVG gelten die Regelungen der gekündigten Betriebsvereinbarung nach ihrem Ablauf in Angelegenheiten, in denen ein Spruch der Einigungsstelle die Einigung zwischen Arbeitgeber und Betriebsrat ersetzen kann, fort, bis sie durch eine andere Abmachung ersetzt werden.[112] Ob dies im Hinblick auf die Regelung des § 120 Abs 1 InsO auch im Falle der Insolvenz gilt, ist zweifelhaft. Im Falle der mitbestimmungspflichtigen Regelungstatbestände würde dies bedeuten, daß eine die Insolvenzmasse belastende Betriebsvereinbarung iSv § 120 InsO auch dann weiter wirkt, wenn eine Einigung mit dem Betriebsrat über die Reduzierung der Leistungen nicht zustande kommt und der Insolvenzverwalter die Betriebsvereinbarung kündigt. Damit wäre der Zweck des § 120 InsO verfehlt. **82**

Wenn § 120 InsO nicht nur eine „Appell-Funktion" zur einvernehmlichen Reduzierung von belastenden Betriebsvereinbarungen an die Betriebsparteien haben soll, sondern darüber hinaus dem Insolvenzverwalter die Möglichkeit geben soll, sich von belastenden Betriebsvereinbarungen wirksam und zeitnah zu lösen, um die Insolvenzmasse zu schonen und eine Sanierung des Unternehmens zu erreichen, muß die Wirkung des § 120 InsO dahingehen, daß die Nachwirkung der Betriebsvereinbarung generell ausgeschlossen ist. **83**

---

107 Obermüller/Hess, InsO, Rn 496.
108 Hess/Weis/Wienberg, InsO S 119.
109 GK-*Kreutz* § 77 BetrVG Rn 307.
110 Vgl hierzu GK-*Kreutz*§ 77 BertrVG Rn 30ff.
111 Obermüller/Hess, InsO Rn 498; *Giesen*, ZIP 1998, 142.
112 Vgl GK-*Kre*utz § 77 BertrVG Rn 331ff.

84 Dagegen heißt es im Referentenentwurf des Gesetzes zur Reform des Insolvenzrechts des Bundesministeriums der Justiz,[113] daß die Nachwirkung bestimmter Betriebsvereinbarungen nach § 77 Abs 6 BetrVG dabei nicht angetastet wird. Damit wäre allerdings die Bedeutung des § 120 InsO erheblich eingeschränkt. Gerade die im Referentenentwurf beschriebenen Fälle, in denen es besonders wichtig sein kann, sich von einer belastenden Betriebsvereinbarung frühzeitig zu lösen (geplante Betriebsveräußerung etc), um einen Beitrag zum Erhalt der Arbeitsplätze bei Sanierung des Unternehmens oder des Betriebes zu erreichen, macht es erforderlich, auf die Nachwirkung des § 77 Abs 6 BetrVG zu verzichten. Dies gilt, obwohl die Nachwirkung nur für bestimmte Betriebsvereinbarungen (mitbestimmungspflichtige Tatbestände) besteht.[114]

bb) Betriebsänderungen und Vermittlungsverfahren

85 Der Arbeitgeber ist verpflichtet, bei Vorliegen der Voraussetzungen des § 111 BetrVG vor Durchführung einer geplanten Betriebsänderung mit dem Betriebsrat einen Interessenausgleich und Sozialplan hierüber zu verhandeln. Sollte eine Einigung hierüber nicht zustande kommen, kann die Einigungsstelle angerufen werden. Sollte auch in der Einigungsstelle keine Einigung über den Interessenausgleich zustande kommen, entscheidet diese gem § 112 Abs 4 BetrVG über die Aufstellung eines Sozialplans.[115]

86 Die vorstehenden Regelungen gelten im Grundsatz auch nach Eröffnung des Insolvenzverfahrens.[116] Allerdings hat der Gesetzgeber einige Modalitäten eingeführt, die es dem Insolvenzverwalter ermöglichen, zeitnah zu entsprechenden Vereinbarungen zu kommen, um dadurch die Sanierung des Unternehmens nicht zu gefährden. Die Eröffnung des Insolvenzverfahrens oder der Antrag hierzu ist jedoch keine Betriebsänderung, die mit dem Betriebsrat zu beraten wäre.[117]

87 Grundsätzlich soll das Betriebsverfassungsgesetz allerdings auch im Insolvenzverfahren anwendbar bleiben.[118] Dabei kann unter bestimmten Voraussetzungen auch von dem Interessenausgleichsverfahren nach § 112 Abs 2 BetrVG abgewichen werden. Insoweit steht dem Insolvenzverwalter ein Wahlrecht zu, ob er das Verfahren nach den §§ 111 ff BetrVG oder das Verfahren nach § 122 InsO oder beide Verfahren parallel betreiben will.[119]

---

113 Begr zu § 120 RegEntw abgedruckt in Balz/Landfermann S 212f.
114 BAG AP Nr 2 zu § 1 BertrVG Betriebsvereinbarungen; BAG AP Nr 14 zu § 77 BetrVG; Fitting/Kaiser/Heither/Engels§ 77 Rn 152; *Richardi* § 77 BetrVG Rn 149; GK-*Kreutz* § 77 BetrVG Rn 335.
115 Vgl *Richardi* § 112 BetrVG Rn 106ff.
116 BAG AP Nr 6 zu § 112 BetrVG 1972; s aber BAG AP Nr 4 zu § 113 BetrVG 1972; *Schwerdtner* Kölner Schrift zur InsO S 1227; *Arend* S 16; *Giesen* ZIP 1998, 142f.
117 *Matthes* Münch Hdb zum Arbeitsrecht Bd 3, § 355 Rn 3.
118 Begr zu § 120 RegEntw abgedruckt in Balz/Landfermann S 212f.
119 Hess/Weis/Wienberg, Insolvenzarbeitsrecht, S 126; *Arend* S 16f.

Gem § 121 InsO gilt im Insolvenzverfahren § 112 Abs 2 S 1 BetrVG mit der **88** Maßgabe, daß dem Verfahren vor der Einigungsstelle nur dann ein Vermittlungsversuch des Präsidenten des Landesarbeitsamtes vorangeht, wenn der Insolvenzverwalter und der Betriebsrat gemeinsam um eine solche Vermittlung ersuchen. Außerhalb des Insolvenzverfahrens genügt es, wenn der Unternehmer oder der Betriebsrat den Präsidenten des Landesarbeitsamtes um Vermittlung ersuchen. Erst wenn dies nicht geschieht, oder der Vermittlungsversuch ergebnislos bleibt, können die Betriebsparteien die Einigungsstelle anrufen.

Mit dieser etwas abgewandelten Regelung des § 121 InsO ist die Möglichkeit **89** genommen, daß eine Betriebspartei durch alleinige Anrufung des Präsidenten des Landesarbeitsamtes zur Vermittlung das Verfahren verzögert. Dieses zeitaufwendige Verfahren findet im Insolvenzverfahren dann nicht statt, wenn eine Partei dies nicht will.[120] Damit kann das Einigungsstellenverfahren frühzeitig eingeleitet werden. Gem § 113 Abs 3 S 1 BetrVG darf der Arbeitgeber die betriebsändernde Maßnahme durchführen, ohne sich den Ansprüchen der Arbeitnehmer auf Zahlung eines Nachteilsausgleichs gem § 113 Abs 1 BetrVG auszusetzen, wenn er mit dem Betriebsrat den Abschluß eines Interessenausgleichs versucht hat.

cc) Gerichtliche Zustimmung zur Durchführung einer Betriebsänderung

Gem § 122 InsO hat der Insolvenzverwalter die Möglichkeit, wenn ein Inter- **90** essenausgleich nach § 112 BetrVG nicht innerhalb von drei Wochen nach Verhandlungsbeginn zustande gekommen ist, obwohl er den Betriebsrat rechtzeitig und umfassend unterrichtet hat, die Zustimmung des Arbeitsgerichts dazu zu beantragen, daß die Betriebsänderung durchgeführt wird, ohne das Verfahren vor der Einigungsstelle vorangehen zu lassen und ohne den Nachteilsausgleichsansprüchen einzelner Arbeitnehmer gem § 113 Abs 3 BetrVG ausgesetzt zu sein.

Damit wird dem Insolvenzverwalter die Möglichkeit gegeben, das Verfahren **91** nach § 112 Abs 2 BetrVG abzubrechen[121] und das Verfahren noch weiter zu beschleunigen.[122] Mit § 122 Abs 1 InsO entfällt die Initiativlast des Insolvenzverwalters, bei mangelnder Verständigung mit dem Betriebsrat die Einigungsstelle anrufen zu müssen, um die Sanktion des § 113 BetrVG zu vermeiden.[123]

Mit dieser Neuregelung hat der Betriebsrat insofern keine Möglichkeit mehr, **92** durch sein Mitwirkungsrecht die Betriebsänderung und damit eventuell einen Teil der Sanierung zu verzögern. Nach der bisherigen Rspr des Bundesarbeitsgerichts konnte der Insolvenzverwalter eine Betriebsänderung nur dann durch-

120 *Warrikoff* BB 1994, 2338, 2340; *Caspers* Rn 389; *Arend* S 16; *Giesen* ZIP 1989, 142.
121 LAG Niedersachsen v 27.3.1997, ZIP 1997, 1201; *Lohkemper* KTS 1996, 10; *Arend* S 17.
122 *Caspers* Rn 392.
123 Vgl *Schrader* NZA 1997, 70ff; *Zwanziger* S 78f.

führen, wenn auch das Verfahren vor der Einigungsstelle nach § 112 Abs 2 BetrVG erschöpft ist.[124] Nach bisheriger Rspr waren zudem Ansprüche auf Nachteilsausgleich gem § 113 Abs 3 BetrVG in voller Höhe aus der Insolvenzmasse zu berichtigen.[125]

93 Voraussetzung für das Verfahren nach § 122 InsO ist jedoch, daß der Insolvenzverwalter den Betriebsrat zuvor hinsichtlich der geplanten Betriebsänderung rechtzeitig und umfassend unterrichtet hat. Dabei geht es um das Informationsrecht des Betriebsrats gem § 111 S 1 BetrVG.[126] Der Insolvenzverwalter soll vorrangig die Mitwirkungs- und Mitbestimmungsrechte des Betriebsrats respektieren, bevor er von den Möglichkeiten des § 122 InsO Gebrauch macht.[127] Insofern sind an die rechtzeitige und umfassende Unterrichtung die gleichen Anforderungen zu stellen, die gem § 111 S 1 BetrVG an die Einbeziehung des Betriebsrats vor Durchführung einer geplanten Betriebsänderung bestehen.[128] Auf die diesbezügliche Rspr und Literatur kann insoweit verwiesen werden.

94 Weitere Voraussetzung für den Antrag nach § 122 InsO ist, daß ein Interessenausgleich nach § 112 BetrVG nicht innerhalb von 3 Wochen nach Verhandlungsbeginn oder schriftlicher Aufforderung zur Aufnahme von Verhandlungen zustandegekommen ist. In der Praxis könnte es dabei häufiger zu Streitigkeiten über den Zeitpunkt des Verhandlungsbeginns kommen.[129] Der Zeitpunkt wird nach der Unterrichtung gem § 111 S 1 BetrVG liegen, wenn der Verwalter die Stellungnahme des Betriebsrats zur Unterrichtung entgegengenommen und die Beratungen aufgenommen hat.[130] Zur Klarstellung und Beschleunigung wäre dem Insolvenzverwalter zu empfehlen, den Betriebsrat in jedem Fall schriftlich zu unterrichten und ihn schriftlich zur Aufnahme von Verhandlungen aufzufordern, damit mit dem Zugang der Unterrichtung und Aufforderung die 3-Wochenfrist des § 122 Abs. 1 InsO beginnt.[131]

95 Nach § 122 Abs 1 S 3 InsO hat der Insolvenzverwalter trotz Anrufung des Arbeitsgerichts zur Zustimmung der Durchführung der Betriebsänderung gem § 122 Abs 1 S 1 InsO das Recht, einen Interessenausgleich nach § 125 InsO zustande zu bringen, oder einen Feststellungsantrag nach § 126 InsO zu stellen.[132]

96 Die Möglichkeit des Insolvenzverwalters, das Einigungsstellenverfahren nach § 112 Abs 2 BetrVG neben dem Zustimmungserteilungsverfahren nach § 122

---

124 BAG AP Nr 11 zu § 113 BetrVG 1972.
125 BAG AP Nr 11 zu § 113 BetrVG 1972.
126 *Caspers* Rn 395; *Zwanziger* S 79f; *Giesen* ZIP 1998, 142, 144.
127 Rechtsausschuß zu § 140 RegEntw (122 InsO) abgedruckt in Balz/Landfermann S 213f; *Zwanziger* S 79; *Warrikoff* BB 1994, 2338, 2340; *Schrader* NZA 1997, 70, 72.
128 *Caspers* Rn 396; *Arend* S 28.
129 *Caspers* Rn 398; vgl auch *Arend* S 24.
130 *Arend* S 29; *Zwanziger* S 80f.
131 So auch *Caspers* Rn 399.
132 *Zwanziger* S 82.

Abs 2 InsO durchzuführen, wird in der Insolvenzordnung nicht ausdrücklich erwähnt. Dennoch muß nach Sinn und Zweck der Regelung davon ausgegangen werden, daß der Insolvenzverwalter beide Verfahren parallel betreiben kann, wobei das jeweils schneller durchzuführende Verfahren letztendlich für die Durchführung der Betriebsänderung entscheidend sein wird. Sinn der insolvenzrechtlichen Regelungen ist es, die Betriebsänderung so schnell wie möglich zu ermöglichen. Insofern wäre es mit dem Zweck des § 122 InsO nicht vereinbar, wenn der Insolvenzverwalter nur auf dieses Verfahren beschränkt wäre.[133]

Das Arbeitsgericht erteilt gem § 122 Abs 2 InsO die Zustimmung, wenn die wirtschaftliche Lage des Unternehmens auch unter Berücksichtigung der sozialen Belange der Arbeitnehmer erfordert, daß die Betriebsänderung ohne vorheriges Verfahren nach § 112 Abs 2 BetrVG durchgeführt wird.[134] Der Beschluß des Arbeitsgericht hat nicht die Zustimmung zur beabsichtigten Betriebsänderung zum Inhalt.[135] Die Zustimmung bezieht sich vielmehr allein darauf, daß das Verfahren nach § 112 Abs 2 BetrVG entbehrlich ist. Das Gericht trägt nur der Eilbedürftigkeit der Betriebsänderung Rechnung.[136] Die gerichtliche Feststellung der Eilbedürftigkeit der Betriebsänderung hat zur Folge, daß die Arbeitnehmer Nachteilsausgleichsansprüche nach § 113 Abs 3 BetrVG nicht geltend machen können, wie sich aus § 122 Abs 1 S 2 InsO ergibt.[137] **97**

Das Gericht hat den Sachverhalt von Amts wegen zu erforschen.[138] Dies ergibt sich aus § 83 ArbGG. Zur Überprüfung des Zustimmungsantrags ist es dabei Aufgabe des Gerichts, die wirtschaftliche Situation des Unternehmens und dabei insbesondere auch die Insolvenzsituation zu analysieren, um zu klären, ob tatsächlich wirtschaftliche Gründe es erforderlich machen, die Betriebsänderungen auch unter Berücksichtigung der Interessen der Arbeitnehmer ohne vorheriges Einigungsstellenverfahren durchzuführen. Es ist also eine Abwägung von unterschiedlichen Interessen vorzunehmen. Zunächst ist dabei die „wirtschaftliche Lage des Unternehmens" entscheidend.[139] Eine Berücksichtigung und damit Bewertung der sozialen Belange der Arbeitnehmer erfolgt erst dann, wenn die Prüfung der wirtschaftlichen Lage des Unternehmens grundsätzlich eine Zustimmung des Gerichts erforderlich macht.[140] Dabei wird sich das Arbeitsgericht allerdings im wesentlichen auf eine Schlüssigkeitsprüfung hinsichtlich des Vortrags des Insolvenzverwalters beschränken müssen, da eine eigene betriebswirtschaftliche Überprüfung der wirtschaftlichen Lage des Unternehmens kaum möglich sein wird.[141] **98**

---

133 So auch Hess/Weis/Wienberg, Insolvenzarbeitsrecht, S 126.
134 Hess/Weis/Wienberg, Insolvenzarbeitsrecht, S 153.
135 *Warrikoff* BB 1994, 2338, 2340; *Arend* S 31.
136 *Lohkemper* KTS 1996, 10; *Warrikoff* BB 1994, 2338, 2340; *Zwanziger* S 82.
137 *Zwanziger* S 81.
138 *Zwanziger* S 83.
139 *Arend* S 31 ff; *Zwanziger* S 80 ff.
140 Begr zu § 121 RegEntw abgedruckt in Balz/Landfermann S 213 f; *Caspers* Rn 400.
141 *Arend* S 65 ff; *Giesen* ZIP 1998, 142, 145.

99 Nach welchen Kriterien das Arbeitsgericht die wirtschaftliche Lage des Unternehmens zu analysieren hat, ergibt sich aus § 122 Abs 2 InsO nicht. Der Rechtsausschuß ist zwar der Auffassung, daß aus der Formulierung deutlich werde, nach welchen Kriterien das Arbeitsgericht zu entscheiden hat, da § 122 Abs 2 S 1 InsO im letzten Halbs auf die Betriebsänderung ohne vorheriges Verfahren nach § 112 Abs 2 BetrVG verweist.[142] Zur Bewertung der wirtschaftlichen Lage des Unternehmens ergibt sich daraus allerdings nichts.[143] Aus dem Sinn und Zweck der Insolvenzordnung wird zu entnehmen sein, daß zum einen die Interessen der Gläubiger bei der Prüfung der wirtschaftlichen Lage des Unternehmens zu berücksichtigen sind und zum anderen die Sanierungsfähigkeit des Unternehmens.[144] Im Einzelfall wird es allerdings voraussichtlich unerheblich sein, aus welcher Sicht die wirtschaftliche Lage des Unternehmens bewertet wird. Gerade in der Insolvenzphase, in der zur Erhaltung der Insolvenzmasse oder zur Sanierung des Unternehmens die schnelle Durchführung von Betriebsänderungen notwendig ist, wird das Arbeitsgericht die Zustimmung zu erteilen haben. Eine durch Verzögerung einer notwendigen Betriebsänderung entstehende Verringerung der Insolvenzmasse wird in jedem Fall zu einer weiteren Handlungsunfähigkeit des Insolvenzverwalters führen, was unter Berücksichtigung der sozialen Belange der Arbeitnehmer in keinem Fall von Vorteil sein kann.

100 Die Berücksichtigung der sozialen Belange der Arbeitnehmer hat letztendlich nur die Funktion, Mißbräuchen durch den Insolvenzverwalter vorzubeugen.[145] Denn die sozialen Belange der Arbeitnehmer wären allenfalls dann besonders zu berücksichtigen, wenn die Hoffnung besteht, daß eine Einigungsstelle im Interessenausgleichsverfahren zu sozial verträglicheren Lösungen findet. Dies wird regelmäßig nicht vorhersehbar sein.[146]

101 Das Arbeitsgericht entscheidet gem § 122 Abs 2 S 2 InsO im Beschlußverfahren, wobei der Insolvenzverwalter und der Betriebsrat Beteiligte des Verfahrens sind.

102 Gem § 122 Abs 2 S 3 InsO wurde zusätzlich festgelegt, daß das Arbeitsgericht die Angelegenheit im Beschlußverfahren vorrangig zu erledigen hat. Damit wird in zweifacher Weise sichergestellt, daß die Betriebsänderung auch in verfahrensrechtlicher Hinsicht schnell durchgeführt werden kann.[147]

103 § 122 Abs 3 InsO modifiziert die Vorschriften über die Zulässigkeit und Einlegung von Rechtsmitteln im arbeitsgerichtlichen Beschlußverfahren. Damit hat

---

142 Rechtsausschuß zu § 140 RegEntw (§ 122 InsO) abgedruckt in Balz/Landfermann S 214 f.

143 So auch *Caspers* Rn 402.

144 AA *Caspers* Rn 406; *Arend* S 42 f.

145 Hierzu Begr zu § 140 RegEntw (§ 122 InsO) abgedruckt in Balz/Landfermann S 213 ff; *Caspers* Rn 415 f.

146 Vgl *Arend* S 51 f.

147 *Lohkemper* KTS 1996, 7,10; *Arend* S 83 f.

die Insolvenzordnung ein Rechtsmittelkonzept sui generis geschaffen.[148] Durch § 122 Abs 3 InsO wird nämlich sichergestellt, daß nicht grundsätzlich durch mindestens zwei Instanzen entschieden, sondern schnell eine endgültige Klärung erreicht wird, da gegen den Beschluß des Arbeitsgerichts die Beschwerde an das Landesarbeitsgericht nicht stattfindet und die Rechtsbeschwerde an das Bundesarbeitsgericht von der Zulassung durch das Arbeitsgericht abhängt.[149] Die Regelungen gem § 72 Abs 2 und 3 ArbGG, wonach das Bundesarbeitsgericht an die Entscheidung des Arbeitsgerichts gebunden ist und die Rechtsbeschwerde nur in besonderen Fällen zuzulassen ist, gelten entsprechend.[150] Die Nichtzulassungsbeschwerde beim Bundesarbeitsgericht iSd § 72 a ArbGG ist nicht vorgesehen.[151] Ein derartiger Rechtsbehelf würde dem Beschleunigungsprinzip dieses Verfahrens widersprechen und das Verfahren voraussichtlich sinnlos machen, da selbst unter Berücksichtigung der Regelung des durch das Gesetz zu Korrekturen in der Sozialversicherung und zur Sicherung der Arbeitnehmerrechte vom 19. 12. 1998 (BGBl I, S 3843 ff) geänderten § 113 Abs 3 BetrVG der Insolvenzverwalter im normalen Verfahren früher die geplante Betriebsänderung durchführen könnte.[152]

Die Zustimmung des Arbeitsgerichts hat zur Folge, daß ein individueller Abfindungsanspruch des Arbeitnehmers gem § 113 BetrVG nicht mehr besteht[153] (so Rn 96). **104**

Die Durchsetzung der Zustimmung des Arbeitsgerichts im Wege der einstweiligen Verfügung ist nach dem Willen des Gesetzgebers möglich.[154] Wenn selbst das ordentliche Beschlußverfahren nach § 122 InsO noch zu lang dauert, kann der Antrag nach § 122 InsO im Wege des einstweiligen Rechtsschutzes gestellt werden. Da § 122 Abs 1 S 2 InsO auf das Beschlußverfahren und damit auch auf § 85 Abs 2 ArbGG verweist, wird dieser einstweilige Rechtsschutz möglich. Problematisch ist allerdings, daß in diesen Fällen idR bereits im einstweiligen Verfügungsverfahren das Gericht das Rechtsverhältnis gestaltet und damit die Hauptsache vorweg nimmt, was grundsätzlich als unzulässig angesehen wird.[155] Problematisch ist auch die Rechtslage, wenn im einstweiligen Verfügungsverfahren die Zustimmung erteilt wird und diese in einem darauffolgenden Hauptsacheverfahren nicht ihre Bestätigung findet. Damit würde eine erhebliche Rechtsunsicherheit entstehen, da danach Nachteilsansprüche der Arbeitnehmer nach § 113 BetrVG möglich wären. Insofern ist zweifelhaft, ob trotz des Willens des **105**

148 *Warrikoff* BB 1994, 2338, 2340.
149 *Arend* S 83.
150 *Zwanziger* S 83.
151 *Arend* S 84.
152 *Caspers* Rn 417.
153 *Caspers* Rn 420; *Zwanziger* S 81.
154 Rechtsausschuß zu § 140 RegEntw (§ 122 InsO) abgedruckt in Balz/Landfermann S 213 ff; *Zwanziger* S 89; aA *Arend* S 85.
155 Stein/Jonas/Grunsky, § 938 ZPO Rn 7; *Arend* S 85.

Gesetzgebers der Antrag nach § 122 InsO tatsächlich im einstweiligen Verfügungsverfahren verfolgt werden kann.[156]

dd) Sozialplanregelungen in der Insolvenz

106 Mit den Regelungen gem §§ 123, 124 InsO wurden die ehemaligen Regelungen des Gesetzes über den Sozialplan im Konkurs- und Vergleichsverfahren ersetzt.[157]

107 Voraussetzung für die Vereinbarung eines Sozialplans ist grundsätzlich, daß der Betrieb einen Betriebsrat hat, da Sozialpläne gem §§ 111, 112 BetrVG nur mit Betriebsräten vereinbart werden können. In betriebsratlosen Betrieben können Sozialpläne nicht vereinbart werden.[158]

108 Gem § 123 Abs 1 InsO hat der Insolvenzverwalter die Möglichkeit, mit dem Betriebsrat in einem Sozialplan zum Ausgleich oder zur Milderung der wirtschaftlichen Nachteile, die den Arbeitnehmern in Folge der geplanten Betriebsänderung entstehen, einen Gesamtbetrag von bis zu 2,5 Monatsverdiensten der von einer Entlassung betroffenen Arbeitnehmer zu vereinbaren. Derartige Verbindlichkeiten aus einem Sozialplan sind Masseverbindlichkeiten iSv § 55 Abs 1 Ziff 1 InsO.[159] Bei dem Gesamtbetrag von 2,5 Monatsverdiensten handelt es sich um eine absolute Obergrenze. Bei Überschreitung dieses Betrages, bei dem es sich um die Summe aller Abfindungen, die an ausscheidende Arbeitnehmer gezahlt werden, handelt, ist der Sozialplan insgesamt unwirksam.[160] Diese Rechtsfolge kann vermieden werden, indem der Sozialplan eine Regelung trifft, die für den Fall gilt, daß die Grenze des Höchstbetrages überschritten wird. Beispielsweise könnte eine anteilige Herabsetzung der Ansprüche vorgesehen sein.[161]

109 Sofern nicht ein Insolvenzplan zustande kommt, darf für die Berichtigung von Sozialplanforderungen nicht mehr als 1/3 der Masse verwendet werden, die ohne einen Sozialplan für die Verteilung an die Insolvenzgläubiger zur Verfügung stünde (§ 123 Abs 2 S 2 InsO). Hierbei handelt es sich um eine relative Obergrenze.[162] Übersteigt der Gesamtbetrag aller Sozialplanforderungen diese Grenze, so sind die einzelnen Forderungen anteilig zu kürzen (§ 123 Abs 2 S 3 InsO). Aufgrund der gegenüber dem Sozialplankonkursgesetz geänderten Formulierung, wonach für die Berichtigung von Sozialplanforderungen die Drittel-

---

156 Vgl hierzu auch *Caspers* Rn 424ff; *Arend* S 85.

157 Begr RegEntw abgedruckt in Balz/Landfermann S 216ff; *Caspers* Rn 432.

158 Happ/Huntemann (Hrsg), S 207.

159 *Caspers* Rn 442.

160 Vgl Fitting/Kaiser/Heither/Engels, BetrVG, § 2 Sozialplankonkursgesetz, Rn 18; *GK-Fabricius*, §§ 112, 112 a BetrVG, Rn 172; Happ/Huntemann (Hrsg), S 207; *Caspers* Rn 434, 435.

161 Happ/Huntemann (Hrsg), S 207.

162 *Caspers* Rn 436.

regelung gilt, ist klargestellt, daß auch bei Bestehen mehrerer Sozialpläne die Begrenzung für alle daraus resultierenden Forderungen gilt.[163]

Die relative Obergrenze gilt gem § 123 Abs 2 S 2 InsO nicht, wenn ein Insolvenzplan zustandekommt. In diesem Fall haben die Gläubiger es selbst in der Hand, über die Annahme des Insolvenzplanes zu entscheiden und ihre Interessen wahrzunehmen. Insofern bedarf es einer derartigen Obergrenze nicht.[164] Für den gestaltenden Teil des Insolvenzplans (s hierzu o Rn ...) sind nach § 222 InsO einzelne Gläubigergruppen zu bilden, wobei die Arbeitnehmer gem § 222 Abs 3 InsO eine besondere Gruppe bilden sollen, wenn sie als Insolvenzgläubiger mit nicht unerheblichen Forderungen beteiligt sind.[165] Innerhalb ihrer Gruppe sind die Arbeitnehmer gem § 226 Abs 1 InsO gleich zu behandeln. **110**

Gem § 218 Abs 3 InsO wirken, sofern der Insolvenzplan durch den Insolvenzverwalter aufgestellt wird, der Betriebsrat und der Sprecherausschuß beratend mit. Diese Einbindung des Betriebsrats hat den Vorteil, daß dieser ständig über beabsichtigte betriebliche Sanierungsvorhaben des Insolvenzverwalters informiert ist und sich entsprechend beteiligen kann. Insbesondere im Hinblick auf die Möglichkeiten, einen Interessenausgleich und Sozialplan nach § 125 InsO zu vereinbaren, wird es von Vorteil sein, das Sanierungskonzept zu kennen und auch von seiten des Betriebsrats hierauf Rücksicht zu nehmen.[166] **111**

Sofern der Insolvenzplan nicht vom Insolvenzgericht gem § 231 InsO zurückgewiesen wird, leitet dieses ihn zur Stellungnahme gem § 232 Abs 1 Ziff 1 InsO ua dem Betriebsrat und dem Sprecherausschuß zu und bestimmt gem § 232 Abs 3 InsO eine Frist zur Stellungnahme. Da der Plan der Annahme durch die Gläubiger bedarf, bestimmt das Insolvenzgericht einen Abstimmungs- und Erörterungstermin gem § 235 InsO. Die Abstimmung über den Plan erfolgt in den einzelnen Gläubigergruppen gesondert. Im übrigen verbleibt es bei den allgemeinen Bestimmungen, soweit Betriebsänderungen geplant sind, die interessenausgleichs- und sozialplanpflichtig sind. Lediglich für die Sozialplandotierung ergeben sich Besonderheiten im Insolvenzplanverfahren. Zwar steht die absolute Höchstgrenze mit 2,5 Monatsverdiensten aller von einer Entlassung betroffenen Arbeitnehmer für das Gesamtvolumen des Sozialplan auch im Insolvenzplanverfahren fest, im übrigen kann jedoch ohne Berücksichtigung der relativen Höchstgrenze des § 123 Abs 2 S 2 InsO im Rahmen des Insolvenzplanverfahrens eine anders lautende Vereinbarung getroffen werden. Zu berücksichtigen sein wird dabei jedoch die Ermessensrichtlinie des § 112 Abs 5 BetrVG.[167] **112**

---

163 *Warrikoff* BB 1994, 2338.
164 *Caspers* Rn 446; zum Insolvenzplan im allgem so Rn ... .
165 *Caspers* Rn 453.
166 *Caspers* Rn 454.
167 *Caspers* Rn 466, wonach sowohl die sozialen Belange der betroffenen Arbeitnehmer, als auch die wirtschaftliche Vertretbarkeit für das Unternehmen zu beachten sind.

113 Soweit ein Sozialplan bereits zustandegekommen ist, bevor der Insolvenzplan von den Gläubigern angenommen und vom Gericht bestätigt wurde, sollten im Sozialplan Vorkehrungen für den Fall getroffen werden, daß der vom Verwalter ausgearbeitete Insolvenzplan von den Gläubigern nicht akzeptiert wird. Dies ist insbesondere dann wichtig, wenn der Sozialplan den entlassenen Arbeitnehmern im Hinblick auf den im Insolvenzplan vorgesehenen Fortbestand des Unternehmens Abstriche bei der Sozialplandotierung zumutet.[168] Zwar lassen sich gegebenenfalls die Grundsätze über den „Wegfall der Geschäftsgrundlage" anwenden.[169] Um Streitigkeiten über die Geschäftsgrundlage zu vermeiden, wäre es jedoch von Vorteil, den Sozialplan mit einer aufhebenden Bedingung zu verbinden für den Fall, daß der Insolvenzplan zustandekommt.[170]

114 § 124 InsO befaßt sich mit Sozialplänen, die vor der Verfahrenseröffnung abgeschlossen wurden.

115 Gem § 124 Abs 1 InsO kann ein Sozialplan, der vor der Eröffnung des Insolvenzverfahrens, jedoch nicht früher als drei Monate vor dem Eröffnungsantrag aufgestellt worden ist, sowohl vom Insolvenzverwalter als auch vom Betriebsrat widerrufen werden. In diesem Fall können die Arbeitnehmer, denen Forderungen aus dem Sozialplan zustanden, bei der Aufstellung eines Sozialplans im Insolvenzverfahren berücksichtigt werden.

116 Eines Widerrufsgrundes bedarf es nach der Gesetzesformulierung nicht. Mit dem Widerruf soll es dem Insolvenzverwalter und dem Betriebsrat ermöglicht werden, bei der Aufstellung eines neuen Sozialplans im Insolvenzverfahren die Leistungen für die berücksichtigten Arbeitnehmer neu festzusetzen, nachdem der vorherige Sozialplan vor Eröffnung des Insolvenzverfahrens in einer kritischen Phase vor dem wirtschaftlichen Zusammenbruch zustandegekommen ist.[171] Die Arbeitnehmer, die Forderungen aus dem widerrufenen Sozialplan hatten, können bei der Aufstellung eines Sozialplans im Insolvenzverfahren berücksichtigt werden. Hierzu besteht nach der Gesetzesformulierung jedoch keine Verpflichtung. Allerdings geht nach der Gesetzesbegründung der Gesetzgeber davon aus, daß für den widerrufenen Sozialplan grundsätzlich ein Insolvenzsozialplan aufgestellt wird.[172] Die Beteiligung der einzelnen Arbeitnehmer kann an dem neuen und idR geringeren Sozialplanvolumen neu festgelegt werden.[173] Denkbar ist dabei, daß eine Reduzierung auf geringere Leistungen erfolgt oder Leistungen gänzlich gestrichen werden. Insofern muß nicht jeder einzelne Arbeitnehmer, der aus dem widerrufenen Sozialplan Leistungen erhalten sollte, im Insolvenzsozialplan berücksichtigt werden.[174]

---

168 Sa *Caspers* Rn 469ff.
169 BAG v 10.8.1994, ZIP 1995, 1037; BAG v 28.8 1996, ZIP 1997, 83.
170 *Caspers* Rn 470 unter Verweis auf *Löwisch,* ZIP 1981, 1288, 1290.
171 Begr zu § 142 RegEntw (§ 124 InsO) abgedruckt in Balz/Landfermann S 218f; *Caspers* Rn 475.
172 Begr zu § 142 RegEntw (§ 124 InsO) abgedruckt in Balz/Landfermann S 218f.
173 *Caspers* Rn 481.
174 *Caspers* Rn 481.

Gem § 124 Abs 3 S 1 InsO können Leistungen, die ein Arbeitnehmer vor der Eröffnung des Verfahrens auf seine Forderung aus dem widerrufenen Sozialplan erhalten hat, wegen des Widerrufs nicht zurückgefordert werden. Diese Vorschrift gibt dem Arbeitnehmer einen Vertrauensschutz. Dennoch kann der Insolvenzverwalter im Wege der Insolvenzanfechtung gem §§ 129 bis 146 InsO die ausgekehrten Leistungen zur Masse ziehen, soweit die Voraussetzungen für die Anfechtung vorliegen (vgl hierzu Kap 7).[175] Gem § 124 Abs 3 S 2 InsO werden derartige Leistungen an den Arbeitnehmer bei der Berechnung des Gesamtvolumens nach § 123 Abs 1 InsO bei der Aufstellung des neuen Sozialplans bis zur Höhe von 2,5 Monatsverdiensten abgesetzt. 117

Sozialplanansprüche aus Sozialplänen, die früher als 3 Monate vor Antragstellung auf Eröffnung des Insolvenzverfahrens aufgestellt wurden, finden in der Insolvenzordnung keine besondere Regelung. Es gelten insofern die allgemeinen Grundsätze. Forderungen hieraus sind allgemeine Insolvenzforderungen entsprechend der früheren Rechtslage im Konkurs.[176] 118

Im übrigen sind Sozialplanansprüche aus Sozialplänen, die vor Eröffnung des Insolvenzverfahrens zwischen Arbeitgeber und Betriebsrat vereinbart wurden, für die betroffenen Arbeitnehmer lediglich normale Insolvenzforderungen iSv § 108 InsO.[177] Wie sich aus § 124 InsO ergibt, kann der Betriebsrat nicht die Aufstellung eines neuen Insolvenzsozialplans verlangen. 119

ee) Interessenausgleich und Kündigungsschutz

Die Regelung des § 125 InsO soll zu einer weiteren Beschleunigung des Verfahrens im Falle einer Betriebsänderung führen. Soweit eine Betriebsänderung geplant und zwischen dem Betriebsrat und dem Insolvenzverwalter ein Interessenausgleich zustande gekommen ist, in dem die zu kündigenden Arbeitnehmer namentlich aufgeführt wurden, wird gem § 125 InsO vermutet, daß die Kündigung der Arbeitsverhältnisse der bezeichneten Arbeitnehmer durch dringende betriebliche Erfordernisse iSv § 1 KSchG bedingt ist. Außerdem kann gem § 125 Abs 1 Ziff 2 1. Halbs InsO die soziale Auswahl der Arbeitnehmer nur im Hinblick auf die Dauer der Betriebszugehörigkeit, das Lebensalter und die Unterhaltspflicht und auch nur insoweit auf grobe Fehlerhaftigkeit überprüft werden. 120

Diese Regelung, die eine wesentliche Veränderung des Kündigungsschutzes für die betroffenen Arbeitnehmer gegenüber der Rechtslage vor dem 1 10. 1996 mit sich brachte, wurde zunächst mit dem arbeitsrechtlichen Beschäftigungsförde- 121

175 Begr zu § 142 RegEntw (§ 124 InsO) abgedruckt in Balz/Landfermann S 218f; *Caspers* Rn 483.
176 *Röder/Baeck* DstR 1995, 260, 264.
177 *Uhlenbruck* Das neue Insolvenzrecht, S 54; *Schwerdtner* Kölner Schrift zur InsO, S 1151.

rungsgesetz[178] mit Wirkung ab dem 1.10.1996 zur allgemeinen Regelung, die beim Abschluß eines Interessenausgleichs zwischen Arbeitgeber und Betriebsrat gilt. Mit diesem Gesetz hatte diese Regelung Eingang in § 1 Abs 5 KSchG gefunden. Damit bestanden hinsichtlich der Rechtslage im Insolvenzverfahren insoweit keine Besonderheiten gegenüber der sonstigen Rechtslage bis zum 31.12.1998, sodaß diesbezüglich auf die allgem arbeitsrechtliche Literatur und Rspr verwiesen werden kann.[179] Mit dem Gesetz zu Korrekturen in der Sozialversicherung und zur Sicherung der Arbeitnehmerrechte vom 19.12.1998 (BGBl I, S 3843 ff) wurde allerdings § 1 Abs. 5 Kündigungsschutzgesetz aufgehoben und die früher bestehende Rechtslage wieder hergestellt.

122 Im Gegensatz zu der durch das arbeitsrechtliche Beschäftigungsförderungsgesetz neu formulierten Regelung des § 1 Abs 3 S 2 KschG, nach der bei einer Kündigung nur solche Arbeitnehmer aus der sozialen Auswahl herausgenommen werden durften, die zur „Sicherung einer ausgewogenen Personalstruktur des Betriebes" benötigt werden, sieht § 125 Abs 1 Ziff 2 2. Halbs InsO vor, daß die Sozialauswahl nicht als grob fehlerhaft anzusehen ist, wenn eine ausgewogene Personalstruktur erhalten oder geschaffen wird. Es ist daher im Insolvenzverfahren möglich, eine nach Leistungsstärke und Altersstruktur gleichwertige Belegschaft zu schaffen und damit Versäumnisse, die aus der Zeit vor der Eröffnung des Insolvenzverfahrens hinsichtlich der Personalpolitik stammen, noch zu heilen.[180]

123 Was unter „ausgewogener Personalstruktur" zu verstehen ist, wird gesetzlich nicht definiert. Hier ist die Entwicklung der Rspr zu § 125 Abs 1, 2 InsO abzuwarten.[181] § 125 Abs 1 Ziff 2 2. Halbs InsO enthält dabei keine Fiktion oder unwiderlegliche Vermutung, sondern erweitert lediglich den Kreis der berechtigten betrieblichen Belange iSd § 1 Abs 3 S 2 KschG.[182] Eine Überprüfung der „groben Fehlerhaftigkeit der Sozialauswahl macht insofern Angaben des Arbeitgebers hinsichtlich der Ausgewogenheit der vorgetragenen Altersstruktur und hinsichtlich der Gesichtspunkte, unter denen die Auswahl innerhalb von gebildeten Altersgruppen erfolgt ist, iSd Verpflichtung des § 1 Abs 3 S 1 2. Halbs KschG erforderlich.[183]

124 In § 125 Abs 1 S 1 Nr 1 InsO wird die widerlegbare Vermutung iSd § 292 S 1 ZPO aufgestellt, daß die Kündigung des Insolvenzverwalters aus dringenden

---

178 Arbeitsrechtl Ges zur Förderung von Wachstum und Beschäftigung v 25.9.1996, BGBL I S 1476.

179 Vgl LAG Düsseldorf v 4.3.1998, EzA SD Nr 12, S 9; LAG Düsseldorf v 21.4.1998 EzA SD Nr 13, S 6; *Etzel*, Nur neue Zweifelsfragen nach der Änderung des Kündigungsschutzes, Blick durch die Wirtschaft v 21.10.1996 S 10 ff; Hess/Weis/Wienberg, Insolvenzarbeitsrecht, S 193 mwN; *Arend* S 89.

180 *Berscheid* Kölner Schrift zur InsO, Rn 64.

181 LAG Düsseldorf v 4.3.1998, EzA SD Nr 12, S 9; *Arend* S 111 f; *Zwanziger* S 99 ff.

182 LAG Hamm v 28.5.1998, EzA SD Nr 16–1998 S 14.

183 LAG Hamm v 28.5.1998, EzA SD Nr 16–1998 S 14.

betrieblichen Gründen erfolgt ist.[184] Insofern findet gegenüber der Regelung des § 1 Abs 2 S 4 KschG eine Beweislastumkehr statt, sodaß der Arbeitnehmer den Nachweis des Gegenteils dieser Vermutung zu führen hat.[185] Ggf ist er auch verpflichtet, gem § 125 Abs 2 InsO nachzuweisen, wenn sich die Sachlage nach Zustandekommen des Interessenausgleichs wesentlich geändert hat. Gem § 128 Abs 2 InsO erstreckt sich im Falle eines Betriebsübergangs die Vermutung nach § 125 Abs 1 S 1 Nr. 1 InsO auch darauf, daß die Kündigung der Arbeitsverhältnisse nicht wegen des Betriebsübergangs erfolgt.[186]

Aufgrund dieser für den Arbeitnehmer im Einzelfall nachteilhaften, die Insolvenzmasse und die Sanierungsfähigkeit des Betriebes jedoch fördernden Regelung, raten die Gewerkschaften den Betriebsräten idR von einem derartigen Interessenausgleich, in dem die Arbeitnehmer namentlich benannt werden, ab.[187] **125**

ff) Beschlußverfahren zum Kündigungsschutz

Soweit ein Betriebsrat nicht besteht oder aus anderen Gründen innerhalb von drei Wochen nach Verhandlungsbeginn oder schriftlicher Aufforderung zur Aufnahme von Verhandlungen ein Interessenausgleich nach § 125 Abs 1 InsO nicht zustandekommt, obwohl der Verwalter den Betriebsrat rechtzeitig und umfassend unterrichtet hat, kann der Insolvenzverwalter gem § 126 Abs 1 InsO beim Arbeitsgericht beantragen, festzustellen, daß die Kündigung der Arbeitsverhältnisse bestimmter, im Antrag bezeichneter Arbeitnehmer durch dringende betriebliche Erfordernisse bedingt und sozial gerechtfertigt ist. Das Arbeitsgericht darf die soziale Auswahl der Arbeitnehmer nur im Hinblick auf die Dauer der Betriebszugehörigkeit, das Lebensalter und die Unterhaltspflichten überprüfen. **126**

Voraussetzung für das Verfahren vor dem Arbeitsgericht nach § 126 InsO ist, daß der Verwalter den Betriebsrat, sofern dieser besteht, rechtzeitig und umfassend über die geplante Betriebsänderung unterrichtet hat und ein Interessenausgleich innerhalb von drei Wochen nach Verhandlungsbeginn oder schriftlicher Aufforderung zur Aufnahme von Verhandlungen nicht zustande gekommen ist. Hinsichtlich der Anforderungen an die umfassende Unterrichtung, den Verhandlungsbeginn und die schriftliche Aufforderung kann auf die Ausführung zu § 122 InsO (so Rn 92, 93) verwiesen werden.[188]

Das Arbeitsgericht hat materiell-rechtlich zu prüfen, ob dringende betriebliche Erfordernisse vorliegen, die Kündigung nicht wegen eines Betriebsübergangs erfolgen soll und die soziale Auswahl im Hinblick auf die Dauer der Betriebs- **127**

184 *Zwanziger* S 95f.
185 Vgl *Arend* S 100ff.
186 *Zwanziger* S 95f.
187 *Klebe* AiB 1996, 717, 722; *Nielebock* AiB 1997, 88, 93.
188 *Arend* S 140; *Zwanziger* S 114.

zugehörigkeit, das Lebensalter und die Unterhaltspflicht respektiert wird.[189] Im Ergebnis bestehen geringfügige Abweichungen zu § 1 Abs 2 und Abs 3 KschG, der aufgrund des Gesetzes zu Korrekturen in der Sozialversicherung und zur Sicherung der Arbeitnehmerrechte vom 19.12.1998 (BGBl I, S 3843ff) die Verpflichtung zur Berücksichtigung sozialer Gesichtspunkte nicht mehr nur auf die Dauer der Betriebszugehörigkeit, das Lebensalter und die Unterhaltspflicht beschränkt.

128 Sonstige Unwirksamkeitsgründe sind nach dem Wortlaut des Gesetzes vom Arbeitsgericht nicht zu überprüfen. Im Hinblick auf bereits ausgesprochene Kündigungen entspräche es allerdings nicht dem gesetzgeberischen Zweck, möglichst schnell Klarheit über die Rechtslage zu schaffen, wenn der Prüfungsumfang des Arbeitsgerichts derartig beschränkt wäre. Insoweit sind auch sonstige Unwirksamkeitsgründe, beispielsweise die ordnungsgemäße Anhörung des Betriebsrats oder die Zustimmung der Hauptfürsorgestelle zur Kündigung eines Schwerbehinderten etc zu prüfen.[190]

129 Teilweise wird die Auffassung vertreten, daß vor Einleitung des Verfahrens nach § 126 InsO der Betriebsrat in entsprechender Anwendung des § 102 BetrVG auch dann bereits anzuhören ist, wenn eine Kündigung noch nicht ausgesprochen wurde.[191] Dieser Auffassung kann nicht gefolgt werden. Der Betriebsrat ist Beteiligter im Verfahren nach § 126 Abs 2 InsO. Er kann sich insofern im Feststellungsverfahren zu den Kündigungen äußern. Eine vorherige, außergerichtliche Anhörung des Betreibsrats würde das Feststellungsverfahren nur hinauszögern. Dies liefe dem Ziel des Verfahrens, möglichst kurzfristig die soziale Rechtfertigung der Kündigung zu klären, zuwider.[192]

130 Gem § 126 Abs 2 InsO entscheidet das Arbeitsgericht im Beschlußverfahren. Beteiligte sind dabei der Insolvenzverwalter, der Betriebsrat und die bezeichneten Arbeitnehmer, die mit der Beendigung des Arbeitsverhältnisses nicht einverstanden sind.[193] Fraglich ist, ob aufgrund dessen, daß der Gesetzgeber das Beschlußverfahren gem §§ 80ff ArbGG als Verfahrensform gewählt hat, das Arbeitsgericht gem § 83 Abs 1 ArbGG im Wege der Amtsermittlung festzustellen hat, ob dringende betriebliche Erfordernisse die Kündigung der Arbeitsverhältnisse der bezeichneten Arbeitnehmer bedingen und diese Bedingungen sozial gerechtfertigt sind.[194] Für den Insolvenzverwalter bestände damit gegenüber dem Kündigungsschutzverfahren im Urteilsverfahren der erhebliche prozessuale Vorteil, nicht mit dem im Kündigungsschutzprozeß geltenden System der abgestuften Darlegungs- und Beweislast die Kündigungen der Arbeitneh-

189 *Zwanziger* S 114; *Warrikoff* BB 1994, 2338, 2342.
190 *Zwanziger* S 119.
191 *Warrikoff* BB 1994, 2338, 2342; *Schrader* NZA 1997, 70, 76.
192 *Arend* S 140; *Zwanziger* S 119f; *Lohkemper* KTS 1986, 8.
193 *Arend* S 149; *Zwanziger* S 114.
194 *Zwanziger* S 118.

mer begründen zu müssen.[195] Unter Berücksichtigung des eingeschränkten Untersuchungsgrundsatzes im Beschlußverfahren[196] und im Hinblick auf den Sinn und Zweck des Verfahrens nach § 126 Abs 1 InsO wird man davon auszugehen haben, daß der Insolvenzverwalter die Antragsvoraussetzungen darlegen muß und insofern auch hinsichtlich der dringenden betrieblichen Erfordernisse und der sozialen Auswahl die Darlegungs- und Beweislast trägt.[197]

§ 126 InsO ergänzt insoweit die Regelungen des § 125 InsO, wenn ein Interessenausgleich nicht zustande kommt. **131**

Aufgrund des Verweises in § 126 Abs 2 S 2 InsO auf § 122 Abs 2 S 3, Abs 3 InsO findet auch hier gegen den Beschluß des Arbeitsgerichts die Beschwerde an das Landesarbeitsgericht nicht statt. Eine Rechtsbeschwerde an das Bundesarbeitsgericht kann nur durchgeführt werden, wenn sie in dem Beschluß des Arbeitsgerichts zugelassen wird.[198] Aus der Regelung des § 126 Abs 3 InsO ergibt sich, daß die außergerichtlichen Kosten im erstinstanzlichen Verfahren vor dem Arbeitsgericht den Parteien nicht erstattet werden. Im Verfahren über eine Rechtsbeschwerde vor dem Bundesarbeitsgericht erfolgt eine Kostenerstattung nach den allgem Regelungen der ZPO. **132**

Die Regelung des § 126 InsO wird ergänzt durch § 127 InsO. Danach ist für das Kündigungsschutzverfahren des Arbeitnehmers die rechtskräftige Entscheidung des Arbeitsgerichts im Beschlußverfahren nach § 126 InsO für die Parteien bindend, es sei denn, daß sich die Sachlage nach dem Schluß der letzten mündlichen Verhandlung im Beschlußverfahren wesentlich geändert hat. **133**

Der Insolvenzverwalter hat dabei die Möglichkeit, die Kündigungen bereits vor Einleitung oder Abschluß des Beschlußverfahrens nach § 126 InsO auszusprechen.[199] Er kann dabei abwarten, welche Arbeitnehmer Kündigungsschutzklage erheben und hat dann die Möglichkeit, den Feststellungsantrag nach § 126 InsO im Hinblick auf die klagenden Arbeitnehmer zu erheben. Die Folge ist, daß die Individualprozesse nach § 127 Abs 2 InsO auszusetzen sind, bis im Beschlußverfahren gem § 126 InsO eine rechtskräftige Entscheidung vorliegt.[200] **134**

Der Gesetzgeber hat insofern mit den Vorschriften der §§ 126, 127 InsO Regelungen geschaffen, die die Zulässigkeit eines Personalabbaus beschleunigt und einheitlich klärt.[201] Individualverfahren und Beschlußverfahren sind aufeinander abgestimmt. Der Insolvenzverwalter wird mit dem § 126 InsO in die Lage versetzt, alle Kündigungen zusammen umfassend überprüfen zu lassen, um so **135**

195 Vgl hierzu *Caspers* Rn 254ff.
196 Vgl *Grunsky* § 83 ArbGG Rn 5.
197 So auch *Caspers* Rn 256, der die Darlegungs- und Beweislast aus den Beschlußverfahrensgrundsätzen insgesamt ableitet; vgl auch *Lohkemper* KTS 1996, 1, 13; *Zwanziger* S 118.
198 Hess/Weis/Wienberg, Insolvenzarbeitsrecht, S 195.
199 Begr RegEntw § 126 InsO abgedruckt in Balz/Landfermann S 222; *Arend* S 156.
200 Hess/Weis/Wienberg, Insolvenzarbeitsrecht, S 196; *Arend* S 158.
201 Begr RegEntw abgedruckt in Balz/Landfermann S 222ff.

eine Vielzahl von Kündigungsschutzprozessen zu vermeiden oder zumindest deren Ausgang vorherzubestimmen. §§ 126, 127 InsO sind auf alle Fälle betriebsbedingter Kündigungen durch den Insolvenzverwalter anwendbar. Eine Verengung des Wortlauts lediglich auf die Fälle, in denen der Betrieb die Voraussetzungen des § 111 BetrVG erfüllt und mehr als 20 Arbeitnehmer regelmäßig beschäftigt, ist weder nach dem Wortlaut des § 126 InsO gerechtfertigt, noch ergibt sich dies aus dem Sinn und Zweck des Gesetzes.[202]

g) Der Betriebsübergang in der Insolvenz

136 Ziel der Insolvenzordnung und damit Aufgabe des Insolvenzverwalters ist es in erster Linie, die Insolvenzmasse zu sichern und dabei eine Sanierung des Unternehmens zu erreichen.[203] Diesem Ziel dient beispielsweise der 6. Teil der Insolvenzordnung mit der Aufstellung des Insolvenzplans sowie der 4. Teil mit der Verwaltung und Verwertung der Insolvenzmasse. Im Rahmen dieser Aufgaben und insbes im Rahmen der Verwertung der Insolvenzmasse gem § 159 InsO kann es erforderlich sein, den Betrieb oder einen Betriebsteil des Gemeinschuldners zu veräußern. In diesem Zusammenhang spricht man von „übertragender Sanierung".[204] Hierunter ist die Übertragung eines Unternehmens, Betriebes oder Betriebsteils von dem insolventen Träger auf einen anderen, bereits bestehenden oder neu zu gründenden Rechtsträger zu verstehen, wobei die Übertragung nach der Entlastung von Altverbindlichkeiten und von betrieblich nicht mehr erforderlichen Arbeitsplätzen etc erfolgt.[205] Im Rahmen dieser Veräußerung findet ein Betriebsübergang statt, hinsichtlich dessen sich die Frage stellt, ob und in welchem Umfang die Regelung des § 613 a BGB mit dem Übergang der Arbeitsverhältnisse auf den Betriebserwerber anwendbar sind.

137 In den neuen Bundesländern fand aufgrund ausdrücklicher Regelung § 613 a BGB im Falle der Gesamtvollstreckung bis zum 31. 12. 1998 keine Anwendung.[206] In den neuen Bundesländern gingen insofern die Arbeitsverhältnisse aufgrund eines Betriebsübergangs nicht automatisch auf den Betriebserwerber über. Die Wirksamkeit einer Kündigung, die wegen einer Betriebsübertragung ausgesprochen wurde, scheiterte demnach nicht an § 613 a Abs 4 BGB.

138 Im übrigen war in der Literatur früher die Anwendbarkeit des § 613 a BGB bei einer Betriebsveräußerung durch den Konkursverwalter umstritten.[207] Die dem § 613 a BGB zugrundeliegende Richtlinie 77/187/EWG vom 14. 2. 1977 ist nach der Rspr des EuGH nicht auf Übertragungen von Unternehmen anwendbar,

---

202 Vgl hierzu *Caspers* Rn 235 ff.
203 Vgl hierzu *Düwell* Kölner Schrift zur InsO, S 1103 f; *Caspers* Rn 3.
204 *Berscheid* Kölner Schrift zur InsoO, S 1043 ff; *Zwanziger* S 7.
205 *Berscheid* Kölner Schrift zur InsO, S 1073.
206 S Art 32 Nr 3 EGInsO v 5. 10. 1994 iVm Art 232 § 5 Abs 2 Nr 1 EGBGB; Kilger/Schmidt, § 9 GesO Anm 4 a.
207 LAG Bad.-Würt. v 22. 11. 1976, BB 1977, 826; LAG Hamm v 29. 4. 1982, ZIP 1982, 979 ff; *Grub* KTS 1978, 129; *Martens* DB 1977, 495.

die im Rahmen eines Insolvenzverfahrens erfolgen.[208] Das BAG hat jedoch mit Urteil vom 17.1.1980[209] klargestellt, daß auch bei einer Betriebsveräußerung durch den Konkursverwalter die Regelung des § 613 a BGB Anwendung findet.

Durch § 128 InsO wird klargestellt, daß auch im Rahmen der Insolvenzordnung § 613 a BGB im Falle einer Betriebsveräußerung durch den Insolvenzverwalter weiterhin Anwendung findet.[210] Die für die neuen Bundesländer bis zum 31.12.1998 geltende Sonderregelung endet daher mit dem Inkrafttreten der Insolvenzordnung im gesamten Bundesgebiet. Der Gesetzgeber ist der Forderung insbesondere der Konkursverwalter und einer großen Anzahl von Konkursrechtlern, zukünftig im gesamten Bundesgebiet die Anwendbarkeit des § 613 a BGB im Rahmen des Insolvenzverfahrens auszuschließen, nicht gefolgt.[211] 139

Insofern sind Kündigungen der Arbeitnehmer, die aus Gründen der Betriebsveräußerung ausgesprochen werden, gem § 613 a Abs 4 BGB unwirksam. Bei der „übertragenden Sanierung", bei der „überbesetzte Betriebe" oder „Betriebsteile" vor oder nach dem Betriebsübergang personell reduziert werden müssen, werden die Arbeitnehmer sich idR darauf berufen, daß sie dem veräußerten Betriebsteil zuzuordnen seien und die Kündigung ihnen gegenüber „wegen" des Betriebsübergangs ausgesprochen und damit unwirksam gem § 613 a Abs 4 BGB sei.[212] Das Kündigungsverbot richtet sich dabei gegen den Insolvenzverwalter und gegen den Betriebserwerber in gleicher Weise. 140

Gem § 613 a Abs 4 S 2 BGB werden auch im Falle eines Betriebsübergangs Kündigungen, die aus anderen Gründen ausgesprochen werden, vom Kündigungsverbot des § 613 a Abs 4 S 1 BGB nicht berührt. Die Klärung der Frage, aus welchen Gründen die Kündigung ausgesprochen wurde, wird immer dann problematisch, wenn in zeitlicher Nähe zu einem Betriebsübergang eine Kündigung ausgesprochen wird, auch wenn diese beispielsweise mit notwendigen Sanierungs- oder Rationalisierungsmaßnahmen begründet wird.[213] 141

Allerdings werden die Rechtswirkungen des § 613 a BGB in der Insolvenz durch § 128 InsO eingeschränkt. So finden die §§ 125–127 InsO auch dann Anwendung, wenn die Betriebsänderung, die dem Interessenausgleich oder dem Feststellungsantrag zugrunde liegt, erst nach einer Betriebsveräußerung durchgeführt werden soll. Gem § 128 Abs 1 S 2 InsO wird an dem Verfahren nach § 126 InsO der Erwerber des Betriebs beteiligt, so daß die Rechtskraft eines Beschlusses des Arbeitsgerichts sich auch auf ihn erstreckt. 142

---

208 EuGH v 25.7.1991 – RsC 362/89, ZIP 1993, 936.
209 BAG WM 1980, 561.
210 *Zwanziger* S 126.
211 Vgl Gravenbrucher Kreis, ZIP 1989, 468, 474; ZIP 1992, 657, 659 und ZIP 1993, 628, 631; *Kilger* KTS 1989, 495, 510.
212 Vgl *Berscheid* Kölner Schrift zur InsO S 1078.
213 Vgl hierzu *Berscheid* Kölner Schrift zur InsO S 1078ff mwN.

143 Voraussetzung für die Regelung des § 128 Abs. 1 InsO ist, daß der Insolvenzverwalter und der Betriebsrat sich auf einen Interessenausgleich nach § 125 Abs 1 InsO geeinigt haben und die zu kündigenden Arbeitnehmer darin namentlich bezeichnet sind oder der Insolvenzverwalter die Feststellung nach § 126 InsO beantragt hat und die soziale Rechtfertigung der Kündigungen vom Arbeitsgericht bindend festgestellt wurde.[214]

144 Mit dieser Regelung ist es möglich, daß die Betriebsänderungen erst vom Erwerber nach Veräußerung durch den Insolvenzverwalter durchgeführt werden, während der Insolvenzverwalter schon vor der Betriebsveräußerung die erforderlichen Kündigungen aussprechen kann und darüber hinaus auch in den Verfahren gem §§ 125, 126 InsO deren Wirksamkeit klären kann.[215] Umgekehrt ist es auch möglich, daß nach der Vereinbarung des Interessenausgleichs zwischen dem Insolvenzverwalter und dem Betriebsrat oder der gerichtlichen Feststellung durch das Arbeitsgericht der Betriebsübergang erfolgt und erst danach der Erwerber die Kündigungen ausspricht.[216] Die Wirkungen der §§ 125 – 127 InsO greifen demnach unabhängig davon ein, ob der Insolvenzverwalter oder der Betriebserwerber kündigt. Entscheidend ist lediglich, daß vor dem Betriebsübergang der Interessenausgleich nach § 125 Abs 1 InsO zwischen Insolvenzverwalter und Betriebsrat vereinbart, oder das Feststellungsverfahren vom Insolvenzverwalter beantragt wird.

145 Gem § 128 Abs 2 InsO erstreckt sich im Falle eines Betriebsübergangs die Vermutung nach § 125 Abs 1 S 1 Nr 1 InsO oder die gerichtliche Feststellung nach § 126 Abs 1 S 1 auch darauf, daß die Kündigung der Arbeitsverhältnisse nicht wegen des Betriebsübergangs erfolgt. Damit wird die Rechtswirkung des § 613 a BGB in der Insolvenz erheblich abgemildert. Die allgemeinen Beweislastregeln, die im übrigen hinsichtlich der Frage gelten, ob eine Kündigung aus Gründen des Betriebsübergangs oder aus sonstigen Gründen iSd § 613 a Abs 4 S 2 BGB erfolgt, finden insoweit keine Anwendung.[217] Zwar hat der Arbeitnehmer unabhängig von der insolvenzrechtlichen Regelung die Darlegungs- und Beweislast dafür, daß die Kündigung „wegen des Betriebsübergangs" erklärt worden ist, wenn er sich auf die Unwirksamkeit der Kündigung nach § 613 a Abs 4 S 1 BGB stützt.[218] Dies gilt jedoch nur, wenn sich der Arbeitnehmer mit der Feststellungsklage allein auf den Unwirksamkeitsgrund des § 613 a Abs 4 S 1 BGB stützt. Macht er dagegen die Sozialwidrigkeit der Kündigung nach §§ 1, 4 KSchG geltend, muß der Arbeitgeber nach § 1 Abs 2 S 4 KSchG die soziale Rechtfertigung darlegen und beweisen.[219] Bei einem Betriebsübergang muß also der Insolvenzverwalter beweisen, daß eine Kündigung aus anderen Gründen iSd § 613 a Abs 4 S 2 BGB vorliegt.

---

214 *Caspers* Rn 299.
215 Hess/Weis/Wienberg, Insolvenzarbeitsrecht, S 199.
216 *Caspers* Rn 302.
217 Vgl hierzu KR-*Pfeiffer* § 613 a BGB Rn 115; *Zwanziger* S 126.
218 BAG ZIP 1986, 795; KR-*Pfeiffer* § 613 a BGB Rn 115.
219 KR-*Pfeiffer* § 613 a BGB Rn 115.

Im Zusammenhang mit den Regelungen der §§ 125, 126 InsO dreht sich die Beweislast jedoch insgesamt um. Der Insolvenzverwalter hat deshalb, wenn die Voraussetzungen der §§ 125, 126 InsO vorliegen, nicht mehr darzulegen und zu beweisen, daß die Kündigung iSd § 1 Abs 2 S 1 KSchG durch dringende betriebliche Erfordernisse gerechtfertigt ist.[220] In gleicher Weise gilt die Vermutung, daß die Kündigung nicht wegen des Betriebsübergangs erfolgt sei.[221] Mit § 128 Abs. 2 InsO hat der Arbeitnehmer die Vermutung zu entkräften, daß die Kündigung seines Arbeitsverhältnisses nicht wegen des Betriebsübergangs erfolgt ist.[222] Die Beweiserleichterungen aufgrund von Indizien dafür, daß eine Kündigung wegen des Betriebsübergangs erfolgt ist,[223] die dem Arbeitnehmer sonst zur Verfügung stehen, greifen in diesem Fall nicht mehr. Es genügt insofern nicht, daß die Möglichkeit oder Wahrscheinlichkeit einer Kündigung wegen Betriebsübergangs dargetan wird. Notwendig wäre der überzeugende Beweis des Gegenteils, nämlich daß die Kündigung wegen des Betriebsübergangs erfolgt ist.[224] 146

Da gem § 127 InsO der Arbeitnehmer an die Entscheidung des Arbeitsgerichts gem § 126 InsO auch im Falle seiner Kündigungsschutzklage gebunden ist, kann der Arbeitnehmer sich im Kündigungsschutzverfahren nicht mehr darauf berufen, daß die Kündigung der Arbeitsverhältnisse wegen des Betriebsübergangs erfolgt ist, sofern zuvor eine gerichtliche Feststellung nach § 126 Abs 1 S 1 InsO zustandegekommen ist.[225] 147

Die haftungsrechtlichen Regelungen des § 613 a Abs 2 BGB erfahren in der Insolvenz eine teleologische Reduktion.[226] Der Erwerber haftet nicht für Verbindlichkeiten, die vor dem Betriebsübergang entstanden sind. Eine derartige Haftung wäre mit den Grundsätzen des Insolvenzrechts unvereinbar. Hierbei kommt es nicht darauf an, ob es sich um normale Insolvenzforderungen oder um Masseverbindlichkeiten handelt.[227] 148

Hinsichtlich der vor Betriebsübergang bereits erworbenen Rentenanwartschaften haftet bei einer Betriebsveräußerung nach Eröffnung des Insolvenzverfahrens der Erwerber demnach nicht. Der Betriebserwerber schuldet demnach nur die Versorgungsansprüche, die der Arbeitnehmer bei ihm verdient hat.[228] Dabei ist es unerheblich, ob die Versorgungsansprüche bereits entstanden sind und ob es sich um noch verfallbare oder bereits unverfallbare Anwartschaften handelt.[229] 149

---

220 Hess/Weis/Wienberg, Insolvenzarbeitsrecht, S 199.
221 *Caspers* Rn 308.
222 *Berscheid* AnwBl 1995, 8, 17.
223 Münch Hdb-ArbR-*Wank* § 121 Rn 32ff, 35; *Berscheid* AnwBl 1995, 8, 17.
224 *Caspers* Rn 310.
225 *Caspers* Rn 311; aA *Schrader* NZA 1997, 70, 78.
226 BAG WM 1980, 561.
227 BAG ZIP 1987, 525.
228 BAG ZIP 1989, 1422; BAG ZIP 1992, 1247; KR-*Pfeiffer* § 613 a BGB Rn 76, 81.
229 KR-*Pfeiffer* § 613 a BGB Rn 81 mwN.

150 Das bedeutet, daß verfallbare Anwartschaften für die Zeit vor Konkurseröffnung vom Arbeitnehmer zur Konkurstabelle angemeldet werden müssen. Unverfallbare Versorgungsanwartschaften sind nach § 7 Abs 2 BetrAVG, bereits entstandene Versorgungsansprüche nach § 7 Abs 1 BetrAVG vom Träger der Insolvenzsicherung, dem Pensionssicherungsverein, zu erfüllen.[230] Der Betriebserwerber tritt im übrigen in die Versorgungsanwartschaften der bei Betriebsübergang bestehenden Arbeitsverhältnisse ein, wobei es unerheblich ist, ob die Versorgungsanwartschaft auf einer einzelvertraglichen Abrede, auf einer Gesamtzusage oder einer betrieblichen Übung beruht.[231]

III. Zum Zeitpunkt der Verfahrenseröffnung beendete Arbeitsverhältnisse

151 Aus bereits zum Zeitpunkt der Eröffnung des Insolvenzverfahrens wirksam beendeten Arbeitsverhältnissen können die Arbeitnehmer keine Sonderrechte ableiten. Soweit noch Ansprüche gegen den ehemaligen Arbeitgeber aus den beendeten Arbeitverhältnissen bestehen, sind die ehemaligen Arbeitnehmer normale Insolvenzgläubiger gem § 38 InsO.

1. Rechtslage vor der Verfahrenseröffnung

152 Vor der Eröffnung des Insolvenzverfahrens bestehen im wesentlichen keine Besonderheiten. Es kann insoweit auf die allgem arbeitsrechtlichen Grundsätze verwiesen werden.

153 Allenfalls aus § 124 InsO ergibt sich, daß ein Sozialplan, der vor der Eröffnung des Insolvenzverfahrens, jedoch nicht früher als drei Monate vor dem Eröffnungsantrag aufgestellt worden ist, sowohl vom Insolvenzverwalter als auch vom Betriebsrat widerrufen werden kann (hierzu s o Rn 115 ff).

154 In diesem Fall können die Arbeitnehmer, denen Forderungen aus dem Sozialplan zustanden, bei der Aufstellung eines Sozialplans im Insolvenzverfahren berücksichtigt werden. Leistungen, die ein Arbeitnehmer vor der Eröffnung des Verfahrens auf seine Forderung aus dem widerrufenen Sozialplan erhalten hat, können nicht wegen des Widerrufs zurückgefordert werden (§ 124 Abs 3 S 1 InsO). Gem § 124 Abs 3 S 2 InsO sind bei der Aufstellung eines neuen Sozialplans bereits erfolgte Leistungen aus dem widerrufenen Sozialplan an einen von einer Entlassung betroffenen Arbeitnehmer bei der Berechnung des Gesamtbetrags der Sozialplanforderung nach § 123 Abs 1 InsO bis zur Höhe von 2,5 Monatsverdiensten abzusetzen.

---

230 KR-*Pfeiffer* § 613 a BGB Rn 81.
231 Hess/Weis/Wienberg, Insolvenzarbeitsrecht S 217 mwN.

2. Rechtslage nach der Verfahrenseröffnung

Nach der Verfahrenseröffnung kann der ausgeschiedene Arbeitnehmer seine etwaigen Forderungen aus dem beendeten Arbeitsverhältnis zur Insolvenzmasse anmelden. Er wird damit Gläubiger iSd § 38 InsO (s o). **155**

Im Gegensatz zur Konkurs- und Gesamtvollstreckungsordnung sind Lohnansprüche nicht mehr bevorrechtigt. Es handelt sich hierbei nur um normale Insolvenzforderungen.[232] **156**

Eine Sicherung erfährt der Arbeitnehmer lediglich durch § 183 SGB III, wonach Arbeitnehmer Insolvenzgeld erhalten, wenn sie bei Eröffnung des Insolvenzverfahrens über das Vermögens ihres Arbeitgebers für die vorausgehenden drei Monate des Arbeitsverhältnisses noch Ansprüche auf Arbeitsentgelt haben (vgl hierzu o Rn 53ff). Soweit Insolvenzgeld von der Bundesanstalt für Arbeit an den ausgeschiedenen Arbeitnehmer gezahlt wird, gehen die Ansprüche des Arbeitnehmers auf Lohn- und Gehaltszahlungen gem § 187 SGB III auf die Bundesanstalt für Arbeit über. **157**

Rentenansprüche ehemaliger Arbeitnehmer werden ebenfalls normale Insolvenzforderungen. Allerdings werden im Falle der Insolvenz bereits entstandene Versorgungsansprüche nach § 7 Abs 1 BetrAVG vom Träger der Insolvenzsicherung, dem Pensionssicherungsverein, erfüllt. Dabei gehen gem § 9 Abs 2 BetrAVG die Ansprüche des ausgeschiedenen Arbeitnehmers gegen den Arbeitgeber auf Leistungen der betrieblichen Altersversorgung auf den Pensionssicherungsverein über, sobald dieser dem Arbeitnehmer die ihm zustehenden Ansprüche oder Anwartschaften mitteilt. **158**

Das gleiche gilt gem § 7 Abs 2 BetrAVG für unverfallbare Versorgungsanwartschaften.[233] **159**

Im Falle einer Betriebsveräußerung während des Insolvenzverfahrens gehen die bereits beendeten Arbeitsverhältnisse nicht gem § 613 a BGB auf den Betriebserwerber über. § 613 a BGB betrifft lediglich die beim Betriebsübergang bestehenden Arbeitsverhältnisse. Dementsprechend gehen Versorgungsanwartschaften nicht auf den Betriebserwerber über, wenn der Arbeitnehmer zum Zeitpunkt des Betriebsübergangs aus dem Arbeitsverhältnis ausgeschieden ist.[234] Sonstige Ansprüche, wie Abfindungs- und Sozialplanforderungen, Karenzentschädigungen, Ansprüche auf Nachteilsausgleich oder Ansprüche auf Zahlung von Arbeitnehmererfindungen sind normale Insolvenzforderungen.[235] Da es keine Rangfolge bei den Forderungen zur Insolvenzmasse mehr gibt, besteht auch insoweit kein Vorrang gegenüber sonstigen Insolvenzgläubigern. **160**

---

232 *Caspers* Personalabbau Rn 83; hierzu sa o Rn 38.
233 KR-*Pfeiffer* § 613 a BGB Rn 81 mwN.
234 BAG WM 1977, 1311; BAG, NJW 1979, 2533; Hess/Weis/Wienberg, Insolvenzarbeitsrecht, S 217.
235 *Caspers* Rn 83.

IV. Der Arbeitnehmer in der Gläubigerversammlung

161 Als Gläubiger sind die Arbeitnehmer grundsätzlich Mitglieder der Gläubigerversammlung und hieran teilnahmeberechtigt. Dies gilt zunächst dann, wenn Lohnforderungen aus der Zeit vor Eröffnung des Insolvenzverfahrens noch nicht bezahlt wurden und sie insoweit einen Anspruch gegenüber dem Schuldner begründen.

162 Keinen Anspruch gegenüber dem Schuldner haben die Arbeitnehmer, wenn sie vom Arbeitsamt Insolvenzgeld erhalten haben und keine weiteren Gehaltsansprüche gegenüber dem Schuldner bestehen. In Höhe des Insolvenzgeldes ist der Anspruch der Arbeitnehmer auf Lohn- und Gehaltszahlungen gem § 187 SGB III auf die Bundesanstalt für Arbeit übergegangen, so daß diese Gläubigerin geworden ist und nur sie die Gläubigerrechte ausüben kann. Beschränken sich die Forderungen der Arbeitnehmer auf Beträge, für die sie Insolvenzgeld erhalten, sind die Arbeitnehmer bei der Auszahlung des Insolvenzgeldes nicht mehr berechtigt, an Gläubigerversammlungen teilzunehmen und bei Beschlußfassungen der Gläubigerversammlung mitzustimmen.

163 Soweit Arbeitnehmern nur Lohn- und Gehaltsforderungen gem § 55 Abs 1 Ziff 2 InsO zustehen, die unter Fortbeschäftigung der Arbeitnehmer nach Eröffnung des Insolvenzverfahrens entstanden sind, haben sie einen Anspruch gegen den Insolvenzverwalter auf Vorwegberichtigung gem § 53 InsO. In diesem Fall sind die Arbeitnehmer als sog Massegläubiger nicht berechtigt, an der Gläubigerversammlung teilzunehmen. Gem § 74 InsO sind zur Teilnahme an der Versammlung lediglich alle absonderungsberechtigten Gläubiger, alle Insolvenzgläubiger, der Insolvenzverwalter und der Schuldner berechtigt.

164 Die Gläubigerversammlung entscheidet auf der Grundlage des Berichts des Insolvenzverwalters im Berichtstermin (§ 29 InsO) über den Fortgang des Verfahrens.[236] Dabei sollen die verschiedenen Möglichkeiten über den Fortgang des Verfahrens umfassend erörtert werden. Ua ist dabei auch dem Betriebsrat und dem Sprecherausschuß Gelegenheit zur Stellungnahme zu geben (§ 156 Abs 2 InsO).[237] Der Betriebsrat ist bei den Beschlüssen der Gläubigerversammlung nicht zur Vertretung der Arbeitnehmerinteressen berechtigt. Seine Rechte sind auf die Möglichkeiten der Stellungnahme gem § 156 Abs 2 InsO im Berichtstermin beschränkt.[238]

165 Soweit gem § 67 Abs 1 InsO vom Insolvenzgericht ein Gläubigerausschuß eingesetzt wird, soll dem Ausschuß gem § 67 Abs 2 S 2 InsO ein Vertreter der Arbeitnehmer angehören, wenn diese als Insolvenzgläubiger mit nicht unerheblichen Forderungen beteiligt sind. Dabei bestimmt das Insolvenzgericht, welche Arbeitnehmer als Vertreter in den Gläubigerausschuß entsandt wer-

---

236 Begr zu § 175 RegEntw (§ 156 InsO) abgedruckt in Balz/Landfermann S 264f.
237 *Caspers* Rn 76.
238 *Caspers* Rn 76.

den.[239] Der Betriebsrat und andere Arbeitnehmer oder auch die Gewerkschaft können Vorschläge dem Insolvenzgericht unterbreiten. Dieses ist jedoch an die Vorschläge nicht gebunden. ISd § 67 Abs 3 InsO kann das Insolvenzgericht auch Personen, die keine Gläubiger sind und damit auch Nichtbetriebsangehörige, zB Gewerkschaftsvertreter, zu Mitgliedern des Gläubigerausschusses bestellen.[240]

239 *Heidland* Kölner Schrift zur InsO S 556; *Warrikoff* BB 1994, 2346.
240 *Heidland* Kölner Schrift zur InsO S 556.

10. Kapitel: Die Gläubigerversammlung

Übersicht

	Rn
Vorbemerkung	1
I. Aufgaben und Befugnisse der Gläubigerversammmlung	2
1. Berichtstermin	3
2. Prüfungstermin	4
3. Erörterungs- und Abstimmungstermin	6
4. Schlußtermin	7
5. Weitere Aufgaben und Befugnisse	8
II. Einberufung und Einberufungsfristen der Gläubigerversammlung	19
1. Berichts- und Prüfungstermin	20
a) Berichtstermin	21
b) Prüfungstermin	22
2. Weitere Gläubigerversammlungen	23
a) Einberufung von Amts wegen und gesetzliche Terminsvorgaben	23
b) Einberufung auf Antrag und gesetzliche Terminsvorgaben	26
aa) Antragsberechtigung	27
bb) Einberufungsfrist	32
cc) Rechtsmittel	34
3. Bekanntmachung und Ladung	36
a) Bekanntmachung	
aa) Berichts- und Prüfungstermin	37
bb) Weitere Gläubigerversammlungen	42
b) Ladungsfrist	45
4. Versammlungsort	47
5. Tagesordnung	48
III. Leitung der Gläubigerversammlung	50
IV. Teilnahmeberechtigung an der Gläubigerversammlung	56
1. Teilnahmerecht Betroffener	56
2. Zulassung anderer Personen	60
V. Beschlußfassung in der Gläubigerversammlung	61
1. Beschlußfähigkeit	62
2. Zustandekommen von Beschlüssen	64
a) Grundfall	65
b) Sonderfall des Insolvenzplans	70
3. Stimmberechtigung	74
a) Umfang des Stimmrechts	76
b) Berechnung des Stimmrechts absonderungsberechtigter Gläubiger	77
aa) Stimmrecht bei persönlicher Haftung	79
bb) Stimmrecht bei Sicherung einer Forderung gegen einen Dritten	80
cc) Stimmrecht bei teilweiser Sicherung	83
c) Feststellung des Stimmrechts aufschiebend bedingter und absonderungsberechtigter Forderungen	84
d) Stimmrecht noch nicht geprüfter Forderungen	91
e) Stimmverbote	93
f) Sonderfall des Insolvenzplans	94
4. Nichtigkeit von Beschlüssen	99
5. Aufhebung von Beschlüssen durch das Insolvenzgericht	102
6. Änderung von Beschlüssen durch die Gläubigerversammlung	112
VI. Ablauf der Gläubigerversammlung	115
1. Berichtstermin	116
a) Bericht des Insolvenzverwalters	117

	Rn
b) Wahl eines anderen Insolvenzverwalters . . .	119
c) Beschluß über den Fortgang des Verfahrens	120
d) Einsetzung eines Gläubigerausschusses und Benennung der Mitglieder	121
e) Weitere Entscheidungen im Berichtstermin	123
2. Prüfungstermin	125
3. Erörterungs- und Abstimmungstermin	131
4. Schlußtermin	132
VII. Anleihegläubigerversammlung	139

Vorbemerkung

1 Die Gläubigerversammlung ist das oberste Selbstverwaltungsorgan der Gläubiger. Hier koordinieren die Gläubiger ihre Interessen.[1] Gleichzeitig prägen sie wegen der weitreichenden Kompetenzen der Gläubigerversammlung den weiteren Ablauf des Insolvenzverfahrens. Die Gläubigerversammlung ist kein Organ der Rechtspflege und entscheidet damit grundsätzlich unabhängig von einer gerichtlichen Einflußnahme. Somit ist gewährleistet, daß das Insolvenzverfahren im wesentlichen von den Entscheidungen der Gläubiger getragen und bestimmt wird und dem Gericht nur eine begleitende und regulierende Funktion zukommt. Die Rechtsstellung der Gläubigerversammlung, die in den §§ 74 bis 79 InsO geregelt ist, hat der Gesetzgeber gegenüber den bisherigen Insolvenzvorschriften erheblich verstärkt. So entscheidet die Gläubigerversammlung ebenso über die Sanierung oder Stillegung des Betriebs des Schuldners wie über die Ausarbeitung und Annahme eines Insolvenzplans. Die Gläubiger nehmen über die Gläubigerversammlung zudem an der Verwaltung und Verwertung der Masse teil. Ferner bestimmen sie über die Person des Verwalters und zeichnen diesem innerhalb des gesetzlich zugewiesenen Rahmens[2] die Richtung seiner Tätigkeit auf. All dies verdeutlicht die zentrale Stellung der Gläubigerversammlung nach der Insolvenzordnung.

I. Aufgaben und Befugnisse der Gläubigerversammlung

2 Der Gesetzgeber hat die wichtigsten, von der Gläubigerversammlung zu treffenden Entscheidungen einzelnen Terminen zugeordnet. Neben der ersten Gläubigerversammlung, dem Berichtstermin (§§ 156 ff InsO), sind dies der Prüfungstermin (§§ 176 ff InsO), der Erörterungs- und Abstimmungstermin (§§ 235 ff InsO) und der Schlußtermin (§ 197 InsO). Ein bes Wahltermin hat letztlich keinen Niederschlag im Gesetz gefunden. Ungeachtet dieser von Amts

1 Zur Stellung und Bedeutung der Gläubigerversammlung vgl *Pape* ZIP 1990, 1251 f.
2 Vgl §§ 57, 59, 66, 70, 79, 100, 157, 160, 197, 207, 233, 271, 277 InsO.

wegen zu bestimmenden Termine beruft das Insolvenzgericht auf einen zulässigen Antrag hin nach § 75 InsO weitere Gläubigerversammlungen ein. Insgesamt stärkt die Insolvenzordnung die Stellung der Gläubigerversammlung gegenüber den bisherigen Insolvenzvorschriften.[3]

1. Berichtstermin

3 Die Grundentscheidung über den Verlauf des Insolvenzverfahrens treffen die Gläubiger in dem Berichtstermin (§ 156 InsO). Hier legt der Verwalter seinen Bericht über die wirtschaftliche Lage des Schuldners und deren Ursachen (s Kap 12 Rn 4) vor. Anschließend entscheiden die Gläubiger insbes über die Zulässigkeit und Dauer einer **Betriebsfortführung** (§ 157 Abs 1 S 1 InsO), über den Abbruch von **Sanierungsbemühungen** und über einen Auftrag an den Verwalter zur **Erstellung eines Insolvenzplans** (§ 157 Abs 1 S 2 InsO) (s Kap 13 Rn 5) .[4] Dabei kann die Gläubigerversammlung dem Insolvenzverwalter das Ziel des Plans vorgeben (§ 157 Abs 1 S 2 InsO). Ferner obliegt den Gläubigern in dem Berichtstermin die **Wahl** eines anderen als des vom Insolvenzgericht zunächst eingesetzten **Insolvenzverwalters** (§ 57 Abs 1 InsO) (s Kap 6 Rn 12) .[5] Schenkt der Verwalter derartigen Anregungen der Gläubigerversammlung keine Beachtung, läuft er Gefahr, sich schadensersatzpflichtig zu machen.[6] Über den gesetzlichen Rahmen hinausgehende Willensäußerungen der Gläubigerversammlung vermögen den Verwalter nicht zu binden; gleichwohl hat der Verwalter derartige Empfehlungen im Rahmen seines pflichtgemäßen Ermessens zu berücksichtigen. Des weiteren entscheidet die Gläubigerversammlung bei ihrem ersten Zusammentreffen regelmäßig darüber, ob ein **Gläubigerausschuß** eingesetzt werden soll (§ 68 Abs 1 S 1 InsO)[7] (s Kap 11 Rn 10ff), und wählt ggf deren Mitglieder. Hat das Insolvenzgericht zuvor bereits einen Gläubigerausschuß bestellt, obliegt der Versammlung die Entscheidung über dessen Beibehaltung (§ 68 Abs 1 S 2 InsO).

2. Prüfungstermin

4 Im Prüfungstermin wird die erste Vorentscheidung für die Verteilung der Masse getroffen. Hier **prüft** die Gläubigerversammlung die **Forderungen** der einzelnen Gläubiger ihrem Betrag und ihrem Rang nach (§ 176 S 1 InsO), die der Verwalter in der sog Tabelle, dh die Übersicht des Verwalters über die bei ihm angemeldeten Forderungen, festgehalten hat. Während des Prüfungstermins haben der Insolvenzverwalter, die Insolvenzgläubiger sowie der Schuldner die Möglichkeit, einer angemeldeten Forderung zu widersprechen (s Kap 6

3 Vgl die allgem Begr RegEntw A 4h, abgedruckt in Balz/Landfermann S 43f.
4 Weiterführend Smid/Rattunde, Rn 43.
5 *Mönning* Kölner Schrift zur InsO S 277.
6 Kuhn/Uhlenbruck, KO § 93 Rn 1.
7 Haarmeyer/Wutzke/Förster, Kap 6 Rn 8ff.

Rn 32).[8] Soweit weder der Insolvenzverwalter noch ein Insolvenzgläubiger Widerspruch gegen eine Forderung im Prüfungstermin oder nachfolgend im schriftlichen Verfahren nach § 177 InsO erhebt, gilt die Forderung als festgestellt, was das Insolvenzgericht in der Tabelle vermerkt (§ 178 InsO). Gleiches gilt, wenn ein Widerspruch beseitigt wird.

Ob der Schuldner widerspricht, hat für die Eintragung der Forderung als festgestellt in der Tabelle keine Bedeutung. Das Insolvenzgericht vermerkt jedoch ungeachtet dessen auch den Widerspruch des Schuldners in der Tabelle (§ 178 Abs 2 S 2 InsO), da dieser nach Beendigung des Insolvenzverfahrens für die Fortsetzung der Einzelzwangsvollstreckung gegen den Schuldner nach § 201 Abs 2 InsO von Bedeutung ist.[9] 5

3. Erörterungs- und Abstimmungstermin

Der Gläubigerversammlung kommt auch im neu eingeführten **Insolvenzplanverfahren** (s Kap 13 Rn 60)[10] eine tragende Rolle zu. Zum einen kann neben dem Schuldner, der häufig mit Antragstellung einen Insolvenzplan für eine Eigenverwaltung (s Kap 14 Rn 14)[11] vorlegt, auch die Gläubigerversammlung – was zumeist im Berichtstermin erfolgen wird – den Insolvenzverwalter mit der Vorlage eines Insolvenzplans beauftragen (§ 218 Abs 1 InsO). Zum anderen befaßt sich die Gläubigerversammlung im Erörterungs- und Abstimmungstermin mit dem vorgelegten Plan und diskutiert die einzelnen Stellungnahmen, bevor sie über den Plan oder über Änderungen (§ 240 InsO)(s Kap 13 Rn 61)[12] abstimmt. 6

4. Schlußtermin

In der letzten Gläubigerversammlung, dem Schlußtermin, entscheiden die Gläubiger über die **Schlußverteilung** (§ 197 InsO)(s Kap 15 Rn 4ff) .[13] Zuvor muß das Insolvenzgericht dem Entwurf eines Schlußverteilungsvorschlags des Verwalters zugestimmt haben (§ 196 Abs 2 InsO). Dann erörtert die Gläubigerversammlung im Schlußtermin die vom Insolvenzverwalter vorgelegte **Schlußrechnung**, dh die Einnahmen- und Ausgabenrechnung des Verwalters nach § 66 Abs 1 InsO[14] (§ 197 Abs 1 Ziff 1 InsO)(s Kap 15 Rn 7ff). Ferner haben die 7

8 Zum ganzen *Eckhardt* Kölner Schrift zur InsO S 603ff.
9 *Bähr* InvO 1998, 205.
10 *Schiessler* S 5ff.
11 *Bork* Rn 399; Hess/Obermüller, Insolvenzplan, Restschuldbefreiung und Verbraucherinsolvenz, Rn 16ff.
12 *Schiessler* S 141ff; Smid/Rattunde, S 123ff.
13 *Bork* Rn 296ff.
14 Vgl hierzu Muster in Haarmeyer/Wutzke/Förster, Kap 8 Rn 49; Kuhn/Uhlenbruck, KO § 86 Rn 5ff; *Uhlenbruck* ZIP 1982, 125ff; *Bähner* KTS 1991, 347; Kilger/K. Schmidt § 86 KO Rn 1.

Gläubiger die Möglichkeit, Einwendungen gegen das **Schlußverzeichnis**, dh die Zusammenfassung der bei der Verteilung zu berücksichtigenden Forderungen,[15] zu erheben (§ 197 Abs 1 Ziff 2 InsO). So kann ein Gläubiger etwa geltend machen, daß einzelne seiner Forderungen in der Liste der bei der Schlußverteilung zu berücksichtigenden Forderungen keine Beachtung gefunden haben (su Kap 15 Rn 12). Hierzu ist eine mündliche Erklärung - dem Wortlaut des Gesetzes folgend - in der Gläubigerversammlung ausreichend.[16] Zum Abschluß entscheiden die Gläubiger über die nicht verwertbaren Gegenstände der Insolvenzmasse (§ 197 Abs 1 Ziff 3) und entlasten auf diesem Weg den Verwalter für die Folgen der Freigabe.[17]

5. Weitere Aufgaben und Befugnisse

8 Die Befugnisse der Gläubigerversammlung sind nicht mit denjenigen Aufgaben erschöpft, die der Gesetzgeber in den von Amts wegen zu bestimmenden Terminen, dh den vorgenannten Berichtsterminen (§§ 156ff InsO), den Prüfungsterminen (§§ 176ff InsO), den Erörterungs- und Abstimmmungsterminen (§§ 235ff InsO) sowie den Schlußterminen (§ 197 InsO), nennt. Über diesen Katalog hinaus können die Gläubiger in der Gläubigerversammlung die **Tätigkeit des Verwalters** durch zahlreiche Maßnahmen **kontrollieren**: Nach § 79 Abs 1 InsO ist die Gläubigerversammlung dazu berechtigt, von dem Insolvenzverwalter **einen Bericht über den Sachstand und die Geschäftsführung** sowie - in Ergänzung zu der bisherigen Rechtslage - einzelne **Auskünfte** zu verlangen.[18] In der Praxis wird der Verwalter wie bisher dem Gericht in regelmäßigen Abständen über den Fortgang des Insolvenzverfahrens berichten. Soweit dies die Gläubigerversammlung vorgesehen hat, erstellt der Verwalter wie nach dem geltenden Konkurusrecht (§ 132 Abs 2 KO)[19] zudem Zwischenrechnungen (§ 66 Abs 3 S 1 InsO), die auf der Geschäftsstelle der Insolvenzgerichts zur Einsicht der Beteiligten ausliegen.

9 Die Gläubigerversammlung kann ferner - wie der Gläubigerausschuß und der Verwalter - einen Antrag bei dem Insolvenzgericht auf **Entlassung des Verwalters aus wichtigem Grund** stellen (§ 59 Abs 1 InsO). Eine Entlassung des Verwalters kann ferner von Amts wegen durch das Gericht erfolgen, womit der Gesetzgeber unter Aufgabe des § 84 Abs 1 S 2 KO auf die Praxis nach §§ 41 Abs 2 S 2 VerglO und 8 Abs 3 S 2 GesO zurückgegriffen hat. Wichtige Gründe für eine Entlassung stellen die fortlaufende Pflichtverletzung des Verwalters oder eine offensichtliche Ungeeignetheit[20] oder Amtsunfähigkeit infolge einer

---

15 Vgl hierzu Muster in Haarmeyer/Wutzke/Förster, Kap 8 Rn 52.
16 Vgl Kuhn/Uhlenbruck, KO, § 162 Rn 4.
17 Jaeger/*Weber* KO § 162 Rn 6.
18 *Runkel* InVo 1998 (Juni), E 1 - E 4.
19 Vgl hierzu Jaeger/*Weber* KO § 132 Rn 2; Kuhn/Uhlenbruck, KO § 132 Rn 4 mwN.
20 Vgl hierzu und zu bloßen Verdächtigungen LG Halle, ZIP 1993, 1739; Haarmeyer/Wutzke/Förster, GesO, § 8 Rn 103 mwN; Hess/Binz/Wienberg, § 8 GesO Rn 34ff.

Krankheit[21] dar. Beendet der Verwalter seine Tätigkeit, hat er der Gläubigerversammlung gegenüber gem § 66 Abs 1 InsO **Rechnung zu legen** (s Kap 6 Rn 47).[22]

Existiert kein Gläubigerausschuß (s Kap 11 Rn 1 ff), kommt der Gläubigerversammlung des weiteren die Befugnis zu, den Geldverkehr und -bestand zu prüfen oder prüfen zu lassen. Zudem ist die Zustimmung der Gläubigerversammlung für **bes bedeutsame Rechtshandlungen des Verwalters** erforderlich (§ 160 Abs 1 S 2 InsO), wenn kein Gläubigerausschuß besteht. § 160 Abs 2 InsO nennt exemplarisch folgenden Katalog: **10**

- wenn das Unternehmen oder ein Betrieb, das Warenlager im ganzen oder ein unbeweglicher Gegenstand aus freier Hand veräußert werden soll. Gleiches gilt im Fall der Veräußerung einer Beteiligung des Schuldners an einem Unternehmen, die der Herstellung einer dauernden Verbindung zu diesem Unternehmen dienen soll, und wenn das Recht auf den Bezug wiederkehrender Einkünfte veräußert werden soll;
- wenn ein Darlehen aufgenommen werden soll, das die Insolvenzmasse erheblich belasten würde;
- wenn ein Rechtstreit mit erheblichem Streitwert anhängig gemacht oder aufgenommen, die Aufnahme eines solchen Rechtsstreits abgelehnt oder zur Beilegung oder zur Vermeidung eines solchen Rechtsstreits ein Vergleich oder ein Schiedsvertrag geschlossen werden soll.

Fehlt die Zustimmung der Gläubigerversammlung in den vorgenannten Fällen des § 160 InsO, steht dies nicht automatisch einer Ausführung und Wirksamkeit der Maßnahme entgegen.[23] Vielmehr können die Gläubiger und der Schuldner bei dem Gericht die **vorläufige Untersagung der Maßnahme** beantragen (§ 161 InsO). Für einen entsprechenden Antrag benötigen die Gläubiger eine dem Antragsrecht auf Einberufung einer Gläubigerversammlung entsprechende Mehrheit gem § 75 Abs 1 InsO (s u 17 ff). Das Gericht entscheidet dann nach Anhörung des Verwalters durch Beschluß, ob die Maßnahme vorläufig untersagt wird. Kommt es zur Untersagung, beruft das Gericht von Amts wegen eine Gläubigerversammlung ein, die abschließend über die Vornahme der Maßnahme entscheidet.[24] **11**

Das Gesetz nennt in §§ 162 und 163 InsO weitere Fälle, in denen ein Mitwirkungserfordernis der Gläubigerversammlung besteht: die **Betriebsveräußerung an bes Interessierte** oder die **Betriebsveräußerung unter Wert**. Bei der Veräußerung an einen „Insider“[25] sollen der Schuldner und die Gläubiger die Möglichkeit haben, überprüfen zu lassen, ob der erzielte Erlös – was wegen der **12**

21 Begr zu § 70 RegEntw InsO abgedruckt in Balz/Landfermann S 139f.
22 Haarmeyer/Wutzke/Förster, Kap 6 Rn 84f.
23 Kilger/K. Schmidt, § 136 KO Anm 2f.
24 Vgl Kuhn/Uhlenbruck, KO § 136 Rn 2.
25 Begr zu § 181 RegEntwInsO abgedruckt in Balz/Landfermann S 127f.

Nähe der Beteiligten auf den ersten Blick Zweifeln unterliegt – tatsächlich dem Marktpreis entspricht.[26] Ein von § 162 InsO umfaßtes „Insider"- Geschäft liegt vor, wenn der Erwerber oder eine Person, die an dessen Kapital zu mindestens ein Fünftel beteiligt ist,

- zu den aus den Anfechtunsgregeln bekannten nahestehenden Personen nach § 138 InsO (s Kap 7 Rn 46) zählt,
- oder ein absonderungsberechtigter Gläubiger oder ein nicht nachrangiger Insolvenzgläubiger ist, dessen Absonderungsrechte nach der Schätzung des Insolvenzgerichts zusammen ein Fünftel des Summe erreichen, die sich aus dem Wert aller Absonderungsrechte und den Forderungsbeträgen aller nicht nachrangigen Insolvenzgläubiger ergibt.

13 Bei dem Einwand einer **Veräußerung unter Wert** gem § 163 Abs 1 InsO kann das Gericht anordnen, daß die Veräußerung des Unternehmens oder eines Betriebsteiles nur mit Zustimmung der Gläubigerversammlung erfolgen kann. Erforderlich ist hier ein Antrag entweder des Schuldners oder der qualifizierten Mehrheit der Gläubiger nach § 75 Abs 1 Nr 3 InsO. Ferner ist mit der Antragstellung glaubhaft zu machen (§ 294 ZPO), daß eine Veräußerung an einen anderen Erwerber für die Insolvenzgläubiger günstiger gewesen wäre. In diese Einschätzung fließt nicht nur der zu erzielende Erlös, sondern auch Kriterien wie zB Zahlungstermin, Stundungsabreden und Risiko der Insolvenz des Erwerbers ein.[27] Nur in seltenen Fällen wird eine Glaubhaftmachung einer günstigeren Veräußerung daher bereits unter Hinweis auf die im Verzeichnis der Massegegenstände nach § 151 InsO erfaßten Einzelwerte des Anlagevermögens gelingen. Der Antragsteller wird vielmehr regelmäßig auf die Hilfe eines Sachverständigen zurückgreifen, dessen Kosten der Antragsteller auf Antrag aus der Masse erstattet verlangen kann (§ 163 Abs 2 InsO).

14 Ein Verstoß gegen das Zustimmungserfordernis der Gläubigerversammlung berührt die Wirksamkeit nachfolgender Rechtshandlungen des Insolvenzverwalters generell nicht (§ 164 InsO). Rechtsunsicherheiten im Geschäftsverkehr sind damit ausgeschlossen.[28] Dessen ungeachtet setzt sich der Verwalter der Gefahr aufsichtsrechtlicher Maßnahmen (§§ 58, 59 InsO) und haftungsrechtlicher Folgen nach § 60 InsO aus, wenn er das Mitwirkungserfordernis der Gläubigerversammlung unberücksichtigt läßt.[29]

15 Die Gläubigerversammlung kann ferner bestimmen, bei welcher Stelle und zu welchen Bedingungen **Geld, Wertpapiere und Kostbarkeiten hinterlegt und angelegt** werden sollen. Hierbei kann sie sich über Entscheidungen des Gläubigerausschusses in dieser Frage hinwegsetzen (s Kap 11 Rn 52). So hat die Gläubigerversammlung etwa die Möglichkeit, dem Verwalter zur Vermeidung

26 *Schmidt-Räntsch* § 162 InsO Rn 1.
27 Vgl Begr zu § 182 RegEntwInsO abgedruckt in Balz/Landfermann S 272.
28 Begr zu § 183 RegEntwInsO abgedruckt in Balz/Landfermann S 273.
29 *Schmidt-Räntsch* § 164 InsO; Kilger/K. Schmidt, § 136 KO Anm 3.

praktischer Schwierigkeiten frühzeitig das Recht zu übertragen, angelegtes Geld, Wertpapiere oder Kostbarkeiten in Empfang nehmen oder allein Anweisungen an die Hinterlegungsstelle richten zu können, ohne daß eine Beteiligung eines Mitgliedes des Gläubigerausschusses erforderlich wäre (§ 149 Abs 3 InsO).[30]

Darüber hinaus obliegt der Gläubigerversammlung die Entscheidung darüber, ob und in welchem Umfang **dem Schuldner und seiner Familie Unterhalt aus der Insolvenzmasse** gewährt werden soll (§ 100 Abs 1 und Abs 2 S 1 InsO) (s Kap 14 Rn 41). § 102 Abs 2 S 2 InsO nennt mit den minderjährigen unverheirateten Kindern, dem Ehegatten sowie dem früheren Ehegatten und der Mutter des nichtehelichen Kindes des Schuldners den Kreis derjenigen, den die Gläubigerversammlung grundsätzlich zu beachten hat. Es steht den Gläubigern darüber hinaus frei, den Begriff der „Familie" zu erweitern und den Unterhalt auf andere Angehörige auszudehnen.[31] Ferner hat es der Schuldner nach § 35 InsO hinzunehmen, daß auch sein neuerworbenes Vermögen in die Insolvenzmasse fließt, was eine Abkehr von den bisherigen Rechtsvorschriften bedeutet. In der Praxis wird diese Neuerung jedoch im Ergebnis oftmals keine Auswirkungen haben, da der pfändungsfreie Teil des Einkommens nach wie vor nicht der Masse zuzuordnen ist und Unterhaltspflichten die Freibeträge des Schuldners erhöhen.[32] Bis zu dieser Entscheidung der Gläubigerversammlung kann der Verwalter nach § 100 Abs 2 InsO dem Schuldner den am Maßstab der Sozialhilfesätze des §§ 11, 12 Bundessozialhilfegesetzes zu messenden notwendigen Unterhalt gewähren. **16**

Die Gläubigerversammlung kontrolliert desweiteren die Tätigkeiten des Schuldners im Fall einer Eigenverwaltung (s Kap 14 Rn 52). So kann sie einen Antrag auf **Aufhebung oder Anordnung der Eigenverwaltung** stellen (§ 271 InsO) (s Kap 14 Rn 49).[33] Liegt eine Eigenverwaltung vor, kann die Gläubigerversammlung gegenüber dem Insolvenzgericht beantragen, daß bestimmte Rechtsgeschäfte des Schuldners im Gegensatz zu den in §§ 275 und 276 InsO genannten Geschäften auch Dritten gegenüber nur wirksam sind, wenn der eingesetzte Sachwalter ihnen zustimmt (§ 277 Abs 1 InsO)(s Kap 14 Rn 52).[34] Das Gericht legt auf den Antrag hin den Kreis der Rechtsgeschäfte fest. Wegen der Wirkung auch gegenüber Dritten ist die Anordnung des Gerichts anschließend öffentlich bekannt zu machen und die Verlautbarung der Anordnung im Handelsregister, falls erforderlich sogar im Grundbuch, einzutragen (§ 277 Abs 3 InsO). Die Gläubigerversammlung kann im Eigenverwaltungsverfahren auf bes Anordnung des Gerichts von dem **Schuldner** über alle das Verfahren betreffenden Verhältnisse **Auskunft verlangen.** **17**

---

30 Begr Ausschußbericht zu § 168 RegEntw abgedruckt inBalz/Landfermann S 258.
31 Begr Ausschußbericht zu § 114 RegEntw abgedruckt in Balz/Landfermann S 188.
32 Begr Ausschußbericht zu § 144 RegEntw abgedruckt in Balz/Landfermann S 228f.
33 *Bork* Rn 403; Hess/Obermüller, Rechtsstellung, Rn 646.
34 *Bork* Rn 407; Hess/Obermüller, Rechtsstellung, Rn 648f.

18 Schließlich ist die Gläubigerversammlung wie der Insolvenzverwalter und die Massegläubiger zu hören, bevor es zu einer **Einstellung des eröffneten Insolvenzverfahrens mangels Masse** kommen kann (§ 207 Abs 2 InsO), was regelmäßig mit dem Termin zur Abnahme der Schlußrechnung des Verwalters (§ 66 InsO)(s Kap 15 Rn 47 ff)[35] verbunden wird. Die Gläubiger erhalten so die Möglichkeit, durch eine Vorschußleistung oder den Nachweis, daß noch weitere Massegegenstände vorhanden sind, die Einstellung abzuwenden.[36] Soll das Verfahren erst nach dem Prüfungstermin mangels Masse eingestellt werden, erfolgt in diesem Anhörungstermin auch die Prüfung der nachträglich angemeldeten Forderungen. So haben auch diese Gläubiger die Möglichkeit, nach der Einstellung des Insolvenzverfahrens unmittelbar aus der Tabelle heraus nach § 201 Abs 2 S 1 InsO vollstrecken zu können.[37]

II. Einberufung und Einberufungsfristen der Gläubigerversammlung

19 Dem Insolvenzgericht als Aufsichtsorgan obliegt die **Einberufung** der Gläubigerversammlung (§ 74 Abs 1 S 1 InsO). Wird die Versammlung von jemand anderen einberufen, etwa dem Verwalter, liegt keine Gläubigerversammlung iSd Insolvenzordnung vor mit der Folge, daß ihr die gesetzlich vorgesehenen Rechte nicht zustehen. Von einer derartigen Versammlung gefaßte Beschlüsse entfalten keine Wirkung.[38] Die Einberufung der Gläubigerversammlung nimmt das Insolvenzgericht entweder von Amts wegen, wie im Fall des Berichts- und Prüfungstermins oder den übrigen im Gesetz vorgesehenen Terminen vor, oder es beruft die Gläubigerversammlung auf Antrag eines Antragberechtigten ein.

1. Berichts- und Prüfungstermin

20 Die **Terminbestimmung** für den Berichts- und den Prüfungstermin richtet sich nach § 29 InsO. Das Insolvenzgericht bestimmt diese Termine bereits in dem Eröffnungsbeschluß (§ 29 Abs 1 S 1 InsO). Es wird den Berichts- und Prüfungstermin regelmäßig verbinden, um den Aufwand für alle Verfahrensbeteiligten möglichst gering zu halten und sicherzustellen, daß viele Gläubiger zu den Terminen erscheinen.

35 Vgl hierzu Kilger/K. Schmidt, § 86 KO Anm 1) ff; Kuhn/Uhlenbruck, KO § 86 Rn 1 ff.
36 Kuhn/Uhlenbruck, KO § 204 Rn 6.
37 Jaeger/Weber § 204 KO Rn 4.
38 Kuhn/Uhlenbruck, KO § 94 Rn 4.

a) Berichtstermin

Der Berichtstermin, die erste Gläubigerversammlung (§ 156 InsO), soll innerhalb von sechs Wochen nach Eröffnung des Insolvenzverfahrens terminiert werden. Das Gericht darf zudem die dreimonatige Frist nach Eröffnung des Insolvenzverfahrens nicht überschreiten (§ 29 Abs 1 Ziff 1 InsO), denn der Schwebezustand, der vom Zeitpunkt der Eröffnung bis zu der Entscheidung der Gläubiger über die Stillegung oder Fortsetzung des Unternehmens oder die Aufstellung eines Insolvenzplans besteht, ist nur für eine begrenzte Zeit hinnehmbar.[39] 21

b) Prüfungstermin

Die Einberufung zu dem Prüfungstermin, in dem die Gläubigerversammlung über den Grund, den Rang und den Betrag der angemeldeten Forderungen entscheidet, richtet sich nach dem Ablauf der im Eröffnungsbeschluß genannten Anmeldefrist (s Kap 2 Rn 116).[40] Zwischen dem Ablauf der Anmeldefrist und dem Prüfungstermin soll mindestens eine Woche liegen, höchstens darf der Zeitraum zwei Monaten betragen. Da die Anmeldefrist wiederum mindestens zwei Wochen und höchstens drei Monate vom Zeitpunkt der Eröffnung des Verfahrens an beträgt (§ 28 Abs 1 S 2 InsO), erfolgt der Prüfungstermin in einem Zeitraum von mindestens drei Wochen und maximal fünf Monaten nach Eröffnung des Verfahrens. 22

2. Weitere Gläubigerversammlungen

a) Einberufung von Amts wegen und gesetzliche Terminsvorgaben

Auch in den übrigen gesetzlich geregelten Fällen, dh dem Erörterungs- und Abstimmungstermin über den Insolvenzplan sowie dem Schlußtermin, ist eine Einberufung von Amts wegen vorgesehen. Der **Erörterungs- und Abstimmungstermin** (s Kap 13 Rn 67 ff)[41] über den Insolvenzplan darf nicht vor dem Prüfungstermin stattfinden, da erst im Anschluß daran die Forderungen und damit die Stimmrechte ermittelt sind, auf denen eine Abstimmung über den Insolvenzplan aufbauen kann.[42] Das Gericht kann den Erörterungs- und Abstimmungstermin jedoch zur Straffung des Insolvenzverfahrens mit dem Prüfungstermin verbinden (§ 236 InsO). Jedenfalls soll der Erörterungs- und Abstimmungstermin nach Möglichkeit nicht über einen Monat hinaus angesetzt werden (§ 235 Abs 1 S 2 InsO), wobei das Gesetz offen läßt, von welchem Zeitpunkt an die Fristberechnung erfolgt. Maßgeblich wird hier die nach Ein- 23

39 Vgl Begr zu § 35 RegEntw abgedruckt in Balz/Landfermann S 109.
40 Hess/Obermüller, Rechtsstellung, Rn 433 ff.
41 *Schiessler* S 141 ff; Smid/Rattunde, Rn 219 ff; Hess/Obermüller, Insolvenzplan, Restschuldbefreiung und Verbraucherinsolvenz, Rn 121 ff.
42 Begr zu § 280 RegEntwInsO abgedruckt in Balz/Landfermann S 352.

gang des Plans bei Gericht erfolgende Auslegung zur Einsichtnahme durch die Gläubiger und den Schuldner sein. Fallen Erörterungs- und Abstimmungstermin ausnahmsweise nicht zusammen, sondern bestimmt das Insolvenzgericht nach § 241 InsO einen **gesonderten Abstimmungstermin**, muß der gesonderte Abstimmungstermin innerhalb eines Monats nach der Erörterung des Insolvenzplans erfolgen (§ 241 Abs 1 S 2 InsO). Andernfalls ließen sich die Ergebnisse der Erörterungen nicht mehr nachvollziehen und für die Abstimmung nutzbar machen.

24 Bei der Einberufung zum **Schlußtermin** sieht § 197 Abs 2 InsO vor, daß zwischen öffentlicher Bekanntmachung und dem Termin eine Frist von mindestens drei Wochen und höchstens einem Monat liegen soll. In der Zwischenzeit haben die Gläubiger und der Schuldner die Gelegenheit, die Schlußrechung sowie den Schlußbericht des Verwalters durch Einsichtnahme bei Gericht zu überprüfen (s Kap 15 Rn 24).

25 Das Gesetz fordert in einigen weiteren Fällen, etwa bei der Einstellung mangels Masse (§ 207 InsO)(s Kap 15 Rn 47),[43] eine Beteiligung der Gläubigerversammlung. Eine Einberufung erfolgt mithin auch hier von Amts wegen. Hält das Insolvenzgericht neben diesen Terminen eine Gläubigerversammlung für **sachdienlich**, zB weil es nach pflichtgemäßer Prüfung zu der Überzeugung gelangt ist, daß dem Verwalter die nötige Unabhängigkeit gegenüber einzelnen Gläubigern, insbes von Großbanken, fehlt,[44] oder daß der eingesetzte Verwalter nicht in der Lage ist, sein Amt ordnungsgemäß auszuüben,[45] kann es ohne weiteres eine zusätzliche Versammlung einberufen. Oftmals wird es dabei den Anregungen einzelner Gläubiger folgen. Das Gesetz nennt für derartige Gläubigerversammlungen, die von Amts wegen zu bestimmen sind, keine Einberufungsfristen. Um die zügige Abwicklung des Insolvenzverfahrens zu gewährleisten, hat die Versammlung in diesen Fällen entspr den §§ 241 Abs 1 S 2 und 197 Abs 2 InsO innerhalb eines Monats nach der Einberufung zu erfolgen.

b) Einberufung auf Antrag und gesetzliche Terminsvorgaben

26 Neben den von Amts wegen einzuberufenden Versammlungen sollen die Gläubiger die Möglichkeit erhalten, kurzfristig auf den Ablauf des Verfahrens, die Art und Weise der Verteilung der Masse und der Befriedigung ihrer Forderungen sowie in engen Grenzen auf die Tätigkeit des Verwalters Einfluß zu nehmen. Umgekehrt kann auch der Verwalter ein Interesse an einer Gläubigerversammlung haben, insbes zu dem Zweck, sich zur Freigabe unverwertbarer Gegenstände zu äußern. Hierfür sieht § 75 InsO die Einberufung weiterer Gläubigerversammlungen vor. Voraussetzung ist ein entspr Antrag eines Antragsberechtigten.

---

43 *Bork* Rn 306.
44 *Smid* § 15 GesO Rn 9.
45 Haarmeyer/Wutzke/Förster, GesO, § 15 Rn 2 c.

aa) Antragsberechtigung

Mit dem Ziel, das Insolvenzverfahren soweit wie möglich zu straffen, wäre es unvereinbar, wenn jeder Gläubiger jederzeit die Einberufung weiterer Gläubigerversammlungen begehren könnte. Daher nennt § 75 Abs 1 InsO **bes Kriterien für eine Antragsberechtigung.** 27

Antragsberechtigt sind danach lediglich: 28

- der Insolvenzverwalter,
- der Gläubigerausschuß,
- mindestens fünf absonderungsberechtigte Gläubiger (s Kap 8 Rn 33)[46] oder nicht nachrangige Insolvenzgläubiger (s Kap 8 Rn 108),[47] deren Absonderungsrechte und Forderungen nach der Schätzung des Insolvenzgerichts zusammen ein Fünftel der Summe erreichen, die sich aus dem Wert aller Absonderungsrechte und den Forderungsbeträgen aller nicht nachrangigen Insolvenzgläubiger ergibt,
- ein oder mehrere absonderungsberechtigte Gläubiger oder nicht nachrangige Insolvenzgläubiger, deren Absonderungsrechte und Forderungen nach der Schätzung des Gerichts zwei Fünftel der Summe erreichen, die sich aus dem Wert aller Absonderungsrechte und den Forderungsbeträgen aller nicht nachrangigen Insolvenzgläubiger ergibt.

In Abkehr von § 93 KO können nunmehr grundsätzlich auch **absonderungsberechtigte Gläubiger**, dh Gläubiger, denen ein Anspruch auf vorzugsweise Befriedigung aus einem bestimmten Massegegenstand zukommt (§§ 49 bis 51 InsO)(s Kap 8 Rn 33, 61), die Einberufung verlangen. Dies geht damit einher, daß den Absonderungsberechtigten nach der Insolvenzordnung ein volles Beteiligungsrecht zukommt.[48] So wird kompensiert, daß nach § 165 Abs 1 InsO nunmehr der Insolvenzverwalter und nicht mehr der Absonderungsberechtigte das Recht hat, das mit Absonderungsrechten belastete massezugehörige Fahrnis zu verwerten, wenn er die Sache im Besitz hat (s Kap 8 Rn 65 ff). Die Absonderungsberechtigten sind nach der Insolvenzordnung zwar weiterhin keine Insolvenzgläubiger; ihnen kommt jedoch in vielen Bereichen eine gläubigerähnliche Stellung zu. So können sie an der Gläubigerversammlung teilnehmen (§ 74 Abs 1 InsO) und verfügen dort über ein Stimmrecht (§ 76 Abs 1 InsO). 29

Die Gläubiger sind nach den Neuerungen der Insolvenzordnung ferner auch **einzeln antragsbefugt** und nicht mehr nur zusammen mit mindestens vier weiteren Gläubigern,[49] stets vorausgesetzt, ihre Absonderungsrechte und Forderungen erreichen zwei Fünftel der Forderungen aller nicht nachrangigen In- 30

---

46 Hess/Obermüller, Rechtstellung, Rn 1213 ff.
47 Hess/Obermüller, Rechtstellung, Rn 1267 ff.
48 Hess/Pape, InsO und EGInsO, Rn 74.
49 So noch § 93 Abs 1 S 2 KO.

solvenzgläubiger (§ 75 Abs 1 Ziff 4 InsO). Damit beabsichtigt der Gesetzgeber eine Stärkung der Gläubigerautonomie im Insolvenzverfahren.[50]

31 Die Antragsteller haben ihre Antragsbefugnis dem Gericht gegenüber mit Antragstellung **darzulegen**. Anschließend schätzt das Gericht, ob der Wert der Absonderungsrechte und Forderungen der Antragsteller den Anforderungen des § 75 Abs 1 Ziff 3 und 4 InsO, dh mindestens 20 % oder 40 % der Schuldenmasse entspricht. Richtschnur für die Schätzung ist das Ergebnis aus der ordnungsgemäßen und fristgerechten Anmeldung der Forderungen und Rechte. Das Insolvenzgericht muß für die Ermittlung über die Antragsbefugnis folglich auf die Tabelle zurückgreifen, die der Verwalter führt. Unterläßt das Gericht ein Rücksprache mit dem Verwalter, setzt es sich dem Risiko der Amtshaftung aus.

bb) Einberufungsfrist

32 Der Zeitraum zwischen dem Eingang des Antrages auf Einberufung der Gläubigerversammlung beim Insolvenzgericht und der Gläubigerversammlung soll nach § 75 Abs 2 InsO **höchstens zwei Wochen** betragen.

33 Ob sich der enge zeitliche Rahmen von zwei Wochen in der Praxis einhalten läßt, ist auf **Zweifel** gestoßen. Statt dessen wird angeregt, die Frist de lege ferenda auf drei Wochen zu verlängern.[51] Hintergrund für diese Forderung ist, daß das Gericht bei Anträgen von Gläubigern nach § 75 Abs 1 Nr 3 und 4 InsO zur Ermittlung der Antragsberechtigung erst mit dem Verwalter Rücksprache über die fristgerechte und ordnungsgemäße Anmeldung der Forderung des antragstellenden Gläubigers halten muß, bevor es eine Schätzung über den Wert der Absonderungsrechte oder Forderungen vornehmen kann, was wiederum Voraussetzung für die Feststellung der Antragsberechtigung ist. Zudem hat das Gericht die Ladungsfrist von drei Tagen entspr § 217 ZPO zu beachten. Gleichzeitig kann das Gericht nur begrenzt die erforderliche Veröffentlichung der Versammlung planen und hierauf Einfluß nehmen.[52] In der Praxis wird es dem Gericht jedoch möglich sein, diese auf den ersten Blick sehr kurz erscheinende Frist einzuhalten, da ihm im Anschluß an den Prüfungstermin eine Liste über die Prüfungsergebnisse vorliegt, an der es die Zulässigkeit des Einberufungsantrages messen kann. Im Ergebnis ist die kurze Frist daher hinnehmbar. Sie gewährleistet, daß die antragsberechtigten Gläubiger sehr kurzfristig zB einen anderen Insolvenzverwalter oder andere Mitglieder des Gläubigerausschusses bestimmen können. Dies unterstreicht den vom Gesetzgeber intendierten erweiterten Einfluß der Gläubiger auf das Insolvenzverfahren.

---

50 Vgl Begr zu § 86 RegEntw abgedruckt in Balz/Landfermann S 155.
51 Vgl Haarmeyer/Wutzke/Förster, Kap 6 Rn 52.
52 Darauf weisen Haarmeyer/Wutzke/Förster, Kap 6 Rn 52 hin.

cc) Rechtsmittel

Liegt dem Gericht ein zulässiger Antrag vor, kommt ihm **kein Ermessensspielraum** in der Frage mehr zu, ob es die Versammlung einberufen soll oder nicht.[53] Lehnt das Gericht den Antrag auf Einberufung ab, steht den Antragstellern das **Rechtsmittel der sofortigen Beschwerde** (§ 75 Abs 3, 6 Abs 1 InsO) zu (s Kap 2 Rn 125). 34

Im umgekehrten Fall findet anders als nach § 73 Abs 3 KO gegen die Entscheidung des Gerichts mangels ausdrücklicher gesetzlicher Erwähnung **keine Beschwerde** statt (§ 6 Abs 1 InsO). Weder die Gläubiger noch der Insolvenzverwalter oder der Gläubigerausschuß können mithin gegen die Einberufung einer Gläubigerversammlung, die auf einen Antrag hin erfolgt, vorgehen. 35

3. Bekanntmachung und Ladung

a) Bekanntmachung

Damit die Gläubiger von den jeweiligen Gläubigerversammlungen Kenntnis erlangen, hat das Gericht diese bes bekanntzumachen. Die Bekanntmachung der Gläubigerversammlungen regelt die Insolvenzordnung getrennt danach, ob eine Einberufung von Amts wegen erfolgt, wie im Fall des Berichts- und Prüfungstermin, des Erörterungs- und Abstimmungstermins und des Schlußtermins, oder ob der Einberufung ein Antrag vorausging. 36

aa) Berichts- und Prüfungstermin

Das Insolvenzgericht legt Zeit und Ort sowohl des Berichts- als auch des Prüfungstermins bereits mit der Eröffnung des Insolvenzverfahrens fest und führt die Daten im Eröffnungsbeschluß auf (§ 29 Abs 1 InsO). Die Bekanntmachung richtet sich somit wie beim Eröffnungsbeschluß nach § 30 InsO. Danach ist der Eröffnungsbeschluß im Bundesanzeiger zu veröffentlichen und iSv § 9 Abs 1 InsO **öffentlich bekanntzumachen**, dh in dem für amtliche Bekanntmachungen des Insolvenzgerichts bestimmten (Amts-)Blatt zu verlautbaren. Den einzelnen Landesjustizverwaltungen obliegt die Entscheidung darüber, welches Blatt als Amtsblatt maßgeblich ist. Regelmäßig können die Gerichte entspr § 11 HGB zu Beginn des Geschäftsjahres festlegen, welche Blätter für die Veröffentlichung in Betracht kommen.[54] Daneben kann das Gericht weitere Veröffentlichungen vorsehen (§ 9 Abs 2 InsO). Eine weitere Veröffentlichung erfolgt stets in einer **Tageszeitung.** Um sicherzustellen, daß ein unbegrenzter Personenkreis an Betroffenen von der Eröffnung des Verfahrens und der Einberufung der Gläubigerversammlung Kenntnis erlangen kann, ist in Einzelfällen auch die Veröffentlichung in einer überregionalen Wirtschaftszeitung – dies jedoch nur 37

53 Haarmeyer/Wutzke/Förster, Kap 6 Rn 52.
54 Vgl Kuhn/Uhlenbruck, KO § 76 Rn 2.

nach Abwägung der dadurch entstehenden weiteren Kosten – angezeigt.[55] Über die weiteren Veröffentlichungen entscheidet das Gericht durch Beschluß, gegen den kein Rechtsmittel zulässig ist. Der Beschluß wird zu der Gerichtsakte genommen, ebenso wie die jeweiligen Belegblätter der Veröffentlichungen.[56] Stets sollte das Gericht die Auswahl der gewählten Publikationen an der Gerichtstafel aushängen, um Interessierten die Recherche, wo überall eine Veröffentlichung stattgefunden hat, zu erleichtern.

38 Der Eröffnungs- und damit der Einberufungsbeschluß zum Berichtstermin ist gem § 30 Abs 2 InsO zusätzlich den Gläubigern und Schuldnern sowie dem Schuldner selbst bes zuzustellen. Hierbei besteht keine Verpflichtung des Gerichts, die Anschriften der Gläubiger zu ermitteln,[57] auch wenn dies im Gesetz letztlich nicht explizit zum Ausdruck kommt. So war in § 36 Abs 2 RegEntw-InsO noch vorgesehen, daß eine bes Zustellung nur an diejenigen Gläubiger erfolgen sollte, „deren Anschrift dem Gericht bekannt" ist. Diese Ergänzung hat in der Insolvenzordnung keine Berücksichtigung mehr gefunden, da dieser Zusatz mit Blick auf § 8 Abs 1 InsO verzichtbar sein sollte. So bestimmt § 8 Abs 1 InsO, daß zumindest an diejenigen keine Zustellung erfolgt, deren Aufenthalt unbekannt ist.

39 Das Insolvenzgericht muß die Zustellung des Eröffnungs- und Einberufungsbeschlusses an die bekannten Gläubiger nicht zwingend selbst vornehmen. Vielmehr ist es nach § 8 Abs 3 InsO berechtigt, nach pflichtgemäßem Ermessen den Insolvenzverwalter mit der Durchführung der Zustellung zu beauftragen. Damit greift der Gesetzgeber die Erfahrungen mit § 6 Abs 3 GesO auf, wonach der Verwalter – wenn auch im Gegensatz zu § 8 Abs 3 InsO ohne vorherige Delegation durch das Insolvenzgericht – denjenigen den Eröffungsbeschluß zu übermitteln hatte, von denen bis zum Ablauf der Anmeldefrist bekannt wird, daß ihnen Forderungen oder sonstige Rechte gegen den Schuldner zustehen oder daß sie dem Schuldner zu einer Leistung verpflichtet sind. Nach den Vorstellungen des Gesetzgebers ist dies insbes in Großverfahren angezeigt, was jedoch für den Verwalter wiederum regelmäßig einen erheblichen Verwaltungs- und Kostenaufwand bedeutet,[58] den dieser als die Vergütung erhöhenden Mehrbelastungsfaktor geltend machen kann.[59]

40 Die Pflicht zur öffentlichen Bekanntmachung gilt auch für den **bes Prüfungstermin**, den das Insolvenzgericht zur Feststellung von nachträglich angemeldeten Forderungen gem § 177 Abs 1 und 2 InsO (s Kap 8 Rn 128) alternativ zu einer Prüfung im schriftlichen Verfahren anordnen kann (§ 177 Abs 3 S 1 InsO). Zur Klarstellung ergänzt § 177 Abs 3 S 2 InsO, daß zu diesem Termin

55 Vgl Begr Ausschußbericht zu § 36 RegEntw abgedruckt in Balz/Landfermann S 111 f.
56 Haarmeyer/Wutzke/Förster, Kap 2 Rn 83.
57 Vgl zur GesO LG Halle ZIP 1995, 1757 (1758).
58 *Smid* § 6 GesO Rn 39.
59 Vgl Haarmeyer/Wutzke/Förster,Kap 2 Rn 80.

sowohl die Insolvenzgläubiger, die eine Forderung angemeldet haben, als auch der Verwalter und der Schuldner bes zu laden sind.

Besonderheiten sind auch bei der Bekanntmachung und Ladung zu einem **Schlußtermin** (§ 197 InsO) zu beachten. Bereits vor dem Termin müssen die Gläubiger ein Bild von dem Verteilungsvorschlag erhalten können. Daher sollte das Gericht neben der Tagesordnung auch die Summe der Forderungen und den Massebestand angeben. Ferner hat das Gericht den Verwalter zum Schlußtermin bes zu laden, da in seiner Abwesenheit kein Schlußtermin stattfinden kann (s Kap 15 Rn 22ff). **41**

bb) Weitere Gläubigerversammlungen

Nach § 74 Abs 2 InsO sind auch die weiteren Gläubigerversammlungen mit **Zeit, Ort und Tagesordnung öffentlich bekanntzumachen**. So ist der einzelne Teilnahmeberechtigte anhand der Tagesordnung in der Lage zu entscheiden, inwieweit eine Teilnahme an der Gläubigerversammlung für ihn von Interesse ist. Anders als bei dem Prüfungs- und Berichtstermin entfällt im Falle einer auf Antrag einberufenen Gläubigerversammlung mangels ausdrücklicher gesetzlicher Erwähnung die Verpflichtung für das Gericht, die Einberufung zusätzlich den bekannten Gläubigern und Schuldnern des Schuldners sowie dem Schuldner bes zuzustellen. Dennoch sollte das Gericht sicherstellen, daß sämtliche Teinahmeberechtigten von der Gläubigerversammlung Kenntnis erlangen. Andernfalls droht es, daß der Antragsteller die Zusammensetzung und schließlich das Abstimmungsverhalten der Versammlung dadurch steuert, daß er nur die seine Interessen teilenden Gläubiger bes informiert. **42**

Nach § 74 Abs 2 S 2 InsO kann eine öffentliche Bekanntmachung ausnahmsweise unterbleiben, wenn das Gericht in einer Gläubigerversammlung die **Verhandlung vertagt**. In diesem Fall besteht kein Bedürfnis einer neuerlichen Bekanntmachung, da die Gläubigerversammlung weiterhin ausschließlich zu den Punkten erörtern und beschließen darf, die Bestandteil der bereits bekanntgemachten Tagesordnung waren. **43**

Eine Sonderregelung trifft das Gesetz für die Bekanntmachung des **Erörterungs- und Abstimmungstermins**, in dem die Gläubiger über die Frage der Konsensfähigkeit eines Insolvenzplans entscheiden (s Kap13 Rn 60ff). Hier hat das Gericht sicherzustellen, daß sich alle Beteiligten vorab ausreichend auf die Gläubigerversammlung und die Erörterung des Insolvenzplanes vorbereiten können (s Kap 13 Rn 63) und keine „Überrumpelung“[60] der Gläubiger erfolgt. So hat das Insolvenzgericht mit der öffentlichen Bekanntmachung (§ 235 Abs 2 S 2 InsO) darauf hinzuweisen, daß der Insolvenzplan und die eingegangenen Stellungnahmen in der Geschäftsstelle des Gerichts eingesehen werden können (§ 235 Abs 2 S 2 InsO). Diejenigen Insolvenzgläubiger, die Forderungen angemeldet haben, sind ebenso wie die absonderungsberechtigten Gläubiger, der **44**

---

60 Smid/Rattunde Rn 198.

Verwalter, der Schuldner, der Betriebsrat und der Sprecherausschuß der leitenden Angestellten bes zu laden (§ 235 Abs 3 S 1 InsO). Das Gericht hat der Ladung einen Abdruck des Plans oder eine Zusammenfassung seines wesentlichen Inhalts beizufügen (§ 235 Abs 3 S 2 InsO).

b) Ladungsfrist

45 Die Insolvenzordnung trifft über die generell einzuhaltende Frist, die zwischen der Zustellung der Ladung und dem Terminstag liegen soll (Ladungsfrist), keine Aussage. Insoweit ist über § 4 InsO auf § 217 ZPO zurückzugreifen. Die Ladungsfrist beträgt danach **drei Tage**, andernfalls können die Beteiligten eine Terminverlegung verlangen.[61] Die Frist beginnt nach § 9 Abs 1 S 3 InsO zwei Tage nach Einrücken in das Amtsblatt. Auf den Zeitpunkt der (zusätzlichen) Veröffentlichung in einer Zeitung kommt es mithin nicht an. Rechnet man die dreitägige Ladungsfrist und deren Beginn (zwei Tage nach Einrücken in das Amtsblatt) und den Tag der Bekanntmachung zusammen, muß das Insolvenzgericht die Ladung zumindest sechs Tage vor der Gläubigerversammlung bekanntmachen.

46 Dies bedeutet für Gläubigerversammlungen, die auf Antrag einberufen werden (§ 75 InsO), auf der einen Seite einen erheblichen Zeitdruck für die Gerichte. Auf der anderen Seite gewährt dies jedoch einen zügigen Ablauf des Verfahrens. So soll nach § 75 Abs 2 InsO der Zeitraum zwischen dem Eingang des Antrags und dem Termin der Gläubigerversammlung höchstens zwei Wochen betragen. Dem Insolvenzgericht bleibt mithin nahezu nur eine Woche Zeit, um infolge eines Antrags auf Einberufung nach § 75 Abs 1 InsO die Antragsberechtigung zu prüfen, evtl Rücksprache mit dem Verwalter zu halten sowie anschließend die Ladung und öffentliche Bekanntmachung zu verfügen.[62]

4. Versammlungsort

47 Über den Ort der Gläubigerversammlung trifft die Insolvenzordnung keine Regelung. § 76 Abs 1 InsO sieht jedoch die Leitung durch das Insolvenzgericht vor. Insoweit ist gem §§ 4 InsO, 219 Abs 1 ZPO die Gläubigerversammlung grundsätzlich **bei dem zuständigen Insolvenzgericht** durchzuführen, es sei denn, infolge der Anzahl der zu erwartenden Teilnehmer (zB bei Bank- oder Genossenschaftsinsolvenzen) steht kein geeigneter Raum zur Verfügung.[63] Der Aufwand des Gerichts für die Anmietung, Beheizung oder Beleuchtung fremder Räume zählt dann zu den Massekosten.[64]

---

61 Kuhn/Uhlenbruck, KO § 93 Rn 3.
62 Zur Kritik Haarmeyer/Wutzke/Förster, Kap 6 Rn 52.
63 Jaeger/*Weber* § 94 KO Anm 5.
64 Jaeger/*Weber* § 94 KO Anm 5.

5. Tagesordnung

Oftmals wird ein Gläubiger erst aufgrund der Tagesordnung entscheiden, ob er an der einzelnen Gläubigerversammlung teilnehmen soll oder nicht. Im Vorfeld der Gläubigerversammlung hat das Insolvenzgericht eine Tagesordnung auszuarbeiten. Sie liefert den Gläubigern einen Überblick über die anstehenden Fragen in der Versammlung. Daher hat das Insolvenzgericht die Tagesordnung **ihrem wesentlichem Inhalt nach bekanntzumachen** (§ 74 Abs 2 S 1 InsO).[65] **48**

49 Eine Entscheidung der Gläubigerversammlung, die als Tagesordnungspunkt nicht ausreichend öffentlich bekannt gemacht worden ist, darf das Insolvenzgericht in der Versammlung nicht zulassen. Unterbleibt eine ordnungsgemäße Ankündigung in der Tagesordnung und beantragt ein Gläubiger in der Versammlung anschließend eine Beschlußfassung über eine derartige Angelegenheit, hat das Gericht der Aufnahme dieser Sachenentscheidung in die Tagesordnung zu widersprechen. Ein dennoch getroffener Beschluß ist nichtig (s Kap Rn).[66] Das Insolvenzgericht hat folglich bei der Erstellung der Tagesordnung bes Vorsicht walten zu lassen. Allgem Andeutungen wie „Verwertung der Masse" oder „Genehmigung von Anträgen des Verwalters" reichen regelmäßig nicht aus.[67] Auch diejenigen Gegenstände, die bereits nach den Vorschriften der Insolvenzordnung auf die Tagesordnung zu der jeweiligen Gläubigerversammlung gehören, wie etwa die Beschlußfassung über die Bestellung eines Gläubigerausschusses in der ersten Gläubigerversammlung nach § 68 Abs 1 InsO oder die Bestätigung des Verwalters nach § 57 Abs 1 InsO, sind nicht nur allgem zu benennen.[68] Soll in der Gläubigerversammlung etwa ein Beschluß gefaßt werden, wonach der Verwalter einzelne bes bedeutsame Rechtshandlungen entgegen der gesetzlichen Regelung des § 160 Abs 1 InsO auch ohne Zustimmung der Gläubigerversammlung treffen soll, so sind die jeweiligen Punkte möglichst in einem Katalog bereits in der Tagesordnung aufzuführen.

III. Leitung der Gläubigerversammlung

Die Leitung der Gläubigerversammlung obliegt dem **Insolvenzgericht** (§§ 76 Abs 1, 4 InsO, 136 bis 144, 156 ZPO). Regelmäßig überträgt der zuständige Richter diese Aufgabe einem Rechtspfleger. Er kann die Leitung aber nachfolgend jederzeit wieder an sich ziehen, § 18 Abs 2 RPflG. **50**

---

65 Vgl dazu LG Freiburg, ZIP 1983, 1098 mit abl Anm *Kübler*, Rpfleger 1983, 493 mit zust Anm *Uhlenbruck*.

66 Kuhn/Uhlenbruck, KO § 98 Rn 2; Jaeger/*Weber* § 98 KO Rn 1; Kilger/K. Schmidt, § 98 Rn 1; dagegen ziehen Haarmeyer/Wutzke/Förster, Kap 6 Rn 93 bei nicht bestimmt genug angekündigten Tagesordnungspunkten die Aufhebung durch das Gericht nach § 78 InsO in Betracht.

67 *Kübler* ZIP 1983, 1100; Jaeger/*Weber* § 98 KO Rn 1.

68 Zum Ganzen Kuhn/Uhlenbruck, KO § 98 Rn 1.

51 Das Insolvenzgericht hat dafür Sorge zu tragen, daß sämtliche Teilnahmeberechtigten auch partizipieren können. Eine Ausweiskontrolle ist den Betroffenen frühzeitig, dh zusammen mit der Bekanntmachung der Gläubigversammlung, anzuzeigen, da andernfalls der Ausschluß zahlreicher Teilnahmeberechtigten droht, die auf die Vorlage eines Nachweises nicht vorbereitet sind.

52 Der Richter bzw der Rechtspfleger nehmen ferner die Aufgabe der **Sitzungspolizei** wahr (§ 176 GVG) und treffen diejenigen Maßnahmen, die zu einem ordnungsgemäßen Ablauf der Gläubigerversammlung und zur Aufrechterhaltung der Ordnung erforderlich sind (§§ 177f GVG). Dies umfaßt die Befugnis, Verwarnungen auszusprechen, einzelnen Teilnehmern das Wort zu entziehen und bestimmte Plätze anzuweisen. Notfalls kann das Gericht sogar einen Störer des Saales verweisen.[69] Dagegen ermächtigt das Leitungsrecht den Insolvenzrichter grundsätzlich **nicht zu einem sachlichen Eingreifen**.

53 Gegen derartige Maßnahmen des Insolvenzgerichts in seiner Funktion als Sitzungspolizei steht dem Betroffenen die **Beschwerde** gem § 181 GVG offen. Der Beschwerde kommt keine aufschiebende Wirkung zu (§ 181 Abs 2 InsO), so daß die Maßnahme zunächst hinzunehmen ist.

54 Eine wesentliche Aufgabe des Insolvenzgerichts besteht darin, die gefaßten Beschlüsse – zumeist über den hinzugezogenen Urkundsbeamten – **zu Protokoll zu nehmen**. Hierbei finden die §§ 159ff ZPO über die Protokollierung mündlicher Verhandlungen im Zivilprozeß entspr Anwendung. Aus dem Protokoll sollten sich zunächst die Namen der Anwesenden ergeben, wobei auf die Stimmliste, dh die Zusammenfassung des Ergebnisses der Stimmrechtsfestlegung,[70] Bezug genommen werden kann, die daher regelmäßig dem Protokoll als Anlage beigefügt wird. Ferner sind der Gang der Gläubigerversammlung in Form eines Inhaltsprotokolls sowie die Ergebnisse der gefaßten Beschlüsse darzustellen.[71] Das Gericht wird die Protokolle statt individuell vorwiegend formularmäßig verfassen, um sicherzustellen, daß es keine notwendig zu behandelnden Fragen übersieht.[72]

55 Nach Fertigung läßt das Gericht das Protokoll dem Verwalter, dem Schuldner und – soweit vorhanden – dem Gläubigerausschuß zukommen. Hierfür genügt mangels gesetzlicher Regelung eine Übermittlung mit einfachem Brief. Eine Versendung des Protokolls an sämtliche an der Versammlung teilnehmenden Gläubiger kann von dem Gericht mit Blick auf den Verwaltungs- und Kostenaufwand nicht verlangt werden. Um die Beweiskraft des Protokolls nach § 165 ZPO sicherzustellen und so einen Streit über die zentralen Entscheidungen während der Gläubigerversammlung von vornherein entgegenzuwirken,[73]

---

69 Jaeger/*Weber* § 94 KO Anm 1.
70 Vgl hierzu Haarmeyer/Wutzke/Förster, Kap 6 Rn 78; *Smid* § 15 GesO Rn 55.
71 *Smid* § 15 GesO Rn 56.
72 Haarmeyer/Wutzke/Förster, Kap 6 Rn 57; *Smid* § 15 GesO Rn 56.
73 Haarmeyer/Wutzke/Förster, Kap 6 Rn 59.

reicht es aus, daß das Gericht das Protokoll zur Einsichtnahme der Gläubiger bereithält. Es ist mithin Sache des einzelnen Gläubigers, sich Kenntnis von dem Protokoll zu verschaffen. Beruft sich ein Beteiligter im weiteren Verlauf des Insolvenzverfahrens auf die Unrichtigkeit des Protokolls, trifft ihn die Beweislast für die Voraussetzungen einer Protokollberichtigung nach § 164 ZPO oder einer nachträglichen Verfälschung nach § 165 S 2 ZPO.[74]

IV. Teilnahmeberechtigung an der Gläubigerversammlung

1. Teilnahmerecht Betroffener

Bevor sich ein Betroffener auf den Weg zur Gläubigerversammlung macht, sollte er prüfen, ob er teilnahmeberechtigt ist, und die notwendigen Unterlagen zum Nachweis bereithalten. Die Insolvenzordnung trifft keine Aussage über die Öffentlichkeit der Gläubigerversammlungen. Zu berücksichtigen ist, daß bei einem Insolvenzverfahren oftmals nicht nur die Vermögensverhältnisse des Schuldners, sondern auch anderer Beteiligter zur Sprache kommen. Auch ohne ausdrückliche Regelung ist wegen der Nähe zu den „Verhandlungen" in Familien- und Vollstreckungsverfahren davon auszugehen, daß die Gläubigerversammlung nicht öffentlich, sondern lediglich **„parteiöffentlich"**[75] ist. **56**

Teilnahmeberechtigt sind danach ausschließlich der **Verwalter, der Schuldner, die Insolvenzgläubiger** – und seien sie auch nur nachrangige Gläubiger – **die Mitglieder des Gläubigerausschusses** und **in der Insolvenz einer Genossenschaft auch die Genossen**. Da nach § 75 Abs 1 Ziff 3 und 4 InsO anders als nach den bisherigen Insolvenzvorschriften auch die **absonderungsberechtigten Gläubiger** einen Antrag auf Einberufung der Versammlung stellen können, sind auch sie nunmehr teilnahmeberechtigt. Ferner sind auch **Beistände** von Insolvenzgläubigern, dh Personen, die zur Unterstützung eines Beteiligten neben diesem in der Versammlung auftreten,[76] zugelassen. Dies ergibt sich daraus, daß die Aussprache in der Gläubigerversammlung nicht den Zweck verfolgt, dem Gericht Hinweise dafür zu geben, wie es seine Entscheidungen zu treffen hat. § 157 ZPO, der zum Schutz der Rechtspflege nur Rechtsanwälte als Bevollmächtigte einer Partei in der mündlichen Verhandlung vorsieht, findet mithin keine Anwendung.[77] **57**

Wer an der Gläubigerversammlung teilnehmen will, sollte darauf vorbereitet sein, daß nach dem Grundsatz der Parteiöffentlichkeit das Insolvenzgericht alle **58**

---

74 Vgl weiterführend Baumbach/Lauterbach/Albers/*Hartmann* § 165 ZPO Rn 11; MünchKomm-*Peters* § 165 ZPO Rn 9ff; Zöller/*Stöber* § 165 ZPO Rn 3 und 5.

75 Haarmeyer/Wutzke/Förster, Kap 6 Rn 58.

76 Vgl Zöller/*Vollkommer* § 90 ZPO Rn 1; Baumbach/Lauterbach/Albers/*Hartmann* § 90 ZPO Rn 2.

77 So auch Jaeger/*Weber* § 72 KO Rn 2; Kuhn/Uhlenbruck, KO § 94 Rn 1.

Anwesenden zur Vorlage von Ausweispapieren auffordern kann, sofern sie dem Gericht nicht persönlich bekannt sind. Wer den Nachweis der Teilnahmeberechtigung nicht führen kann, den schließt das Gericht durch Beschluß von der Gläubigerversammlung aus.[78] Gegen diesen Beschluß ist kein Rechtmittel eröffnet, da eine gesetzliche Regelung, die § 6 Abs 1 InsO für die Zulässigkeit einer Beschwerde voraussetzt, fehlt.

59 Tritt ein Vertreter auf, hat dieser auf Nachfrage zudem seine Vollmacht vorzuzeigen. Für Prokuristen und Organe einer Gesellschaft oder eines Handelsunternehmens empfiehlt es sich, neben den Ausweispapieren einen aktuellen **beglaubigten Auszug aus dem Handelsregister** bei sich zu führen. Rechtsanwälte sollten eine **schriftliche Vollmacht** bei der Hand haben, auch wenn eine Überprüfung ihrer Vollmacht nicht von Amts wegen, sondern nur auf Antrag erfolgt (§§ 4 InsO, 88 Abs 2 ZPO) und sie im Bestreitensfall nachgereicht werden kann.[79]

2. Zulassung anderer Personen

60 Das Gericht kann nach Maßgabe des § 175 Abs 2 S 1 GVG anderen als den eingangs genannten Personen wie **Pressevertretern oder Rechtsreferendaren** die Teilnahme an der Gläubigerversammlung gestatten.[80] Das Gericht sollte von dieser Möglichkeit jedoch nur vorsichtig Gebrauch machen. Unbedenklich ist eine Zulassung von Pressevertreten und damit der Öffentlichkeit, wenn es sich um ein für die gesamte Wirtschaft bedeutsames Verfahren handelt und Pressemitteilungen des Gerichts zur Befriedigung des öffentlichen Interesses an Informationen über die Umständen des Verfahrens nicht ausreichen.[81] Da in der Gläubigerversammlung jedoch oftmals auch Ansprüche von und gegen am Verfahren Beteiligte oder Betriebsgeheimnisse zur Sprache kommen, sollte das Gericht von einer Zulassung spätestens dann absehen, wenn ein Beteiligter unter Berufung auf ein schutzwürdiges Interesse widerspricht oder ein Sachverhalt erörtert wird, der eine vertrauliche Behandlung erfordert.[82] Störende Ton-, Lichtbild- oder Filmaufnahmen sind nach § 169 S 2 GVG in jedem Fall zu untersagen.[83]

---

78 Happ/Huntemann (Hrsg), § 8 Rn 19.
79 Happ/Huntemann (Hrsg), § 8 Rn 18.
80 *Smid* § 15 GesO Rn 51.
81 LG Frankfurt ZIP 1983, 344; *Hess* § 94 KO Rn 3; Kuhn/Uhlenbruck, KO § 94 Rn 1; Kilger/K. Schmidt, § 94 KO Anm 1); Haarmeyer/Wutzke/Förster, GesO, § 15 Rn 15; *Smid* § 15 GesO Rn 51.
82 Kilger/K. Schmidt, § 94 KO Anm 1.
83 *Smid* § 15 GesO Rn 51.

V. Beschlußfassung in der Gläubigerversammlung

Ist die Gläubigerversammlung eröffnet, hat das Gericht grundsätzlich zunächst die Beschlußfähigkeit in der Gläubigerversammlung festzustellen, bevor es zur Erörterung und anschließenden Beschlußfassung über einzelne Punkte aufruft. **61**

1. Beschlußfähigkeit

Zur Beschlußfähigkeit der Gläubigerversammlung genügt die **Anwesenheit nur eines stimmberechtigten Gläubigers**. Auf eine Mindestanzahl oder Mindestquote der vertretenen Forderungen kommt es nicht an.[84] Die übrigen, nicht erschienenen Gläubiger können sich anschließend auch nicht darauf berufen, der allein abstimmende Gläubiger habe ausschließlich eigene Interessen und nicht die der Gesamtheit verfolgt. Vielmehr sind sämtliche Gläubiger an derartgige Beschlüsse gebunden.[85] An einer Beschlußfähigkeit fehlt es jedoch, wenn der einzig erscheinende Gläubiger vom Stimmrecht ausgeschlossen ist.[86] Die Gläubiger verzichten in diesem Fall auf ihre Befugnis, etwa den Gläubigerausschuß einzusetzen oder den Verwalter abzuwählen oder ihn mit der Erstellung eines Insolvenzplanes zu beauftragen. So ist es denkbar, daß während eines ganzen Insolvenzverfahrens keine beschlußfähige Gläubigerversammlung zusammenkommt. **62**

Da kein Zwang der Gläubiger zum Erscheinen besteht, vermag die Abwesenheit der Gläubiger den weiteren Fortgang des Insolvenzverfahrens nicht aufzuhalten. Unter Berücksichtigung eines möglichst straffen Insolvenzverfahrens kann das Gericht nur in Ausnahmefällen einen neuen Termin bestimmen, wenn kein Gläubiger erscheint. Es besteht jedoch kein Bedürfnis für die Annahme, das Gericht könne die Entscheidung der Gläubigerversammlung ersetzen.[87] Dies wäre mit der Stellung der Gläubigerversammlung (Selbstverwaltungsorgan statt Organ der Rechtspflege) unvereinbar. In diesen Fällen fehlt es vielmehr schlicht an einer Entscheidung der Gläubigerversammlung. Dies hat zur Folge, daß das Gericht und der Verwalter nach pflichtgemäßen Ermessen die zum Verfahrensfortgang notwendigen Maßnahmen treffen müssen.[88] So haben sie etwa über die Schließung des Betriebes oder die Veräußerung von Betriebsteilen nach §§ 160 Abs 2 und 162 InsO zu entscheiden. **63**

---

84 Kuhn/Uhlenbruck, KO § 94 Rn 2; Kilger/K. Schmidt, § 94 KO Anm 2; Haarmeyer/Wutzke/Förtser, Kap 6 Rn 60.

85 *Pape* ZIP 1991, 837 (841).

86 LG Frankenthal ZIP 1993, 378.

87 So aber LG Frankenthal ZIP 1993, 378; Haarmeyer/Wutzke/Förster, Kap 6 Rn 60; aA OLG Koblenz, ZIP 1989, S 660f; Kilger/K. Schmidt, § 134 KO Anm 1); wohl auch Kuhn/Uhlenbruck, KO § 94 Rn 2.

88 LG Frankenthal ZIP 1993, 378; Kilger/K. Schmidt, § 95 KO Anm 2; Haarmeyer/Wutzke/Förster, Kap 6 Rn 60; Jaeger/*Weber* § 94 KO Anm 4; anders wohl Kuhn/Uhlenbruck, KO § 94 Rn 2 unter Verweis auf OLG Koblenz ZIP 1989, 660.

2. Zustandekommen von Beschlüssen

64 Das Zustandekommen von Beschlüssen der Gläubigerversammlung richtet sich grundsätzlich nach § 76 Abs 2 InsO. Sonderregelungen enthalten die §§ 242 bis 246 InsO zur Beschlußfassung über den Insolvenzplan im Abstimmungstermin.

a) Grundfall

65 Nach § 76 Abs 2 Halbs 1 InsO kommt ein Beschluß in der Gläubigerversammlung zustande, wenn die Summe der Forderungsbeträge der zustimmenden Gläubiger mehr als die Hälfte der Summe der Forderungsbeiträge der abstimmenden Gläubiger ausmacht. Erforderlich ist mithin die **absolute Mehrheit** der abgegebenen Stimmen. **Stimmenthaltungen** werden mitgezählt. Sie gelten als Gegenstimmen.

66 Somit findet in Abkehr von den Regelungen der Konkursordnung und der Gesamtvollstreckungsordnung das Kopfprinzip in der Gläubigerversammlung keine Berücksichtigung mehr. Entscheidend ist ausschließlich die **Summenmehrheit der anwesenden Gläubiger**. So ist gewährleistet, daß sich im Anschluß an die Feststellung der Stimmrechte das Abstimmungsverfahren einfach gestalten läßt; gegenüber einer Kombination aus Summen- und Kopfmehrheit ist hierdurch eine erhebliche Erleichterung erzielt worden. Auf den ersten Blick scheint damit die Stellung der Kleingläubiger erheblich eingeschränkt zu sein. Tatsächlich bleiben die Interessen der Kleingläubiger jedoch keinesfalls unberücksichtigt. Beachtung finden sie in den Vorschriften über die Vertretung im Gläubigerausschuß (§ 67 Abs 2 S 1 InsO) sowie in der Pflicht des Insolvenzgerichts, auf Antrag Beschlüsse der Gläubigerversammlung aufzuheben, wenn diese dem gemeinsamen Interesse der Gläubigerversammlung widersprechen (§ 78 Abs 1 InsO).[89] Grundsätzlich hat das Insolvenzgericht bei jeder Abstimmung die Stimmberechtigung einzeln zu überprüfen. In Großverfahren mag dies nur schwerlich möglich sein. Hier wird es das Insolvenzgericht oftmals genügen lassen, daß eine vom Gericht vorbereitete Abstimmungskarte vorgelegt wird, deren Ausgabe die Vorlage einer Vollmacht erfordert.[90]

69 Über die Zulässigkeit einer **schriftlichen Abstimmung** enthält die Insolvenzordnung keine generelle Aussage. Da §§ 242 und 312 Abs 2 InsO eine schriftliche Abstimmung ausdrücklich nur beim gesonderten Abstimmungstermin und im vereinfachten Insolvenzverfahren zulassen, dürfte sie im Umkehrschluß in den übrigen Fällen **ausgeschlossen** sein. Schriftlich eingesandte Stimmen zählen somit nicht mit.[91] Sieht man von den praktischen Bedürfnissen in Großverfahren ab, erscheint dies insbesondere deshalb gerechtfertigt, da der Ab-

---

89 Ausschußbericht zu § 87 RegEntwInsO abgedruckt in Balz/Landfermann S 157.
90 *Hess* § 94 KO Rn 1.
91 Jaeger/*Weber* § 94 KO Anm 3; aA *Obermüller*, Insolvenzrecht in der Bankpraxis, Rn 1443.

stimmende im Gegensatz zu den an der Gläubigerversammlung Anwesenden die Erörterung des Beschlußantrags nicht verfolgt hat und somit nicht über denselben Kenntnisstand verfügt wie die Teilnehmer der Versammlung. Den Gläubigern ist daher angeraten, stets einen Vertreter mit der Teilnahme an der Gläubigerversammlung zu beauftragen, wenn der Gläubiger selbst nicht teilnehmen will oder kann.

b) Sonderfall des Insolvenzplans

Einen Sonderfall der Beschlußfassung regeln die §§ 242 bis 245 InsO für die **Abstimmung über den Insolvenzplan** (s Kap 13 Rn 85). Hier erfolgt die **Abstimmung in Gruppen** (§ 243 InsO). Sie tritt an die Stelle einer Gesamtabstimmung aller stimmberechtigten Gläubiger.[92] Abweichend von den übrigen Beschlüssen fordert § 244 Abs 1 InsO für die Zustimmung der Gläubiger zu einem Insolvenzplan zudem eine **doppelte Mehrheit,** um den Insolvenzplan auf eine breite Legitimationsgrundlage zu stellen. Die Annahme eines Antrages setzt hier kumulativ eine Mehrheit nach der Zahl der Gläubiger (Kopfmehrheit) und eine Mehrheit nach der Höhe der Forderungen (Summenmehrheit) voraus.[93] **70**

Gesamtgläubiger und ähnliche Sonderfälle nach § 244 Abs 2 InsO zählen zur Berechnung der Mehrheit als eine einzige Stimme. Bei der Auszählung wird nur auf die sich tatsächlich an der Abstimmung teilnehmenden Gläubiger abgestellt. Unbeachtlich sind anders als in der Konkursordnung und Vergleichsordnung diejenigen Gläubiger, die bei dem Abstimmungstermin zwar anwesend sind, gleichwohl an der Abstimmung nicht teilnehmen.[94] Für die zur gerichtlichen Bestätigung des Insolvenzplanes (§ 248 InsO) ferner erforderliche Zustimmung nachrangiger Insolvenzgläubiger (s Kap 8 Rn 108) und des Schuldners enthalten §§ 246 und 247 InsO eigenständige Regelungen (s Kap 13 Rn 95ff). **71**

Kommt es zu einem gesonderten Abstimmungstermin, dh erfolgt die Abstimmung nicht zusammen mit der Erörterung in einem Termin, muß der Gläubiger nicht erneut den Weg zum Gericht antreten. Hier eröffnet § 242 InsO in Abweichung von den übrigen Beschlußfassungen den Gläubigern die Möglichkeit, ihr **Stimmrecht schriftlich auszuüben,** da er sich bereits in dem vorangegangenen Erörterungstermin ausreichend über den Insolvenzplan und damit den Hintergrund der nunmehr anstehenden Abstimmung informieren konnte. **72**

---

92 Weiterführend zur Gruppenbildung: Smid/Rattunde, Rn 432ff; *Smid* InVo 1997, 169ff.

93 Zur Problematik einer Majorisierung durch eine Minderheit infolge der getrennten Abstimmung in Gruppen: Smid/Rattunde, Rn 574.

94 Begr zu § 289 RegEntwInsO abgedruckt in Balz/Landfermann S 360f; *Maus* Kölner Schrift zur InsO, S 724.

73 Verweigert eine Gruppe ihre Zustimmung zu dem Insolvenzplan, kann darin in Sonderfällen ein Mißbrauch liegen. So ist kein sachlicher Grund für eine Verweigerung der Zustimmung ersichtlich, wenn die betroffene Gruppe durch den Insolvenzplan nicht schlechter gestellt wird, als sie ohne diesen stünde. Gleiches gilt, wenn durch weitere Maßnahmen außerhalb des Plans sichergestellt ist, daß die sich weigernde Gruppe bei der Verteilung des durch den Plan realisierten Mehrwertes im Verhältnis zu anderen Gruppen nicht unbillig benachteiligt wird. In derartigen Mißbrauchsfällen greift das **Obstruktionsverbot** ein (s Kap 13 Rn 101 ff);[95] nach § 245 Abs 1 InsO soll das Gericht – so die Vorstellung des Gesetzgebers – noch in dem Termin die Zustimmung der opponierenden Gruppe ersetzen können. Regelmäßig wird sich ein Sachverständigengutachten bei dieser Prognose- und Wertentscheidung jedoch nicht vermeiden lassen. Mit dieser gesetzlichen Fiktion folgte der Gesetzgeber dem Vorbild des US-amerikanischen Insolvenzrechts (Chapter 11 BC).

3. Stimmberechtigung

74 Vor jeder Abstimmung über einen Antrag hat das Gericht die Stimmrechte festzustellen. Dies bildet die Grundlage für die Ermittlung, ob der Antrag in der Beschlußfassung die erforderliche Summenmehrheit nach § 76 Abs 2 Halbs 1 InsO bzw die Kopf- und Summenmehrheit im Fall des Insolvenzplans nach § 244 InsO erreicht hat oder nicht.

75 Sitz und Stimme in der Gläubigerversammlung haben grundsätzlich nur die **Insolvenzgläubiger** (§ 38 InsO)(s Kap 8 Rn 107) und – eine Neuerung des Insolvenzrechts durch die Insolvenzordnung – die **absonderungsberechtigten Gläubiger** (s Kap 8 Rn 33). **Nachrangige Gläubiger** (§ 39 InsO)(s Kap 8 Rn 108) sind zwar teilnahme-, jedoch nicht stimmberechtigt (§ 77 Abs 1 S 2 InsO), da ihre Forderungen idR keinen wirtschaftlichen Wert verkörpern.[96] Ebenso kommt den vorweg aus der Masse zu befriedigenden **Massegläubigern** (§ 53 InsO)(s Kap 8 Rn 2 ff) keine Stimmberechtigung zu.

a) Umfang des Stimmrechts

76 Die Höhe des Stimmrechts richtet sich danach, in welcher **Höhe eine Insolvenzforderung** besteht.[97] Bei Schadensersatzansprüchen finden auch sämtliche erst in Zukunft erwachsende finanzielle Nachteile für die Ermittlung der Höhe des Stimmrechts Berücksichtigung, da es ausreicht, daß der Haftungsgrund vor Eröffnung des Insolvenzverfahrens entstanden ist (§ 38 InsO).[98]

---

95 Smid/Rattunde, Rn 505 ff; zu den Hintergründen des Gesetzgebers und den praktischen Problemen vgl auch Haarmeyer/Wutzke/Förster, Kap 9 Rn 19 ff.
96 Begr RegEntw zu § 88 RegEntwInsO abgedruckt in Balz/Landfermann S 158.
97 *Hess* § 95 KO Rn 4; Kuhn/Uhlenbruck, KO § 94 Rn 4.
98 Kuhn/Uhlenbruck, KO § 94 Rn 5.

b) Berechnung des Stimmrechts absonderungsberechtigter Gläubiger

77 Die Insolvenzordnung betritt neues Terrain, in dem sie auch den absonderungsberechtigten Gläubigern (s Kap 8 Rn 33)[99] – im Gegenzug für die an den Verwalter eingebüßte Verwertungsbefugnis ihrer Sicherheiten (§ 166 Abs 1 InsO) – ein Stimmrecht einräumt. Anders als nach den bisherigen Insolvenzvorschriften sind die absonderungsberechtigten Gläubiger nicht nur insoweit berechtigt, in der Gläubigerversammlung mitzustimmen, als sie mutmaßlich einen Ausfall ihrer Forderung erleiden, dh der Erlös aus der Verwertung der Sicherheit ihre Forderung nicht auszugleichen vermag. Nach der Insolvenzordnung kommt den absonderungsberechtigten Gläubigern vielmehr eine volles Beteiligungsrecht zu.[100]

78 Die Berechnung des Stimmrechts absonderungsberechtigter Gläubiger richtet sich nach § 76 Abs 2 Halbs 2 InsO. Maßgeblich ist danach, **ob der Schuldner dem Gläubiger persönlich haftet oder nicht.**

aa) Stimmrecht bei persönlicher Haftung

79 Liegt eine **persönliche Haftung des Schuldners** vor und geht das Absonderungsrecht auf eine Forderung des Gläubigers gegen den Schuldner selbst zurück, berechnet sich das Stimmrecht – wie bei den übrigen stimmberechtigten Gläubigern auch – nach der Höhe der Forderung. Dies ist zum Beispiel der Fall, wenn der Schuldner für seine Darlehensschuld gegenüber der Bank zu ihren Gunsten eine Hypothek an seinem Grundstück eingeräumt hat.

bb) Stimmrecht bei Sicherung einer Forderung gegen einen Dritten

80 Anders ist es, wenn sich die gesicherte Forderung des Gläubigers **nicht gegen den Schuldner**, sondern gegen einen Dritten richtet: Hat der Schuldner für die Forderung des Gläubigers gegen einen Dritten – zB für eine Forderung des Gläubigers gegen seinen Ehepartner – seinen Maschinenpark verpfändet oder eine Hypothek an seinem Grundstück bestellt, ist der Berechnung des Stimmrechts der Wert des Absonderungsrechts zugrunde zu legen. Hier ist maßgeblich, in welcher Höhe sich der Gläubiger aus dem Sicherungsrecht befriedigen kann. Die Höhe des Absonderungsrechts richtet sich mithin danach, ob eine akzessorische Sicherheit wie eine Hypothek vorliegt oder nicht wie im Fall der Grundschuld.

81 Bei **akzessorischen** Sicherheiten, dh bei Sicherheiten, deren Wert sich nach dem Wert der gesicherten Forderung richtet, zB der Hypothek, ist die Höhe der Forderung des Gläubigers gegen den Dritten von Bedeutung. Das Absonderungsrecht ist in seiner Höhe auf den Betrag der gesicherten Forderung beschränkt: Übersteigt daher der in der Hypothek angegebene Wert die Höhe

99 Vgl hierzu Kap S.
100 Hess/Pape, InsO und EGInsO, Rn 75.

der Forderung des Gläubigers gegen den Dritten, so ist lediglich der niedrigere Wert der Forderung für die Ermittlung des Stimmrechts maßgebend. Übersteigt der Wert der Forderung (zB Anspruch auf Rückzahlung eines Darlehns in Höhe von DM 250.000,–) den Wert der Sicherheit (zB Hypothek in Höhe von DM 150.000,–), richtet sich der Wert des Absonderungsrechtes und damit das Stimmrecht nach dem Wert der (niedrigeren) Sicherheit (im Beisipiel mithin DM 150.000,–). Der Wert der Sicherheit entspricht dem voraussichtlichen Erlös, den der Gläubiger im Fall der Verwertung der Sicherheit erzielt. Dies ist etwa im Fall der Zwangsversteigerung der dort erzielte Versteigerungserlös abzüglich der davon zu begleichenden Kosten. Das Gericht hat diesen Wert ggf zu schätzen.

82 Bei **nicht akzessorischen** Sicherungsrechten, etwa der Grundschuld, entspricht der Wert des Absonderungsrechts und damit das Stimmrecht dem Wert der gewährten Sicherheit. Bei einer Grundschuld an einem Grundstück ist dies beispielsweise der Erlös, der im Fall der Versteigerung des Grundstückes auf dem Grundschuldgläubiger abzüglich der zu begleichenden Kosten zufließt.

cc) Stimmrecht bei teilweiser Sicherung

83 Sichert das Absonderungsrecht die Forderung des Gläubigers nur **teilweise**, berechtigen der gesicherte und der ungesicherte Teil in gleicher Weise zur Abstimmung.[101] Dies liegt zum Beispiel vor, wenn der Gläubiger nur für einen Teilbetrag seiner Forderung ein Werkunternehmerpfandrecht an dem von ihm reparierten KFZ geltend machen kann. Dann kommt ihm sowohl für den durch das Werkunternehmerpfandrecht gesicherten Teilbetrag als Absonderungsberechtigten ein Abstimmungsrecht zu als auch für den nicht vom Werkunternehmerpfandrecht umfaßten Teil.

c) Feststellung des Stimmrechts bestrittener, aufschiebend bedingter und absonderungsberechtigter Forderungen

84 Besonderheiten bestehen bei der Feststellung der Stimmrechte bestrittener, aufschiebend bedingter und absonderungsberechtigter Forderungen.

85 Die Teilnehmer der Gläubigerversammlung können gegen das Stimmrecht einzelner Gläubiger Einwände erheben, in dem sie gegen den Bestand der zugrundeliegenden Forderung Vorbehalte äußern. Bestreitet der **Verwalter** oder ein **Gläubiger**[102] die Berechtigung einer angemeldeten Forderung, müssen zunächst der Insolvenzverwalter und die in der Gläubigerversammlung erschienenen Gläubiger versuchen, eine **Einigung über das Stimmrecht** zu erzielen (§ 77 Abs 2 S 1 InsO). Als bestritten iSv § 77 Abs 2 InsO gelten nach § 77 Abs 3 InsO auch **aufschiebend bedingte Forderungen und absonderungsberechtigte Forderungen**, so daß über das Stimmrecht stets eine Einigung herbeizu-

101 Haarmeyer/Wutzke/Förster, Kap 6 Rn 63.
102 Zu den Folgen, wenn der Schuldner eine Forderung bestreitet, su Rn 129.

führen ist. Wenn die Parteien sich einigen, kommt dem Gläubiger bis zur rechtskräftigen Entscheidung über die Feststellungsklage (§§ 180ff InsO)(s Kap 8 Rn 136ff)[103] ein der Einigung entsprechendes Stimmrecht zu.

Schlägt der Einigungsversuch hingegen fehl, braucht keinesfalls eine neue Gläubigerversammlung einberufen zu werden.[104] Vielmehr **entscheidet das Insolvenzgericht** unmittelbar, dh noch während der Gläubigerversammlung, über das Stimmrecht nach pflichtgemäßem Ermessen.[105] IErg kann die Entscheidung von der Festsetzung des Stimmrechts auf den vollen Betrag der Forderung, über die Festsetzung auf einen Teilbetrag bis zu einer völligen Versagung lauten. Welche Kriterien das Insolvenzgericht bei der Prüfung heranzuziehen hat, nennt das Gesetz nicht. Der Rechtspfleger wird eine „kursorische Prüfung"[106] vornehmen, ob die Forderung nach Grund und Höhe berechtigt ist. Gelangt er zu dem Ergebnis, daß die bestrittene Forderung nach hoher Wahrscheinlichkeit nicht besteht, hat er dem Gläubiger das Stimmrecht zu entziehen.[107] **86**

Diese Entscheidung gilt nur für die Gläubigerversammlung, in der sie ergangen ist.[108] Sie hat ferner keinen Einfluß auf die materielle Berechtigung der geltend gemachten Forderung, läßt also das tatsächliche Bestehen derselben unberührt. Auch die Antrags- und Beschwerderechte im Verfahren nach § 78 InsO (Antragsrecht zur Aufhebung eines Beschlusses), § 216 InsO (Rechtsmittel gegen die Einstellung des Verfahrens), § 251 InsO (Minderheitenschutz im Insolvenzplanverfahren), § 253 InsO (Rechtsmittel gegen die Bestätigung oder die Versagung der Bestätigung des Insolvenzplanes), § 289 InsO (Antrag auf gerichtliche Entscheidung im Verfahren über die Restschuldbefreiung) entfallen nicht bereits deshalb, weil das Gericht die Forderung in einer Versammlung bei der Stimmrechtsprüfung nicht anerkannt hat. **87**

Auch nach der Neufassung des § 18 Abs 3 RPflG durch Art 14 EGInsO ist die Entscheidung des **Rechtspflegers** über das Stimmrecht grundsätzlich weiterhin **nicht gerichtlich überprüfbar.**[109] Anders ist es jedoch, wenn sich die Stimmrechtsentscheidung des Rechtspflegers auf das Abstimmungsergebnis ausgewirkt hat. Voraussetzung einer erfolgreichen Beschwerde ist dann zudem, daß noch in der Versammlung ein Gläubiger oder der Verwalter einen entspr Antrag gegen die Stimmrechtsentscheidung des Rechtspflegers stellt. Dann kann der zuständige Richter das Stimmrecht neu festsetzen und die Wiederholung **88**

103 *Eckhardt* Kölner Schrift zur InsO S 603ff.
104 Jaeger, § 95 KO Rn 2.
105 Haarmeyer/Wutzke/Förster, Kap 6 Rn 64; Jaeger, § 95 KO Rn 2; Kuhn/Uhlenbruck, KO § 95 Rn 2.
106 LG Leipzig, ZIP 1998, 1038.
107 LG Leipzig, ZIP 1998, 1038.
108 Haarmeyer/Wutzke/Förster, Kap 6 Rn 65; *Pape* ZIP 1991, 837 (839).
109 *Wimmer* InVo 1997, 316 (318); Vgl zu der Praxis im bisherigen Insolvenzrecht *Pape* ZIP 1991, 837ff; *Smid* KTS 1993, 1ff; OLG München, Rpfleger 1970, 201; Kilger/K. Schmidt, § 95 KO Anm 3; *Hess* § 95 KO Rn 2; Kuhn/Uhlenbruck, KO § 95 Rn 2.

der Abstimmung anordnen.[110] Sinnvoll erscheint es, bis zur richterlichen Entscheidung die Gläubigerversammlung zu unterbrechen, soweit der Richter unmittelbar erreichbar ist. Andernfalls ist eine neue Gläubigerversammlung einzuberufen, in der – unter Berücksichtigung der bis dahin ergangenen richterlichen Entscheidung über das Stimmrecht – erneut über den Antrag entschieden wird.[111]

89 Anders gestaltet sich die Situation, wenn nicht der Rechtspfleger, sondern der **Richter** über das Stimmrecht entschieden hat. Mangels entspr gesetzlicher Grundlage ist dessen Beschluß trotz umfangreicher Kritik in der Literatur[112] weiterhin unanfechtbar (§ 6 InsO). Hier bleibt dem betroffenen Gläubiger allein die Möglichkeit, das Gericht zur Änderung seiner Entscheidung zu bewegen.

90 Eine **Änderung** der Entscheidung des Insolvenzgerichts ist durchaus möglich,[113] setzt aber stets einen Antrag des Verwalter oder eines in der Gläubigerversammlung erschienenen Gläubigers voraus (§ 77 Abs 2 S 3 InsO). Auch diese Änderungsentscheidung ist wiederum nur anfechtbar, wenn sie von einem Rechtspfleger und nicht von einem Richter stammt.

d) Stimmrecht noch nicht geprüfter Forderungen

91 Angemeldete, aber noch nicht geprüfte Forderungen sind **bis zum vollen Betrag vorläufig stimmberechtigt**.[114] Wird die Forderung bestritten, so wird das Verfahren für bestrittene Forderungen nach § 77 Abs 2 InsO in Gang gesetzt. Das Gesetz enthält keinen Hinweis darauf, daß ein Bestreiten substantiiert werden müßte oder die Forderung von vornherein glaubhaft zu machen sei. Gleichwohl wird das Gericht, solange der Vortrag des Gläubigers schlüssig ist, ein Bestreiten nur dann verfolgen dürfen, wenn dessen Gründe substantiiert dargelegt sind.[115] Bleiben auch hiernach noch Unsicherheiten, wird das Gericht den Gläubiger auffordern, seine Forderung zB durch Vorlage des Titels, der Rechnungen oder des Vertrages glaubhaft zu machen.[116] Darauf sollte jeder

110 *Schiessler* S 148; Haarmeyer/Wutzke/Förster, Kap 6 Rn 65.
111 Haarmeyer/Wutzke/Förster, Kap 6 Rn 6.
112 *Pape* ZIP 1991, 837 ff; *Smid* KTS 1993, 1 ff; Haarmeyer/Wutzke/Förster, GesO, § 15 Rn 16 ff; Haarmeyer/Wutzke/Förster, Kap 6 Rn 65; Kilger/K. Schmidt, § 95 KO Anm 3 mit dem Vorschlag, die Entscheidung des Gericht sei zwar unanfechtbar, aber abänderbar. In einem späteren Rechtsstreit über die Wirksamkeit des Beschlusses könne die Unrichtigkeit der richterlichen Entscheidung geltend gemacht werden.
113 *Schiessler* S 147.
114 *Pape* ZIP 1991, 837 ff; Kuhn/Uhlenbruck, KO § 95 Rn 3; Kilger/K. Schmidt, § 95 Anm 2.
115 Ähnlich *Pape* ZIP 1991, 843; Happ/Huntemann (Hrsg), 3 Kap § 8 Rn 25.
116 Das LG Leipzig, ZIP 1992, 1507, will dem Gläubiger bereits bei jeglichem Bestreiten das Stimmrecht entziehen, wenn er auf die Aufforderung des Gerichts die Forderung nicht glaubhaft machen kann.

Gläubiger vorbereitet sein. Bereits um einem Bestreiten vorzubeugen, ist dem Gläubiger angeraten, diejenigen Unterlagen bei sich zu führen, mit denen er seine Forderung, die bislang nicht geprüft wurde, glaubhaft machen kann.

Oftmals sind Forderungen zum Zeitpunkt der Gläubigerversammlung noch nicht einmal angemeldet. Dies ist insbes in der ersten Gläubigerversammlung (Berichtstermin) der Fall, die noch vor Ablauf der Anmeldefrist stattfindet, um möglichst früh eine Klärung über die Person des Verwalters, an den anschließend die Forderungsanmeldungen zu richten sind, und den weiteren Ablauf des Verfahrens zu erzielen. Hier ist die Anmeldung als Voraussetzung für ein Stimmrecht ungeeignet. Jeder Gläubiger mit Ausnahme der nachrangigen (§ 77 Abs 1 S 2 InsO) kann zunächst ein Stimmrecht beantragen. Wird gegen die Beantragung des Stimmrechtes Widerspruch erhoben, entscheidet auch hier das Gericht. Für seine Entscheidung wird das Gericht dann regelmäßig den Gläubiger auffordern, die Forderung schlüssig darzulegen und im Fall eines substantiierten Bestreitens durch präsente Beweismittel glaubhaft zu machen. IErg sollte der Gläubiger auch hier stets zB den Titel über seine Forderung oder Rechnungen bei sich führen. Die Entscheidung über das Stimmrecht gilt einzig für diejenige Gläubigerversammlung, in der das Gericht diese trifft.[117] Für nachfolgende Gläubigerversammlungen kommt es dann von neuem auf die erfolgte Anmeldung und einen möglichen Widerspruch an. 92

e) Stimmverbote

In Einzelfällen mag ein anstehender Beschluß für den einzelnen Gläubiger eine Interessenkollision bedeuten, etwa wenn nach § 160 InsO der Verkauf des gesamten Warenlagers an ihn persönlich zur Abstimmung steht. Die Insolvenzordnung trifft über die in diesen Fällen naheliegenden Stimmverbote zwar keine Aussage. Stimmverbote kommen hier jedoch – wie bei Abstimmungen innerhalb des Gläubigerausschusses (s Kap 11 Rn 84)[118] – in Fällen rechtlichen oder tatsächlichen Betroffenseins und bei Insichgeschäften[119] in Betracht. Faßt zB die Gläubigerversammlung einen Beschluß über ein Rechtsgeschäft mit einem der Gläubiger oder entscheidet über den Prozeß mit ihm bzw über dessen Beteiligung, hat das Insolvenzgericht frühzeitig auf das Stimmverbot hinzuweisen. Eine eigene Wahl zB zum Mitglied des Gläubigerausschusses oder die eigene Abwahl als Mitglied zählt dagegen nicht zu den Fällen rechtlichen Betroffenseins; hier stimmt der Betroffene mit.[120] 93

117 Haarmeyer/Wutzke/Förster, Kap 6 Rn 64.
118 BGH ZIP 1985, 423 (425) = Rpfleger 1985, 250.
119 Jaeger, § 95 KO Rn 6; Kuhn/Uhlenbruck, KO § 95 Rn 5; sehr weitgehend Kilger/K. Schmidt, § 94 KO Anm 2.
120 Kuhn/Uhlenbruck, KO § 95 Rn 5; Kilger/K. Schmidt, § 94 KO Anm 2.

f) Sonderfall des Insolvenzplans

94 Die Insolvenzordnung sieht bei der Abstimmung über den Insolvenzplan nicht nur mit der Abstimmung in Gruppen, sondern auch für das Stimmrecht einige Sonderregeln vor.

95 Zunächst verweist § 237 Abs 1 S 1 InsO auf die vorgenannten allgem Grundsätze (so Rn 74ff und Kap 13 Rn 73ff). Jedoch kommt sämtlichen durch den Plan **nicht beeinträchtigten Gläubigern** nach dem Vorbild des § 72 Abs 1 VerglO kein Stimmrecht zu (§ 237 Abs 2 InsO).[121] Um Unsicherheiten über das Bestehen von Stimmrechten auszuräumen, hat der Urkundsbeamte der Geschäftsstelle in einer **Stimmliste** festzuhalten, welche Stimmrechte den Gläubigern nach der Erörterung zustehen (§ 239 InsO).

96 Abweichend von § 77 Abs 1 S 2 InsO stimmen auch die **nachrangigen Insolvenzgläubiger** (§ 39 InsO) mit, § 246 InsO. Dies geht darauf zurück, daß im Insolvenzplan auch deren Rechtsstellung geregelt werden kann. So soll in Einzelfällen, da die Forderungen der nachrangigen Gläubiger eine wirtschaftliche Relevanz zukommt, eine sachgerechte Einbeziehung ermöglicht werden. Keinesfalls darf die Einbeziehung der nachrangigen Gläubiger jedoch zur unnötigen Belastung des Insolvenzplanverfahrens führen, etwa wenn die nachrangigen Gläubiger von vornherein keine Befriedigung erwarten können.[122] Daher sind in § 246 Ziff 1 bis 3 InsO Besonderheiten für die Abstimmung nachrangiger Insolvenzgläubiger geregelt.

97 Hinsichtlich der Stimmrechts der **absonderungsberechtigten Gläubiger** gilt die Sonderregelung des § 238 InsO. Stets kommt den absonderungsberechtigten Gläubigern ein Stimmrecht nur dann zu, wenn deren Rechtstellung in dem Insolvenzplan geregelt wird (§ 238 Abs 1 S 1 InsO). Ist dies der Fall, dann hat die Gläubigerversammlung die Stimmrechte der absonderungsberechtigten Gläubiger einzeln zu erörtern. Dem einzelnen absonderungsberechtigten Gläubiger wird ein Stimmrecht gewährt, wenn auf das Vorbringen des Absonderungsberechtigten weder der Insolvenzverwalter noch ein anderer absonderungsberechtigter Gläubiger oder ein Insolvenzgläubiger dessen Recht bestreiten. Wird das Recht dagegen bestritten, erfolgt zunächst ein Einigungsversuch zwischen dem Verwalter und den erschienenen stimmberechtigten Gläubigern. Schlägt dieser Einigungsversuch fehl, entscheidet das Insolvenzgericht über das Stimmrecht (§§ 238 Abs 1 S 3, 77 Abs 2 InsO)(s Kap 13 Rn 75).

98 Ist die Forderung des absonderungsberechtigten Gläubigers anerkannt, regelt sich die Abstimmung wie folgt: Der absonderungsberechtigte Gläubiger stimmt in der jeweiligen Gruppe der Insolvenzgläubiger ab, und zwar in der Höhe desjenigen Teils seiner Forderung, mit der er ausfällt, dh die nicht durch die Verwertung seiner Sicherheit gedeckt wird (§ 237 Abs 1 Halbs 1 InsO). Häufig

---

121 Vgl weiterführend *Rattunde* Rn 216.
122 Vgl Begr zu § 291 RegEntwInsO abgedruckt in Balz/Landfermann S 363f.

wird wegen der Unsicherheiten über den weiteren Verlauf des Verfahrens die Höhe des Ausfalls im Zeitpunkt der Abstimmung noch ungewiß sein. Dem begegnet der Gesetzgeber mit § 237 Abs 1 S 2 Halbs 2 InsO: Solange der Ausfall nicht feststeht, sind die absonderungsberechtigten Gläubiger mit dem mutmaßlichen Ausfall zu berücksichtigen. Hängt die Höhe des Ausfalls davon ab, ob das Unternehmen saniert oder stillgelegt wird, so ist von der Hypothese auszugehen, die dem Insolvenzplan zugrunde liegt. Bei einem Sanierungsplan ist für die Berechnung der Ausfallforderung der Fortführungswert der Sicherheiten zugrunde zu legen.[123] Da sich die Bewertung maßgeblich an den Vorgaben in dem zur Abstimmung vorliegenden Plan orientiert, eröffnet die Stimmrechtsregel dem Initiator des Plans die Möglichkeit, auf die Abstimmung – wie bereits mit der Gruppenbildung nach § 222 InsO (s Kap13 Rn 90) – Einfluß zu nehmen.[124]

4. Nichtigkeit von Beschlüssen

99 Die Insolvenzordnung trifft keine Aussage über die Folgen, wenn einzelne Beschlüsse der Gläubigerversammlung fehlerhaft sind. Die formellen Voraussetzungen eines wirksamen Beschlusses sind die ordnungsgemäße Einberufung der Gläubigerversammlung und die öffentliche Bekanntmachung, wobei das Insolvenzgericht auch die Tagesordnung und mit ihr die wesentlichen Abstimmungsgegenstände bekanntmachen muß. Beschlüsse, die in einer nicht ordnungsgemäß einberufenen oder bekanntgemachten Gläubigerversammlung gefaßt werden, sind nicht lediglich anfechtbar, sondern mit der überwiegenden Auffassung in der Literatur ohne weiteres **nichtig**.[125] Eine Ausnahme mag allenfalls dann gelten, wenn alle Beteiligten anwesend waren und kein Widerspruch erfolgt ist, oder im Falle eines einstimmigen Beschlusses einer Vollversammlung, dh bei Zustimmung sämtlicher stimmberechtigter Gläubiger.[126] Wegen der Nichtigkeitsfolge bedarf es grundsätzlich keines gesonderten Aufhebungsbeschlusses oder einer Feststellung durch das Insolvenz- oder Beschwerdegericht, daß der Beschluß unwirksam ist und keine Bindungswirkung entfaltet.[127] Ein solches Verfahren sieht das Gesetz nicht vor. Ein gerichtliches Anfechtungsverfahren wäre auch systemwidrig. Denn der Beschluß der Gläubigerversammlung ist nicht selbst Ausdruck einer gerichtlichen Erkenntnis. Die Gläubigerversammlung stellt zudem kein Organ der Rechtspflege dar, sondern hat den Charakter eines Selbstverwaltungsorgans. Hier nehmen die Gläubiger ihre eigenen Belange wahr, dh sie üben weder eine Aufgabe der streitigen noch

123 Begr zu § 281 RegEntwInsO abgedruckt in Balz/Landfermann S 353.
124 So bereits *Rattunde* Rn 215.
125 Jäger, § 98 KO Anm 1f; Kuhn/Uhlenbruck, KO § 98 Rn 2f; *Hess* § 98 KO, Rn 2f; Happ/Huntemann (Hrsg), Kap 3 § 8 Rn 10; *Pape* ZIP 1991, 837 (841).
126 Kuhn/Uhlenbruck, KO § 98 Rn 2 mwN; Jaeger/*Weber* § 98 KO Anm 1.
127 *Hess* § 99 KO Rn 3.

der freiwilligen Gerichtsbarkeit aus.[128] Somit sind Entscheidungen der Gläubigerversammlung nicht mit Rechtsmitteln anfechtbar. Einzig im Fall einer Aufhebung eines Beschlusses nach § 78 InsO (su Rn 102ff) hat der Gesetzgeber vorgesehen, daß das Insolvenzgericht auf einen Beschluß der Gläubigerversammlung einwirken kann. Diese Befugnis kommt dem Gericht wegen der weitreichenden Autonomie der Gläubiger wiederum nur dann zu, wenn Gläubiger oder der Insolvenzverwalter einen entspr Antrag gestellt haben.

100 Jeder Verfahrensbeteiligte kann die Nichtigkeit eines Beschlusses jederzeit geltend machen.[129] Insolvenzgläubiger müssen daher nicht erst die Nichtigkeit des Beschlusses in der Gläubigerversammlung oder einem gesonderten Verfahren feststellen lassen. Statt dessen können sie unmittelbar gegen die infolge des unwirksamen Beschlusses ergriffenen Maßnahmen vorgehen.[130]

101 Dies darf jedoch nicht zum Stillstand der Verwaltung und Verwertung führen. Vielmehr existieren auch hier Sonderregelungen. Soll zB das Warenlager im ganzen aufgrund eines nichtigen Beschlusses nach § 160 Abs 2 Ziff 1 InsO veräußert werden, kann das Gericht dem Verwalter die Veräußerung nur untersagen, wenn dies zuvor der Schuldner oder eine Mehrzahl von Gläubigern entspr der Antragsberechtigung nach § 75 Abs 1 Nr 3 InsO beantragt haben (§ 161 S 2 InsO). Veräußert der Verwalter dennoch, droht er sich schadensersatzpflichtig zu machen.

5. Aufhebung von Beschlüssen durch das Insolvenzgericht

102 Die Gläubigerversammlung hat Beschlüsse anzustreben, die keine Gruppe von Beteiligten benachteiligen. Zuweilen kann eine Gruppe von Gläubigern, der in der Gläubigerversammlung die Mehrheit der Stimmrechte zukommt, ihre Position jedoch dazu nutzen, ihre Sonderinteressen durchzusetzen. Für diese Fälle sieht § 78 InsO in Anlehnung an § 99 KO ein Vetorecht des Insolvenzgerichts gegen einzelne Beschlüsse der Gläubigerversammlung vor, ohne jedoch die Gläubigerautonomie gänzlich unter die Kontrolle des Gerichts stellen zu wollen. So ist nach Ansicht des Gesetzgebers abzusehen, daß der Aufhebung von Beschlüssen nach § 78 InsO ebenso wie nach der bisherigen Vorschrift des § 99 KO keine allzu große Bedeutung in der Praxis der Insolvenzverfahren zukommen wird.[131] Dies ist nur zu hoffen. Denn die mit dem Vetorecht des Gerichts eröffneten Eingriffe in das weitgehend privatautonom ausgestaltete Insolvenzverfahren belasten die Gerichte zusätzlich, sie fördern die Rechtsunsicherheit und können das Verfahren verzögern.

103 Eine Aufhebung des Beschlusses durch das Insolvenzgericht erfolgt nur unter zwei Voraussetzungen: Zum einen muß ein zulässiger **Antrag** auf Aufhebung

128 Jaeger/*Weber* § 98 KO Anm 2.
129 Jaeger/*Weber* § 98 KO Anm 1 mwN; Kuhn/Uhlenbruck, KO § 98 Rn 3 mwN.
130 Happ/Huntemann (Hrsg), Kap 3 § 8 Rn 10.
131 Begr zu § 89 RegEntwInsO abgedruckt in Balz/Landfermann S 159f.

des Beschusses vorliegen. Antragsberechtigt sind ausschließlich die absonderungsberechtigten Gläubiger, die nicht nachrangigen Insolvenzgläubiger und der Insolvenzverwalter. Ohne Belang ist, ob dem Antragsteller auch ein Stimmrecht zukommt, so daß auch diejenigen Gläubiger einer streitigen Forderung, denen bisher kein Stimmrecht eingeräumt wurde, einen entspr Antrag stellen können. Hiermit beabsichtigt der Gesetzgeber einen Ausgleich dazu, daß die Stimmrechtsfestsetzung des Gericht nur eingeschränkt überprüft werden kann.[132] Der Antragsteller hat jedoch darauf zu achten, daß er den Aufhebungsantrag noch in der Gläubigerversammlung stellt (§ 78 Abs 1 InsO) [133] denn aus Gründen der Rechtssicherheit über den Bestand von Beschlüssen der Gläubigerversammlung finden spätere Anträge keine Berücksichtigung mehr.[134]

Zum anderen erfolgt einen Aufhebung nur, wenn der Beschluß **dem gemeinsamen Interesse der Insolvenzgläubiger widerspricht**. Dieses Interesse ist am **Maßstab einer bestmöglichen Gläubigerbefriedigung** zu messen.[135] In § 89 RegEntwInsO war noch vorgesehen, daß der Beschluß „einen Teil der Gläubiger unangemessen benachteiligt", um aufgehoben werden zu können. Letztlich hat sich der Gesetzgeber jedoch für den bewährten Wortlaut des § 99 KO entschieden in der Hoffnung, daß sich dies gerichtsentlastend auswirkt.[136] Ein Beschluß widerspricht dem gemeinsamen Interesse, wenn er einzelne Gläubiger, eine ganze Gruppe von Gläubigern, insbes die absonderungsberechtigten Gläubiger, oder Dritte begünstigt, und zwar zum Nachteil der Gläubigergesamtheit, oder wenn er niemandem nützlich ist. Unbeachtlich ist es hingegen, wenn ein Beschluß einzelne Insolvenzgläubiger, den Schuldner, Massegläubiger oder Absonderungsberechtigte benachteiligt,[137] da sich derartige Verschiebungen selbst durch Nachverhandlungen, etwa der Zusage einer Mindestbefriedigung an einzelne Gruppen, nur schwerlich vollkommen ausschließen lassen. Die Ermittlung, ob ein Beschluß den gemeinsamen Interessen zuwiderläuft, obliegt dem Gericht. Hierbei wird es regelmäßig auf objektive Informationen des Verwalters angewiesen sein[138] und ihn deshalb um Stellungnahme ersuchen. Es liegt im Wesen der zugelassenen Mehrheitsentscheidungen innerhalb der Gläubigerversammlung, daß Beschlüsse auch gegen den Widerstand einer Minderheit ergehen können. Dies hat das Gericht bei der Auslegung des unbestimmten Rechtsbegriffes „gemeinsame Interessen" zu berücksichtigen. Dem Gericht obliegt keinesfalls die Entscheidung über den Bestand jedweder Beschlüsse. Die privatautonome Entscheidungsfreiheit der Gläubigerversammlung, die der Gesetzgeber mit der Einführung der Insolvenzord- 104

132 Begr zu § 89 RegEntw abgedruckt in Balz/Landfermann S 169f; vgl zur Überprüfung der Stimmrechtsentscheidung o Rn 86.
133 Haarmeyer/Wutzke/Förster, Kap 6 Rn 68.
134 Begr zu § 89 RegEntwInsO abgedruckt in Balz/Landfermann S 159f.
135 Haarmeyer/Wutzke/Förster, Kap 6 Rn 69.
136 Ausschußbericht zu § 89 RegEntwInsO abgedruckt in Balz/Landfermann S 161.
137 Kuhn/Uhlenbruck, KO § 99 Rn 2 mwN; *Hess*, § 99 KO Rn 3; Jaeger, § 99 KO Rn 2.
138 *Hess*, § 99 KO Rn 3 mwN; *Hess/Obermüller*, Rechtstellung, S 536ff.

nung weiter ausbauen wollte, würde ausgehöhlt, wenn dem Gericht weitreichende Eingriffsrechte zukämen. Der angefochtene Beschluß muß vielmehr die wirtschaftlichen Interessen der Insolvenzgläubiger unangemessen benachteiligen. Er muß sie erheblich schlechter stellen.

105 Zudem hat die Insolvenzordnung an einigen Stellen (zB in § 57 InsO) die Aufhebung des Beschlusses der Gläubigerversammlung gesondert geregelt. Das Insolvenzgericht kann zB die Bestellung des Insolvenzverwalters, den die Gläubigerversammlung gewählt hat, nur versagen, wenn dieser für die Übernahme des Amtes nicht geeignet ist, § 57 S 2 InsO. Für eine Aufhebung nach § 78 InsO ist danach kein Raum mehr.

106 Nach der Zielrichtung des Gesetzgebers soll das Vetorecht des § 78 InsO in erster Linie vorbeugend wirken, statt eine Flut von Aufhebungsanträgen nach § 78 InsO loszutreten.[139] Das Gericht ist als Leiter der Versammlung mithin dazu aufgerufen, bereits im Vorfeld einer Abstimmung über einen Beschluß, der die Grenzen einer angemessenen Benachteiligung überschreitet, die Gläubigerversammlung auf das Vetorecht aufmerksam zu machen. So können Nachverhandlungen eingeleitet werden, so daß der im Streit stehende Antrag iErg gar nicht erst zur Abstimmung gestellt wird.

107 Nach § 78 InsO kann das Gericht, wenn der Beschluß und nicht erst seine Ausführung die gemeinsamen Interessen beeinträchtigt, unmittelbar den Beschluß aufheben. Damit sind die Unsicherheiten aus der bisherigen Regelung des § 99 KO beseitigt, der auf die „Ausführung eines von der Gläubigerversammlung gefaßten Beschlusses" abstellte. Dagegen bleibt offen, ob damit auch diejenigen Beschlüsse, die einer gesonderten Ausführung nicht mehr bedürfen wie zB die Wahl von Mitgliedern des Gläubigerausschusses, nicht nach § 78 InsO aufgehoben werden können.[140] Eine derartige Einschränkung läßt sich dem § 78 InsO nicht entnehmen. Vielmehr besteht auch bei diesen Beschlüssen die Notwendigkeit, sie grundsätzlich dem Veto des Insolvenzgerichts zu unterwerfen, denkt man etwa an die Wahl von Ausschußmitgliedern, die sich gewerbsmäßig bestellen lassen und ausschließlich im Interesse einer Gläubigergruppe auftreten und mit deren Unterstützung in den Gläubigerausschuß gewählt werden.[141] Auch hier hat das Insolvenzgericht jedoch stets zu beachten, daß ihm nur in ganz engen Grenzen ein Vetorecht zukommt, obgleich der Wortlaut des § 78 InsO keine inhaltlichen Grenzen der Eingriffsmöglichkeiten kennt oder nach der Reichweite der Entscheidung differenziert. Es ist, um im Beispiel zu bleiben, grundsätzlich Sache der Gläubigerversammlung, über die Zusammensetzung des Gläubigerausschusses zu bestimmen.

---

139 Begr zu § 89 RegEntwInsO abgedruckt in Balz/Landfermann S 159f.

140 Dagegen Haarmeyer/Wutzke/Förster, Kap 6 Rn 69.

141 Vgl zum Streitstand in der KO Kuhn/Uhlenbruck, KO § 99 Rn 4 mwN; Jaeger/*Weber* § 99 KO Rn 3.

Das Insolvenzgericht kann nach § 78 InsO nicht nur „positive" Beschlüsse aufheben, sondern auch – da kein entgegenstehender sachlicher Grund erkennbar ist – einen **„negativen" Beschluß** kassieren, der zB vorsieht, den Betriebs Schuldners nicht weiter fortzuführen. Dies hat jedoch nicht zur Folge, daß die Gläubigerversammlung die Fortführung des Betriebs beschlossen hat. Vielmehr hat sie dann über die Weiterführung des Betriebes noch nicht entschieden. Die Fortführung ist vom Gericht zumindest gestattet.[142] Wie für die Aufhebung des positiven Beschlusses muß es auch hier zur Überzeugung des Gerichts feststehen, daß der angefochtene Beschluß den gemeinsamen Interessen der Insolvenzgläubiger und nicht nur einzelner widerspricht. **108**

Aus Gründen der Rechtssicherheit hat das Insolvenzgericht jede Aufhebung des Beschlusses **öffentlich bekanntzumachen** (§ 78 Abs 2 S 1 InsO). Ist der Beschluß der Gläubigerversammlung **nichtig**, weil zB der Gegenstand der Beschlußfassung nicht ordnungsgemäß bekanntgemacht worden ist (so Rn 99), bedarf es keiner Aufhebung des Beschlusses durch das Gericht nach § 78 InsO mehr, wenn der Beschluß zusätzlich den gemeinsamen Interessen zuwiderläuft. Der Gläubiger braucht daher keinen Antrag gem § 78 InsO stellen, sondern kann sich bei der Ausführung des Beschlusses unmittelbar gegen die Maßnahme wenden (so Rn 100) oder im Fall des § 161 InsO die Untersagung durch das Gericht beantragen. **109**

Gegen die Aufhebung eines Beschlusses nach § 78 InsO ist das Rechtsmittel der **sofortigen Beschwerde** nach § 6 Abs 1 InsO statthaft (§ 18 Abs 2 S 2 InsO). Obwohl die sofortige Beschwerde fristgebunden ist (s Kap 2 Rn 141), bedeutet dies eine weitere erhebliche Rechtsunsicherheit für den Verfahrensablauf, zumal der Gesetzgeber in § 78 InsO keine Eingrenzung hinsichtlich der Beschlußgegenstände vorgenommen hat. So wird zB eine Fortführung des Betriebs bis zur endgültigen gerichtlichen Entscheidung über die Bindungswirkung des entspr Beschlusses der Gläubigerversammlung und den anschließenden gerichtlichen Aufhebungsbeschluß oftmals zum Schaden aller Beteiligten längst hinfällig sein. **110**

Daran vermag auch die eingeschränkte Beschwerdebefugnis nur wenig zu ändern. Eine **Beschwerdebefugnis** kommt lediglich den absonderungsberechtigten und den nicht nachrangigen Gläubigern zu. Dagegen können der Insolvenzverwalter und die nachrangigen Gläubiger nicht gegen die Aufhebung des Beschlusses der Gläubigerversammlung vorgehen (§ 78 Abs 2 S 2 InsO), obgleich der Verwalter einen Antrag auf Aufhebung nach § 78 Abs 1 InsO stellen kann. Nur wenn das Insolvenzgericht den Antrag auf Aufhebung des Beschlusses nach § 78 Abs 1 InsO ablehnt, steht auch dem Insolvenzverwalter wie den anderen Antragsberechtigten (dh den absonderungsberechtigten Gläubigern und den nicht nachrangigen Insolvenzgläubigern) die sofortige Beschwerde zu (§ 78 Abs 2 S 2 InsO). **111**

---

142 Jaeger/*Weber* § 99 KO Rn 3.

6. Änderung von Beschlüssen durch die Gläubigerversammlung

112 Das Gesetz trifft keine generelle Aussage darüber, ob die Gläubigerversammlung ihre **getroffenen Entscheidungen jederzeit revidieren** kann. Dies stellt § 157 S 3 InsO ausdrücklich nur für die Entscheidung über die Stillegung, vorläufige Fortführung des Betriebs sowie den Auftrag an den Verwalter, einen Insolvenzplan auszuarbeiten, fest. Für derartige Änderungsbeschlüsse gelten die allgem Vorschriften über das Stimmrecht und die Mehrheitserfordernisse nach § 76 bis 78 InsO.[143]

113 Auch in anderen Fällen bestehen eigenständige Regelungen: Bei der Zusammensetzung des Gläubigerausschusses hat die Gläubigerversammlung zunächst nach § 68 Abs 2 InsO die Möglichkeit, die vom Gericht bestellten Mitglieder abzuwählen und andere zu benennen. Anschließend können sie diese Entscheidung nur noch revidieren, in dem sie beschließen, einen Antrag an das Gericht zu richten (§ 70 S 2 InsO), dieses möge das einzelne Mitglied der Gläubigerversammlung aus seinem Amt entlassen, wobei eine Entlassung nur bei Vorliegen eines wichtigen Grundes möglich ist. Eine vergleichbare Einschränkung einer Abänderbarkeit gefaßter Beschlüsse enthält § 59 InsO für die Entlassung des Insolvenzverwalters.

114 Im Umkehrschluß zu diesen ausdrücklichen Regelungen scheint der Gläubigerversammlung in allen übrigen Fällen wegen fehlender gesetzlicher Grundlage die Möglichkeit verschlossen, eine getroffene Entscheidung ohne weiteres abzuändern. Unter Berücksichtigung der weitgehenden Gläubigerautonomie muß die Änderung eines Beschlusses jedoch solange möglich sein, wie der Beschluß noch nicht umgesetzt ist, da bis dahin eine Änderung auch unter Beachtung der Rechtssicherheit und dem Ziel eines zügigen Ablaufs des Insolvenzverfahrens vertretbar ist.[144]

VI. Ablauf der Gläubigerversammlung

115 Der Ablauf der Gläubigerversammlung ist regelmäßig bereits durch deren Tagesordnung bestimmt, die das Insolvenzgericht öffentlich bekannt zu machen hat.

1. Berichtstermin

116 Die Richtungsentscheidung über den weiteren Fortgang des Verfahrens steht im Mittelpunkt des Berichtstermins nach § 156 InsO. Eine umfassende Infor-

143 *Schmidt-Räntsch* § 157 InsO.
144 Vgl ohne Einschränkung für eine Änderung Jaeger/*Weber* § 97 KO Rn 1; Kuhn/Uhlenbruck, KO § 97.

mation der Gläubigerversammlung über den bisherigen Sachstand bildet den Ausgangspunkt. Daher sieht § 154 InsO vor, daß der Insolvenzverwalter spätestens eine Woche vor dem Berichtstermin in der Geschäftsstelle des Insolvenzgerichts ein Verzeichnis über die Massegegenstände (§ 151 InsO), ein Gläubigerverzeichnis (§ 152 InsO) sowie ein Vermögensverzeichnis (§ 153 InsO) niederlegt.

a) Bericht des Insolvenzverwalters

Im Anschluß an die **Feststellung der Formalien** knüpft die Gläubigerversammlung – es sei denn, die Tagesordnung sieht einen abweichenden Ablauf vor – regelmäßig unmittelbar an die Verfahrensverzeichnisse des Insolvenzverwalters an. Auf deren Grundlage erfolgt der **mündliche Bericht des Verwalters** über die wirtschaftliche Lage des Schuldners und deren Ursachen (§ 156 Abs 1 S 1 InsO). Darin legt der Verwalter dar, worin die Gründe der Zahlungsunfähigkeit, der Überschuldung oder drohender Zahlungsunfähigkeit des Schuldners zu finden sind, welche Beschlüsse der vorläufige Gläubigerausschuß – soweit er existiert – gefaßt und welche Maßnahmen der Verwalter bisher ergriffen hat. Desweiteren stellt der Verwalter die von ihm zu fertigende Eröffnungsbilanz vor und erläutert diese. Daneben wird er auf bereits geführte Sanierungsgespräche und vorgreifliche arbeits- und steuerrechtliche Aspekte des Verfahrens hinweisen.[145] **117**

Am Ende des Berichts steht die Stellungnahme des Verwalters zur Sanierungsfähigkeit des Unternehmens. Hierbei ist umfassend darzulegen, ob Aussichten bestehen, das Unternehmen des Schuldners im ganzen oder zumindest in Teilen zu erhalten, welche Möglichkeiten für einen Insolvenzplan vorliegen sowie welche Auswirkungen das jeweilige weitere Vorgehen für die Befriedigung der Gläubiger hat (§ 156 Abs 1 S 2 InsO).[146] **118**

b) Wahl eines anderen Insolvenzverwalters

Noch bevor die Gläubigerversammlung über den Fortgang des Verfahrens entscheidet, hat sie nach § 57 InsO die Möglichkeit, statt des vom Gericht bestellten Verwalters eine andere Person mit der Verwaltung zu beauftragen (s Kap 6 Rn 12). Hierfür ist zunächst die Ermittlung und Feststellung der Stimmrechte sowie die Erstellung der Stimmliste erforderlich (so Rn 74 ff). Die Wahl eines neuen Insolvenzverwalters steht unter einer **beschränkten Aufsicht des Gerichts**. Es kann die Bestellung eines neuen Verwalters nur versagen, wenn dieser für die Übernahme des Verwalteramtes nicht geeignet ist, § 57 S 2 InsO. Andere Gründe sind unbeachtlich. Gegen den Versagungsbeschluß des Insolvenzgerichts können die Insolvenzgläubiger im Wege der sofortigen Beschwerde vorgehen, § 57 S 3 InsO.[147] **119**

---

145 Vgl hierzu auch *Bork* Rn 52.
146 Weiterführend Haarmeyer/Wutzke/Förster, Kap 6 Rn 74 ff.
147 Weiterführend Haarmeyer/Wutzke/Förster, Kap 6 Rn 79 ff.

c) Beschluß über den Fortgang des Verfahrens

120 Steht der Verwalter fest, entscheidet die Gläubigerversammlung anschließend auf der Grundlage des Verwalterberichts und der Verfahrensverzeichnisse über den weiteren Fortgang des Verfahrens, dh darüber, ob das Unternehmen des Schuldners stillgelegt oder fortgeführt werden soll, § 157 S 1 InsO. Diese Entscheidung können die Gläubiger mit dem Auftrag an den Insolvenzverwalter verbinden, innerhalb einer zu bestimmenden Frist einen Insolvenzplan auszuarbeiten, § 157 Abs 2 InsO. Unterbleibt eine Entscheidung über die Verwertung oder Fortführung, zB weil kein Gläubiger in der Versammlung erscheint, hat der Verwalter im Anschluß an den Berichtstermin unverzüglich mit der Verwertung des Vermögens zu beginnen bzw diese fortzusetzen.[148]

d) Einsetzung eines Gläubigerausschusses und Benennung der Mitglieder

121 Im weiteren Verlauf des Berichtstermins obliegt der Gläubigerversammlung die Entscheidung darüber, einen Gläubigerausschuß einzusetzen bzw den eingesetzten Ausschuß zu bestätigen (§ 67 Abs 1 InsO)(s im Einzelnen Kap 11 Rn 10). Eine Konstituierung eines Gläubigerausschusses ist insbes in größeren Insolvenzverfahren angezeigt, um den Verwalter zu unterstützen und dessen Arbeit zu kontrollieren. Kommt es zu einem Ausschuß, bestellt die Gläubigerversammlung auch dessen Mitglieder (§ 68 Abs 1 S 2, Abs 2 InsO). Ratsam ist die Benennung einer ungeraden Zahl von Mitgliedern. Auf diesem Weg ist die Entscheidungsfähigkeit des Ausschusses garantiert. Die Gläubigerversammlung sollte ferner das Verfahren regeln, wenn einzelne Mitglieder aus dem Gläubigerausschuß ausscheiden. Da eine Einberufung von Gläubigerversammlungen regelmäßig mit erheblichem Mehraufwand gegenüber der Einberufung einer Sitzung des Gläubigerausschusses verbunden ist, sollte die Gläubigerversammlung vorab eine Liste aufstellen, in der die einzelnen nachrückenden Mitglieder des Gläubigerausschusses benannt sind. Weniger sinnvoll erscheint es, dem Gläubigerausschuß zusammen mit dem Gericht die Auswahl eines nachrückenden Ausschußmitglieds zu überlassen[149] und erst in der nächsten Gläubigerversammlung eine Bestätigung des Mitglieds einzuholen, da hier die Bestimmung des nachrückenden Mitglieds zunächst nicht unmittelbar auf den Willen der Gläubigerversammlung zurückgeht.

122 Das Insolvenzgericht hat die Entscheidungen zum Gläubigerausschuß mit Hinweisen auf die Notwendigkeit und Zweckmäßigkeit der jeweiligen Regelung zu flankieren. Insbes sollte das Gericht die Vor- und Nachteile eines Gläubigerausschusses deutlich machen. So bedeutet die Einsetzung eines Ausschusses regelmäßig eine zusätzliche finanzielle Belastung für die Masse und eine verstärkte Kontrolle des Verwalters. Nicht selten werden die einzelnen Mitglieder des Gläubigerausschusses versuchen, ihre persönlichen Interessen oder die einer

---

148 Vgl hierzu *Bork* Rn 53.
149 Haarmeyer/Wutzke/Förster, Kap 6 Rn 88.

Gruppe von Gläubigern durchzusetzen und das Verfahren an der Gläubigerversammlung vorbeilaufen zu lassen.[150] Das Gericht sollte die Gläubigerversammlung schließlich noch vor der Wahl der einzelnen Mitglieder des Gläubigerausschusses über deren Aufgaben (§ 69 InsO), Haftung (§ 71 InsO) und Vergütung umfassend aufklären (s Kap 11 Rn 21, 89ff).

e) Weitere Entscheidungen im Berichtstermin

Am Ende des Berichtstermins stehen weitere, fakultative Entscheidungen der Gläubigerversammlung. So kann die Versammlung beschließen, ob und in welchem Umfang dem Schuldner und seiner Familie Unterhalt aus der Insolvenzmasse gewährt werden soll (§ 100 InsO). Diese Entscheidung steht im freien Ermessen der Versammlung. Eine Mitwirkung und Sachenentscheidung des Gerichts sieht die Insolvenzordnung nicht vor. Spricht sich die Versammlung für einen „notwendigen Unterhalt" aus, verweisen die Gläubiger damit auf die Mindestsätze des §§ 11, 12 BSHG, dh die untere Grenze des Zulässigen.[151] 123

Schließlich sollte die Gläubigerversammlung bereits zu Beginn des Insolvenzverfahrens diejenigen Regelungen treffen, die unter Berücksichtigung der Besonderheiten des Einzelfalls einen geordneten Ablauf des Verfahrens gewährleisten können. So lassen sich vorab bes Anforderungen an die Berichterstattung des Verwalters festhalten; Zeitabstände für die Erstellung eines Verwalterberichtes (zB jedes halbe Jahr) können abgestimmt und Befreiungen von der Zustimmungspflicht bei einzelnen bes bedeutsamen Rechtshandlungen (§ 160 InsO) im Vorfeld geklärt werden. Mit Blick auf ein straffes Verfahren kann die Gläubigerversammlung des weiteren bereits im Berichtstermin auf das Anhörungsrecht vor der Einstellung des Verfahrens mangels Masse nach § 207 Abs 2 InsO verzichten. 124

2. Prüfungstermin

Im Prüfungstermin befaßt sich die Gläubigerversammlung mit der **Prüfung der angemeldeten Forderungen**,[152] getrennt nach deren Betrag und deren Rang. Obwohl bereits für die Feststellung des Stimmrechts im Berichtstermin die Prüfung der jeweiligen Forderung von Bedeutung sein kann, erfolgt sie regelmäßig erst anschließend, nach Ablauf der Anmeldefrist im Prüfungstermin. 125

Die Prüfung ist für jede Forderung einzeln vorzunehmen. Daneben sah § 141 Abs 1 KO für das bisherige Insolvenzrecht vor, daß im Prüfungstermin jede angemeldete Forderung ihrem Betrage und Vorrecht nach auch einzeln erörtert werden sollte.[153] Nach § 176 S 2 InsO erfolgt eine **Erörterung** nunmehr ledig- 126

150 Vgl Happ/Huntemann (Hrsg), Kap 2 § 8 Rn 34ff.
151 Haarmeyer/Wutzke/Förster, Kap 6 Rn 90.
152 Vgl weiterführend oben Rn 4ff und *Bähr* InVo 1998, S 205ff.
153 Vgl dazu Kuhn/Uhlenbruck, KO § 141 Rn 3.

lich für diejenigen Forderungen, die entweder von dem Insolvenzverwalter, dem Schuldner oder einem Insolvenzgläubiger bestritten werden. Dies fördert einen zügigen Ablauf des Prüfungstermins. Andererseits können der Insolvenzverwalter oder ein Gläubiger einzelne Forderungen nicht nur bis zum Ablauf der Anmeldefrist, sondern auch noch im Verlauf des Prüfungstermins bestreiten, wofür das Insolvenzgericht ausreichend Raum lassen muß.[154]

127 Zu beachten ist, daß die Insolvenzordnung wie bereits § 143 KO **keine Teilnahmepflicht eines Insolvenzgläubigers** am Prüfungstermin kennt. Nach § 176 S 1 InsO sind sämtliche Forderungen zu prüfen. Ob ein anmeldender Gläubiger erscheint oder dem Prüfungstermin fernbleibt, ist somit ohne Belang.[155] Dagegen ist nach der wohl hM die persönliche Anwesenheit des **Verwalters** im Prüfungstermin zwingend erforderlich.[156] Jedenfalls kann der Verwalter einen Beistand hinzuziehen.[157]

128 Die Anwesenheit des **Schuldners** ist nicht erforderlich. Er ist zur Teilnahme am Prüfungstermin lediglich berechtigt, grundsätzlich aber nicht verpflichtet. Eine Mitwirkungs- und Auskunftspflicht besteht nur im Fall einer bes Aufforderung durch das Gericht (§ 97 Abs 1 S 3 InsO).

129 Eine Teilnahme ist dem Schuldner jedoch mit Blick auf die **Rechtskraftwirkung** des § 201 Abs 2 InsO stets zu empfehlen: So vermag der Schuldner die Feststellung der Forderung in der Tabelle zwar nicht zu verhindern. Dies obliegt einzig den Insolvenzgläubigern und dem Insolvenzverwalter. Ein Widerspruch des Schuldners gegen die Feststellung kann ihm jedoch nach Beendigung des Insolvenzverfahrens zugute kommen. Dann kann nämlich jeder Gläubiger unmittelbar aus der Feststellung seiner Forderung in der Tabelle die Zwangsvollstreckung gegen den Schuldner betreiben. Die Eintragung in der Tabelle steht insoweit einem vollstreckbaren Titel gleich (§ 201 Abs 2 InsO). Diesen einfachen Weg, einen vollstreckbaren Titel zu erlangen, versperrt der Schuldner, wenn er im Prüfungstermin die Forderung bestreitet (§ 201 Abs 2 InsO). Der Gläubiger muß sich dann zunächst einen Titel gegen den Schuldner beschaffen oder auf den bereits vor dem Insolvenzverfahren beschafften Titel zurückgreifen (§§ 184, 201 Abs 2 S 2 InsO).

130 Bleibt der Schuldner hingegen dem Prüfungstermin fern, begibt er sich der Möglichkeit, nach Beendigung des Insolvenzverfahrens eine Vollstreckung der Gläubiger unmittelbar aus der Feststellung in der Tabelle zu verhindern. Der Schuldner kann anschließend allenfalls eine **Wiedereinsetzung in den vorigen Stand** zu erreichen versuchen (§§ 186, 4 InsO, 233 ff ZPO), die jedoch an enge

---

154 Begr zu § 203 RegEntwInsO abgedruckt in Balz/Landfermann S 291 f.
155 Begr Ausschußbericht zu § 203 RegEntw abgedruckt in Balz/Landfermann S 292.
156 So *Eckhardt* Kölner Schrift zur InsO, S 591; *Eickmann* KTS 1986, 203 f mwN; Kuhn/Uhlenbruck, KO § 141 Rn 1; Jaeger, KO § 141 Rn 7; Mohrbutter/Mohrbutter, IX 14; Happ/Huntemann (Hrsg), Kap 3 § 9 Rn 21; aA *Bratvogel* KTS 1977, 229 (230); Hess/Binz/Wienberg, GesO, § 11 Rn 28.
157 Kuhn/Uhlenbruck, KO § 141 Rn 1; Happ/Huntemann (Hrsg), Kap 3 § 9 Rn 21.

Voraussetzungen geknüpft ist: Mit Stellung des Antrags auf Wiedereinsetzung muß der Schuldner die Tatsachen glaubhaft machen (§ 294 ZPO), die sein fehlendes Verschulden an der Versäumung des Prüfungstermins begründen (§ 236 Abs 2 ZPO).[158] Ferner muß er das versäumte Bestreiten nachholen und dies zusammen mit der Antragstellung binnen einer Frist von zwei Wochen seit Behebung des Hindernisses (§ 234 Abs 1 ZPO). Ein Antrag auf Wiedereinsetzung ist endgültig unzulässig, wenn seit dem Prüfungstermin ein Jahr verstrichen ist (§ 234 Abs 3 ZPO). Über den Wiedereinsetzungsantrag entscheidet das Insolvenzgericht. Ein bes Prüfungstermin ist nicht anzusetzen. Gegen die Entscheidung des Gerichts steht im Falle der Wiedereinsetzung dem Gläubiger, im Falle der Ablehnung des Antrags dem Schuldner die sofortige Beschwerde (§§ 6 Abs 1 InsO, 577 ZPO) zu.[159]

3. Erörterungs- und Abstimmungstermin

Im Mittelpunkt eines Erörterungs- und Abstimmungstermines steht die Ent- 131
scheidung über den **Insolvenzplan** (s Kap 13 Rn 60ff). Ursprünglich hatte die Bundesregierung vorgesehen, daß der Erörterungs- und der Abstimmungstermin nicht innerhalb einer einzigen Gläubigerversammlung stattfinden sollten. Etwas anderes war allenfalls für die Fälle der Kleininsolvenz vorgesehen oder, wenn im Einzelfall eine Aufspaltung der Termine nach der Einschätzung des Insolvenzgerichts nicht zweckmäßig erscheinen würde (§ 279 RegEntw-InsO). Zur weiteren Verfahrensbeschleunigung stellt § 235 Abs 1 InsO nunmehr klar, daß die Erörterung des Plans und die Abstimmung regelmäßig in einem einheitlichen Termin erfolgen sollen. Nur in Sonderfällen kann das Insolvenzgericht nach § 241 InsO einen gesonderten Abstimmungstermin bestimmen. Fallen Erörterungs- und Abstimmungstermin zusammen, erfolgt zunächst die Erörterung des vorgelegten Insolvenzplans. Anschließend wird das Stimmrecht nach den bes Regeln der §§ 237ff InsO[160] festgestellt und in einer Stimmliste festgehalten (§ 239 InsO), bevor die Abstimmung über den Plan erfolgt.[161]

4. Schlußtermin

Der Schlußtermin (§ 197 InsO) stellt die letzte Gläubigerversammlung im Rah- 132
men des Insolvenzverfahrens dar. Hier nimmt die Gläubigerversammlung die von dem Insolvenzverwalter vorgelegte Schlußrechnung ab, und jeder Gläubiger kann Einwendungen gegen das Schlußverzeichnis des Insolvenzverwalters

158 Siehe Beispiele bei Baumbach/Lauterbach/Albers/*Hartmann* § 236 ZPO Rn 4ff.
159 Vgl weiterführend Kuhn/Uhlenbruck, KO § 165 Rn 5.
160 Vgl hierzu *Hess/Obermüller* Insolvenzplan, Restschuldbefreiung und Verbraucherinsolvenz, Rn 132ff, 153ff.
161 Zur Abstimmung Smid/Rattunde, Rn 574ff.

erheben.[162] Im Anschluß daran entscheiden die Gläubiger über die nicht verwertbaren Massegegenstände.

133 Schon im Vorfeld des Schlußtermins muß der Verwalter die **Schlußrechnung** und das **Schlußverzeichnis** erstellen und dem Insolvenzgericht vorlegen.[163] Dieses leitet die Aufstellung an den Gläubigerausschuß weiter[164] und hält sie zur Einsichtnahme der Gläubiger bereit.

134 Der Insolvenzverwalter ist verpflichtet, an dem Schlußtermin in Person teilzunehmen.[165] Er wird daher durch das Gericht geladen. Der Verwalter soll sich – selbst im Krankheitsfall – nicht vertreten lassen können. Ist nicht rechtzeitig ein Sonderverwalter bestellt worden, muß das Insolvenzgericht den Schlußtermin vertagen.[166]

135 Bei Beendigung seines Amtes im Schlußtermin hat der Verwalter eine **Schlußrechnung** vorzulegen.[167] Zwar enthält § 66 InsO keine näheren Angaben über dessen Form. Regelmäßig wird der Verwalter jedoch, um eine Entlastung sicherzustellen, ein möglichst vollständiges Bild der gesamten Geschäftsführung vermitteln.[168] Entgegen dem bisherigen Insolvenzrecht können die Beteiligten Einwendungen gegen die Schlußrechnung auch noch über den Schlußtermin hinaus geltend machen. Insoweit müssen die Gläubiger nicht bereits im Vorfeld des Schlußtermins die Schlußrechnung überprüfen. Hintergrund für diese Änderung war die Einsicht, daß ein Gläubiger überfordert ist, wenn von ihm verlangt wird, binnen kurzer Frist die Ordnungsgemäßheit der Abrechnung des Verwalters festzustellen.[169] Die Insolvenzordnung enthält keine Frist, bis wann die Erhebung einer Einwendung auch noch nachträglich möglich ist. Statt dessen sei – so der Gesetzgeber – die Verjährungsfrist des § 62 InsO ausreichend,[170] wonach sich der Verwalter bis zum Ablauf der dreijährigen Verjährungsfrist des § 62 InsO Schadensersatzforderungen aus seiner Tätigkeit ausgesetzt sieht.[171] Um das Ziel, das Insolvenzverfahren zügig voranzutreiben und zu einem Abschluß zu bringen, nicht aus den Augen zu verlieren, wäre es hingegen angemessen, Einwände mit Blick auf die Einberufungsfrist des § 197 Abs 2 InsO auf einen Monat vom Zeitpunkt des Schlußtermins an zu beschränken.

162 Vgl hierzu Kuhn/Uhlenbruck, KO § 86 Rn 8.
163 Zum ganzen Kuhn/Uhlenbruck, KO § 86 Rn 6ff; *Uhlenbruck* ZIP 1982, 125ff; *Bähner* KTS 1991, 347; Kilger/K. Schmidt, § 86 KO Rn 1.
164 Vgl hierzu Kilger/K. Schmidt, § 86 KO Rn 5.
165 Mohrbutter/Mohrbutter, XI 47, S 464; Kuhn/Uhlenbruck, KO § 162 Rn 1; Haarmeyer/Wutzke/Förster, § 18 GesO Rn 14.
166 Mohrbutter/Mohrbutter, XI 47, S 464; Kuhn/Uhlenbruck, KO § 162 Rn 1.
167 Kuhn/Uhlenbruck, KO § 86 Rn 6ff; *Uhlenbruck* ZIP 1982, 125ff; *Bähner* KTS 1991, 347; Kilger/K. Schmidt, § 86 KO Rn 1.
168 *Wellensiek* Kölner Schrift zur InsO, S 318.
169 Begr zu § 76 RegEntwInsO abgedruckt in Balz/Landfermann S 146f.
170 Begr zu § 76 RegEntwInsO abgedruckt in Balz/Landfermann S 146f.
171 Kritisch *Wellensiek* Kölner Schrift zur InsO, 319 mwN.

Neben der Schlußrechnung erörtert die Gläubigerversammlung das **Schlußverzeichnis**.[172] Hierin liefert der Insolvenzverwalter eine Übersicht über sämtliche bei der Schlußverteilung zu berücksichtigenden Forderungen. Die Gläubiger haben in dem Schlußtermin Gelegenheit, gegen den Verteilungsvorschlag des Verwalters **Einwände** zu erheben, soweit sie durch den Vorschlag beschwert sind. Hat es ein im Schlußverzeichnis nicht erwähnter Gläubiger versäumt, sich im Schlußtermin gegen den Verteilungsvorschlag zu wenden, so ist er – anders als mit Protesten gegen die Schlußrechnung – endgültig mit seiner Forderung ausgeschlossen und nicht weiter zu berücksichtigen.[173] Er verliert sein Widerspruchsrecht.[174] Eine Wiedereinsetzung in den vorigen Stand soll nicht in Betracht kommen, allenfalls eine Anfechtung wegen Täuschung oder Irrtums gem §§ 119 ff BGB.[175] So eröffnet der Schlußtermin auch gleichzeitig die letzte Möglichkeit eines **Prüfungstermins für nachträglich angemeldete Forderungen**. Eine derartige nachträgliche Prüfung ist bis zum Ende des Schlußtermins anerkannt und durchaus üblich, da zur Prüfung für nachangemeldete Forderungen keine zeitliche Grenze existiert und gleichzeitig die Anmeldung von Forderungen bis zur Beendigung des Insolvenzverfahrens statthaft ist (§ 177 Abs 1 S 1 InsO).[176] 136

Nach dem Sinn und Zweck des Schlußtermins erheben die Gläubiger ihre Einwendung regelmäßig durch mündliche Erklärung in der Versammlung.[177] Über diese hat dann das Gericht zu entscheiden. Es kann die Einwendung entweder zurückweisen oder die Änderung bzw Ergänzung des Verteilungsvorschlages anordnen. Jedenfalls hat es seine Entscheidung zu Protokoll zu nehmen.[178] Im übrigen beschließt die Gläubigerversammlung über die Billigung, Ergänzung und Abänderung des Verteilungsvorschlags nach dem Summenprinzip des § 76 Abs 2 InsO. 137

Den Abschluß des Schlußtermins bildet die Entscheidung über die **nicht verwertbaren Vermögensgegenstände**. Damit soll der Verwalter von den Folgen einer ungenehmigten Freigabe entlastet werden. Unterbleibt eine Entscheidung der Versammlung, etwa weil kein Gläubiger erscheint, so gilt die **Freigabe an den Schuldner** als stillschweigend genehmigt. Der Verwalter ist von den Haftungsrisiken entlastet.[179] 138

---

172 Kuhn/Uhlenbruck, KO, § 86 Rn 6ff; *Uhlenbruck* ZIP 1982, 125ff.
173 BGH, ZIP 1994, 980 (982).
174 Haarmeyer/Wutzke/Förster, GesO, § 18 Rn 18.
175 Kuhn/Uhlenbruck, KO § 162 Rn 4 mwN.
176 Weiterführend Kuhn/Uhlenbruck, KO § 162 Rn 5 mwN.
177 Kuhn/Uhlenbruck, KO § 162 Rn 4.
178 Haarmeyer/Wutzke/Förster, GesO, § 18 Rn 17.
179 Jaeger, § 162 KO Anm 6; Haarmeyer/Wuztke/Förster, GesO, § 18 Rn 19.

VII. Anleihegläubigerversammlung

139 Das Insolvenzgericht hat in der Insolvenz eines Ausstellers von Schuldverschreibungen neben der Gläubigerversammlung unverzüglich eine Versammlung der Schuldverschreibungsgläubiger einzuberufen (§ 18 Abs 3 SchVG[180]). Inhaberschuldverschreibungen sind Inhaberpapiere, die ein Forderungsrecht verbriefen, so zB Hypothekenpfandbriefe und Gewinnanteilsscheine einer AG. Für die Versammlung der Schuldverschreibungsgläubiger stellt das Schuldverschreibungsgesetz einige Sonderregelungen auf.[181] Wie bei der Gläubigerversammlung nach den Regelungen der Insolvenzordnung obliegt die Leitung und Einberufung auch derartiger Versammlungen dem Insolvenzgericht (§ 18 Abs 2 SchVG). In deren Mittelpunkt steht die Bestellung eines gemeinsamen Vertreters der Gläubiger der Schuldverschreibungen (§ 1 Abs 2 SchVG), der während des gesamten Insolvenzverfahrens die Interessen der Schuldverschreibungsgläubiger wahrnehmen soll. Seine Bestellung ist regelmäßig bereits in den Anleihebedingungen vorgesehen (§ 16 Abs 1 SchVG).[182] Die Gläubiger sollen mit der Bestellung der gemeinsamen Vertretung nach § 14 Abs 1 SchVG gleichzeitig den Umfang seiner Befugnisse festlegen.

---

180 Gesetz betreffend die gemeinsamen Rechte der Besitzer von Schuldverschreibungen vom 4. 12. 1899.
181 Vgl hierzu *Hopt* WM 1990, 1733.
182 *Obermüller* Insolvenzrecht in der Bankpraxis, Rn 1.446.

11. Kapitel: Der Gläubigerausschuß

Übersicht

	Rn
Vorbemerkung	1
I. Bestellung oder Wahl eines Gläubigerausschusses	2
1. Bestellung des vorläufigen Gläubigerausschusses durch das Gericht	3
a) Zusammensetzung des vorläufigen Gläubigerausschusses	4
b) Gerichtliche Bestellung	6
c) Rechte und Pflichten/Beendigung der Mitgliedschaft	7
2. Von der Gläubigerversammlung eingesetzter Gläubigerausschuß	10
a) Beschlußfassung und Wahl	11
b) Mitglieder des Gläubigerausschusses	13
c) Wählbarkeit	14
d) Beendigung der Ausschußmitgliedschaft	16
II. Aufgaben und Befugnisse des Gläubigerausschusses	21
1. Gläubigerausschuß als Kollegialorgan	22
2. Rechtsstellung gegenüber den Gläubigern	23
3. Rechtsstellung gegenüber dem Insolvenzgericht	27
4. Rechtsstellung gegenüber dem Insolvenzverwalter	28
a) Unterstützung des Verwalters und Befugnisse des Gläubigerausschusses	29
b) Kontrollpflicht	30
aa) Berichterstattung	31
bb) Kassenprüfung	34
cc) Interessenkollisionen	36
5. Zustimmungspflichtige Rechtshandlungen	38
6. Zustimmungserfordernisse in anderen Fällen	41
a) Zustimmung zu bedeutsamen Rechtshandlungen bei Eigenverwaltung des Schuldners	42
b) Zustimmung bei Gewährung von Unterhalt aus der Insolvenzmasse	43
c) Zustimmung bei Antrag des Verwalters auf Zurückweisung eines Insolvenzplanes	44
d) Zustimmung bei Fortsetzung der Verwertung im Planverfahren	45
e) Zustimmung bei Geschäftsstillegung	46
7. Mitbestimmungsrechte des Gläubigerausschusses	51
a) Mitbestimmung bei Geldanlagen	52
b) Mitbestimmung bei Abschlagsverteilung	53
8. Mitwirkungsrechte des Gläubigerausschusses	54
a) Quittierungspflicht nach § 149 Abs 2 InsO	55
b) Mitwirkung bei der Aufstellung eines Insolvenzplanes	56
9. Anhörungsrechte des Gläubigerausschusses	57
a) Stellungnahme im Berichtstermin	58
b) Anhörung bei Verfahrenseinstellung	60
c) Stellungnahme zur Schlußrechnung des Verwalters	61
10. Informationsrechte des Gläubigerausschusses	62
a) Informationsrecht während der Planüberwachung	63
b) Anzeigepflicht bei Eigenverwaltung	65

Christian Graf Brockdorff

	Rn
c) Informationen über die Vergütungsfestsetzung	66
d) Information über Verfahrensaufhebung	67
III. Arbeitsweise des Gläubigerausschusses	68
1. Einberufung einer Gläubigerausschußsitzung	69
a) Recht zur Einberufung	70
b) Form und Frist	73
2. Sitzungsteilnehmer	76
3. Ablauf von Gläubigerausschußsitzungen	78
a) Tagesordnung	80
b) Beschlußfassung, Stimmrecht	83
c) Protokoll	87
4. Haftung der Gläubigerausschußmitglieder	89
a) Pflichtenkreis	90
aa) Kausalität	91
bb) Verschulden	92
b) Gesamtschuldnerische Haftung	93
c) Geltendmachen des Schadens	94
d) Verjährung der Ersatzansprüche	96
5. Vermögensschadenhaftpflichtversicherung der Ausschußmitglieder	97

Vorbemerkung

1 Der Gläubigerausschuß ist neben der Gläubigerversammlung ein weiteres Organ der Gläubigerschaft, durch das die Gläubigergemeinschaft ihre Interessen wahrnehmen kann. Durch den Gläubigerausschuß soll der ständige Einfluß der beteiligten Gläubiger auf den Ablauf des Insolvenzverfahrens sichergestellt werden. Mit Einführung der InsO wird die Position der Gläubiger gestärkt.[1] Insbes die absonderungsberechtigten Gläubiger werden durch die Neuregelung weit stärker in das Verfahren einbezogen, als dies bisher der Fall war.[2] Ausdruck der Gläubigerautonomie ist auch die grundsätzliche, durch die Erweiterung der Mitwirkungsrechte weiter gestärkte, Entscheidungshoheit der Gläubiger im Gläubigerausschuß. Die Aufsichtsfunktion des Insolvenzgerichts ist dem Ausschuß gegenüber deshalb auf die Einhaltung der Rechtsvorschriften beschränkt. Zweckmäßigkeitserwägungen hat das Gericht im Rahmen der Aufsicht hingegen idR nicht anzustellen. Vorrangige Aufgabe des Gläubigerausschusses ist es, den Insolvenzverwalter bei seiner Geschäftsführung zu unterstützen und zu überwachen (§ 69 InsO). Der Gläubigerausschuß ist bei wesentlichen, das Verfahren (vgl § 66 InsO) oder die Insolvenzmasse (vgl §§ 158, 160 InsO) betreffenden Fragen zu beteiligen. Mitwirkungsrechte sind auch für die Eigenverwaltung des Schuldners (vgl § 276 InsO) und für das Insolvenzplanverfahren (vgl § 232 Abs 1 InsO) vorgesehen.

1 Vgl Begr zu § 78 RegEntw InsO abgedruckt in Balz/Landfermann S 147f.
2 Vgl Begr zu § 78 RegEntw InsO abgedruckt in Balz/Landfermann S 147f.

I. Bestellung oder Wahl eines Gläubigerausschusses

Nach Eröffnung des Insolvenzverfahrens hat das Gericht die Möglichkeit, bei Bedarf einen vorläufigen Gläubigerausschuß zu bestellen. Dieser kann von der Gläubigerversammlung entlassen, durch die Wahl neuer Mitglieder ganz oder teilweise ersetzt oder schlicht bestätigt werden. 2

1. Bestellung des vorläufigen Gläubigerausschusses durch das Gericht

Nach § 67 InsO ist das Insolvenzgericht befugt, einen **vorläufigen Gläubigerausschuß** zu bestellen, wenn es nach **pflichtgemäßer Ermessensausübung** festgestellt hat, daß ein vorläufiger Gläubigerausschuß erforderlich ist.[3] Im Falle der Insolvenz einer **Genossenschaft** reduzierte sich dieses Ermessen auf Null, denn nach § 103 GenG war bei der Eröffnung des Verfahrens durch das Gericht ein Gläubigerausschuß zu bestellen. Da die Vorschrift des § 103 GenG aber durch Art 49 EGInsO aufgehoben wurde, ist ein vorläufiger Gläubigerausschuß nicht mehr zwingend zu bestellen 3

a) Zusammensetzung des vorläufigen Gläubigerausschusses

Für den Fall, daß von dem Insolvenzgericht ein Gläubigerausschuß eingesetzt wird, sollen folgende Gläubigergruppen in dem Ausschuß vertreten sein: 4

- die absonderungsberechtigten Gläubiger,
- die Gläubiger mit den höchsten Forderungen,
- die Kleingläubiger,
- ein Arbeitnehmer, wenn die Arbeitnehmer mit nicht unerheblichen Forderungen als Insolvenzgläubiger beteiligt sind (vgl § 67 Abs 2 InsO).

Als **Mitglieder** des vorläufigen Gläubigerausschusses kommen ferner Personen in Betracht, die keine Gläubiger sind (§ 67 Abs 2 InsO), aber beispielsweise wegen ihrer bes Sachkunde im Ausschuß mitwirken sollten (vgl Rn 14). Bei größeren Betrieben kommt insoweit die Berufung eines Betriebsratsmitglieds in Betracht.[4] Im Zusammenhang mit der Wählbarkeit gelten die Einschränkungen des § 87 Abs 1 KO künftig nicht mehr. Hiernach konnten in den vorläufigen Gläubigerausschuß nur Gläubiger oder Vertreter von Gläubigern bestellt werden.[5] 5

---

3 Vgl Begr zu § 78 RegEntw InsO abgedruckt in Balz/Landfermann S 147 f.
4 Vgl Haarmeyer/Wutzke/Förster, Kap 6 Rn 6.
5 Kuhn/Uhlenbruck, KO, § 87 Rn 2.

b) Gerichtliche Bestellung

6 Die **gerichtliche Bestellung** erfolgt durch **Beschluß**. Der Beschluß kann im Gegensatz zur bisherigen Rechtslage[6] nicht mehr mit dem Rechtsmittel der sofortigen Beschwerde angefochten werden, weil es an einer entspr Bestimmung fehlt. Gem § 6 Abs1 InsO unterliegen die Entscheidungen des Insolvenzgerichts nur dann einem Rechtsmittel, wenn dies im Gesetz vorgesehen ist.

c) Rechte und Pflichten/Beendigung der Mitgliedschaft

7 Für die Rechte und Pflichten und die Verantwortlichkeit der vorläufig bestellten Ausschußmitglieder kann auf die nachfolgenden Ausführungen im Zusammenhang mit dem endgültigen Gläubigerausschuß verwiesen werden.

8 Die nächste Gläubigerversammlung hat gem § 68 InsO über die Beibehaltung des Ausschusses generell und auch über die Beibehaltung der von dem Gericht bestimmten Mitglieder bzw über die Wahl anderer Mitglieder zu beschließen. Dies gilt auch für den von Amts wegen zu bestellenden Gläubigerausschuß im Falle der Insolvenz einer Genossenschaft (vgl § 103 S 2 GenG). Zur Beschlußfassung der Gläubigerversammlung vgl Kap 10 Rn 61.

9 Die Mitgliedschaft in dem vorläufigen Gläubigerausschuß kann nicht zur Unzeit niedergelegt werden, es sei denn, ein wichtiger Grund für eine unzeitige Niederlegung ist gegeben. Das Gericht kann die Bestellung des vorläufigen Ausschusses solange widerrufen, wie nicht eine endgültige Bestellung durch die Gläubigerversammlung erfolgt ist.[7]

2. Von der Gläubigerversammlung eingesetzter Gläubigerausschuß

10 Hat das Insolvenzgericht keinen vorläufigen Gläubigerausschuß eingesetzt, kann die Gläubigerversammlung in ihrer ersten Sitzung oder aber zu einem späteren Zeitpunkt darüber beschließen, ob ein Gläubigerausschuß eingesetzt werden soll.[8] Entspr kann die Gläubigerversammlung über die Beibehaltung, Auflösung oder personelle Umbesetzung eines vom Insolvenzgericht bestellten vorläufigen Gläubigerausschusses entscheiden (§ 68 Abs 1, 2 InsO). Die Einsetzung eines Gläubigerausschusses liegt somit im Ermessen der Gläubigerversammlung. Ein Gläubigerausschuß wird dann zweckmäßig sein, wenn ein größeres und schwierigeres Verfahren abzuwickeln ist. Insbes in den Verfahren, in denen umfangreiche und schwierige Verwertungshandlungen erforderlich sind oder der Geschäftsbetrieb des Schuldners mit zahlreichen Arbeitnehmern fortgeführt und saniert werden soll, ist eine Beteiligung der Gläubiger durch den

6 Kuhn/Uhlenbruck, KO, § 87 Rn 2a.
7 Vgl Kuhn/Uhlenbruck, KO, § 87 Rn 2c.
8 Vgl Haarmeyer/Wutzke/Förster, Kap 6 Rn 9.

Gläubigerausschuß sinnvoll. In kleineren Verfahren dürften die Kosten eines Gläubigerausschusses hingegen regelmäßig außer Verhältnis zu seinem Nutzen stehen.[9]

a) Beschlußfassung und Wahl

Zunächst ist in der Gläubigerversammlung ein **Beschluß** darüber herbeizuführen, ob ein Gläubigerausschuß ggf endgültig bestellt werden soll. Beschließt die Gläubigerversammlung mit der erforderlichen Mehrheit die Bestellung eines Gläubigerausschusses, so hat sie die Mitglieder des Ausschusses anschließend zu wählen oder zu bestätigen, wenn ein vorläufiger Gläubigerausschuß in unveränderter Form beibehalten werden soll. Beschlüsse der Gläubigerversammlung kommen gem §§ 76 Abs 2, 77 Abs 1 InsO mit der Summenmehrheit der Forderungsbeträge der abstimmenden Gläubiger zustande. Nachrangige Insolvenzgläubiger sind nicht stimmberechtigt (zur Abstimmung der Gläubigerversammlung sa Kap 10 Rn 61). Das Amt als Gläubigerausschußmitglied beginnt mit der Annahmeerklärung, wobei der oder die Gewählte zur Annahme der ihm oder ihr angetragenen Aufgabe nicht verpflichtet ist.[10] 11

Auch die **nachträgliche Ergänzung** eines Gläubigerausschusses um weitere Mitglieder ist möglich. Die Gläubigerversammlung kann auch bereits gelegentlich der Wahl des Gläubigerausschusses einen oder mehrere Ersatzmitglieder bestellen oder den Gläubigerausschuß dazu ermächtigen, sich selbst bei Wegfall der Mitglieder zu ergänzen.[11] Für den Fall, daß eine solche Bestimmung nicht getroffen, aber die Anzahl der Gläubigerausschußmitglieder durch die Gläubigerversammlung festgelegt worden ist, ist bei Ausscheiden eines Ausschußmitgliedes eine Gläubigerversammlung einzuberufen, in der ein Mitglied nachgewählt wird. 12

b) Mitglieder des Gläubigerausschusses

Über die **Zahl der Mitglieder** des Gläubigerausschusses enthält die InsO keine ausdrückliche Regelung. Insoweit ergibt sich keine Neuerung zum bisherigen Recht, denn weder die Gesamtvollstreckungsordnung noch die Konkursordnung enthielten eine Regelung über die Anzahl der Ausschußmitglieder.[12] Mit der Verwendung der Worte „Ausschuß“ und „Mitglieder“ in den §§ 68 ff InsO hat der Gesetzgeber jedoch klargestellt, daß der Gläubigerausschuß aus mehreren Mitgliedern bestehen soll.[13] Nach § 67 Abs 2 InsO ist für den vom Gericht eingesetzten vorläufigen Gläubigerausschuß eine Mitgliederzahl von mindestens drei Ausschußmitgliedern vorgesehen. Deshalb wird für die Mitgliederanzahl des von der Gläubigerversammlung gewählten Ausschusses eine 13

9 Vgl Happ/Huntemann (Hrsg), § 11 Rn 8.
10 Happ/Huntemann (Hrsg), § 11 Rn 12.
11 In diesem Sinne: *Uhlenbruck* Gläubigerberatung in der Insolvenz, S 401.
12 Vgl Happ/Huntemann (Hrsg), § 11 Rn 13.
13 Ähnlich Jäger/*Lent* KO, § 87 Rn 2.

analoge Anwendung dieser Vorschrift vertreten.[14] Dem ist zuzustimmen, denn eine ungerade Zahl von Mitgliedern ist zweckmäßig, da bei den anstehenden Entscheidungen eine klare Mehrheit erreicht werden soll.

c) Wählbarkeit

14 **Wählbar** sind nicht nur Gläubiger des Schuldners und deren Vertreter, sondern auch unbeteiligte Dritte. Diese sollen aber sachkundig, dh nach persönlichen und beruflichen Kenntnissen dazu in der Lage sein, die Aufgaben, die einem Gläubigerausschußmitglied von Gesetzes wegen zugedacht sind, auszuführen.[15] Auch **juristische Personen** können Mitglieder in Gläubigerausschüssen sein. Sie werden dann durch ihre gesetzlichen Vertreter oder durch geeignete dritte Personen in dem Ausschuß vertreten. Dies war zwar umstritten, wurde aber für das bisherige Recht durch eine Entscheidung des Bundesgerichtshofs klargestellt[16] und ist auch mit der Einführung der InsO unveränderte Rechtslage, ohne daß es einer ausdrücklichen Regelung bedarf.[17] Um die Arbeitsfähigkeit des Gläubigerausschusses zu gewährleisten, ist die juristische Person gehalten, einen bestimmten organschaftlichen Vertreter oder sonstigen geeigneten Dritten (zB einen Rechtsanwalt) als Vertreter in den Ausschuß zu entsenden, der die Rechte und Pflichten des Gläubigerausschußmitgliedes wahrnimmt.[18] Die Person des Vertreters wird in der Praxis in dem Protokoll der Gläubigerversammlung, in der die Bestellung erfolgt, idR namentlich festgehalten. Eine Behörde kann allerdings nicht Mitglied im Gläubigerausschuß werden, weil ihr die Rechtsfähigkeit fehlt.[19]

15 **Der Schuldner ist wegen seiner entgegenstehenden Interessen nicht wählbar.**[20] Auch der Verwalter ist nicht wählbar, weil dies dem Sinn und Zweck der in § 69 S 1 InsO erwähnten Überwachungsfunktion zuwiderlaufen würde. Aus dem gleichen Grund sollte auch ein organschaftlicher Vertreter des Schuldners (zB der Geschäftsführer einer GmbH) nicht vom Gericht in den vorläufigen Gläubigerausschuß berufen werden. Dies gilt auch für Gläubiger bzw sachkundige andere Personen, bei denen Interessenkollisionen zu befürchten sind (etwa Personen, die mit dem Schuldner in enger wirtschaftlicher Verbindung stehen oder von diesem abhängig sind). Üblicherweise wird die Gläubigerversammlung dafür sorgen, daß die verschiedenen Interessenlagen der einzelnen Gläubigergruppen im Gläubigerausschuß repräsentiert sind: Die absonderungsberechtigten Gläubiger (zB Lieferanten), die Gläubiger mit den höchsten Forderungen (zB Banken, Krankenkassen) und die Kleingläubiger. Auch ein

---

14 Vgl Haarmeyer/Wutzke/Förster, Kap 6 Rn 7.
15 Vgl die bisherige Regelung in § 15 Abs 2 GesO.
16 BGH WM 1994, 166.
17 Vgl Begr zu § 78 RegEntw InsO abgedruckt in Balz/Landfermann S 148f; aA Haarmeyer/Wutzke/Förster, Kap 6 Rn 14.
18 Vgl Happ/Huntemann (Hrsg), § 11 Rn 14.
19 BGH, ZIP 1994, 46; Schmidt-Räntsch/*Heidland* InsO, S 557; Haarmeyer/Wutzke/Förster, Kap 6 Rn 12.
20 Haarmeyer/Wutzke/Förster, Kap 6 Rn 12.

Vertreter der Arbeitnehmer (zB der Betriebsratsvorsitzende) wird idR in den Gläubigerausschuß gewählt. Diese in der Praxis bereits vor Geltung der InsO bei größeren Gesamtvollstreckungsverfahren üblich gewesene Zusammensetzung des Gläubigerausschusses sieht nunmehr die InsO in § 67 Abs 2 InsO vor.[21] Die Wahl des Gläubigerausschusses bedarf keiner Bestätigung durch das Insolvenzgericht.[22] Dem Insolvenzgericht steht lediglich die Befugnis zu, einen von der Gläubigerversammlung gefaßten Beschluß aufzuheben, wenn der Beschluß dem gemeinsamen Interesse der Insolvenzgläubiger widerspricht. Voraussetzung ist dabei ferner ein entspr Antrag eines absonderungsberechtigten oder eines nicht nachrangigen Insolvenzgläubigers oder des Insolvenzverwalters in der Gläubigerversammlung (§ 78 Abs 1 InsO). In einem solchen Falle ist die Aufhebung des Beschlusses öffentlich bekanntzumachen. Gegen die Aufhebung des Beschlusses der Gläubigerversammlung steht jedem absonderungsberechtigten und jedem nicht nachrangigen Insolvenzgläubiger die sofortige Beschwerde zu. Gegen die Ablehnung des Antrags auf Aufhebung steht dem Antragsteller die sofortige Beschwerde zu (§ 78 Abs 2 InsO).

d) Beendigung der Ausschußmitgliedschaft

Die Mitgliedschaft im Gläubigerausschuß endet durch den Tod des Ausschußmitgliedes oder die Einstellung des Insolvenzverfahrens. Ferner kann das Insolvenzgericht ein Mitglied des Gläubigerausschusses aus wichtigem Grund aus dem Amt entlassen. **16**

Unter den Regelungen der KO konnte die durch die Gläubigerversammlung erfolgte Bestellung zum Mitglied des Gläubigerausschusses durch Beschluß der Gläubigerversammlung ohne Zustimmung des Gerichts widerrufen werden (§ 92 2. Halbs KO). Nach den Bestimmungen der InsO ist eine Abwahl einzelner Mitglieder durch die Gläubigerversammlung dagegen nur bei **vorläufig** vom Gericht eingesetzten Gläubigerausschußmitgliedern möglich (vgl § 68 Abs 2 InsO). Hingegen können von der Gläubigerversammlung gewählte Gläubigerausschußmitglieder nach der InsO nicht mehr von der Gläubigerversammlung abgewählt werden. Die Gläubigerversammlung kann lediglich die Entlassung eines Gläubigerausschußmitgliedes aus wichtigem Grund beim Insolvenzgericht beantragen (§ 70 S 2 InsO). Hierzu bedarf es eines mit einfacher Mehrheit gefaßten Beschlusses der Gläubigerversammlung. Die Entlassung kann zudem von Amts wegen oder auf Antrag des betroffenen Mitgliedes des Gläubigerausschusses, aber nur aus wichtigem Grund, erfolgen. Entlassungsbefugt ist allein das Gericht. Vor der Entscheidung des Gerichts ist das betroffene Mitglied zu hören. Dem Mitglied steht die sofortige Beschwerde als Rechtsmittel gegen die gerichtliche Entscheidung zu (§ 70 S 3 InsO). **17**

---

21 Vgl Happ/Huntemann (Hrsg), § 11 Rn 15, 16.
22 Kuhn/Uhlenbruck, KO, § 87 Rn 7.

18 Es stellt sich in diesem Zusammenhang die Frage, ob ein Mitglied des Gläubigerausschusses sein Amt **niederlegen** darf und wem gegenüber die entsprechende Erklärung abzugeben ist.

19 Für die Konkursordnung wurde hierzu vertreten, daß die Niederlegung durch das Mitglied selbst nicht zulässig sei, das Ausschußmitglied aber beim zuständigen Konkursgericht seine Entlassung aus wichtigem Grunde beantragen könne.[23] Dies wurde damit begründet, daß es einem Gläubigerausschußmitglied bei Vorliegen eines wichtigen Grundes möglich sein müsse, von seinem Amt entbunden zu werden. Diese Möglichkeit ist nunmehr in § 70 InsO geschaffen worden. Eine schlichte Niederlegungsmöglichkeit ist vom Gesetzgeber nach wie vor nicht vorgesehen. Zur Gewährleistung der Kontinuität der Zusammensetzung und der Zusammenarbeit des Ausschusses ist es sachgerecht, die Entscheidung über die gewünschte Entlassung aus dem Amt dem Gericht als neutralem Aufsichtsorgan über das Insolvenzverfahren zu überlassen und nicht in das freie Ermessen des Ausschußmitgliedes zu stellen.[24] Der Zweck und die Funktionsfähigkeit des Gläubigerausschusses gebieten es, die Amtsinhaberschaft nicht der jederzeitigen Disposition der Mitglieder zu überlassen.

20 Das Gericht entscheidet über die Entlassung unter Abwägung der Interessen aller Beteiligten nach pflichtgemäßem Ermessen durch Beschluß, der, wie vorstehend bereits dargestellt, von den hierdurch Betroffenen angefochten werden kann. Die Mitgliedschaft im Gläubigerausschuß endet mit der Rechtskraft des die Beendigung der Mitgliedschaft aussprechenden Beschlusses.

II. Aufgaben und Befugnisse des Gläubigerausschusses

21 Als unabhängiger Repräsentant der Gläubiger nimmt der Gläubigerausschuß Aufgaben der Gläubigerselbstverwaltung wahr. Ihm sind insbesondere gem § 69 InsO Unterstützungs- und Überwachungspflichten zugewiesen. Er ist dabei grundsätzlich weder an Weisungen gebunden, noch ist er weisungsbefugt.

1. Gläubigerausschuß als Kollegialorgan

22 Die **Mitglieder** des Gläubigerausschusses können nach dem Wortlaut des § 69 InsO **Rechte des Ausschusses als Einzelne ausüben** und nicht, wie bisher, nur als **Kollegium**. Insoweit entspricht § 69 InsO nicht dem früher geltenden § 88 Abs 2 KO, der auf die „Mitglieder des Gläubigerausschusses" Bezug nimmt. In letztgenannter Norm wurde zwischen Individualpflichten und Kollegialpflichten unterschieden, wobei lediglich die Unterstützungs- und Über-

---

23 Vgl Kuhn/Uhlenbruck, § 87 KO Rn 8.
24 Ähnlich Happ/Huntemann (Hrsg), § 11 Rn 20.

wachungspflichten den einzelnen Ausschußmitgliedern obliegen. Eine solche Differenzierung ist in § 69 InsO nicht mehr enthalten. Deshalb ist nunmehr jedes einzelne Mitglied berechtigt und verpflichtet, sich über die Geschäftsführung des Insolvenzverwalters zu unterrichten und kann hierbei von diesem Berichterstattung über die Geschäftsführung verlangen. Hieraus folgt hingegen nicht, daß das einzelne Mitglied die dem Ausschuß als Kollegialorgan obliegenden Pflichten wahrzunehmen, eine Stellungnahme abzugeben oder eine Gläubigerversammlung einzuberufen hätte.[25]

2. Rechtsstellung gegenüber den Gläubigern

Durch die Wahl eines Gläubigerausschusses delegiert die Gläubigerversammlung ihre Selbstverwaltungsbefugnis an den Gläubigerausschuß,[26] der damit die Funktion eines Exekutivorgans der Gläubigerversammlung innehat.[27] **23**

Als ein von der Gläubigerversammlung eingesetztes Kollegium handelt der Gläubigerausschuß weitgehend selbständig und steht zu den Gläubigern in keinem Auftragsverhältnis.[28] Zweifelhaft ist aber, ob die Gläubigerversammlung dem Gläubigerausschuß **Weisungen erteilen** kann und – wie dies für den Anwendungsbereich der KO[29] und teilweise auch für den Anwendungsbereich der GesO[30] vertreten wurde – durch ihre Beschlüsse die **Beschlüsse des Gläubigerausschusses ersetzen** kann: **24**

Für die Weisungsabhängigkeit des Gläubigerausschusses spricht die Überlegung, daß die Gläubigerversammlung über das Schicksal des Gläubigerausschusses und dessen Zusammensetzung beschließen kann. Dieser Ausgangspunkt besteht aber nicht mehr, wenn die Gläubigerversammlung sich einmal für die Bildung eines Gläubigerausschusses entschieden hat. Denn dann hat die Gläubigerversammlung nur das Recht, die Entlassung des Gläubigerausschusses aus wichtigem Grund zu beantragen (vgl § 70 InsO).[31] Deshalb ist mit dem Reichsgericht[32] festzuhalten, daß der Gläubigerausschuß zwar mit dem Willen der Gläubiger und durch ihre Wahl bestellt wird, jedoch nicht in einem Mandatsverhältnis zu den Gläubigern steht. Vielmehr kommt ihm, sobald er gewählt ist, die rechtliche Stellung und Funktion eines von den Gläubigern wesentlich unabhängigen, selbständigen gesetzlichen **Hilfsorgans des Verwalters** zu, dem (ebenso wie dem Verwalter) im Verhältnis zum Schuldner und dessen Vermögen im öffentlichen Interesse Aufgaben für die Durchführung der Zwecke **25**

25 Schmidt-Räntsch/*Heidland* S 560, Rn 22.
26 Kilger/K. Schmidt, GesO, § 15 Anm 3a; vgl auch Kuhn/Uhlenbruck, KO, § 87 Rn 1.
27 Vgl Haarmeyer/Wutzke/Förster, Kap 6, Rn 2.
28 Vgl Jaeger/*Weber* KO, § 87 Rn 1; Kuhn/Uhlenbruck, KO, § 87 Rn 1.
29 *Hegmanns* S 65; Kuhn/Uhlenbruck, KO, §§ 133, 134, Rn 1c.
30 Haarmeyer/Wutzke/Förster, GesO, § 15 Rn 33.
31 Haarmeyer/Wutzke/Förster, Kap 6 Rn 39; aA: Schmidt-Räntsch/*Heidland*, S 559 Rn 20.
32 So RGZ 31, 119, 121 f (für einen nach der KO gewählten Gläubigerausschuß).

des Insolvenzverfahrens obliegen. Er entnimmt seine Rechte und Pflichten unmittelbar aus dem Gesetz und nicht aus einem Mandat der Gläubiger. Deshalb hat die Gläubigerversammlung auch **keine Ersetzungskompetenz** hinsichtlich der von dem Gläubigerausschuß getroffenen Entscheidungen.[33]

26 Dies schließt aber nicht aus, daß der Gläubigerausschuß von sich aus der Gläubigerversammlung bes wichtige Angelegenheiten zur Entscheidung vorlegt. Dies gilt zB für Fragen, die für die weitere Abwicklung des Verfahrens von zentraler Bedeutung sind.[34]

Den **nicht im Gläubigerausschuß vertretenen Gläubigern** steht es im übrigen jederzeit frei, die Einberufung einer Gläubigerversammlung anzuregen oder unter den Voraussetzungen von § 75 Abs 1 Nr 3 oder 4 InsO zu beantragen (vgl Kap 10 Rn 26ff), in der der Gläubigerausschuß der Gläubigerversammlung Bericht zu erstatten hat. Die Anspruchsgrundlage für die Berichterstattungspflicht ergibt sich aus dem Grundsatz der Gläubigerselbstverwaltung, der es gebietet, daß die Gläubiger das von ihnen selbst eingesetzte Gremium kontrollieren und überwachen können. Die Gläubigerversammlung ist nur dann in der Lage, ggf bei dem Gericht die Entlassung eines oder mehrerer Mitglieder des Gläubigerausschusses nach § 70 InsO zu beantragen, wenn sie sich darüber informieren kann, ob der Gläubigerausschuß seinen gesetzlichen Kontroll- und Unterstützungspflichten hinreichend gerecht wird oder aber Gründe vorliegen, die einen Entlassungsantrag rechtfertigen. Daher sind die Gläubiger auch dazu berechtigt, jederzeit Einsicht in die Protokolle der Sitzungen des Gläubigerausschusses zu nehmen, sofern die Einsichtnahme nicht mißbräuchlich erscheint oder dem Zweck des Insolvenzverfahrens zuwiderläuft.[35]

3. Rechtsstellung gegenüber dem Insolvenzgericht

27 Der Gläubigerausschuß unterliegt nicht der **fachlichen Aufsicht** durch das Insolvenzgericht.[36] Das Gericht ist deshalb auch nicht befugt, dem Gläubigerausschuß oder seinen Mitgliedern **Weisungen** zu erteilen oder wirksam gefaßte Beschlüsse zu überprüfen bzw deren Ausführung zu untersagen. Der Gläubigerausschuß untersteht aber der **Rechtsaufsicht** des Gerichts.[37] Es bleibt dem Gericht unbenommen, rechts- oder pflichtwidrig handelnde Ausschußmitglieder nach Anhörung derselben aus wichtigem Grund zu entlassen und eine Neuwahl anderer Mitglieder gegenüber der Gläubigerversammlung anzuregen.[38]

---

33 AA Haarmeyer/Wutzke/Förster, GesO, § 15 Rn 33.

34 *Hegmanns* S 62f.

35 Vgl Haarmeyer/Wutzke/Förster, GesO, § 15 Rn 36 mwN.

36 Vgl Haarmeyer/Wutzke/Förster, GesO, § 15 Rn 33a, unter Hinweis auf die Kommentierung bei Kilger/K. Schmidt, KO, zu §§ 88, 89; Haarmeyer/Wutzke/Förster, Kap 6 Rn 28.

37 Vgl Haarmeyer/Wutzke/Förster Kap 6 Rn 22; Kuhn/Uhlenbruck, KO, § 87 Rn 6.

38 Vgl Schmidt-Räntsch/*Heidland*, S 559, Rn 20; Kuhn/Uhlenbruck, KO, § 87 Rn 6.

4. Rechtsstellung gegenüber dem Insolvenzverwalter

Gegenüber dem Insolvenzverwalter hat der Gläubigerausschuß eine Reihe von Unterstützungs- und Kontrollpflichten, aber auch Informationsrechte. Die Regelung in § 69 InsO führt zu einer deutlichen Verschärfung der Pflichten der Mitglieder des Gläubigerausschusses gegenüber der bisherigen Rechtslage, weil sie sich künftig fortlaufend über den Gang der Geschäfte zu unterrichten haben. Zugleich wird durch diese Unterrichtungspflicht die Aufsicht über die Tätigkeit des Verwalters erweitert, was den Gläubigern eine schnellere Einflußnahme auf den Gang der Geschäfte und die einzelnen Handlungen des Verwalters ermöglichen soll.[39] **28**

a) Unterstützung des Verwalters und Befugnisse des Gläubigerausschusses

Die einzelnen Mitglieder des Gläubigerausschusses haben den Verwalter bei seiner Geschäftsführung durch Auskunft und Rat nach Kräften zu unterstützen (§ 69 S 1 InsO). Die **Pflicht zur Unterstützung** kommt insbes dann zum Tragen, wenn ein noch branchenunkundiger Verwalter das Unternehmen des Schuldners fortführt und im Gläubigerausschuß entspr Sachkunde vorhanden ist.[40] Diese Sachkunde haben die Mitglieder des Gläubigerausschusses einzubringen. Eine Unterstützung kommt auch im Zusammenhang mit der Anbahnung und der Abwicklung von zustimmungspflichtigen Geschäften (vgl §§ 158, 160 InsO) und bei der Vorbereitung und Führung von Rechtstreitigkeiten und sonstigen Auseinandersetzungen (zB mit Behörden und Versicherungen) in Betracht.[41] Wenn Mitglieder des Betriebsrats des Schuldners in dem Gläubigerausschuß vertreten sind, können diese dem Verwalter Unterstützung für mit den Arbeitnehmern zu führende Verhandlungen sein. Dieser Personenkreis ist regelmäßig eine wichtige Informationsquelle, um die innerbetrieblichen Verhältnisse losgelöst von der Geschäftsführung zu ermitteln. Auch bei der Veräußerung von Grundstücken oder sonstigem Anlagevermögen können die Gläubigerausschußmitglieder dem Verwalter wertvolle Unterstützung leisten, weil sie aufgrund ihrer Orts- und Branchenkenntnisse die örtlichen Verhältnisse häufig besser beurteilen können als der Verwalter. **29**

b) Kontrollpflicht

Die Kontrollpflicht des Gläubigerausschusses umfaßt die Pflicht eines jeden Ausschußmitgliedes, sich **vom Gang der Geschäfte zu unterrichten**, Bücher und Schriften einzusehen und den Geldverkehr und -bestand anhand des Buchwerks überprüfen zu lassen. Durch die Formulierung „zu lassen" kommt deutlich zum Ausdruck, daß der Gläubigerausschuß diese **Aufgabe** künftig auch dafür **geeigneten Personen**, insbes aus den steuerberatenden oder ähnlichen **30**

39 Vgl Begr zu § 80 RegEntw InsO abgedruckt in Balz/Landfermann S 151; Haarmeyer/Wutzke/Förster, Kap 6 Rn 21.
40 Vgl *Smid* GesO, § 15 Rn 73.
41 Vgl Kuhn/Uhlenbruck, KO, § 88 Rn 1.

Berufsgruppen **übertragen darf**. Die Vergütung für die einzubeziehenden Dritten kann nach § 55 Abs 1 Nr 1 InsO der Masse entnommen werden.[42] Es ist ferner zu überwachen, ob der Verwalter seinen Pflichten zeitgerecht nachkommt. Etwaige Pflichtverletzungen des Verwalters sind dem Gericht und bzw oder der Gläubigerversammlung mitzuteilen.[43] Ein **Weisungsrecht steht dem Gläubiger**ausschuß gegenüber dem Verwalter aber **nicht zu**.[44]

aa) Berichterstattung

31 Der Gläubigerausschuß kann von dem Verwalter jederzeit **Berichterstattung** über die Lage des Verfahrens und über seine Geschäftsführung verlangen (vgl § 69 S 2 InsO). Deshalb ist der Verwalter auf Anfrage verpflichtet, beispielsweise über folgendes zu berichten:

- den Stand von Masseprozessen,
- die Fortführung des schuldnerischen Unternehmens,
- die Abwicklung einzelner Geschäfte,
- den Stand eines Versteigerungsverfahrens,
- Einnahmen und Ausgaben,
- die Möglichkeit einer Abschlagsverteilung.

32 Um seinen Überwachungspflichten zu genügen, kann der Ausschuß vom Verwalter **Rechnungslegung fordern** und unmittelbare Kontrollen vornehmen. Zu diesem Zweck hat der Verwalter auf Verlangen den Mitgliedern des Gläubigerausschusses **Zugang zu sämtlichen betrieblichen Unterlagen und Betriebsstätten** des Schuldners zu gewähren.

33 Soweit der Verwalter einem **Auskunftsersuchen nicht nachkommt**, kann sich der Gläubigerausschuß an das Insolvenzgericht wenden. Dieses hat den Verwalter im Rahmen seiner Aufsichtspflicht (vgl § 58 Abs 1 InsO) zur Einhaltung seiner Pflichten gegenüber dem Gläubigerausschuß anzuhalten. Bei einer unberechtigten Weigerung des Verwalters kann das Gericht durch Androhung und Festsetzung eines Zwangsgeldes seinem Anliegen den erforderlichen Nachdruck verleihen (vgl § 58 Abs 2 InsO). Kommt der Verwalter trotz des festgesetzten Zwangsgeldes seinen Verpflichtungen nicht nach, wird nur der Weg bleiben, diesen aus wichtigem Grund gem § 59 InsO **zu entlassen** und einen anderen Verwalter einzusetzen. Meist dürfte aber die Androhung eines Zwangsgeldes durch das Gericht ausreichen, um den Verwalter zur Einhaltung seiner Pflichten zu veranlassen.

bb) Kassenprüfung

34 Die Überwachungspflicht des Gläubigerausschusses schließt die **Kassenprüfungspflicht** ein (§ 69 S 2 InsO).[45] Die Kassenprüfung hat in regelmäßigen Ab-

---

42 Haarmeyer/Wutzke/Förster, Kap 6 Rn 29.
43 Vgl Kuhn/Uhlenbruck, KO, § 88 Rn 1.
44 Haarmeyer/Wutzke/Förster, GesO, § 15 Rn 34.
45 Haarmeyer/Wutzke/Förster, GesO, § 15 Rn 38a.

ständen zu erfolgen, wobei die Regelung aus § 88 Abs 2 S 2 KO, nach der der Gläubigerausschuß verpflichtet war, wenigstens einmal monatlich eine Kassenprüfung vorzunehmen, nicht übernommen wurde. Dafür erstreckt sich die Prüfungspflicht nicht nur auf Geldbestände, sondern auch auf Konten und Belege (Geldverkehr). Für die GesO war umstritten, ob der konkursrechtliche Prüfungsumfang auch im Gesamtvollstreckungsverfahren gelte. Eine regelmäßige Kassenprüfungspflicht ist, wie schon in der GesO, so auch in der InsO nicht ausdrücklich geregelt. Sie wird aber idR erforderlich sein, um der Prüfungspflicht iSd § 69 S 2 InsO gerecht zu werden. Nur bei einer regelmäßigen zeitnahen Kassenprüfung können rechtzeitig Unregelmäßigkeiten aufgedeckt und korrigiert werden. In welchen konkreten Zeitabständen die Kassenprüfung geschehen muß, hängt vom Einzelfall ab. Im Normalfall dürfte eine Kassen- und Belegprüfung in Abständen von drei bis sechs Monaten ausreichend sein.[46]

Der Gläubigerausschuß sollte mit der Kassenprüfung eines seiner Mitglieder beauftragen,[47] soweit dies nach dem Umfang des Verfahrens sachgerecht ist. Insbes im Fall der Insolvenz eines Großunternehmens dürfte die Überwachung für ein einzelnes Gläubigerausschußmitglied aber nicht immer ohne weiteres durchführbar sein. Eine Überprüfung durch den Gläubigerausschuß selbst ist in einem solchen Fall oft nur möglich, wenn sich unter seinen Mitgliedern sachkundige Personen, etwa ein Wirtschaftsprüfer und bzw oder Steuerberater befinden. Deshalb ist es dem Gläubigerausschuß nunmehr auch gestattet, für die Prüfungsarbeiten zur Erfüllung der ihm gesetzlich auferlegten Überwachungspflicht regelmäßig **auf Kosten der Masse**[48] einen **geeigneten Dritten**, insbesondere einen Wirtschaftsprüfer oder eine Wirtschaftsprüfungsgesellschaft hinzuziehen (§ 69 S 2 InsO).[49] Für Schäden, die der Masse aus fehlerhaften Handlungen solcher Beauftragten entstehen, haftet der Gläubigerausschuß den Gläubigern unmittelbar. Bei einer Übertragung dieser Prüfungsaufgaben auf dritte Personen hat der Gläubigerausschuß allerdings die Möglichkeit, sich im Wege des Regresses schadlos zu halten. **35**

cc) Interessenkollisionen

Schwierigkeiten ergeben sich dann, wenn Ausschußmitglieder durch Einsichtnahme in die Bücher einen **Informationsvorsprung** gegenüber anderen Gläubigern zu erlangen suchen. Deshalb kann es das Verfahrensinteresse gebieten, sämtlichen oder einzelnen Gläubigerausschußmitgliedern bestimmte Informationen vorzuenthalten, wie zB die Einzelheiten eines geplanten Anfechtungsprozesses gegen ein Gläubigerausschußmitglied oder ein diesem nahestehendes Unternehmen.[50] Der Verwalter darf einzelne Ausschußmitglieder oder den **36**

46 Haarmeyer/Wutzke/Förster, Kap 6 Rn 37 mwN.
47 *Smid* GesO, § 15 Rn 75; Kuhn/Uhlenbruck, KO, § 88 Rn 1a.
48 Haarmeyer/Wutzke/Förster, Kap 6 Rn 29.
49 So für den Geltungsbereich der KO Kuhn/Uhlenbruck, KO, § 88 Rn 2b mwN.
50 So auch Kuhn/Uhlenbruck, KO, § 88 Rn 4a.

Gläubigerausschuß insgesamt von einer Mitwirkung auch zeitweilig ausschließen, wenn eine Interessenkollision gegeben ist oder aber die Gefahr einer für die Masse nachteiligen Nutzung des gewonnenen Insiderwissens besteht.[51]

37 Das Mitwirkungs- und Informationsrecht des Gläubigerausschusses muß dort seine Grenze finden, wo die Ausübung dieser Rechte dem Interesse einzelner Gläubiger oder Gläubigergruppen zuwiderläuft.

5. Zustimmungspflichtige Rechtshandlungen

38 Nach §§ 158, 160 InsO bedürfen bes **bedeutsame Rechtshandlungen** des Verwalters der Zustimmung des Gläubigerausschusses. Die von der InsO in § 160 Abs 2 InsO beispielhaft als bedeutsam eingestuften folgenden Rechtshandlungen des Verwalters,

- Veräußerung des Unternehmens oder eines Betriebes, des Warenlagers im ganzen, eines unbeweglichen Gegenstandes aus freier Hand, der Beteiligung des Schuldners an einem Unternehmen, die der Herstellung einer dauernden Verbindung zu diesem Unternehmen dienen soll, oder des Rechts auf den Bezug wiederkehrender Einkünfte (Nr.1);
- Aufnahme eines Darlehens, das die Insolvenzmasse erheblich belasten würde (Nr.2);
- Anhängig machen oder Aufnehmen eines Rechtsstreits mit erheblichem Streitwert, Ablehnung der Aufnahme eines solchen Rechtsstreits oder Abschluß eines Vergleichs oder eines Schiedsvertrages zur Beilegung oder zur Vermeidung eines solchen Rechtsstreits (Nr 3),

sind stets **zustimmungspflichtig**. Gleiches gilt, wenn der Insolvenzverwalter vor dem Berichtstermin (vgl hierzu Kap 10 Rn 3) das Unternehmen des Schuldners stillegen will (§ 158 Abs 1 InsO). Darüber hinaus sind andere Rechtshandlungen zustimmungspflichtig, die

„... für das Insolvenzverfahren von bes Bedeutung sind."

Dies wird immer dann der Fall sein, wenn die beabsichtigten Rechtshandlungen erhebliche Auswirkungen auf den Bestand des verwalteten Vermögens haben.

39 Von dem Verwalter ist dies daher in jedem Einzelfall zu prüfen. Bes bedeutsam für das Insolvenzverfahren können zB die folgenden Handlungen sein:[52]

- Abschluß eines Sozialplanes,
- Vornahme einer Abschlagsverteilung,
- Verzicht auf Ansprüche,
- Gründung von Gesellschaften.

---

51 Vgl Kuhn/Uhlenbruck, KO, § 88 Rn 4d; aA Haarmeyer/Wutzke/Förster, Kap 6 Rn 34.

52 Vgl auch die Ausführungen bei Hess/Binz/Wienberg, GesO, § 15 Rn 48ff; *Smid* GesO, § 15 Rn 77ff; Haarmeyer/Wutzke/Förster, GesO, § 15 Rn 35.

Sollte der Verwalter über die in § 160 InsO aufgeführten Geschäfte hinaus auch **unbedeutende Handlungen** dem Gläubigerausschuß zur Zustimmung vorlegen und erklärt der Gläubigerausschuß die Zustimmung zu an sich nicht zustimmungspflichtigen Geschäften, steht § 160 InsO dem nicht entgegen. Zu berücksichtigen ist jedoch die hiermit einhergehende Möglichkeit einer Haftung der Mitglieder des Gläubigerausschusses, die die daneben bestehende Haftung des Verwalters selbst allerdings unberührt läßt.[53] Versäumt der Verwalter es, die Zustimmung des Gläubigerausschusses für eine zustimmungspflichtige Rechtshandlung einzuholen, so führt dies gleichwohl nicht zur Unwirksamkeit der Rechtshandlung im Außenverhältnis. Dies wird durch § 164 InsO ausdrücklich klargestellt. Aus der unterlassenen Einholung einer erforderlichen Zustimmung können für den Verwalter aber erhebliche Haftungsrisiken entstehen, wenn für die Masse durch die Rechtshandlung ein Schaden entsteht.[54] **40**

6. Zustimmungserfordernisse in anderen Fällen

Ferner sieht die InsO die Zustimmung des Gläubigerausschusses in einer Reihe von weiteren Fällen vor. **41**

a) Zustimmung zu bedeutsamen Rechtshandlungen bei Eigenverwaltung des Schuldners

Für den Fall, daß von dem Insolvenzgericht gem § 270 Abs 1 InsO in dem Beschluß über die Eröffnung des Insolvenzverfahrens die Eigenverwaltung unter Aufsicht eines Sachwalters angeordnet wurde, treffen den Gläubigerausschuß eine Reihe von Zustimmungspflichten. Anstelle des Insolvenzverwalters im Regelverfahren hat der Schuldner selbst im Falle der Eigenverwaltung die Zustimmung des Gläubigerausschusses einzuholen, wenn er Rechtshandlungen vornehmen will, die für das Insolvenzverfahren von bes Bedeutung sind (§ 276 Abs 1 InsO). Welche einzelnen Rechtshandlungen des Schuldners zustimmungspflichtig sind, ist im Gesetz nicht geregelt. Da die Vorschrift des § 276 InsO aber auf § 160 Abs 1 S 2 verweist, der für das Regelverfahren bestimmt, daß für bedeutsame Rechtshandlungen die Zustimmung der Gläubigerversammlung einzuholen ist, wenn ein Gläubigerausschuß nicht bestellt ist, kann davon ausgegangen werden, daß bedeutsam zumindest all diejenigen Rechtshandlungen des Schuldners sind, für die im Regelverfahren der Verwalter die Zustimmung des Gläubigerausschusses einholen müßte. Deshalb kann wegen der einzelnen zustimmungspflichtigen Rechtshandlungen auf die obigen Ausführungen für das Regelverfahren verwiesen werden (vgl Rn 38). Ferner wird durch die Verweisung auf § 164 InsO klargestellt, daß Rechtshandlungen, die von dem Schuldner ohne die Zustimmung des Gläubigerausschusses vorge- **42**

53 Vgl Kuhn/Uhlenbruck, KO, §§ 133, 134 Rn 1c.
54 Vgl Haarmeyer/Wutzke/Förster, Kap 6 Rn 32.

nommen wurden, gleichwohl wirksam sind. Auch insoweit kann auf die vorstehenden Ausführungen verwiesen werden.

b) Zustimmung bei Gewährung von Unterhalt aus der Insolvenzmasse

43 Nach § 100 Abs 1 InsO beschließt die **Gläubigerversammlung**, ob und in welchem Umfang dem Schuldner und seiner Familie Unterhalt aus der Insolvenzmasse gewährt werden soll. Für den Fall, daß eine Entscheidung der Gläubigerversammlung noch aussteht, kann der Insolvenzverwalter dem Schuldner und seiner Familie den notwendigen Unterhalt gewähren, wenn der Gläubigerausschuß dem zustimmt (vgl § 100 Abs 2 InsO).[55]

c) Zustimmung bei Antrag des Verwalters auf Zurückweisung eines Insolvenzplanes

44 Für den Fall, daß der Schuldner, der bereits einmal einen Insolvenzplan vorgelegt hatte, der gem § 231 Abs 2 InsO insbes wegen einer Ablehnung der Gläubiger nicht zur Durchführung gelangt ist (vgl Kap 13 Rn 91 ff, 101), einen neuen Plan vorlegt, kann der Insolvenzverwalter einen Antrag auf Zurückweisung des neuen Planes nur mit Zustimmung des Gläubigerausschusses stellen, soweit ein solcher bestellt ist. Das Insolvenzgericht hat in einem solchen Falle dem Antrag des Insolvenzverwalters zu entsprechen.[56] Der Gläubigerausschuß selbst hat hingegen kein eigenes Antragsrecht gegenüber dem Insolvenzgericht. Ist ein Gläubigerausschuß nicht bestellt, folgt hieraus, daß der Insolvenzverwalter in eigener Verantwortung einen solchen Zurückweisungsantrag stellen kann und das Insolvenzgericht in einem solchen Falle dem Antrag ebenfalls zu entsprechen hat und den Plan zurückweisen muß.[57]

d) Zustimmung bei Fortsetzung der Verwertung im Planverfahren

45 Nach § 233 Abs 1 InsO hat das Insolvenzgericht auf Antrag des Schuldners oder des Insolvenzverwalters die Aussetzung der Verwertung und Verteilung anzuordnen, soweit die Durchführung eines vorgelegten Insolvenzplanes durch Verwertungs- und bzw oder Verteilungsmaßnahmen gefährdet würde. Ein solcher Beschluß darf aber dann nicht ergehen, wenn der Verwalter mit Zustimmung des Gläubigerausschusses die Fortsetzung der Verwertung und Verteilung beantragt hat. Soweit ein solcher Beschluß bereits ergangen ist und der Antrag auf Fortsetzung der Verwertung und Verteilung anschließend bei Gericht eingeht, ist der Aussetzungsbeschluß unverzüglich wieder aufzuheben.[58]

---

55 Schmidt-Räntsch/*Heidland* S 569 Rn 55.
56 Schmidt-Räntsch/*Heidland* S 570 Rn 57.
57 Schmidt-Räntsch/*Heidland* S 570 Rn 58.
58 Schmidt-Räntsch/*Heidland* S 570 Rn 59.

e) Zustimmung bei Geschäftsstillegung

Falls der Verwalter nach Eröffnung des Insolvenzverfahrens eine sehr schnelle Entscheidung über die Schließung eines noch laufenden Betriebes herbeiführen will, so muß er nach § 158 InsO hierzu die Zustimmung des Gläubigerausschusses einholen, wenn die Betriebsstillegung vor dem Berichtstermin (vgl hierzu Kap 10 Rn 3) stattfindet, zu dem normalerweise die Gläubigerversammlung über die Stillegung oder vorläufige Fortführung des schuldnerischen Unternehmens beschließt, nachdem der Verwalter über die wirtschaftliche Lage und über die Aussichten, das Unternehmen des Schuldners im ganzen oder in Teilen zu erhalten, referiert hat. **46**

Die Vorschrift des § 158 InsO weicht insoweit von der bisherigen konkursrechtlichen Regelung in § 129 Abs 2 KO ab. Nach der bisherigen Regelung hatte der Gläubigerausschuß über die Schließung oder die Fortführung des Geschäfts zu beschließen. In § 158 InsO ist nun die Zustimmung des Gläubigerausschusses für die Stillegung des Betriebes vorgesehen. Nach der neuen Regelung liegt damit das mit der **Fortführung** verbundene Risiko allein beim Verwalter. Wenn im Rahmen der Fortführung Masseschulden entstehen, die aus den vorhandenen Mitteln nicht zurückgeführt werden können, liegt im Vergleich zur bisherigen Rechtslage das Haftungsrisiko allein beim Insolvenzverwalter.[59] **47**

Nicht geregelt ist die Frage, ob ein Zustimmungserfordernis besteht, wenn der Verwalter nur Teile eines Betriebes vor dem Berichtstermin stillegen will. Hier wird der Verwalter davon ausgehen dürfen, daß eine Zustimmung des Gläubigerausschusses immer dann erforderlich ist, wenn wesentliche Teile des Betriebes stillgelegt werden oder wenn eine Teilbetriebsstillegung die Entscheidung über die Gesamtfortführung, die nach der gesetzlichen Regelung der Gläubigerversammlung vorbehalten ist, durch die Teilbetriebsstillegung faktisch vorweggenommen würde. **48**

Ferner ist nicht geregelt, ob eine ohne die Zustimmung des Gläubigerausschusses vor dem Berichtstermin vorgenommene Betriebsstillegung „unwirksam" ist. Dies könnte insbes deshalb der Fall sein, weil § 164 InsO nicht ausdrücklich klarstellt, ob eine ohne die Zustimmung des Gläubigerausschusses vorgenommene Betriebsstillegung unwirksam ist oder nicht. Klargestellt wird dort nur, daß Rechtshandlungen, die unter Verstoß gegen die Zustimmungspflichten der §§ 160–163 InsO vorgesehen sind, die Wirksamkeit der Handlungen des Insolvenzverwalters nicht berühren. Das in § 158 Abs 1 InsO vorgesehene Zustimmungserfordernis ist hier hingegen nicht vorgegeben. Möglicherweise ist die Nichtberücksichtigung des § 158 Abs 1 InsO in § 164 InsO lediglich ein redaktionelles Versehen des Gesetzgebers. Unabhängig davon ist die Stillegung eines Betriebes wohl keine Rechtshandlung im eigentlichen Sinne, sondern ein tatsächlicher Vorgang, der die Rechtsverhältnisse des Betriebes zunächst unbe- **49**

---

59 Schmidt-Räntsch/*Heidland* S 568 Rn 52.

rührt läßt. Die Betriebseinstellung auf Anordnung des Verwalters ist deshalb eher ein Resultat, an dem auch eine fehlende Zustimmung des Gläubigerausschusses nichts zu ändern vermag. Die fehlende Zustimmung des Gläubigerausschusses kann demnach eine Anordnung des Verwalters auf Stillegung des Betriebes nicht ungeschehen machen.[60] Falls die vom Verwalter ohne Zustimmung des Gläubigerausschusses vorgenommene Betriebsstillegung aber zu Schmälerungen der Masse führt, die bei einer Aufrechterhaltung des Betriebes nicht eingetreten wären, ist der Verwalter jedenfalls zum Ersatz des Schadens, der aus seiner Anordnung resultiert, verpflichtet. Um eigene Schadensersatzrisiken von vornherein auszuschließen, sollte der Gläubigerausschuß ebenfalls unverzüglich aktenkundig machen, daß die Betriebsstillegung ohne sein Wissen erfolgt ist. Entspr gilt für Teilbetriebsstillegungen, soweit diese negative Auswirkungen auf die Masse haben könnten und deshalb zustimmungspflichtig sind.

50 Eine unter Verstoß gegen § 158 Abs 1 InsO angeordnete Betriebsstillegung kann ferner einen wichtigen Grund darstellen, um den Verwalter aus seinem Amt zu entlassen. Dies wird dann der Fall sein, wenn die getroffene Entscheidung grob fehlerhaft ist, weil damit insbesondere Masseschmälerungen einhergehen oder Arbeitsplätze, die offensichtlich hätten erhalten werden können, auf diese Weise vernichtet werden. Ist hingegen kein Gläubigerausschuß bestellt, so liegt eine Betriebsstillegung vor dem Berichtstermin allein im Verantwortungsbereich des Insolvenzverwalters. Er benötigt für diese Entscheidung weder die Zustimmung des Gerichts noch die der Gläubigerversammlung.[61] Er hat aber den Schuldner gem § 158 Abs 2 InsO zu unterrichten, der einen Gerichtsbeschluß herbeiführen kann, mit dem die Stillegung untersagt wird. Falls die Entscheidung des Verwalters fehlerhaft war und die Gläubigergemeinschaft hierdurch Schaden nimmt, macht sich der Verwalter für diese Schäden ggf schadensersatzpflichtig.[62]

7. Mitbestimmungsrechte des Gläubigerausschusses

51 Neben Genehmigungs- und Zustimmungserfordernissen sieht die InsO auch die folgenden Mitbestimmungsrechte des Gläubigerausschusses vor:

a) Mitbestimmung bei Geldanlagen

52 Nach § 149 Abs 1 InsO kann der Gläubigerausschuß bestimmen, bei welcher Stelle und zu welchen Bedingungen Geld, Wertpapiere und Kostbarkeiten hinterlegt oder angelegt werden sollen. Diese Vorschrift entspricht der bisherigen Regelung in § 129 Abs 2 S 2 KO. Der Sachverstand des Gläubigerausschusses, in dem zweckmäßigerweise Kreditinstitute vertreten sein sollten, kann auf-

---

60 Schmidt-Räntsch/*Heidland* S 568 Rn 53.
61 Schmidt-Räntsch/*Heidland* S 570 Rn 54.
62 Vgl zur haftungsrechtlichen Situation nach der KO Jäger/*Weber* KO, § 129 Rn 4, 10.

grund dieses Bestimmungsrechts eine die Masse mehrende Anlage insbes von Geldmitteln sicherstellen. Unabhängig davon trifft die Verantwortung für die Anlage von Geld und Wertsachen allein den Insolvenzverwalter.[63] Für den Fall, daß der Gläubigerausschuß eine solche Bestimmung über die Anlage oder Hinterlegung nicht trifft, kann das Insolvenzgericht eine entspr Anordnung treffen (§ 149 Abs 1 S 2 InsO). Liegt auch eine solche Anordnung nicht vor, entscheidet der Insolvenzverwalter selbst nach pflichtgemäßem Ermessen über eine möglichst massemehrende Anlage der Gelder.[64]

b) Mitbestimmung bei Abschlagsverteilung

Neben der Mitbestimmung bei der Anlage von Geldern obliegt dem Gläubigerausschuß nach § 195 InsO für eine Abschlagsverteilung auf Vorschlag des Insolvenzverwalters die Bestimmung der zu zahlenden Quote. Diese Vorschrift entspricht fast wörtlich dem § 159 KO. Der Verwalter hat lediglich ein Vorschlagsrecht. An den Vorschlag des Insolvenzverwalters ist der Gläubigerausschuß aber nicht gebunden.[65] Wenn die Quoten allerdings rechtsmißbräuchlich von dem Gläubigerausschuß festgelegt werden, kommt eine Haftung des Ausschusses gem § 71 InsO in Betracht, soweit durch die Quotenfestlegung ein Schaden entsteht. Ein Schaden kann insbes dann entstehen, wenn aufgrund der Abschlagsverteilung zu hohe Geldbeträge vorab an die Gläubiger verteilt werden und infolgedessen die Masseverbindlichkeiten nicht mehr oder nur noch teilweise bedient werden können. 53

8. Mitwirkungsrechte des Gläubigerausschusses

Die InsO bestimmt, daß der Gläubigerausschuß ferner eine Reihe von Mitwirkungsrechten auszuüben hat: 54

a) Quittierungspflicht nach § 149 Abs 2 InsO

Wie vorstehend dargelegt hat der Gläubigerausschuß die Möglichkeit zu bestimmen, an welcher Stelle der Insolvenzverwalter Geld, Wertpapiere und Kostbarkeiten zu hinterlegen hat. Für den Fall, daß Wertpapiere oder Kostbarkeiten an der Stelle, bei der diese hinterlegt oder angelegt worden sind, in Empfang zu nehmen sind, darf der Verwalter diese Gegenstände nur dann entgegennehmen, wenn ein Mitglied des Gläubigerausschusses die Quittung mitunterzeichnet. Gleichermaßen sind Anweisungen des Verwalters an eine solche Stelle nur dann gültig, wenn ein Mitglied des Gläubigerausschusses sie mitunterzeichnet hat. Da eine solche Regelung in der Praxis oftmals nur schwierig umzusetzen ist, bestimmt § 149 Abs 3 InsO, daß die **Gläubigerversammlung** abweichende Regelungen beschließen kann, also erforderlichenfalls den Gläu- 55

63 Schmidt-Räntsch/*Heidland* S 571 Rn 64.
64 Schmidt-Räntsch/*Heidland* S 571 Rn 64.
65 Schmidt-Räntsch/*Heidland* S 570 Rn 62; Jäger/*Weber* KO, § 159 Rn 2 mwN.

bigerausschuß von einer solchen Quittierungspflicht entbinden kann. Dies erscheint sinnvoll, um dem Verwalter ein schnelles Handeln, das im heutigen Anlagegeschäft oftmals geboten ist, zu ermöglichen, ohne umständlichen Quittierungsregelungen entsprechen zu müssen. Es kann aber auch sinnvoll sein, den Verwalter einer engeren Kontrollpflicht durch den Ausschuß zu unterstellen, weil dieser nicht über die erforderlichen Erfahrungen verfügt. Dies wird die Gläubigerversammlung je nach Lage des Einzelfalls nach pflichtgemäßem Ermessen zu entscheiden haben.

b) Mitwirkung bei der Aufstellung eines Insolvenzplanes

56 § 218 Abs 3 InsO bestimmt, daß neben dem Betriebsrat, dem Sprecherausschuß der leitenden Angestellten und dem Schuldner auch der Gläubigerausschuß bei der Aufstellung des Insolvenzplanes durch den Verwalter beratend mitwirkt. Diese Mitwirkungsmöglichkeit wird durch § 232 Abs 1 Nr 1 InsO konkretisiert. Denn dort ist festgelegt, daß von Seiten des Insolvenzgerichts der vom Insolvenzgericht nach einer Vorprüfung (vgl § 231 InsO) zugelassene Plan dem Gläubigerausschuß zur Stellungnahme zuzuleiten ist. Auch nach Annahme des Planes durch die Gläubiger und Zustimmung durch den Schuldner wirkt der Gläubigerausschuß bei der Bestätigung des Planes durch das Insolvenzgericht nochmals beratend mit. Insoweit ist in § 248 Abs 2 InsO geregelt, daß das Insolvenzgericht vor der Entscheidung über die Bestätigung des Insolvenzplanes unter anderem den Gläubigerausschuß nochmals anhören soll.

9. Anhörungsrechte des Gläubigerausschuß

57 Die InsO räumt dem Gläubigerausschuß zudem verschiedene Anhörungs- und Stellungnahmerechte ein.

a) Stellungnahme im Berichtstermin

58 Nach § 156 Abs 1 InsO hat der Insolvenzverwalter im Berichtstermin über die wirtschaftliche Lage des Schuldners und ihre Ursache zu berichten. Insbes hat er darzulegen, ob Aussichten bestehen, das Unternehmen des Schuldners im Ganzen oder in Teilen zu erhalten, welche Möglichkeiten für einen Insolvenzplan bestehen und welche Auswirkungen jeweils für die Befriedigung der Gläubiger eintreten würden.

59 Bevor die Gläubigerversammlung im Berichtstermin über den Fortgang des Verfahrens, insbes die Frage der Stillegung oder der vorläufigen Fortführung des Unternehmens entscheidet, ist dem Gläubigerausschuß nach § 156 Abs 2 InsO Gelegenheit zu geben, zu dem Bericht des Verwalters Stellung zu nehmen. Bei solch gravierenden Entscheidungen ist eine detaillierte Stellungnahme des Ausschusses zu den Vorhaben des Verwalters für die Meinungsbildung der Gläubiger erforderlich. Dies setzt voraus, daß sich der Gläubigerausschuß rechtzeitig vor dem Gerichtstermin über den Verfahrensstand und die geplanten Vorhaben des Verwalters informiert und ein eigenes Bild über den Zustand und die angezeigten Handlungsalternativen gewinnt. Zweckmäßigerweise sollte der Gläubigerausschuß versuchen, vor dem Berichtstermin mit dem Verwalter ein Einvernehmen über die zu treffenden Maßnahmen herzustellen. Der Gläubigerausschuß sollte im Berichtstermin auch deutlich machen, ob und inwieweit eine einvernehmliche Sichtweise über eine optimale Verfahrensbewältigung mit dem Verwalter besteht. Das Recht zur Stellungnahme in dem Berichtstermin durch den Gläubigerausschuß ist ein Kernstück der gestärkten Gläubigerautonomie im Insolvenzverfahren.[66] Es ist deshalb die Pflicht des Gläubigerausschusses, sich rechtzeitig vor dem Gerichtstermin über den aktuellen Verfahrensstand informieren zu lassen, um in dem Termin als Organ der Gläubiger eine qualifizierte Stellungnahme abgeben zu können, auf deren Grundlage die Gläubigerversammlung eine sachgerechte Entscheidung treffen kann.

b) Anhörung bei Verfahrenseinstellung

Soweit das Insolvenzverfahren vor Beendigung des Regelverfahrens wegen **60** Wegfalls der Eröffnungsgründe (vgl § 212 InsO) oder aber aufgrund einer Zustimmung aller Insolvenzgläubiger nach Ablauf der Anmeldefrist (§ 213 InsO) eingestellt werden soll und das Insolvenzgericht über die Einstellung zu beschließen hat, kann ein Beschluß durch das Gericht erst nach Anhörung des Antragstellers, des Insolvenzverwalters und des Gläubigerausschusses erfolgen. Dieses Anhörungsrecht des Gläubigerausschusses ist nach dem bisherigen Recht nicht vorgesehen und somit ebenfalls Ausdruck einer gestärkten Gläubigerautonomie im Insolvenzverfahren.[67]

c) Stellungnahme zur Schlußrechnung des Verwalters

Nach § 66 Abs 1 InsO hat der Insolvenzverwalter bei der Beendigung seines **61** Amtes der Gläubigerversammlung Rechnung zu legen. Diese Rechnungslegung des Verwalters dient dazu, seine Geschäftsführung und seine Abwicklungstätigkeit darzustellen und eine ordnungsgemäße Überprüfung derselben zu ermöglichen.[68] Das Gericht hat dieses Rechnungswerk vorab zu überprüfen und es dem Gläubigerausschuß erforderlichenfalls unter Fristsetzung zur Stellungnahme zuzuleiten (vgl § 66 Abs 2 InsO). Die gerichtlich geprüfte Schlußrechnung ist mit einem gerichtlichen Prüfungsvermerk zunächst dem Gläubigerausschuß zuzuleiten, damit dieser Gelegenheit zur Stellungnahme erhält. Die Schlußrechnung ist anschließend mit den Bemerkungen des Gläubigerausschusses zur Einsichtnahme für die Beteiligten auszulegen. Der Zeitraum zwischen der Auslegung der Unterlagen und dem Termin der Gläubigerversammlung soll mindestens eine Woche betragen (§ 66 Abs 2 S 3 InsO).

---

66 Schmidt-Räntsch/*Heidland* S 572 Rn 71.
67 Schmidt-Räntsch/*Heidland* S 573 Rn 72.
68 Schmidt-Räntsch/*Heidland* S 574 Rn 75.

10. Informationsrechte des Gläubigerausschusses

62 Der Gläubigerausschuß hat nach der InsO ferner den Anspruch, über gewisse Verfahrensabläufe unterrichtet zu werden. Dies gilt insbes im Zusammenhang mit einem Planverfahren oder der Eigenverwaltung des Schuldners.

a) Informationsrecht während der Planüberwachung

63 Ist durch die Gläubiger eine Überwachung der Planerfüllung durch den Insolvenzverwalter vorgesehen, so bestehen Ämter der Mitglieder des Gläubigerausschusses trotz der formalen Aufhebung des Insolvenzverfahrens fort (vgl §§ 258, 259 InsO).

64 Der Verwalter hat während der Phase der Planüberwachung den Mitgliedern des Gläubigerausschusses jährlich über den jeweiligen Stand und die weiteren Aussichten der Erfüllung des Insolvenzplanes Bericht zu erstatten. Unberührt von dieser Berichtspflicht bleibt das Recht des Gläubigerausschusses, jederzeit Einzelauskünfte oder einen Zwischenbericht von dem Verwalter in der Überwachungsphase zu verlangen. Dieses Recht folgt aus § 69 InsO.[69] Der Insolvenzverwalter hat den Gläubigerausschuß darüber hinaus unverzüglich zu unterrichten, wenn er feststellt, daß die Ansprüche, deren Erfüllung nach dem Insolvenzplan zu überwachen sind, nicht erfüllt werden oder nicht erfüllt werden können (§ 262 InsO).

b) Anzeigepflicht bei Eigenverwaltung

65 Auch im Rahmen der Eigenverwaltung hat der Sachwalter gegenüber dem Gläubigerausschuß Anzeigepflichten.

Stellt der Sachwalter im Rahmen der Eigenverwaltung Umstände fest, die erwarten lassen, daß die Fortsetzung der Eigenverwaltung zu Nachteilen für die Gläubiger führen wird, so hat er dies unverzüglich insbes dem Gläubigerausschuß anzuzeigen. Hierdurch soll den Gläubigern die Möglichkeit gegeben werden, die Aufhebung der Anordnung der Eigenverwaltung gem § 272 InsO rechtzeitig zu beantragen, um die Eigenverwaltung in das Regelverfahren überzuleiten.

c) Informationen über die Vergütungsfestsetzung

66 Nach § 64 InsO setzt das Insolvenzgericht die Vergütung und die zu erstattenden Auslagen des Insolvenzverwalters durch Beschluß fest. Der Beschluß ist öffentlich bekannt zu machen und insbes den Mitgliedern des Gläubigerausschusses gesondert zuzustellen. Der Gläubigerausschuß selbst hat zwar keine Möglichkeit, gegen den Vergütungsfestsetzungsbeschluß das Rechtsmittel der sofortigen Beschwerde einzulegen. Immerhin wird aber dem einzelnen Gläubi-

---

69 Schmidt-Räntsch/*Heidland* S 574 Rn 77.

gerausschußmitglied, das zugleich Insolvenzgläubiger ist, die Möglichkeit eingeräumt, von dem Beschlußinhalt Kenntnis zu nehmen und für sich selbst nach pflichtgemäßen Ermessen zu entscheiden, ob es gegen den Festsetzungsbeschluß mit einer sofortigen Beschwerde vorgeht. Der Gläubigerausschuß kann ferner gegenüber den Insolvenzgläubigern anregen, Rechtsmittel gegen den Vergütungsbeschluß einzulegen.

d) Information über Verfahrensaufhebung

Nachdem die Bestätigung eines Insolvenzplanes Rechtskraft erlangt hat, beschließt das Gericht gem § 285 Abs 1 InsO die Aufhebung des Insolvenzverfahrens. Neben der öffentlichen Bekanntmachung des Beschlusses sind die Mitglieder des Gläubigerausschusses sowie der Schuldner und der Insolvenzverwalter vorab über den Zeitpunkt des Wirksamwerdens der Aufhebung zu unterrichten. Diese Unterrichtung des Gläubigerausschusses erfolgt, um für die Ausschußmitglieder eine Rechtssicherheit dahingehend herzustellen, wann deren Amt endet. Für den Fall, daß eine Planüberwachung angeordnet wurde, gilt dies jedoch nur eingeschränkt, da für die Überwachung die Ämter der einzelnen Gläubigerausschußmitglieder bis zum Ende der Überwachungsphase fortbestehen (vgl § 261 Abs 1 S 2 InsO). **67**

III. Arbeitsweise des Gläubigerausschusses

Die InsO enthält ebenso wie die Konkurs- oder die Gesamtvollstreckungsordnung keine Vorschriften über die Geschäftsführung des Gläubigerausschusses. Auch in der InsO sind, wie in beiden bisher geltenden Gesetzen auch, lediglich Normen über die Beschlußfassung enthalten (vgl § 72 InsO). Zur Regelung des Ablaufes seiner Tätigkeit kann der Gläubigerausschuß sich eine Geschäftsordnung geben; er kann aber auch seine Arbeitsweise von Fall zu Fall bestimmen.[70] **68**

1. Einberufung einer Gläubigerausschußsitzung

Das Recht zur und die Form der Einberufung einer Gläubigerausschußsitzung ist, wie nach bisherigem Recht, in der Insolvenzordnung nicht geregelt. Deshalb ist es grundsätzlich Sache des Gläubigerausschusses selbst, die Einzelheiten der Einberufung zu regeln. **69**

a) Recht zur Einberufung

Hat sich der Gläubigerausschuß eine **Geschäftsordnung** gegeben, erfolgt die Einberufung nach deren Bestimmungen. Eine Geschäftsordnung wird üblicher- **70**

70 Vgl Kuhn/Uhlenbruck, KO, § 90 Rn 1; Happ/Huntemann (Hrsg), § 11 Rn 42.

weise vorsehen, daß Gläubigerausschußsitzungen nach Absprache mit dem Verwalter vom Ausschußvorsitzenden – im Verhinderungsfall von seinem Stellvertreter – einberufen werden. Den einzelnen Ausschußmitgliedern und dem Verwalter sollte das Recht eingeräumt werden, die Einberufung einer Gläubigerausschußsitzung beim Vorsitzenden oder seinem Stellvertreter zu beantragen.[71]

71 Fehlen derartige Festlegungen, wird – in Übereinstimmung mit einer verbreiteten Übung – der **Verwalter ohne weiteres zur Einberufung berechtigt** sein,[72] zumal er zur Vornahme bestimmter Handlungen (vgl §§ 158, 160 InsO; so Rn 38 ff) die Zustimmung des Gläubigerausschusses benötigt. Darüber hinaus hat der Gläubigerausschuß nach den Regeln der InsO eine Reihe von weiteren Mitbestimmungs- und Mitwirkungsrechten (vgl Rn 41 ff), zu deren sachgerechter und zeitnaher Ausübung es ebenfalls erforderlich ist, daß der Verwalter die Möglichkeit hat, aus eigenem Recht eine Gläubigerausschußsitzung einzuberufen. Da der Gläubigerausschuß den Verwalter bei seiner Geschäftsführung aber auch zu unterstützen und zu überwachen hat (vgl § 69 InsO), kann der Gläubigerausschuß selbst eine Ausschußsitzung ohne den Verwalter und ohne Abstimmung mit ihm einberufen.[73]

72 Darüber hinaus wird man auch dem **einzelnen Ausschußmitglied** im Hinblick auf den Kreis der für Mitglieder des Gläubigerausschusses bestehenden Individualpflichten und dem damit verbundenen persönlichen Haftungsrisiko (vgl § 71 InsO) das Recht zur Einberufung einer Gläubigerausschußsitzung einräumen müssen, wenn dies erforderlich ist.[74] Dies ist zB der Fall, wenn das mit der Kassenprüfung beauftragte Ausschußmitglied erhebliche Unregelmäßigkeiten feststellt.

b) Form und Frist

73 Die Frage, ob die Einberufung der Gläubigerausschußsitzung unter Bekanntgabe einer **Tagesordnung** zu erfolgen hat, ist ebenfalls in der InsO nicht geregelt und ggf in der Geschäftsordnung festzulegen. Die Mitglieder des Gläubigerausschusses sollten darauf hinwirken, daß der Einberufende die vorgesehene Tagesordnung **rechtzeitig bekanntgibt**. Auch die für die zu fassenden Beschlüsse erforderlichen **Unterlagen** sind jedem Gläubigerausschußmitglied so rechtzeitig zur Verfügung zu stellen, daß eine sachgerechte Vorbereitung möglich ist. Es kann im Hinblick auf das jedes Gläubigerausschußmitglied treffende Haftungsrisiko niemandem zugemutet werden, Beschlüsse ohne hinreichende Kenntnis des Sachverhaltes zu fassen.[75]

---

71 Vgl *Uhlenbruck*, Gläubigerberatung in der Insolvenz, S 393; Happ/Huntemann (Hrsg), § 11 Rn 44.
72 Vgl Jäger/*Lent* KO, § 90 Rn 1; Happ/Huntemann (Hrsg), § 11 Rn 45.
73 Vgl Jäger/*Lent* KO, § 90 Rn 1; Happ/Huntemann (Hrsg), § 11 Rn 45.
74 Vgl Happ/Huntemann (Hrsg), § 11 Rn 46.
75 Vgl Happ/Huntemann (Hrsg), § 11 Rn 47.

Sinnvollerweise sollten darüber hinaus **Mindestfristen** zwischen der Einladung und dem Sitzungstermin sowie für die Mitteilung von Änderungs- und Ergänzungsvorschlägen eingehalten werden. Im Regelfall sollte zwischen der Einladung und dem vorgesehenen Termin ein Zeitraum von wenigstens zwei Wochen liegen. Es bietet sich an, den Termin vor der Einladung unter den – regelmäßig nicht sehr zahlreichen – Mitgliedern des Gläubigerausschusses abzustimmen.[76] **74**

Die Einberufung ist an **keine bestimmte Form** gebunden. Sie sollte aber regelmäßig, soweit möglich, schriftlich erfolgen. **75**

2. Sitzungsteilnehmer

Der **Teilnehmerkreis** an den Gläubigerausschußsitzungen ist zunächst auf die Gläubigerausschußmitglieder bzw bei juristischen Personen auf deren Vertreter beschränkt. Es entspricht zwar ständiger Übung, daß der Verwalter an den Sitzungen des Gläubigerausschusses teilnimmt, da diese im Regelfalle auch von dem Verwalter einberufen werden, sofern über zustimmungspflichtige Geschäfte beraten werden soll. Dessen ungeachtet kann der Gläubigerausschuß aber auch ohne den Verwalter tagen.[77] Der Schuldner bzw die Geschäftsführung des Schuldners kann ebenfalls zur Sitzung des Gläubigerausschusses gebeten werden. Dies ist etwa dann sinnvoll, wenn zur Entscheidungsfindung Informationen des Schuldners hilfreich sein können. Gläubiger und unbeteiligte Dritte können an den Sitzungen teilnehmen, soweit dies keine Nachteile für die Interessen der Gläubiger oder des Schuldners mit sich bringt.[78] **76**

Soweit es Unstimmigkeiten über den Teilnehmerkreis geben sollte, ist im Zweifelsfalle eine Entscheidung des Gläubigerausschusses über die Teilnahmeberechtigung in der Sitzung gem § 71 InsO herbeizuführen (vgl zur Beschlußfassung Rn 83).[79] **77**

3. Ablauf von Gläubigerausschußsitzungen

Der Ablauf der Gläubigerausschußsitzungen ist in der InsO ebenfalls nicht geregelt. Nur über die Beschlußfassung enthält das Gesetz in § 72 InsO eine Bestimmung. Weitere Vorgaben ergeben sich aus der Art der Tätigkeit und dem Haftungsrisiko der Gläubigerausschußmitglieder. **78**

Die in der Sitzung des Gläubigerausschusses zu erörternden Themen werden seinen Mitgliedern zumeist vorher durch eine Tagesordnung angekündigt. Erörterungen und Beschlüsse des Gläubigerausschusses sollten protokolliert werden. **79**

---

76 Happ/Huntemann (Hrsg), § 11 Rn 48.
77 Jäger/*Lent* KO, § 90 Rn 1.
78 Happ/Huntemann (Hrsg), § 11, Rn 50.
79 Happ/Huntemann (Hrsg), § 11, Rn 51.

a) Tagesordnung

80 Inhaltlich kann in einer Sitzung jedes im Zusammenhang mit dem Insolvenzverfahren stehende Thema angesprochen und ein Beschluß hierüber herbeigeführt werden, auch wenn es vorher nicht auf der Tagesordnung angekündigt worden war. Voraussetzung ist jedoch, daß die Ausschußmitglieder sich sachgerecht vorbereiten können und alle Mitglieder damit einverstanden sind. Bei Auseinandersetzungen über den Inhalt der Tagesordnung entscheidet der Gläubigerausschuß durch Beschluß. Nach Sinn und Zweck der gesetzlichen Regelungen kann er über alle ihn betreffenden Fragen Beschlüsse fassen, soweit ihnen nicht zwingend gesetzliche Bestimmungen entgegen stehen.[80]

81 Sofern die Sitzung der Beschlußfassung über zustimmungspflichtige Geschäfte dient, hat der Verwalter stets dafür Sorge zu tragen, daß **sämtliche Mitglieder** des Gläubigerausschusses sich **rechtzeitig** und **umfassend** über den Beschlußgegenstand informieren können.[81]

82 Wenn diese Voraussetzung nicht gegeben ist, sollte eine vom Verwalter erbetene Zustimmung verweigert werden, bis jedes einzelne Ausschußmitglied sich hinreichend Sachverhaltskenntnis über den Zustimmungsgegenstand verschaffen konnte. Entspr gilt für die Abstimmung im Zusammenhang mit sonstigen Mitwirkungs- bzw Mitbestimmungsrechten. Das einzelne Gläubigerausschußmitglied sollte sich insoweit nicht durch den Verwalter oder die übrigen Ausschußmitglieder unter Entscheidungsdruck setzen lassen. Es empfiehlt sich, etwaige Unstimmigkeiten in dieser Hinsicht im Protokoll festzuhalten. Im Hinblick auf das nicht unerhebliche Haftungsrisiko ist bei ungenügender Information die Beschlußfassung ggf zu vertagen.[82]

b) Beschlußfassung, Stimmrecht

83 Beschlüsse des Gläubigerausschusses sind gültig, wenn die **Mehrheit der Mitglieder** an der Beschlußfassung teilgenommen hat (§ 72 InsO) und der Beschluß mit der Mehrheit der abgegebenen Stimmen gefaßt worden ist. Bei Stimmengleichheit ist der Beschluß abgelehnt. Bei einem aus zwei Mitgliedern bestehenden Gläubigerausschuß bedarf es demnach der Anwesenheit beider Mitglieder, sowie der einstimmigen Beschlußfassung. Die Vorschrift des § 72 InsO ist zwingendes Recht („ist gültig") und kann in einer Geschäftsordnung nicht modifiziert werden.

84 Keine Regelung enthält die InsO für die Frage, ob ein Gläubiger im Falle einer **Interessenkollision** von der Beschlußfassung ausgeschlossen ist. Zur Beantwortung dieser Frage läßt sich der allgem Rechtsgedanke heranziehen, daß in eigenen Angelegenheiten grundsätzlich das Stimmrecht ruht (vgl §§ 34 BGB;

---

80 Happ/Huntemann (Hrsg), § 11, Rn 54.
81 Happ/Huntemann (Hrsg), § 11, Rn 50.
82 Vgl Happ/Huntemann (Hrsg), § 11 Rn 56.

47 Abs 4 GmbHG; 43 Abs 6 GenG). Aus dieser Selbstbeschränkung folgt allerdings noch nicht, daß ein Gläubigerausschußmitglied schon dann nicht mitstimmen darf, wenn dessen wirtschaftliche oder rechtliche Belange von der Abstimmung lediglich berührt werden. Die Stimmbeschränkung gilt nur, wenn der Beschluß ein mit dem Gläubigerausschußmitglied selbst oder mit einem ihm nahestehenden Unternehmen zu schließendes Rechtsgeschäft bzw ein zwischen ihm und der Insolvenzmasse geführten oder zu führenden Rechtsstreit betrifft.[83]

Aus dem unterschiedlichen Wortlaut von § 15 Abs 6 S 5 GesO einerseits, der „anwesende Mitglieder“ für die Beschlußfassung voraussetzte, und § 90 KO andererseits,[84] konnte für das bisherige Recht abgeleitet werden, daß im Gegensatz zum Konkursverfahren im Insolvenzverfahren eine Beschlußfassung auf schriftlichem, fernmündlichem oder telegrafischem Wege unzulässig ist.[85] Damit war im Geltungsbereich der Gesamtvollstreckungsordnung für eine wirksame Beschlußfassung zwingend die Einberufung einer Gläubigerausschußsitzung erforderlich, bei der die Gläubigerausschußmitglieder über die anstehenden Themen **persönlich** beschließen mußten.[86] **85**

Da § 72 InsO, ebenso wie § 90 KO, nicht mehr auf die anwesenden Mitglieder für die Beschlußfassung abstellt, sondern nur auf die Teilnahme an der Beschlußfassung selbst, ist für Gläubigerausschüsse, die nach den Vorschriften der InsO bestellt wurden, davon auszugehen, daß eine **wirksame Beschlußfassung** neben der Abstimmung in Ausschußsitzungen auch auf **schriftlichem**, **fernmündlichem** oder **telegrafischem** Wege sowie **per Telefax** erfolgen kann. Das Abstimmungsergebnis sollte aber in jedem Falle schriftlich festgehalten werden, um später Beweisschwierigkeiten zu vermeiden. **86**

c) Protokoll

Der Gläubigerausschuß sollte aus seiner Mitte einen Sitzungsleiter und einen **Protokollführer** bestimmen. Eine **Protokollierung** der Verhandlungen und Beschlüsse ist zwar nicht zwingend vorgeschrieben, dennoch ist die Anfertigung eines möglichst detaillierten Protokolls zweckmäßig, um die Arbeit und die Beschlüsse des Gläubigerausschusses zu dokumentieren. Nach Ausfertigung des Protokolls sollte dieses an die Ausschußmitglieder mit der Bitte übersandt werden, eventuelle Einwendungen oder Ergänzungen zum Protokoll vorzubringen. Dieses Verfahren erspart den Beteiligten bei späteren Unstim- **87**

83 Jäger/*Lent* KO, § 90 Rn 4; BGH WM 1985, 422, 424; vgl auch Hess/Binz/Wienberg, GesO, § 15 Rn 54; Happ/Huntemann (Hrsg), § 11 Rn 58.

84 § 90 KO: „Ein Beschluß des Gläubigerausschusses ist gültig, wenn die **Mehrheit der Mitglieder** an der Beschlußfassung teilgenommen hat und der Beschluß mit absoluter Mehrheit der abgegebenen Stimmen gefaßt ist.“

85 Hess/Binz/Wienberg, GesO, § 15 Rn 52.

86 Happ/Huntemann (Hrsg), § 11 Rn 59.

migkeiten Diskussionen über den tatsächlichen Sitzungsverlauf. Dies gilt insbes für die fernmündliche Beschlußfassung.

88 Das endgültige Protokoll sollte von dem Versammlungsleiter und dem Protokollführer **unterzeichnet** und dem Insolvenzgericht zugeleitet werden. Soweit in dem Protokoll Gegenstände enthalten sind, die einer vertraulichen Behandlung bedürfen, ist darauf hinzuwirken, daß die Protokollabschrift getrennt von der Insolvenzakte bei Gericht verwahrt wird, damit dritte Personen nicht aus der Gerichtsakte Informationen über den vertraulichen Inhalt erhalten.

4. Haftung der Gläubigerausschußmitglieder

89 Im Gegensatz zur Gesamtvollstreckungsordnung, die keine ausdrückliche haftungsanordnende Norm für Pflichtverletzungen der Gläubigerausschußmitglieder enthielt,[87] ist in die InsO eine Haftungsnorm aufgenommen worden, die an die konkursrechtliche Regelung des § 89 KO angelehnt ist, aber die Haftungsvoraussetzungen sehr viel präziser vorgibt.

a) Pflichtenkreis

90 Die Haftung der Gläubigerausschußmitglieder ist in § 71 InsO geregelt. Hiernach sind die Mitglieder des Gläubigerausschusses den absonderungsberechtigten Gläubigern und den Insolvenzgläubigern zum Schadenersatz verpflichtet, wenn sie schuldhaft die Pflichten verletzen, die ihnen nach den Bestimmungen der InsO obliegen.

aa) Kausalität

91 Eine Pflichtverletzung des Gläubigerausschusses oder einzelner seiner Mitglieder kann nur zu einer Haftung führen, wenn bei pflichtgemäßer Verhaltensweise der Schaden nicht eingetreten wäre. Die Haftung wegen Verletzung der Überwachungspflicht ist daher dann abzulehnen, wenn beispielsweise nachgewiesen werden kann, daß der Verwalter einen Schaden verursachenden Vertrag mit einem Dritten ohne Zustimmung oder gegen den ausdrücklichen Willen der Ausschußmitglieder ohnehin abgeschlossen hätte und der Gläubigerausschuß im übrigen alles getan hat, um den Vertragsschluß zu unterbinden.

bb) Verschulden

92 Eine Haftung des Gläubigerausschußmitgliedes setzt ferner voraus, daß dieses ihm obliegende Pflichten **„schuldhaft", also vorsätzlich** oder **fahrlässig** verletzt.[88] Die Gläubigerausschußmitglieder müssen sich selbständig über ihren Pflichtenkreis informieren und können sich nicht darauf berufen, nicht über die Pflichten im einzelnen belehrt worden zu sein. Wer es unterläßt, sich hinrei-

---

87 Vgl Happ/Huntemann (Hrsg), 11 Rn 62ff.
88 Kuhn/Uhlenbruck, KO, § 89 Rn 16.

chend zu informieren, handelt fahrlässig.[89] Eine schuldhafte Pflichtverletzung liegt insbes dann vor, wenn der Gläubigerausschuß seine Überwachungspflicht vorwerfbar nicht oder nicht hinreichend wahrnimmt. Grundsätzlich erstreckt sich diese Pflicht auf die Überwachung der gesamten Geschäftsführung des Verwalters. Auf die Angaben und Berichte des Verwalters dürfen sich die Ausschußmitglieder nicht ohne weiteres verlassen. Sie haben die Richtigkeit der gemachten Angaben und der Geschäftsbücher vielmehr selbst zu überprüfen.[90] Unterlassen sie diese Prüfung, so handeln sie fahrlässig. Bes Sorgfalt und intensive Beaufsichtigung ist dann geboten, wenn sich Anhaltspunkte für eine nicht ordnungsgemäße Geschäftsführung durch den Verwalter ergeben.

b) Gesamtschuldnerische Haftung

Da im Bereich der InsO die Verantwortlichkeit den Gläubigerausschuß als Kollegialorgan trifft, haften die einzelnen Ausschlußmitglieder nach den §§ 421, 426 BGB als Gesamtschuldner. **93**

c) Geltendmachen des Schadens

Soweit der Masse durch das Verhalten des Gläubigerausschusses ein Schaden entstanden ist, kann **während des Insolvenzverfahrens** nur der Verwalter den Ersatzanspruch geltend machen. Dies folgt aus § 92 InsO. Nach Aufhebung (§ 200 InsO) oder Einstellung (§§ 207ff InsO) des Insolvenzverfahrens steht das Klagerecht dem Schuldner sowie jedem Gläubiger zu.[91] **94**

Entsteht durch die Tätigkeit des Gläubigerausschusses aber nur einzelnen Personen ein Schaden, beispielsweise durch die Veräußerung eines nicht zur Masse gehörenden Gegenstandes, so kann der Geschädigte den **ebenfalls nicht zur Masse gehörigen** Schadenersatzanspruch schon während des Insolvenzverfahrens durchsetzen.[92] **95**

d) Verjährung der Ersatzansprüche

Die Verjährung der Ersatzansprüche richtet sich nach § 62 InsO, welchen § 71 S 2 InsO bei Pflichtverletzungen der Gläubigerausschußmitglieder für entspr anwendbar erklärt. Gem § 62 S 1 InsO verjähren die Ersatzansprüche in drei Jahren. Maßgeblich für den Beginn der Verjährung ist der Zeitpunkt, in dem der Verletzte von dem Schaden und den Umständen, welche die Ersatzpflicht begründen, Kenntnis erlangt. Gem § 62 S 2 InsO verjährt der Anspruch spätestens in drei Jahren von der Aufhebung oder der Rechtskraft der Einstellung des Insolvenzverfahrens an. **96**

89 RGZ 150, 286; Haarmeyer/Wutzke/Förster, GesO, § 15 Rn 33 c; dieselben, Kap 6 Rn 18; Kuhn/Uhlenbruck, KO, § 89 Rn 1 c.
90 Kuhn/Uhlenbruck, KO, § 89 Rn 11.
91 Kuhn/Uhlenbruck, KO, § 89 Rn 2.
92 Kuhn/Uhlenbruck, KO, § 89 Rn 3.

5. Vermögensschadenhaftpflichtversicherung der Ausschußmitglieder

97 Da die Tätigkeit des Gläubigerausschusses im allgemeinen mit betragsmäßig nicht unbedeutenden Haftungsrisiken verbunden ist, sollte der Gläubigerausschuß darauf bestehen, daß vor Aufnahme seiner Tätigkeit durch den Verwalter zu Lasten der Masse eine bes Vermögensschadenhaftpflichtversicherung abgeschlossen wird. Die Deckungssumme sollte sich an dem voraussichtlichen maximalen Haftungsrisiko orientieren. Es ist darauf zu achten, daß jedes Ausschußmitglied gleichmäßig versichert ist und die Versicherungsdauer durch entspr Verlängerungsoptionen an die Laufzeit des Verfahrens angepaßt werden kann und der Verwalter diese Optionen auch fristgerecht ausübt, damit ein ununterbrochener Versicherungsschutz besteht.

98 Für den Fall, daß eine Versicherung erst abgeschlossen wird, nachdem der Gläubigerausschuß seine Tätigkeit bereits aufgenommen hat, bietet es sich an, daß die Versicherung als „Rückwärtsversicherung" auf das Datum der Bestellung des Gläubigerausschusses vereinbart wird. Dies ist erforderlich und in der Praxis üblich, weil die Gläubigerausschußmitglieder grundsätzlich bereits ab diesem Zeitpunkt für eventuelle Schäden haften. Wenn Gläubigerausschußmitglieder juristische Personen sind, die als Vertreter nicht in ihrem Unternehmen beschäftigte Personen, insbes externe Berater, in den Gläubigerausschuß entsenden, muß der Versicherungsschutz sowohl die juristische Person als auch deren externen Vertreter umfassen. Ist eine juristische Person Versicherungsnehmer, sehen die Versicherungsbedingungen zumeist nur vor, daß der Versicherungsschutz ausschließlich Verstöße abdeckt, die ihren Organen und Angestellten zur Last fallen. Ein externer Vertreter sollte auf eine entspr Erweiterung des Versicherungsschutzes hinwirken, da ihm anderenfalls ein nicht durch die Versicherung abgedeckter Regreß drohen könnte.

99 Umstritten war nach bisherigem Recht, ob der Aufwand für eine persönliche Vermögensschadenhaftpflichtversicherung unter die erstattungsfähigen Auslagen der Gläubigerausschußmitglieder fällt.[93] Auch in der InsO fehlt es insoweit an einer eindeutigen Regelung. Da die Tätigkeit des Gläubigerausschusses mit hohen Risiken behaftet sein kann, ist es den Mitgliedern nicht zuzumuten, diese Risiken ohne eine entspr Absicherung zu tragen oder die (zum Teil relativ hohen) Versicherungsprämien aus dem eigenen Vermögen zu entrichten. Die Versicherungsprämien sind deshalb jedenfalls dann erstattungsfähige, von der Masse zu tragende Auslagen,[94] sofern sie sich im üblichen Rahmen bewegen.

---

93 Vgl Kuhn/Uhlenbruck, KO, § 91 Rn 5.

94 Im Ergebnis ähnlich Haarmeyer/Wutzke/Förster, GesO, § 15 Rn 33f.

12. Kapitel: Weitere Informations- und Mitwirkungsrechte der Gläubiger

Übersicht

	Rn
Vorbemerkung	1
I. Informationsrechte	2
1. Informationen in Gläubigerversammlungen	4
2. Akteneinsicht	7
a) Akteneinsichtsrecht der Verfahrensbeteiligten	8
b) Akteneinsichtsrecht dritter Personen	11
II. Auskunftspflicht des Verwalters	14
1. Anfragen nach dem Stand des Verfahrens	15
2. Anfragen zur Wahrung von Verfahrensrechten	17
3. Anfragen zur materiellen Durchsetzung der eigenen Forderung	19
4. Anfragen im Zusammenhang mit Sicherungsrechten	22
III. Unterstützung und Überwachung des Verwalters	24
1. Hinweise an den Verwalter oder das Gericht	27
a) Hinweise und Anregungen an den Verwalter	29
b) Hinweise und Anregungen an das Gericht	30
2. Anträge an das Gericht	33
IV. Kooperation mit anderen Gläubigern	34

Vorbemerkung

Aus der Ausgestaltung des Insolvenzverfahrens als staatlich überwachtes Verfahren zur gemeinschaftlichen Befriedigung der Gläubiger (vgl § 1 Abs 1 InsO) folgt, daß jeder Gläubiger zur Wahrung und Wahrnehmung seiner Rechte im Verfahren gegenüber dem Verwalter und dem Gericht Informations- und Auskunftsrechte geltend machen kann. In bestimmtem Umfang besteht für Gläubiger auch die Möglichkeit, bei der Durchführung der Aufgaben des Verwalters mitzuwirken. Diese Möglichkeiten sind in der Praxis vor allem für die Gläubiger von Bedeutung, die nicht Mitglied eines Gläubigerausschusses (dazu Kap 11) sind. **1**

I. Informationsrechte

Informationen über den Ablauf des Insolvenzverfahrens kann sich der Gläubiger nicht nur während der Versammlungen und Termine verschaffen, die beim Insolvenzgericht stattfinden. Für die Wahrung der Rechte des Gläubigers ist auch die Möglichkeit der Akteneinsicht besonders wichtig. Dies gilt insbes für den Fall, daß ein Gläubigerausschuß nicht bestellt ist, der den Verwalter bei seiner Geschäftsführung unterstützt und überwacht (vgl § 69 InsO). **2**

Darüber hinaus kann der Gläubiger verfahrensbezogene Informationen durch an den Verwalter gerichtete Auskunftsbegehren erhalten. **3**

1. Informationen in Gläubigerversammlungen

4 Die Möglichkeit der Gläubiger, sich über das Verfahren und dessen Fortgang zu informieren, besteht zunächst im Rahmen der Gläubigerversammlungen, insbes im Berichts-, Prüfungs- und Schlußtermin (vgl hierzu §§ 156, 176, 197 InsO). In den Gläubigerversammlungen ist der Verwalter verpflichtet, den Gläubigern **mündlich Bericht zu erstatten** und auf Fragen zu antworten. Für den Berichtstermin ist dies in § 156 InsO ausdrücklich festgelegt. Der Verwalter hat in diesem Termin über die wirtschaftliche Lage des Schuldners und deren Ursachen zu berichten. Ferner hat er sich dazu zu äußern, ob das Unternehmen des Schuldners ganz oder in Teilen erhalten werden kann, welche Möglichkeiten für einen Insolvenzplan bestehen und welche Auswirkungen jeweils für die Befriedigung der Gläubiger eintreten würden. Diese Berichtspflichten sollen die Gläubiger in die Lage versetzen, über den weiteren Fortgang des Verfahrens, insbes über die Fortführung des Unternehmens des Schuldners und die Ausarbeitung eines Insolvenzplanes, zu entscheiden (vgl § 157 InsO). Für den Prüfungstermin besteht eine solche Informationspflicht zwar nicht, dennoch sollte auch der Prüfungstermin zur Berichterstattung durch den Verwalter genutzt werden, um den Gläubigern Gelegenheit zu geben, an den Verwalter Fragen über den weiteren Ablauf des Insolvenzverfahrens zu richten (zum Prüfungstermin vgl Kap 10 Rn 4).

5 Meistens liegen zwischen einzelnen Gläubigerversammlungen längere Zeiträume, häufig sogar Jahre. Wird der Zeitraum zu lang oder besteht aus anderen Gründen ein wesentliches Informationsbedürfnis der Gläubiger, kann gegenüber dem Insolvenzgericht die **Einberufung einer weiteren Gläubigerversammlung** angeregt oder beantragt werden (vgl § 75 InsO). Dies kann insbes im Zusammenhang mit der Entlassung des Verwalters aus wichtigem Grund (vgl § 59 InsO) zur Meinungsbildung in der Gläubigerschaft, aber auch aus sonstigen Gründen erforderlich sein, um die Gläubiger zu informieren. Ein solcher Antrag wird aber häufig nur das letzte Mittel sein, um Informationen über den Verfahrensablauf zu beschaffen. Es ist bes wirksam, wenn etwa in der ersten Gläubigerversammlung versäumt wurde, dem Verwalter die Pflicht zur regelmäßigen schriftlichen Berichterstattung an das Insolvenzgericht aufzuerlegen oder der Verwalter solchen Berichtspflichten nicht nachkommt.

6 Normalerweise wird sich der Gläubiger bei regelmäßiger Berichterstattung des Verwalters die benötigten Informationen aber durch Einsicht in die beim Gericht geführten Insolvenzakte verschaffen können.

2. Akteneinsicht

7 In dem Beschluß über die Bestellung des Insolvenzverwalters wird das Gericht dem Verwalter üblicherweise die Pflicht auferlegen, in regelmäßigen Abständen – zumeist alle sechs Monate – Bericht über den Ablauf und Stand des Insolvenzverfahrens zu erstatten (vgl § 58 Abs 1 InsO). In diesen Zwischenbe-

richten erläutern die Verwalter den Stand der Verwertung und die bisher erzielten Ergebnisse; auch von tatsächlichen und rechtlichen Schwierigkeiten, wie zB Einbrüchen in Betriebsgebäuden, Auseinandersetzungen mit einzelnen Gläubigern, der unerwarteten Geltendmachung von Rechten durch Dritte und der voraussichtlichen Quote wird berichtet. Diese Berichte gelangen zur Insolvenzakte. Darüber hinaus enthält die Insolvenzakte Schreiben anderer Gläubiger an das Gericht, Anfragen des Gerichts an den Verwalter und dessen Antworten. Ebenso werden die Anträge des vorläufigen Verwalters mit oder ohne Verfügungsbefugnis (vgl Kap 3 Rn 41), des Insolvenzverwalters oder von Gläubigerausschußmitgliedern auf Festsetzung einer Vergütung oder Bewilligung eines Vorschusses zur Akte genommen. Durch Einsichtnahme in die Insolvenzakte kann sich der Gläubiger daher idR ein Bild vom Stand des Verfahrens und den zu erwartenden Quotenaussichten machen.

a) Akteneinsichtsrecht der Verfahrensbeteiligten

Das Akteneinsichtsrecht der Gläubiger und dritter Personen findet seine gesetzliche Grundlage in § 299 ZPO iVm § 4 InsO.[1] **8**

Ist das Verfahren noch nicht eröffnet, so steht das Einsichtsrecht zunächst nur dem **Schuldner** und ggf dem **antragstellenden Gläubiger** zu.[2] Erst **nach Eröffnung** dürfen sämtliche Gläubiger Einsicht nehmen, und zwar auch noch nach Beendigung des Insolvenzverfahrens.[3] Der Begriff des Gläubigers ist weit auszulegen. Hierunter fallen zB auch Gläubiger von Aus- und Absonderungsrechten[4] sowie Gläubiger, deren Forderungen im Prüfungstermin lediglich vorläufig bestritten worden sind, weil die Höhe der Forderung noch nicht festgestellt werden konnte. Die **Einsichtnahme** findet grundsätzlich in den Räumen des Gerichts statt. Das Gericht ist nicht verpflichtet, die Akten an Gläubiger zu versenden.[5] Auf Anfrage sind einzelne Insolvenzgerichte häufig bereit, den Gläubigern oder deren Vertretern gegen Übernahme der hierdurch entstehenden Kosten Kopien aus der Akte zu schicken. Der Gläubiger kann grundsätzlich jederzeit – zu den Geschäftszeiten des Insolvenzgerichts – Einsicht verlangen.[6] Dies gilt auch dann, wenn – ein häufig anzutreffendes Problem – die Akte sich im Geschäftsgang befindet. In der Praxis empfiehlt es sich daher, den Zeitpunkt der Akteneinsicht zuvor telefonisch mit der Geschäftsstelle abzustimmen, weil der Weg zum Insolvenzgericht anderenfalls oftmals vergeblich ist. **9**

Wird die Einsichtnahme abgelehnt, so steht dem Einsichtsberechtigten hier- **10**

1 Haarmeyer/Wutzke/Förster, Kap 2 Rn 32.
2 Vgl Haarmeyer/Wutzke/Förster, Kap 2 Rn 37; Kuhn/Uhlenbruck, KO, § 72 Rn 4.
3 Vgl Haarmeyer/Wutzke/Förster, Kap 2 Rn 37; Kuhn/Uhlenbruck, KO, § 72 Rn 4.
4 Vgl Kuhn/Uhlenbruck, KO, § 72 Rn 4 a.
5 Vgl Haarmeyer/Wutzke/Förster, Kap 2 Rn 57.
6 Vgl MünchKomm/*Prütting* § 299 ZPO Rn 11.

gegen die **Erinnerung** gem § 576 Abs 1 ZPO iVm § 4 InsO zu.[7] Gegen die ablehnende Entscheidung des Rechtspflegers oder Richters ist die **Beschwerde** nach § 567ff ZPO iVm § 4 InsO gegeben.[8] Sofern sich eine Akte über einen längeren Zeitraum nach Auskunft des Gerichts im Geschäftsgang befindet, ist es sachdienlich, das Gericht abschließend um einen Termin zur Einsichtnahme zu bitten. Entspricht das Gericht auch dieser Bitte nicht, kommt die Untätigkeit in ihrer Wirkung einer Ablehnung gleich mit der Folge, daß dem Gläubiger auch insoweit das Rechtsmittel der Erinnerung zustehen muß.

b) Akteneinsichtsrecht dritter Personen

11 Sofern die Position als Gläubiger (noch) nicht feststeht oder (noch) nicht belegbar ist, kann die Einsicht begehrende Person gemäß § 299 Abs 2 ZPO wie ein an dem Verfahren nicht beteiligter Dritter bei dem Vorstand des Amtsgerichts (Amtsgerichtsdirektor oder Präsident) Akteneinsicht beantragen. Wird ein **rechtliches Interesse** an der Einsicht glaubhaft gemacht, so kann Akteneinsicht ohne Zustimmung des Schuldners und des Verwalters gewährt werden.[9] Ein rechtliches Interesse für die Akteneinsicht besteht zB, wenn der Verwalter die Forderung im Prüfungstermin bestritten hat und Informationen aus der Akte zur gerichtlichen Geltendmachung des Anspruchs erforderlich sind; dies ist zB für den von der Quotenerwartung abhängigen Streitwert der Fall.

12 Kann der Gläubiger ein derartiges rechtliches Interesse nicht geltend machen, so ist die **Zustimmung von Schuldner und Verwalter** erforderlich.

13 Liegen die Voraussetzungen zur Gewährung der Akteneinsicht vor, darf das Gericht den Akteneinsichtsantrag nur ablehnen, wenn ein mißbräuchlicher Umgang mit der Akte oder dessen Inhalt zu befürchten ist; in diesem Fall ist das Gericht allerdings zugleich verpflichtet, die Akteneinsicht zu verweigern.[10]

Wird die Akteneinsicht nicht gestattet, so hat gem §§ 23, 25 EGGVG das zuständige Oberlandesgericht über den Antrag auf Akteneinsicht zu entscheiden.[11]

II. Auskunftspflicht des Verwalters

14 Kann der Gläubiger hinreichende Informationen durch Einsicht in die Insolvenzakte nicht erlangen, wird er sich wegen seines Informationsbedarfs vornehmlich an den Insolvenzverwalter wenden. Das Bestehen und der Umfang

---

7 Vgl Baumbach/Lauterbach/Albers/*Hartmann* ZPO § 299 Rn 22; § 576 Rn 3.
8 Vgl MünchKomm/*Prütting* § 299 ZPO Rn 14f; Stein/Jonas/*Leipold* § 299 ZPO Rn 31 und Anhang II 1 und 4.
9 Vgl Kuhn/Uhlenbruck, KO, § 72 Rn 4 a; Haarmeyer/Wutzke/Förster, Kap 2 Rn 34.
10 Vgl Kuhn/Uhlenbruck, KO, § 72 Rn 4 e.
11 Vgl hierzu Kuhn/Uhlenbruck, KO, § 72 Rn 4 a; §§ 23, 25 EGGVG; Happ/Huntemann (Hrsg) § 12 Rn 12.

von Auskunftspflichten des Verwalters und des Gerichts hängt vom Anlaß des Auskunftsbegehrens ab.

1. Anfragen nach dem Stand des Verfahrens

Weder der Verwalter noch das Gericht sind verpflichtet, dem einzelnen Gläubiger auf Anfrage individuelle Auskünfte zum Stand des Verfahrens zu erteilen oder Bericht zu erstatten. Dies ist unter dem Gesichtspunkt der Vermeidung unnötiger Verfahrensverzögerung durch zahlreiche Einzelanfragen gerechtfertigt.[12] **15**

Der Verwalter **hat** jedoch **Auskunft zu erteilen**, wenn etwa Anfragen nach dem Stand des Verfahrens durch ein berechtigtes Interesse der Gläubiger an einem zügigen Fortgang des Verfahrens begründet werden. So vor allem, wenn der Verwalter seiner Berichtspflicht nicht nachkommt. In derartigen Fällen müssen die Gläubiger sowohl vom Verwalter als auch vom Gericht Auskunft über den weiteren Fortgang des Verfahrens verlangen können, zB darüber, wann mit dem nächsten Bericht des Verwalters zu rechnen ist. **16**

2. Anfragen zur Wahrung von Verfahrensrechten

Anfragen von einzelnen Gläubigern werden vielfach im Zusammenhang mit der Wahrung von Verfahrensrechten notwendig. Ist eine Forderung bestritten, so ist es zB wegen der Erhebung einer Klage gem §§ 180ff InsO von Bedeutung, ob kurzfristig mit einem Schlußtermin zu rechnen ist, um noch rechtzeitig Feststellungsklage erheben zu können. Solche Informationen sind durch Akteneinsicht in die Gerichtsakten oder Nachfrage beim Gericht idR nicht zu erhalten, da sie im wesentlichen im Kenntnisbereich des Verwalters liegen. In solchen Fällen hat der **Verwalter** die gewünschten Auskünfte zu erteilen, was ihm regelmäßig aufgrund seiner Tätigkeit ohne bes Aufwand möglich ist. **17**

3. Anfragen zur materiellen Durchsetzung der eigenen Forderung

Bei materiellen Anfragen im Zusammenhang mit einer im Insolvenzverfahren zu berücksichtigenden Forderung (zB Unterlagen, die Aufschluß über das Bestehen der Forderung geben können) ist der **Verwalter** grundsätzlich zur **Auskunftserteilung** verpflichtet.[13] Dies gilt auch, soweit die Auskunft die Masse betrifft.[14] **19**

Die Auskunftspflicht des Verwalters endet jedoch, wo die Art oder der Umfang des Auskunftsbegehrens die weitere ordnungsgemäße und zügige Durchfüh- **20**

12 Vgl in diesem Sinn auch Hess/Binz/Wienberg, § 8 GesO Rn 170f.
13 Vgl Hess/Binz/Wienberg, § 8 GesO Rn 169; Kuhn/Uhlenbruck, KO, § 6 Rn 53.
14 Vgl Kuhn/Uhlenbruck § 6 KO Rn 53 mwN.

rung des Verfahrens ungebührlich beeinträchtigen würde.[15] Der Verwalter hat deshalb die beteiligten Interessen gegeneinander abzuwägen, wenn ein Auskunftsersuchen an ihn herangetragen wird.[16]

21 Erscheint die Auskunftserteilung zu zeitaufwendig, kann der Gläubiger anstelle der Auskunft **Akteneinsicht** verlangen; bei Fragen, die den materiellen Bestand von Forderungen betreffen, wird sich die Antwort auf die begehrte Auskunft allerdings häufig eher aus den Geschäftsunterlagen des Schuldners ergeben, die der Verwalter nicht zur Einsicht bereitzuhalten muß. In diesem Fall kann der Gläubiger den Verwalter bitten, auch diese Unterlagen zur Einsichtnahme zur Verfügung zu stellen. Wird dies verweigert, bleibt der Verwalter auskunftspflichtig. Das gilt auch dann, wenn sich die notwendigen Informationen den Geschäftsunterlagen nicht entnehmen lassen, der Verwalter aber gleichwohl Kenntnis hat oder sich diese beschaffen kann.

4. Anfragen im Zusammenhang mit Sicherungsrechten

22 Im Hinblick auf den Bestand und die Verwertung von Gegenständen sowie den Bestand oder Einzug von Forderungen des Schuldners, die Gläubigern als Sicherheit dienen, wird der **Verwalter** grundsätzlich über eine Übersicht und Kenntnisse verfügen, die den Gläubigern idR nicht zugänglich sind, da sie keine Einsicht in die Geschäftsunterlagen haben. Insoweit ist der Verwalter zur Auskunft verpflichtet, soweit dies im Rahmen des Insolvenzverfahrens möglich und zumutbar ist.[17] Allerdings wird der Verwalter verlangen können, daß das Sicherungsgut durch den Gläubiger, soweit es diesem möglich ist, bezeichnet wird.

23 Der Verwalter kann in Einzelfällen, wenn die Auskunftserteilung die Verfahrensbearbeitung verzögern würde, dem Auskunftsbegehren ebenfalls in der Weise nachkommen, daß er dem Gläubiger **Einsicht in die Geschäftsunterlagen** gewährt. Sind die verlangten Informationen aus den überlassenen Unterlagen nicht zu gewinnen oder wird die Einsicht verweigert, so bleibt der Verwalter auskunftspflichtig, wenn anzunehmen ist, daß er aufgrund seiner Tätigkeit entweder die erforderlichen Kenntnisse besitzt oder diese eher beschaffen kann als der Gläubiger.

III. Unterstützung und Überwachung des Verwalters

24 Die Zusammenarbeit zwischen den Gläubigern und dem Verwalter ist im Regelinsolvenzverfahren nur für den Sonderfall geregelt, daß ein **Gläubigeraus-**

---

15 *Smid*/Zeuner § 15 GesO Rn 68.
16 Vgl Kuhn/Uhlenbruck § 6 KO Rn 53.
17 Vgl BGHZ 49, 11, 13ff; BGHZ 70, 86, 89 zur Auskunftspflicht eines Konkursverwalters; OLG Naumburg Urteil vom 22.12.1994 Az 2 u 33/4 (zur Auskunftspflicht eines Verwalters unter I 3 lit d).

schuß bestellt worden ist. Wie bereits erwähnt, sieht § 69 InsO für diesen Fall vor, daß der Gläubigerausschuß den Verwalter bei seiner Geschäftsführung „zu unterstützen und zu überwachen" hat (vgl Kap 11 Rn 28ff).

Darüber hinaus enthält das Gesetz keine ausdrückliche Verpflichtung der Gläubiger, den Verwalter bei der Erfüllung seiner Aufgaben zu unterstützen. Ihnen ist es daher unbenommen, sich auf die Anmeldung ihrer Forderungen zu beschränken und den weiteren Verlauf des Verfahrens abzuwarten. Zudem haben die Gläubiger die Möglichkeit, auf die Bestellung oder Beibehaltung eines Gläubigerausschusses hinzuwirken, der den Verwalter unterstützt und überwacht (vgl § 69 InsO und Kap 11 Rn 28). Ist ein Gläubigerausschuß bereits gewählt, kann die Gläubigerversammlung auch eine Änderung der Zusammensetzung des Gläubigerausschusses durch einen entspr Antrag beim Gericht herbeizuführen versuchen. Eine Abwahl eines Gläubigerausschußmitgliedes durch die Gläubigerversammlung ist hingegen nicht möglich (vgl hierzu im einzelnen Kap 11 Rn 25). **25**

Ist ein Gläubiger nicht im Gläubigerausschuß vertreten oder wurde ein Gläubigerausschuß nicht bestellt, bestehen für die Gläubiger in begrenztem Maße Möglichkeiten, den Verwalter zu unterstützen und zu überwachen. In Betracht kommen insbes **Hinweise** an den Verwalter oder an das Gericht sowie **Anträge** an das Gericht. **26**

1. Hinweise an den Verwalter oder das Gericht

Die Gläubiger haben die Möglichkeit, durch Hinweise an den Verwalter oder das Insolvenzgericht auf das Insolvenzverfahren Einfluß zu nehmen. Im Gegensatz zu formellen Anträgen an das Gericht (vgl unten Rn 33) soll durch einen solchen Hinweis nicht in die Befugnisse des Verwalters eingegriffen werden. **27**

Der Verwalter wird substantiierte Anregungen und Hinweise idR dankbar entgegennehmen. Denn sie helfen ihm nicht nur bei der Erfüllung seiner Aufgaben (vgl Kap 6 Rn 26ff), sondern können auch zur Vermeidung von Fehlern beitragen, für die der Verwalter allen Beteiligten nach § 60 InsO verantwortlich ist. Ebenso greifen die Insolvenzgerichte gern nützliche Anregungen von Gläubigern auf. Allein die Weitersendung der Gläubigeranregung an den Verwalter mit der Bitte um Stellungnahme führt häufig schon zur Lösung des Problems, weil der Verwalter gelegentlich der Vorbereitung einer Stellungnahme auch tätig wird. **28**

Folgende Beispiele denkbarer Hinweise mögen hier genannt sein:

a) Hinweise und Anregungen an den Verwalter

- Hinweise auf Forderungen des Schuldners, die dem Verwalter unbekannt sind oder die dieser nach dem Inhalt seines Berichtes zur ersten Gläubigerversammlung übersehen hat; **29**

- Hinweise auf Beweismittel zur Geltendmachung von Anfechtungsrechten des Verwalters nach §§ 129ff InsO oder bei Kapitalgesellschaften zur Durchsetzung von Ansprüchen des Schuldners aus Konzernhaftung;
- Hinweise auf Möglichkeiten zur Veräußerung von Massegegenständen;
- rechtliche Anregungen.

b) Hinweise und Anregungen an das Gericht

30
- Anregungen zur Rubrumsberichtigung;
- Anregungen zur Einberufung einer Gläubigerversammlung, soweit die Einberufung nicht nach § 75 InsO erzwungen werden kann oder soll (vgl Kap 10 Rn 26ff);
- Beschwerden über Versäumnisse des Verwalters (etwa bei der Beantwortung von Anfragen);
- Stellungnahmen zu Vergütungsanträgen des Verwalters oder der Mitglieder eines Gläubigerausschusses;
- Information des Insolvenzgerichts durch Übersendung von Kopien aus der Korrespondenz mit dem Verwalter oder von Schriftsätzen des Verwalters in einem mit dem Gläubiger geführten Rechtsstreit, soweit die Schriftsätze erhebliche Hinweise (zB Wertangaben) für das Insolvenzverfahren enthalten.

31 Anlaß für solche Hinweise und Anregungen werden sich oftmals aus einer **aktiven Begleitung** des Insolvenzverfahrens durch den Gläubiger ergeben. Hierzu gehört beispielsweise die Teilnahme an Gläubigerversammlungen, die regelmäßige Einsicht in die Insolvenzakte. Durch die Auseinandersetzung mit den Einzelheiten des Insolvenzverfahrens können dem Gläubiger, der das Verfahren mit dem ihm eigenen Detailwissen beobachtet, verfahrenserhebliche Themenkreise auffallen, auf die er den Verwalter oder das Gericht im Interesse der Massemehrung oder -erhaltung hinweisen sollte.

32 Ergänzend kann es sinnvoll sein, sich dem Verwalter als **Gesprächspartner** anzubieten. Gerade in kleineren Insolvenzverfahren, in denen zur Vermeidung von Massekosten kein Gläubigerausschuß bestellt worden ist, bietet sich dies an. Gelegentlich begrüßen es Verwalter auch, wenn der Gläubiger seinen **Einfluß gegenüber Dritten** zum Nutzen der Masse geltend macht. In der Praxis ist es zB schon vorgekommen, daß ein Verwalter ein Unternehmen oder wesentliche Gegenstände des Schuldners nur dank der Kontakte eines Gläubigers veräußern konnte. Ein **gemeinsames Vorgehen** mit dem Verwalter ist insbes für besicherte Gläubiger von Interesse, damit eine schnellere Verwertung der Gegenstände und höhere Erlöse erzielt werden.

2. Anträge an das Gericht

33 Hat ein Gläubiger Bedenken gegenüber der Tätigkeit des Verwalters, kann er sich mit der Anregung an das Gericht wenden, daß dieses von seinen Aufsichtsbefugnissen nach § 58 InsO Gebrauch machen möge. Ein solcher Antrag

sollte – auch im Interesse einer weiteren kooperativen Zusammenarbeit mit dem Verwalter – nur bei dem Verdacht auf **krasse Verfehlungen** des Verwalters gestellt werden, weil eine Entlassung des Verwalters gem § 59 Abs 1 InsO nur aus wichtigen Gründen möglich ist. Häufig lassen sich Auseinandersetzungen mit einem Verwalter auf anderem Wege zügiger beilegen. Im übrigen ist ein Antrag auf Entlassung des Verwalters aus wichtigem Grund nur zulässig, wenn dieser von dem Verwalter selbst, dem Gläubigerausschuß oder der **Gläubigerversammlung** gestellt wird (vgl § 59 Abs 1 S 2 InsO). Der einzelne Gläubiger müßte sich deshalb zunächst gem § 75 InsO um vier weitere nicht nachrangige Insolvenzgläubiger bemühen, um eine Gläubigerversammlung einberufen zu können, in der ein **Abberufungsantrag** gestellt werden kann.

IV. Kooperation mit anderen Gläubigern

Die Kooperation der Gläubiger untereinander ist in der Insolvenzordnung für das Regelverfahren nicht normiert. Den Gläubigern steht es aber frei, ihre Rechte in Abstimmung mit anderen Gläubigern wahrzunehmen. **34**

Zur Durchsetzung von Rechten ist es gelegentlich erforderlich oder sinnvoll, mit anderen Gläubigern Kontakt aufzunehmen. Insbes zur Einberufung einer Gläubigerversammlung durch Gläubiger nach § 75 Abs 1 Nr 3 InsO (vgl Kap 10 Rn 26ff) oder zur Vorbereitung eines erwünschten Abstimmungsergebnisses in der Gläubigerversammlung kann **Einvernehmen zwischen den Gläubigern** auch außerhalb von Gläubigerversammlungen entscheidend sein. Umgekehrt lassen sich durch Abstimmungsgespräche bereits im Vorfeld der Gläubigerversammlung auch unerwünschte (kostenträchtige) Abstimmungergebnisse und unnötige Konfrontationen vermeiden. Durch Einsicht in die Insolvenzakte läßt sich, insbes in der Zeit ab dem Prüfungstermin, die Identität anderer Gläubiger sehr einfach feststellen. **35**

Mehrere Sicherungsgläubiger, denen aufgrund zu ihren Gunsten bestehender Grundpfandrechte ein Recht zur abgesonderten Befriedigung zusteht (vgl hierzu Kap 8 Rn 11), können ein Interesse an einer gemeinsamen Einigung mit dem Verwalter über die Verwertung des der Sicherung dienenden Grundstükkes haben. Im Wege der Zwangsversteigerung kann häufig nur ein geringerer Erlös erzielt werden als bei einer Verwertung im Wege des freihändigen Verkaufes. Dies ist vor allem bei Gläubigern zu bedenken, die durch nachrangige Grundschulden oder Hypotheken gesichert sind. In diesem Fall würden aus dem Versteigerungserlös zunächst die vorrangigen Belastungen abgelöst werden, so daß nachrangige Grundpfandrechte erlöschen, ohne daß auf sie ein Anteil am Erlös entfällt. Verwertet der Verwalter das Grundstück also durch freihändigen Verkauf, kann er dies nur mit den im Grundbuch eingetragenen Belastungen tun, sofern nicht sämtliche, auch nachrangig gesicherte Gläubiger die Löschung des zu ihren Gunsten eingetragenen Rechts bewilligen. In dieser Situation kann es deshalb sinnvoll sein, sich mit dem Verwalter und mit **36** den vorrangig oder nachrangig gesicherten Gläubigern über eine Verwertung durch freihändigen Verkauf in der Weise zu verständigen, daß vor der Durchführung der Verwertung eine Vereinbarung über die Verwendung des erzielten Erlöses zwischen dem Verwalter und den betroffenen Gläubigern getroffen wird.

Christian Graf Brockdorff

13. Kapitel: Der Insolvenzplan

Übersicht

	Rn
Vorbemerkung	1
I. Planinitiativrecht, Planinhalt und Planverfahren	4
1. Vorlageberechtigte und zeitliche Grenzen für die Vorlage eines Insolvenzplanes	5
a) Vorlageberechtigte Personen	5
b) Zeitliche Grenzen für die Vorlage des Insolvenzplanes	7
c) Parallele Planinitiative	11
2. Gliederung und Inhalt des Insolvenzplanes	12
a) Der darstellende Teil des Insolvenzplanes	13
aa) Vorgesehene Maßnahmen nach Verfahrenseröffnung	14
bb) Sonstige entscheidungserhebliche Angaben	15
b) Der gestaltende Teil des Insolvenzplanes	17
c) Anlagen zum Insolvenzplan	20
aa) Vergleichende Vermögensübersicht/Ergebnis- und Finanzplan	21
bb) Sonstige Anlagen, § 230 InsO	23
d) Die Gläubigergruppen	26
aa) Gesetzlich vorgeschriebene Gläubigergruppen	27
bb) Weitere Gläubigergruppen	30
e) Plananforderungen des Gesetzgebers für einzelne Gläubigergruppen und den Schuldner	32
aa) Absonderungsberechtigte Gläubiger	33
bb) Nicht nachrangige Gläubiger	35
cc) Nachrangige Gläubiger	36
dd) Schuldner	37
f) Gleichbehandlung innerhalb der Gläubigergruppen und Einflußnahme des Planinitiators auf die Planakzeptanz durch Gruppenbildung	38
aa) Gleichbehandlungsgrundsatz	38
bb) Einflußnahme auf das Abstimmungsergebnis durch entspr Gruppenbildung	40
g) Begrenzung der Haftung des Schuldners	42
h) Änderung sachenrechtlicher Verhältnisse	43
3. Prüfung des Planes durch das Insolvenzgericht; Einzuholende Stellungnahmen	44
a) Vorprüfung des Planes und ggf Zurückweisung durch das Insolvenzgericht	44
aa) Zurückweisung wegen Verletzung von Rechtsvorschriften	45
bb) Zurückweisung wegen offensichtlicher Unannehmbarkeit	47
cc) Zurückweisung wegen Unschlüssigkeit des Planes	48
dd) Zurückweisung auf Antrag	49
ee) Rechtsmittel gegen die gerichtliche Zurückweisung	50

Christian Graf Brockdorff

Rn
b) Einzuholende Stellungnahmen 51
c) Niederlegung des Planes/Einsichtsrecht 55
d) Aussetzung von Verwertung und Verteilung . . 56
aa) Gefährdung des Planes durch Verwertungsmaßnahmen 56
bb) Keine Aussetzung bei Nachteilen für die Insolvenzmasse oder Antrag des Verwalters 57
4. Annahme und Bestätigung des Planes 60
a) Erörterungs- und Abstimmungstermin . . . 60
aa) Bekanntmachung/Ladung 63
bb) Erörterung und Änderung des Insolvenzplanes . . . 67
cc) Gesonderter Abstimmungstermin . 71
b) Feststellung der Stimmrechte der Insolvenzgläubiger 73
aa) Nicht bestrittene Forderungen 74
bb) Bestrittene Forderungen 75
cc) Absonderungsberechtigte Gläubiger als Insolvenzgläubiger 77
dd) Nachrangige Insolvenzforderungen . 78
ee) Insolvenzforderungen ohne Stimmrecht 79
ff) Stimmrecht absonderungsberechtigter Gläubiger und sonstige Besonderheiten 80
gg) Aufnahme des Stimmrechts in die Stimmliste 84
c) Abstimmungsverfahren . 85
aa) Besonderheiten bei der Abstimmung in einem gesonderten Abstimmungstermin 86
bb) Abstimmung in Gruppen 90
cc) Erforderliche Mehrheiten 91
dd) Zustimmung nachrangiger Insolvenzgläubiger 95
d) Gerichtliche Ersetzung der fehlenden Zustimmung (Obstruktionsverbot) . . 101
aa) Voraussetzung für die Zustimmung . . 102
bb) Prüfung der Zustimmungsfiktion durch das Insolvenzgericht 104
cc) Entscheidung/Rechtsmittel 109
e) Zustimmung des Schuldners 111
aa) Zustimmungsfiktion 112
bb) Beachtlicher Widerspruch 114
cc) Entscheidung/Rechtsmittel 115
f) Minderheitenschutz . . . 116
aa) Zulässigkeit des Antrages 117
bb) Begründetheit des Antrages 118
cc) Entscheidung/Rechtsmittel 119
g) Gerichtliche Bestätigung des Insolvenzplanes . . . 120
aa) Bedingter Plan . . . 121
bb) Sonstige Voraussetzungen für die Bestätigung durch das Gericht 122
cc) Entscheidung/Bekanntgabe/Rechtsmittel 124
II. Wirkungen und Folgen des bestätigten Planes und die Überwachung der Planerfüllung . . 127

	Rn
1. Die allgemeinen Wirkungen des Planes	128
a) Dingliche Rechte	129
b) Rechte der Insolvenzgläubiger gegenüber Mithaftenden	130
c) Kein Rückgewähranspruch für überobligatorische Leistungen	132
2. Titelwirkung des Planes	133
3. Aufhebung und Wirkungen der Aufhebung des Insolvenzverfahrens	135
a) Aufhebung des Insolvenzverfahrens	135
b) Wirkungen der Aufhebung	136
4. Rechtsfolgen bei Nichterfüllung der im Plan festgeschriebenen Verpflichtungen	137
a) Wiederaufleben von Gläubigerforderungen	137
b) Streitige Forderungen/Ausfallforderungen	140
5. Die Überwachung der Planerfüllung und Kreditnahmen für Neukredite (§§ 260ff InsO)	142
a) Aufgaben und Befugnisse des Insolvenzverwalters während der Planüberwachung	143
b) Berichts- und Anzeigepflichten des Insolvenzverwalters	147
aa) Berichtspflichten	147
bb) Anzeigepflichten	148
c) Zustimmungsbedürftige Geschäfte	149
d) Kreditrahmen und vorrangige Forderungen	152
aa) Voraussetzungen für eine rangmäßige Begünstigung	154
bb) Nachrang von Neugläubigern	156
cc) Berücksichtigung des Nachrangs	159
e) Bekanntmachung der Überwachung	162
f) Die Aufhebung der Überwachung	164
g) Kosten der Überwachung	166

Vorbemerkung

1 Die Regelungen über den Insolvenzplan ersetzen das bisherige Vergleichsverfahren nach der Vergleichsordnung und den Zwangsvergleich nach §§ 173ff KO. Das in §§ 217 – 269 InsO geregelte Planverfahren ist eine der wesentlichen Neuerungen der Insolvenzrechtsreform. Der Insolvenzplan wird ggf im Rahmen eines einheitlichen Insolvenzverfahrens aufgestellt und eröffnet für die Beteiligten die Möglichkeit, eine von den Vorschriften der Insolvenzordnung weitgehend abweichende Lösung zur Bewältigung der Insolvenz zu erarbeiten. Das Planverfahren soll insbes die **Sanierung** erhaltenswerter Unternehmen durch eine auf die jeweilige Insolvenzsituation zugeschnittene Regelung ermöglichen. Die Aufstellung eines Insolvenzplanes ist aber auch denkbar, um auf dessen Grundlage das Vermögen des Schuldners zu verwerten und den Erlös zu verteilen.[1]

2 Nach dem in § 217 InsO niedergelegten Grundsatz können in einem Insolvenzplan die Befriedigung der absonderungsberechtigten Gläubiger und der Insol-

1 Hess, Insolvenzrecht, 281 ff.

venzgläubiger, die Verwertung der Insolvenzmasse und deren Verteilung an die Beteiligten sowie die Haftung des Schuldners nach der Beendigung des Insolvenzverfahrens **abweichend** von dem in der InsO vorgesehenen **Regelverfahren** festgelegt werden. Die Erarbeitung eines Insolvenzplanes kommt immer dann in Betracht, wenn durch die schlichte Zerschlagung des schuldnerischen Unternehmens und die Verwertung der Vermögensgegenstände für die Beteiligten keine zufriedenstellenden Ergebnisse erzielt werden können. Dies wird insbes dann der Fall sein, wenn ein Unternehmen bei drohender Zahlungsunfähigkeit (s hierzu Kap 2 Rn 26) an sich sanierungsfähig ist, eine Sanierung aber ohne die gestaltende Modifizierung der Rechte der verschiedenen an der Insolvenz Beteiligten nicht ohne weiteres möglich ist.

3 Ein Planverfahren ist aber **nicht in allen Insolvenzfällen zulässig.** Denn nach § 312 Abs 3 InsO sind die Vorschriften über den Insolvenzplan im Rahmen des vereinfachten Insolvenzverfahrens über das Vermögen von Verbrauchern oder Kleingewerbetreibenden (§§ 304 ff InsO) nicht anzuwenden.

I. Planinitiativrecht, Planinhalt und Planverfahren

4 Die Vorschriften der §§ 217 ff regeln im einzelnen, welcher Personenkreis in welchen zeitlichen Grenzen berechtigt ist, den Gläubigern einen Insolvenzplan vorzulegen. Sie stellen ferner eine Reihe von inhaltlichen Mindestanforderungen an den Insolvenzplan und geben im einzelnen vor, welche Aufsichts- und Kontrollpflichten auf das Insolvenzgericht zukommen. Des weiteren werden in diesem Abschnitt das Abstimmungsverfahren mit dem Obstruktionsverbot und der Minderheitenschutz behandelt, der in der Phase der Bestätigung des Insolvenzplanes ggf von dem Insolvenzgericht zu berücksichtigen ist.

1. Vorlageberechtigte und zeitliche Grenzen für die Vorlage eines Insolvenzplanes

a) Vorlageberechtigte Personen

5 Nach § 218 Abs 1 InsO sind zur Vorlage eines Insolvenzplanes an das Insolvenzgericht der **Insolvenzverwalter und der Schuldner** berechtigt. Der Verwalter kann aufgrund eigener Initiative tätig werden oder aufgrund eines Auftrages der Gläubigerversammlung handeln.[2] Die Vorschrift des § 157 S 2 InsO gibt der **Gläubigerversammlung** die Möglichkeit, den Verwalter im Berichtstermin (vgl § 156 InsO) zu beauftragen, einen Insolvenzplan auszuarbeiten, wobei auch das Ziel des Planes vorgegeben werden kann. Die Gläubigerversammlung hat allerdings die Möglichkeit, das Ziel des Planes in späteren Ter-

2 *Bork* Einführung in das neue Insolvenzrecht, Rn 330; Smid/Rattunde, Der Insolvenzplan, Rn 103.

minen zu ändern oder von dem Planvorhaben vollständig Abstand zu nehmen (§ 157 S 3 InsO).

Das **Insolvenzgericht prüft** gem § 231 Abs 1 Nr 1 InsO von Amts wegen das Vorlagerecht und hat den Insolvenzplan bei einer Vorlage durch Nichtberechtigte zurückzuweisen. 6

b) Zeitliche Grenzen für die Vorlage des Insolvenzplanes

Nach § 218 Abs 1 S 2 InsO kann der vorlageberechtigte **Schuldner** die Vorlage des Insolvenzplanes bereits mit dem Antrag auf Eröffnung des Insolvenzverfahrens verbinden oder aber einen solchen auch erst nach Eröffnung des Insolvenzverfahrens (vgl § 27 InsO) vorlegen. Ein Plan, der erst nach dem Schlußtermin (vgl § 197 InsO) bei Gericht eingeht, wird gem § 218 Abs 1 S 3 InsO nicht mehr berücksichtigt. 7

Die Vorlage des Insolvenzplanes durch den **Insolvenzverwalter** kann frühestens mit Wirksamkeit seiner Ernennung im Eröffnungsbeschluß erfolgen. Der vorläufige Insolvenzverwalter ist nach dem Wortlaut des § 218 Abs 1 InsO nicht zur Vorlage eines Insolvenzplanes berechtigt, was hingegen nicht ausschließt, daß er insbes von den antragstellenden Gläubigern beauftragt wird, die Ausarbeitung eines Planes vorzubereiten.[3] Dies wird idR erhebliche zeitliche Vorteile mit sich bringen, da der vorläufige Insolvenzverwalter dann die von ihm bereits gewonnenen Informationen für die Erstellung eines Planes nutzen kann. Vorgelegt werden kann der Plan allerdings erst nach Eröffnung des Verfahrens von dem regulären Verwalter, der idR mit dem gerichtlich bestellten vorläufigen Verwalter identisch sein wird. 8

Soweit die Gläubigerversammlung den Verwalter gem § 218 Abs 2 InsO beauftragt hat, einen Insolvenzplan auszuarbeiten, so hat dieser den Plan binnen einer angemessenen Frist dem Gericht vorzulegen. Welcher zeitliche Rahmen insoweit angemessen ist, dürfte maßgeblich von dem Umfang und der Schwierigkeit der für die Planerstellung zu leistenden Arbeiten abhängen. Zweckmäßigerweise sollte bereits in der nach § 29 Abs1 Nr 1 InsO anzuberaumenden ersten Gläubigerversammlung (Berichtstermin) versucht werden, zwischen allen Beteiligten über den zeitlichen Rahmen ein Einvernehmen herzustellen. Dies dürfte insbes deshalb sinnvoll sein, weil nach § 218 Abs 3 InsO bei der Aufstellung des Planes durch den Verwalter der Gläubigerausschuß, wenn ein solcher bestellt ist, der Betriebsrat, der Sprecherausschuß der leitenden Angestellten und der Schuldner selbst beratend mitwirken und insoweit Terminsabstimmungen zwingend erforderlich sind.[4] 9

Auch ein von dem Verwalter vorgelegter Insolvenzplan muß **spätestens bis zum Schlußtermin** bei Gericht eingehen, um Berücksichtigung zu finden (vgl § 218 Abs 1 S 3 InsO). 10

3 Smid/Rattunde, Rn 110.
4 Smid/Rattunde, Rn 112.

c) Parallele Planinitiative

11 Nach den vorstehenden Ausführungen ist es denkbar, daß von mehreren Initiativberechtigten ein Insolvenzplan vorgelegt wird, so daß Gericht und Gläubiger dann ggf zwischen **mehreren Plänen** auszuwählen hätten. Dies ist aber nur dann der Fall, wenn nicht bereits eine Vorprüfung des Gerichts gem § 231 InsO zur Zurückweisung eines konkurrierenden Planes führt (vgl hierzu Rn 44), so daß nur noch ein Plan zur Entscheidungsfindung den Gläubigern vorgelegt wird. Entsprechen allerdings alle eingereichten Pläne den Voraussetzungen des § 231 InsO und unterbleibt eine gerichtliche Zurückweisung aus diesem Grunde, so hat das Gericht die konkurrierenden Pläne den verschiedenen Beteiligten zur Stellungnahme zuzuleiten (vgl § 332 InsO und Rn 51). Anhand der Stellungnahmen werden die Gläubiger dann in dem gem § 235 InsO anzuberaumenden Erörterungs- und Abstimmungstermin (vgl im einzelnen Rn 60) zwischen mehreren konkurrierenden Plänen zu entscheiden haben, wobei ausschlaggebend sein dürfte, welcher Plan hier den einzelnen Gläubigergruppen die größten wirtschaftlichen Vorteile bringt. Sollten mehrere Pläne die erforderliche Mehrheit der Gläubigergruppen erhalten, was denkbar ist, wenn für die Gläubigergruppen in den Plänen ähnliche Rechte vorgesehen sind, wird das Gericht gem § 248 InsO ggf nach Anhörung des Verwalters, des Gläubigerausschusses, wenn ein solcher bestellt ist, und des Schuldners nach pflichtgemäßem Ermessen zu entscheiden haben, welcher der Pläne für die beteiligten Gläubigergruppen unter Berücksichtigung der Interessen des Schuldners vorzugswürdig ist. Da dieses Vorhaben in der Praxis sehr zeit- und kostenintensiv ist, sollten sich die Beteiligten bereits in dem Berichtstermin auf einen Plan und einen Planinitiator einigen.

2. Gliederung und Inhalt des Insolvenzplanes

12 Hinsichtlich der Gliederung des Planes ist § 219 InsO lediglich zu entnehmen, daß der Insolvenzplan aus dem darstellenden und dem gestaltenden Teil besteht und dem Plan eine Reihe von Anlagen beizufügen sind, die in den §§ 229 und 230 InsO im einzelnen aufgeführt sind. Der Plan **soll die Information aller Beteiligten gewährleisten** und eine klare **Grundlage für die Entscheidung über dessen Annahme** schaffen.[5] Im darstellenden Teil des Planes sind deshalb in Form eines Berichtes die wirtschaftliche Lage des Schuldners und die Ursachen hierfür darzulegen. Ferner ist aufzuzeigen, welches **Sanierungskonzept** dem Planvorschlag zugrunde liegt. Im gestaltenden Teil des Planes sind im einzelnen die **Eingriffe in die Rechtsstellung der Beteiligten** darzulegen, die zur Umsetzung der vorgesehenen Sanierung erforderlich sind.[6]

---

5 *Bork* ZZP 1996, 473, 475.
6 Vgl Begr zu § 258 RegEntw abgedruckt in Balz/Landfermann S 329f.

a) Der darstellende Teil des Insolvenzplanes

Die wenigen gesetzlichen Vorgaben für den Inhalt des darstellenden Teils sind in § 220 InsO enthalten, wobei das Gesetz nicht ausführt, an welche konkreten Angaben gedacht ist, sondern lediglich eine grobe Richtung vorgibt.[7] 13

aa) Vorgesehene Maßnahmen nach Verfahrenseröffnung

Im darstellenden Teil des Planes ist nach § 220 Abs 1 InsO zunächst zu beschreiben, welche Maßnahmen nach der Eröffnung des Insolvenzverfahrens getroffen worden sind oder noch getroffen werden sollen, um die Grundlagen für die geplante Gestaltung der Rechte der Beteiligten zu schaffen. Dies setzt allerdings voraus, daß zunächst einmal die gegebene **wirtschaftliche Situation** sowohl des **Unternehmens** als auch des gesamten **Wirtschaftszweiges** dargestellt wird und auf dieser Grundlage die einzelnen Maßnahmen dargelegt werden, die erforderlich sind, um eine **Sanierung** zu ermöglichen.[8] Bereits in dieser Phase wird anzugeben sein, welche Gestaltungen geboten sind, um dieses Ziel zu erreichen. 14

bb) Sonstige entscheidungserhebliche Angaben

Ferner **soll** nach § 220 Abs 2 InsO der darstellende Teil alle sonstigen **Angaben zu den Grundlagen und den Auswirkungen des Planes enthalten**, die für die Entscheidung der Gläubiger über die Zustimmung zum Plan und für dessen gerichtliche Bestätigung erheblich sind. Welche das im einzelnen sind, gibt der Gesetzgeber aber nicht konkret vor. Der Informationsumfang dürfte von Fall zu Fall unterschiedlich sein. In jedem Falle sind aber die Auswirkungen des Planes auf die Rechte der Gläubiger herauszuarbeiten, die dem Plan zustimmen müssen. Anderenfalls wird eine Zustimmung kaum zu erlangen sein. Im einzelnen werden insoweit folgende Ausführungskriterien genannt: 15

- Gesellschaftsrechtliche Organisationsform des Unternehmensträgers;
- Darstellung der allgemeinen Lage des Unternehmens;
- Vermögens-, Finanz- und Ertragslage des Unternehmens;
- Ursachen der Insolvenz;
- Art und Weise der geplanten Verwertung mit Wertangaben;
- Darstellung anfechtbarer Rechtsgeschäfte;
- Behandlung nicht erfüllter Verträge;
- Höhe und Bedingungen der aufgenommenen und/oder noch aufzunehmenden Darlehen sowie Rückzahlungsplan;

7 Im RegEntw zur InsO war zunächst eine detaillierte Regelung über den Inhalt des darstellenden Teils (vgl §§ 259 – 262 RegEntw) enthalten. Der Rechtsausschuß hat diese Vorschriften aber gestrichen. Zur Begr wurde ausgeführt, daß derjenige, der um Zustimmung zu seinem Planvorschlag nachsucht, von sich aus die erforderlichen Informationen in den Plan aufnehmen wird; vgl in Balz/Landfermann S 329f.

8 *Hess/Weis* InVo 1996, 91f.

- Behandlung der erforderlichen Sanierungsmaßnahmen und deren Auswirkungen auf das Betriebsergebnis;
- Geplante oder bereits durchgeführte Betriebsänderungen;
- Stellung der Sicherungsgläubiger;
- Gesamtbetrag der Sozialplanforderungen und künftige Vereinbarungen betreffend den Sozialplan;
- sonstige organisatorische und personelle Maßnahmen.[9]

16 Um die zustimmungspflichtigen Beteiligten und das Gericht, das den Plan zu bestätigen und ggf Obstruktionsentscheidungen zu treffen hat, für den Plan zu gewinnen, sollten die **Vorteile, die sich für die Gläubiger und/oder den schuldnerischen Betrieb gegenüber dem gesetzlichen Regelverfahren** ergeben, deutlich herausgearbeitet werden. Deshalb muß der Plan eine Vergleichsrechnung enthalten, die den Vorteil des Planes gegenüber dem regulären Verfahren verdeutlicht.[10] Ferner hat der Planersteller sich in einer Wertung der vorgeschlagenen Maßnahmen zusammenfassend dazu zu äußern, warum er und die sonstigen an der Planerstellung Beteiligten den Plan für sinnvoll und realisierbar halten.

b) Der gestaltende Teil des Insolvenzplanes

17 Nach § 221 InsO ist im gestaltenden Teil des Insolvenzplanes festzulegen, wie die Rechtsstellung der Beteiligten durch den Plan geändert werden soll. Dem gestaltenden Teil des Planes ist demnach zu entnehmen, inwieweit die Rechte gegenüber dem gesetzlichen Regelverfahren zu modifizieren sind, um das angestrebte Ergebnis zu erreichen.

18 **Beteiligte** iSv § 221 InsO sind der **Schuldner**, die **absonderungsberechtigten Gläubiger** und die **Insolvenzgläubiger**, denn deren Rechtsstellung kann gem § 217 InsO durch den Plan modifiziert werden.[11] In die Rechtsstellung der **Anteilseigner** einer insolventen juristischen Person kann aufgrund von Regelungen im gestaltenden Teil eines Insolvenzplanes hingegen nicht eingegriffen werden, da die Anteilseigner nicht als Beteiligte im Sinne des § 217 InsO einzustufen sind.[12] Eine freiwillige Beteiligung der Gesellschafter einer juristischen Person ist hingegen möglich und wünschenswert, wie eine solche Beteiligung auch durch andere Dritte möglich ist.[13]

19 Die Insolvenzordnung gibt nicht vor, auf welche Weise die Rechtsstellung der Beteiligten durch den Plan geändert werden kann. Dem Vorlageberechtigten sind deshalb an sich keine Grenzen gesetzt, außer derjenigen, den Plan mög-

---

9 Vgl hierzu *Burger/Schellenberg* DB 1994, 1833, 1834; *Hess/Weis* InVO 1996, 91 f; ausführlich Smid/Rattunde, Rn 274 ff.
10 *Bork* ZZP 1996, 476.
11 Smid/Rattunde, Rn 351.
12 Smid/Rattunde, mit ausführlicher Diskussion des Meinungsstandes Rn 336 ff.
13 Smid/Rattunde, Rn 357.

lichst von Anfang an so zu gestalten, daß er die Zustimmung der Beteiligten und des Gerichts findet. Als Regelungen im gestaltenden Teil des Planes kommen insbes folgende Maßgaben in Betracht:

- Verzicht der absonderungsberechtigten Gläubiger auf die Zinsen (§ 169 InsO);
- Zahlung einer Quote iHv 50% auf die Forderungen der Insolvenzgläubiger innerhalb eines Jahres, die zum Erlaß der Forderung führt;
- Zahlung höherer als der gesetzlich vorgesehenen Verwertungskosten (§ 171 InsO) durch den Absonderungsberechtigten gegen Besserungsschein;
- Forderungserlaß in Höhe von 50% bis 90% durch die Insolvenzgläubiger und Stundung des nicht erlassenen Teils auf mehrere Jahre;
- Umwandlung von Darlehen in Beteiligungen an dem schuldnerischen Unternehmen;
- Durchführung des Insolvenzplanes soll durch den Insolvenzverwalter überwacht werden.[14]

c) Anlagen zum Insolvenzplan

Wie bereits erwähnt, sind gem § 219 InsO dem Plan die in §§ 229, 230 InsO genannten Anlagen ggf beizufügen. **20**

aa) Vergleichende Vermögensübersicht/Ergebnis- und Finanzplan

Sieht der Insolvenzplan vor, daß die Gläubiger aus den Erträgen des von dem Schuldner oder einem Dritten fortgeführten Unternehmens befriedigt werden sollen, so ist dem Insolvenzplan nach § 229 InsO eine **vergleichende Vermögensübersicht** beizufügen. In dieser Übersicht sind die Vermögensgegenstände und die Verbindlichkeiten, die sich bei einem Wirksamwerden des Planes gegenüber stünden, mit ihren Werten aufzuführen. **21**

Ergänzend ist in einem **Ergebnis- und Finanzplan** darzustellen, welche Aufwendungen und Erträge für den Zeitraum, in dem die Gläubiger aus dem fortgeführten Unternehmen befriedigt werden sollen, zu erwarten sind und durch welche Abfolge von Einnahmen und Ausgaben die Zahlungsfähigkeit des Unternehmens (künftige Ertragsprognose) während dieses Zeitraumes gewährleistet werden soll.[15] **22**

bb) Sonstige Anlagen, § 230 InsO

Beinhaltet der Insolvenzplan, daß der Schuldner sein Unternehmen fortführt und ist der Schuldner eine natürliche Person, ist dem Plan als weitere Anlage die **Erklärung des Schuldners** beizufügen, daß er zur Fortführung des Unternehmens auf der Grundlage des Planes bereit ist. Für den Fall, daß der Schuld- **23**

14 *Hess/Weis* InVO 92; Vgl auch Smid/Rattunde, Rn 375ff.
15 Vgl *Burger/Schellenberg* DB 1994, 1835; sa Smid/Rattunde, Rn 321.

ner eine Gesellschaft ohne Rechtspersönlichkeit oder eine Kommanditgesellschaft auf Aktien ist, muß dem Plan eine entspr Erklärung der persönlich haftenden Gesellschafter beigefügt werden. Die Pflicht zur Beifügung dieser Anlage entfällt bei einer natürlichen Person, wenn diese selbst den Plan vorlegt.

24 Regelt der Plan, daß Gläubiger Anteils- oder Mitgliedschaftsrechte oder Beteiligungen an einer juristischen Person, einem nicht rechtsfähigen Verein oder einer Gesellschaft ohne Rechtspersönlichkeit übernehmen, so ist dem Plan ggf als weitere Anlage die zustimmende Erklärung eines jeden dieser übernehmenden Gläubiger beizufügen.

25 Bestimmt der Plan, daß ein Dritter nach Bestätigung des Planes Verpflichtungen gegenüber den beteiligten Gläubigern zu übernehmmen hat, ist dem Insolvenzplan als weitere Anlage die entspr Verpflichtungserklärung des Dritten beizufügen. Diese Regelung dient dazu, die erforderliche Rechtssicherheit für die Durchführung des Planes herzustellen und ermöglicht den Beteiligten zudem, vor der Zustimmung Erkundigungen über die Bonität der Person des Dritten einzuholen.

d) Die Gläubigergruppen

26 Die am Insolvenzplan beteiligten Gläubiger sind in Gruppen einzuteilen, wobei eine unterschiedliche Behandlung der verschiedenen Gruppen vom Gesetzgeber durchaus gewollt ist, wenn für eine differenzierte Behandlung sachliche Gründe[16] vorliegen (§ 222 InsO). Die Einteilung der Gläubigergruppen erfolgt gem § 222 Abs 1 S 1 InsO in dem Plan selbst und obliegt damit dem Vorlageberechtigten, der den Plan ausarbeitet, also dem Schuldner oder dem Verwalter (§ 218 InsO).[17] An die Stelle der Abstimmung im Regelverfahren durch die Gläubigerversammlung und einer mehrheitlichen Beschlußfassung (vgl zur Abstimmung Kap 10 Rn 64) über das Schicksal des schuldnerischen Unternehmens, tritt im Planverfahren die Abstimmung nach Gläubigergruppen. Dies soll eine wirtschaftlich sinnvolle Entscheidung über den Insolvenzplan ermöglichen. Das Gericht hat unter bestimmten Voraussetzungen die Möglichkeit durch eine entspr Bestätigung, einen wirtschaftlich sinnvollen Plan auch gegen eine Mehrheit von ablehnenden Gläubigergruppen in Kraft zu setzen, sofern nur eine Gläubigergruppe dem Plan zugestimmt hat.[18] Die einzelnen Gläubigergruppen und die Erläuterung der Kriterien für die Gruppeneinteilung sind dem Plan in einem gesonderten Abschnitt beizufügen.

aa) Gesetzlich vorgeschriebene Gläubigergruppen

27 Bei der Festlegung der Rechte der Beteiligten im Insolvenzplan sind nach § 222 InsO unterschiedliche Gruppen zu bilden, soweit Gläubiger mit unterschied-

16 *Bork* ZZP 1996, 477; ausführlich Smid/Rattunde, Rn 432ff.
17 Smid/Rattunde, Rn 439.
18 Smid/Rattunde, Rn 432, 434.

licher Rechtsstellung betroffen sind. Durch die Zuordnung zu unterschiedlichen Gruppen können die Gläubiger entspr der jeweiligen unterschiedlichen Interessenlage dieser Gruppe behandelt werden und im Rahmen ihrer Gruppe ihre Interessen wahrnehmen, insbes über den Plan diskutieren und gruppenspezifische Vorgaben erarbeiten, die im Erörterungstermin behandelt werden sollen.

Nach § 222 Abs 1 InsO hat der Plan mindestens zu unterscheiden zwischen **28**

- den absonderungsberechtigten Gläubigern, wenn durch den Plan in deren Rechte eingegriffen wird,
- den nicht nachrangigen Insolvenzgläubigern,
- den einzelnen Rangklassen der nachrangigen Insolvenzgläubiger, soweit deren Forderungen nicht nach § 225 InsO als erlassen gelten sollen.

Die Arbeitnehmer des Schuldners **sollen** nach dem Gesetz dann eine bes zusätzliche Gruppe bilden, wenn sie als Insolvenzgläubiger mit nicht unerheblichen Forderungen beteiligt sind (§ 222 Abs 3 S 1 InsO). Eine Beteiligung der Arbeitnehmer als Insolvenzgläubiger mit nicht unerheblichen Forderungen wird immer dann gegeben sein, wenn von Seiten der Arbeitnehmer durchgängig Lohn- und/oder Gehaltsforderungen für ähnliche Zeiträume bestehen, die nicht von der Insolvenzgeldversicherung abgedeckt sind und es sich nicht lediglich um rückständige Bagatellbeträge handelt. In solch einer Konstellation ist eine differenzierte Behandlung der Arbeitnehmer als eigene Gläubigergruppe auch deshalb geboten, weil die Arbeitsverhältnisse grundsätzlich über die Eröffnung des Verfahrens hinaus fortbestehen und deshalb deren Interessen insbes im Rahmen einer Betriebsfortführung oder Teilbetriebsfortführung bes berührt werden können.[19] Dies gilt insbes dann, wenn die Rechte der Arbeitnehmer durch den Plan modifiziert werden sollen. **29**

bb) Weitere Gläubigergruppen

Als Gläubiger mit gleicher Rechtsstellung können nach § 222 Abs 2 InsO weitere Guppen gebildet werden, in denen Gläubiger mit gleichartigen wirtschaftlichen Interessen zusammengefaßt werden. Die Gruppen sind aber sachgerecht voneinander abzugrenzen, wobei die Abgrenzungskriterien nach dem Gesetz im Plan anzugeben sind. Die Vorschrift des § 222 Abs 3 S 2 InsO gibt insoweit ausdrücklich vor, daß für Kleingläubiger bes Gruppen gebildet werden können. Denkbar sind darüber hinaus etwa Untergruppen für Grundpfandrechtsinhaber und sonstige Sicherungsgläubiger.[20] **30**

Der Regierungsentwurf zur Insolvenzordnung nennt weiter als Beispiele für mögliche Gläubigergruppen die Geschäftspartner des Schuldners und die Inhaber der noch nicht fällig gewordenen Forderungen.[21] **31**

---

19 Smid/Rattunde, Rn 437.
20 Vgl *Bork* ZZP 1996, 476.
21 Vgl Begr zu § 265 RegEntw abgedruckt in Balz/Landfermann S 333f.

e) Plananforderungen des Gesetzgebers für einzelne Gläubigergruppen und den Schuldner

32 Für verschiedene Gläubigergruppen hat der Gesetzgeber Mindestinformationen definiert, die in dem Insolvenzplan bei Existenz der jeweils im Gesetz genannten Gläubigergruppe enthalten sein müssen.

aa) Absonderungsberechtigte Gläubiger

33 Grundsätzlich wird das Recht der absonderungsberechtigten Gläubiger zur Befriedigung aus den Gegenständen, an denen Absonderungsrechte bestehen, vom Plan nicht berührt. Es sei denn, der Plan enthält hinsichtlich der Absonderungsrechte von den gesetzlichen Bestimmungen abweichende Regelungen.

34 Für die absonderungsberechtigten Gläubiger ist in einem solchen Fall gem § 223 Abs 2 InsO anzugeben, um welchen Bruchteil deren Rechte gekürzt, für welchen Zeitraum sie gestundet oder welchen sonstigen Regelungen sie unterworfen werden sollen.

bb) Nicht nachrangige Gläubiger

35 Ferner ist für die nicht nachrangigen Gläubiger (vgl hierzu Kap 8 Rn 107) anzugeben, um welchen Bruchteil die Forderungen gekürzt, für welchen Zeitraum sie gestundet, wie sie gesichert oder welchen sonstigen Regelungen sie unterworfen werden sollen (§ 224 InsO).

cc) Nachrangige Gläubiger

36 Die Forderungen nachrangiger Gläubiger gelten als erlassen, soweit der Plan nichts anderes bestimmt (§ 225 Abs 1 InsO). Soweit der Plan von dieser Bestimmung abweicht, gelten die vorstehend unter lit bb) genannten Vorgaben des § 224 InsO betreffend die nicht nachrangigen Gläubiger gem § 225 Abs 2 InsO entspr.

dd) Schuldner

37 Ferner untersagt das Gesetz für den Zeitraum nach Beendigung des Insolvenzverfahrens (§ 225 Abs 3 InsO) den Ausschluß oder die Einschränkung der Haftung des Schuldners für Geldstrafen und die diesen in § 39 Abs 1 Nr 3 InsO gleichgestellten Verbindlichkeiten (Geldbußen, Ordnungsgelder, Zwangsgelder, Nebenfolgen einer Straftat oder Ordnungswidrigkeit, die zu einer Geldzahlung verpflichten) durch entspr Regelungen im Insolvenzplan.

f) Gleichbehandlung innerhalb der Gläubigergruppen und Einflußnahme des Planinitiators auf die Planakzeptanz durch Gruppenbildung

aa) Gleichbehandlungsgrundsatz

38 Nach § 226 Abs 1 InsO hat jeder beteiligte Gläubiger Anspruch darauf, mit den anderen Beteiligten seiner Gruppe gleich behandelt zu werden. Die InsO über-

nimmt damit den Gleichbehandlungsgrundsatz der Vergleichsordnung.[22] Nach § 226 Abs 2 InsO ist eine unterschiedliche Behandlung der Beteiligten innerhalb einer Gruppe nur mit Zustimmung aller betroffenen Beteiligten zulässig. Betroffen in diesem Sinne sind alle Personen, auf deren Rechtsposition die unterschiedliche Behandlung nachteilige Auswirkungen hat. Ist eine unterschiedliche Behandlung innerhalb einer Gruppe vorgesehen, muß dem Insolvenzplan die zustimmende Erklärung eines jeden betroffenen Beteiligten zu dieser unterschiedlichen Behandlung als Anlage beigefügt werden. Eine unterschiedliche Behandlung der Gläubigergruppen selbst ist hingegen zulässig und vom Gesetzgeber durchaus gewollt.

Abreden des Insolvenzverwalters, des Schuldners oder anderer Personen mit einzelnen Beteiligten, aufgrund derer den Beteiligten für ihr Verhalten bei Abstimmungen oder sonst im Zusammenhang mit dem Insolvenzverfahren Vorteile gewährt werden, ohne daß sie im Plan vorgesehen werden, sind nach § 226 Abs 3 InsO nichtig. Dieses Verbot soll sicherstellen, daß die vom Gesetzgeber angeordnete Gleichbehandlung nicht durch entspr Gestaltungen zu Lasten einzelner Gläubiger ausgehöhlt wird. **39**

bb) Einflußnahme auf das Abstimmungsergebnis durch entspr Gruppenbildung

Wie bereits dargelegt, obliegt die Gruppeneinteilung dem Planinitiator (vgl Rn 26). Da für die Annahme des Insolvenzplanes gem § 244 InsO erforderlich ist, daß in jeder Gruppe die Mehrheit der abstimmenden Gläubiger dem Plan zustimmt und die Summe der Ansprüche der zustimmenden Gläubiger mehr als die Hälfte der Summe der Ansprüche der abstimmenden Gläubiger beträgt, kann der Planinitiator durch eine entspr Gruppenbildung auf die Mehrheitsverhältnisse bei der vorstehend beschriebenen Abstimmungsweise (s im einzelnen Rn 85ff) Einfluß nehmen und so auf die Annahme eines Insolvenzplanes, der anderenfalls keine Chance hätte, angenommen zu werden, hinwirken. Eine Gruppenbildung kann beispielsweise so erfolgen, daß eine Gläubigerzahl, die an sich gem § 76 Abs 2 InsO im regulären Abstimmungsverfahren mehr als die Hälfte der Summe der Forderungsbeträge der abstimmenden Gläubiger inne hätte, durch Bildung einer entspr hohen Gruppenanzahl indessen nur die Minderheit der Abstimmungsgruppen ausmacht. Stimmt nun diese Minderheit von Gruppen gegen den Plan (s hierzu im einzelnen Rn 91), so kann ein Plan bei Vorliegen der übrigen Voraussetzungen aufgrund des Obstruktionsverbotes des § 245 InsO (vgl Rn 101ff) durchgesetzt werden. Denn ein Plan kann mit gerichtlicher Hilfe auch dann zum Tragen kommen, wenn die Mehrheit der abstimmenden Gruppen mit den erforderlichen Gruppenmehrheiten zugestimmt hat (vgl § 245 Abs Nr 3 InsO). **40**

---

22 Vgl *Burger/Schellenberg* DB 1994, 1833.

41 Bei entspr Gruppenbildung wird die Minorität so in den Stand gesetzt, die Majorität auszuschalten.[23] Die anzuhörenden Beteiligten sollten deshalb im Rahmen ihrer Stellungnahmebefugnis (vgl § 232 InsO) und im Erörterungs- und Abstimmungstermin darauf hinweisen, wenn es Anhaltspunkte für eine mißbräuchliche Gruppenbildung gibt und darauf achten, daß dies aktenkundig wird. Das Gericht wird diese Hinweise prüfen und seine Bestätigung zum Insolvenzplan ggf versagen (vgl § 248 InsO), wenn nicht bereits durch fehlende Mehrheiten ein solcher Plan, der auf einer mißbräuchlichen Gruppenbildung beruht, zu Fall gebracht wird.

g) Begrenzung der Haftung des Schuldners

42 Nach § 227 Abs 1 InsO wird der Schuldner mit der im gestaltenden Teil vorgesehenen Befriedigung der dort genannten Insolvenzgläubiger von seinen restlichen Verbindlichkeiten gegenüber diesen Gläubigern befreit, es sei denn, der Insolvenzplan enthält anderslautende Vorgaben. Soweit der Insolvenzschuldner eine Gesellschaft ohne Rechtspersönlichkeit oder eine Kommanditgesellschaft auf Aktien ist, wird der vorstehende Befreiungstatbestand entspr auf die persönliche Haftung der Gesellschafter angewendet.[24] Durch diese Regelung wird der Vergleichscharakter des Planverfahrens deutlich. Aufgrund dieser möglichen erheblichen Reduzierung von Verbindlichkeiten ist ein Interesse des Schuldners an der Aufstellung eines Insolvenzplanes offensichtlich.

h) Änderung sachenrechtlicher Verhältnisse

43 Sieht der Plan vor, daß Rechte an Gegenständen begründet, geändert, übertragen oder aufgehoben werden, so können nach § 228 S 1 InsO die insoweit erforderlichen **Willenserklärungen** der Beteiligten, die von den Rechtsänderungen betroffen werden, in den gestaltenden Teil des Insolvenzplanes aufgenommen werden. Ein solches Verfahren sollte deshalb gewählt werden, damit die für Gestaltungen in diesem Sinne notwendige Rechtssicherheit von Anfang an hergestellt wird. Denn die in den gestaltenden Teil des Planes aufgenommenen Willenserklärungen gelten nach Annahme und Bestätigung des Planes gem § 254 InsO als in der vorgeschriebenen Form abgegeben. Eine reine Verpflichtungserklärung der Beteiligten könnte insoweit nicht ausreichen oder zu Verzögerungen führen. Beispielsweise könnte der von der Rechtsänderung betroffene Beteiligte selbst insolvent werden, so daß eine schlichte Verpflichtung zur Änderung der Rechtsverhältnisse zur Herbeiführung derselben nicht mehr ausreichend wäre. Nach § 228 S 2 InsO ist es sogar möglich, die für eine Grundstücksübertragung erforderliche **Auflassung** im gestaltenden Teil eines Insolvenzplanes zu erklären. Entspr gilt für die Bewilligung des Eintrags von Vormerkungen.[25]

---

23 Smid/Rattunde, mit anschaulichem Beispiel, Rn 445 ff.
24 *Burger/Schellenberg* DB, 1994, 1835 f.
25 Smid/Rattunde, Rn 267.

3. Prüfung des Planes durch das Insolvenzgericht; Einzuholende Stellungnahmen

a) Vorprüfung des Planes und ggf Zurückweisung durch das Insolvenzgericht

Nach § 231 InsO führt das Insolvenzgericht zunächst eine Vorprüfung des Planes durch und weist den Plan ggf schon in dieser Phase von Amts wegen zurück. **44**

aa) Zurückweisung wegen Verletzung von Rechtsvorschriften

Eine Zurückweisung des Planes hat von Amts wegen zu erfolgen, wenn die Vorschriften über das Recht zur Vorlage und/oder über den Inhalt des Planes nicht beachtet wurden. Gleiches gilt für den Fall, daß die Gläubigergruppen nicht sachgerecht nach den im Plan angegebenen oder vom Gesetz vorgegebenen Kriterien voneinander abgegrenzt wurden.[26] **45**

Vor der Zurückweisung hat aber nach § 231 Abs 1 Nr 1 InsO zunächst eine **Aufforderung** an den Vorlegenden im Wege einer richterlichen Verfügung zu ergehen, den **Mangel** des Planes binnen einer angemessenen Frist **zu beheben**. Einer solchen Aufforderung bedarf es aber nur, wenn der Mangel überhaupt behebbar ist. Anderenfalls ist der Plan unverzüglich zurückzuweisen, um die reguläre Verfahrensabwicklung nicht zu verzögern. **46**

bb) Zurückweisung wegen offensichtlicher Unannehmbarkeit

Das Insolvenzgericht weist den Insolvenzplan ferner dann zurück, wenn ein **vom Schuldner vorgelegter Plan** offensichtlich keine Aussicht auf Annahme durch die Gläubiger oder auf Bestätigung durch das Gericht hat (§ 231 Abs 1 Nr 2 InsO).[27] Dies ist idR der Fall, wenn die Gläubigerversammlung bereits vor Aufstellung des Planes eindeutige Festlegungen für die Verfahrensabwicklung getroffen hat, denen der Plan inhaltlich widerspricht. Als Beispiel wird im Regierungsentwurf zur Insolvenzordnung die Situation angeführt, in der ein Plan des Schuldners vorliegt, der inhaltlich die Fortführung des Unternehmens durch den Schuldner vorsieht und die Gläubigerversammlung sich hingegen bereits mit Mehrheit gegen eine Fortführung des Unternehmens durch den Schuldner ausgesprochen hat.[28] Eine Prüfungspflicht des Gerichts besteht aber nach dem Wortlaut der Vorschrift des § 231 Abs 1 Nr 2 InsO nur, wenn der Plan durch den Schuldner vorgelegt wird. **47**

---

26 *Bork* Rn 333.
27 *Bork* Rn 333.
28 Vgl Begr zu § 275 RegEntw InsO abgedruckt in Balz/Landfermann S 345f.

cc) Zurückweisung wegen Unschlüssigkeit des Planes

48 Der vorgelegte Plan ist schließlich dann von Amts wegen zurückzuweisen, wenn die Ansprüche, die den Beteiligten nach dem gestaltenden Teil eines vom Schuldner vorgelegten Planes zustehen, offensichtlich nicht erfüllt werden können. Wenn bereits bei objektiver Betrachtung feststeht, daß die in dem Plan vorgesehenen Leistungen nicht erbracht werden können, weil die Unternehmenssituation solche Leistungen nicht hergibt, hat das Gericht die Pflicht nach § 231 Abs 1 Nr 3 InsO, den Plan zurückzuweisen. Von dieser Zurückweisungsbefugnis darf aber nur in eindeutigen Fällen Gebrauch gemacht werden. Ansonsten würde das Gericht dem gesetzlich vorgesehenen Entscheidungsspielraum der Gläubiger (vgl § 244 ff InsO) vorgreifen.

dd) Zurückweisung auf Antrag

49 Nachdem ein von dem Schuldner vorgelegter Insolvenzplan zurückgewiesen wurde, könnte es dem Schuldner in den Sinn kommen, einen weiteren Plan vorzulegen, was zu einer ggf mißbräuchlichen Verfahrensverschleppung führen kann. Denn die gesetzlich vorgesehenen Mitwirkungspflichten von Gericht und Gläubigern werden bis zur Entscheidung über die Annahme eines Planes erhebliche Zeit in Anspruch nehmen. Insbes deshalb sieht § 231 Abs 2 InsO vor, daß das Gericht einen neuen Plan des Schuldners zurückzuweisen hat, wenn der Insolvenzverwalter mit Zustimmung des Gläubigerausschusses, soweit ein solcher bestellt ist, die Zurückweisung beantragt. Dies gilt aber nur dann, wenn der Schuldner in dem Insolvenzverfahren bereits einen Plan vorgelegt hatte, der von den Gläubigern abgelehnt, vom Gericht nicht bestätigt oder von dem Schuldner selbst nach der öffentlichen Bekanntmachung des Erörterungstermins zurückgezogen worden ist.[29]

ee) Rechtsmittel gegen die gerichtliche Zurückweisung

50 Wegen der Bedeutung der Entscheidung über die Zurückweisung des Planes ist gegen den Beschluß, durch den der Plan zurückgewiesen wird, gem § 231 Abs 3 InsO die sofortige Beschwerde zulässig (vgl hierzu Kap 2 Rn 125 ff). Diese steht aber nur der Person zu, die den Plan vorgelegt hat.

b) Einzuholende Stellungnahmen

51 Wird der Plan nicht unter den Voraussetzungen von § 231 InsO von Amts wegen zurückgewiesen, so leitet das Insolvenzgericht den Plan gem § 232 InsO folgenden Institutionen/Personen zur Stellungnahme unter Bestimmung einer Stellungnahmefrist zu:

- dem Gläubigerausschuß, wenn ein solcher bestellt ist,
- dem Betriebsrat und dem Sprecherausschuß der leitenden Angestellten des schuldnerischen Betriebes,

---

29 Vgl Begr zu § 275 RegEntw InsO abgedruckt in Balz/Landfermann S 345 f.

- dem Schuldner, wenn der Insolvenzverwalter den Plan vorgelegt hat,
- dem Verwalter, wenn der Schuldner den Plan vorgelegt hat.

Die Stellungnahmefrist ist von Amts wegen in angemessener Zeit zu bestimmen, wobei der Zeitraum von der Bedeutung des Verfahrens und den tatsächlichen Gegebenheiten abhängt. Insbes wenn der Plan einen noch laufenden Geschäftsbetrieb betrifft, kann eine sehr zügige Stellungnahme geboten sein. Hier kann unter Umständen eine Frist von einer Woche ausreichend und angemessen sein. Das Gericht sollte sich mit dem Planinitiator über die Länge der Frist abstimmen. **52**

Das Gericht hat ferner die Möglichkeit, den Plan der für den Schuldner zuständigen Berufsvertretung der Industrie, des Handels, des Handwerks oder der Landwirtschaft zur Stellungnahme zuzuleiten. Ferner kann es anderen sachkundigen Stellen Gelegenheit zur Äußerung geben (§ 232 Abs 2 InsO). **53**

Mit diesen Stellungnahmen, die vom Gericht einzuholen sind oder eingeholt werden können, soll die Entscheidung der Beteiligten über den Plan erleichtert werden.[30] Denn die vorgenannten Personen verfügen idR über die erforderliche Sachkunde, um den Plan im einzelnen zu durchdringen, so daß Stärken und Schwächen des Planes auf diese Weise vorab einer kritischen Prüfung unterzogen werden können. **54**

c) Niederlegung des Planes/Einsichtsrecht

Nachdem die vorbezeichneten Stellungnahmen dem Gericht zugegangen sind, ist der Insolvenzplan mit den vorgeschriebenen Anlagen (vgl Rn 20) und Stellungnahmen in der Geschäftsstelle des zuständigen Insolvenzgerichts zur Einsicht der Beteiligten niederzulegen. Die Niederlegung in der Geschäftsstelle des Gerichts soll es allen Beteiligten ermöglichen, sich über den Inhalt des Planes genau zu unterrichten, damit möglichst frühzeitig eine Meinungsbildung über die Planvorlage stattfinden kann. Zudem wäre eine Übersendung des vollständigen Planes an alle Beteiligten mit erheblichem Aufwand verbunden. Eine Versendung an Beteiligte kann aber im Einzelfall erfolgen, wenn das Gericht dies für zweckmäßig hält.[31] **55**

d) Aussetzung von Verwertung und Verteilung

aa) Gefährdung des Planes durch Verwertungsmaßnahmen

Nach § 159 InsO hat der Verwalter das zur Insolvenzmasse gehörende Vermögen des Schuldners zu verwerten und den Verwertungserlös der Verteilung zuzuführen (vgl im einzelnen Kap 15 Rn 34). **56**

---

30 Vgl Begr zu § 276 RegEntw InsO abgedruckt in Balz/Landfermann S 347.
31 Vgl Begr zu § 278 RegEntw InsO abgedruckt in Balz/Landfermann S 349f.

Soweit die Durchführung eines vorgelegten Insolvenzplanes durch die Fortsetzung der Verwertung und Verteilung der Insolvenzmasse gefährdet würde, hat das Insolvenzgericht nach § 233 InsO auf Antrag des Schuldners oder des Insolvenzverwalters die Aussetzung der Verwertung und Verteilung **durch Beschluß** anzuordnen.[32] Anderenfalls würde das Recht zur Vorlage eines Planes bzw dessen Durchführung ausgehöhlt, wenn der Insolvenzverwalter die Verwertung und Verteilung des dem Insolvenzbeschlag unterliegenden schuldnerischen Vermögens ohne Rücksicht auf den vorgelegten Plan fortführt. Denn Verwertungsmaßnahmem können dazu führen, daß dem vorgelegten Plan die tatsächlichen Grundlagen entzogen werden, bevor die Gläubiger Gelegenheit hatten, überhaupt über die Annahme des Planes zu entscheiden.[33] Dies widerspricht dem gesetzlichen Leitbild der Gläubigerautonomie.

bb) Keine Aussetzung bei Nachteilen für die Insolvenzmasse oder auf Antrag des Verwalters

57 Das Gericht hat aber gem § 233 S 2 InsO von der **Aussetzung abzusehen** oder einen bereits gefaßten **Aussetzungsbeschluß wieder aufzuheben**, soweit mit der Aussetzung die Gefahr erheblicher **Nachteile für die Masse** verbunden ist. Die gleiche Pflicht trifft das Gericht, wenn der Verwalter mit Zustimmung des Gläubigerausschusses oder der Gläubigerversammlung die Fortsetzung der Verwertung und Verteilung beantragt. Eine Aussetzung der Verwertung birgt die Gefahr einer Verfahrensverzögerung zum Nachteil der Beteiligten in sich, denn bis zum Erörterungs- und Abstimmungstermin, der frühestens Klarheit über die Annahme des Planes bringt (vgl Rn 60), wird regelmäßig erhebliche Zeit vergehen. Wenn die Vorlage eines Planes zwingend die Aussetzung der Verwertung und Verteilung zur Folge hätte, könnte dies zudem zum Nachteil der Gläubiger ausgenutzt werden. Beispielsweise könnte der Schuldner eine bereits ausgehandelte, für die Gläubiger günstige Unternehmensveräußerung durch die Vorlage eines Fortführungsplanes für beträchtliche Zeit blockieren oder gar ganz zum Scheitern bringen.[34]

58 Sind der Verwalter und die Gläubigerversammlung bzw der Gläubigerausschuß, wenn ein solcher bestellt ist, übereinstimmend der Auffassung, daß es zweckmäßig ist, die Verwertung und die Verteilung fortzusetzen, hat das Gericht dieser Auffassung deshalb gem § 233 S 2 InsO zu folgen und einen entspr Beschluß zu fassen.

59 Eine bes Aussetzungsanordnung des Gerichts ist nicht erforderlich, wenn der Verwalter selbst von der Gläubigerversammlung mit der Ausarbeitung eines Insolvenzplanes beauftragt wurde. Der mit der Ausarbeitung beauftragte Verwalter hat darauf zu achten, daß er die Durchführbarkeit eines Planes nicht durch

32 *Bork* Rn 334.
33 Vgl Begr zu § 277 RegEntw InsO abgedruckt in Balz/Landfermann S 348f.
34 Vgl Begr zu § 277 RegEntw InsO abgedruckt in Balz/Landfermann S 348f.

Verwertungs- oder Verteilungshandlungen gefährdet. Die gem § 159 InsO bestehende Pflicht des Verwalters zur zügigen Verwertung der Insolvenzmasse ist insoweit den Beschlüssen der Gläubigerversammlung untergeordnet.[35]

4. Annahme und Bestätigung des Planes

a) Erörterungs- und Abstimmungstermin

Nachdem der Insolvenzplan in der Geschäftsstelle zur Einsicht der Beteiligten niedergelegt wurde, bestimmt das Insolvenzgericht einen Termin, in dem zunächst der Insolvenzplan und das **Stimmrecht der Gläubiger erörtert und anschließend über den Plan abgestimmt** wird (vgl § 235 InsO). Das Gericht hat bei der Terminsbestimmung zu beachten, daß der Erörterungs- und Abstimmungstermin nicht vor dem Prüfungstermin stattfindet (§ 236 S 1 InsO). Es ist aber zulässig, daß beide Termine verbunden werden (§ 236 S 2 InsO). **60**

Im letzteren Fall wird das Insolvenzgericht zunächst die Forderungen prüfen und anschließend den Insolvenzplan erörtern und schließlich auf eine Einigung hinsichtlich der Stimmrechte hinwirken und erforderlichenfalls im Falle der Nichteinigung die Stimmrechte durch Beschluß festlegen. Durch die zunächst durchzuführende Forderungsprüfung soll sichergestellt werden, daß zum Erörterungs- und Abstimmungstermin die Ergebnisse der Prüfung vorliegen, in der die materielle Berechtigung der angemeldeten Forderungen festgestellt wird. Auf Grundlage der materiellen Berechtigung der angemeldeten Forderung wird das Stimmrecht der beteiligten Gläubiger festgelegt (vgl Rn 73). Zudem ist anhand der Prüfungsergebnisse eine relativ präzise Schätzung des Gesamtumfanges der Verbindlichkeiten und damit eine Beurteilung möglich, ob die im Plan vorgesehene Gestaltung der Rechte der Beteiligten sachgerecht ist. Durch die vorausgehende Forderungsprüfung können außerdem zumindest hinsichtlich der anerkannten Forderungen Zweifelsfragen über die Stimmrechte anmeldender Gläubiger bei der Abstimmung über den Plan von Anfang an vermieden werden.[36] **61**

Soweit erforderlich, kann das Insolvenzgericht die Erörterung der Stimmrechte und des Planes von der Abstimmung über denselben trennen und einen gesonderten späteren Termin zur Abstimmung über den Insolvenzplan anberaumen (vgl § 241 InsO und u Rn 86ff). **62**

aa) Bekanntmachung/Ladung

Die Anberaumung des Erörterungs- und Abstimmungstermins soll nicht über einen Monat hinaus, gerechnet ab der nach § 235 Abs 2 InsO vorgeschriebenen **öffentlichen Bekanntmachung** des Termins, angesetzt werden (zur öffentlichen Bekanntmachung vgl im einzelnen § 9 InsO). In der Bekanntmachung ist **63**

---

35 Vgl Begr zu § 277 RegEntw InsO abgedruckt in Balz/Landfermann S 348f.
36 Vgl Begr zu § 280 RegEntw InsO abgedruckt in Balz/Landfermann S 352.

darauf hinzuweisen, daß der Plan und die eingegangenen Stellungnahmen in der Geschäftsstelle des Insolvenzgerichts eingesehen werden können.

64 Zudem sind folgende Personen/Institutionen gem § 235 Abs 3 InsO **besonders zu laden**:

- die Insolvenzgläubiger, die Forderungen angemeldet haben,
- die absonderungsberechtigten Gläubiger,
- der Insolvenzverwalter,
- der Schuldner,
- der Betriebsrat,
- der Sprecherausschuß für leitende Angestellte.

65 Der Ladung, die gem § 4 InsO nach den **Fristen und Formen der Zivilprozeßordnung** zu erfolgen hat,[37] ist ein **Abdruck des Planes** oder eine **Zusammenfassung** seines wesentlichen Inhaltes, die der Vorlegende auf Anforderung des Gerichts zu erstellen und einzureichen hat, beizufügen (§ 235 Abs 3 S 2 InsO).

66 Insbes bei einem Plan, den der Schuldner einreicht, besteht die Gefahr, daß der Planinitiator wohlmöglich eine nicht dem tatsächlichen Planinhalt entspr Zusammenfassung erstellt, etwa um die Gläubiger über bestimmte Auswirkungen des Planes im unklaren zu lassen. Außerdem könnte er versuchen, das Planvorhaben im Erörterungstermin mit erst im Termin initiierten Änderungen (vgl § 240 InsO) in seinem Interesse zu modifizieren.[38] Das Insolvenzgericht hat für diesen Fall aber die Möglichkeit, die Zusammenfassung gesondert überprüfen zu lassen. Das Gericht hat bei Zweifeln über den Wahrheitsgehalt der Zusammenfassung die Möglichkeit, einen **Gutachter** zu bestellen, der nachvollzieht, ob die eingereichte Zusammenfassung ein zutreffendes Bild des Planvorhabens wiedergibt. Eine Erstellung der Zusammenfassung durch eine andere Person als den Planinitiator kommt hingegen nicht in Betracht, da § 235 Abs 3 S 2 InsO bestimmt, daß der Vorlegende die Zusammenfassung einzureichen hat.[39] Erforderlichenfalls wird das Gericht die Stellungnahme der mit der Prüfung beauftragten Person mit der Zusammenfassung an die gesondert zu Ladenden versenden und die Stellungnahme auch mit dem Plan selbst in der Geschäftsstelle niederlegen (vgl § 234 InsO). Das Gericht kann den Wahrheitsgehalt der Zusammenfassung ferner dadurch überprüfen lassen, indem die Zusammenfassung des Planes gemeinsam mit dem Plan den Personen und Institutionen zugeleitet wird, die ohnehin zu dem Plan Stellung zu nehmen haben (vgl § 232 und Rn 51). Zweckmäßigerweise wird das Gericht die Zusammenfassung mit der Aufforderung versehen, auch dazu Stellung zu nehmen, ob der Planinhalt in der Zusammenfassung zutreffend wiedergegeben ist.

---

37 Vgl zur Ladung: Baumbach/Lauterbach/Albers/*Hartmann*, ZPO, Übersicht vor § 214.

38 Instruktiv: Smid/Rattunde, Rn 192ff.

39 AA Smid/Rattunde, Rn 201.

bb) Erörterung und Änderung des Insolvenzplanes

Der Insolvenzplan ist in dem Erörterungs- und Abstimmungstermin **durch den Vorlegenden** den anwesenden Beteiligten **zu erläutern**, wobei der Vorlegende davon ausgehen darf, daß der wesentliche Inhalt des Planes den Beteiligten aufgrund der Auslegung und Übersendung des Planes bekannt ist. Der Vorlegende wird in dem Erörterungstermin um Zustimmung für den Plan werben und hierbei mit den Anwesenden erörtern, welche **Vorteile** die Durchführung **des Planverfahrens** im Vergleich zu der herkömmlichen Abwicklung des schuldnerischen Unternehmens im Regelverfahren bietet. Durch die Erörterung kann in dem Termin auch die Situation eintreten, daß sich aufgrund von Informationen aus dem Gläubigerkreis herausstellt, daß die in dem Plan vorgesehenen Ergebnisse nicht realisierbar sind und deshalb keine Aussicht auf eine Annahme des Planes durch die Gläubiger besteht. **67**

Ausdrücklich bestimmt das Gesetz (vgl § 238 InsO), daß in dem Termin die Rechte jedes **absonderungsberechtigten Gläubigers** einzeln zu erörtern sind, soweit durch den Insolvenzplan auch in die Rechtsstellung der absonderungsberechtigten Gläubiger abweichend vom Regelverfahren eingegriffen wird. Der Planinitiator wird genau darauf zu achten haben, daß die absonderungsberechtigten Gläubiger in dem Plan angemessen berücksichtigt werden und diesen Gläubigern erläutern, warum die Leistungen aus dem Plan für sie in Anbetracht der Umstände akzeptabel sind. Anderenfalls wird eine Zustimmung der absonderungsberechtigten Gläubiger zu dem Insolvenzplan kaum zu erlangen sein. **68**

Wenn es **Änderungsverlangen** von Seiten der im Termin Anwesenden gibt, sollen die Verhandlungen über eine inhaltliche Änderung des Planes bereits im Erörterungstermin geführt werden.[40] Die Vorschrift des § 240 InsO stellt insoweit klar, daß einzelne Regelungen des Insolvenzplanes aufgrund der Erörterung durch den Vorlegenden auch noch im Termin inhaltlich geändert werden können. Die Änderungsbefugnis beschränkt sich aber auf „einzelne Regelungen" des Planes. Der Kern des Planes muß hingegen erhalten bleiben.[41] **69**

Da im Gesetz nicht eindeutig definiert ist, **in welchem Umfang der Planinhalt im Erörterungstermin geändert werden darf**, um ihn wie in § 240 Abs 1 S 2 InsO vorgesehen noch in demselben Termin zur Abstimmung zu stellen, besteht unter Umständen die Gefahr, daß durch zu weitgehende Veränderungen des Planentwurfs im Erörterungstermin die in § 231 InsO vorgesehene insolvenzgerichtliche Vorprüfung des Planentwurfs unterlaufen wird, weil der Plan, wie er letztlich zur Abstimmung den Gläubigergruppen vorgelegt wird, in dieser Form dem Gericht zur Vorprüfung nicht vorgelegen hat.[42] Dem ist ent- **70**

40 Vgl Begr zu § 279 RegEntw InsO abgedruckt in Balz/Landfermann S 351.

41 Vgl Ausschußbericht zu § 284 RegEntw InsO abgedruckt in Balz/Landfermann S 356.

42 Smid/Rattunde, Rn 192ff.

gegenzuhalten, daß von Seiten des Insolvenzgerichts auch im Nachhinein ggf nach Annahme des Planes durch die Gläubiger und der Zustimmung des Schuldners die gem § 248 Abs 1 InsO erforderliche Bestätigung des Planes versagt werden kann, wenn das Gericht zu der Auffassung gelangt, daß der Plan nicht aufgrund eines einwandfreien Verfahrens zustande gekommen ist.[43] Denn eine Bestätigung des Planes ist gem § 250 Nr 1 InsO dann zu versagen, wenn die Vorschriften über den Inhalt und die verfahrensmäßige Behandlung des Insolvenzplanes in einem wesentlichen Punkt nicht beachtet wurden und dieser Mangel nicht behoben werden kann. Stellt das Gericht im Zuge der Bestätigungsprüfung fest, daß Gründe vorliegen, die bereits bei einer Vorprüfung (vgl Rn 44ff) zu einer Zurückweisung des Planes hätten führen müssen, wird es die Bestätigung schlicht versagen.

cc) Gesonderter Abstimmungstermin

71 Grundsätzlich finden Erörterung und Abstimmung über den Insolvenzplan in einem Termin statt (vgl § 235 InsO und Rn 60). Das Insolvenzgericht hat aber gem § 241 Abs 1 InsO auch die Möglichkeit, einen gesonderten Termin zur Abstimmung über den Insolvenzplan zu bestimmen. Stellt das Gericht zu umfangreiche Änderungen fest, die für die einzelnen Gläubigergruppen nicht ohne eine eingehende Prüfung nachvollzogen werden können und ist deshalb eine der Gläubigerautonomie entspr Willensbildung nicht möglich, wird das Gericht von dieser Möglichkeit auf jeden Fall Gebrauch machen. Sein Ermessen wird das Gericht in dem vorstehenden Sinne ausüben, wenn bei einer sofortigen Abstimmung eine „Überrumpelung" der Gläubiger in Betracht kommt oder aber in Abweichung von dem ursprünglichen Plan eine Veränderung der Abstimmungsgruppen (§ 22 InsO) vorgesehen ist.[44]

72 Der gesonderte Abstimmungstermin soll gem § 241 Abs 1 S 2 InsO nicht später als einen Monat nach dem Erörterungstermin stattfinden. Das Gericht hat die Gläubiger in diesem Falle gem § 241 Abs 2 InsO zu dem **Abstimmungstermin gesondert zu laden.**[45] Auf die Änderungen im Insolvenzplan hat das Gericht in der Ladung bes hinzuweisen, damit die Gläubiger erkennen können, inwieweit ihre Rechte nunmehr durch die Veränderungen im Plan modifiziert werden.

b) Feststellung der Stimmrechte der Insolvenzgläubiger

73 Im Zuge der Erörterungen im Erörterungs- und Abstimmungstermin wird auch das Stimmrecht der beteiligten Gläubiger für die Abstimmung über den

43 Vgl *Bork* Rn 340.

44 Vgl Smid/Rattunde, Rn 213ff. Dort wird die Auffassung vertreten, daß eine Veränderung der Gruppeneinteilung durch den Planinitiator nach dem Erörterungstermin gem § 240 InsO wegen der fehlenden Vorprüfung durch das Gericht nicht möglich ist.

45 zur Ladung vgl Kap 13 Rn 65.

Plan festgelegt. Die Regelungen über das Stimmrecht der Insolvenzgläubiger sind in den §§ 237ff InsO enthalten. Für das Stimmrecht der Insolvenzgläubiger bei der Abstimmung über den Plan gelten die Grundsätze für das Stimmrecht in der Gläubigerversammlung entspr. Die Vorschrift des § 237 InsO verweist insoweit auf die Regelungen in § 77 Abs 1 S 1, Abs 2 und Abs 3 Nr 1 InsO (s hierzu Kap 10 Rn 64ff). Für das Stimmrecht der Beteiligten ist im einzelnen folgendes zu beachten:

aa) Nicht bestrittene Forderungen

Gläubiger angemeldeter Forderungen, die weder vom Insolvenzverwalter noch von einem anderen Gläubiger bei der Forderungsprüfung bestritten wurden, sind ohne weiteres stimmberechtigt (§ 77 Abs 1 S 1 InsO). Ein Bestreiten dieser Forderungen durch den Schuldner ist unbeachtlich.[46] **74**

bb) Bestrittene Forderungen

Soweit Forderungen vom Verwalter oder von einem Gläubiger im Prüfungstermin bestritten wurden, sind die betroffenen Gläubiger **nur stimmberechtigt**, wenn sich der **Verwalter** und die im Erörterungstermin erschienenen **Gläubiger über das Stimmrecht einigen** (§ 77 Abs 2 S 1 InsO).[47] Alle anwesenden Gläubiger und der Verwalter müssen sich hinsichtlich jedes einzelnen Gläubigers, dessen Forderung bestritten wurde, darüber verständigen, ob dieser Gläubiger stimmberechtigt ist und in welcher Höhe die Forderung bei der Abstimmung berücksichtigt wird. Beispielsweise kann eine Einigung bei Zweifeln über die Höhe des Forderungsbetrages in der Weise erfolgen, daß der Gläubiger zwar stimmberechtigt ist, aber nur 50% des Forderungsbetrages in die Stimmliste eingestellt wird. Kommt eine Einigung nicht zustande, so **entscheidet das Insolvenzgericht über das Stimmrecht durch Beschluß** (§ 77 Abs 2 S 2 InsO) nach pflichtgemäßem Ermessen. Diese Entscheidung des Gerichts über das Stimmrecht ist **nicht mit Rechtsmitteln angreifbar**, da gem § 6 Abs 1 InsO eine sofortige Beschwerde nur dann zulässig ist, wenn dies in der InsO ausdrücklich vorgesehen ist. Dies ist aber nicht der Fall. **75**

Die vorstehenden Ausführungen gelten gem §§ 237 iVm 77 Abs 3 Nr 1 InsO entspr für die Gläubiger **aufschiebend bedingter Forderungen**. **76**

cc) Absonderungsberechtigte Gläubiger als Insolvenzgläubiger

Soweit der Insolvenzplan keine Regelungen über die Rechte absonderungsberechtigter Gläubiger enthält, so können diese allenfalls **als Insolvenzgläubiger** stimmberechtigt sein. Nach § 237 S 2 InsO sind diese Gläubiger zur Abstimmung als Insolvenzgläubiger aber nur dann berechtigt, wenn ihnen der Schuldner auch persönlich haftet und sie auf die abgesonderte Befriedigung verzichten **77**

---

46 Vgl Begr zu § 281 RegEntw InsO abgedruckt in Balz/Landfermann S 353.
47 Vgl Begr zu § 281 RegEntw InsO abgedruckt in Balz/Landfermann S 353.

oder bei ihr ausfallen. Solange der Ausfall der Höhe noch nicht feststeht, sind diese Gläubiger nach § 237 Abs 1 InsO mit ihrem mutmaßlichen Ausfall zu berücksichtigen. Über den Umfang des Stimmrechts entscheidet bei einer fehlenden Einigung das Insolvenzgericht.[48] Hängt die Höhe des Ausfalls davon ab, ob ein Unternehmen fortgeführt oder stillgelegt wird, so ist von der Hypothese auszugehen, die dem Plan zugrunde liegt, der zur Abstimmung gestellt wird. Handelt es sich um einen Sanierungsplan, ist für die Berechnung der Ausfallforderung des absonderungsberechtigten Gläubigers der Fortführungswert der Sicherheiten zugrunde zu legen.[49]

dd) Nachrangige Insolvenzforderungen

78 Die vorstehenden Regelungen zur Feststellung des Stimmrechts gelten entspr, wenn nach dem Inhalt des Planes ausnahmsweise **nachrangige Insolvenzgläubiger** Berücksichtigung finden. In diesem Falle ist auch für diese Gläubiger nach den obigen Grundsätzen das Stimmrecht festzustellen und in die Stimmliste einzutragen.[50]

ee) Insolvenzforderungen ohne Stimmrecht

79 Nach § 237 Abs 2 InsO haben **Gläubiger, deren Forderungen durch den Plan nicht beeinträchtigt werden**, kein Stimmrecht.[51] Ist in der Planvorlage beispielsweise bestimmt, daß Kapitalforderungen von ungesicherten Kleingläubigern bis zu einer bestimmten Höhe vollständig befriedigt werden sollen, so haben diese Gläubiger hinsichtlich dieser zu erfüllenden Kapitalforderungen kein Stimmrecht bei der Abstimmung über den Plan.[52]

ff) Stimmrecht absonderungsberechtigter Gläubiger und sonstige Besonderheiten

80 In § 238 InsO ist das Stimmrecht der absonderungsberechtigten Gläubiger geregelt. Ein Stimmrecht absonderungsberechtigter Gläubiger ist dann gegeben, wenn im Insolvenzplan auch in deren **Rechtsstellung regelnd eingegriffen** wird. In einem solchen Fall sind im Erörterungstermin die Absonderungsrechte dieser Gläubiger einzeln zu erörtern. Dies ist die Konsequenz daraus, daß die absonderungsberechtigten Gläubiger gem § 222 Abs 1 Nr 1 InsO eine **eigene Gläubigergruppe** bilden, deren Stimmrecht deshalb einer Regelung bedarf.

---

48 Vgl Begr zu § 281 RegEntw InsO abgedruckt in Balz/Landfermann S 353f und die entspr Regelungen in § 96 Abs 1 KO und §§ 27 Abs 1, 71 Abs 3 VerglO.
49 Vgl Begr zu § 281 RegEntw InsO abgedruckt in Balz/Landfermann S 353f.
50 Vgl § 281 RegEntw InsO abgedruckt in Balz/Landfermann S 353f.
51 Dieser Grundatz galt bereits in der Vergleichsordnung, vgl § 72 Abs 1 VerglO.
52 Vgl Begr zu § 281 RegEntw InsO abgedruckt in Balz/Landfermann S 353.

Soweit die Rechte absonderungsberechtigter Gläubiger durch den Insolvenzplan nicht berührt werden, haben diese durch den Plan nicht beeinträchtigten Gläubiger auch kein Stimmrecht (vgl § 238 Abs 2 iVm § 237 Abs 2 InsO). **81**

Das Stimmrecht der absonderungsberechtigten Gläubiger ist in Anlehnung an § 77 InsO geregelt worden. Nach § 238 Abs 1 S 2 InsO gewähren die Absonderungsrechte ein Stimmrecht, die weder vom Insolvenzverwalter oder einem absonderungsberechtigten Gläubiger noch von einem Insolvenzgläubiger bestritten werden. **82**

Für das **Stimmrecht bei streitigen, aufschiebend bedingten oder nicht fälligen Forderungen** gelten gem § 238 Abs 1 S 3 InsO die §§ 41, 77 Abs 2, 3 Nr 1 InsO entspr. Demnach gelten nicht fällige Forderungen als fällig. Sind sie unverzinslich, so werden sie gem § 41 Abs 2 InsO mit dem gesetzlichen Zinssatz abgezinst und vermindern sich dadurch auf den Betrag, der bei Hinzurechnung der gesetzlichen Zinsen für die Zeit von der Eröffnung des Insolvenzverfahrens bis zur Fälligkeit dem vollen Betrag der Forderung entspricht. Diese Berechnungsklausel ist für die Frage der Forderungssumme, die in die Stimmliste einzustellen ist, von Bedeutung. Im übrigen kann hinsichtlich des Stimmrechts der streitigen Forderungen auf die Ausführungen unter vorstehend lit bb) verwiesen werden (vgl Rn 75). **83**

gg) Aufnahme des Stimmrechts in die Stimmliste

Gem § 239 InsO hält der Urkundsbeamte der Geschäftsstelle in einem Verzeichnis fest, welche Stimmrechte den Gläubigern nach dem Ergebnis der Erörterung im Erörterungstermin zustehen. Die Liste sollte zweckmäßigerweise so aufgebaut werden, daß die einzelnen Gläubiger zunächst den vorhandenen **Gläubigergruppen**, die im Plan vorgesehen sind, zugeordnet werden und sodann zunächst das **Stimmrecht des Gläubigers** überhaupt und daneben die **Summe der Ansprüche** festgehalten wird, mit der der Gläubiger berechtigt ist, an der Abstimmung teilzunehmen. Auf diese Weise läßt sich bei einer Zusammenrechnung der Summen der angemeldeten Beträge recht einfach auch die gem § 244 InsO erforderliche Summenmehrheit ermitteln, die für die Zustimmung einer jeden Gläubigergruppe erforderlich ist. **84**

c) Abstimmungsverfahren

Nachdem der Insolvenzplan und das Stimmrecht in dem Erörterungs- und Abstimmungstermin erörtert wurden und der Plan infolge der Erörterung ggf verändert und hinsichtlich der Stimmrechte der einzelnen Gläubiger eine Einigung erzielt wurde, stimmen die Gläubiger gruppenweise nach den in der Stimmliste festgelegten Stimmrechten über den Insolvenzplan ab. Die Abstimmung findet idR direkt im Anschluß an die Erörterung des Insolvenzplanes statt. Das Insolvenzgericht kann allerdings auch einen gesonderten Abstimmungstermin ansetzen. **85**

aa) Besonderheiten bei der Abstimmung in einem gesonderten Abstimmungstermin

86 Hat das Insolvenzgericht einen gesonderten Termin zur Abstimmung über den Insolvenzplan anberaumt, so sind die **stimmberechtigten Gläubiger** und der **Schuldner gesondert zu laden**. Im Falle einer Änderung des Planes infolge der Erörterung in dem zuvor durchgeführten Erörterungstermin hat das Insolvenzgericht in der Ladung auf die **Änderung des Planes** bes hinzuweisen. Dieser Hinweis kann von dem Insolvenzgericht mit der Ladung zum Abstimmungstermin und der Übersendung des Stimmzettels verbunden werden.[53] Nach § 242 Abs 1 S 1 InsO sind hingegen die **sonstigen Beteiligten**, die auch zum Erörterungstermin zu laden waren, zu dem gesonderten Abstimmungstermin **nicht zu laden**.

87 Gegenüber dem Schuldner ergibt sich die Ladungspflicht, weil er das Recht hat, spätestens im Abstimmungstermin schriftlich oder zu Protokoll der Geschäftsstelle dem Plan gem § 247 Abs 1 InsO zu widersprechen.[54] Die absonderungsberechtigten Gläubiger sind nur dann zu laden, wenn sie durch den Plan in ihren Rechten berührt werden und ihnen ein Stimmrecht zusteht.[55] Der Insolvenzverwalter und der Betriebsrat brauchen generell nicht geladen zu werden.[56]

88 Findet ein gesonderter Abstimmungstermin statt, so können die Gläubiger ihr **Stimmrecht** gem § 242 InsO auch **schriftlich ausüben**. Zu diesem Zweck übersendet das Insolvenzgericht den stimmberechtigten Gläubigern nach dem Erörterungstermin den Stimmzettel und teilt den Gläubigern gleichzeitig ihr Stimmrecht gem der Stimmliste (vgl § 239 InsO und Rn 84) mit. Auf dem Stimmzettel ist die Gläubigergruppe, die dem Gläubiger zugewiesen wurde und der Forderungsbetrag, mit dem der Gläubiger an der Abstimmung teilnimmt, aufzuführen. Die stimmberechtigten Gläubiger haben aber die freie Wahl, ob sie schriftlich abstimmen oder persönlich zu dem gesonderten Abstimmungstermin erscheinen und bei der Abstimmung unmittelbar mitwirken.

89 Nach § 242 Abs 2 InsO wird die schriftliche **Stimmabgabe** aber nur berücksichtigt, wenn sie dem Gericht **spätestens am Tag vor dem Abstimmungstermin zugegangen ist**. Auf diese Tatsache hat das Gericht den Gläubiger bei der Übersendung des Stimmzettels gesondert hinzuweisen.

bb) Abstimmung in Gruppen

90 Nach § 243 InsO stimmt **jede Gruppe** der stimmberechtigten Gläubiger gesondert über den Insolvenzplan ab. Die Gruppeneinteilung richtet sich nach dem im Erörterungstermin ggf geänderten Insolvenzplan (vgl hierzu Rn 67ff). Das

53 Vgl Begr zu § 285 RegEntw InsO abgedruckt in Balz/Landfermann S 356f.
54 Vgl Begr zu § 285 RegEntw InsO abgedruckt in Balz/Landfermann S 356f.
55 Vgl Begr zu § 285 RegEntw InsO abgedruckt in Balz/Landfermann S 356f.
56 Vgl Begr zu § 285 RegEntw InsO abgedruckt in Balz/Landfermann S 356f.

Stimmrecht des einzelnen einer Gruppe zugehörigen Gläubigers ergibt sich aus der Stimmliste, die gem § 239 InsO infolge der Festlegungen im Erörterungstermin erstellt worden ist.

cc) Erforderliche Mehrheiten

Die Gläubigergruppen stimmen nacheinander über den Insolvenzplan ab. Über **91** die **Abstimmungsreihenfolge** enthält das Gesetz keine Angaben. Zur Wahrung der Übersichtlichkeit sollte sich das Abstimmungsverfahren an der Stimmliste orientieren, die bereits eine Gruppeneinteilung sowie eine bestimmte Reihenfolge enthält. Vor Beginn der Abstimmung sollten in der Stimmliste die Abstimmungsergebnisse vermerkt werden, die von einzelnen Gläubigern aufgrund einer schriftlichen Ausübung des Stimmrechtes bereits vorliegen. Dies erleichtert den Überblick insbes dann, wenn eine Vielzahl von Gläubigern schriftlich abgestimmt hat.

Zur **Annahme des Insolvenzplanes** durch die Gläubiger ist nach § 244 Abs 1 **92** InsO erforderlich, daß in jeder Gläubigergruppe, die zur Abstimmung aufgerufen ist, die Mehrheit der abstimmenden Gläubiger dem Plan zustimmt und die Summe der in der Stimmliste aufgeführten Forderungsbeträge der zustimmenden Gläubiger mehr als die Hälfte der Summe der Forderungsbeträge der abstimmenden Gläubiger in der abstimmenden Gruppe beträgt. Demnach verlangt das Gesetz eine **doppelte Mehrheit**, nämlich eine Mehrheit nach der Zahl der Gläubiger (**Kopfmehrheit**) und eine Mehrheit nach der Höhe der Ansprüche dieser Gläubiger (**Summenmehrheit**).[57]

Da das Gesetz bei der Berechnung der Mehrheiten nur auf die **„abstimmen- 93 den" Gläubiger** abstellt, bleiben diejenigen Gläubiger außer Betracht, die sich an der Abstimmung nicht beteiligen. Dies gilt selbst dann, wenn Gläubiger in dem Termin anwesend sind und nicht mit abstimmen oder sich der Stimme enthalten. Ein solches Verhalten von Gläubigern soll bei der Abstimmung über den Plan nicht ausschlaggebend sein.[58] Solche Gläubiger werden so behandelt, als seien sie nicht anwesend. Nach § 244 Abs 2 InsO werden Gläubiger, denen ein Recht gemeinschaftlich zusteht oder deren Rechte bis zum Eintritt des Eröffnungsgrundes ein einheitliches Recht gebildet haben, bei der Abstimmung als ein Gläubiger gerechnet. Diese Sonderregelung kommt beispielsweise bei Gesamtgläubigerschaft für die Berechnung der Kopfmehrheit zum Tragen und gilt entspr, wenn an einem Recht ein Pfandrecht oder ein Nießbrauch besteht (vgl § 244 Abs 2 S 2 InsO).[59]

Soweit die **Stimmauszählung** nach Köpfen und Forderungsbeträgen ergibt, **94** daß in jeder Gruppe die erforderliche Kopf- und Summenmehrheit für die An-

57 Vgl Begr zu § 289 RegEntw InsO abgedruckt in Balz/Landfermann S 360.
58 Vgl Begr zu § 289 RegEntw InsO abgedruckt in Balz/Landfermann S 360; *Burger/Schellenberg* DB 1994, S 1836.
59 Vgl Begr zu § 289 RegEntw InsO abgedruckt in Balz/Landfermann S 360.

nahme des Insolvenzplanes erreicht wurde, so liegt die für das weitere Verfahren erforderlich Zustimmung der Gläubiger vor. Fehlt es an diesen Mehrheiten, so bedeutet dies wegen des Obstruktionsverbotes aber nicht zwingend, daß der Plan gescheitert ist (vgl hierzu Rn 101).

dd) Zustimmung nachrangiger Insolvenzgläubiger

95 Ein **Zustimmungserfordernis** für nachrangige Gläubiger besteht nur dann, wenn nach § 222 Abs 1 Nr 3 InsO eine **Gruppenbildung gesetzlich vorgesehen** ist. Dies ist dann der Fall, wenn nach § 225 InsO für die nachrangigen Gläubiger eine Regelung in dem Plan getroffen wird, also Leistungen für diese in § 39 InsO beschriebenen Gruppen vorgesehen sind.

96 § 246 InsO regelt für einen solchen Fall die Voraussetzungen, unter denen auch eine Zustimmung nachrangiger Insolvenzgläubiger zu dem Insolvenzplan erforderlich ist. Grundsätzlich werden nachrangige Insolvenzgläubiger im Sinne von § 39 InsO als Insolvenzgläubiger nur dann berücksichtigt, wenn die regulären Insolvenzforderungen vollständig befriedigt wurden. § 39 InsO gibt insoweit die Rangfolge für die Berücksichtigung nachrangiger Insolvenzforderungen vor (vgl § 39 InsO). In den Einzelfällen, in denen die nachrangigen Forderungen aufgrund des Insolvenzplanes zu einer wirtschaftlichen Bedeutung gelangen, bedarf es deshalb auch einer Einbeziehung der nachrangigen Gläubiger in das Abstimmungsverfahren. § 246 InsO regelt die Fälle, in denen eine Zustimmung aufgrund des Planinhaltes erforderlich ist und legt gleichzeitig fest, unter welchen Voraussetzungen die Zustimmung bestimmter Rangordnungen nachrangiger Insolvenzgläubiger als erteilt gilt.

97 Zunächst bestimmt § 246 Nr 1 InsO, daß die **Zustimmung** der Gruppen mit dem Rang des § 39 Abs 1 Nr 1 InsO (die seit der Eröffnung des Insolvenzverfahrens laufenden Zinsen der Forderungen der Insolvenzgläubiger) oder Nr 2 (die Kosten, die den einzelnen Insolvenzgläubigern durch ihre Teilnahme am Verfahren erwachsen) **als erteilt gilt**, wenn die entspr Zins- oder Kostenforderungen im Plan erlassen werden oder im Plan keinerlei Bestimmungen über die Forderungen nachrangiger Insolvenzgläubiger enthalten sind, so daß diese gem § 225 Abs 1 InsO kraft Gesetzes ohnehin als erlassen gelten, weil schon die nicht nachrangigen Hauptforderungen der Insolvenzgläubiger nach dem Plan nicht voll berichtigt werden. Im Umkehrschluß folgt hieraus, daß eine Zustimmung dieser beiden nachrangigen Gläubigergruppen immer dann einzuholen ist, wenn der Plan Leistungen für diese Gläubigergruppen vorsieht und die nicht nachrangigen Insolvenzgläubiger vollständig befriedigt werden. Ein Erfordernis für eine Abstimmung dieser Gläubiger besteht demnach nur dann, wenn nach dem Plan wirtschaftliche Werte zur Verteilung anstehen, die mehr als den vollen Betrag der Ansprüche der absonderungsberechtigten Gläubiger und der Hauptforderungen der Insolvenzgläubiger abdecken.[60]

---

60 Vgl Begr zu § 291 RegEntw InsO abgedruckt in Balz/Landfermann S 363f.

Eine Abstimmung der nachrangigen Gläubiger mit dem Rang des § 39 Abs 1 Nr 3 InsO (Geldstrafen, Geldbußen, Ordnungsgelder und Zwangsgelder sowie solche Nebenfolgen einer Straftat oder Ordnungswidrigkeit, die zu einer Geldzahlung verpflichten) entfällt schon deshalb, weil nach § 225 Abs 3 InsO die Haftung des Schuldners für solche Forderungen nach Beendigung des Insolvenzverfahrens durch einen Plan weder ausgeschlossen noch eingeschränkt werden kann, so daß eine Abstimmung dieser Gläubiger schlicht nicht erforderlich ist.[61] 98

Darüber hinaus gilt nach § 246 Nr 2 InsO die Zustimmung der nachrangigen Gläubigergruppen mit einem Rang hinter § 39 Abs 1 Nr 3 InsO (Forderungen auf eine unentgeltliche Leistung des Schuldners sowie Forderungen auf Rückgewähr des kapitalersetzenden Darlehens eines Gesellschafters oder gleichgestellte Forderungen) als erteilt, wenn kein Insolvenzgläubiger durch den Plan besser gestellt wird als die Gläubiger dieser Gruppen. Soweit diese Gläubigergruppen gem § 222 Abs 1 Nr 3 InsO zur Abstimmung aufgerufen sind, ist eine Ablehnung dieser Gruppen bereits dann unbeachtlich, wenn diese nachrangige Gläubigergruppe den höherrangigen Insolvenzgläubigern gleichgestellt wird, also bei der quotalen Befriedigung der nicht nachrangigen Insolvenzgläubiger die gleiche Quote erhalten wie diese.[62] Selbst wenn eine solche Gleichstellung nicht erfolgt, besteht zudem die Möglichkeit, daß die fehlende Zustimmung dieser nachrangigen Gläubigergruppe aufgrund des in § 245 InsO geregelten Obstruktionsverbotes unbeachtlich ist. 99

Der Vereinfachung des Abstimmungsverfahrens dient schließlich die Regelung in § 246 Nr 3 InsO, nach der die Zustimmung einer Gruppe von nachrangigen Gläubigern als erteilt gilt, wenn sich keiner der Gläubiger einer bestimmten nachrangigen Gläubigergruppe an der Abstimmung beteiligt. 100

d) Gerichtliche Ersetzung der fehlenden Zustimmung (Obstruktionsverbot)

Kommt die nach § 244 InsO erforderliche Mehrheit (vgl Rn 91) zur Annahme des Insolvenzplanes durch die Gläubiger nicht zustande, weil nicht alle Abstimmungsgruppen dem Plan zugestimmt haben, so besteht nach § 245 Abs 1 InsO die Möglichkeit, daß von Seiten des Insolvenzgerichts die **fehlende Zustimmung einer Gruppe mit einem gerichtlichen Beschluß** unter den nachfolgend im einzelnen darzulegenden Voraussetzungen **ersetzt** wird. Denn besteht kein vernünftiger Grund für eine Gruppe von Gläubigern, einem von anderen Gläubigern gewünschten Plan zu widersprechen, so kann in der Verweigerung einer Zustimmung zum Plan ein Mißbrauch liegen, der nach dem Willen des Gesetzgebers nicht dazu führen darf, daß der Plan scheitert.[63] Bestehen An- 101

---

61 Vgl Begr zu § 291 RegEntw InsO abgedruckt in Balz/Landfermann S 363f.
62 Vgl Begr zu § 291 RegEntw InsO abgedruckt in Balz/Landfermann S 363f.
63 Vgl Begr zu § 290 RegEntw InsO abgedruckt in Balz/Landfermann S 361f; Haarmeyer/Wutzke/Förster, Kap 9 Rn 19; *Bork* Rn 338; *Burger/Schellenberg* DB, 1994, S 1836.

haltspunkte für einen solchen Mißbrauch, hat das Insolvenzgericht die Voraussetzungen, unter denen nach § 245 InsO die Zustimmung der ablehnenden Abstimmungsgruppen als erteilt gilt, zu prüfen und festzustellen, ob die fehlende Zustimmung dieser Gruppen gegen das Obstruktionsverbot verstößt und demgemäß die Ablehnung als unbeachtlich zu betrachten ist und die Zustimmung fingiert werden kann.[64]

aa) Voraussetzungen für die Zustimmung

102 Drei Voraussetzungen werden in § 245 Abs 1 InsO genannt, die kumulativ vorliegen müssen, damit die Zustimmungsfiktion zum Tragen kommen kann:[65]

- Die Gläubiger der Gruppe, in der die erforderliche Mehrheit nicht erreicht worden ist, dürfen durch den Insolvenzplan nicht schlechter gestellt werden, als sie ohne ihn stünden;
- Die Gläubiger dieser Gruppe müssen an dem wirtschaftlichen Wert, der auf der Grundlage des Planes den Beteiligten zufließen soll, angemessen beteiligt werden;
- Die Mehrheit der abstimmenden Gruppen muß dem Plan mit den erforderlichen Mehrheiten zugestimmt haben.

103 Liegen die ersten beiden Voraussetzungen hinsichtlich einer Abstimmungsgruppe vor, so **gilt nach dem Gesetz die Zustimmung dieser Abstimmungsgruppe als erteilt**, so daß die gem § 244 InsO erforderlichen Mehrheiten fingiert werden können. Wenn diese Voraussetzungen hinsichtlich jeder der Gruppen, die in dem Abstimmungstermin dem Plan nicht zugestimmt haben, von dem Gericht festgestellt werden können, kann der Plan trotz der unzureichenden Abstimmungsergebnisse im Abstimmungstermin zum Tragen kommen, wenn auch die weiteren gesetzlichen Vorgaben erfüllt werden. **Grundvoraussetzung** ist allerdings, daß in dem Abstimmungstermin gem § 245 Abs 1 Nr 3 InsO wenigstens die Mehrheit der abstimmenden Gruppen dem Plan mit den erforderlichen Mehrheiten zugestimmt hat.

bb) Prüfung der Zustimmungsfiktion durch das Insolvenzgericht

104 Ob die Voraussetzungen des § 245 Abs 1 InsO vorliegen, ist von dem Insolvenzgericht zu prüfen und ebenfalls durch einen entspr Beschluß festzustellen. Wenn bereits gem § 245 Abs 1 Nr 3 InsO die **Mehrheit der abstimmenden Gruppen** dem Plan nicht mit den erforderlichen Mehrheiten zugestimmt hat, ist – wie vorstehend bereits erwähnt – eine gerichtliche Ersetzung der Zustimmung gem § 245 InsO ausgeschlossen und die Planinitiative muß als gescheitert betrachtet werden.

---

64 Haarmeyer/Wutzke/Förster, Kap 9 Rn 19.
65 Vgl Begr zu § 290 RegEntw InsO abgedruckt in Balz/Landfermann S 361 f.

Anderenfalls hat das Gericht zu entscheiden, ob der Plan die Gläubiger, um deren Zustimmung es geht, **schlechter stellt, als sie ohne den Plan stünden**. Diese Frage kann im Einzelfall für das Insolvenzgericht schwierig zu beurteilen sein, weil es für die nicht zustimmenden Gläubiger einen **Vergleich** anzustellen hat, wie diese stünden, wenn die Insolvenz im Regelverfahren abgewickelt würde. Dies läßt sich zu dem Zeitpunkt, zu dem das Gericht über diese Frage zu entscheiden hat, nicht mit Bestimmtheit feststellen, da weder das Planverfahren noch das Regelverfahren hinsichtlich des wirtschaftlichen Erfolges statisch betrachtet werden können, sondern sich in einer Vielzahl von Fällen erst am Verfahrensende herausstellen wird, welche wirtschaftlichen Werte auf die einzelnen Gläubiger tatsächlich entfallen werden. Bei Gruppen nicht nachrangiger Insolvenzgläubiger wird diese Frage zum Zeitpunkt der Entscheidungsfindung noch schwieriger zu beurteilen sein, weil nicht präzise ermittelt werden kann, welche Liquidationsmasse nach Abzug der Massekosten für eine Verteilung an diese Gläubigergruppe letztlich zur Verfügung stehen wird. **104**

Lediglich in den Fällen, in denen bereits im Zuge der Erörterung des Planes im Erörterungstermin klar zutage getreten ist, daß beispielsweise geschäftliche Werte, die an die Gläubiger verteilt werden können, nur im Rahmen einer Unternehmensfortführung zu erwirtschaften sind, wird eine relativ eindeutige Beurteilung möglich sein. In anderen Fällen wird eine hinreichende gerichtliche Beurteilungsmöglichkeit davon abhängen, welche Gläubigergruppe widersprochen hat. Handelt es sich beispielsweise um die Gruppe der absonderungsberechtigten Gläubiger, wird sich anhand einer Bewertung der diesen zustehenden Sicherungsrechte relativ präzise die im Regelverfahren anfallende Quote bemessen lassen, die dann mit den im Plan vorgesehenen Leistungen verglichen werden kann. **105**

Das Gericht hat gem § 245 Abs 1 Nr 2 InsO ferner zu prüfen, ob die **Gläubigergruppe**, deren Zustimmung fingiert werden soll, **angemessen an dem wirtschaftlichen Wert beteiligt wird**, der auf Grundlage des Planes den Beteiligten zufließen soll. Insoweit bietet das Gesetz in § 245 Abs 2 zumindest eine Definition, nach der diese Voraussetzung als gegeben anzusehen ist, wenn die nachfolgend aufgeführten drei Voraussetzungen kumulativ vorliegen: **106**

- kein anderer Gläubiger erhält wirtschaftliche Werte, die den vollen Betrag seines Anspruchs übersteigen,
- weder ein Gläubiger, der ohne einen Plan mit Nachrang gegenüber den Gläubigern der Gruppe zu befriedigen wäre, noch der Schuldner oder eine an ihm beteiligte Person erhält einen wirtschaftlichen Wert und
- kein Gläubiger, der ohne einen Plan gleichrangig mit den Gläubigern der Gruppe zu befriedigen wäre, wird besser gestellt als diese Gläubiger.

Dieser Katalog macht deutlich, daß dem Gericht vom Gesetzgeber eine umfassende Prüfungspflicht zugedacht wurde, die wegen der Komplexität der Prüfungsaufgabe und aufgrund der im Katalog enthaltenen unbestimmten Rechts- **107** begriffe oftmals nicht ohne weiteres wird erfüllt werden können. Dies gilt insbes dann, wenn der Plan hinsichtlich der Katalogkriterien keine präzisen Angaben enthält. Deshalb wird das Gericht sich in Zweifelsfällen bei Außenstehenden **sachverständigen Rat** einholen und beispielsweise durch ein Gutachten klären lassen, ob eine angemessene Beteiligung einer Gruppe iSd § 245 Abs 1 Nr 2 InsO vorliegt. Ob das eingeholte Gutachten als Entscheidungsgrundlage für das Gericht ausreicht, wird maßgeblich davon abhängen, inwieweit die widersprechende Gläubigergruppe ihrerseits bereits im Vorfeld der gerichtlichen Prüfung sachverständige Hilfe in Anspruch genommen hat, um darzulegen, weshalb eine angemessene Beteiligung für sie nicht gegeben ist. In einem solchen Fall wird es darauf ankommen, ob der gerichtlich bestellte Gutachter in der Lage ist, dieses Vorbringen überzeugend zu entkräften.

108 Festzuhalten ist in diesem Zusammenhang allerdings, daß der Einwand, die Massegläubiger würden aufgrund des Insolvenzplanes voll befriedigt werden, für die Beurteilung der angemessenen wirtschaftlichen Beteiligungen iSd § 245 Abs 2 InsO außer Betracht bleibt. Denn die Befriedigung dieser Gläubiger ist nicht Gegenstand des Planes. Deshalb kann beispielsweise eine angemessene Beteiligung der absonderungsberechtigten Gläubiger an den durch den Plan realisierten Werten nicht mit der Begr verneint werden, daß die Rechte dieser Gläubiger gekürzt, die Massegläubiger aber voll befriedigt würden.[66] Gleichermaßen liegt in der im Plan vorgesehenen Fortführung des Unternehmens durch den Schuldner nicht zwangsläufig die Zuwendung eines wirtschaftlichen Wertes an den Schuldner, die nach § 245 Abs 2 Nr 2 InsO die Anwendung des Obstruktionsverbotes gegenüber einer Gläubigergruppe ausschließen würde. Diese Frage ist nach den Umständen des Einzelfalles zu entscheiden, wobei es darauf ankommt, ob die Leistungen, die der Schuldner nach dem Plan zu erbringen hat, den noch vorhandenen Wert des Unternehmens aufwiegen. Dies kann erforderlichenfalls mit einem Sachverständigengutachten festgestellt werden. Insbes, wenn kein Dritter bereit ist, an Stelle des Schuldners das Unternehmen zu den in dem Plan vorgesehenen Bedingungen fortzuführen, kann im Zweifel nicht angenommen werden, daß der Schuldner durch den Plan „einen wirtschaftlichen Wert" iSd § 245 Abs 2 Nr 2 InsO erhält.[67]

cc) Entscheidung/Rechtsmittel

109 Ist das Gericht anhand der Erörterungen im Erörterungstermin und der Planunterlagen in der Lage zu entscheiden, ob die Voraussetzungen des § 245 InsO für eine Zustimmungsfiktion vorliegen, so wird es die Entscheidung bereits in dem **Abstimmungstermin fällen** und selbige mit ihrem wesentlichen Inhalt als **Beschluß** verkünden und den Entscheidungsinhalt in das Protokoll aufnehmen.

---

66 Vgl Begr zu § 290 RegEntw InsO abgedruckt in Balz/Landfermann S 361 f.
67 Vgl Begr zu § 290 RegEntw InsO abgedruckt in Balz/Landfermann S 361 f.

Die **Obstruktionsentscheidung** des Gerichts ist **nicht rechtsmittelfähig,** weil gem § 6 Abs 1 InsO erforderlich wäre, daß dies im Gesetz ausdrücklich vorgesehen ist. Die Gläubiger haben lediglich die Möglichkeit, gem § 253 InsO später eine sofortige Beschwerde gegen den Beschluß, durch den der Insolvenzplan bestätigt wird, einzulegen. Im Rahmen der Prüfung des Beschwerdegerichts wird auch geklärt, ob Vorschriften über die Annahme des Planes durch die Gläubiger in einem wesentlichen Punkt nicht beachtet worden sind (vgl § 250 Nr 1 InsO). Das Rechtsmittelgericht hat insoweit insbes zu prüfen, ob die Obstruktionsentscheidung von dem Insolvenzgericht auf Grundlage zutreffender Erwägungen gefällt wurde. Ferner haben die Gläubiger die Möglichkeit, ihre Minderheitenrechte nach § 251 InsO geltend zu machen und können auf diese Weise darauf hinwirken, daß die Bestätigung des Planes von Seiten des Gerichts unterbleibt.[68] **110**

e) Zustimmung des Schuldners

Ein Insolvenzplan kann auch regelnde Elemente hinsichtlich der Rechtsstellung des Schuldners enthalten. Insbes kann das Recht des Schuldners auf Erhalt des Überschusses, der nach der Verteilung des Erlöses aus der Verwertung der Insolvenzmasse an die Gläubiger verbleibt (vgl § 199 InsO) oder seine gesetzlich vorgesehene Befreiung von den restlichen Verbindlichkeiten (vgl § 227 InsO) abweichend in dem Plan geregelt werden. Aus diesem Grunde muß der Schuldner nach dem Willen des Gesetzgebers in die Lage versetzt werden, das Wirksamwerden eines Planes zu verhindern, wenn dieser seine Rechte unangemessen beeinträchtigt.[69] § 247 InsO sieht deshalb unter den dort genannten Voraussetzungen auch eine Zustimmung des Schuldners zu dem Planvorhaben vor. **111**

aa) Zustimmungsfiktion

Unternimmt der Schuldner nichts gegen den Plan, so **gilt die Zustimmung des Schuldners gem § 247 Abs 1 InsO als erteilt.** Will er die Durchführung des Insolvenzplanes verhindern, so muß er spätestens im Abstimmungstermin schriftlich oder zu Protokoll der Geschäftsstelle dem Plan widersprechen.[70] Aus dem Wortlaut des § 247 Abs 1 InsO folgt, daß der Widerspruch gegen den Plan auch vorher erfolgen kann. Insbes wenn der Verwalter den Planentwurf vorgelegt hat, ist der Plan dem Schuldner gem § 232 Abs 1 Nr 2 InsO zur Stellungnahme zuzuleiten. Zweckmäßigerweise wird der Schuldner bereits im Zusammenhang mit dieser Stellungnahme erforderlichenfalls dem Plan widersprechen und seinen Widerspruch in der Stellungnahme begründen. Zwingend **112**

68 Haarmeyer/Wutzke/Förster, Kap 9 Rn 23.
69 Vgl Begr zu § 293 RegEntw InsO abgedruckt in Balz/Landfermann S 365f; Haarmeyer/Wutzke/Förster, Kap 9 Rn 24.
70 Vgl Smid/Rattunde, Rn 620.

vorgesehen ist eine Begr hingegen nicht. Zur Wahrung der Rechte des Schuldners ist es deshalb ausreichend, dem Plan schlicht zu widersprechen.

113 Fraglich ist, ob das **Widerspruchsrecht** des Schuldners **ausgeschlossen** ist, wenn er selbst den Plan initiiert hat. Dies könnte für den Fall zu bejahen sein, daß der Planentwurf so wie vom Schuldner vorgelegt von den Gläubigern unverändert angenommen wurde, weil in diesem Falle evident wäre, daß die Ausübung des Widerspruchsrechts treuwidrig wäre.[71] Der Wortlaut des § 247 InsO gibt eine solche Einschränkung des Widerspruchsrechts aber nicht her, so daß von einem Widerspruchsrecht des Schuldners selbst dann auszugehen ist, wenn er selbst den Plan initiiert hat und dieser unverändert von der Gläubigerschaft angenommen wurde. Der Widerspruch kann auch in einem solchen Fall beachtlich sein, weil sich die dem Plan zugrundeliegende tatsächliche Situation nach Vorlage des Planes verändert hat und für den Schuldner gravierende Nachteile mit sich bringen kann.

bb) Beachtlicher Widerspruch

114 In § 247 Abs 2 InsO ist näher festgelegt, unter welchen Voraussetzungen der rechtzeitig erhobene Widerspruch unbeachtlich ist. Eine Unbeachtlichkeit ist dann gegeben, wenn der **Schuldner** durch den Plan **nicht schlechter gestellt wird**, als er ohne den Plan stünde und **kein Gläubiger einen wirtschaftlichen Wert erhält**, der den vollen **Betrag seines Anspruchs übersteigt**. § 247 Abs 2 InsO überträgt damit die Grundgedanken des in § 245 InsO geregelten Obstruktionsverbots auf den Widerspruch des Schuldners.[72] Das Gericht hat auch hinsichtlich des Schuldnerwiderspruchs von Amts wegen zu prüfen, ob dieser beachtlich ist oder nicht. Eine Beachtlichkeit wird beispielsweise dann anzunehmen sein, wenn der Plan die Rechtsstellung des Schuldners verschlechtert zB ihm eine Mitwirkungspflicht auferlegt wird, die er nicht erfüllen kann oder will und nach dem Regelverfahren nicht zu erbringen hätte. Gleiches gilt, wenn der wirtschaftliche Wert, der durch den Plan realisiert wird, in einer Weise verteilt wird, die zur Folge hat, daß einzelne Gläubiger mehr erhalten, als sie zivilrechtlich zu beanspruchen haben.[73] Ist der Schuldner der Planinitiator und wird der Plan von den Gläubigern unverändert angenommen, so spricht eine hohe Wahrscheinlichkeit dafür, daß der Widerspruch unbeachtlich ist, weil es schlicht der Lebenserfahrung widerpricht, daß der Schuldner einen Plan einreicht, der ihn schlechter stellt, als er bei Durchführung des Regelverfahrens stünde oder er Gläubigern ungeplant wirtschaftliche Werte zubilligt, die den vollen Betrag ihres Anspruchs übersteigen. Es ist allerdings denkbar, daß die Gläubiger im Rahmen der Erörterung eine Änderung des Insolvenzplanes erreichen, aufgrund derer der Widerspruch des Schuldners trotz seiner ursprünglich eigenen Planinitiative beachtlich ist.

---

71 Vgl Smid/Rattunde, Rn 633.
72 Vgl Begr zu § 293 RegEntw InsO abgedruckt in Balz/Landfermann S 365f.
73 Vgl Begr zu § 293 RegEntw InsO abgedruckt in Balz/Landfermann S 365f.

cc) Entscheidung/Rechtsmittel

Die vom Gericht festgestellte Beachtlichkeit oder Unbeachtlichkeit eines Schuldnerwiderspruches ist durch einen entspr **Beschluß von dem Insolvenzgericht** auszusprechen.[74] Ebenso wie bei der Obstruktionsentscheidung, die das Gericht im Rahmen von § 245 InsO zu treffen hat (vgl Rn 101), haben **weder der Schuldner noch die Gläubiger eine Möglichkeit, die Entscheidung** des Gerichts hinsichtlich der Beachtlichkeit eines Schuldnerwiderspruches mit der **sofortigen Beschwerde anzufechten**, weil gem § 6 Abs 1 InsO ein Beschwerderecht gegen die gerichtliche Entscheidung ausdrücklich vorgesehen sein müßte. Dies ist nicht der Fall. Der Schuldner und die Gläubiger haben allerdings die Möglichkeit, gegen den Beschluß, mit dem der Insolvenzplan bestätigt oder die Bestätigung versagt wird, gem **§ 253 InsO eine sofortige Beschwerde** einzulegen. Im Rahmen der Überprüfung der gerichtlichen Entscheidung wird gem § 250 InsO auch der Verstoß gegen Verfahrensvorschriften geprüft. Hierzu gehört die Überprüfung, ob das Gericht mit zutreffenden Erwägungen einen Widerspruch des Schuldners als beachtlich oder unbeachtlich angesehen hat. **115**

f) Minderheitenschutz

Die Vorschrift des § 251 InsO regelt den Minderheitenschutz in der Weise, daß auch dem **einzelnen Gläubiger** die Möglichkeit eingeräumt wird, die Durchführung eines Insolvenzplanes zu verhindern. Das Widerspruchsrecht wird damit begründet, daß die Zustimmung der Mehrheit einer Gruppe von Gläubigern noch nicht gewährleistet, daß der Plan auch die Interessen der überstimmten Minderheit angemessen berücksichtigt. Die Entscheidung der Mehrheit kann nämlich auf Gesichtspunkten beruhen, die allein für sie zutreffen, aber gegen berücksichtigenswerte Interessen eines einzelnen Gläubigers verstoßen.[75] Die Wahrung der Interessen der überstimmten Minderheit ist das Ziel des § 251 InsO. Diese Regelung gibt jedem Gläubiger das Recht, gleich ob er stimmberechtigt war oder nicht, mit einem entspr Antrag die Versagung der Bestätigung des Planes zu erreichen.[76] Beispielsweise kann im Falle eines Sanierungsplanes eine Situation entstehen, daß die Mehrheit der Gläubiger sich Vorteile aus künftigen Geschäftsbeziehungen mit dem Schuldner verspricht, während für die Minderheit diese Erwartung nicht gegeben ist. Die Mehrheitsentscheidung einer Gruppe ist deshalb unter Umständen keine ausreichende Legitimation dafür, daß einem einzelnen Beteiligten gegen seinen Willen Vermögenswerte entzogen werden, die im Falle der Durchführung des Regelverfahrens ganz oder teilweise auf ihn entfielen. Auf einen Minderheitenschutz für alle Gruppen von Beteiligten, die über den Plan zu entscheiden haben, kann daher nach dem Willen des Gesetzgebers nicht verzichtet werden.[77] **116**

---

74 Haarmeyer/Wutzke/Förster, Kap 9 Rn 25.
75 Vgl Begr zu § 298 RegEntw InsO abgedruckt in Balz/Landfermann S 368f.
76 Haarmeyer/Wutzke/Förster, Kap 9 Rn 26.
77 Vgl Begr zu § 298 RegEntw InsO abgedruckt in Balz/Landfermann S 368f.

aa) Zulässigkeit des Antrages

117 Der Antrag eines Gläubigers mit dem Ziel, die gerichtliche Versagung der Bestätigung des Insolvenzplanes zu erreichen (vgl § 248 InsO), ist zulässig, wenn er **spätestens im Abstimmungstermin** schriftlich oder zu Protokoll der Geschäftsstelle gestellt wird, und der Widersprechende gem § 251 Abs 2 InsO **glaubhaft macht** (zur Glaubhaftmachung vgl Kap 2 Rn 86), daß er durch den Plan schlechter gestellt wird, als er ohne einen Plan stünde.

bb) Begründetheit des Antrages

118 Der Antrag ist begründet, wenn das Gericht zu der Feststellung gelangt, daß der widersprechende Gläubiger durch den Plan **schlechter gestellt wird, als er ohne einen Plan stünde**. Das Gericht kann sich hierbei auf die Glaubhaftmachung des Schuldners stützen und hat erforderlichenfalls weitergehende eigene Ermittlungen anzustellen, um feststellen zu können, ob eine Schlechterstellung vorliegt oder nicht. Soweit die Glaubhaftmachung des Gläubigers bereits zweifelsfrei erkennen läßt, daß er aufgrund des Insolvenzplanes weniger Leistungen bekommt, als er bei einer Vermögensverteilung nach den Vorschriften des Regelverfahrens bekäme, kann das Gericht seine Entscheidung auf die Glaubhaftmachung des Gläubigers stützen. Darüber hinaus wird er sich für seine Entscheidung auf die Vergleichsrechnung stützen, die schon bei der Vorlage des Planes mit eingereicht werden muß, um den Gläubigern eine Information darüber zu geben, welche Befriedigung sie mit und ohne den Plan zu erwarten haben.

cc) Entscheidung/Rechtsmittel

119 Je nachdem, zu welchem Ergebnis das Gericht bei seiner Prüfung gelangt, wird es dem Minderheitenschutz Rechnung tragen und die Bestätigung des Insolvenzplanes versagen oder aber im Zusammenhang mit dem bestätigenden Beschluß aussprechen, daß der Antrag unbegründet ist, weil der Antragsteller durch den Plan nicht schlechter gestellt wird, als er ohne denselben stünde.[78] Nach § 253 InsO steht den Gläubigern und dem Schuldner gegen den Beschluß, durch den der Insolvenzplan bestätigt oder die Bestätigung versagt wird, die **sofortige Beschwerde** zu.

g) Gerichtliche Bestätigung des Insolvenzplanes

120 Nach § 248 InsO ist der Insolvenzplan nach der Annahme durch die Gläubiger (vgl §§ 244 bis 246 InsO) und der Zustimmung des Schuldners durch das Insolvenzgericht zu bestätigen. Vor der bestätigenden Entscheidung soll das Gericht gem § 248 Abs 2 InsO den Insolvenzverwalter, den Gläubigerausschuß, wenn ein solcher bestellt ist, und den Schuldner hören.

---

78 Haarmeyer/Wutzke/Förster, Kap 9 Rn 30.

aa) Bedingter Plan

Soweit der Insolvenzplan vorsieht, daß vor der Bestätigung bestimmte Leistungen erbracht oder andere Maßnahmen verwirklicht werden sollen, darf der Plan nach § 249 InsO nur dann bestätigt werden, wenn das Gericht sich davon überzeugt hat, daß diese Voraussetzungen erfüllt sind. Die Bestätigung ist nach § 249 Abs 2 InsO von Amts wegen zu versagen, wenn die Voraussetzungen, die in dem Plan vorgesehen sind, auch nach Ablauf einer angemessenen, vom Insolvenzgericht gesetzten Frist nicht erfüllt sind. **121**

bb) Sonstige Voraussetzungen für die Bestätigung durch das Gericht

Eine Bestätigungsentscheidung durch das Gericht darf gem § 250 Nr 1 InsO erst dann ergehen, wenn das Gericht sich davon überzeugt hat, daß folgende Voraussetzungen **kumulativ** vorliegen: **122**

- Einhaltung der Vorschriften über den Inhalt und die verfahrensmäßige Behandlung des Insolvenzplanes,
- Vorliegen der Zustimmung oder Ersetzung der Zustimmung der Gläubigergruppen,
- Vorliegen der Zustimmung oder Ersetzung der Zustimmung des Schuldners,
- Unzulässigkeit oder Unbegründetheit der Widersprüche aller widersprechenden Gläubiger (Minderheitenschutz).

Fehlt es an einer der vorstehenden Voraussetzungen und kann der entspr Mangel des Planes nicht behoben werden, so hat das Gericht die Bestätigung des Planes von Amts wegen zu versagen. Darüber hinaus hat das Gericht die Bestätigung des Planes zwingend zu versagen, wenn eine Annahme des Insolvenzplanes aufgrund **unlauterer Machenschaften**, insbes durch Begünstigung eines Gläubigers, herbeigeführt wurde (vgl § 250 Nr 2 InsO). **123**

cc) Entscheidung/Bekanntgabe/Rechtsmittel

Die Bestätigung oder die Versagung der Bestätigung ist gem § 252 InsO durch einen gerichtlichen **Beschluß** herbeizuführen. Die Entscheidung wird nach Möglichkeit in dem Abstimmungstermin durch das Gericht verkündet. Ist dies nicht möglich, so hat das Gericht alsbald einen bes Termin anzuberaumen und den Beschluß in diesem Termin zu verkünden (vgl § 252 Abs 1 InsO). **124**

Für den Fall, daß der Plan bestätigt wird, ist den Insolvenzgläubigern, die Forderungen angemeldet haben und den absonderungsberechtigten Gläubigern unter Hinweis auf die bestätigende Entscheidung ein Abdruck des Planes oder eine Zusammenfassung seines wesentlichen Inhalts zu übersenden (§ 252 Abs 2 InsO). **125**

Gegen den Beschluß, durch den der Insolvenzplan bestätigt oder die Bestätigung versagt wird, steht den Gläubigern und dem Schuldner die **sofortige Beschwerde** zu (zur Beschwerde vgl im einzelnen Kap 2 Rn 125). Das Beschwer- **126** derecht ist nicht auf die stimmberechtigten Gläubiger beschränkt. Auch die Gläubiger streitiger Forderungen, denen das Gericht kein Stimmrecht zuerkannt hat, sollen zur Beschwerde berechtigt sein.[79] Die **Frist** zur Einlegung der Beschwerde beginnt mit Verkündung des Beschlusses (vgl § 6 Abs 2 S 1 InsO).

II. Wirkungen und Folgen des bestätigten Planes und die Überwachung der Planerfüllung

127 Nach § 254 Abs 1 InsO treten mit der Rechtskraft des Beschlusses über die Bestätigung des Insolvenzplanes die im **gestaltenden Teil des Planes festgelegten Wirkungen** für und gegen alle Beteiligten ein. Diese Rechtsfolge ergibt sich unabhängig davon, ob die Insolvenzgläubiger ihre Forderungen in dem Insolvenzverfahren angemeldet haben oder nicht und auch für die Beteiligten, die dem Plan widersprochen haben. Im Anschluß an die **Bestätigungsentscheidung** des Gerichts (§ 248 InsO) beschließt das Insolvenzgericht nach dessen Rechtskraft die **Aufhebung des Insolvenzverfahrens**. Je nachdem, ob im gestaltenden Teil des Insolvenzplanes die **Überwachung der Erfüllung** des Planes durch den Insolvenzverwalter vorgesehen ist oder nicht, bleiben die Ämter des Verwalters, des Gläubigerausschusses und des Gerichts beschränkt auf deren Aufsichtstätigkeit bestehen, bis auch die Planüberwachung durch das Insolvenzgericht gem § 268 InsO aufgehoben werden kann.

1. Die allgemeinen Wirkungen des Planes

128 Die im gestaltenden Teil festgelegten Wirkungen treten mit der Rechtskraft der gerichtlichen Bestätigung des Insolvenzplanes für und gegen alle Beteiligten ein (§ 254 Abs 1 InsO). Der Plan hat damit **unmittelbar rechtsgestaltende Wirkung.**

a) Dingliche Rechte

129 Die rechtsgestaltende Wirkung tritt allerdings nicht ohne weiteres ein. Soweit der Plan die Begründung, Änderung, Übertragung oder Aufhebung dinglicher Rechte vorsieht, wird in § 254 Abs 1 S 2 InsO eine Einschränkung gemacht. Für diese Rechte hat die Rechtskraft der Bestätigung des Planes lediglich die Wirkung, daß die gem § 228 InsO in den Plan aufgenommenen Willenserklärungen der Beteiligten als abgegeben gelten, wobei auch die vorgeschriebene Form dieser Erklärungen als gewahrt gilt.[80] Selbst die Auflassung nach § 925 BGB kann künftig in einem Insolvenzplan erklärt werden (vgl Art 33 Nr 26 EGInsO).

---

79 Vgl Begr zu § 300 RegEntw InsO abgedruckt in Balz/Landfermann S 371.
80 Vgl Begr zu § 301 RegEntw InsO abgedruckt in Balz/Landfermann S 373.

Rechtsänderungen, die als Wirksamkeitsvoraussetzung eine **Grundbucheintragung** erfordern, können hingegen nicht unmittelbar durch den Insolvenzplan, sondern nur durch entspr Eintragungsanträge beim Grundbuchamt herbeigeführt werden. Ist die erforderliche Bewilligung zur Rechtsänderung in den Plan aufgenommen worden, so kann der für die Eintragung oder Rechtsänderung erforderliche Nachweis aber künftig durch Vorlage einer Ausfertigung des Insolvenzplanes und des diesen bestätigenden Beschlusses geführt werden.[81]

b) Rechte der Insolvenzgläubiger gegenüber Mithaftenden

Der bestätigte Insolvenzplan läßt hingegen die **Rechte der Insolvenzgläubiger gegen Mitschuldner** und **Bürgen** des Schuldners sowie die Rechte dieser Gläubiger an Gegenständen, die nicht zur Insolvenzmasse gehören, nach § 254 Abs 2 InsO **unberührt**. Ebensowenig können die Wirkungen einer **Vormerkung** beeinträchtigt werden, die den Anspruch eines Gläubigers auf Einräumung oder Aufhebung eines Rechts an dem Grundstück eines Dritten sichern.[82] 130

Der insolvente Schuldner wird jedoch durch den Plan gegenüber dem Mitschuldner, den Bürgen oder sonstigen Rückgriffsberechtigten in gleicher Weise befreit wie gegenüber dem Gläubiger. Auch eine Regreßverbindlichkeit des Schuldners wird auf die im Plan vorgesehene Summe reduziert. Haben sich beispielsweise Dritte für die Verbindlichkeiten des Schuldners verbürgt oder andere Sicherheiten gegeben, so kann der Gläubiger den oder die Dritten in voller Höhe in Anspruch nehmen. Die Beschränkung der Inanspruchnahme des Schuldners in einem Plan führt nicht gleichzeitig zu einer Einschränkung der Regreßmöglichkeit. 131

c) Kein Rückgewähranspruch für überobligatorische Leistungen

§ 254 Abs 3 InsO stellt klar, daß ein Gläubiger, der weitergehend befriedigt wurde, als er dies nach dem Plan beanspruchen konnte, nicht verpflichtet ist, das über den Plan hinausgehende zurückzugewähren. Diese Situation kann beispielsweise eintreten, wenn ein Gläubiger nach der Aufhebung des Verfahrens vollständig befriedigt wird, obwohl nach dem Plan ein geringerer Betrag geschuldet wird. Insoweit besteht demnach eine natürliche Verbindlichkeit fort, die einen Rechtsgrund für eine volle Befriedigung bildet. Gleichermaßen gilt dieser Grundsatz, wenn der Insolvenzverwalter vor Aufhebung des Verfahrens einzelne Kleingläubiger befriedigt. Auch von diesen können keine Leistungen zurückgefordert werden.[83] 132

81 Vgl Begr zu § 301 RegEntw InsO abgedruckt in Balz/Landfermann S 373; Haarmeyer/Wutzke/Förster, Kap 9 Rn 39.
82 Vgl Begr zu § 301 RegEntw InsO abgedruckt in Balz/Landfermann S 373.
83 Vgl Begr zu § 301 RegEntw InsO abgedruckt in Balz/Landfermann S 372f.

2. Titelwirkung des Planes

133 Soweit eine Insolvenzforderung vom Verwalter festgestellt und nicht vom Schuldner oder einem Insolvenzgläubiger (vgl § 178 Abs 1 InsO) im Prüfungstermin bestritten wurde, kann aus dem rechtskräftig bestätigten Insolvenzplan in Verbindung mit der Eintragung in die Tabelle wie aus einem vollstreckbaren Urteil **Zwangsvollstreckung gegen den Schuldner** betrieben werden (§ 257 Abs 1 InsO).[84] § 257 Abs 1 S 2 InsO stellt insoweit klar, daß einer nicht bestrittenen Forderung eine Forderung gleichsteht, hinsichtlich der er ein erhobener Widerspruch des Schuldners durch eine entspr Klage des Gläubigers oder durch Rücknahme desselben der Widerspruch beseitigt wurde (vgl im einzelnen § 184 InsO).[85]

134 Unter den gleichen Voraussetzungen kann **gegen jeden Dritten die Zwangsvollstreckung** betrieben werden, der durch eine dem Insolvenzgericht eingereichte schriftliche Erklärung für die Erfüllung des Planes neben dem Schuldner, ohne Vorbehalt der Einrede der Vorausklage Verpflichtungen übernommen hat (vgl § 230 Abs 3 InsO). Diese Regelung betrifft insbes den Fall, daß sich beispielsweise ein Anverwandter oder die Geschäftsbank des Schuldners für die Planerfüllung durch den Schuldner ganz oder teilweise verbürgt hat oder gemeinsam mit dem Schuldner für bestimmte Leistungen gesamtschuldnerisch einstehen muß.

3. Aufhebung und Wirkungen der Aufhebung des Insolvenzverfahrens

a) Aufhebung des Insolvenzverfahrens

135 Sobald die **Bestätigung des Insolvenzplanes rechtskräftig** ist, hat das Insolvenzgericht nach § 258 Abs 1 InsO die Aufhebung des Insolvenzverfahrens durch Beschluß auszusprechen. Der Aufhebungsbeschluß darf nach § 258 Abs 2 InsO allerdings erst dann ergehen, wenn der Verwalter die unstreitigen **Masseansprüche** berichtigt und für die streitigen Masseansprüche Sicherheit geleistet hat. Vor der Aufhebung des Insolvenzverfahrens sind der Schuldner, der Insolvenzverwalter und die Mitglieder des Gläubigerausschusses rechtzeitig über den **Zeitpunkt** zu unterrichten, zu welchem **die Aufhebung** wirksam wird, da der Schuldner mit dem Wirksamwerden der Aufhebung das Verfügungsrecht über die Insolvenzmasse zurückerhält (vgl § 259 S 2 InsO).[86] Soweit das Insolvenzgericht bei der Aufhebung des Verfahrens den Tag der Veröffentlichung im Bundesanzeiger noch nicht feststellen kann, ist der Hinweis ausreichend, daß die Veröffentlichung der Aufhebung veranlaßt ist und die Aufhebung gem § 9

84 Vgl Begr zu § 304 RegEntw InsO abgedruckt in Balz/Landfermann S 376f.
85 Vgl Begr zu § 304 RegEntw InsO abgedruckt in Balz/Landfermann S 376f.
86 Vgl Begr zu § 305 RegEntw InsO abgedruckt in Balz/Landfermann S 377f.

Abs 1 S 3 InsO mit dem Ablauf des zweiten Tages nach der Veröffentlichung wirksam wird.[87]

b) Wirkungen der Aufhebung

Mit der Aufhebung des Insolvenzverfahrens **erlöschen** gem § 259 InsO die **Ämter des Insolvenzverwalters** und der **Mitglieder des Gläubigerausschusses** und der **Schuldner erhält das Recht** zurück, **über die Insolvenzmasse frei zu verfügen.** Aufgrund dieser Wirkungen ist es zweckmäßig, den Aufhebungszeitpunkt vor Erlaß eines entspr Beschlusses mit dem Verwalter und dem Schuldner abzustimmen,[88] damit die Betroffenen die ihnen zugewiesenen Aufgaben, ggf noch vor Wirksamwerden der Aufhebung erledigen können. **136**

4. Rechtsfolgen bei Nichterfüllung der im Plan festgeschriebenen Verpflichtungen

a) Wiederaufleben von Gläubigerforderungen

Mit **Rechtskraft des bestätigten Planes** ist der Schuldner verpflichtet, die durch den Plan modifizierten **Gläubigeransprüche** termingerecht **zu erfüllen.** Kommt der Schuldner seinen Verpflichtungen nicht nach, so wird eine Stundung oder der Erlaß von Forderungen für den Gläubiger gem § 255 Abs 1 InsO hinfällig, gegenüber dem der Schuldner mit der Erfüllung des Planes in erheblichen Rückstand gerät. Die Forderungen **nur dieses** Gläubigers leben in einem solchen Fall wieder auf. Nach der gesetzlichen Regelung in § 255 Abs 1 S 2 InsO ist ein **erheblicher Rückstand** allerdings erst dann anzunehmen, wenn der Schuldner eine fällige Verbindlichkeit nicht bezahlt hat, obwohl der Gläubiger ihn schriftlich gemahnt und ihm dabei eine **mindestens zweiwöchige Nachfrist** gesetzt hat. **137**

Keine Anwendung finden die Vorschriften über das Wiederaufleben der Gläubigerforderungen, wenn der gestaltende Teil des Planes vorsieht, daß die Gläubiger nicht vom Schuldner befriedigt werden, sondern **aus von Dritten bereitgestellten Mitteln**, von einer Übernahmegesellschaft (vgl § 260 Abs 3 InsO) oder einem sonstigen Dritten.[89] Auch bei einer Nichterfüllung der Verpflichtungen aus dem Insolvenzplan bleibt es bei der Beendigung des Insolvenzverfahrens durch den rechtskräftigen Aufhebungsbeschluß. **138**

Kommt es allerdings vor einer vollständigen Erfüllung des bestätigten Planes über das Vermögen des Schuldners zur Eröffnung eines neuen Insolvenzverfahrens, ist die im gestaltenden Teil des Planes festgeschriebene Stundung oder der **139**

87 Vgl Begr zu § 305 RegEntw InsO abgedruckt in Balz/Landfermann S 377f; Haarmeyer/Wutzke/Förster, Kap 9 Rn 41.
88 Haarmeyer/Wutzke/Förster, Kap 9 Rn 42.
89 Vgl Begr zu §§ 302, 303 RegEntw InsO abgedruckt in Balz/Landfermann S 375ff; Haarmeyer/Wutzke/Förster, Kap 9 Rn 46.

Erlaß von Gläubigerforderungen gem § 255 Abs 2 InsO für alle Insolvenzgläubiger hinfällig, ohne daß es einer Fristsetzung bedarf. Die sonstigen im Insolvenzplan festgeschriebenen gestaltenden Wirkungen des Planes bleiben aber in dem neuen Insolvenzverfahren wirksam, es sei denn, in dem bestätigten Insolvenzplan ist für den Fall eines neuen Insolvenzverfahrens eine andere Regelung vorgesehen.[90]

b) Streitige Forderungen/Ausfallforderungen

140 Eine bes Regelung enthält § 256 InsO für die Erfüllung streitiger Forderungen und für Ausfallforderungen.

Für den Fall, daß eine Forderung im Prüfungstermin bestritten worden ist, oder die Ausfallforderung eines absonderungsberechtigten Gläubigers der Höhe nach noch nicht feststeht, ist ein Rückstand mit der Erfüllung des Insolvenzplanes iSd § 255 Abs 1 InsO nicht anzunehmen, wenn der Schuldner die Forderung bis zur endgültigen Feststellung ihrer Höhe in dem Ausmaß berücksichtigt, das der Entscheidung des Insolvenzgerichts über das Stimmrecht des Gläubigers bei der Abstimmung über den Plan entspricht (vgl §§ 237, 238 InsO). Ist eine Entscheidung über das Stimmrecht durch das Gericht bei der Abstimmung über den Plan nicht getroffen worden, hat das Gericht gem § 256 Abs 1 S 2 InsO auf Antrag des Schuldners oder des Gläubigers nachträglich durch Beschluß festzustellen, in welchem Ausmaß der Schuldner vorläufig die Forderung zu berücksichtigen hat. Ergibt die endgültige Feststellung der Forderung, daß der Schuldner zu wenig gezahlt hat, so hat er das Fehlende nach § 256 Abs 2 InsO nachzuzahlen. Bei einer bestehenden Nachzahlungsverpflichtung ist ein erheblicher Rückstand mit der Planerfüllung dann anzunehmen, wenn der Schuldner das Fehlende nicht nachzahlt, obwohl der Gläubiger ihn schriftlich gemahnt hat und ihm dabei eine mindestens zweiwöchige Nachfrist gesetzt hat.

141 Sollte die endgültige Feststellung infolge des entspr Feststellungsprozesses (vgl §§ 179ff InsO und Kap 8 Rn 136) ergeben, daß der Schuldner zuviel gezahlt hat, so kann dieser nach der Regelung in § 256 Abs 3 InsO den Mehrbetrag nur insoweit zurückfordern, als dieser auch den nicht fälligen Teil der Forderung übersteigt, die dem Gläubiger nach dem Insolvenzplan zusteht.

5. Die Überwachung der Planerfüllung und Kreditnahmen für Neukredite (§§ 260ff InsO)

142 Die Planerfüllung durch den jeweils Verpflichteten kann der Überwachung unterliegen. Gegenstand der Überwachung ist nach § 260 Abs 2 InsO, ob nach der Aufhebung des Insolvenzverfahrens die Ansprüche erfüllt werden, die den Gläubigern nach dem gestaltenden Teil des Planes gegen den Schuldner zu-

90 Haarmeyer/Wutzke/Förster, Kap 9 Rn 46.

stehen. Die §§ 260ff InsO regeln einerseits die Aufgaben und Befugnisse des Überwachenden während der Planüberwachung und enthalten andererseits ergänzende Regelungen für im gestaltenden Teil des Planes ggf festzulegende Kredite, die in der Zeit der Planüberwachung für die Durchführung des Planes aufgenommen oder stehen gelassen werden (**Kreditrahmen**).

a) Aufgaben und Befugnisse des Insolvenzverwalters bei der Planüberwachung

Ist im gestaltenden Teil des Insolvenzplanes vorgesehen, daß die Erfüllung des Planes überwacht werden soll, so ist dies die **Aufgabe des Insolvenzverwalters**. Diese Aufgabenzuweisung an den Insolvenzverwalter ist deshalb sachgerecht, weil der Verwalter den Plan oftmals selbst ausgearbeitet hat, in jedem Falle aber über dessen Inhalt als Beteiligter im Planverfahren im einzelnen unterrichtet ist.[91] § 259 Abs 2 InsO stellt deshalb auch ausdrücklich klar, daß die Aufhebung des Insolvenzverfahrens die Vorschriften über die Überwachung der Planerfüllung unberührt läßt. Das Amt des Verwalters besteht nach § 261 InsO für die Zwecke der Überwachung bis zur Aufhebung derselben fort (vgl § 268 InsO). **143**

Gegenstand des Überwachungsauftrages des Verwalters ist nach § 260 Abs 2 InsO die Erfüllung der Ansprüche, die den Gläubigern nach dem gestaltenden Teil des Planes gegen den Schuldner zustehen. Die Überwachung umfaßt auch die Erfüllung der Ansprüche, die den absonderungsberechtigten Gläubigern nach dem Plan zustehen.[92] Der gestaltende Teil des Insolvenzplanes kann ferner vorsehen, daß die Überwachung sich auf die Erfüllung der Ansprüche erstreckt, die den Gläubigern nach dem gestaltenden Teil des Insolvenzplanes gegen eine **Übernahmegesellschaft** zustehen. Voraussetzung hierfür ist aber nach § 260 Abs 3 InsO, daß es sich bei der Übernahmegesellschaft um eine juristische Person oder Gesellschaft ohne Rechtspersönlichkeit handelt, die nach Eröffnung des Insolvenzverfahrens eigens zu dem Zweck gegründet worden ist, das Unternehmen oder einen Betrieb des Schuldners zu übernehmen und weiterzuführen. **144**

Zur Erfüllung seiner Überwachungspflicht hat der Verwalter insbes während der Überwachung weiterhin das Recht, die **Geschäftsräume** des Schuldners **zu betreten** und dort Nachforschungen anzustellen sowie **Einsicht in die Geschäftsunterlagen** des Schuldners zu nehmen (§ 261 Abs 1 S 3 iVm § 22 Abs 3 InsO). Zu **Eingriffen in die Geschäftsführung** des Unternehmens ist der Verwalter grundsätzlich nicht mehr berechtigt. Es sei denn, im gestaltenden Teil des Insolvenzplanes ist gem § 263 InsO vorgesehen, daß bestimmte Rechtsgeschäfte des Schuldners oder der Übernahmegesellschaft während der Überwachung nur wirksam sind, wenn der Insolvenzverwalter ihnen zustimmt. Eine **145**

91 Vgl Begr zu § 308 RegEntw InsO abgedruckt in Balz/Landfermann S 382 f.
92 Vgl Begr zu § 307 RegEntw InsO (§ 260 InsO) abgedruckt in Balz/Landfermann S 381 f.

weitere Ausnahme kann sich im Zusammenhang mit **Neukreditaufnahmen** in der Überwachungsphase ergeben. Diesen hat der Verwalter unter den § 264 Abs 2 InsO genannten Voraussetzungen zuzustimmen.[93]

146 Obwohl § 261 Abs 1 InsO klarstellt, daß die Überwachung Aufgabe des Insolvenzverwalters ist, ergibt sich aus der Vertragsfreiheit der Beteiligten im Planverfahren, daß auch **andere Formen der Überwachung** im gestaltenden Teil des Planes vorgesehen werden können. Zu denken ist etwa an eine Überwachung durch einen von den Gläubigern bestimmten **Sachwalter**, der über branchenspezifische Spezialkenntnisse verfügt. Sieht der gestaltende Teil des Insolvenzplanes eine Überwachung durch andere Personen vor, können gem § 263 InsO aber weder dinglich wirkende Verfügungsbeschränkungen in den Plan aufgenommen werden, noch kann der Plan Regelungen über das Rangverhältnis von künftigen Darlehensforderungen zu den Forderungen anderer Neugläubiger (§§ 264 - 266 InsO) enthalten.[94] Von solchen Gestaltungsmöglichkeiten kann demnach nur Gebrauch gemacht werden, wenn der Verwalter den Plan überwacht.

b) Berichts- und Anzeigepflichten des Insolvenzverwalters

aa) Berichtspflichten

147 Ist die Planüberwachung vorgesehen, hat der Verwalter während der Zeit der Überwachung dem Gläubigerausschuß, wenn ein solcher bestellt ist, und dem Gericht jährlich über den jeweiligen Stand und die weiteren Aussichten der Erfüllung des Insolvenzplanes zu berichten (§ 261 Abs 2 InsO). Der Gläubigerausschuß und das Gericht haben darüber hinaus das Recht, jederzeit einzelne **Auskünfte oder weitere Zwischenberichte** zu verlangen. Klarstellend ist darauf hinzuweisen, daß in der Phase der Planüberwachung trotz der Aufhebung des Verfahrens die Ämter der Mitglieder des Gläubigerausschusses fortbestehen, um den Verwalter bei seiner Überwachungstätigkeit zu unterstützen und zu kontrollieren (vgl hierzu Kap 11 Rn 27). Daneben steht der Verwalter unter der Aufsicht des Insolvenzgerichts.

bb) Anzeigepflichten

148 Stellt der Insolvenzverwalter während seiner Überwachungstätigkeit fest, daß die im Plan zur Erfüllung vorgesehenen Ansprüche nicht erfüllt werden oder nicht erfüllt werden können, so hat er dies unverzüglich dem **Gläubigerausschuß und dem Insolvenzgericht anzuzeigen**. Soweit ein Gläubigerausschuß nicht bestellt ist, hat der Verwalter stattdessen alle Gläubiger zu unterrichten, denen nach dem gestaltenden Teil des Insolvenzplanes Ansprüche gegen den Schuldner oder die Übernahmegesellschaft (vgl § 262 InsO) zustehen. Diese Anzeigepflicht hat den Zweck, daß eine drohende Nichterfüllung des Planes den Gläubigern schnell bekannt wird, um es diesen zu ermöglichen, rechtzeitig

93 Haarmeyer/Wutzke/Förster, Kap 9 Rn 50ff; Smid/Rattunde, Rn 678.
94 Haarmeyer/Wutzke/Förster, Kap 9 Rn 49; Smid/Rattunde, Rn 679.

einen Antrag auf Eröffnung eines **neuen Insolvenzverfahrens** zu stellen.[95] Zwar hat der Verwalter gem § 262 InsO auch das Insolvenzgericht über seine Feststellungen zu unterrichten. Dies ist aber nur eine Konkretisierung seiner allgemeinen Pflicht zur Information des Gerichts über den Stand der Planerfüllung und führt nicht dazu, daß von seiten des Gerichts etwa eine Verfahrenseröffnung von Amts wegen erfolgt.[96] Eine erneute Prüfung der Insolvenzgründe findet auch im Rahmen eines neuen Eröffnungsverfahrens statt (vgl hierzu Kap 2 Rn 97ff).

c) Zustimmungsbedürftige Geschäfte

Bestimmte Geschäfte, die ggf im gestaltenden Teil des Insolvenzplanes festzulegen sind, können während der Phase der Planüberwachung auch an einen **Zustimmungsvorbehalt** des überwachenden Verwalters geknüpft werden. Ein solcher Zustimmungsvorbehalt kommt insbes dann in Betracht, wenn es sich um wirtschaftlich besonders bedeutsame Geschäfte handelt oder mit diesen Geschäften ein außerordentliches Risiko einhergeht.[97] Besonders bedeutsam sind Rechtsgeschäfte idR dann, wenn sie erhebliche Auswirkungen auf die Erfüllung des Insolvenzplanes in der Weise haben können, daß die Erfüllung des Planes bei Scheitern des Geschäfts gefährdet wird. Ausreichend ist es insoweit, wenn die Gefährdung für eine einzelne Gläubigergruppe gegeben ist. Die zustimmungspflichtigen Rechtsgeschäfte sind im einzelnen in den Insolvenzplan aufzunehmen, so daß es letztlich die Gläubiger sind, die im Rahmen der Abstimmung über den Plan festlegen, welche einzelnen Geschäfte während der Phase der Planüberwachung als zustimmungsrelevant eingestuft werden. Die Gläubiger können beispielsweise zwecks einer Risikominimierung im Erörterungstermin ggf darauf hinwirken, daß der Plan in einzelnen Punkten zur Wahrung ihrer Interessen um solche Zustimmungspflichten ergänzt wird. Als Maßstab, welche Rechtshandlungen als bedeutsam einzustufen sind, kann zunächst einmal der Zustimmungsvorbehalt für den Gläubigerausschuß in § 160 Abs 2 InsO sinngemäß angewendet werden. Für die dort aufgeführten Rechtshandlungen hat der Verwalter die Zustimmung des Gläubigerausschusses einzuholen, soweit ein solcher bestellt ist (vgl im einzelnen Kap 11 Rn 38). **149**

Ist in dem Insolvenzplan vorgesehen, daß eine **Übernahmegesellschaft** das Unternehmen oder einen Betrieb des Schuldners zu übernehmen und weiterzuführen hat (vgl § 261 Abs 2 InsO), so hat auch die Übernahmegesellschaft die Zustimmung der in dem gestaltenden Teil des Insolvenzplanes vorgesehenen Rechtsgeschäfte bei dem Insolvenzverwalter einzuholen. Nach § 263 S 2 InsO gelten §§ 81 Abs 1 und 82 InsO entspr. Hieraus folgt, daß ein Rechtsgeschäft, welches von dem Schuldner oder der Übernahmegesellschaft ohne die erforderliche Zustimmung des Verwalters vorgenommen wird, mit den Einschränkungen des § 81 S 2 InsO (vgl Kap 4 Rn 15ff) absolut unwirksam ist. **150**

95 Vgl Begr zu § 309 RegEntw InsO abgedruckt in Balz/Landfermann S 381f.
96 Vgl Begr zu § 309 RegEntw InsO abgedruckt in Balz/Landfermann S 381f.
97 Vgl Begr zu § 310 RegEntw InsO abgedruckt in Balz/Landfermann S 381f.

Demjenigen, der aufgrund der unwirksamen Verfügung etwas an den Schuldner oder an die Übernahmegesellschaft geleistet hat, ist diese Leistung zurückzugewähren, soweit der Schuldner oder die Übernahmegesellschaft durch die Gegenleistung bereichert ist.

151 Ferner regelt die entspr anwendbare Vorschrift des § 82 InsO die Frage, inwieweit ein Geschäft, das ohne Zustimmung des Verwalters durchgeführt wurde, zu einer Leistungsfreiheit des Leistenden führt.

d) Kreditrahmen und vorrangige Forderungen

152 Nach den Vorstellungen des Gesetzgebers wird für das Gelingen einer Sanierung häufig entscheidend sein, daß dem Unternehmen nach Bestätigung des Sanierungsplanes und der Aufhebung des Insolvenzverwalters **weitere Kredite** gewährt werden, mit denen die schwierige Anlaufzeit nach dem Insolvenzverfahren überbrückt wird. Denn die Lieferantenbeziehungen und die Beziehungen zu den Auftraggebern sind regelmäßig durch den Insolvenzfall zunächst stark beeinträchtigt. Die Lieferanten bangen um die Bezahlung des von ihnen gelieferten Materials und die Auftraggeber befürchten oftmals zu Recht eine nicht fristgerechte Lieferung der benötigten Leistungen. Die nicht fristgerechte Fertigstellung kann für den Auftraggeber seinerseits zur Folge haben, daß er sich beispielsweise mit Vertragsstrafen für nicht fristgerechte Lieferung konfrontiert sieht. Deshalb werden Aufträge in dieser Phase oftmals bevorzugt an Konkurrenzunternehmen gegeben. Nach Aufhebung des Insolvenzverfahrens gilt es für das Unternehmen, diese Lieferbeziehungen nach Möglichkeit zügig zurückzugewinnen. Dies ist aber nur möglich, wenn im Unternehmen hinreichende Liquidität für die Annahme und Abarbeitung neuer Aufträge vorhanden ist. Um dies sicherzustellen, räumt die neue Insolvenzordnung in § 264 Abs 1 InsO die Möglichkeit ein, durch eine entspr Regelung im Plan die Forderungen, die den Insolvenzgläubigern nach dem Plan zustehen, **im Rang zurücktreten zu lassen** gegenüber Forderungen aus **Krediten, die während der Zeit der Überwachung aufgenommen worden sind**. Diesen Krediten gleichgestellt sind Kredite, die schon während des Insolvenzverfahrens und über den Zeitpunkt der Aufhebung des Verfahrens hinaus, also in die Zeit der Planüberwachung hinein, stehen gelassen worden sind.[98]

153 § 264 Abs 1 S 1 InsO erlaubt nicht nur einen Rangrücktritt gegenüber neuen oder stehengelassenen Darlehensforderungen, sondern die Einbeziehung von Krediten jeder Art, die während der Zeit der Überwachung aufgenommen oder in diese Zeit hinein stehen gelassen werden. Hierbei kann es sich auch um Lieferantenkredite in der Form handeln, daß Kaufpreisforderungen aus den Lieferungen gestundet werden.[99]

---

98 Vgl Begr zu § 311 RegEntw InsO abgedruckt in Balz/Landfermann S 383f.
99 Vgl Begr zu § 311 RegEntw InsO abgedruckt in Balz/Landfermann S 383f; Haarmeyer/Wutzke/Förster, Kap 9, Rn 55.

aa) Voraussetzungen für eine rangmäßige Begünstigung

Für die rangmäßige Begünstigung solcher Kredite sind jedoch nach § 264 InsO weitere Voraussetzungen zu erfüllen. Zunächst ist erforderlich, daß im Plan ein Gesamtbetrag festgelegt wird, bis zu dem höchstens begünstigte Kredite vereinbart werden dürfen. Dieser **Höchstbetrag (Kreditrahmen)** darf das nach der Bestätigung des Planes vorhandene Aktivvermögen nicht übersteigen. Diese Begrenzung der begünstigten Höchstkreditlinie dient dem Schutz aller Beteiligten vor den Folgen einer übermäßigen Kreditaufnahme. Vor allem werden aber durch diese Regelung auch die Interessen der **Neugläubiger** gewahrt, gegenüber denen der Kreditrahmen gem § 265 InsO vorrangig sein kann, obwohl diese Neugläubiger auf das Zustandekommen des Planes keinen Einfluß hatten.[100] Im Interesse der Rechtsklarheit ist eine Kreditrahmenforderung nur dann vorrangig zu berücksichtigen, wenn der Schuldner oder die Übernahmegesellschaft gem § 264 Abs 2 InsO mit jedem Gläubiger, dem die Vorteile des Kreditrahmens zugute kommen soll, genau vereinbart, daß und in welcher Höhe die Rückzahlungsforderung nach Kapital, Zinsen und Kosten innerhalb des Kreditrahmens liegen soll. Erforderlich ist weiter, daß der **Insolvenzverwalter** gegenüber den Gläubigern, deren Forderungen vorrangig berücksichtigt werden sollen, diese von dem Schuldner oder der Übernahmegesellschaft geschlossenen **Vereinbarungen schriftlich bestätigt**. Aufgabe des Verwalters ist es insoweit nicht, die Zweckmäßigkeit des aufgenommenen Kredites zu beurteilen. Er hat lediglich zu prüfen, ob der Kreditrahmen ausreicht, um den neuen Kredit abzudecken. Zudem hat der Verwalter zu prüfen, daß die getroffene Vereinbarung einen eindeutigen Inhalt hat. Wenn dies nicht der Fall ist, hat der Verwalter auf eine inhaltliche Präzisierung hinzuwirken. Anderenfalls wird er die Bestätigung verweigern.[101] **154**

§ 264 Abs 3 InsO, der auf § 39 Abs 1 Nr 5 InsO Bezug nimmt, stellt zudem klar, daß der Nachrang, der Forderungen aus kapitalersetzenden Darlehen eines Gesellschafters und diesen gleichgestellten Forderungen nach § 39 Abs 1 Nr 5 InsO zukommt, nicht durch Aufnahme dieser Forderungen in den Kreditrahmen beseitigt werden kann. Dies würde dem Ziel einer ordnungsgemäßen Kapitalausstattung der sanierten Gesellschaft zuwiderlaufen.[102] **155**

bb) Nachrang von Neugläubigern

§ 265 InsO **erweitert den Schutz der Gläubiger** mit Forderungen aus Darlehen und sonstigen Krediten, die der Schuldner oder die Übernahmegesellschaft während der Zeit der Überwachung aufnehmen oder die ein Massegläubiger in der Zeit der Überwachung hinein stehen läßt, indem in dieser Vorschrift angeordnet wird, daß gegenüber solchen Gläubigern auch die Gläubiger mit sonsti- **156**

100 Vgl Begr zu § 311 RegEntw InsO abgedruckt in Balz/Landfermann S 383 f.
101 Vgl Begr zu § 311 RegEntw InsO abgedruckt in Balz/Landfermann S 383 f.
102 Vgl Begr zu § 311 RegEntw InsO abgedruckt in Balz/Landfermann S 383 f.

gen vertraglichen Ansprüchen, die während der Zeit der Überwachung begründet werden, für den Fall der Eröffnung eines neuen Insolvenzverfahrens während der Überwachungsphase nachrangig sind.[103]

157 Die von dieser Vorschrift erfaßten Neugläubiger werden durch diese Regelung nicht unangemessen benachteiligt, da die Tatsache der Überwachung und ggf das Vorhandensein eines Kreditrahmens gem § 267 InsO öffentlich bekannt zu machen und in das Handelsregister einzutragen sind. Wenn den Neugläubigern aufgrund dieser Informationen das Geschäftsrisiko zu hoch erscheint, haben sie die Möglichkeit, von einer Geschäftsverbindung mit dem überwachten Unternehmen abzusehen. Darüber hinaus können sie in Verhandlungen vor einem Vertragsabschluß darauf hinwirken, daß ihre durch das Geschäft entstehende Forderung in den Kreditrahmen einbezogen und somit ebenfalls vorrangig beglichen wird.[104]

158 Durch § 265 S 2 InsO wird klargestellt, daß gegenüber Forderungen, die in einem Kreditrahmen zu berücksichtigen sind, auch die Ansprüche nachrangig sind, die aus einem vor der Überwachung vertraglich begründeten **Dauerschuldverhältnis** stammen, wenn diese für die Zeit nach dem ersten Termin, zu dem der Gläubiger nach Beginn der Überwachung das Vertragsverhältnis kündigen konnte, geltend gemacht werden. Nachrangig sind also nur die Ansprüche, die nach der ersten Kündigungsmöglichkeit entstehen, weil der Gläubiger es durch eine Kündigung in der Hand gehabt hätte, die Entstehung dieser Ansprüche zu verhindern.[105] Forderungen aus einem gesetzlichen Schuldverhältnis, die während der Zeit der Überwachung begründet werden, aber für diese Zeit aus einem Dauerschuldverhältnis entstehen, werden hingegen von der Vorschrift des § 265 InsO nicht erfaßt. Deshalb sind sie auch nicht nachrangig gegenüber Krediten, die nach § 264 InsO in den Kreditrahmen eingestellt werden. Hat der Schuldner beispielsweise einen Gläubiger in der Überwachungsphase durch eine unerlaubte Handlung geschädigt, ist die daraus herrührende Forderung in einem während der Überwachung eröffneten neuen Insolvenzverfahren gleichrangig mit den nach 264 InsO begünstigten Kreditgebern.[106]

cc) Berücksichtigung des Nachrangs

159 Die durch §§ 264 und 265 InsO angeordnete Nachrangigkeit bestimmter Forderungen hat den Sinn, die Anfangsschwierigkeiten des Unternehmens nach Aufhebung des Insolvenzverfahrens in der Überwachungsphase zu überwinden. Sie soll nach Willen des Gesetzgebers aber schon im Hinblick auf die Chancengleichheit im Wettbewerb für die Kreditaufnahme des Unternehmens

103 Vgl Begr zu § 312 RegEntw InsO abgedruckt in Balz/Landfermann S 383f.
104 Vgl Begr zu § 312 RegEntw InsO abgedruckt in Balz/Landfermann S 384.
105 Vgl Begr zu § 312 RegEntw InsO abgedruckt in Balz/Landfermann S 384.
106 Vgl Begr zu § 312 RegEntw InsO abgedruckt in Balz/Landfermann S 384.

nicht auf Dauer dazu führen, daß die Gläubiger, die in dem Kreditrahmen berücksichtigt wurden, dauerhaft bessergestellt werden.[107] Um insoweit eine zeitliche Grenze für die Begünstigung zu setzen, bestimmt § 266 InsO, daß der **Nachrang der Insolvenzgläubiger und** der in § 265 InsO bezeichneten **Neugläubiger nur in einem Insolvenzverfahren berücksichtigt wird, das vor der Aufhebung der Überwachung eröffnet wird.**

160 Da für die Überwachung des Planverfahrens gem § 268 Abs 1 Nr 2 InsO eine **Höchstfrist von drei Jahren** vorgesehen ist, wird demnach eine zeitliche Obergrenze von drei Jahren für die Berücksichtigung des Nachranges festgeschrieben, so daß nach Ablauf von drei Jahren die Nachrangigkeit von Insolvenz- und Neugläubigern wegfällt, wenn bis dahin kein neues Insolvenzverfahren eröffnet wurde.

161 Wurde vor Aufhebung der Überwachung ein neues Insolvenzverfahren eröffnet, stellt sich die Frage nach dem Rangverhältnis der gem §§ 264, 265 InsO herabgestuften Insolvenz- und Neugläubiger zu den übrigen nachrangigen Insolvenzgläubigern (vgl § 39 InsO). § 266 Abs 2 InsO regelt insoweit klarstellend, daß in diesem neuen vor der Aufhebung der Planüberwachung eröffneten Insolvenzverfahren die aufgrund der §§ 264, 265 InsO nachrangigen Insolvenzgläubiger den übrigen nachrangigen Gläubigern im Range vorgehen.

e) Bekanntmachung der Überwachung

162 Ist in dem Insolvenzplan vorgesehen, daß die Planerfüllung überwacht wird, muß diese Tatsache zusammen mit dem Beschluß über die Aufhebung des Insolvenzverfahrens gem § 267 Abs 1 InsO **öffentlich bekannt gemacht werden**. Gleiches gilt gem § 267 Abs 2 Nr 1 InsO für den Fall, daß sich nach dem Plan die Überwachung auf eine Übernahmegesellschaft (vgl § 260 Abs 3 InsO) erstreckt. Für den Fall, daß Rechtsgeschäfte gem § 263 InsO nach den Planvorgaben an die Zustimmung des Insolvenzverwalters gebunden sind, ist nach § 267 Abs 2 Nr 2 InsO ferner bekannt zu machen, welche Rechtsgeschäfte von einem solchen **Zustimmungsvorbehalt** betroffen sind. Ist im gestaltenden Teil des Insolvenzplanes ein **Kreditrahmen** vorgesehen, muß auch dessen festgeschriebene Höhe nach § 267 Abs 2 Nr 3 InsO öffentlich bekannt gemacht werden.

163 Nach §§ 267 Abs 3 S 1 iVm 31 InsO ist die Planüberwachung zusammen mit dem Beschluß über die Aufhebung des Insolvenzverfahrens für den Fall, daß der Schuldner im Handels-, Genossenschafts- oder Vereinsregister eingetragen ist, dem Registergericht zu übermitteln. Wenn auch das Recht zur Verfügung über ein Grundstück, ein eingetragenes Schiff, Schiffbauwerk oder Luftfahrzeug, ein Recht an einem solchen Gegenstand oder ein Recht an einem solchen Recht nach dem Plan von der Zustimmung des Insolvenzverwalters abhängig gemacht wurde, ist dieser Zustimmungsvorbehalt nach Maßgabe der §§ 32 und

107 Vgl Begr zu § 313 RegEntw InsO abgedruckt in Balz/Landfermann S 385.

33 InsO in das Grundbuch bzw die Register für Schiffe oder Luftfahrzeuge einzutragen.

f) Die Aufhebung der Überwachung

164 Die Aufhebung der Überwachung ist nach § 268 InsO **durch das Insolvenzgericht zu beschließen**. Diese förmliche Aufhebung wurde durch den Gesetzgeber wegen der weitreichenden Wirkungen, die mit einer Überwachung verbunden sein können, vorgesehen.[108] Das Insolvenzgericht faßt einen entspr Aufhebungsbeschluß, wenn die **Überwachung nicht mehr erforderlich** ist, weil die Ansprüche, die im gestaltenden Teil des Insolvenzplanes vorgesehen sind, erfüllt sind oder die Erfüllung dieser Ansprüche gewährleistet ist (vgl § 268 Abs 1 Nr 1 InsO). Letzteres ist beispielsweise dann der Fall, wenn die Erfüllung der Verpflichtungen des Schuldners aus dem Plan aufgrund der Stellung entsprechender Sicherheiten nicht mehr gefährdet werden kann.[109] Eine Aufhebung hat ferner nach § 268 Abs 1 Nr 2 InsO dann zu erfolgen, wenn **seit der Aufhebung des Insolvenzverfahrens drei Jahre verstrichen** sind und seitdem kein Antrag auf Eröffnung eines neuen Insolvenzverfahrens bei Gericht eingegangen ist. Die Dreijahresfrist beginnt mit Rechtskraft des Beschlusses, der das Insolvenzverfahren aufhebt. Es kommt demnach auf den Zeitablauf seit der Aufhebung des Insolvenzverfahrens an.[110] Ist binnen dieser Dreijahresfrist ein neuer Antrag gestellt worden, so dauert die Überwachung fort, bis ein neues Insolvenzverfahren eröffnet wurde oder bis die Überwachung nach der rechtskräftigen Abweisung des Eröffnungsantrages aufgehoben wird.[111] Der Beschluß, mit dem die Überwachung aufgehoben wird, ist nicht durch Rechtsmittel anfechtbar (vgl § 6 Abs 1 InsO).[112]

165 Der **Beschluß**, mit dem die Überwachung aufgehoben wird, ist gem § 268 Abs 2 InsO **öffentlich bekannt zu machen**. Für den Fall, daß die Überwachung gemeinsam mit der Aufhebung des Insolvenzverfahrens gem § 267 Abs 3 InsO dem Handelsregister mitgeteilt wurde und nach Maßgabe der §§ 32 bzw 33 InsO in das Grundbuch bzw in das Register für Schiffe oder Luftfahrzeuge eingetragen wurde, muß auch die Aufhebung der Überwachung diesen Stellen mitgeteilt werden. Es ist insoweit darauf hinzuwirken, daß die entspr Vermerke gelöscht werden.

g) Kosten der Überwachung

166 Die Kosten der Überwachung trägt nach § 269 InsO der Schuldner oder sind für den Fall, daß der gestaltende Teil des Insolvenzplanes die Überwachung

---

108 Vgl Begr zu § 315 RegEntw InsO abgedruckt in Balz/Landfermann S 386; Haarmeyer/Wutzke/Förster, Kap 9 Rn 59.
109 Haarmeyer/Wutzke/Förster, Kap 9 Rn 59.
110 Haarmeyer/Wutzke/Förster, Kap 9 Rn 60.
111 Vgl Begr zu § 315 RegEntw InsO abgedruckt in Balz/Landfermann S 386.
112 Vgl Begr zu § 315 RegEntw InsO abgedruckt in Balz/Landfermann S 386.

einer Übernahmegesellschaft (vgl § 260 Abs 3 InsO) vorsieht, durch diese zu tragen. Dem Insolvenzverwalter und den Mitgliedern des Gläubigerausschusses, soweit ein solcher bestellt ist, ist für ihre Überwachungstätigkeit eine Vergütung zu zahlen. Ferner sind die Auslagen dieser Personen zu ersetzen.[113] Die Höhe der Vergütung und der Auslagen richtet sich nach der Vergütungsverordnung.

---

113 Vgl Begr zu § 316 RegEntw InsO abgedruckt in Balz/Landfermann S 387 f.

14. Kapitel: Eigenverwaltung des Schuldners

Übersicht

	Rn
Vorbemerkung	1
I. Verfahren nach Eingang eines Eigenverwaltungsantrages . .	6
1. Sicherungsmaßnahmen . .	6
2. Prüfung der Voraussetzungen	11
II. Voraussetzungen der Eigenverwaltung gem § 270 InsO .	14
1. Eigenverwaltungsantrag des Schuldners	14
a) Zustimmungserfordernis des antragstellenden Gläubigers	15
b) Einflußmöglichkeiten des Gläubigers	16
2. Keine Gefährdung von Gläubigerinteressen . . .	19
III. Rechtsstellung des Sachwalters	21
1. Aufsichtsfunktionen . . .	22
a) Überwachung der Geschäftsführung . . .	23
b) Prüfung des Masseverzeichnisses, der Forderungsanmeldungen und des Verteilungsverzeichnisses	24
2. Mitwirkungsrechte des Sachwalters	28
a) Gesetzliche Zustimmungs- und Widerspruchsrechte	28
b) Angeordnete Zustimmungsrechte . .	32
c) Erstellung des Insolvenzplans	34
3. Ausschließliche Handlungsbefugnisse des Sachwalters	37
4. Aufgabenverteilung von Schuldner und Sachwalter	38
IV. Befugnisse und Aufgaben des Schuldners	40
1. Entnahme von Mitteln zur Lebensführung	41
2. Kündigung von gegenseitigen Verträgen und Wahlrecht	43
3. Verwertung und Verwendung von Sicherungsgut	45
4. Aufstellung des Verteilungsverzeichnisses und Verteilung	48
5. Aufstellung des Insolvenzplans	49
V. Einflußmöglichkeiten und Rechte der Gläubiger.	51
1. Zustimmung des Gläubigerausschusses . . .	51
2. Antrag auf Anordnung der Zustimmungsbedürftigkeit	52
a) Antrag der Gläubigerversammlung (§ 277 Abs 1 InsO) . .	52
b) Antrag des einzelnen Gläubigers (§ 277 Abs 2 InsO) . .	54
c) Öffentliche Bekanntmachung	56
VI. Aufhebung der Eigenverwaltungsanordnung . . .	57
1. Antrag des Schuldners . .	58
2. Antrag durch Gläubigerversammlung	59
3. Antrag durch den einzelnen Gläubiger	60
4. Öffentliche Bekanntmachung	62
5. Rechtsmittel gegen Aufhebungsbeschluß	63

Eva Maria Huntemann

Vorbemerkung

Das Insolvenzgericht kann auf Antrag des Schuldners in dem Eröffnungsbeschluß oder auch nachträglich – also nach der Eröffnung eines regulären durch den Insolvenzverwalter bestimmten Insolvenzverfahrens – die Eigenverwaltung durch den Schuldner anordnen. Gleichzeitig bestellt das Gericht den sog Sachwalter. Dieser beaufsichtigt den Schuldner bei der Eigenverwaltung, indem er die Geschäftsführung sowie die Ausgaben des Schuldners für dessen Lebensführung überwacht (§ 274 Abs 2 InsO). 1

Das Regelungsinstrumentarium der Eigenverwaltung durch den Schuldner ist angelehnt an das bisherige Vergleichsverfahren nach der Vergleichsordnung. Die Vergleichsordnung ist mit dem Inkrafttreten der Insolvenzordnung zum 1. 1. 1999 außer Kraft getreten. Nach Auffassung des Gesetzgebers hat das Vergleichsverfahren gezeigt, daß es sinnvoll sein kann, dem Schuldner die Verfügungs- und Verwaltungsbefugnis über sein Vermögen zu lassen, ihn aber ergänzend unter die Aufsicht eines Verwalters zu stellen. Insbes bei einem Unternehmen können die Kenntnisse und Erfahrungen der bisherigen Geschäftsleitung – so die Vorstellung des Gesetzgebers – auf diese Weise am besten genutzt werden. Ferner soll die Einarbeitungszeit, die ein mit dem Unternehmen nicht Vertrauter stets benötigen wird, vermieden werden, so daß das Verfahren weniger Aufwand und Kosten verursacht. Zusätzlich soll die Möglichkeit der eigenen Insolvenzverwaltung dem Schuldner den Anreiz bieten, im Falle des Vorliegens eines Insolvenzantragsgrundes, insbes für den Fall der drohenden Zahlungsunfähigkeit (§ 18 Abs 1 InsO), den Antrag auf Eröffnung des Insolvenzverfahrens frühzeitig zu stellen. Denn im Falle der Anordnung der Eigenverwaltung kann er damit rechnen, nach der Verfahrenseröffnung die Geschäfte seines Unternehmens – lediglich unter der Aufsicht des eingesetzten Sachwalters – weiterzuführen und sein Unternehmen selbst sanieren zu können. Der Schuldner bleibt also im Besitz seines Unternehmens und behält die Verfügungsgewalt über dessen Vermögensgegenstände. Die Sanierung durch den Schuldner ist insoweit der Sanierung durch die Übertragung des Unternehmens auf eine Auffanggesellschaft gleichgestellt. 2

Das neu eingeführte Regelwerk der Eigenverwaltung hat viel Kritik erfahren. Befürchtungen liegen insbes darin, daß das Instrumentarium der Eigenverwaltung durch die Schuldner mißbraucht werden wird. Dies, obwohl die im Regierungsentwurf ursprünglich einmal vorgesehene Eigenverwaltung ohne Sachwalter, die den Schuldner ohne jegliche Aufsicht hätte handeln lassen, nicht eingeführt worden ist.[1] 3

Man wird abzuwarten haben, ob das Institut der Eigenverwaltung sich in erster Linie als Gestaltungsmittel für die rechtsmißbräuchliche Verhinderung eines regulären Insolvenzverfahrens erweisen wird oder ob die Schuldner ihre Chance begreifen, durch das Sanierungsinstrumentarium der Eigenverwaltung frühzei- 4

---

1 *Schmidt-Räntsch*, Rn 213.

tig mit den erforderlichen Maßnahmen zur Rettung ihrer Unternehmen zu beginnen und insoweit auch die Gläubiger von dem Instrumentarium der Eigenverwaltung profitieren werden.

5 Die häufig geäußerte Auffassung, die Anordnung der Eigenverwaltung werde der Ausnahmefall bleiben, dürfte sich voraussichtlich kaum bewahrheiten. Vermutlich wird eine Vielzahl von Schuldnern versuchen, sich das Institut der Eigenverwaltung zu Nutze zu machen. Dies dürfte auch für größere Verfahren gelten. Denn das Gesetz sieht eine Begrenzung der Anordnung von Eigenverwaltung auf die Fälle, in denen es sich lediglich um ein kleineres Unternehmen handelt, nicht vor. Die Tatsache, daß es abstrakte Bedenken gibt, die man bei umfangreicheren Verfahren in Bezug auf die Anordnung einer Eigenverwaltung haben kann,[2] rechtfertigt die Ablehnung eines Antrags auf Eigenverwaltung im konkreten Fall nicht. Das Gesetz gibt die Voraussetzungen vor, bei denen das Gericht die Eigenverwaltung anordnet. Nur wenn konkrete Umstände zu erwarten sind, die die Verzögerung des Insolvenzverfahrens oder sonstige Nachteile für die Gläubiger haben können, wird das Gericht im Einzelfall die Eigenverwaltung ablehnen.

I. Verfahren nach Eingang eines Eigenverwaltungsantrages

1. Sicherungsmaßnahmen

6 Gesetzlich nicht geregelt ist, ob im Falle eines Eigenverwaltungsantrags des Schuldners Sicherungsmaßnahmen angeordnet werden können, das Insolvenzgericht dem Schuldner also die Verfügungs- und Verwaltungsbefugnis über sein Vermögen entziehen kann. Da der Gesetzgeber davon ausgeht, das Gericht könne idR die Redlichkeit eines Schuldners unterstellen, der das Insolvenzverfahren selbst beantrage und die Eigenverwaltung beabsichtige,[3] könnte dies im Gegensatz zum Willen des Gesetzgebers stehen.

7 Jedoch kann die Stellung eines Eigenverwaltungsantrags allein die Anordnung von Sicherungsmaßnahmen nicht in jedem Falle entbehrlich machen. Das Gericht muß – insbes, wenn ihm bereits im Insolvenzeröffnungsverfahren Anhaltspunkte für eine Gläubigergefährdung vorliegen – auch nach einem Eigenverwaltungsantrag einen vorläufigen Insolvenzverwalter bestellen und diesem die vorläufige Verfügungsbefugnis iSd § 21 Abs 2 Nr 2 InsO übertragen könne. Zwar werden die Gerichte dies im Regelfalle nicht anordnen, da sie dem Schuldner damit vor der Anordnung der Eigenverwaltung die Verfügungsbefugnis entziehen würden und sie ihm später nach Anordnung der Eigenverwaltung und Aufhebung der Sicherungsmaßnahmen zurückzugewähren hätten.

---

2 Kübler/Prütting/*Pape* InsO, § 270 Rn 3.
3 Begr zu § 331 RegEntw abgedruckt in Balz/Landfermann S 389.

Der Sinn des Eigenantrags, die Geschäftsführung in der Hand des Schuldners zu lassen, wäre damit zumindest zeitweise konterkariert.

Das Gericht wird aber dann, wenn es nach einem Eigenantrag des Schuldners Sicherungsmaßnahmen für geboten hält, die Verfügungsbefugnisse des Schuldners zumindest insoweit einschränken müssen, daß dieser nur mit Zustimmung eines vorläufigen Insolvenzverwalters über sein Vermögen verfügen und Geschäfte eingehen darf. 8

Kommt entweder das Gericht oder aber auch der vorläufige Insolvenzverwalter bzw der Sachverständige im Rahmen der Prüfung der Eröffnungsvoraussetzungen (hierzu nachfolgend 2.) zu dem Ergebnis, daß es geboten ist, dem Schuldner die Verfügungsbefugnisse über sein Vermögen zu entziehen, so wird das Gericht nicht umhin kommen, einen vorläufigen Insolvenzverwalter zu bestellen und diesem die Verfügungsbefugnis zu übertragen. 9

Dies wird dann regelmäßig zur Folge haben, daß das Gericht dem Eigenverwaltungsantrag des Schuldners nicht zustimmt und die Verwaltung durch einen Insolvenzverwalter anordnen wird. 10

2. Prüfung der Voraussetzungen

Das Insolvenzgericht kann die Eigenverwaltung nur dann anordnen, wenn ihm keine Umstände bekannt sind, die die Gefährdung von Gläubigerinteressen durch die Verwaltung des Schuldners befürchten lassen. Das Gesetz legt dem Insolvenzgericht hierbei nicht ausdrücklich Nachforschungspflichten auf.[4] Allerdings wird das Gericht nach Eingang des Antrags regelmäßig einen **Sachverständigen** einzusetzen haben, um die Insolvenzvoraussetzungen wie etwa Überschuldung oder bereits eingetretene oder drohende Zahlungsunfähigkeit zu überprüfen und festzustellen, ob die vorhandene Vermögensmasse die Verfahrenskosten decken wird. Zwar soll nach der Intention des Gesetzgebers die Eigenverwaltung kostengünstiger durchgeführt werden, als die reguläre Insolvenzverwaltung.[5] Aber auch in diesem Verfahren fallen für den Sachwalter und das Gericht Kosten an, die aus der Masse gedeckt sein müssen. Das Gericht hat daher von Amts wegen zu ermitteln, ob die vorhandene Masse für die Begleichung der Verfahrenskosten ausreicht (§ 5 Abs 1 InsO). 11

Im Rahmen dieser Prüfungen wird der Sachverständige – zumeist wird dies der spätere Sach- oder aber Insolvenzverwalter sein – auch zu überprüfen haben, ob Umstände vorliegen, die eine Gläubigerbenachteiligung befürchten lassen, wenn der Schuldner selbst sein insolventes Unternehmen verwaltet. Dies wäre etwa der Fall, wenn der Sachverständige feststellt, daß die Geschäftsführung bereits in der Vergangenheit nicht für eine ordnungsgemäße Führung der Bü- 12

4 Vgl Begr zu § 331 RegEntw abgedruckt in Balz/Landfermann Balz/Landfermann, S 389.

5 Vgl Balz/Landfermann, S 387f.

cher gesorgt hat, Vermögensgegenstände auf schwer nachvollziehbarem Wege aus dem Unternehmen herausgelangt sind und dergleichen mehr.

13 Der Sachverständige wird ferner den von dem Schuldner im Rahmen der Eigenverwaltung regelmäßig vorzulegenden Insolvenzplan auf seine Durchführbarkeit zu überprüfen haben und auch hierbei feststellen, ob Interessen der Gläubiger durch die Ausführung des Plans gefährdet werden können.

II. Voraussetzungen der Eigenverwaltung gem § 270 InsO

1. Eigenverwaltungsantrag des Schuldners

14 Die Eigenverwaltung unter Aufsicht eines Sachwalters kommt lediglich dann in Betracht, wenn der Schuldner sie vor Eröffnung des Insolvenzverfahrens beantragt hat. Dies kann geschehen, indem der Schuldner selbst den Antrag auf Eröffnung des Insolvenzverfahrens stellt oder indem er in den Fällen, in denen ein Gläubiger den Eröffnungsantrag gestellt hat, im Rahmen des Anhörungsverfahrens die Eigenverwaltung beantragt und der Gläubiger dem Antrag des Schuldners zustimmt (§ 270 Abs 2 Nr 1, 2 InsO).

a) Zustimmungserfordernis des antragstellenden Gläubigers

15 Stellt der Gläubiger vor dem Schuldner den Antrag auf Eröffnung des Insolvenzverfahrens, so liegt es in seiner Hand, ob das Gericht die Eigenverwaltung anordnen kann oder nicht. Denn der antragstellende Gläubiger muß hierfür seine Zustimmung gegenüber dem Gericht erklären. Es genügt nicht, wenn der Schuldner im Rahmen der Anhörung vorträgt, der Gläubiger habe der Eigenverwaltung zugestimmt.

b) Einflußmöglichkeiten des Gläubigers

16 Liegen die Eröffnungsgründe der Zahlungsunfähigkeit (§ 17 InsO) oder der Überschuldung (§ 19 InsO) vor, so kann der einzelne Gläubiger Einfluß darauf, ob Eigenverwaltung angeordnet wird schon dadurch nehmen, daß er den Antrag auf Eröffnung des Insolvenzverfahrens schneller stellt als der Schuldner und einer Eigenverwaltung dann nicht zustimmt, wenn er die Gefährdung seiner Interessen oder der Interessen anderer Gläubiger befürchten muß.

17 Anders ist es im Falle der drohenden Zahlungsunfähigkeit (§ 18 Abs 1 InsO). Drohende Zahlungsunfähigkeit ist nur dann ein Insolvenzeröffnungsgrund, wenn der Schuldner den Antrag stellt. Hier hat ein Gläubiger im Rahmen des Eröffnungsverfahrens also nicht die Möglichkeit, die Eigenverwaltung dadurch zu verhindern, daß er den Antrag vor dem Schuldner stellt und dann die Zustimmung zur Anordnung der Eigenverwaltung verweigert. Der Gläubiger hat in diesem Fall lediglich die Möglichkeit, im Rahmen des Eröffnungsverfahrens

dem Gericht Tatsachen vorzutragen, die eine Gefährdung von Gläubigerinteressen begründen können (hierzu nachfolgend 2.), damit das Gericht im Rahmen seiner Überprüfungspflichten ggf. aus Gründen der Gläubigergefährdung die Eigenverwaltung nicht anordnet.

Allerdings ist die Gefahr, daß der Schuldner dann, wenn er den Insolvenzantrag bereits aufgrund drohender Zahlungsunfähigkeit stellt, das Eigenverwaltungsinstrumentarium rechtsmißbräuchlich nutzt und das Unternehmen ausplündert, relativ gering. Gerade wenn der Schuldner bereits bei drohender Zahlungsunfähigkeit - dann also, wenn noch hinreichend Masse und Liquidität vorhanden ist, um das Unternehmen weiterzuführen - den Insolvenzantrag stellt, wird sein Interesse in erster Linie darauf gerichtet sein, die Sanierungsmöglichkeiten der Eigenverwaltung in Anspruch zu nehmen und dadurch das insolvenzgefährdete Unternehmen wieder zu stabilisieren. **18**

2. Keine Gefährdung von Gläubigerinteressen

Das Gericht ordnet die Eigenverwaltung an, wenn ihm keine Umstände bekannt sind, die eine Gefährdung von Gläubigerinteressen befürchten lassen. Der eingesetzte Sachverständige wird - wie oben bereits dargestellt - zu prüfen haben - voraussichtlich werden die Sachverständigen- / bzw Gutachteraufträge diese Prüfungspflicht nach einem Eigenantrag auch ausdrücklich vorsehen - ob Tatsachen vorliegen, die eine Gefährdung von Gläubigerinteressen befürchten lassen. **19**

Materiell liegt die Gefährdung von Gläubigerinteresse etwa vor, wenn die Eigenverwaltung zur Verzögerung der Abwicklung des Insolvenzverfahrens führt und befürchtet werden muß, daß der Schuldner nach seinen Qualifikationen nicht dazu in der Lage ist, das Unternehmen weiterhin selbst zu verwalten oder sonstige wirtschaftliche Nachteile - zB die Beseitigung von Massegegenständen durch den Schuldner - drohen.[6] **20**

III. Rechtsstellung des Sachwalters

Die Regelungen der Insolvenzordnung über die Aufgaben und die Stellung des Sachwalters sind an die §§ 39, 40 VerglO angelehnt. § 274 Abs 2 InsO etwa ist mit § 39 VerglO nahezu wortidentisch. Für die Auslegung dieser und anderer Regelungen über den Sachwalter wird man daher auf die Rsprg und das Schrifttum in den Vorschriften der Vergleichsordnung zum Vergleichsverfahren zurückgreifen können.[7] **21**

6 Vgl Balz/Landfermann, S 390.
7 So auch Kübler/Prütting/*Pape* InsO, § 274 Rn 2.

1. Aufsichtsfunktionen

22 § 274 Abs 1 InsO normiert die Stellung des Sachwalters zum Insolvenzgericht und legt fest, daß für seine Haftung und seine Vergütung die Vorschriften gelten, die auch den Insolvenzverwalter betreffen. Was die Geschäftsführung angeht, hat der Sachwalter allerdings anders als der Insolvenzverwalter lediglich Aufsichtsfunktionen. § 274 Abs 2 und 3 InsO haben zur Regelung der Aufsichtsfunktionen des Schuldners im wesentlichen die §§ 39 und 40 VerglO inhaltlich übernommen.

a) Überwachung der Geschäftsführung

23 Der Sachwalter hat anders als der Insolvenzverwalter weder die Verpflichtung noch die Berechtigung, die Geschäfte des Schuldners zu führen. Er hat lediglich Aufsichtsfunktionen, indem er die Geschäftsführung sowie die Ausgaben des Schuldners für dessen Lebensführung zu überwachen hat (§ 274 Abs 2 InsO). Stellt der Sachwalter bei der Überwachung der Geschäftsführung durch den Schuldner fest, daß die Fortsetzung der Eigenverwaltung zu Nachteilen für die Gläubiger führen kann, so hat er dies unverzüglich dem Gläubigerausschuß und dem Insolvenzgericht anzuzeigen. Für den Fall, daß ein Gläubigerausschuß nicht bestellt ist, hat der Sachwalter an dessen Stelle die Insolvenzgläubiger, die Forderungen angemeldet haben und die absonderungsberechtigten Gläubiger von den zu erwartenden Nachteilen zu unterrichten. Hierdurch sollen die Gläubiger in die Lage versetzt werden, gem § 272 Nr 1 oder Nr 2 InsO die Aufhebung der Eigenverwaltung bei Gericht zu beantragen (su). Die Unterrichtungspflicht des Sachwalters ist angelehnt an § 40 Abs 2 der bisher geltenden Vergleichsordnung.

b) Prüfung des Masseverzeichnisses, der Forderungsanmeldungen und des Verteilungsverzeichnisses

24 Der Sachwalter hat die vom Schuldner erstellten Verzeichnisse der Massegegenstände, das Gläubigerverzeichnis und auch die Vermögensübersicht zu überprüfen und schriftlich zu erklären, ob hiergegen Einwendungen zu erheben sind (§ 281 Abs 1 InsO). Ferner hat der Sachwalter sich im Berichtstermin für die Gläubigerversammlung zu dem Bericht des Schuldners zu äußern.

25 Bei der Prüfung der angemeldeten Forderungen können neben den Insolvenzgläubigern der Schuldner und der Sachwalter angemeldete Forderungen bestreiten. Der Sachwalter hat zwingend eine Forderung zu bestreiten, wenn sich aufgrund der Geschäftsbücher des Schuldners oder aus anderen Gründen Bedenken gegen die Forderung ergeben, die der Schuldner nicht zerstreuen kann.[8] Die Forderung gilt dann als nicht festgestellt (§ 283 Abs 1 S 2 InsO).

---

8 Begr zu § 283 RegEntw abgedruckt in Balz/Landfermann S 355.

Der Sachwalter hat ferner im Rahmen der Befriedigung der Gläubiger das Verteilungsverzeichniss zu prüfen und schriftlich zu erklären, ob nach dem Ergebnis seiner Prüfungen hiergegen Einwendungen zu erheben sind (§ 283 Abs 2 S 2 InsO). 26

Darüber hinaus hat der Sachwalter bei gegenseitigen Verträgen das Wahlrecht 27 und das Kündigungsrecht des Schuldners zu kontrollieren. Der Schuldner kann von diesen Rechten nur im Einvernehmen mit dem Sachwalter Gebrauch machen (§ 279 S 2 InsO). Allerdings hat ein Verstoß des Schuldners gegen diese Vorschrift keine Außenwirkung; auch dann, wenn der Sachwalter mit der Ausübung des Wahlrechts oder des Kündigungsrechts nicht einverstanden ist, kann der Schuldner wirksam handeln. Nach § 279 S 3 InsO gilt dies jedoch nicht für das Recht, beim Arbeitsgericht die soziale Rechtfertigung der Entlassung von Arbeitnehmern feststellen zu lassen, sowie für die vorzeitige Kündigung von Betriebsvereinbarungen und für den Antrag auf gerichtliche Zustimmung zur Durchführung einer Betriebsänderung. Diese bes weitreichenden und in die Stellung der Arbeitnehmer eingreifenden Rechte kann der Schuldner ohne Zustimmung des Sachwalters nicht wirksam ausüben.

2. Mitwirkungsrechte des Sachwalters

a) Gesetzliche Zustimmungs- und Widerspruchsrechte

Die Aufteilung der Geschäftsführungsbefugnisse zwischen Schuldner und 28 Sachwalter ist in der Insolvenzordnung nicht endgültig geregelt. Zwar führt die laufenden Geschäfte der Schuldner, § 275 InsO hält aber fest, daß Verbindlichkeiten, die nicht zum gewöhnlichen Geschäftsbetrieb gehören, der Schuldner nur mit Zustimmung des Sachwalters eingehen **soll**. Auch Verbindlichkeiten, die zum gewöhnlichen Geschäftsbetrieb gehören, soll der Schuldner dann nicht eingehen, wenn der Sachwalter widerspricht. Die Vorschrift entspricht nahezu wörtlich dem § 57 VerglO.

Da es sich hier nicht um eine Muß-Vorschrift, sondern lediglich um eine Soll- 29 Regelung handelt, ist nicht klar geregelt, was geschieht, wenn der Sachwalter dem Eingehen von Verbindlichkeiten widerspricht, die zum gewöhnlichen Geschäftsbetrieb des Schuldners gehören, deren Eingehung er aber nicht für sachgerecht oder sogar für den Gläubiger abträglich hält. Da der Schuldner den Wünschen des Sachwalters lediglich folgen soll aber nicht muß, wird der Sachwalter im Zweifel seine Auffassung nicht durchsetzen können. Die Vergleichsordnung hat in der Nichteinhaltung der Beschränkung der Verpflichtungs- oder Verfügungsfähigkeit durch den Schuldner einen zwingenden Grund für die Einstellung des Vergleichsverfahrens gesehen (§ 100 Abs 1 Ziff 3 VerglO).

Eine entspr Rechtsfolge enthält die Insolvenzordnung nicht. Der Verwalter 30 kann lediglich den Weg gehen, daß er die Gläubigerversammlung bzw absonderungsberechtigte Gläubiger über nachteilige Rechtsgeschäfte des Schuldners im Rahmen der Eigenverwaltung informiert und auch das Gericht hierüber in

Kenntnis setzt. Dieses wird dann im Rahmen des § 272 InsO über die Aufhebung der Eigenverwaltungsanordnung zu entscheiden haben. Es ist zu hoffen, daß diese Entscheidung von den Gerichten dann sehr schnell umgesetzt werden kann.

31 Der Sachwalter kann ferner versuchen, die Anordnung der Zustimmungsbedürftigkeit gem § 277 InsO herbeizuführen, wenn der Schuldner auf den Widerspruch des Sachwalters beim Eingehen von Verbindlichkeiten, die zum gewöhnlichen Geschäftsbetrieb gehören, nicht reagiert. Eine gesondert geregelte Verpflichtung zur Unterrichtung der Gläubiger über Verstöße des Schuldners gegen § 275 InsO gibt es nicht. Der Sachwalter wird allerdings im Rahmen seiner allgem Berichtspflicht darüber zu informieren haben.

b) Angeordnete Zustimmungsrechte

32 Die Anordnung der Zustimmungsbedürftigkeit von Rechtsgeschäften des Schuldners setzt regelmäßig einen Antrag der Gläubigerversammlung voraus (§ 277 Abs 1 InsO). In Eilfällen, dann etwa, wenn ein nachteiliges Rechtsgeschäft des Gläubigers unmittelbar bevorsteht, kann die Anordnung der Zustimmungsbedürftigkeit auch auf Antrag eines einzelnen Gläubigers vom Gericht angeordnet werden (§ 277 Abs 2 InsO). In diesen Eilfällen hat der Gläubiger die Voraussetzung des zu erwartenden Nachteils für die Gläubiger glaubhaft zu machen.

33 Der Sachwalter selbst hat ein derartiges Antragsrecht nicht. Er kann allenfalls darauf hinwirken, daß die Gläubigerversammlung oder aber ein einzelner Gläubiger entsprechend tätig wird.

c) Erstellung des Insolvenzplans

34 In der Erstellung des Insolvenzplans im Rahmen der Eigenverwaltung liegt der grundlegende Unterschied zwischen dem Verfahren nach Vergleichsordnung und dem Eigenverwaltungsverfahren nach Insolvenzordnung. Die Gläubigerversammlung kann entweder den Schuldner oder den Sachwalter mit der Erstellung eines Insolvenzplans beauftragen. Erhält der Schuldner den Auftrag, so wirkt der Sachwalter beratend mit (§ 284 Abs 1 S 2).

35 Die Möglichkeit der Gläubigerversammlung, nicht den Schuldner, sondern den Verwalter mit der Ausarbeitung des Insolvenzplans zu beauftragen und die Erstellung des Plans nicht in die Hand des Schuldners zu legen, ist ein Systembruch, da das Kernstück der Eigenverwaltung dem Schuldner so aus den Händen genommen werden kann. Dies war nach der Vergleichsordnung nicht möglich. § 3 Abs 1 VerglO regelte, daß der Antrag des Schuldners den Vergleichsvorschlag – dieser ist dem Insolvenzplan in einigen Punkten vergleichbar – zu enthalten hatte.

36 Den Gläubigern wird durch die Möglichkeit der Beauftragung des Sachwalters mit der Erstellung des Insolvenzplans auch im Rahmen der Eigenverwaltung eine sehr starke Einflußmöglichkeit auf den Ablauf des Verfahrens gegeben. Der Schuldner behält zwar die Verwaltungs- und Verfügungsbefugnis über sein Vermögen, hat sich aber an den Vorgaben des vom Sachwalter ausgearbeiteten Insolvenzplans zu orientieren.

3. Ausschließliche Handlungsbefugnisse des Sachwalters

Zu folgenden Rechtsgeschäften ist ausschließlich der Sachwalter berechtigt: 37

- Geltendmachung der Ansprüche auf Ersatz eines Gesamtschadens gem § 92 InsO,
- Geltendmachung der persönlichen Haftung von Gesellschaftern oder Ehegatten gem § 93 InsO,
- Ausübung des Anfechtungsrechts sowie die
- Anzeige der Masseunzulänglichkeit (§ 285 InsO).

4. Aufgabenverteilung von Schuldner und Sachwalter

Zusammenfassend ist bei der Aufgabenverteilung von Schuldner und Sachwalter festzustellen, daß der Sachwalter im wesentlichen auf Kontrollbefugnisse beschränkt bleibt. Es obliegt ihm in erster Linie aufgrund eigener Kenntnisse aus den Geschäftsbüchern des Schuldners und sonstigen Umständen zu überprüfen, ob der Schuldner richtige Angaben macht und die Geschäfte sachgerecht fortführt. Da die Kontrollbefugnis des Sachwalters im einzelnen nicht geregelt sind – gleiches gilt auf der anderen Seite für die nicht ausdrücklich festgelegten Auskunftspflichten des Schuldners – muß die Praxis zeigen, ob das Instrumentarium zur Eigenverwaltung und auch zur Kontrolle der Eigenverwaltung hinreichend geeignet ist, die Interessen der Gläubiger zu schützen. 38

Anders verhält es sich bei der Aufgabenverteilung von Schuldner und Sachwalter lediglich dann, wenn die Gläubigerversammlung dem Sachwalter die Aufstellung des Insolvenzplans aufgibt. In diesem Falle muß der Schuldner sich an den im Insolvenzplan aufgestellten Leitlinien der Fortführung des Geschäftsbetriebs orientieren. Den maßgebenden Einfluß auf die Abwicklung des Verfahrens hat in diesem Falle der Sachwalter. 39

IV. Befugnisse und Aufgaben des Schuldners

Der Schuldner ist gem § 270 Abs 1 InsO dazu berechtigt, die Insolvenzmasse zu verwalten und über sie zu verfügen. Der Sachwalter hat – dies ist bereits oben ausgeführt – grundsätzlich lediglich Aufsichts- und Kontrollfunktionen. Dem Schuldner verbleiben im Grundsatz alle Verfügungs- und Verwaltungsbefugnisse über sein Vermögen. Eine Einschränkung ist nur dahingehend vorgesehen, daß der Schuldner Verbindlichkeiten, die nicht zum gewöhnlichen Geschäftsbetrieb gehören, nur mit Zustimmung des Sachwalters eingehen soll und 40 für bestimmte Rechtsgeschäfte an die Zustimmung der Gläubiger oder des Gläubigerausschusses gebunden ist.

1. Entnahme von Mitteln zur Lebensführung

41 Der Schuldner bzw für die Fälle, in denen der Schuldner eine juristische Person ist, der/die gesetzlichen Vertreter des Schuldners, ist berechtigt, für sich und den in § 100 Abs 2 S 2 InsO definierten Kreis von Personen, deren Unterhalt die Vorschrift gewährleistet (etwa Geschäftsführer), aus der Insolvenzmasse die Mittel zu entnehmen, die unter Berücksichtigung der bisherigen Lebensverhältnisse des Schuldners diesem eine bescheidene Lebensführung gestatten (§ 278 Abs 1 InsO). Häufig werden diese Mittel allerdings ganz oder überwiegend aus dem unpfändbaren Teil des laufenden Einkommens des Schuldners, der nicht zur Insolvenzmasse gehört, bestritten werden können. In diesen Fällen entfällt das Entnahmerecht.[9]

42 Die Unterhaltsgewährung steht nicht im Ermessen der Gläubiger. Vielmehr haben der Schuldner und seine Angehörigen – ähnlich wie in § 56 VerglO geregelt – einen Anspruch auf die zu einer bescheidenen Lebensführung erforderlichen Mittel.

2. Kündigung von gegenseitigen Verträgen und Wahlrecht

43 Anders als nach dem Recht der Vergleichsordnung (s dort §§ 50 bis 53) sieht die Insolvenzordnung für das Wahlrecht bei gegenseitigen Verträgen und das Recht zur vorzeitigen Kündigung mit einigen oben bereits dargestellten Ausnahmen keine abweichenden Regelungen im Falle der Eigenverwaltung statt der Fremdverwaltung vor. Die Begr zum Regierungsentwurf führt dazu aus, die Entscheidung, ob ein Insolvenzverwalter eingesetzt oder ob die Eigenverwaltung zugelassen werde, solle nicht dadurch beeinflußt werden, daß unterschiedliche materiell-rechtliche Regelungen zur Anwendung kämen.[10] Dies bedeutet wohl, daß die Gläubiger im wesentlichen auf die Person des Schuldners abzustellen haben, wenn sie entscheiden, ob die Eigenverwaltung oder übliche Insolvenzverwaltung durchgeführt wird und nicht materiell-rechtlich andere Regelungen als bei der regulären Insolvenzverwaltung ihre Entscheidung beeinflussen sollen.

44 Danach kann der Schuldner Wahlrecht und Kündigungsrecht gem §§ 103 bis 128 InsO wie ein Insolvenzverwalter ausüben. Eine Ausnahme gilt nur für die Fälle der §§ 120, 122 und 126 InsO. Hier darf der Schuldner nur mit Zustimmung des Sachwalters handeln. Dies betrifft die Kündigung von Betriebsvereinbarungen (§ 120 InsO), wenn sie die Insolvenzmasse besonders belasten und durch Verhandlungen zwischen dem Schuldner und dem Betriebsrat eine ein-

9 Begr zu § 339 RegEntw abgedruckt in Balz/Landfermann S 396f.
10 Begr zu § 340 RegEntw abgedruckt in Balz/Landfermann S 397.

vernehmliche Herabsetzung nicht erreicht werden konnte. Ferner ist zustimmungsbedürftig der Antrag auf gerichtliche Zustimmung zur Durchführung einer Betriebsänderung, wenn dreiwöchige Verhandlungen über einen Interessenausgleich mit dem Betriebsrat ergebnislos geblieben sind (§ 122 InsO). Zustimmungsbedürftig ist zudem das in § 126 InsO geregelte Beschlußverfahren zum Kündigungsschutz, das der Schuldner bei Entlassungen einleiten kann.

3. Verwertung und Verwendung von Sicherungsgut

Dem Schuldner steht ferner das Recht zur Verwendung von Gegenständen zu, an denen Absonderungsrechte Dritter bestehen (§ 282 InsO). Dies hat den Vorteil, daß der Schuldner, der mit der Eigenverwaltung betraut ist, idR über die Rechte der Gläubiger an den Gegenständen der Insolvenzmasse hinreichend unterrichtet ist. Kosten der Feststellung der belasteten Gegenstände und der Rechte an diesen fallen demzufolge kaum an und die Erlöse werden hierdurch nicht gemindert. Auch die Verwertungskostenpauschale von 5 %, wie sie in § 171 Abs 2 S 1 InsO für Absonderungsrechte an beweglichen Sachen vorgesehen ist, fällt in den Fällen der Eigenverwaltung nicht an. Dies, weil der Gesetzgeber davon ausgeht, daß im typischen Fall der Eigenverwaltung, bei einer Fortführung des Unternehmens durch den Schuldner regelmäßig keine aufwendigen Verwertungsvorgänge stattfinden. Sicherheiten an Betriebsmitteln, die zur Fortführung des Unternehmens erforderlich seien, würden während des Verfahrens bestehen bleiben. Die Veräußerung von belasteten Waren werde häufig im laufenden Geschäftsbetrieb ohne bes Kosten erfolgen können.[11] 45

Die tatsächlich entstandenen Verwertungskosten kann der Schuldner allerdings absetzen. Das gilt sowohl im Falle der Fortführung des Unternehmens durch den Schuldner als auch in dem – vom Gesetz als Ausnahme gewerteten – Falle, daß der Schuldner im Wege der Eigenverwaltung unter Aufsicht des Sachwalters lediglich die Verwertung seines Vermögens betreibt. 46

Gem § 283 Abs 1 InsO ist der Schuldner neben den Insolvenzgläubigern und dem Sachwalter dazu berechtigt, angemeldete Forderungen zu bestreiten. Eine Forderung, die der Schuldner bestritten hat, gilt – ebenso wie im Falle des Bestreitens durch einen Gläubiger oder den Sachwalter – als nicht festgestellt. 47

4. Aufstellung des Verteilungsverzeichnisses und Verteilung

Im Verteilungsverfahren hat der Schuldner das Verteilungsverzeichnis aufzustellen und die Verteilung auch vorzunehmen (§ 283 Abs 2 InsO). Der Sachwalter hat auch hierbei lediglich Kontrollfunktionen (hierzu bereits o Rn 23). 48

11 Begr zu § 343 RegEntw abgedruckt in Balz/Landfermann S 399.

5. Aufstellung des Insolvenzplans

49 Es entspräche der Stringenz der Regelungen der Eigenverwaltung, die die wesentlichen Aufgaben dem Schuldner zuweist, daß auch der Insolvenzplan ausschließlich vom Schuldner zu erstellen wäre. Allerdings sieht § 284 InsO vor, daß der Auftrag der Gläubigerversammlung zur Ausarbeitung eines Insolvenzplans sowohl an den Sachwalter als auch an den Schuldner gerichtet werden kann. Für den Fall, daß der Auftrag an den Schuldner gerichtet ist, hat der Sachwalter beratend mitzuwirken. Letztere Regelung ist im Gesamtzusammenhang des Regelwerks zur Eigenverwaltung folgerichtig. Denn es entspricht der allgem Aufteilung der Befugnisse zwischen Schuldner und Sachwalter, den Insolvenzplan, den die Gläubigerversammlung in Auftrag gibt, vom Schuldner erstellen zu lassen. Dieser wird hierdurch jedoch durch den Sachwalter beraten, der auch die Überwachung der Planerfüllung zu gewährleisten hat (§ 284 Abs 2 InsO).

50 Im Zuge des Gesetzgebungsverfahrens ist jedoch als flexiblerer Mechanismus der Eigenverwaltung auch vorgesehen worden, daß anstelle des Schuldners der Sachwalter mit der Ausarbeitung eines Insolvenzplans beauftragt wird. Hierdurch soll die Gläubigerautonomie gestärkt werden, indem die Möglichkeit der Beauftragung einer vom Schuldner unabhängigen Person besteht. Der Regierungsausschuß hat hierzu festgestellt, daß der Sachwalter im übrigen wegen der Vielzahl der widerstreitenden Interessen häufig geeigneter sein wird als der Schuldner selbst, den Insolvenzplan auszuarbeiten.[12]

V. Einflußmöglichkeiten und Rechte der Gläubiger

1. Zustimmung des Gläubigerausschusses

51 Der Schuldner hat gem § 276 InsO die Zustimmung des Gläubigerausschusses einzuholen, wenn er Rechtshandlungen vornehmen will, die für das Insolvenzverfahren von bes Bedeutung sind. Damit soll - so die Begr zum Regierungsentwurf[13] klargestellt werden, daß Geschäfte, die auch im Regelinsolvenzverfahren - also dem Verfahren unter der Ägide des Insolvenzverwalters - an die Zustimmung des Gläubigerausschusses gebunden sind, im Falle der Eigenverwaltung unter Aufsicht eines Sachwalters von der Zustimmung des Gläubigerausschusses nicht ausgenommen sein können. Auch das Recht einer Minderheit von Gläubigern, im Falle der Zustimmung des Gläubigerausschusses zu Handlungen des Schuldners die Einberufung der Gläubigerversammlung zu beantragen, übernimmt § 276 S 2 InsO, indem §§ 160 Abs 1 S 2 sowie 161 S 2 und 164 InsO entspr für anwendbar erklärt werden. Die Gläubigerversamm-

12 Ausschußbericht zu § 345 Abs 1 RegEntw abgedruckt in Balz/Landfermann S 401.
13 Begr zu § 337 RegEntw abgedruckt in Balz/Landfermann S 395.

lung kann in diesem Falle die Zustimmung des Gläubigerausschusses „overrulen“, also eine abweichende Entscheidung treffen, an die der Schuldner gebunden ist.

2. Antrag auf Anordnung der Zustimmungsbedürftigkeit

a) Antrag der Gläubigerversammlung (§ 277 Abs 1 InsO)

Das Insolvenzgericht ordnet gem § 277 Abs 1 InsO auf Antrag der Gläubiger- **52**
versammlung an, daß bestimmte Rechtsgeschäfte des Schuldners nur dann wirksam sind, wenn der Sachwalter ihnen zustimmt. Im Unterschied etwa zu der Beschränkung des § 275 InsO (Zustimmungserfordernis des Sachwalters bei Eingehung von Verbindlichkeiten des Schuldners, die nicht zum gewöhnlichen Geschäftsbetrieb gehören) wirkt diese Einschränkung auch gegenüber Dritten. Gutgläubige Dritte werden nur im Rahmen der §§ 81 Abs 1 S 2 und 3 und 82 InsO geschützt (§ 277 Abs 1 S 2 InsO).

Da § 277 Abs 2 InsO eine Kann-Bestimmung enthält (die Vorschrift sieht vor, **53**
daß das Gericht auf den Antrag eines absonderungsberechtigten Gläubigers oder eines Insolvenzgläubigers die Zustimmungsbedürftigkeit anordnen **kann**), ist davon auszugehen, daß § 277 Abs 1 InsO dem Gericht einen Entscheidungsspielraum läßt und dieses dem Antrag der Gläubigerversammlung nicht zwingend folgen muß.

b) Antrag des einzelnen Gläubigers (§ 277 Abs 2 InsO)

Die Anordnung der Zustimmungsbedürftigkeit von Handlungen des Schuld- **54**
ners ist auch auf den Antrag eines einzelnen absonderungsberechtigten Gläubigers oder eines Insolvenzgläubigers möglich.

Anders als bei einem Antrag der Gläubigerversammlung hat der einzelne ab- **55**
sonderungsberechtigte Gläubiger oder Insolvenzgläubiger glaubhaft zu machen, daß durch die Eigenverwaltung Belange der Gläubiger beeinträchtigt werden. Darüber hinaus muß der einzelne Gläubiger darlegen und glaubhaft machen, daß die Anordnung unaufschiebbar ist. Beide Voraussetzungen dürften im Einzelfall schwer zu erbringen sein. Denn es sind nur wenige Fälle vorstellbar, in denen ein Gläubiger so konkrete Kenntnis von Absichten der Vermögensverschiebung durch den Schuldner hat, daß er dies an Eides statt versichern oder ggf durch Zeugen bzw Schriftstücke glaubhaft machen kann.

c) Öffentliche Bekanntmachung

Aufgrund der Drittwirkung der Anordnung der Zustimmungsbedürftigkeit **56**
sieht § 277 Abs 3 InsO die öffentliche Bekanntmachung der richterlichen Verfügung vor, sowie die Verlautbarung der Anordnung im Handelsregister und ggf im Grundbuch bzw sonstigen öffentlichen Registern.

Eva Maria Huntemann

VI. Aufhebung der Eigenverwaltungsanordnung

57 Die Aufhebung der Eigenverwaltung hat zur Folge, daß das Gericht einen Insolvenzverwalter einsetzt und dieser die Verwaltung der Insolvenzmasse übernimmt. Der Insolvenzverwalter ist dann später durch die Gläubigerversammlung zu bestätigen.

1. Antrag des Schuldners

58 Der Schuldner hat das Recht, die Aufhebung der Eigenverwaltung zu beantragen (§ 272 Abs 1 S 3 InsO). Das Gesetz berücksichtigt hiermit, daß die Eigenverwaltung unter Aufsicht des Sachwalters nur dann Erfolg haben kann, wenn der Schuldner dazu bereit ist, die ihm zufallenden Aufgaben zu erfüllen. Diese Bereitschaft kann im weiteren Verlauf des Insolvenzverfahrens entfallen, etwa weil der Schuldner mit den Weisungen des Gläubigerausschusses oder den ihm auferlegten Einschränkungen - hier ist etwa an das Zustimmungserfordernis gem § 277 InsO zu denken - nicht einverstanden ist.

2. Antrag durch Gläubigerversammlung

59 Das Insolvenzgericht hat die Anordnung der Eigenverwaltung immer dann aufzuheben, wenn dies von einer Gläubigerversammlung beantragt wird (§ 272 Abs 1 Ziff 1 InsO). Dies gilt nicht nur für einen Antrag der ersten Gläubigerversammlung gem § 271 InsO, sondern auch für jede spätere Gläubigerversammlung. Diese Regelung ist das Regulativ zu den erheblichen Risiken, die die Eigenverwaltung für die Gläubiger mit sich bringen kann. Denn gläubigerschädigende Handlungen des Schuldners können mit der Insolvenzanfechtung auch nach der Aufhebung der Eigenverwaltung nicht rückgängig gemacht werden. Es muß den Gläubigern daher möglich sein, die Eigenverwaltung unter Aufsicht des Sachwalters kurzfristig zu beenden, wenn ihre Interessen gefährdet sind.

3. Antrag durch den einzelnen Gläubiger

60 § 272 Abs 1 Nr 2 InsO schafft die Möglichkeit, unabhängig von einem Zusammentritt der Gläubigerversammlung jeden Einzelgläubiger beantragen zu lassen, daß die Eigenverwaltung aufgehoben wird. Allerdings hat in diesen Fällen der Gläubiger die drohenden Nachteile glaubhaft zu machen. Diese Regelung entspricht der Regelung in § 277 Abs 2 InsO im Hinblick auf die Zustimmungsbedürftigkeit von Geschäften des Schuldners. In beiden Fällen ist die Glaubhaftmachung als Korrektiv für mißbräuchliche Anträge vorgesehen.

61 Vor der Entscheidung über den Antrag eines Einzelgläubigers ist der Schuldner zu hören (§ 272 Abs 2 S 2 InsO).

Eva Maria Huntemann

4. Öffentliche Bekanntmachung

Der Beschluß des Insolvenzgerichts, mit dem die Eigenverwaltung angeordnet **62** wird, ist öffentlich bekanntzumachen (§ 273 InsO). Dies ist erforderlich, damit im Geschäftsverkehr Klarheit über die Verfügungs- und Verwaltungsbefugnisse im Insolvenzverfahren hergestellt wird.

5. Rechtsmittel gegen Aufhebungsbeschluß

Sowohl dem Schuldner als auch dem Gläubiger steht gegen die Entscheidung **63** des Gerichts die sofortige Beschwerde zu (§ 272 Abs 2 S 3 InsO).

Eva Maria Huntemann

15. Kapitel: Beendigung des Insolvenzverfahrens

Übersicht

	Rn
Vorbemerkung	1
I. Aufhebung des Verfahrens und seine Voraussetzungen	3
1. Aufhebung nach dem Vollzug der Schlußverteilung (§ 200 InsO)	4
a) Schlußrechnung des Verwalters	7
b) Bekanntmachung von Forderungssumme und Verteilungsbetrag	15
c) Schlußtermin	22
aa) Zeitpunkt des Schlußtermins	22
bb) Durchführung des Schlußtermins	26
cc) Beschlußfassungen im Schlußtermin	31
d) Schlußverteilung	34
e) Aufhebung	37
2. Aufhebung des Verfahrens nach Rechtskraft des Insolvenzplans (§ 258 InsO)	38
II. Die Einstellung des Verfahrens	45
1. Die Einstellung mangels Masse (§ 207 InsO)	47
a) Verfahren)	48
b) Abwendung durch Massekostenvorschuß	52
c) Rechtsmittel	52
d) Bekanntmachung und Wirkung des Beschlusses	54
2. Einstellung nach Anzeige der Masseunzulänglichkeit (§ 211 InsO)	56
a) Anzeige der Masseunzulänglichkeit	59
b) Verwertung und Verteilung des vorhandenen Vermögens	60
c) Bekanntmachung der Masseunzulänglichkeit	61
d) Vollstreckungsverbot	62
e) Verteilung	63
f) Einstellungsbeschluß	69
3. Einstellung wegen Wegfall des Eröffnungsgrundes (§ 212 InsO)	71
a) Beseitigung des Insolvenzgrundes	72
b) Einstellungsverfahren	75
c) Einstellungsbeschluß	79
4. Einstellung mit Zustimmung der Gläubiger (§ 213 InsO)	81
a) Antrag des Schuldners	81
b) Sicherheitsleistung	84
c) Anhörung und Bekanntmachung	85

Vorbemerkung

1 Das Insolvenzverfahren findet sein Ende durch die **Aufhebung des Verfahrens**, wenn der Verwalter das Schuldnervermögen nach der Liquidation und vollständigen Verwertung verteilt hat oder der rechtskräftige Insolvenzplan nach § 258 InsO von der Gläubigerversammlung angenommen und von dem Gericht bestätigt ist (hierzu unter nachfolgend I.).

2 Wird das Insovenzverfahren nicht vollständig beendet, sondern kann es etwa mangels Masse bzw wegen Wegfall des Eröffnungsgrundes nicht zum Abschluß gebracht werden oder stellt das Gericht auf Antrag des Schuldners das Insol-

venzverfahren ein, so liegt ein Fall der Einstellung des Insolvenzverfahrens vor (hierzu nachfolgend II).

I. Aufhebung des Verfahrens und seine Voraussetzungen

Die Insolvenzordnung sieht zwei Fälle vor, in denen das Insolvenzverfahren aufgehoben wird. Dies ist zum einen die Aufhebung des Verfahrens nach vollständiger Durchführung und Vollzug der Schlußverteilung gem § 200 Abs 1 InsO. Zum anderen regelt § 258 InsO, daß das Insolvenzgericht das Insolvenzverfahren aufhebt, sobald die gerichtliche Bestätigung des Insolvenzplans rechtskräftig ist. 3

1. Aufhebung nach dem Vollzug der Schlußverteilung (§ 200 InsO)

§ 200 Abs 1 InsO enthält gegenüber der alten Regelung in § 163 Abs 1 S 1 KO die Neuerung, daß das Insolvenzgericht das Insolvenzverfahren erst dann aufheben kann, wenn die Schlußverteilung abgeschlossen ist, nicht also bereits nach Abhaltung des Schlußtermins. Nach der Begründung zu § 228 RegEntw (§ 200 InsO) soll sich durch diese Neuregelung die Aufsichtspflicht des Gerichts auf die ordnungsgemäße Verteilung der versilberten Masse auf die Gläubiger erstrecken.[1] § 19 Abs 1 Nr 1 GesO regelte dies für die neuen Bundesländer bisher bereits ebenso. 4

Voraussetzung der Aufhebung des Verfahrens gem § 200 Abs 1 InsO ist also, daß der Verwalter nach der vollständigen Verwertung des Vermögens des Schuldners im Schlußtermin gegenüber der Gläubigerversammlung und dem Insolvenzgericht über seine Tätigkeit abschließend berichtet sowie Rechnung gelegt und die Schlußverteilung vollzogen hat. 5

Vor der Schlußverteilung hat der Verwalter die Schlußrechnung zu erstellen, die regelmäßig ein Verteilungsverzeichnis, das sog Schlußverzeichnis sowie den Schlußbericht und die „Schlußbilanz" mit Einnahmen- und Ausgabenrechnung enthält. Erst mit Zustimmung des Insolvenzgerichts darf der Verwalter dann die Schlußverteilung vornehmen (§ 196 Abs 2 InsO). Diese Zustimmung wird das Insolvenzgericht regelmäßig erst nach Abhalten des Schlußtermins gem § 197 InsO erteilen, da im Schlußtermin den Gläubigern noch Gelegenheit zur Erhebung von Einwendungen gegen das Schlußverzeichnis zu geben ist (§ 197 Abs 1 Nr 2 InsO) und das Gericht diese Einwendungen vor der Zustimmung zur Schlußverteilung zu berücksichtigen hat. 6

---

1 Begr zu § 228 RegEntw abgedruckt in Balz/Landfermann S 305.

a) Schlußrechnung des Verwalters

7 Ebensowenig wie in der Konkursordnung und der Gesamtvollstreckungsordnung hat der Gesetzgeber in der Insolvenzordnung den Bereich der Rechnungslegung - also auch den Bereich der Schlußrechnungslegung - insolvenzspezifisch ausgestaltet. Die Schlußrechnung dient jedoch im wesentlichen dem Ziel, sowohl für die Gläubiger als auch für das Gericht die Geschäftsführung und Verfahrensabwicklung des Verwalters überprüfbar zu gestalten. Sie muß also so gestaltet sein, daß Gläubiger und Gericht hieraus das Verwertungshandeln des Verwalters rechnerisch nachzuvollziehen können.

8 Sowohl im Rahmen der Konkursordnung als auch der Gesamtvollstreckungsordnung haben sich vier Bestandteile der Schlußrechnung herausgebildet, die auch im Rahmen der Schlußrechnung eines Insolvenzverfahrens nach der Insolvenzordnung Bestandteil der Schlußrechnung sein sollten:

- Einnahmen-Ausgabenrechnung (Überschußrechnung),
- Schlußbilanz,
- Schlußbericht,
- Verteilungsverzeichnis.

9 Die **Überschußrechnung** leitet sich aus der jeweiligen Insolvenzbuchführung ab, ergibt sich also aus der laufenden Buchung sämtlicher Einnahmen und Ausgaben. Diese Überschußrechnung ist dem Gericht mit allen Belegen und Bankauszügen einzureichen, um dem Gericht die umfassende Prüfung der Rechnungslegung des Verwalters zu ermöglichen. Hierfür wird das Gericht bei größeren Verfahren Sachverständige (Wirtschaftsprüfer etc) heranziehen.

10 Die **„Schlußbilanz"** soll das zahlenmäßige Ergebnis der Gesamtverwaltungs- und Verwertungstätigkeit des Verwalters darstellen. Nach überwiegender Auffassung in der Literatur ist die Aufstellung einer derartigen Schlußbilanz fakultativ.[2] Zwar regelt § 155 Abs 1 InsO, daß die handels- und steuerrechtlichen Pflichten des Schuldners zur Buchführung und zur Rechnungslegung dem Insolvenzverwalter obliegen. Die vorgenannte Einnahmen-Überschußrechnung, dürfte jedoch den Anforderungen des Handelsrechts und auch den Anforderungen des Fiskus genügen, um festzustellen, welche Einnahmen der Verwalter erwirtschaftet hat und welche Ausgaben dem gegenüber stehen.

11 Die Erstellung eines **Schlußberichts** ist weder in der Insolvenzordnung noch war sie in der Gesamtvollstreckungs- oder Konkursordnung vorgeschrieben. Jedoch entspricht es allgem Übung, daß der Verwalter einen abschließenden Bericht über seine Tätigkeit abgibt. Im übrigen ist die Gläubigerversammlung nach § 79 Abs 1 InsO ohnehin dazu berechtigt, von dem Insolvenzverwalter einen abschließenden Bericht über den Sachstand und die Geschäftsführung zum Zeitpunkt des Schlußtermins zu verlangen.

---

2 *Bähner* KTS 1991, 347, 349, *Uhlenbruck* ZIP 1982, 185 ff, Haarmeyer/Wutzke/Förster, Kap 8, Rn 42.

Das **Verteilungsverzeichnis** ist von der Insolvenzordnung in § 188 zwingend vorgeschrieben. Hier hat der Verwalter sämtliche Forderungen aufzunehmen, die er bei der Verteilung berücksichtigen muß. In das Verteilungsverzeichnis sind alle festgestellten Forderungen aufzunehmen sowie alle Forderungen, die nicht festgestellt sind, bei denen der Insolvenzgläubiger aber dem Verwalter gem § 189 InsO rechtzeitig nachgewiesen hat, daß und für welchen Betrag er Feststellungsklage erhoben bzw einen bereits früher anhängigen Rechtsstreit aufgenommen hat. Ferner sind im Verteilungsverzeichnis Ausfallforderungen in Höhe des nachgewiesenen Ausfalls auszuweisen (§ 190 Abs 1 InsO), sowie alle aufschiebend bedingten Forderungen (§ 191 InsO) und alle auflösend bedingten Forderungen, bei denen die auflösende Bedingung noch nicht eingetreten ist (§ 42 InsO). 12

Das Verteilungsverzeichnis wird im Regelfalle die Fortsetzung des Gläubigerverzeichnisses gem § 152 InsO sein. Dies ist das vom Insolvenzverwalter zu Beginn des Verfahrens aufzustellende Verzeichnis aller Gläubiger des Schuldners, die ihm aus den Büchern und Geschäftspapieren des Gläubigers, durch sonstige Angaben des Schuldners oder durch Anmeldung ihrer Forderung bekannt geworden sind. Hier sind auch die absonderungsberechtigten Gläubiger und die einzelnen Rangklassen der nachrangigen Insolvenzgläubiger gesondert aufzuführen. 13

Forderungen die der Verwalter bis zur Erstellung des Verteilungsverzeichnisses nicht geprüft hat, werden in das Verzeichnis nicht aufgenommen. Dies gilt auch dann, wenn für sie ein vollstreckbarer Titel vorliegt.[3] Das Verteilungsverzeichnis wird auf der Geschäftsstelle zur Einsicht der Beteiligten niedergelegt (§ 188 S 2 InsO). 14

b) Bekanntmachung von Forderungssumme und Verteilungsbetrag

Der Insolvenzverwalter hat gem § 188 S 3 InsO gleichzeitig die Gesamtsumme der Forderungen und den für die Verteilung verfügbaren Betrag öffentlich bekannt zu machen. 15

An die Bekanntmachung des Verwalters gem § 188 S 3 InsO knüpft sich eine **Ausschlußfrist** an. 16

Diese gilt zum einen für Insolvenzgläubiger, deren Forderung nicht festgestellt ist und für deren Forderung ein vollstreckbarer Titel oder ein Endurteil nicht vorliegt (§ 189 Abs 1 InsO) und zum anderen für absonderungsberechtigte Gläubiger (§ 190 Abs 1 InsO). Beide Gläubigergruppen haben innerhalb einer Ausschlußfrist von zwei Wochen nach der öffentlichen Bekanntmachung Nachweise für ihre geltend gemachten Rechte zu erbringen, falls sie bei der Verteilung noch berücksichtigt werden wollen. 17

3 Haarmeyer/Wutzke/Förster, Kap 8 Rn 13.

18 Der Insolvenzgläubiger, dessen Forderung nicht festgestellt ist, hat dem Verwalter binnen zwei Wochen nach der öffentlichen Bekanntmachung nachzuweisen, daß und für welchen Betrag er Feststellungsklage erhoben oder das Verfahren in einem früher bereits anhängigen Rechtsstreit aufgenommen hat (§ 189 Abs 1 InsO). Der Wortlaut des § 189 Abs 1 InsO („Feststellungsklage erhoben") weist darauf hin, daß die Klage nur anhängig, nicht aber rechtshängig sein muß. Die Klage muß also zwar bei Gericht eingereicht, dem Verwalter aber noch nicht zugestellt sein. In letzterem Fall wäre ein Nachweis auch überflüssig.

19 Der Gläubiger, der zur abgesonderten Befriedigung berechtigt ist, muß dem Verwalter innerhalb derselben Ausschlußfrist nachweisen, daß und für welchen Betrag er auf die abgesonderte Befriedigung verzichtet hat oder aber in welcher Höhe er im Rahmen der abgesonderten Befriedigung ausgefallen ist, sich also nicht hat befriedigen können.

20 In beiden Fällen werden die Forderungen nicht berücksichtigt, wenn der Nachweis des Gläubigers der bestrittenen Forderung bzw des absonderungsberechtigten Gläubigers nicht rechtzeitig geführt wird. Die Ausschlußfrist gilt für den absonderungsberechtigten Gläubiger allerdings dann nicht, wenn der Verwalter nach § 166 InsO von seiner Kompetenz Gebrauch gemacht hat, mit dem Absonderungsrecht belastete Gegenstände - unbewegliche gem § 165 InsO und bewegliche gem § 166 InsO - zu verwerten. In diesem Falle muß er den erzielten Verwertungserlös der gesicherten Forderung gegenüberstellen und den Ausfall selbst berechnen oder aber schätzen. Dem Gläubiger obliegt es in diesem Falle zu überprüfen, ob der Verwalter seine Forderung ordnungsgemäß in das Verzeichnis aufgenommen hat.

21 Die zweiwöchige Ausschlußfrist für die Gläubiger gem §§ 189 und 190 InsO beginnt mit dem vierten Tage nach der Bekanntmachung des Verwalters über die Summe der Forderungen und den für die Verteilung verfügbaren Betrag zu laufen. Dies ergibt sich aus § 189 InsO iVm § 9 Abs 1 S 3 InsO. Danach gilt die Bekanntmachung des Verwalters als bewirkt, sobald nach dem Tag der Veröffentlichung zwei weitere Tage verstrichen sind. Am vierten Tage seit dem Erscheinen der Anzeige des Verwalters beginnt damit die Zweiwochenfrist für die Gläubiger gem §§ 189 und 190 InsO zu laufen. Binnen drei Tagen nach Ablauf der Zweiwochenfrist hat der Verwalter das Verteilungsverzeichnis zu ändern, wenn ein Gläubiger die Anhängigkeit einer Feststellungsklage gem § 189 InsO nachweist (§§ 191, 192 InsO).

c) Schlußtermin

aa) Zeitpunkt des Schlußtermins

22 Nachdem der Verwalter sein Schlußverzeichnis mit Schlußbericht, Schlußbilanz und Schlußrechnung bei Gericht eingereicht hat und die vorab zu begleichenden Ansprüche gem § 53 ff InsO befriedigt sind, hat der Verwalter den Gläubigern und dem Gericht einen **Verteilungsvorschlag** zu unterbreiten.

Das Gericht bestimmt den Schlußtermin dann, wenn es dem Vorschlag des Verwalters zur Schlußverteilung zustimmt (§ 197 Abs 1 S 1 InsO). 23

Der Termin ist öffentlich bekannt zu machen, wobei zwischen der öffentlichen Bekanntmachung des Termins und dem Termin selbst ein Frist von mindestens drei Wochen, höchstens aber einem Monat liegen soll (§ 197 Abs 2 InsO). 24

Da es sich bei dem Schlußtermin um eine Gläubigerversammlung iSd § 74 InsO handelt, gilt für die Bekanntmachung des Termins § 74 Abs 2 InsO. Danach sind die Zeit, der Ort und die Tagesordnung des Schlußtermins öffentlich bekannt zu machen. 25

bb) Durchführung des Schlußtermins

Der Schlußtermin hat den Zweck, die Schlußrechnung des Insolvenzverwalters zu erörtern, den Gläubigern die Möglichkeit zu geben, Einwendungen gegen das Schlußverzeichnis zu erheben und eine Entscheidung der Gläubiger über die nicht verwertbaren Gegenstände der Insolvenzmasse herbeizuführen. 26

Versäumt der Gläubiger im Termin derartige Einwendungen, so kann er danach weder Rechtsmittel gegen das Schlußverzeichnis noch etwa gegen die Freigabe nichtverwertbarer Massegegenstände erheben. 27

Während allerdings die Konkursordnung in ihrem § 86 S 4 von einer Fiktion der Anerkennung der Schlußrechnung des Verwalters ausging, wenn Gläubiger Einwendungen hiergegen im Schlußtermin nicht erhoben haben, enthält § 66 InsO eine vergleichbare Regelung nicht. Der Gläubiger kann also den Verwalter nach den allgem Grundsätzen der §§ 60ff InsO in Anspruch nehmen, muß sich ggf aber ein Mitverschulden wegen unterbliebener rechtzeitiger Einwendungen entgegen halten lassen. 28

Der Schlußtermin findet gem § 76 Abs 1 InsO unter der Leitung des Insolvenzgerichts statt. Das Insolvenzgericht wird wie bei jeder Gläubigerversammlung – Gläubigerversammlungen sind nicht öffentlich – eine Liste der Anwesenden aufstellen und ihre Legitimation sowie ggf die Stimmrechte feststellen. Einwendungen gegen die Schlußrechnung des Verwalters können nur der Schuldner und die Gläubiger erheben. Gläubiger allerdings nur, soweit sie nicht aussonderungs- bzw absonderungsberechtigt oder aber Massegläubiger sind. 29

Die Einwendungen der Gläubiger werden im Schlußtermin erörtert. Das Insolvenzgericht hat abschließend zu entscheiden, ob es die Einwendungen zurückweist oder die Änderung bzw Ergänzung des Schlußverzeichnisses anordnet. 30

cc) Beschlußfassungen im Schlußtermin

Die Gläubigerversammlung entscheidet über die Billigung, Ergänzung oder Abänderung des Schlußverzeichnisses mit der Mehrheit der Summe der Forderungsbeträge der zustimmenden Gläubiger (§ 76 Abs 2 InsO). Stimmberechtigt sind diejenigen Gläubiger, die ihre Forderungen angemeldet haben, wenn diese 31 weder vom Insolvenzverwalter noch von einem stimmberechtigten Gläubiger bestritten worden sind (§ 77 Abs 1 S 1 InsO). Hierbei ist die Besonderheit zu beachten, daß bei absonderungsberechtigten Gläubigern, denen der Schuldner nicht persönlich haftet, der Wert des Absonderungsrechts an die Stelle des Forderungsbetrags tritt, also auch absonderungsberechtigte Gläubiger ein Stimmrecht haben.

32 Im Schlußtermin haben die Gläubiger über die Entlastung des Verwalters in den Fällen zu entscheiden, in denen dieser aus seiner Sicht nicht verwertbare Vermögensgegenstände des Schuldners ohne vorherige Genehmigung der Gläubigerversammlung freigegeben hat (§ 197 Abs 1 Nr 3 InsO). Dies sind Fälle, in denen der Verwalter etwa über den Verkehrswert hinaus belastete Grundstücke freigegeben hat, um sich der Verkehrssicherungspflichten für die Grundstücke und auch der sonstigen Lasten – zB Grundsteuern – zu entledigen.

33 Der Verwalter hat ferner die Fälle zur Beschlußfassung der Gläubiger zu stellen, in denen er von ihm zu schätzende zurückzuhaltende Beträge gem § 198 InsO bei einer geeigneten Stelle hinterlegen will. Diese Vorschrift bezieht sich im wesentlichen auf die Fälle, in denen im Zeitpunkt des Schlußtermins angemeldete Forderungen noch streitbefangen sind oder aber aufschiebend bedingte Forderungen von dem Eintritt der Bedingungen abhängen. Aus § 198 InsO ergibt sich nicht zwingend, daß die Gläubigerversammlung an einer Entscheidung über die Hinterlegung zurückbehaltener Beträge beteiligt sein soll. Daraus läßt sich lediglich entnehmen, daß der Insolvenzverwalter der Zustimmung des Insolvenzgerichts bedarf. Allerdings wird im Rahmen des Verteilungsvorschlags zu erörtern sein, für welche Forderungen der Verwalter die Beträge zurückzubehalten und zu hinterlegen hat. Auch hiergegen werden die anwesenden Gläubiger im Schlußtermin Einwendungen erheben können, die nach § 197 Abs 1 Nr 2 InsO als Einwendungen gegen das Schlußverzeichnis zu behandeln sein dürften.

d) Schlußverteilung

34 Die Schlußverteilung beginnt nach dem Schlußtermin, nachdem also das Gericht dem Verteilungsverzeichnis zugestimmt hat und mögliche Änderungen und Ergänzungen des Schlußverzeichnisses nebst Verteilungsvorschlag, die aufgrund Erörterungen im Schlußtermin erforderlich geworden sind, aufgenommen wurden.

35 Der Verwalter kann üblicherweise nicht die gesamte vorhandene Masse auskehren, sondern hat Rückstellungen zu bilden für aufschiebend bedingte Forderungen (§ 191 Abs 1 GesO) und prozeßbefangene Forderungen, also Forderungen, deren Berechtigung der Verwalter oder ein Gläubiger bestritten hat und deren Berechtigung der Insolvenzgläubiger durch Erheben der Feststellungsklage oder Aufnahme eines früher anhängigen Rechtsstreits durchsetzen will. Voraussetzung dafür, daß der Verwalter eine derartige Forderung durch Rückstellung berücksichtigt, ist, daß der Gläubiger innerhalb einer Ausschlußfrist von zwei Wochen nach der öffentlichen Bekanntmachung des Verteilungsverzeichnisses gem § 188 InsO dem Verwalter nachgewiesen hat, daß die Feststellungsklage anhängig oder das Verfahren in einem früher anhängigen Rechtsstreit wieder aufgenommen ist (§ 189 Abs 1 InsO).

Auch in den Fällen, in denen im Zeitpunkt der Schlußverteilung noch Streit darüber besteht, ob der absonderungsberechtigte Gläubiger den Nachweis des § 190 Abs 1 InsO rechtzeitig geführt hat oder in denen die Verwertung eines Gegenstandes, der mit einem Absonderungsrecht belastet ist, durch den Verwalter noch nicht gelungen ist, dürfte die Zurückbehaltung des auf die Ausfallforderung entfallenden Anteils geboten sein. 36

e) Aufhebung

Sobald der Verwalter die Schlußverteilung vollzogen und dem Gericht hierüber berichtet hat, beschließt das Gericht die Aufhebung des Verfahrens gem § 200 Abs 1 InsO. Der Aufhebungsbeschluß ist unanfechtbar, der Gläubiger kann hiergegen also mit Rechtsmitteln nicht vorgehen. Er wird folgerichtig mit Ablauf des zweiten Tages nach der Veröffentlichung in den vom Gericht bestimmten Veröffentlichungsorganen und auszugsweise im Bundesanzeiger rechtskräftig. 37

2. Aufhebung des Verfahrens nach Rechtskraft des Insolvenzplans (§ 258 InsO)

Hat das Gericht den **Insolvenzplan rechtskräftig bestätigt**, so beschließt es die Aufhebung des Insolvenzverfahrens (§ 258 Abs 1 InsO). Dieser Beschluß wird zumeist nicht unmittelbar mit der Rechtskraft des Insolvenzplans einhergehen, da der Verwalter vor der Aufhebung des Insolvenzbeschlags über das Schuldnervermögen Gelegenheit haben muß, die unstreitigen Masseansprüche zu befriedigen und für die streitigen Sicherheit zu leisten. Ferner sollte den in § 258 Abs 3 InsO genannten Personen (Schuldner, Verwalter und Gläubigerausschußmitglieder) Zeit zur Vorbereitung der Rückübertragung des Verfügungsrechts auf den Schuldner gegeben werden.[4] Das Gericht wird daher den Zeitpunkt des Aufhebungsbeschlusses regelmäßig mit dem Verwalter abstimmen. 38

Nach Aufhebung des Verfahrens bleibt der Verwalter zur Weiterführung anhängiger Anfechtungsprozesse in Prozeßstandschaft und für Rechnung des wieder verfügungsbefugten Schuldners nach § 259 Abs 3 InsO berechtigt. Der Schuldner erhält sein volles Verfügungsrecht zurück (§ 259 Abs 1 S 2 InsO). 39

Sieht der Plan gem § 260 InsO die **Überwachung der Planerfüllung** auf Kosten des Schuldners (§ 269 InsO) vor, so hat der Verwalter auch nach der rechtskräftigen Bestätigung des Plans und der daran sich anschließenden Auf- 40

4 Haarmeyer/Wutzke/Förster, Kap 9 Rn 41.

hebung des Verfahrens die ihm obliegenden Pflichten zu erfüllen. Das Verfahren findet dann also mit der Aufhebung des Verfahrens noch nicht seinen endgültigen Abschluß.

41 Der Verwalter hat während des Überwachungszeitraums weiterhin das Recht, die Geschäftsräume des Schuldners zu betreten und Einsicht in die Geschäftsbücher zu nehmen. Diese Rechte kann der Verwalter im Rahmen seiner Überwachungsverpflichtung auch zwangsweise nach §§ 97ff InsO durchsetzen.

42 Das Insolvenzgericht beschließt die Aufhebung der Überwachung von Amts wegen nach § 268 Abs 1 Nr 1 InsO dann, wenn aufgrund der Berichte des Verwalters oder des bestellten Sachwalters feststeht, daß der Schuldner die ihm auferlegten Verpflichtungen aus dem Plan erfüllt hat oder daß die Erfüllung dieser Verpflichtung durch Stellung entspr Sicherheiten gesichert wird.

43 Unabhängig vom Eintritt dieser Voraussetzungen ist das **Überwachungsverfahren** nach § 268 Abs 1 Nr 2 InsO jedoch spätestens nach Ablauf von drei Jahren seit der Aufhebung des Insolvenzverfahrens **aufzuheben**. Dies gilt jedenfalls dann, wenn zu diesem Zeitpunkt kein Antrag auf Eröffnung eines neuen Insolvenzverfahrens vorliegt. Dabei ist nicht auf das Datum der Beschlußfassung des Gerichts, sondern auf den Zeitablauf seit der Aufhebung des Insolvenzverfahrens abzustellen. Die rechtzeitige Vorlage zur Beschlußfassung hat das Insolvenzgericht selbst zu veranlassen, ebenso wie die Prüfung der Einleitung eines neuen Insolvenzverfahrens.

44 Gegen die Aufhebung der Überwachung ist ein Rechtsmittel nicht gegeben. Der Gläubiger kann hiergegen also nicht vorgehen.

II. Die Einstellung des Verfahrens

45 Die Einstellung des Insolvenzverfahrens – also seine Beendigung vor vollständiger Versilberung des Vermögens oder aber der rechtskräftigen Feststellung eines Insolvenzplans – ist in den §§ 207ff InsO geregelt. Gründe der vorzeitigen Beendigung des Verfahrens sind die Einstellung mangels Masse (§ 207ff InsO), die Einstellung nach Anzeige der Masseunzulänglichkeit (§ 211 InsO), die Einstellung wegen Wegfalls des Eröffnungsgrunds gem § 212 InsO, sowie die Einstellung mit Zustimmung der Gläubiger (§ 213 InsO).

46 Die Aufzählung der Einstellungsgründe ist abschließend. Weitergehende Möglichkeiten der Einstellung kennt die Insolvenzordnung nicht. Auch der Tod des Gemeinschuldners ist kein Einstellungsgrund. Vielmehr wird das Verfahren nach dem Tode des Schuldners in eine Nachlaßinsolvenz nach den §§ 315ff InsO übergeleitet.

1. Die Einstellung mangels Masse (§ 207 InsO)

Der vermutlich ebenso wie nach Konkursordnung und Gesamtvollstreckungsordnung häufigste Grund für die Einstellung eines Insolvenzverfahrens ist die Einstellung mangels Masse. Die Voraussetzungen der Einstellung nach §§ 207 ff InsO sind dann erfüllt, wenn sich nach der Eröffnung des Insolvenzverfahrens herausstellt, daß die vorhandene Vermögensmasse – anders als der Gutachter vor der Eröffnung des Insolvenzverfahrens prognostiziert hat – doch nicht ausreicht, um die **Verfahrenskosten** gem § 54 InsO (Gerichtskosten und Vergütung sowie Auslagen des vorläufigen Insolvenzverwalters, des Insolvenzverwalters und der Mitglieder des Gläubigerausschusses) zu decken (s hierzu im einzelnen Kap 5 Rn 1 ff). Dieser Einstellungsgrund ist zu unterscheiden von der Einstellung nach Anzeige der Masseunzulänglichkeit (§ 211 InsO). § 211 InsO setzt voraus, daß die Verfahrenskosten gedeckt sind. 47

a) Verfahren

Die nachträgliche Erkenntnis dessen, daß die vorhandene Vermögensmasse nicht dazu ausreicht, die Verfahrenskosten zu decken, wird ihren Grund häufig darin haben, daß die Aktivmasse weniger werthaltig ist als dies vor Eröffnung des Insolvenzverfahrens angenommen wurde. So kann sich etwa nach Verfahrenseröffnung im Rahmen des Forderungseinzugs durch den Insolvenzverwalter herausstellen, daß die Forderungen weniger werthaltig sind als ursprünglich angenommen, etwa weil sie einredebehaftet oder die Forderungsschuldner illiquide geworden sind. 48

Sobald der Verwalter feststellt, daß die vorhandene Masse nicht dazu ausreicht, die Gerichtskosten und insbes auch seine eigene Vergütung zu decken, wird er zugleich mit dem Antrag auf Einstellung des Insolvenzverfahrens seine Schlußrechnung bei Gericht einreichen. 49

Das Gericht hat sodann die Gläubigerversammlung, den Insolvenzverwalter und die Massegläubiger hierzu anzuhören (§ 207 Abs 2 InsO). Aus dem Wortlaut der Vorschrift (**sind ... zu hören**) ergibt sich, daß diese Anhörung zwingend ist.[5] 50

Stehen die Gläubigerversammlung und die Massegläubiger einer Einstellung des Verfahrens nicht entgegen, so hat der Verwalter vor der Einstellung nach Maßgabe des § 207 Abs 3 InsO zunächst die Kosten des Verfahrens und von diesen zuerst die Auslagen nach dem Verhältnis ihrer Beträge auszugleichen. Die weitere Verwertung von Massegegenständen kann, muß er aber nicht mehr vornehmen. 51

5 Haarmeyer/Wutzke/Förster, Kap 8 Rn 118.

b) Abwendung durch Massekostenvorschuß

52 Ist einer der Gläubiger oder der Massegläubiger daran interessiert, daß das Verfahren ganz zum Abschluß gebracht wird – etwa weil er sich hierdurch erhofft, der Verwalter werde für die Gläubiger Rechtsstreitigkeiten führen, die letztlich das Ergebnis haben, daß doch noch Forderungen oder andere Vermögensgegenstände zur Masse gezogen werden können, die auf anfechtbare Weise aus der Masse heraus gelangt sind – so hat er die Möglichkeit, einen Massekostenvorschuß zu leisten. Dies ist der Differenzbetrag, den der Verwalter zwischen vorhandener Masse und voraussichtlichen Verfahrenskosten ermittelt hat. Analog § 26 Abs 3 InsO hat der Gläubiger in diesem Falle einen Anspruch auf Erstattung des als Massekostenvorschuß geleisteten Betrages gegen alle Personen, die entgegen den Vorschriften des Gesellschaftsrechts den Antrag auf Eröffnung des Insolvenzverfahrens pflichtwidrig und schuldhaft nicht gestellt haben. Hierzu dürften verspätet gestellte Anträge nicht zählen, da der Wortlaut von § 26 Abs 3 InsO insoweit nicht auslegungsfähig ist.

c) Rechtsmittel

53 Kann oder will der Gläubiger, dem an der Fortführung des Insolvenzverfahrens gelegen ist, einen Massekostenvorschuß nicht leisten, so hat er die Möglichkeit, im Rahmen der sofortigen Beschwerde gegen den Einstellungsbeschluß vorzugehen (§ 216 InsO). Die gleiche Möglichkeit hat im Falle der Einstellung nach § 207 InsO im übrigen auch der Schuldner. Die Beschwerde ist etwa damit begründbar, daß der Verwalter Vermögensgegenstände im nachhinein unzutreffend bewertet oder ggf nicht alle Möglichkeiten ausgeschöpft hat, um Vermögensgegenstände zur Masse zu ziehen. Dies gilt zB für die Möglichkeit von Prozeßkostenhilfeanträgen, die der Verwalter zunächst stellen kann, um Forderungen im streitigen Verfahren zur Masse zu ziehen. Teilweise nehmen Verwalter diese Möglichkeit nicht in Anspruch und stellen ein Verfahren ein, weil die Masse nicht dafür ausreicht, den Gerichtskostenvorschuß zu zahlen.

d) Bekanntmachung und Wirkung des Beschlusses

54 Das Gericht hat den Einstellungsbeschluß und den Grund der Einstellung nach § 215 InsO öffentlich bekanntzumachen. Der Beschluß ist zudem im Bundesanzeiger zu veröffentlichen (§ 200 Abs 2 InsO).

55 Der Schuldner erhält mit der Einstellung analog §§ 201 und 202 InsO das Recht zurück, über sein Vermögen frei zu verfügen.

2. Einstellung nach Anzeige der Masseunzulänglichkeit (§ 211 InsO)

56 Anders als Gesamtvollstreckungs- und Konkursordnung sieht die Insolvenzordnung mit §§ 208 ff InsO nunmehr spezielle Regelungen dafür vor, daß sich bereits vor der Eröffnung oder während des Verfahrens die Masseunzulänglich-

keit herausstellt. Die §§ 208ff InsO greifen dann, wenn die vorhandene Vermögensmasse des Schuldners zwar dazu ausreicht, die Kosten des Verfahrens – also Gerichts- und Verwalterkosten (§ 54 InsO) – zu decken, nicht jedoch die sonstigen Masseverbindlichkeiten nach § 55 InsO. Zu letzteren zählen etwa die Kosten, die für die gesetzlich gebotene Erstellung von Steuererklärungen entstehen würden, Mietkosten, falls es dem Verwalter nicht gelingt, Mietverhältnisse mit Eröffnung des Verfahrens zu beendigen, Kosten der Aktenlagerung und -vernichtung, Grundsteuern und dergleichen mehr. Sind von der vorhandenen Masse nicht einmal die Verfahrenskosten zu decken, so ist § 207 InsO einschlägig.

Sobald der Verwalter feststellt, daß die Masse zur Deckung der gesamten Masseverbindlichkeiten nicht ausreicht, hat er dem Insolvenzgericht anzuzeigen, daß das Verfahren masseunzulänglich ist (§ 208 Abs 1 S 1 InsO). Dies gilt zunächst für die bereits fälligen Masseverbindlicheiten. § 208 Abs 1 S 2 InsO sieht jedoch vor, daß der Verwalter die Masseunzulänglichkeit auch dann anzuzeigen hat, wenn die Masse voraussichtlich nicht dazu ausreichen wird, um die zu erwartenden, aber noch nicht fälligen Masseverbindlichkeiten im Zeitpunkt der Fälligkeit der Masseforderungen zu erfüllen. **57**

Im Gegensatz zum Fall der Einstellung mangels Masse nach § 207 InsO trifft den Verwalter nach der Anzeige der Unzulänglichkeit weiterhin die Pflicht zur Verwaltung und zur Verwertung der Masse (§ 208 Abs 3 InsO). Dies hat den Hintergrund, daß die Vergütung des Verwalters selbst im Falle der Einstellung des Verfahrens nach § 211 InsO gesichert ist, er hier also anders als nach § 207 InsO Einbußen nicht hinzunehmen hat. **58**

a) Anzeige der Masseunzulänglichkeit

Der Zeitpunkt der Anzeige der Masseunzulänglichkeit ist von der Insolvenzordnung nicht eindeutig vorgegeben. § 208 Abs 1 InsO deutet vielmehr darauf hin, daß der Verwalter die Masseunzulänglichkeit anzeigen kann, sobald für ihn erkennbar ist, daß die vorhandene Masse für die Deckung der gesamten Masseverbindlichkeiten nicht ausreichen wird. Da die Anzeige der Masseunzulänglichkeit für den Verwalter die Befreiung von der persönlichen Schadensersatzpflicht nach § 61 InsO mit sich bringt, er also nach Anzeige der Masseunzulänglichkeit nicht mehr mit seinem eigenen Vermögen für von ihm begründete Masseverbindlichkeiten haftet, ist davon auszugehen, daß die Anzeige der Masseunzulänglichkeit regelmäßig im frühest möglichen Stadium erfolgen wird. Dies entspricht der bisher geübten – wenngleich gesetzlich nicht geregelten und ungeschriebenen Praxis – teilweise bereits höchst vorsorglich unverzüglich nach Eröffnung eines Insolvenzverfahrens die Masseunzulänglichkeit anzuzeigen. Das Vorgehen hat seine Ursache darin, daß ein Verwalter unmittelbar nach der Eröffnung des Verfahrens regelmäßig noch nicht alle bestehenden Masseverbindlichkeiten kennt und er auch nach bisher geltendem Recht mit einer Inanspruchnahme für die Begründung von Masseverbindlich- **59** keiten gem § 82 KO rechnen muß, die zu einer Haftung mit dem eigenen Vermögen führen könnte.

b) Verwertung und Verteilung des vorhandenen Vermögens

60 Nach der Anzeige der Masseunzulänglichkeit wird der Verwalter das vorhandene Vermögen bestmöglich verwerten und von dem Erlös die Masseverbindlichkeiten nach der Rangordnung berichtigen, die § 209 InsO vorgibt. Zunächst zu berichtigen sind danach die Kosten des Insolvenzverfahrens, sodann die Masseverbindlichkeiten, die nach der Anzeige der Masseunzulänglichkeit begründet worden sind, also etwa fortlaufende Miet-, Pacht- oder Leasingkosten und danach alle übrigen Masseverbindlichkeiten, die bereits vor der Anzeige der Masseunzulänglichkeit entstanden waren. Zuletzt sind Unterhaltsansprüche des Schuldners und seiner Familienmitglieder zu berichtigen, die gem § 100 oder 101 Abs 1 S 3 InsO entstanden sind.

c) Bekanntmachung der Masseunzulänglichkeit

61 Das Gericht hat die Anzeige der Masseunzulänglichkeit alsbald nach Eingang öffentlich bekannt zu machen und darüber hinaus den Massegläubigern gesondert zuzustellen (§ 208 Abs 2 InsO).

d) Vollstreckungsverbot

62 Mit dem Eingang der Masseunzulänglichkeitsanzeige bei Gericht greift das Vollstreckungsverbot des § 210 InsO. Ein Massegläubiger, dessen Forderung gegen die Insolvenzmasse **vor** der Anzeige der Masseunzulänglichkeit entstanden ist (§ 209 Abs 2 Nr 3 InsO), darf also gegen die Masse nicht mehr vollstrecken. Anders ist dies bei sog Neumassegläubigern nach § 209 Abs 2 Nr 1, 2. Diese unterfallen dem Vollstreckungsverbot nicht.

e) Verteilung

63 Im weiteren Verfahrensablauf hat der Verwalter nach Abschluß der Verwertung die vorhandene Vermögensmasse nach der von § 209 Abs 1 InsO vorgegebenen Rangordnung zu verteilen.

64 Die in Rangklasse des § 209 Abs 1 Nr 2, 3 InsO bestehenden Forderungen werden nur dann berücksichtigt, wenn die jeweils vorangehende Rangordnung der Forderungen vollständig befriedigt worden ist. Dies bedeutet, daß Masseverbindlichkeiten, die nach der Anzeige der Masseunzulänglichkeit entstanden sind, erst dann befriedigt werden, wenn der Verwalter die Kosten des Insolvenzverfahrens ausnahmslos befriedigt hat. Altmasseverbindlichkeiten im Range des § 209 Abs 1 Nr 3 InsO finden Berücksichtigung nur dann, wenn alle Neumasseverbindlichkeiten ebenso wie die diesen vorangehenden Kosten des Insolvenzverfahrens vollständig beglichen sind.

Eva Maria Huntemann

§ 209 Abs 3 InsO definiert folgende Verbindlichkeiten als sog „Neumasseverbindlichkeiten", dies sind also Forderungen von Gläubigern, die unmittelbar nach der Berichtigung der Verfahrenskosten von dem Verwalter bei der Verteilung zu berücksichtigen sind: 65

- § 209 Abs 2 Ziff 1 InsO unterstellt Forderungen von Gläubigern den Neumasseverbindlichkeiten, wenn der Verwalter die Erfüllung eines gegenseitigen Vertrages gewählt hat (§ 103 Abs 1 InsO), nachdem er bereits Masseunzulänglichkeit angezeigt hat. Wählt also der Verwalter bei einem noch nicht vollständig erfüllten Kaufvertrag Erfüllung – etwa weil der Kaufpreis ihm besonders günstig erscheint und er den erworbenen Kaufgegenstand profitabel verwerten zu können glaubt – so ist nach Anzeige der Masseunzulänglichkeit und im Rahmen des Verteilungsverfahrens nach § 209 InsO der Verkäufer unmittelbar nach den Verfahrenskosten zu befriedigen. 66
- Unterläßt es der Verwalter bei Dauerschuldverhältnissen, diese zum ersten möglichen und zulässigen Zeitpunkt nach der Anzeige der Masseunzulänglichkeit zu kündigen, so gilt die hieraus entstehende Forderung des Gläubigers – etwa eines Leasinggebers oder Vermieters – als bevorrechtigte Masseverbindlichkeit nach § 209 Abs 1 Nr 2 InsO (§ 209 Abs 2 Nr 2 InsO). 67
- Nimmt der Verwalter nach Anzeige der Masseunzulänglichkeit die Gegenleistung aus einem Dauerschuldverhältnis in Anspruch, so rückt die entspr Gegenforderung des Gläubigers ebenfalls in den Rang des § 209 Abs 1 Nr 2 InsO. Dies kann sich auf Inanspruchnahme von Miet-, Leasing- oder aber auch Dienst- oder Arbeitsleistungen beziehen. 68

f) Einstellungsbeschluß

Sobald der Verwalter die Insolvenzmasse entspr der vorgegebenen Rangordnung des § 209 Abs 1 InsO verteilt und ordnungsgemäß Schlußrechnung gelegt hat, stellt das Insolvenzgericht nach § 211 Abs 1 InsO das Verfahren durch Beschluß ein. Der Beschluß ist zu veröffentlichen (§ 215 Abs 1 InsO). Anders als im Falle der Einstellung nach § 207 InsO ist hier die Gläubigerversammlung ebensowenig von dem Gericht anzuhören wie der Insolvenzverwalter und die Massegläubiger. Auch steht weder den Insolvenz- noch den Massegläubigern ein Rechtsmittel gegen den Einstellungsbeschluß nach § 211 InsO zu. Denn die im Falle der Einstellung eines Verfahrens vorgesehenen Rechtsmittel sind in § 216 InsO abschließend geregelt. Die Einstellung nach § 211 InsO ist dort nicht erwähnt. Weshalb dies der Fall ist, ist nicht ganz ersichtlich. Denn der Insolvenz- oder auch ein Massegläubiger kann durch die Einstellung nach § 211 InsO ebenso beschwert sein wie durch die Einstellung nach § 207 InsO. 69

Ein Gläubiger, der sich durch einen Einstellungsbeschluß nach § 211 InsO in seinen Rechten beschwert fühlt, wird also zu prüfen haben, ob diese Rechte im Grundrechtskatalog des Grundgesetzes einem bes Schutze unterstellt sind. Ist der Gläubiger der Auffassung, daß durch den Einstellungsbeschluß etwa in 70 seine Rechte aus Art 14 GG eingegriffen wird, ist eine Verfassungsbeschwerde zu erwägen. Möglicherweise ist schon allein in dem Rechtsmittelausschluß der Einstellung eines Insolvenzverfahrens nach Anzeige der Masseunzulänglichkeit ein Verstoß gegen das Gleichheitsprinzip des Art 3 GG zu sehen, so daß allein deshalb die Verfassungsbeschwerde gegen einen Einstellungsbeschluß nach § 211 InsO Erfolg haben könnte.

3. Einstellung wegen Wegfall des Eröffnungsgrundes (§ 212 InsO)

71 § 212 InsO gibt dem Schuldner die Möglichkeit, die Einstellung des Insolvenzverfahrens zu beantragen, wenn gewährleistet ist, daß nach der Einstellung des Verfahrens ein Insolvenzgrund nicht (mehr) vorliegt. Der Schuldner muß also zahlungsfähig sein bzw eine ausgeglichene Bilanz vorweisen können. Auch darf Zahlungsunfähigkeit nicht drohen.

a) Beseitigung des Insolvenzgrundes

72 Teilweise wird im Schrifttum davon ausgegangen, daß eine Beseitigung der Insolvenzgründe bereits dann vorliegt, wenn in einem Konzernverbund Garantieerklärungen gegenüber den Gläubigern oder echte Patronatserklärungen gegenüber den insolventen Töchterunternehmen abgegeben werden.[6] Dieser Auffassung kann kaum gefolgt werden. Es ist dem Gericht kaum zumutbar, eine Patronatserklärung daraufhin zu überprüfen, ob etwa das Konzernunternehmen hinreichend liquide ist, um für die echte Patronatserklärung einzustehen. Sehr häufig ist es der Fall, daß gerade dann, wenn in einem Konzernverbund ein Tochterunternehmen illiquide wird, der gesamte Konzern „ins Schlingern" zu drohen gerät. Dies liegt oft daran, daß in einem Konzern durch sogenannte Cash-Pool-Einrichtungen oder auch sonstige Verrechnungskonten, die Forderungen und Verbindlichkeiten der einzelnen Konzernunternehmen nicht klar voneinander abgrenzen, nun auch Löcher in anderen Konzernunternehmen sichtbar werden, oder der Verwalter des insolventen Tochterunternehmens andere Konzernunternehmen in Anspruch zu nehmen droht. In diesen Fällen wird ein Konzern/Unternehmensverband schnell dazu neigen, echte Patronatserklärungen abzugeben. Es bleibt aber unerfindlich, wie ein Gericht die Werthaltigkeit der Patronatserklärungen überprüfen können soll. Man wird daher – gerade auch im Interesse der Gläubiger, die die vorhandene Vermögensmasse des Konzernunternehmens gesichert in einem Insolvenzverfahren abgewickelt haben wollen – in der Abgabe einer Patronatserklärung keinen Einstellungsgrund iSd § 212 InsO sehen können.

73 Sollte allerdings ein Konzernunternehmen die Verbindlichkeiten seines Tochterunternehmens ausgleichen oder sollte ein späterer Ausgleich durch Bank-

6 Haarmeyer/Wutzke/Förster, Kap 8 Rn 127.

bürgschaften sichergestellt sein, so wird das Insolvenzgericht das Verfahren gem § 212 InsO einzustellen haben.

Der Schuldner hat den Wegfall der Eröffnungsgründe durch Vorlage geeigneter Unterlagen – dies sind entspr Bürgschafterklärungen oder Erklärungen der Gläubiger, daß die Forderungen ausgeglichen sind – nachzuweisen. 74

b) Einstellungsverfahren

Das Gericht hat den Antrag gem § 214 InsO öffentlich bekannt zu machen und in der Geschäftsstelle zur Einsicht aller Beteiligten niederzulegen. 75

Ein Insolvenzgläubiger kann gegen den Antrag des Schuldners auf Einstellung wegen Wegfalls des Eröffnungsgrunds binnen einer Woche nach der öffentlichen Bekanntmachung des Antrags Widerspruch einlegen (§ 214 Abs 1 S 3 InsO). 76

Nach Ablauf der Einwochenfrist hat das Gericht den Schuldner, den Insolvenzverwalter und – falls ein solcher bestellt ist – den Gläubigerausschuß zu dem Antrag anzuhören (§ 214 Abs 2 S 1 InsO). Hat ein Gläubiger dem Antrag auf Einstellung widersprochen, so ist auch er anzuhören (§ 214 Abs 2 S 2 InsO). 77

Will das Insolvenzgericht dem Antrag des Schuldners folgen und das Verfahren wegen Wegfalls des Eröffnungsgrunds einstellen, so hat der Verwalter die unstreitigen Masseansprüche zu berichtigen und für die streitigen Ansprüche Sicherheit zu leisten (§ 214 Abs 3 InsO). Diese Regelung entspricht der Vorschrift des § 205 Abs 2 KO iVm § 191 Abs 1 KO. 78

c) Einstellungsbeschluß

Sobald die unstreitigen Masseansprüche berichtigt und für die streitigen Masseansprüche Sicherheiten gestellt sind, hat das Gericht das Verfahren durch Beschluß einzustellen und den Grund der Einstellung öffentlich bekannt zu machen (§ 215 Abs 1 S 1 InsO). Das Gericht hat sowohl den Schuldner als auch den Insolvenzverwalter und die Mitglieder des Gläubigerausschusses vorab über den Zeitpunkt des Wirksamwerdens der Einstellung – dies ist der Zeitpunkt der öffentlichen Bekanntmachung iSd § 9 InsO – zu unterrichten. 79

Jeder Gläubiger, der sich durch den Einstellungsbeschluß nach § 212 InsO beschwert fühlt, kann hiergegen das Rechtsmittel der sofortigen Beschwerde einlegen (§ 216 Abs 1 InsO). 80

4. Einstellung mit Zustimmung der Gläubiger (§ 213 InsO)

a) Antrag des Schuldners

Auf Antrag des Schuldners hat das Insolvenzgericht das Verfahren einzustellen, wenn der Schuldner nach Ablauf der Anmeldefrist die Zustimmung sämtlicher Insolvenzgläubiger beibringt, die ihre Forderungen bei dem Insolvenzverwalter angemeldet haben (§ 213 Abs 1 S 1 InsO). 81

82 Dies werden die Gläubiger im Regelfalle dann tun, wenn der Schuldner - denkbar ist dies etwa bei einem Konzernunternehmen durch die entspr Leistung der Konzernmutter - die Forderungen der Gläubiger quotal unverzüglich gegen Abgabe der Zustimmungserklärung ausgleicht.

83 Ausnahmsweise kann der Antrag auch nach § 213 Abs 2 InsO bereits vor Ende der Forderungsanmeldefrist gestellt werden, wenn dem Gericht außer den Gläubigern, deren Zustimmungserklärung der Schuldner vorlegt, andere Gläubiger nicht bekannt sind.

b) Sicherheitsleistung

84 Forderungen, deren Berechtigung vom Schuldner oder vom Insolvenzverwalter bestritten wird, unterliegen im Hinblick auf die Zustimmungsbedürftigkeit der freien Ermessensentscheidung des Insolvenzgerichts dahingehend, ob sie der Einstellung zustimmen müssen oder ihnen gegenüber Sicherheit zu leisten ist. Voraussichtlich werden die Gerichte dazu neigen, eine Sicherheitsleistung für erforderlich zu halten. Denn andernfalls wird der nicht im Rahmen des § 213 InsO berücksichtigte Gläubiger aller Voraussicht nach Rechtsmittel gegen die Beendigung des Insolvenzverfahren nach § 213 InsO im Wege der sofortigen Beschwerde nach § 216 InsO einlegen. Dies ist zumindest jedem Gläubiger, der von der Berechtigung seiner Forderung ausgehen darf, im Rahmen eines Einstellungsverfahrens nach § 213 aber in keiner Weise Berücksichtigung findet, anzuraten.

c) Anhörung und Bekanntmachung

85 Der Einstellungsbeschluß gem § 213 InsO ist öffentlich bekannt zu machen (§ 215 Abs 1 S 1 InsO). Dies, nachdem zu dem Einstellungsantrag der Antragsteller, der Insolvenzverwalter und - im Falle seiner Existenz - der Gläubigerausschuß angehört worden ist. Gleiches gilt für einen Gläubiger, der gegen die Einstellung des Insolvenzverfahrens binnen einer Woche nach der öffentlichen Bekanntmachung schriftlich oder zu Protokoll der Geschäftsstelle Widerspruch gegen den Einstellungsantrag erhoben hat (§ 214 Abs 2 S 2 InsO iVm Abs 1 S 3 InsO).

16. Kapitel: Die Restschuldbefreiung

Übersicht

	Rn
Vorbemerkung	1
I. Verfahren	5
1. Antrag	5
2. Abtretungserklärung	8
3. Entscheidung durch das Insolvenzgericht	13
4. Treuhänder	18
5. Versagung während der Wohlverhaltensphase	25
a) Obliegenheitsverletzung	26
b) Insolvenzstraftat	28
c) Mindestvergütung des Treuhänders	29
d) Rechtsmittel	31
6. Entscheidung am Ende der Wohlverhaltensphase	32
7. Widerruf	34
II. Materielle Voraussetzungen	
1. Eröffnung des Insolvenzverfahrens	36
2. Prozeßkostenhilfe	37
3. Begünstigter Personenkreis	42
4. Redlichkeit	45
a) Insolvenzstraftat	46
b) Betrug	47
c) Vorausgegangene Restschuldbefreiung	48
d) Gläubigerschädigung	49
e) Verletzung von Mitwirkungspflichten	50
f) Pflichtverletzung bei der Verbraucherinsolvenz	51
5. Beachtung von Obliegenheiten während der Wohlverhaltensphase	52
a) Erwerbstätigkeit	54
b) Sonstiger Vermögenserwerb	57
c) Auskunfts- und Informationspflichten	58
d) Gleichmäßige Gläubigerbefriedigung	59
III. Wirkung	60

Vorbemerkung

Die Restschuldbefreiung ist eines der Kernstücke der neuen Insolvenzordnung. **1**
Sie ist ausdrücklich in § 1 S 2 InsO als Ziel des Insolvenzverfahrens festgeschrieben. Nach dem Willen des Gesetzgebers soll dem „redlichen Schuldner" Gelegenheit zur Befreiung von seinen „restlichen Verbindlichkeiten" gegeben werden. Im deutschen Recht ist dies eine Neuheit. Die praktische Bedeutung des neuen Rechtsinstituts wird angesichts der Anzahl überschuldeter Haushalte in der Bundesrepublik schnell deutlich. Schätzungen schwanken zwischen 1,7 und 2,5 Millionen.[1]

Im bisherigen Recht der Konkursordnung behielten die Gläubiger ihre nicht **2**
befriedigten Forderungen auch nach Aufhebung des Konkursverfahrens gegen den Schuldner weiter. Innerhalb einer 30-jährigen Verjährungsfrist konnten sie diese Forderungen geltend machen (§ 164 KO). Dies begründete eine „faktisch

1 *Heyer* Einleitung S 7.

lebenslängliche Haftung"[2] der natürlichen Person als Schuldner. Bei den juristischen Personen ist dies aufgrund der zumeist im Anschluß an das Verfahren erfolgenden Auflösung und Löschung naturgemäß anders. Auch deshalb war die alte Regelung Gegenstand heftiger Kritik. Die Rede war von dem „modernen Schuldturm".[3]

3 Ausländischen Rechtsordnungen ist eine Entschuldung nach Beendigung eines Insolvenzverfahrens seit langem vertraut. Im englischen[4] und amerikanischen[5] Recht ist dies unter der Bezeichnung „discharge"[6] üblich, vergleichbare Institute existieren auch im französischen[7] und neuerdings auch im österreichischen[8] Recht. Die bis zum 31.12.1998 in den neuen Bundesländern und Ostberlin geltende Gesamtvollstreckungsordnung sieht nach Beendigung des Verfahrens bereits im Vorgriff auf die Regelungen der Insolvenzordnung die Möglichkeit einer Vollstreckungsbeschränkung vor, sofern der Schuldner über ein angemessenes Einkommen hinaus nicht zu neuem Vermögen gelangt, könnte das Gericht durch Beschluß eine Einzelzwangsvollstreckung untersagen, es sei denn, der Schuldner hatte die Gläubiger vor oder während des Verfahrens vorsätzlich oder grob fahrlässig geschädigt (§ 18 Abs 2 S 3 GesO).

4 Mit der Neuregelung in der Insolvenzordnung sucht der Gesetzgeber einen Kompromiß zwischen den Interessen der Gläubiger wie auch des Schuldners dadurch zu erreichen, daß nicht bereits die Durchführung des Insolvenzverfahrens zur Entschuldung führt. Vom Schuldner wird statt dessen verlangt, daß er während einer Zeitdauer von sieben Jahren nach Aufhebung des Insolvenzverfahrens den pfändbaren Teil seiner Einkünfte an einen Treuhänder abtritt, der daraus die Insolvenzgläubiger gegebenenfalls anteilig befriedigt. Vor Eröffnung des Insolvenzverfahrens darf der Schuldner keine gläubigerschädigenden Handlungen begangen haben und während des Insolvenzverfahrens muß er konstruktiv mitwirken. Schließlich wird von ihm verlangt, daß er während der siebenjährigen „Wohlverhaltensphase" einer Reihe von Obliegenheiten genügt.

I. Verfahren

1. Antrag

5 Die Erteilung der Restschuldbefreiung setzt einen Antrag des Schuldners voraus (§ 287 Abs 1 InsO). Der Antrag auf Erteilung der Restschuldbefreiung

2 *Schmidt-Räntsch* Kölner Schrift zur InsO, 1177 Rn 4.
3 *Trinkner* BB 1992, 2441 ff.
4 *Baur/Stürner* Rn 3929.
5 *Baur/Stürner* Rn 3990.
6 Dem Richter stehen dabei umfassende Befugnisse zur Schuldbefreiung zu.
7 *Baur/Stürner* Rn 39.84.
8 Konkursordnungs-Novelle 1993 (KO-Nov. 1993), Österreichisches BGBl 1993 Nr 974.

kann gleichzeitig mit dem Antrag auf Eröffnung eines Insolvenzverfahrens gestellt werden.

Bei Eröffnung des Insolvenzverfahrens wird der Schuldner vom Gericht auf die Möglichkeit der Restschuldbefreiung hingewiesen (§ 30 AbS 3 InsO). Er soll damit in die Lage versetzt werden, frühzeitig zu entscheiden, ob er den Weg der Restschuldbefreiung gehen möchte. Spätestens bis zum Schluß des Berichtstermins muß der Schuldner dann den Antrag auf Erteilung der Restschuldbefreiung stellen. Damit soll ein zügiger Verfahrensablauf gewährleistet werden. Die Gläubiger können auf diese Weise bereits zu einem frühen Zeitpunkt möglichen Versagungsgründen nachgehen. 6

Ist der Schuldner eine natürliche Person, die keine oder nur eine geringfügige selbständige wirtschaftliche Tätigkeit ausübt (Verbraucherinsolvenz) muß er den Antrag auf Erteilung der Restschuldbefreiung bereits zusammen mit dem Antrag auf Eröffnung des vereinfachten Verbraucherinsolvenzverfahrens (vgl Kap 17 Rn 106ff) oder unverzüglich danach stellen (§ 305 Abs 1 Nr 2 InsO). Damit soll frühzeitig darüber Klarheit bestehen, ob der Schuldner bei Scheitern des Schuldenbereinigungsplans die Restschuldbefreiung erreichen will. Auch wenn der Antrag auf Eröffnung des Insolvenzverfahrens von einem Gläubiger gestellt wird, hat der Schuldner bei der Verbraucherinsolvenz noch die Gelegenheit (§ 306 Abs 3 InsO), einen Eigenantrag, verbunden mit dem Antrag auf Erteilung der Restschuldbefreiung zu stellen. 7

2. Abtretungserklärung

Dem Antrag auf Erteilung der Restschuldbefreiung muß der Schuldner die Erklärung beifügen, daß er für die Dauer von sieben Jahren[9] nach Aufhebung des Insolvenzverfahrens den pfändbaren Teil seiner Bezüge aus einem Dienstverhältnis (§§ 850ff ZPO) oder an deren Stelle tretende laufende Bezüge[10] an einen Treuhänder zur Gläubigerbefriedigung abtritt (vgl § 287 Abs 2 S 1 InsO). 8

Konkret fällt unter die Bezüge aus einem Dienstverhältnis oder an deren Stelle tretende laufende Bezüge nicht nur jede Art von Arbeitseinkommen (iSv § 850 ZPO), sondern auch die Rente und sonstige laufende Geldleistungen der Träger der Sozialversicherung und der Bundesanstalt für Arbeit im Falle des Ruhestandes, der Erwerbsunfähigkeit oder der Arbeitslosigkeit. Selbst das Arbeitsentgelt eines Strafgefangenen gehört zu diesen Bezügen.[11] 9

Alternativ kann für den Schuldner bei dem die Vorschriften über das Verbraucherinsolvenzverfahren keine Anwendung finden, ein Insolvenzplanverfahren 10

9 Die Wohlverhaltensperiode ist auf fünf Jahre bei Schuldnern verkürzt, die bereits vor dem 1.1.1997 zahlungsunfähig waren. In diesem Fall verkürzt sich auch die für Abtretungen geltende Frist des § 114 Abs 1 InsO auf zwei Jahre, vgl Art 107 EG InsO. Dazu *Vallender* ZIP 96, 2058ff.

10 Vgl dazu §§ 81, 114 InsO.

11 Vgl Begr zu § 132 RegEntw (§ 114 InsO) abgedruckt in Balz/Landfermann S 206f.

in Betracht kommen (vgl §§ 217 InsO und Kap 13). Soweit es sich bei dem Schuldner um einen Verbraucher und/oder Kleingewerbetreibenden handelt (zur Abgrenzung vgl Kap 17 Rn 4ff), ist ohnehin vor Stellung des Antrags auf Eröffnung des Insolvenzverfahrens ein außergerichtlicher Schuldenbereinigungsversuch zu unternehmen (vgl hierzu Kap 17 Rn 11). Im Falle eines Scheiterns des außergerichtlichen Schuldenbereinigungsversuches, hat das Gericht vor Eröffnung des Verbraucherinsolvenzverfahrens nochmals eine gerichtliche Schuldenbereinigung auf Grundlage eines Schuldenbereinigungsplanes zu versuchen. Gelingt das eine oder andere, kommt eine sehr viel kürzere Laufzeit als sieben Jahre in Betracht. Dem Schuldner wird dann auch ggf mehr als der pfändbare Teil seines Einkommens verbleiben.

11 Wenn der Schuldner die Bezüge bereits zuvor an einen Dritten abgetreten oder verpfändet hat, so wird diese Abtretung oder Verpfändung drei Jahre nach der Eröffnung des Verfahrens unwirksam (§ 114 InsO). Diese Vorschrift ermöglicht überschuldeten Arbeitnehmern trotz vorangegangener Vorausabtretungen und Verpfändungen in den Genuß der Restschuldbefreiung kommen zu können. Dies wäre nicht möglich, würde das pfändungsfreie Gehalt nur an einen gesicherten Gläubiger fließen. Die Drei-Jahres-Frist soll zugleich sicherstellen, daß die Gehaltsabtretung als Mittel der Kreditsicherheit nicht entwertet wird. Der Schuldner muß in der Erklärung über die Abtretung auf vorangegangene Abtretungen an Dritte hinweisen (§ 287 Abs 2 InsO). Schließlich stellt die Vorschrift des § 287 Abs 3 InsO klar, daß Abtretungsverbote für Bezüge aus Dienstverhältnissen (zB in Tarif- oder Arbeitsverträgen) das Verfahren der Restschuldbefreiung nicht beeinträchtigen. Derartige Abtretungsverbote sind in diesem Fall also relativ unwirksam, dh erfassen nicht die Abtretungserklärung des § 287 Abs 2 S 1 InsO.

12 Die Erklärung des Schuldners, daß er für die Dauer von sieben Jahren seine pfändbaren Bezüge an einen Treuhänder abtritt, ist dabei bereits eine Abtretungserklärung. Übt der Schuldner allerdings eine selbständige Tätigkeit aus, kommt eine Vorausabtretung nicht in Betracht. In diesen Fällen bestimmt der Schuldner nachträglich, welche Mittel er jeweils an den Treuhänder abführt.[12] Die Abtretungserklärung ist lediglich aufschiebend bedingt durch die Benennung des Treuhänders durch das Gericht und dessen Übernahme des Amtes. Darin sieht der Gesetzgeber die konkludente Erklärung seines Einverständnisses mit der Abtretung gem § 398 S 1 BGB.[13]

3. Entscheidung durch das Insolvenzgericht

13 Sofern nicht zuvor in den Fällen der Verbraucherinsolvenz bereits eine außergerichtlichen Einigung (vgl dazu Kap 17 Rn 1) oder ein Schuldenbereinigungsplan zustande gekommen ist (vgl dazu Kap 17 Rn 33), entscheidet das Gericht

12 So BT-Drucks 12/2443, S 192/193.
13 vgl BT-Drucks 12/2443, S 189.

im Schlußtermin (§ 197 InsO) über die Gewährung oder die Versagung der Restschuldbefreiung. Der Grundsatz des rechtlichen Gehörs gebietet es, daß sowohl die Gläubiger als auch der Insolvenzverwalter dazu anzuhören sind. Diese Anhörung ist im Schlußtermin durchzuführen (§ 289 Abs 1 S 1 InsO). Dieser Termin ist gewählt worden, damit für die gesamte Verfahrensdauer festgestellt werden, ob der Schuldner seinen Verpflichtungen genügt hat.[14] Die Anhörung erfolgt mündlich.

Nach dieser Anhörung entscheidet das Gericht durch Beschluß. Dabei bestehen zwei Entscheidungsalternativen: **14**

Die eine besteht darin, die Restschuldbefreiung bereits in diesem Beschluß zu versagen, weil ein von einem Gläubiger geltend gemachter Versagungsgrund (§§ 290, 314 AbS 3 S 2 InsO) vorliegt (vgl dazu Rn 25ff). Der Gläubiger muß das Vorliegen eines solchen Versagungsgrundes glaubhaft machen (§ 290 Abs 2 InsO; vgl dazu Rn 26). **15**

Die andere Alternative besteht darin, daß das Gericht einen sog Ankündigungsbeschluß erläßt (§ 291 InsO). Er ergeht, wenn keine Versagungsgründe vorliegen oder nicht entspr geltend gemacht werden. Von „Ankündigung" ist deshalb die Rede, weil die Restschuldbefreiung damit noch nicht gewährt, sondern nur in Aussicht gestellt wird. In dem Beschluß führt das Gericht die gesetzlichen Voraussetzungen für die Gewährung der Restschuldbefreiung auf. Dazu stellt es fest, daß sie nach Ablauf von sieben Jahren gewährt wird, wenn der Schuldner den ihm auferlegten Obliegenheiten nachkommt (§ 295 InsO) und die Voraussetzungen für die Versagung der Restschuldbefreiung (§§ 297 oder 298 InsO) nicht vorliegen. Zugleich hat das Gericht einen Treuhänder zu bestellen, auf den die Bezüge nach Maßgabe der Abtretungserklärung übergehen sollen. Dies ist nur anders, wenn ein Verbraucherinsolvenzverfahren vorausgegangen ist, in dem ein Treuhänder bereits mit Verfahrenseröffnung nach § 313 Abs 1 InsO zu bestellen ist. **16**

Gegen die Versagung steht dem Schuldner das Rechtsmittel der sofortigen Beschwerde zu. Wird die Versagung durch das Beschwerdegericht bestätigt und der Versagungsbeschluß damit rechtskräftig, wird das Insolvenzverfahren aufgehoben (§ 289 Abs 2 S 2 InsO). Die Folge ist, daß die Gläubiger wieder ungehindert gegen den Schuldner vollstrecken können (§ 201 InsO). Gegen den Ankündigungsbeschluß steht allen Gläubigern, die im Schlußtermin die Versagung beantragt haben, die sofortige Beschwerde zu. Wird die Gewährung der Restschuldbefreiung durch die Beschwerdeentscheidung bestätigt, sind Einzelzwangsvollstreckungen während des Laufs der Wohlverhaltensperiode ausgeschlossen (§ 294 InsO). **17**

---

14 So *Vallender* Kölner Schrift zur InsO S 229 mwN.

4. Treuhänder

18 Der Treuhänder, der vom Gericht mit dem Beschluß über die Ankündigung der Restschuldbefreiung bestellt wird (§ 291 Abs 2 InsO), hat eine einem Insolvenzverwalter angenäherte Position.[15]

19 Sowohl der Schuldner, als auch der Gläubiger können dem Gericht eine als Treuhänder geeignete (natürliche) Person vorschlagen (§ 288 InsO). Vorrangig werden dabei Mitarbeiter von Schuldner- und Sozialberatungsstellen, oder ähnlich qualifizierte Personen in Betracht kommen.[16] Dies ist zweckmäßig, weil auf diese Weise die Chance besteht, eine Person zu finden, die bereit ist, das Amt unentgeltlich auszuüben. Grundsätzlich hat der Treuhänder aber Anspruch auf Vergütung und Erstattung seiner Auslagen (§ 293 InsO). Die Möglichkeit des Verzichts auf die Vergütung wird durch § 293 InsO andererseits nicht ausgeschlossen; sie ergibt sich aus allgem Rechtsgrundsätzen, ohne daß es hierfür einer ausdrücklichen Regelung bedarf.[17] In diesem Fall können die Verfahrenskosten entspr niedrig gehalten werden.

20 Die Aufgabe des Treuhänders besteht darin, die an ihn abgetretenen Einkommensanteile an die Gläubiger zu verteilen (§ 292 Abs 1 S 2 InsO). Mit dem Antrag auf Erteilung der Restschuldbefreiung hat der Schuldner die Abtretung seiner Lohn- und Gehaltsforderungen für einen Zeitraum von sieben Jahren zu erklären (§ 287 Abs 2 InsO). Der Übergang seiner Lohn- und Gehaltsforderungen auf den Treuhänder erfolgt durch den Ankündigungsbeschluß und die Übernahme des Amtes durch ihn.[18] Zunächst hat der Treuhänder den Arbeitgeber und die sonstigen Zahlungsverpflichteten über die erfolgte Abtretung zu unterrichten (§ 292 Abs 1 S 1 InsO).

21 Die erlangten Beträge hat der Treuhänder von seinem Vermögen getrennt zu halten. Vollstrecken Gläubiger des Treuhänders in das Treuhandvermögen, steht jedem Insolvenzgläubiger die Drittwiderspruchsklage zu. Die Verteilung an die Gläubiger erfolgt entspr dem Schlußverzeichnis (vgl Kap 15 Rn 6). Es werden somit nur die Insolvenzgläubiger berücksichtigt, deren Forderungen im Verteilungsverzeichnis (§ 188 InsO) aufgeführt sind, bzw die rechtzeitig eine Berücksichtigung ihrer Forderungen erwirkt haben (§§ 189ff InsO; zur Forderungsprüfung vgl Kap 6 Rn 31ff).

22 Um die Motivation des Schuldners zum Durchhalten der siebenjährigen Wohlverhaltensphase zu stärken, ist ein ansteigender Selbstbehalt eingeführt worden. Der Treuhänder hat deshalb nach vier Jahren, gerechnet ab Aufhebung des Insolvenzverfahrens zehn Prozent der durch die Abtretung erlangten Beträge an den Schuldner abzuführen. Nach fünf Jahren erhöht sich dieser Betrag auf

---

15 So Haarmeyer/Wutzke/Förster, Kap 10 Rn 69.
16 So Haarmeyer/Wutzke/Förster, Kap 10 Rn 71.
17 Ausschußbericht zu 346 h RegEntw (§ 293 InsO) abgedruckt in Balz/Landfermann S 416.
18 *Vallender* Kölner Schrift zur InsO S 229.

fünfzehn Prozent, nach sechs Jahren auf zwanzig Prozent (§ 292 Abs 1 S 3 InsO).

Die Gläubigerversammlung kann dem Treuhänder auch die Pflicht auferlegen, die Erfüllung der Obliegenheiten des Schuldners zu überwachen (§ 292 Abs 2 InsO). Dazu ist der Treuhänder allerdings nur verpflichtet, wenn eine zusätzliche Vergütung gedeckt ist, oder ihm vorgeschossen wird. Die Vergütung des Treuhänders (§ 293 InsO) soll entspr der Vergütung des Verwalters in einer Neufassung der Vergütungsordnung des Bundesministers der Justiz geregelt werden. Sie wird entspr der noch zu erlassenden Verordnung wie beim Verwalter vom Insolvenzgericht festgesetzt. Der erste Entwurf der Verordnung sieht bislang eine Mindestvergütung in Höhe von 200 DM pro Jahr vor. Ansonsten soll der Treuhänder prozentual von den ersten 50.000 DM die bei ihm aufgrund der Abtretung eingehen, 10 Prozent und darüber hinaus 1 Prozent erhalten. Außerdem erhält er Ersatz für seine Auslagen.[19] **23**

Das Amt des Treuhänders endet entweder mit der Gewährung der endgültigen Restschuldbefreiung oder vorzeitig (§ 299 InsO), wenn die Restschuldbefreiung versagt wird. **24**

5. Versagung während der Wohlverhaltensphase

Während des Laufs der Wohlverhaltensphase kommt eine Versagung der Restschuldbefreiung in drei Fällen in Betracht: **25**

a) Obliegenheitsverletzung

Verletzt der Schuldner eine der ihm in § 295 InsO auferlegten Obliegenheiten (vgl Rn 54) schuldhaft und kommt es dadurch zu einer Beeinträchtigung der Befriedigung der Insolvenzgläubiger, hat das Insolvenzgericht auf Antrag eines Insolvenzgläubigers die Restschuldbefreiung zu versagen (§ 296 Abs 1 S 1 InsO). Einen solchen Antrag kann der Insolvenzgläubiger innerhalb eines Jahres nach Bekanntwerden der Obliegenheitsverletzung stellen. Damit der Antrag zulässig ist, muß der Gläubiger seine Voraussetzungen glaubhaft machen. Die Glaubhaftmachung kann neben den üblichen Beweismitteln auch durch eidesstattliche Versicherungen, aber auch durch einfache schriftliche Erklärungen erfolgen (§ 294 ZPO). Zu beachten ist, daß der Verstoß gegen die Obliegenheiten kausal zu einer Verschlechterung der Befriedigung der Gläubiger führen muß.[20] **26**

Ist der Antrag zulässig, bestimmt das Gericht einen Anhörungstermin, in dem die Beteiligten gehört werden. Der Schuldner ist verpflichtet, über die Erfül- **27**

---

19 Vgl dazu *Heyer* S 49f.

20 Haarmeyer/Wutzke/Förster weisen darauf hin, daß zB nicht jede Verletzung der in § 295 Abs 1 Nr 3 InsO enthaltenen Informationspflicht zu einer verschlechterten Gläubigerbefriedigung führen muß, vgl Kap 10 Rn 80.

lung der Obliegenheiten Auskunft zu erteilen und die Richtigkeit der Auskünfte eidesstattlich zu versichern. Unterbleibt dies, kann schon allein deshalb die Restschuldbefreiung versagt werden. Die Beweislastverteilung ist zu Lasten des Schuldners ausgestaltet. Gelingt es ihm nicht, sein fehlendes Verschulden zu beweisen, ist die Restschuldbefreiung zu versagen.

b) Insolvenzstraftat

28 Wird der Schuldner während der Wohlverhaltensphase wegen einer Insolvenzstraftat (§§ 283 bis 283 c StGB) rechtskräftig verurteilt, versagt das Gericht auf Antrag eines Gläubigers die Restschuldbefreiung. Auch hier gilt, daß der Antrag binnen Jahresfrist gestellt werden muß, nach dem das Urteil dem Gläubiger bekannt geworden ist. Eine Anhörung des Schuldners findet hier nicht statt.

c) Mindestvergütung des Treuhänders

29 Schließlich kann das Gericht auf Antrag des Treuhänders die Restschuldbefreiung versagen, wenn die an den Treuhänder abgeführten Beträge für das vorangegangene Jahr nicht zur Deckung seiner Mindestvergütung ausreichen und der Schuldner den Fehlbetrag – trotz Aufforderung mit zweiwöchiger Frist – nicht einzahlt. Auf ein Verschulden des Schuldners kommt es nicht an. Der Gesetzgeber wollte dem Treuhänder verständlicherweise nicht zumuten, auf Dauer ohne die – sowieso bereits – bescheidene Mindestvergütung tätig sein zu müssen.[21] Notfalls muß der Schuldner daher die Mindestvergütung aus seinem unpfändbaren Vermögen einzahlen.

30 Es bleibt auch die Möglichkeit, die Mindestvergütung durch einen Verfahrenskostenvorschuß zu leisten. Dies sieht § 26 Abs 1 S 2 InsO für die Deckung der Verfahrenskosten (als Voraussetzung der Eröffnung des Insolvenzverfahrens) vor. Diese Möglichkeit dürfte auch zur Deckung der Mindestvergütung des Treuhänders bestehen, auch wenn § 298 InsO nicht ausdrücklich auf § 26 Abs 1 S 2 InsO Bezug nimmt. Dagegen kommt die Deckung der Mindestvergütung des Treuhänders über die Gewährung von Prozeßkostenhilfe nach §§ 4 InsO, 114 ff ZPO nicht in Betracht.[22]

d) Rechtsmittel

31 Gegen den Beschluß des Insolvenzgerichts über die Versagung bzw Nichtversagung steht den Gläubigern und dem Schuldner das Rechtsmittel der sofortigen Beschwerde zu. Sobald die Entscheidung über die vorzeitige Beendigung Rechtskraft erlangt hat, ist sie öffentlich bekannt zu machen. Damit enden gleichzeitig das Amt des Treuhänders, die Laufzeit der Abtretungserklärung und die Vollstreckungsbeschränkungen der Gläubiger (§ 299 InsO).

---

21 Kritisch deshalb Haarmeyer/Wutzke/Förster, Kap 10 Rn 80.
22 Vgl dazu u unter II 1.

6. Entscheidung am Ende der Wohlverhaltensphase

Kommt es nicht zu einer vorzeitigen Beendigung der Wohlverhaltensphase, entscheidet das Insolvenzgericht an ihrem Ende über die Erteilung der Restschuldbefreiung (§ 300 InsO). Diese Entscheidung erfolgt durch Beschluß nach Anhörung der Beteiligten. Bis zu dieser Anhörung kann auf Antrag der Insolvenzgläubiger oder des Treuhänders noch die Versagung aus denselben Gründen beantragt werden, aus denen während des Laufs der Wohlverhaltensphase die Versagung beantragt werden kann (vgl hierzu Rn 25). Die jeweiligen Anträge der Insolvenzgläubiger oder des Treuhänders sind nach den gleichen Verfahrensgrundsätzen zu stellen, wie während des Laufs der Wohlverhaltensphase. Die Restschuldbefreiung wird gewährt, wenn der Antrag auf Versagung nicht gestellt wird. 32

Der endgültige Beschluß ist auszugsweise im Bundesanzeiger bekanntzumachen. Gegen den Beschluß steht dem Schuldner und jedem Insolvenzgläubiger, der die Versagung der Restschuldbefreiung beantragt hat, die sofortige Beschwerde zu (vgl hierzu Kap 2 Rn 126ff). 33

7. Widerruf

Auch bei Gewährung der Restschuldbefreiung durch das Gericht hat der Schuldner noch keine endgültige Befreiung von seinen Schulden erlangt. Bis zu einer Frist von einem Jahr – ab Rechtskraft der Entscheidung über die Restschuldbefreiung – kann jeder Insolvenzgläubiger beantragen, daß die Erteilung der Restschuldbefreiung widerrufen wird (§ 303 InsO). 34

Dies soll für den Fall gelten, daß der Schuldner seine Obliegenheiten vorsätzlich verletzt hat, dadurch die Befriedigung der Insolvenzgläubiger erheblich beeinträchtigt wurde und dies im Anhörungstermin verborgen geblieben ist. Damit der Antrag zulässig ist, muß der Gläubiger aber diese Voraussetzungen, sowie die Tatsache glaubhaft machen, daß er vor Rechtskraft der Entscheidung keine Kenntnis von diesen Umständen hatte.

Vor der Entscheidung über den Widerruf sind der Schuldner und der Treuhänder zu hören. Gegen die Entscheidung steht dem Antragsteller und dem Schuldner die sofortige Beschwerde zu. Die Widerrufsentscheidung ist öffentlich bekanntzumachen. 35

II. Materielle Voraussetzungen

1. Eröffnung des Insolvenzverfahrens

Für die Erlangung der Restschuldbefreiung ist nach § 286 InsO zunächst Voraussetzung, daß das Insolvenzverfahren über das Vermögen des Schuldners überhaupt eröffnet worden ist (zu den Eröffnungsvoraussetzungen, vgl Kap 2 36 und für Verbraucherinsolvenzverfahren Kap 17. Dies bedeutet konkret, daß die Restschuldbefreiung ausscheidet, wenn der Antrag des Schuldners auf Eröffnung des Insolvenzverfahrens mangels Masse abgewiesen wird (§ 26 InsO), (vgl hierzu Kap 2 Rn 123).

2. Prozeßkostenhilfe

37 Auf den ersten Blick mag es erstaunlich wirken, daß die Restschuldbefreiung nicht in Betracht kommt, wenn die Eröffnung des Insolvenzverfahrens mangels Masse abgewiesen wird. Gerade in den Fällen, in denen das Vermögen des Schuldners nicht einmal zur Deckung der Masse reicht, erscheint eine Restschuldbefreiung bes dringlich. Deshalb ist für das Verfahren der Restschuldbefreiung auch die Möglichkeit der Bewilligung von Prozeßkostenhilfe gefordert worden.[23] Auf diese Weise könnte der Schuldner die für die Eröffnung des Insolvenzverfahrens erforderlichen Verfahrenskosten beibringen. Auch der „wirklich arme" Schuldner könnte so in den Genuß der Restschuldbefreiung kommen.

38 Bei näherem Hinsehen zeigt sich aber, daß eine solche Lösung nicht sinnvoll wäre. Der Gesetzgeber hat ihr in der InsO auch eine klare Absage erteilt. Zwar verweist § 4 InsO auf die Regelungen der ZPO und damit auch auf die §§ 114 ff ZPO. Für die Bewilligung von Prozeßkostenhilfe ist danach Voraussetzung, daß die Rechtsverfolgung hinreichende Aussicht auf Erfolg bietet. Anders als das bisherige Konkursverfahren[24] dient das Insolvenzverfahren auch dem Zweck der Bereinigung von Verbindlichkeiten redlicher Schuldner. Eine Erfolgsaussicht der Rechtsverfolgung durch den Schuldner wäre damit denkbar. Die Gewährung von Prozeßkostenhilfe erscheint danach möglich. Sie wäre jedoch mit den Vorschriften der §§ 26, 289 Abs 3 und 298 Abs 1 InsO nicht vereinbar. Danach wird Schuldnern die Restschuldbefreiung nicht erteilt, wenn sie die Kosten des Verfahrens oder die Mindestvergütung für den Treuhänder nicht aufbringen können. Diese Vorschriften würden gänzlich leerlaufen, wenn der Schuldner über den Umweg der Prozeßkostenhilfe diese Voraussetzungen dennoch erfüllen könnte.

39 Auch der Blick in die Gesetzesmaterialien belegt, daß sich der Gesetzgeber gegen die Lösung über die Bewilligung der Prozeßkostenhilfe entschieden hat.[25]

---

23 So *Kohte* ZIP 1994, 184 ff.

24 Da das Konkursverfahren nicht dem Interesse des Gemeinschuldners, sondern nur dem der Gläubiger diente, bestand kein Bedürfnis, die Vorschriften über die Prozeßkostenhilfe entspr anzuwenden, vgl Kuhn/Uhlenbruck, KO, § 72, Rn 3 c m.w.N.

25 Vgl BT-Drucks 12/2443, zu Nr 29, S 266. Darin äußert sich die Bundesregierung zu der Bitte des Bundesrates, sicherzustellen, daß die Gewährung der Restschuldbefreiung nicht an dem finanziellen Unvermögen des Schuldners scheitern kann (BT-Drucks. 12/2443, S 187 f). Die Bundesregierung führt dazu aus, dies könnte nur durch die Gewährung von Prozeßkostenhilfe erreicht werden, weiter heißt es dort: „Eine solche Lösung würde jedoch die öffentlichen Haushalte erheblich stärker belasten, als die Regelungen des Entwurfs".

Die finanzielle und personelle Belastung der öffentlichen Haushalte wäre enorm.[26] Bei Bejahung der Bewilligung von Prozeßkostenhilfe würde dem Schuldner zudem jeglicher Anreiz genommen, rechtzeitig genug den Antrag auf Eröffnung des Insolvenzverfahrens zu stellen. Die Lösung über die Gewährung von Prozeßkostenhilfe nach den §§ 4 InsO, 114 ff ZPO kommt daher nicht in Betracht.[27]

Hat der Schuldner nicht das erforderliche Vermögen um die Kosten des Verfahrens aufzubringen, besteht nach der InsO dennoch eine Möglichkeit, die Eröffnung des Insolvenzverfahrens herbeizuführen. Dies ist der Verfahrenskostenvorschuß. Dadurch kann die Abweisung des Eröffnungsantrages, bzw die Einstellung des Verfahrens abgewendet werden (§§ 26 Abs 1 S 2, 207 Abs 1 S 2 HS 1 InsO). Zur Leistung dieses Vorschußes ist mit Ausnahme des Insolvenzverwalters jedermann berechtigt.[28] Leistet somit eine dritte Person einen ausreichenden Vorschuß, kann auch der Schuldner, der die Verfahrenskosten oder die Mindestvergütung des Treuhänders aus eigener Kraft nicht aufbringt, die Restschuldbefreiung erlangen. **40**

Als erste Voraussetzung für die Restschuldbefreiung bleibt festzuhalten, daß die Kosten des Verfahrens gedeckt sein müssen, es also zur Eröffnung des Insolvenzverfahrens kommen muß, bzw das Verfahren nicht mangels Masse vor einer ordnungsgemäßen Beendigung eingestellt werden darf. **41**

3. Begünstigter Personenkreis

In den Genuß der Restschuldbefreiung kann nur eine natürliche Person kommen (§ 286 InsO). Innerhalb des Kreises der natürlichen Personen wird nicht danach unterschieden, ob es sich um Verbraucher, Gewerbetreibende, Unternehmer oder persönlich haftende Gesellschafter handelt. Die jeweilige natürliche Person muß allerdings Schuldner eines Insolvenzverfahrens über ihr eigenes Vermögen sein. Deshalb kann keine Restschuldbefreiung für die mithaftende Ehefrau des Schuldners oder den persönlich haftenden Gesellschafter im Insolvenzverfahren über das Vermögen der Gesellschaft gewährt werden.[29] **42**

Soweit es sich bei dem Schuldner um einen Verbraucher oder Kleingewerbetreibenden handelt, ist zunächst das Verbraucherinsolvenzverfahren zu durchlaufen (§§ 304 ff InsO).[30] **43**

---

26 *Thomas* Kölner Schrift zur InsO, 1213 f rechnet vor, daß die Gewährung von Prozeßkostenhilfe eine Kostenbelastung in einer Höhe von mehr als einer halben Milliarde DM zur Folge hätte.

27 Zu der verfassungsrechtlichen Rechtfertigung, *Schmidt-Räntsch* Kölner Schrift zur InsO, 1202 Rn 101 ff.

28 So *Kübler* Kölner Schrift zur InsO, 738.

29 Begr zu § 235 RegEntw (§ 286 InsO) abgedruckt in Balz/Landfermann S 404.

30 Siehe hierzu Kap 17.

44 Für juristische Personen kommt eine Restschuldbefreiung dagegen naturgemäß nicht in Betracht, vielmehr sind für diese als Instrumente die Sanierung oder aber die Liquidation vorgesehen.

4. Redlichkeit

45 In § 1 S 2 InsO heißt es, nur dem „redlichen Schuldner" solle die Gelegenheit zur Befreiung von seinen restlichen Verbindlichkeiten gegeben werden. Die Anforderung der Redlichkeit ist zentrale Voraussetzung für die Restschuldbefreiung. Konkretisiert wird dieses Merkmal durch die Vorschrift des § 290 Abs 1 InsO, die sechs „Versagungsgründe" aufzählt, bei deren Vorliegen der Schuldner als unredlich zu betrachten ist.

a) Insolvenzstraftat

46 Der erste Versagungsgrund (§ 290 Abs 1 Ziff. 1 InsO) liegt vor, wenn der Schuldner wegen Begehung einer Insolvenzstraftat (§§ 283 bis 283 c StGB) rechtskräftig verurteilt ist. Dazu zählen der Bankrott (§ 283 StGB), die Verletzung der Buchführungspflicht (§ 283 b StGB), die Gläubigerbegünstigung (§ 283 c StGB) und die Schuldnerbegünstigung (§ 283 d StGB). Die Anhängigkeit eines Strafverfahrens genügt nach dem klaren Wortlaut noch nicht.[31]

b) Betrug

47 Ein zweiter Versagungsgrund ist gegeben, wenn der Schuldner innerhalb der letzten drei Jahre vor Stellung des Eröffnungsantrags einen Kreditbetrug oder Betrügereien zu Lasten der öffentlichen Hand begangen hat (§ 290 Abs 1 Ziff 2 InsO).[32]

c) Vorausgegangene Restschuldbefreiung

48 Ein Versagungsgrund liegt auch vor (§ 290 Abs 1 Ziff 3 InsO), wenn dem Schuldner bereits innerhalb der letzten zehn Jahre vor Stellung des Eröffnungsantrags Restschuldbefreiung erteilt oder versagt worden ist. Mit diesem Versagungsgrund und der zeitlichen Sperre von zehn Jahren will der Gesetzgeber offensichtlich verhindern, daß ein Schuldner mehrfach die Restschuldbefreiung erlangen kann. Damit soll ein Mißbrauch des Insolvenzverfahrens als Mittel zur wiederholten Reduzierung der Schuldenlast verhindert werden.[33] Zusätzlich sind diejenigen Fälle einbezogen, in denen schon einmal die siebenjährige

31 Dies war zunächst im RegEntw so vorgesehen, ist jedoch auf Initiative des Bundesrates entspr der jetzigen Gesetzesfassung geändert worden (vgl Balz/Landfermann S 411) mit der Begründung, der bloße Verdacht auf eine solche Straftat sei nicht ausreichend.

32 Der klassische Fall dürfte hier das Verschweigen von Einkünften gegenüber dem Arbeitsamt bei Bezug von Arbeitslosengeld/-hilfe sein (Schwarzarbeit).

33 So BT-Drucks. 12/2443, S 190/191.

Wohlverhaltensphase aufgrund eines Fehlverhaltens des Schuldners vorzeitig beendet worden ist (§§ 296, 297 InsO).

d) Gläubigerschädigung

Ein weiterer Versagungsgrund liegt vor (§ 290 Abs 1 Ziff 4 InsO), wenn der Schuldner im letzten Jahr vor dem Eröffnungsantrag vorsätzlich oder grob fahrlässig die Befriedigung der Insolvenzgläubiger dadurch beeinträchtigt hat, daß er unangemessene Verbindlichkeiten begründet[34] oder Vermögen verschwendet oder schließlich ohne Aussicht auf eine Besserung seiner wirtschaftlichen Lage die Eröffnung des Insolvenzverfahrens verzögert hat. 49

e) Verletzung von Mitwirkungspflichten

Die vorsätzliche oder grob fahrlässige Verletzung von Auskunfts- und Mitwirkungspflichten im Insolvenzverfahren (gem § 290 Abs 1 Ziff 5 InsO) begründet einen weiteren Versagungsgrund. 50

f) Pflichtverletzung bei der Verbraucherinsolvenz

Der letzte Versagungsgrund (§ 290 Abs 1 Ziff. 6 InsO) bezieht sich auf die Mitwirkungspflichten des Schuldners im Verbraucherinsolvenzverfahren. Danach liegt ein Versagungsgrund vor, wenn der Schuldner bei den von ihm nach § 305 Abs 1 Nr 3 InsO vorzulegenden Verzeichnissen vorsätzlich oder grob fahrlässig unrichtige oder unvollständige Angaben macht. 51

5. Beachtung von Obliegenheiten während der Wohlverhaltensphase

Allein das Nichtvorliegen der angeführten Versagungsgründe genügt noch nicht für die Erteilung der Restschuldbefreiung. Weitere Voraussetzung ist, daß der Schuldner einer Reihe von Obliegenheiten (§ 291 Abs 1 InsO) während der Wohlverhaltensphase nachkommen muß. Während der siebenjährigen Wohlverhaltensphase muß der Schuldner den pfändbaren Teil seiner Einkünfte zugunsten der Gläubiger an den Treuhänder abführen (§ 287 Abs 2 InsO). 52

Die nachfolgenden Bedingungen sind deshalb als bloße Obliegenheiten bezeichnet, da ein Verstoß des Schuldners gegen sie nicht per se zur Versagung der Restschuldbefreiung führt. Zu dieser Rechtsfolge kommt es erst auf Antrag eines Insolvenzgläubigers, wenn infolge einer Obliegenheitsverletzung die Befriedigung der Insolvenzgläubiger beeinträchtigt wird und dieser Verstoß schuldhaft erfolgt (§ 296 Abs 1 InsO). 53

34 Worin diese bestehen, läßt sich nur jeweils im Einzelfall beurteilen. Heyer, S 45f weist darauf hin, daß der Kauf eines PKW unterschiedlich zu beurteilen ist, während etwa eine teure Urlaubsreise auf Kredit ein eindeutiger Fall wäre.

a) Erwerbstätigkeit

54 Die wichtigste Obliegenheit besteht darin, daß der Schuldner eine angemessene Erwerbstätigkeit ausübt, oder aber sich um eine solche bemüht, bzw eine zumutbare Arbeit nicht ablehnt (§ 295 Abs 1 Ziff 1 InsO).

55 Die Erwerbstätigkeit muß dem Schuldner jedenfalls zu Einkünften verhelfen, die oberhalb der Pfändungsgrenze liegen. Andernfalls kann das Ziel der Befriedigung der Gläubiger während der „Laufzeit der Abtretungserklärung" (§ 295 Abs 1 InsO) nicht erreicht werden. Übersteigen die Einkünfte nämlich die Pfändungsgrenzen nicht, könnte es schon gar nicht zu einer Abtretung der Einkünfte des Schuldner kommen (§ 400 BGB). Indirekt besteht für die Erlangung der Restschuldbefreiung damit die materielle Voraussetzung, daß der Schuldner über pfändbare Bezüge verfügen muß. Andernfalls könnte auch nicht mehr von einer „Rest"-Schuldbefreiung gesprochen werden.[35]

56 Unter Erwerbstätigkeit, bzw Arbeit in diesem Sinne fällt nach § 295 Abs 2 InsO auch selbständige Arbeit. In diesem Fall kommt eine Vorausabtretung der erwarteten Einkünfte des Schuldners nicht in Betracht. Einerseits muß der Schuldner selbst beurteilen, welche Einkünfte er an den Treuhänder abführen kann, ohne etwa seinen Gewerbebetrieb zu gefährden. Andererseits sollen die Gläubiger nach dem Willen des Gesetzgebers nicht schlechter gestellt werden, als wenn der Schuldner ein angemessenes Dienstverhältnis eingegangen wäre. Als „angemessen" kann ein Dienstverhältnis betrachtet werden, wenn es der Ausbildung und der Vortätigkeit des Schuldners entspricht.[36] Der Vergleich mit dem angemessenen Dienstverhältnis bedeutet weiter, daß der Schuldner zeitweilig geringere Einkünfte aus seiner selbständigen Tätigkeit mit späteren höheren Leistungen ausgleichen soll. Die Obliegenheit gilt erst als erfüllt, wenn nach Ablauf des siebenjährigen Zeitraumes insgesamt derselbe wirtschaftliche Wert an den Treuhänder abgeführt wurde, der bei einem angemessenen Dienstverhältnis abgeführt worden wäre. Dabei soll sogar der eingetretene Zinsverlust von ihm ausgeglichen werden.[37] Damit werden die Anforderungen an den Schuldner jedoch sehr weit gespannt. Ist es ihm erlaubt, eine selbständige Tätigkeit auszuüben, stellt ein angemessenes Dienstverhältnis einen vernünftigen Maßstab für die abzuführenden Einkünfte dar. Für diese sollten jedoch die wirtschaftlichen Möglichkeiten des Schuldners eine obere Begrenzung darstellen.

b) Sonstiger Vermögenserwerb

57 Als weitere Obliegenheit muß der Schuldner an den Treuhänder die Hälfte des Vermögens herausgeben, das er von Todes wegen oder mit Rücksicht auf ein künftiges Erbrecht erwirbt.[38] Unter Erwerb mit Rücksicht auf ein künftiges

35 Darauf weist *Thomas* Kölner Schrift zur InsO, 1208ff zu Recht hin.
36 So BT-Drucks 12/2443, S 192f.
37 So BT-Drucks 12/2443, S 192.
38 Vgl dazu § 1374 Abs 2 BGB.

Erbrecht fällt zB der vorzeitige Erbausgleich nach § 1934 d BGB, sowie alles was nach dem Willen der Parteien den Erwerb von Todes wegen ersetzen soll. Dies können Grundstücksübertragungen sein, um Erbschaftssteuern zu sparen; die Übergabe des Hofes an den Hoferben; oder die Übertragung des Unternehmens an den Juniorchef etc. Mit der Verpflichtung, die Hälfte des durch Erbschaft erlangten Vermögens abzuführen, wollte der Gesetzgeber im Interesse des Gläubigerschutzes vermeiden, daß der Schuldner die Restschuldbefreiung erlangt, ohne dieses Vermögen antasten zu müssen. Andererseits sollte dem Schuldner kein Anreiz gegeben werden, eine Erbschaft auszuschlagen.[39] Anderweitiger Vermögenserwerb durch eine Schenkung oder zB durch einen Lotteriegewinn fallen nicht unter diese Obliegenheit.

c) Auskunfts- und Informationspflichten

Weiterhin sind dem Schuldner diverse Auskunftspflichten aufgegeben (§ 295 Abs 1 Nr 3 InsO). Damit soll es dem Treuhänder und dem Insolvenzgericht erleichtert werden, das Verhalten des Schuldners ohne größeren Aufwand überwachen zu können. Danach hat der Schuldner jeden Wechsel des Wohnsitzes und der Beschäftigungsstelle anzuzeigen. Weiterhin muß er dazu beitragen, die von der Abtretungsanzeige erfaßten Bezüge vollständig an den Treuhänder abzuführen, kein ererbtes Vermögen zu verheimlichen sowie schließlich auf Verlangen entspr Auskünfte über seine Erwerbstätigkeit, seine Bemühungen darum, über seine Bezüge und sein Vermögen zu erteilen. Unter diese Verpflichtungen fällt auch, daß der Schuldner, der von seinem Arbeitgeber unter Mißachtung der Abtretungsanzeige Bezüge erhält, diese an den Treuhänder weiterzuleiten hat.[40] 58

d) Gleichmäßige Gläubigerbefriedigung

Wegen des Grundsatzes der gleichmäßigen Befriedigung der Gläubiger hat der Schuldner zusätzliche Zahlungen nur an den Treuhänder zu leisten und darf keinem der Gläubiger Sondervorteile verschaffen (§ 295 Abs 1 Nr 4 InsO). 59

III. Wirkung

Die rechtliche Wirkung der Restschuldbefreiung besteht darin, daß die nach dem Ablauf der Wohlverhaltensphase verbleibenden Forderungen der Gläubiger zu unvollkommenen Verbindlichkeiten werden. Dies bedeutet, daß die Verbindlichkeiten erfüllbar, jedoch nicht erzwingbar sind (§ 301 Abs 3 InsO).[41] Nach Beendigung des Restschuldbefreiungsverfahrens gilt das Verbot der Einzelzwangsvollstreckung zwar nicht mehr (§ 294 InsO); auch haben die Gläubi- 60

39 Vgl BT-Drucks. 12/2443, S 192.
40 So BT-Drucks 12/2443, S 192.
41 Ähnlich ist die Vorschrift des § 254 Abs 3 InsO.

ger einen Vollstreckungstitel in Form der Eintragung des Gläubigers in die Tabelle (§ 201 Abs 2 InsO). Jedoch kann der Schuldner eine darauf gestützte Vollstreckung durch den Gläubiger mit einer Vollstreckungsgegenklage (§ 767 ZPO) verhindern. Dabei kann er sich darauf berufen, daß die dem Titel zugrundeliegende Forderung auf Grund der erteilten Restschuldbefreiung nicht mehr durchsetzbar ist.

61 Diese Wirkung tritt gegenüber allen Gläubigern ein, also auch solchen, die ihre Forderungen nicht zur Tabelle angemeldet haben (§ 301 Abs 1 InsO). Auch etwa rückständige Unterhaltsforderungen und Steuerschulden werden von der Restschuldbefreiung umfaßt.[42]

62 Eine Reihe von Forderungen ist von dieser Wirkung der Restschuldbefreiung allerdings ausgenommen. Dies sind zunächst alle Rechte der Insolvenzgläubiger gegen Mitschuldner und Bürgen des Schuldners, weiter die Rechte aus einer eingetragenen Vormerkung sowie die Rechte, die zur abgesonderten Befriedigung berechtigen (§ 301 Abs 2 InsO). Außerdem sind von der Restschuldbefreiung eine Reihe von Ansprüchen nicht berührt. Dabei handelt es sich um Ansprüche aus einer vorsätzlich begangenen unerlaubten Handlung, aus Geldstrafen, Geldbußen, Ordnungsgeldern und Zwangsgeldern bzw aus solchen Nebenfolgen einer Straftat oder Ordnungsgwidrigkeit, die zu einer Geldzahlung verpflichten (§ 302 InsO). Da die Forderungen aus unerlaubter Handlung ausgenommen sind, könnten einige Gläubiger versucht sein, etwa eine vertragliche Forderung auf ein „zweites Standbein“ zu stellen um sie der Wirkung der Restschuldbefreiung zu entziehen. Dies wäre bei solchen Forderungen möglich, bei deren Entstehung der Schuldner bereits wußte, daß er sie nicht würde begleichen können. Nach einer entspr Strafanzeige könnte die Forderung als aus Betrug und somit als aus unerlaubter Handlung stammend betrachtet werden. Der Schaden bestünde dann in der Kaufpreisforderung.[43]

63 Schließlich fallen auch die Neugläubiger nicht unter die Wirkungen der Restschuldbefreiung. Das sind diejenigen Gläubiger, die ihre Ansprüche erst nach der Eröffnung des Insolvenzverfahrens erworben haben.

42 Darauf weist *Heyer* S 59 hin.
43 *Heyer* S 51.

17. Kapitel: Außergerichtliche Schuldenbereinigung und Verbraucherinsolvenzverfahren

Übersicht

	Rn
Vorbemerkung	1
I. Anwendungsbereich und systematischer Aufbau der Verbraucherinsolvenzvorschriften	3
1. Persönlicher Anwendungsbereich	4
a) Verbraucher	5
b) Geringfügig selbständig Tätige	6
2. Systematischer Aufbau des Verbraucherinsolvenzverfahrens	11
II. Der außergerichtliche Schuldenbereinigungsplan	12
1. Darstellender Teil des Planes	15
a) Verzeichnis über Vermögens- und Einkommensverhältnisse	16
b) Verzeichnis über die Verbindlichkeiten	19
c) Verbraucherkreditgesetz	22
2. Gestaltender Teil des Planes	23
a) Plan ohne Quotenausschüttung („Null-Plan")	27
b) Plan auf Basis der Regelungen über die Restschuldbefreiung	29
c) Plan mit überobligatorischen Leistungen	30
3. Verfahren und Rechtsfolgen des außergerichtlichen Schuldenbereinigungsplanes	33
a) Verfahren bis zur Einigung	33
b) Annahme/Ablehnung des Planes	34
III. Gerichtliche Schuldenbereinigung im Eröffnungsverfahren	35
1. Antrag auf Eröffnung des Insolvenzverfahrens	37
a) Antrag des Schuldners	38
b) Verfahren bei Antrag eines Gläubigers	39
aa) Parallelantrag des Schuldners	40
bb) Keine außergerichtliche Schuldenbereinigung bei Parallelantrag	42
2. Zusätzliche Anforderungen an den Eröffnungsantrag des Schuldners	43
a) Angaben zur Zulassung des Antrages	44
b) Bescheinigung über erfolglos versuchte Schuldenbereinigung	46
c) Antrag auf Restschuldbefreiung	52
d) Zu erstellende Verzeichnisse	54
aa) Verzeichnisse	55
bb) Mitwirkungspflichten der Gläubiger	57
cc) Erklärung des Schuldners über Vollständigkeit	60
e) Schuldenbereinigungsplan	61
aa) Planinhalt	62
bb) Angaben zu Gläubigersicherheiten	65
3. Prozeßkostenhilfe für das Verbraucherinsolvenzverfahren	71
4. Verfahren bis zur Entscheidung über den Schuldenbereinigungsplan	73
a) Ruhen des Eröffnungsverfahrens	74
b) Ergänzung des Schuldnerantrages	76

Christian Graf Brockdorff

	Rn
c) Anordnung von Sicherungsmaßnahmen durch das Gericht	78
d) Zustellungen an die Gläubiger	80
aa) Information der Gläubiger	81
bb) Aufforderung zur Stellungnahme	82
cc) Fristberechnung	83
5. Annahme/Ablehnung des Schuldenbereinigungsplanes	84
a) Annahme des Schuldenbereinigungsplanes	85
b) Ersetzung fehlender Zustimmungen durch das Insolvenzgericht	87
aa) Mehrheitserfordernisse	88
bb) Voraussetzungen für die gerichtliche Ersetzung der fehlenden Zustimmungen	91
cc) Angemessene Beteiligung im Verhältnis zu den übrigen Gläubigern	94
dd) Wirtschaftliche Schlechterstellung gegenüber einer Restschuldbefreiung	95
ee) Rechtsbehelfe	97
c) Rechtsfolgen der Ablehnung/Annahme des Schuldenbereinigungsplanes	98
aa) Wiederaufnahme des Verfahrens	99
bb) Rücknahmefiktion für Eröffnungsantrag	100
cc) Vergleichswirkung des Planes	102
dd) Folgen der Nichterfüllung des Planes	104
ee) Vollstreckung aus dem Plan	105
IV. Das vereinfachte (Verbraucher-)Insolvenzverfahren	106
1. Fortsetzung des Eröffnungsverfahrens/Antragsrücknahme	107
2. Eröffnungsvoraussetzungen	110
a) Insolvenzgründe	111
b) Kostendeckung	114
c) Einstweilige Sicherungsmaßnahmen	116
d) Eröffnungsbeschluß	117
3. Besonderheiten des Verfahrensablaufes	118
a) Treuhänder	121
b) Anfechtung durch Insolvenzgläubiger	125
c) Gläubigerversammlung/Gläubigerausschuß	131
d) Schriftliches Verfahren	133
e) Verwertung der Insolvenzmasse	134
f) Verteilung der Insolvenzmasse	138
g) Beendigung des vereinfachten Verfahrens	139

Vorbemerkung

1 Der Reformgesetzgeber hat mit den Vorschriften über die Verbraucherinsolvenz für Verbraucher und Kleingewerbetreibende eine **mehrstufige gesonderte Regelung** geschaffen, die erheblich von dem Regelinsolvenzverfahren abweicht. Bevor ein Verbraucher oder Kleingewerbetreibender überhaupt einen Antrag stellen kann, muß er zunächst eine **Schuldenbereinigung** ohne gerichtliche Hilfe, ähnlich einem außergerichtlichen Vergleich, versuchen. Falls dieser Versuch scheitert, hat der antragstellende Gläubiger dem Gericht neben anderen

Unterlagen zunächst einen **Schuldenbereinigungsplan** vorzulegen, und die Beteiligten haben unter Mitwirkung des Insolvenzgerichts erneut zu versuchen, die Schuldenbereinigung ohne ein Insolvenzverfahren zu erreichen. Erst wenn hiernach endgültig feststeht, daß ein Schuldenbereinigungsplan nicht die Zustimmung der Gläubiger findet, wird ein **stark vereinfachtes Insolvenzverfahren** über das Vermögen des von der Insolvenz Betroffenen durchgeführt, wenn die Eröffnungsvoraussetzungen vorliegen. Die Verfahrensabwicklung obliegt beim vereinfachten Insolvenzverfahren nicht dem Insolvenzverwalter. Die Kompetenzen des Insolvenzverwalters fallen vielmehr entweder den Gläubigern direkt zu oder aber einem **Treuhänder**, wobei der im vereinfachten Insolvenzverfahren ernannte Treuhänder auch in einem sich ggf **anschließenden Restschuldbefreiungsverfahren** die Treuhänderfunktion wahrnehmen wird. Auch der sonstige Verfahrensablauf wurde erheblich gestrafft, indem weniger Gerichtstermine vorgesehen sind und kleine Verfahren im wesentlichen schriftlich durchgeführt werden können.

Diese mehrstufige Insolvenzbewältigung mit Schuldenbereinigungsversuch und **2** sich ggf anschließendem vereinfachten Insolvenzverfahren fußt auf den Erfahrungen der Vergangenheit. Hier wurden auch Anträge von Verbrauchern oder sonstigen Einzelpersonen dem Regelverfahren unterworfen, was eine erhebliche Belastung der Gerichte nach sich zog und für die Gläubiger überwiegend zu keiner Quotenzahlung führte, weil die ohnehin meist geringe Masse durch die Kosten des Verfahrens aufgezehrt wurde.[1] Soweit es künftig gelingt, durch die vorgeschaltete Schuldenbereinigung Insolvenzverfahren abzuwenden, wird dies zu einer erheblichen Entlastung von Gerichten, Verwaltern und Sachverständigen führen. Für den Schuldner bietet die Schuldenbereinigung zudem die Möglichkeit, ggf mit gerichtlicher Hilfe relativ zügig endgültig von seinen Verbindlichkeiten befreit zu werden, ohne die siebenjährige Wohlverhaltensperiode eines Restschuldbefreiungsverfahrens durchleben zu müssen. Für die Gläubiger verbessern sich die Befriedigungschancen, wenn der Schuldner zu redlichem Verhalten, insbes zur rechtzeitigen Stellung des Insolvenzantrages und zur korrekten Mitwirkung im Verfahren veranlaßt wird. Im Rahmen der außergerichtlichen oder gerichtlichen Schuldenbereinigung können sich für die Gläubiger zudem Vorteile ergeben. Dies selbst dann, wenn der Schuldenbereinigungsplan nur eine geringe Quotenzahlung vorsieht, denn die Gläubiger sollten sich vor Augen führen, daß die vorhandenen Vermögenswerte bei der Durchführung eines Verbraucherinsolvenzverfahrens durch die Verfahrens- und Abwicklungskosten regelmäßig geschmälert würden. Die vorhandenen Mittel sollten deshalb verteilt und dem Schuldner die restlichen Verbindlichkeiten erlassen werden, statt ein langwieriges kostenträchtiges Verfahren ohne nennenswertes Ergebnis für die Gläubiger durchzuführen.

---

1 Vgl Haarmeyer/Wutzke/Förster, Kap 10 Rn 19.

I. Anwendungsbereich und systematischer Aufbau der Verbraucherinsolvenzvorschriften

3 Die Verbraucherinsolvenzvorschriften sind nur auf natürliche Personen anwendbar, die – wie einleitend bereits dargestellt – ein mehrstufiges Verfahren zu durchlaufen haben.

1. Persönlicher Anwendungsbereich

4 Nach dem in § 304 Abs 1 InsO niedergelegten Grundsatz sind die Vorschriften über das Verbraucherinsolvenzverfahren nur anwendbar, wenn der Schuldner eine natürliche Person ist, die keine oder nur eine geringfügige selbständige wirtschaftliche Tätigkeit ausübt. Dieser Vorschrift kommt eine zentrale Bedeutung zu, da anhand ihrer Voraussetzungen zu klären ist, ob das vereinfachte Insolvenzverfahren gem § 311 ff InsO oder das reguläre Insolvenzverfahren durchzuführen ist.[2]

a) Verbraucher

5 Die Vorschriften über das Verbraucherinsolvenzverfahren finden gem § 304 Abs 1 InsO insbes für alle **abhängig Beschäftigten, Ruheständler, aber auch Studenten, Hausfrauen** und Personen Anwendung, die keiner Beschäftigung nachgehen, aber als „Verbraucher" am Wirtschaftsleben teilnehmen. **Verbraucher** iSd § 304 Abs 1 InsO können auch diejenigen Personen sein, die vormals eine umfängliche selbständige Tätigkeit ausgeübt haben, aber zum Zeitpunkt der Antragstellung keiner selbständigen Tätigkeit mehr nachgehen. Als Verbraucher in Betracht kommt auch der **angestellte Geschäftsführer** einer GmbH, der aufgrund einer persönlichen Inanspruchnahme für Verbindlichkeiten der GmbH insolvent geworden ist, wenn er daneben keine selbständige Tätigkeit ausübt.

b) Geringfügig selbständig Tätige

6 Ferner finden die Verbraucherinsolvenzvorschriften auf natürliche Personen Anwendung, die nur eine geringfügige selbständige wirtschaftliche Tätigkeit ausüben. § 304 Abs 2 InsO bestimmt, daß eine selbständige wirtschaftliche Tätigkeit insbes dann als geringfügig einzustufen ist, wenn sie nach Art oder Umfang einen in kaufmännischer Weise eingerichteten Geschäftsbetrieb nicht erfordert. Das Gesetz knüpft insoweit an den in § 4 HGB aF definierten **„Minderkaufmann"** an, weil zwischen Verbrauchern und Kleingewerbetreibenden eine strukturelle Vergleichbarkeit besteht, aufgrund derer die Gleichbehandlung gerechtfertigt ist.

---

2 *Krug* S 47.

Aufgrund dieser Anlehnung an § 4 HGB aF hat der Gesetzgeber auf einen in Rechtsprechung und Literatur weitgehend geklärten Begriff zurückgegriffen,[3] was aber nicht dazu führen kann, daß die Vorschriften über das reguläre Insolvenzverfahren nur für Vollkaufleute und die Vorschriften über das Verbraucherinsolvenzverfahren nur für Minderkaufleute und Privatpersonen zur Anwendung kommen können. Denn es gibt im Wirtschaftsleben vielfach die Situation, daß selbständig wirtschaftende Personen kein Grundhandelsgewerbe iSv § 1 HGB betreiben und auch nicht im Handelsregister als Kaufleute eingetragen sind, sie aber dennoch einen vollkaufmännisch eingerichteten Betrieb führen.[4] Beispielhaft werden insoweit Freiberufler, Bauunternehmer, Großhändler, Land- und Forstwirte genannt.[5] **Maßstab** für die richtige Zuordnung sollte daher der **Umfang der selbständigen Tätigkeit** sein, wobei eine objektive Abgrenzung unter Heranziehung **steuerrechtlicher Kriterien** mit der erforderlichen Rechtssicherheit erfolgen kann.[6] **7**

Insbes die steuerrechtlichen Vorschriften, die Abführungspflichten ab bestimmten Größenordnungen von Umsatz und Gewinn vorsehen, sind insoweit geeignet, vernünftige Grenzen zu bestimmen. Beispielsweise ist in § 141 der AO die **Buchführungspflicht** für gewerbliche Unternehmer sowie Land- und Forstwirte geregelt. Sie orientiert sich an Umsätzen oder Betriebsvermögen und bezieht auch den erwirtschafteten Gewinn mit ein. Nach § 141 AO ist ein Unternehmer buchführungspflichtig, wenn ein Gewinn – vor Steuern – von mehr als DM 48.000,00 im Wirtschaftsjahr erzielt wird und/oder der Umsatz den Betrag von DM 500.000,00 im Kalenderjahr überschreitet. Eine **Abgrenzung** läßt sich weiterhin anhand der Bestimmungen des **Umsatzsteuergesetzes** vornehmen. Dort ist in § 19 UStG geregelt, daß Kleinstunternehmer, die weniger als DM 32.500,00 pro Jahr (1996) umsetzen, Steuerfreiheit genießen. **8**

Die Verbraucherinsolvenzvorschriften sollten auf den Personenkreis, der diese Umsatz- und Gewinnkriterien unter- oder überschreitet, grundsätzlich keine Anwendung finden. Letztlich ist dies aber eine Entscheidung des Einzelfalles, bei der auch die **Häufigkeit der Geschäftsvorfälle** eine Rolle spielen wird. Denn demjenigen, der aufgrund von zwei Geschäften Umsätze von DM 50.000,00 p.a. erzielt, wird eine Kleinstunternehmereigenschaft kaum abzusprechen sein, auch wenn die vorstehende Umsatzgrenze überschritten wurde. Die **Ermittlung** der jährlichen Einkünfte sollte anhand der Geschäftsunterlagen des Schuldners erfolgen. Die Einnahme-Überschußrechnung (§ 4 Abs 3 S 1 EStG) oder aber die betriebswirtschaftlichen Auswertungen, wenn denn solche erstellt werden, sollten dem Schuldner abverlangt werden. Falls solche Unterla- **9**

3 *Krug* S 47.
4 Haarmeyer/Wutzke/Förster, Kap 10 Rn 21; Hess/Obermüller, Insolvenzplan, Restschuldbefreiung und Verbraucherinsolvenz, Rn 795; ähnlich: *Krug* S 48.
5 Haarmeyer/Wutzke/Förster, Kap 10 Rn 21.
6 Haarmeyer/Wutzke/Förster, Kap 10 Rn 22; Hess/Obermüller, Insolvenzplan, Restschuldbefreiung und Verbraucherinsolvenz Rn 705.

gen nicht vorhanden sind, sollte der Schuldner aufgefordert werden, anhand seiner sonstigen Geschäftsunterlagen oder mit Hilfe seines **Steuerberaters** glaubhaft zu machen, welchen Umfang seine geschäftliche Tätigkeit hat. Auch die Vorlage des letzten Steuerbescheides kann als Mittel der Glaubhaftmachung geeignet sein.[7]

10 Auch der **selbständig tätige Unternehmer**, der seine Tätigkeit zum Zeitpunkt der Antragstellung bereits endgültig aufgegeben hat, kann und muß das Verbraucherinsolvenzverfahren in Anspruch nehmen. Für die Feststellung der Geschäftsaufgabe kommt es auf den **Zeitpunkt des Insolvenzantrages** an.[8] Ggf hat der Schuldner die Aufgabe seiner selbständigen Tätigkeit ebenfalls durch geeignete Unterlagen glaubhaft zu machen. In Betracht kommt insoweit eine Glaubhaftmachung durch die Vorlage der Gewerbeabmeldung oder sonstiger Papiere, aus denen sich die Geschäftsaufgabe ergibt.

2. Systematischer Aufbau des Verbraucherinsolvenzverfahrens

11 Die Systematik der verfahrensrechtlichen Vorschriften zielt darauf ab, ein Insolvenzverfahren erst dann durchzuführen, wenn eine Einigung zwischen Schuldner und Gläubigern ähnlich einem außergerichtlichen Vergleich nicht möglich ist. Stellt der betroffene Schuldner einen Antrag auf Eröffnung des Verbraucherinsolvenzverfahrens, läuft das Verfahren in **drei Stufen** ab.[9] Die nächste Stufe kann immer nur dann eingeleitet werden, wenn die vorhergehende ohne Ergebnis geblieben, also gescheitert ist.

11 Die einzelnen Stufen lassen sich wie folgt skizzieren:

Vor Antragstellung hat der Schuldner zu versuchen, mit seinen Gläubigern durch einen vergleichsähnlichen Plan eine Einigung zu erzielen. Ist dies nicht möglich und wird dem Schuldner dies von einer hierfür vorgesehenen geeigneten Stelle bescheinigt, hat der Schuldner die Möglichkeit, binnen einer Frist von sechs Monaten einen Antrag auf Eröffnung des Verbraucherinsolvenzverfahrens zu stellen. **Nach der Antragstellung** ruht das Eröffnungsverfahren zunächst und der Schuldner hat mit gerichtlicher Hilfe eine Schuldenbereinigung zu versuchen. Dieses sog **gerichtliche Schuldenbereinigungsverfahren** bildet die zweite Verfahrensstufe (s hierzu im einzelnen Rn 35). Scheitert auch dieser weitere Schuldenbereinigungsversuch mit gerichtlicher Unterstützung, besteht erst jetzt die Möglichkeit, durch **Wiederaufnahme des Eröffnungsverfahrens**

---

7 Haarmeyer/Wutzke/Förster, Kap 10 Rn 24.

8 Hess/Obermüller, Insolvenzplan, Restschuldbefreiung und Verbraucherinsolvenz Rn 706.

9 Stellt ein Gläubiger hingegen einen Antrag, hat der Schuldner Gelegenheit, ebenfalls einen Antrag zu stellen ohne das außergerichtliche Schuldenbereinigungsverfahren durchlaufen zu müssen 39ff, vgl § 306 Abs 3 InsO und Rn 39ff.

das vereinfachte und abgekürzte Insolvenzverfahren nach §§ 311 ff InsO durchzuführen, wenn ein **Insolvenzgrund** gegeben und eine die **Verfahrenskosten deckende Masse** vorhanden ist. An das vereinfachte Verbraucherinsolvenzverfahren kann sich bei einem entspr Antrag auch ein **Restschuldbefreiungsverfahren** anschließen (vgl hierzu Kap 15).

II. Der außergerichtliche Schuldenbereinigungsplan

Nach § 305 Abs 1 Nr 1 InsO hat der Schuldner, bevor er einen Antrag auf Eröffnung des Verbraucherinsolvenzverfahrens stellt, die **außergerichtliche Schuldenbereinigung auf Grundlage eines Planes** zu versuchen. Für den Verbraucher oder Kleingewerbetreibenden ist dies Grundvoraussetzung, damit ein Verbraucherinsolvenzverfahren mit einem sich ggf anschließenden Restschuldbefreiungsverfahren durchgeführt werden kann. **12**

Auch ein **Gewerbetreibender**, auf den die Verbraucherinsolvenzvorschriften keine Anwendung finden, hat grundsätzlich jederzeit die Möglichkeit, eine **außergerichtliche Bereinigung** seiner Verbindlichkeiten auf den Weg zu bringen. Für ihn ist ein solcher Versuch allerdings nicht Voraussetzung für einen Antrag auf Restschuldbefreiung und er hat auch keine Möglichkeit, die Restschuldbefreiung nach einem außergerichtlichen Versuch mit gerichtlicher Hilfe (gerichtliche Schuldenbereinigung) zu erlangen.[10] **13**

Der Gesetzgeber hat lediglich für die Einleitung des gerichtlichen Schuldenbereinigungsverfahrens (zweite Stufe) festgelegt, daß der Schuldner eine außergerichtliche Einigung auf Grundlage eines Planes innerhalb der letzten sechs Monate vor dem Eröffnungsantrag erfolglos versucht haben muß. Da dieser Schuldenbereinigungsversuch dem Schuldner gem § 305 Abs 1 Nr 1 InsO von einer geeigneten Person oder Stelle zu bescheinigen ist, muß sich diese geeignete Person oder Stelle von der Erfolglosigkeit des Versuches überzeugen können, damit die Bescheinigung erstellt werden kann. Deshalb ist es sinnvoll, diese geeignete Person oder Stelle von Anfang an in die Schuldenbereinigungsaktivitäten mit einzubinden. Welche Personen oder Stellen insoweit als geeignet angesehen werden, haben die einzelnen Bundesländer festgelegt (vgl hierzu Rn 49 ff). Einige **Landesausführungsgesetze** zur Insolvenzordnung sehen ausdrücklich vor, daß es Aufgabe der **geeigneten Person oder Stelle** ist, den **Schuldner** bei der vorgerichtlichen Schuldenbereinigung, insbes bei der außergerichtlichen Einigung mit seinen Gläubigern, auf der Grundlage des Schuldenbereinigungsplanes zu beraten und zu unterstützen. Scheitert der Plan, so sollen die geeigneten Personen oder Stellen den Schuldner hierüber sowie über die Voraussetzungen des Verbraucherinsolvenzverfahrens und des Restschuldbefreiungsverfahrens unter- **14**

10 Vgl Hess/Obermüller, Insolvenzplan, Restschuldbefreiung und Verbraucherinsolvenz Rn 708.

richten.[11] Auch über die Antragstellung auf Eröffnung des Verbraucherinsolvenzverfahrens und hinsichtlich der Zusammenstellung der Unterlagen, die mit dem Antrag vorzulegen sind, sollen die geeigneten Personen oder Stellen den Schuldner informieren und beraten.

1. Darstellender Teil des Planes

15 Es gibt zwar keine ausdrücklichen Vorschriften für die Form des Planes. Er sollte aber die Angaben enthalten, die erforderlich sind, damit die zu beteiligenden Gläubiger eine Entscheidung treffen können und der Plan ggf in der nächsten Verfahrensstufe als Grundlage für die gerichtliche Schuldenbereinigung dienen kann. Deshalb sollten die durch § 305 Abs 1 Nr 3 und 4 InsO aufgestellten Kriterien berücksichtigt werden. Dies ist zwar für die außergerichtliche Schuldenbereinigung nicht vorgeschrieben, bietet sich aber aus arbeitsökonomischen Gründen an. Der Plan ist grundsätzlich **schriftlich niederzulegen**[12] und sollte in Anlehnung an § 305 InsO folgende **Mindestangaben** enthalten:

- Verzeichnis des vorhandenen Vermögens und des Einkommens (Vermögensverzeichnis),
- ein Verzeichnis der Gläubiger,
- ein Verzeichnis der gegen den Schuldner gerichteten Forderungen,
- Vorschläge für die Schuldenbereinigung, die unter Berücksichtigung der Gläubigerinteressen sowie der Vermögens-, Einkommens- und Familienverhältnisse des Schuldners geeignet sind, zu einer angemessenen Schuldenbereinigung zu führen,
- Angaben, ob und inwieweit Bürgschaften, Pfandrechte oder andere Sicherheiten der Gläubiger von dem Plan berührt werden.

a) Verzeichnis über die Vermögens- und Einkommensverhältnisse

16 Das Vermögensverzeichnis sollte alle wesentlichen Vermögensgegenstände enthalten, die für die Entscheidung der Gläubiger bei einer außergerichtlichen Einigung von Belang sein könnten. Einen guten Anhaltspunkt für die inhaltliche Ausgestaltung und den Aufbau bieten die Vordrucke, die von den Gerichten für die Abnahme einer eidesstattlichen Versicherung nach § 807 ZPO verwendet werden.[13] Es ist aber darauf zu achten, daß die Aufstellung sorgfältig und nachvollziehbar gefertigt wird. Auch sollte das Verzeichnis **Angaben zu Sicherungsrechten** enthalten. Der Übersichtlichkeit halber bietet es sich an, dem Vermögensverzeichnis eine **zusammenfassende Vermögensübersicht** beizu-

---

11 Vgl § 3 AGInsO-Berlin; § 2 HmbAGInsO; § 2 AGInsO Baden-Württemberg; Art 2 AGInsO-Bayern; § 2 AGInsO Rheinland-Pfalz.

12 Hess/Obermüller, Insolvenzplan, Restschuldbefreiung und Verbraucherinsolvenz Rn 712.

13 So auch Hess/Obermüller, Insolvenzplan, Restschuldbefreiung und Verbraucherinsolvenz Rn 713.

fügen, aus der sich das freie Vermögen unter Berücksichtigung von Sicherungsrechten ergibt. Insbes sollte das Verzeichnis Angaben zu folgenden Vermögensgegenständen enthalten:

- Grundstücke und Eigentumswohnungen,
- Maschinen und Werkzeuge,
- Kraftfahrzeuge,
- sonstige Fahrzeuge,
- Bauten auf fremden Grundstücken,
- sonstige Wertgegenstände (Kunstobjekte, Sammlungen, Schmuck),
- Wertgegenstände in Wohnung und Haushalt,
- Konten und Sparverträge mit Kontoständen und sämtlichen Guthaben oder Einlagen,
- Aktien und Wertpapiere,
- Forderungen aus Versicherungsverträgen, sonstige Forderungen (auch Schadenersatzforderungen),
- ggf immaterielle Vermögensgegenstände (zB Urheberrechte/ Patente),
- Beteiligungen, insbes an Erbengemeinschaften oder Gesellschaften,
- sonstige Vermögensgegenstände und/oder geldwerte Ansprüche.

Ferner sind die **Einkommensverhältnisse** darzustellen. Der Schuldner hat deshalb sein **monatliches Einkommen** nach Monatsbrutto/ -netto und Zulagen aufzuschlüsseln. Auch sind **Zusatzleistungen** wie Urlaubs- und Weihnachtsgeld oder feste Prämienleistungen anzugeben. Zur Glaubhaftmachung sollte dem Vermögensverzeichnis eine aktuelle **Lohnabrechnung** beigefügt werden. Sollte der Schuldner **Renten- oder Versorgungsbezüge** neben seinem üblichen Einkommen erhalten, so sind diese unter Bezeichnung der Leistungspflichtigen ebenfalls anzugeben. Selbstverständlich sind nicht nur die Einkünfte aus Arbeitseinkommen relevant. Ggf sind in der Übersicht auch die **sonstigen Einkunftsarten** wie Einkünfte aus Vermietung und Verpachtung, aus Kapitalvermögen oder aus Land- und Forstwirtschaften unter präziser Angabe der Beträge aufzuführen. Auch Einkünfte aus einer ggf geringfügigen selbständigen Nebentätigkeit sind anzugeben. 17

Grundsätzlich hat der Schuldner seine Familienverhältnisse und sonstige Unterhaltsverpflichtungen darzulegen, damit das **pfändungsfreie Einkommen** ermittelt werden kann. 18

b) Verzeichnis über die Verbindlichkeiten

Der Schuldner hat ferner ein Verzeichnis der gegen ihn gerichteten Forderungen aufzustellen. Es sind hier nicht nur **private Schulden**, sondern auch Rückstände bei **Finanzämtern** oder sonstigen **öffentlichen Stellen** aufzunehmen. Auch **Unterhaltsverpflichtungen** sind hier anzugeben. 19

Das Verzeichnis sollte den Namen des Gläubigers, Anschrift und Telefonnummer sowie die Forderungen nach Art, Höhe, Schuldgrund sowie ggf Zinssatz aufführen. Ferner sollte das Verzeichnis Angaben dazu enthalten, ob die Forderungen berechtigt, streitig oder bereits gerichtlich tituliert sind. 20

21 Zur Vermeidung von mehrfachem Aufwand sollte sich der außergerichtliche Plan an den Vorgaben der für das gerichtliche Schuldenbereinigungsverfahren einzureichenden Unterlagen orientieren (§ 305 Abs 1 Nr 3, 4 InsO), um ggf eine zügige Einleitung und Durchführung des erneuten Schuldenbereinigungsversuchs mit gerichtlicher Hilfe zu ermöglichen.

c) Verbraucherkreditgesetz

22 Die Vorschriften des Verbraucherkreditgesetzes sind bei der Aufstellung eines Planes grundsätzlich nicht zu beachten,[14] weil hier nicht ein gewerblicher Kreditgeber einem Verbraucher ein vorformuliertes Angebot unterbreitet, sondern der Verbraucher seinen Gläubigern ein individuelles Vergleichsangebot zur Bereinigung seiner Verbindlichkeiten macht.

2. Gestaltender Teil des Planes

23 In welcher Art und Weise die außergerichtliche Schuldenbereinigung erfolgen soll, ist durch den Gesetzgeber nicht vorgegeben. Lediglich für den die zweite Stufe betreffenden Schuldenbereinigungsplan ist in § 305 Abs 1 Nr 4 InsO niedergelegt, daß dieser alle Regelungen enthalten soll, die unter Berücksichtigung der Gläubigerinteressen sowie der Vermögens-, Einkommens- und Familienverhältnisse des Schuldners geeignet sind, zu einer angemessenen Schuldenbereinigung zu führen. Für den Gläubiger sollte erkennbar sein, daß eine Zustimmung im Lichte der Vermögensverhältnisse des Schuldners eine akzeptable Variante zum Verbraucherinsolvenzverfahren ggf mit sich anschließendem Restschuldbefreiungsverfahren ist. Insbes sollte herausgearbeitet werden, daß der außergerichtliche Schuldenbereinigungsplan eine schnelle Lösung ist, die ein langwieriges und kostenträchtiges gerichtliches Verfahren vermeidet.

24 Ist der Schuldner selbst vermögenslos, kann der Plan auch auf **Leistungen dritter Personen** basieren. Insbes kommen einmalige Leistungen von Verwandten des Schuldners in Betracht. Die Motivation solcher Leistungen Dritter liegt zumeist im persönlichen Bereich. Eltern haben häufig kein Interesse daran, ihre Kinder in wirtschaftlich aussichtslosen Verhältnissen zu belassen. Ähnliches gilt für die Leistungen unter Geschwistern oder Freunden.

25 Darüber hinaus sind alle gesetzlich zulässigen Gestaltungen für den Plan denkbar, insbes ein **teilweiser Verzicht** auf die Forderungen durch die beteiligten Gläubiger. Es kommen aber auch **Ratenzahlungs- oder Stundungsvereinbarungen** in Betracht oder ein ganz oder teilweiser Verzicht der Sicherungsgläubiger auf ihre vorrangigen Sicherungsrechte, wenn dies zu einem für alle Beteiligten angemesseneren Ergebnis führt. Um zu verhindern, daß der Plan an der Auseinandersetzung über streitige Forderungen scheitert, kann ferner vorgese-

14 Vgl ausführlich Hess/Obermüller, Insolvenzplan, Restschuldbefreiung und Verbraucherinsolvenz Rn 726ff.

hen werden, daß diese quotal, aber nur dann bedient werden, wenn der Gläubiger in einem Rechtsstreit obsiegt[15] und es nach Abschluß der Rechtsstreitigkeit ggf zu einer Nachtragsverteilung kommt. Alternativ besteht die Möglichkeit, für streitige Forderungen eine geringere Quote anzubieten als für unstreitige.[16]

Der Schuldner hat die Möglichkeit **freier Gestaltung für sein Planangebot**. Er sollte hierbei aber vor Augen haben, daß ein Planangebot nur dann Sinn macht, wenn es geeignet ist, die Gläubiger zur Zustimmung zu bewegen. Hierbei kommen folgende Varianten, die auch miteinander kombiniert werden können, in Betracht: **26**

a) Plan ohne Quotenausschüttung („Null-Plan")

Ein vermögensloser Schuldner, der weder über Arbeitseinkommen oberhalb der Pfändungsfreigrenzen verfügt noch hierüber in absehbarer Zeit verfügen wird, kann in dem Plan als Vorschlag auch angeben, daß Leistungen an die Gläubiger nicht erfolgen sollen. Im Ergebnis bedeutet dies, daß die Gläubiger im Falle ihres Einverständnisses mit dem Planvorschlag auf ihre Forderungen verzichten. Grundsätzlich ist ein solcher Plan zulässig, denn eine Mindestbefriedigungsquote ist im Gesetz nicht festgeschrieben. Eine solche würde zudem dazu führen, daß derjenige Personenkreis, der über keine nennenswerten Einkünfte verfügt, von den Möglichkeiten des Verbraucherinsolvenzverfahrens ausgeschlossen würde.[17] **27**

Ein solcher Null-Plan hat aber kaum Aussicht auf Annahme durch die Gläubiger. Denn ein Gläubiger wird durch die Ablehnung des Planes keine Nachteile haben und für den Fall, daß sich die Vermögensverhältnisse des Schuldners künftig bessern sollten, hat er zumindest seine Rechtsposition nicht aufgegeben. Der vermögenslose Schuldner muß aber trotz der schlechten Erfolgsaussichten einen solchen Versuch unternehmen, um als Voraussetzung für die Zulässigkeit des Eröffnungsantrages die Bescheinigung über die erfolglose außergerichtliche Einigung iSv § 305 Abs 1 Nr 1 InsO vorlegen zu können.[18] **28**

b) Plan auf Basis der Regelungen über die Restschuldbefreiung

Die außergerichtliche Schuldenbereinigung kann auch vorsehen, daß eine Befriedigung der Gläubiger auf Basis der gesetzlichen Regelungen über die Restschuldbefreiung erfolgt, indem die Gläubiger sieben Jahre lang die pfändbaren **29**

15 Vgl Ausschußbericht zu § 357b RegEntw abgedruckt in Balz/Landfermann S 428 ff.
16 Hess/Obermüller, Insolvenzplan, Restschuldbefreiung und Verbraucherinsolvenz Rn 731.
17 *Krug* S 113; Haarmeyer/Wutzke/Förster, Kap 10 Rn 34; Hess/Obermüller, Insolvenzplan, Restschuldbefreiung und Verbraucherinsolvenz Rn 735; AG Köln ZIP 1999 147; AG München ZIP 1998 2172.
18 Hess/Obermüller, Insolvenzplan, Restschuldbefreiung und Verbraucherinsolvenz Rn 737.

Teile eines etwaigen Arbeitseinkommens des Schuldners erhalten.[19] Im Grunde wird auf diese Weise das Resultat eines gerichtlichen Restschuldbefreiungsverfahrens durch privatautonome Vereinbarungen vorverlagert. Eine Zustimmung zu einem solchen Vorschlag wird aber dann wenig wahrscheinlich sein, wenn Gläubiger bereits **Lohn- oder Gehaltspfändungen** ausgebracht haben und der Schuldner darüber hinaus ein Arbeitseinkommen erzielt, das über die Pfändungsfreigrenzen hinausgeht. Die Pfändungsgläubiger können diese Beträge aufgrund der Vorschrift des § 114 Abs 3 InsO nämlich maximal bis einen Monat nach Eröffnung des Insolvenzverfahrens für sich beanspruchen. Diese Gläubiger werden deshalb den Eröffnungszeitraum möglichst lange hinauszögern und eine Zustimmung voraussichtlich nicht erteilen. Soweit der Schuldner bereits seine pfändbaren Bezüge aus einem Dienstverhältnis abgetreten oder verpfändet hat, ist diese Verfügung gem § 114 Abs 1 S 1 InsO ebenfalls wirksam, kommt also den Pfändungs- oder Abtretungsgläubigern zugute, soweit sie sich auf Bezüge für die Zeit vor Ablauf von drei Jahren nach dem Ende des zur Zeit der Eröffnung des Verfahrens laufenden Kalendermonats bezieht. Die insoweit begünstigten Gläubiger werden also ebenfalls kaum Interesse daran haben, ihre Vorrechte ohne weiteres aufzugeben, indem sie einem außergerichtlichen Schuldenbereinigungsplan zustimmen. Denn auch sie erhalten in jedem Falle höhere Beträge, wenn es nicht zu einer Einigung aufgrund eines Planes kommt.

c) Plan mit überobligatorischen Leistungen

30 Am ehesten wird eine außergerichtliche Schuldenbereinigung Aussicht auf Erfolg haben, wenn die für die Gläubiger vorgesehenen Leistungen zu einer Besserstellung im Vergleich zum Regelverfahren und sich anschließender Restschuldbefreiung führen. Ein Schuldner könnte beispielsweise seinen Gläubigern zusätzlich zu den pfändbaren Teilen seines Arbeitseinkommens auch Teile seines pfändungsfreien Arbeitsentgeltes anbieten, wenn diese sich im Gegenzuge mit einer Verkürzung der 7-Jahresfrist einverstanden erklären. Dies wird er evtl dann anbieten können, wenn sein Ehepartner ebenfalls über Einkünfte verfügt, die auch für seinen Unterhalt ausreichen. Hierbei ist aber zu beachten, daß ein Verzicht auf den Pfändungsschutz jedenfalls vor der Pfändung nicht möglich ist, so daß ein Gläubiger, der sich auf einen solchen Vorschlag einläßt, seine Rechtsposition hinsichtlich der pfändungsfreien Beträge nicht durch Vollstreckungsmaßnahmen erzwingen kann.[20] Die Gläubiger sollten ihr Einverständnis mit einer solchen Regelung und dem damit einhergehenden Erlaß der verbleibenden Schulden zumindest mit einer sog **Verfallklausel** absichern, so daß die gesamte ursprüngliche Forderung abzüglich der bis dahin erbrachten

---

19 Vgl Hess/Obermüller, Insolvenzplan, Restschuldbefreiung und Verbraucherinsolvenz Rn 733.

20 Hess/Obermüller, Insolvenzplan, Restschuldbefreiung und Verbraucherinsolvenz Rn 738f mwN.

Leistungen wieder auflebt und insgesamt fällig wird,[21] wenn der Schuldner mit seinen Zahlungsverpflichtungen aus dem Plan in Verzug gerät.

Wie bereits erwähnt, kann eine überobligatorische Leistung auch **durch Dritte** bereitgestellt werden, so daß ein Plan beispielsweise vorsehen könnte, den Gläubigern 10 % ihrer Forderungsbeträge sofort zu bezahlen und darüber hinaus über einen Zeitraum von sieben Jahren den pfändbaren Teil des Arbeitseinkommens den Gläubigern zur Verfügung zu stellen. Im Gegenzuge hätten die Gläubiger auf einen Teil der Forderungen sowie auf Nebenforderungen und Zinsen zu verzichten. Solche Leistungen Dritter sind bereits heute bei außergerichtlichen Verfahren durchaus üblich, wobei nicht immer klar ist, ob dieses Vermögen ursprünglich aus dem Vermögen des Dritten stammt oder aber von dem Schuldner dem Dritten übertragen wurde, um eine Pfändung einzelner Gläubiger in diese Vermögenswerte zu unterbinden. Falls für eine solche Vermögensverschiebung Anhaltspunkte bestehen, haben die Gläubiger die Möglichkeit, die Verschiebung auf Grundlage des Anfechtungsgesetzes anzufechten, um so die durch die Vermögensverschiebung verhinderte Zwangsvollstreckung in die Vermögensgegenstände wieder zu ermöglichen. Der Nachweis einer solchen Vermögensverschiebung ist aber regelmäßig schwierig zu führen. Dies sollte der Gläubiger bedenken, bevor er das Risiko eines kostenträchtigen Anfechtungsprozesses auf sich nimmt. **31**

Eventuell kann ein Plan bei einzelnen widerstrebenden Gläubigern dadurch „gerettet" werden, daß diesen Gläubigern Vorrechte eingeräumt werden. Im Regelverfahren führt eine solche Ungleichbehandlung gem § 294 Abs 2 InsO zur Nichtigkeit des Planes. In diesem außergerichtlichen Vorstadium gilt das Gleichbehandlungsgebot hingegen nicht. Es empfiehlt sich aber, die Ungleichbehandlung den anderen Gläubigern gegenüber offenzulegen. Anderenfalls hätten diese ggf die Möglichkeit, ihre Zustimmungserklärung gem § 123 BGB anzufechten, weil sie über die Grundlagen des Planes getäuscht wurden.[22] **32**

3. Verfahren und Rechtsfolgen der außergerichtlichen Schuldenbereinigung

a) Verfahren bis zur Einigung

Der Schuldner bzw die ihn unterstützende geeignete Stelle oder Person (vgl § 305 Abs 1 Nr 1 InsO) hat den Plan den Gläubigern zu übermitteln, damit **33**

21 Der Schuldner sollte bei Unterbreitung eines solchen Vorschlages mit einer Verfallklausel aber beachten, daß er im Vergleich zu einem regulären Verbraucherinsolvenzverfahren mit sich anschließender Restschuldbefreiung deutlich schlechter steht, weil die Gläubigerforderungen in der ursprünglichen Höhe im Falle des Verzuges wieder aufleben.

22 Vgl Hess/Obermüller, Insolvenzplan, Restschuldbefreiung und Verbraucherinsolvenz Rn 745.

diese das Angebot überprüfen können. Um die erforderliche Rechtssicherheit für die Einverständnis- oder Ablehnungserklärung herbeizuführen, sollte dem Plan ein Textvordruck für die Einverständnis- oder Ablehnungserklärung beigefügt werden, verbunden mit der Aufforderung, diese binnen einer bestimmten Frist als Antwort zurückzureichen. Die Länge der Entscheidungsfrist sollte von der Struktur des Planes abhängen. Bei einfachen Plänen, die lediglich eine einmalige Zahlung unter Verzicht auf einen Teil der Forderung vorsehen, wird eine zweiwöchige Frist für die Beantwortung ausreichen. Bei komplizierteren Plänen wird die Frist vier bis sechs Wochen betragen müssen, damit die Gläubiger ihrerseits die Möglichkeit haben, noch fachkundigen Rat von dritter Seite einzuholen, um eine sachgerechte Entscheidung fällen zu können.

b) Annahme/Ablehnung des Planes

34 Voraussetzung für die Annahme des Planes ist die **Zustimmung sämtlicher Gläubiger.** Der Plan hat dann die Wirkung eines außergerichtlichen Vergleiches iSv § 779 Abs 2 BGB, der allerdings **keinen Vollstreckungstitel** darstellt.[23] Es besteht jedoch die Möglichkeit, den Plan durch notarielle Beurkundung, in der sich der Schuldner der sofortigen Zwangsvollstreckung unterwirft, als vollstreckbaren Titel auszugestalten, aus dem die Zwangsvollstreckung dann betrieben werden kann (vgl § 794 Abs 1 Nr 5 ZPO). Eine solche Vollstreckungsunterwerfung ist aber nur wegen bestimmter Geldforderungen möglich, so daß Pläne, in denen die Höhe der Zahlungspflichten von ungewissen Ereignissen abhängen, nicht vollstreckbar ausgestaltet werden können.[24] Sollten Gläubiger auf das Vergleichsangebot **nicht reagieren**, ist dies nicht etwa als Zustimmung zu werten, sondern gilt vielmehr als **Ablehnung** des Planes. Auch bringt die Ablehnung eines einzelnen Gläubigers den Plan zum Scheitern. Dies gilt selbst für den Fall, wenn die unterbliebene Zustimmungserklärung auf sachwidrigen Erwägungen beruht.[25] Für den Fall, daß nur einige wenige Gläubiger den Plan ablehnen, kann der Schuldner versuchen, den Plan nachzubessern, um so eine Zustimmung aller Gläubiger zu erlangen. Wenn dies keinerlei Aussicht auf Erfolg bietet, wird sich der Schuldner nunmehr das Scheitern des außergerichtlichen Einigungsversuches von der geeigneten Person oder Stelle (vgl Rn 50) bescheinigen lassen und in das sich anschließende gerichtliche Schuldenbereinigungsverfahren übergehen.

---

23 Hess/Obermüller, Insolvenzplan, Restschuldbefreiung und Verbraucherinsolvenz Rn 755.

24 Hess/Obermüller, Insolvenzplan, Restschuldbefreiung und Verbraucherinsolvenz Rn 755.

25 Hess/Obermüller, Insolvenzplan, Restschuldbefreiung und Verbraucherinsolvenz Rn 755.

III. Gerichtliche Schuldenbereinigung im Eröffnungsverfahren

Nachdem die außergerichtliche Einigung mit den Gläubigern erfolglos versucht worden ist (vgl hierzu Rn 12ff), kann ein Schuldner, auf den die Vorschriften über das Verbraucherinsolvenzverfahren anwendbar sind (vgl hierzu Rn 3ff), mit Hilfe des Gerichts einen weiteren Versuch unternehmen, um zu einer Schuldenregulierung ohne Insolvenzverfahren und sich anschließendem Restschuldbefreiungsverfahren zu gelangen. Das gerichtliche Schuldenbereinigungsverfahren bietet gegenüber der außergerichtlichen Schuldenbereinigung den Vorteil, daß das Gericht unter gewissen Voraussetzungen die Befugnis hat, die Ablehnung einzelner Gläubiger zu einem Schuldenbereinigungsplan durch eine gerichtliche Zustimmung zu ersetzen. Ein weiterer Vorteil liegt darin, daß der gerichtliche Beschluß, mit dem der Schuldenbereinigungsplan als angenommen gilt, die **Wirkung eines Vergleiches** iSv § 794 Abs 1 Nr 1 ZPO hat (vgl § 308 Abs 1 S 2 InsO), so daß die Gläubiger aus dem Schuldenbereinigungsplan gegen den Schuldner vollstrecken können. **35**

Das gerichtliche Schuldenbereinigungsverfahren läuft im Rahmen des Eröffnungsverfahrens ab, das nach Insolvenzantragstellung jedoch gem § 306 Abs 1 InsO zunächst ruht, bis über den Schuldenbereinigungsplan entschieden worden ist. Das Verfahren selbst gliedert sich in das Antragsverfahren und das Abstimmungsverfahren: **36**

1. Antrag auf Eröffnung des Insolvenzverfahrens

Für Insolvenzanträge von Verbrauchern und sonstigen Kleingewerbetreibenden ist in einer Arbeitsgruppe des Bundesministeriums für Justiz und der Landesjustizministerien ein einheitlicher **Insolvenzantragsvordruck** entwickelt worden, dessen Verwendung zwingend vorgeschrieben werden soll. Bisher fehlt es aber an einer verbindlichen Regelung. Der betroffene Schuldner sollte sich deshalb bei seinem rechtlichen Berater oder bei dem für ihn zuständigen Insolvenzgericht erkundigen, ob es bereits zwingend vorgeschriebene Vordrucke gibt. **37**

a) Antrag des Schuldners

Das gerichtliche Schuldenbereinigungsverfahren wird dadurch eingeleitet, daß der Schuldner, auf den die Vorschriften über das Verbraucherinsolvenzverfahren Anwendung finden (vgl Rn 3), gem § 305 Abs 1 S 1 InsO einen **Antrag auf Eröffnung** des Insolvenzverfahrens stellt und mit diesem Antrag oder unverzüglich danach die **für das gerichtliche Schuldenbereinigungsverfahren erforderlichen Unterlagen** einreicht, auf deren Grundlage von Amts wegen das gerichtliche Schuldenbereinigungsverfahren durchgeführt wird. **38**

b) Verfahren bei Antrag eines Gläubigers

39 Sollte ein Gläubiger des Schuldners, auf den die Vorschriften des Verbraucherinsolvenzverfahrens anwendbar sind, einen Antrag auf Eröffnung des Insolvenzverfahrens über das Vermögen des Schuldners stellen, so findet das gerichtliche Schuldenbereinigungsverfahren nicht ohne weiteres statt, weil es sich bei dem Gläubigerantrag idR um einen schlichten Antrag auf Eröffnung des Insolvenzverfahrens handelt, der einen gerichtlichen Schuldenbereinigungsversuch nicht zwingend nach sich zieht.

aa) Parallelantrag des Schuldners

40 Das **Gericht prüft** nach Eingang des Gläubigerantrages, ob es sich bei dem von dem Antrag betroffenen Schuldner um eine natürliche Person handelt, auf die die Vorschriften über die Verbraucherinsolvenz Anwendung finden. Ist dies der Fall, hat das Insolvenzgericht **dem Schuldner** vor der Entscheidung über den Eröffnungsantrag des Gläubigers nach § 306 Abs 3 InsO **Gelegenheit** zu geben, ebenfalls einen **Insolvenzantrag zu stellen**. Sofern er dies unterläßt, entscheidet das Gericht über den Eröffnungsantrag im üblichen Verfahren, und es findet ggf ein vereinfachtes Insolvenzverfahren iSd §§ 311 ff InsO (vgl hierzu Rn 106) statt, im Zuge dessen der Schuldner ggf die Möglichkeit hat, einen **Antrag auf Restschuldbefreiung** gem §§ 286 ff InsO zu stellen (vgl hierzu Rn 52). Eine **gerichtliche Schuldenbereinigung** findet in diesem Falle nicht statt.

41 Gelegenheit zur Stellung eines Eigenantrages wird das Gericht dem Schuldner geben, indem dieser unter Hinweis auf den Gläubigerantrag angeschrieben und auf die Möglichkeit eines Eigenantrages und dessen Voraussetzungen (vgl hierzu Rn 38) hingewiesen wird. Zudem wird das Gericht dem Schuldner eine Entscheidungsfrist setzen, um das noch laufende Antragsverfahren nicht übermäßig zu verzögern. Eine Frist von zwei Wochen wird insoweit ausreichend sein, wenn sich aus dem Schreiben des Gerichts erschließt, welche Möglichkeiten der Schuldner im Zuge der eigenen Antragstellung hat. Ein vom Schuldner vorzulegender Schuldenbereinigungsplan wird binnen einer solchen Frist sicherlich nicht in jedem Falle erstellt werden können. Gem § 305 Abs 1 InsO hat der Schuldner aber auch die Möglichkeit, die erforderlichen Antragsunterlagen nach Stellung des Parallelantrages bei Gericht einzureichen.

bb) Keine außergerichtliche Schuldenbereinigung bei Parallelantrag

42 Im Falle eines Gläubigerantrages, auf den ein Schuldnerantrag gem § 306 Abs 3 InsO folgt, ist ein außergerichtlicher Schuldenbereinigungsversuch (vgl hierzu Rn 12 ff) nicht erforderlich.[26] Lediglich das gerichtliche Schuldenbereinigungsverfahren findet in diesem Falle statt. Dies ergibt sich aus § 306 Abs 3 S 2 InsO. Mit Verweisung auf § 306 Abs 1 InsO **ruht das Verfahren** mit Antragstellung

26 Vgl Hess/Obermüller, Insolvenzplan, Restschuldbefreiung und Verbraucherinsolvenz Rn 708.

bis zur Entscheidung über den Schuldenbereinigungsplan. Gemeint ist hier der gerichtliche Schuldenbereinigungsplan iSv § 305 Abs 1 Nr 4 InsO, und nicht der außergerichtliche Schuldenbereinigungsversuch, der bei einem Schuldnerantrag regelmäßig vor Antragstellung durchgeführt worden sein muß.

2. Zusätzliche Anforderungen an den Eröffnungsantrag des Schuldners

43 Stellt ein Schuldner, auf den die Vorschriften des Verbraucherinsolvenzverfahrens gem § 304 InsO anwendbar sind (vgl hierzu Rn 3), einen Antrag auf Eröffnung des Insolvenzverfahrens oder einen Parallelantrag, nachdem bereits ein Gläubigerantrag vorliegt, so sind diesem Antrag eine Reihe von nachfolgend im einzelnen dargelegten Angaben beizufügen, auf deren Grundlage der gerichtliche Schuldenbereinigungsversuch und das sich ggf anschließende Verbraucherinsolvenzverfahren ablaufen. Die Unterlagen sind entweder mit Antragstellung oder unverzüglich nach Antragstellung vorzulegen.

a) Angaben zur Zulassung des Antrages

44 Der Antrag über ein Verbraucherinsolvenzverfahren hat zunächst die allgem Angaben zu enthalten, die auch für einen regulären Eröffnungsantrag iSv § 13 InsO erforderlich sind. Das Gericht muß aus dem Antrag erkennen können, daß ein Antrag auf Eröffnung des Insolvenzverfahrens gestellt wird. Ferner muß der Antrag den Namen und die Anschrift des Antragstellers enthalten. Letzteres ist erforderlich, um die Zuständigkeit (vgl hierzu Kap 2 Rn 40 ff) des Insolvenzgerichts bestimmen zu können. Darüber hinaus muß der Schuldner wie im Regelverfahren gem § 16 InsO einen **Eröffnungsgrund** darlegen. Als natürliche Person muß der Schuldner deshalb behaupten, daß er zahlungsunfähig ist (vgl hierzu Kap 2 Rn 19) oder daß zumindest eine Zahlungsunfähigkeit droht (vgl hierzu Kap 2 Rn 26).

45 Darüber hinaus sollten im Antrag auch bereits Darlegungen über die **persönlichen Verhältnisse** des Schuldners enthalten sein, anhand derer das Gericht erforderlichenfalls durch eine ergänzende Anhörung entscheiden kann, ob der Schuldner eine Person ist, auf die gem § 304 InsO die Vorschriften des Verbraucherinsolvenzverfahrens zur Anwendung kommen.

b) Bescheinigung über erfolglos versuchte Schuldenbereinigung

46 Dem Antrag ist ferner eine Bescheinigung beizufügen, aus der sich ergibt, daß der Schuldner vor Antragstellung erfolglos versucht hat, mit seinen Gläubigern die Schuldenbereinigung außergerichtlich zu erreichen (vgl hierzu Rn 14) und dieser Versuch gescheitert ist. Zwischen dem Zeitpunkt des endgültigen Scheiterns der außergerichtlichen Schuldenbereinigung und der Antragstellung dürfen nicht mehr als **sechs Monate** liegen. Ist dieser Zeitraum überschritten, hat der Schuldner einen erneuten außergerichtlichen Versuch zu unternehmen und

muß den Insolvenzantrag binnen einer Frist von sechs Monaten nach Scheitern des erneuten Versuchs stellen. Anderenfalls weist das Insolvenzgericht den Insolvenzantrag als unzulässig zurück. Einer solchen Bescheinigung bedarf es dann nicht, wenn es sich um einen Parallelantrag des Schuldners handelt (vgl Rn 42).

47 Das Gericht hat nicht zu prüfen, ob die bescheinigten Tatsachen zutreffen. Es darf sich vielmehr darauf verlassen, daß die Angaben in der Bescheinigung zutreffend sind, wenn diese von einer iSv § 305 Abs 1 Nr 1 InsO geeigneten Person oder Stelle ausgestellt ist.

48 Etwas anderes gilt allerdings dann, wenn dem Gericht **Anhaltspunkte** dafür vorliegen, daß die **Bescheinigung unzutreffend** ist. Etwaige Zweifel über die inhaltliche Richtigkeit sollte das Gericht dann durch Anhörung des Schuldners und/oder der die Bescheinigung ausstellenden Stelle ausräumen. Ist dies nicht möglich und gelangt das Gericht zu der Überzeugung, daß die Bescheinigung nicht geeignet ist, die Ernsthaftigkeit des Schuldenbereinigungsversuches zu belegen, kann das Insolvenzgericht den **Antrag** bereits an dieser Stelle mit dem Hinweis auf die fehlende Ernsthaftigkeit des außergerichtlichen Schuldenbereinigungsversuches **zurückweisen** oder aber dem Schuldner Gelegenheit geben, die außergerichtliche Schuldenbereinigung nochmals zu versuchen und eine wahrheitsgemäße Bescheinigung vorzulegen.

49 Die Bescheinigung muß von einer **geeigneten Person oder Stelle** ausgestellt sein. Die in Betracht kommende Person oder Stelle wird auf **Länderebene** durch entspr **Ausführungsgesetze** bestimmt. Die einzelnen Bundesländer haben jeweils Gesetze zur Ausführung der Insolvenzordnung erlassen.[27] In diesen Ausführungsgesetzen ist im einzelnen bestimmt, welche Stellen als geeignet iSv § 305 Abs 1 Nr 1 InsO anerkannt werden und welche Behörde für die behördliche Anerkennung dieser Stellen zuständig ist. Eine Reihe von Ausführungsgesetzen enthält aber **keine Angaben darüber, welche Personen als geeignet** iSv § 305 Abs 1 Nr 1 InsO anzusehen sind. Soweit es an einer solchen Regelung fehlt, obliegt es den Gerichten, darüber zu entscheiden, ob die eine Bescheinigung ausstellende Person geeignet iSv § 305 Abs 1 Nr 1 InsO ist. Um insoweit jedes Risiko auszuschließen, sollte der Schuldner sich ggf vor Beauftragung einer Person, die sich als geeignet iSd Gesetzes anbietet, mit dem zuständigen Insolvenzgericht abstimmen, ob eine Bescheinigung dieser Person dort akzeptiert wird. Zweckmäßigerweise wird das Gericht zur Ausräumung von Zweifeln festlegen, welche Personenkreise es als geeignet ansieht, um insoweit die erforderliche Rechtsklarheit für die betroffenen Antragsteller herzustellen. In Betracht kommen insoweit insbes **rechts- und steuerberatende Be-**

---

27 Vgl nur GVBl Nordrhein/Westfalen 435/98 AGInsO v 23.6.1998, GVBl Berlin 196/98 AGInsO v 6.7.1998, GVBl Hamburg 105/98 HmbAGInsO v 8.7.1998, GVBl Bayern 414/98 AGInsO v 11.7.1998, GVBl Baden/Württemberg 436/98 AGInsO v 16.7.1998, GVBl Rheinland-Pfalz 216/98 AGInsO v 20.7.1998, GVBl Brandenburg 218/98 AGInsO v 26.11.1998.

rufsträger. In einigen Ausführungsgesetzen werden als geeignete Personen Mitglieder der rechts- und steuerberatenden Berufe ausdrücklich genannt.[28] Teilweise ist auch vorgesehen, daß Personen, die nicht den rechts- oder steuerberatenden Berufen angehören, im Einzelfall durch das Insolvenzgericht als geeignet iSv § 305 Abs 1 Nr 1 InsO anerkannt werden können.[29]

Als **geeignete Stellen** kommen nach den landesrechtlichen Ausführungsbestimmungen weiterhin Schuldnerberatungseinrichtungen in Betracht, die von staatlichen Stellen, Kirchen oder den Trägern der allgem Wohlfahrtspflege eingerichtet werden sowie auch die privatwirtschaftlich organisierte Einrichtung solcher Beratungsstellen. Diejenigen, die sich an eine Schuldnerberatungsstelle wenden, sollten sich in jedem Falle vergewissern, daß diese Stellen über die **behördliche Zulassung** eines Bundeslandes verfügen. IdR sehen die Ausführungsgesetze der Länder vor, daß auch Stellen als geeignet anerkannt werden, die eine behördliche Zulassung aus einem anderen Bundesland vorweisen können.[30] Ob dies in dem konkreten Bundesland der Antragstellung der Fall ist, sollte von dem Schuldner oder der geeigneten Stelle vor Aufnahme der schuldenbereinigenden Tätigkeit im Einzelfall überprüft werden. **50**

Ob eine Stelle als geeignet iSv § 305 Abs 1 InsO anzusehen ist und damit eine behördliche Genehmigung erhält, hängt von den landesgesetzlichen Bestimmungen ab. Die Ausführungsgesetze enthalten aber insoweit ähnliche Kriterien für die behördliche Genehmigung. Ua wird die Stelle als geeignet angesehen, wenn **51**

- sie von einer zuverlässigen Person geleitet wird, die auch die Zuverlässigkeit der einzelnen Mitarbeiter gewährleistet,
- sie auf Dauer angelegt ist und Schuldnerberatung als eine ihrer Schwerpunktaufgaben betreibt,
- in ihr mindestens eine Person mit ausreichend praktischer Erfahrung in der Schuldnerberatung tätig ist,
- die erforderliche Rechtsberatung sichergestellt ist und
- sie über zeitgemäße technische, organisatorische und räumliche Voraussetzungen für ordnungsgemäße Schuldnerberatung verfügt.

c) Antrag auf Restschuldbefreiung

Gem § 305 Abs 1 Nr 2 InsO muß der Schuldner ferner seinem Insolvenzantrag einen **Antrag auf Restschuldbefreiung** beifügen oder aber der Antrag muß eine Erklärung enthalten, aus der sich ergibt, daß er eine Restschuldbefreiung nicht in Anspruch nehmen wird. Die Entscheidung des Schuldners über diese **52**

28 Vgl § 1 Abs 1 AGInsO-Berlin; § 1 Abs 1 AGInsO Baden-Württemberg; § 2 AGInsO-Brandenburg.
29 Vgl § 1 Abs 2 AGInsO-Berlin.
30 Vgl § 1 AGInsO Nordrhein-Westfalen; § 4 Abs 2 AGInsO-Berlin; § 3 Abs 3 HmbAGInsO; § 1 Abs 3 AGInsO Baden-Württemberg.

Frage wird im wesentlichen davon abhängen, ob in seiner Person zum Zeitpunkt der Antragstellung die Voraussetzungen für eine Restschuldbefreiung vorliegen oder nicht. Denn mit der Antragstellung müssen die in § 287 InsO im einzelnen aufgelisteten Voraussetzungen vorliegen.[31] Ist für den Schuldner bereits bei der Antragstellung abzusehen, daß er die in § 287 InsO aufgelisteten Voraussetzungen nicht erfüllen kann, wird er dem Insolvenzantrag die Erklärung beifügen, daß eine Restschuldbefreiung nicht beantragt wird. Dem Schuldner wird bereits bei Antragstellung eine Entscheidung über diese Frage abverlangt, um dem Gericht und den Gläubigern rechtzeitig Klarheit über den weiteren Verfahrensgang zu verschaffen. Insbes für die Gläubiger ist es von Belang, ob sich nach Scheitern eines gerichtlichen Schuldenbereinigungsversuchs und Durchführung eines Verbraucherinsolvenzverfahrens ggf ein Restschuldbefreiungsverfahren anschließt.[32]

53 Soweit der Schuldner die Chance hat, die Voraussetzungen für eine Restschuldbefreiung zu schaffen, sollte er in jedem Falle einen Antrag auf Restschuldbefreiung stellen. Anderenfalls haftet der Schuldner nach Abschluß des Verfahrens für die festgestellten Verbindlichkeiten uneingeschränkt weiter. Die Gläubiger sollten in Ansehung eines Antrages auf Restschuldbefreiung sorgfältig prüfen, ob es angesichts des evtl durchzuführenden Restschuldbefreiungsverfahrens nicht sinnvoller wäre, eine einvernehmliche Regelung im Wege der gerichtlichen Schuldenbereinigung zu erlangen. Die Beantwortung dieser Frage hängt aber sicherlich vom jeweiligen Einzelfall ab.

d) Zu erstellende Verzeichnisse

54 Der Schuldner hat eine Reihe von **Verzeichnissen** vorzulegen, bei deren Erstellung die Gläubiger **Mitwirkungspflichten** treffen.

aa) Verzeichnisse

55 Nach § 305 Abs 1 Nr 2 InsO sind dem Antrag ein Verzeichnis über das vorhandene **Vermögen und Einkommen** sowie ein **Verzeichnis der Gläubiger** des Schuldners beizufügen. Das Gläubigerverzeichnis muß zudem eine **Aufstellung über die Höhe der einzelnen Gläubigerforderungen** enthalten. Dieses Verzeichnis listet auch die Anschriften der Gläubiger auf, damit das Gericht ohne zusätzliche Nachforschungsarbeiten die den Gläubigern im gerichtlichen Schuldenbereinigungsverfahren zuzustellenden Unterlagen zuleiten kann.[33]

---

31 Hess/Obermüller, Insolvenzplan, Restschuldbefreiung und Verbraucherinsolvenz Rn 779.

32 Vgl hierzu Ausschußbericht zu § 357b RegEntw InsO abgedruckt in Balz/Landfermann S 428ff.

33 Vgl hierzu Ausschußbericht zu § 357b RegEntw InsO abgedruckt in Balz/Landfermann S 428ff.

Hinsichtlich der inhaltlichen Ausgestaltung der erforderlichen Vermögensverzeichnisse im einzelnen kann auf die Ausführungen zur außergerichtlichen Schuldenbereinigung verwiesen werden (vgl Rn 15). **56**

bb) Mitwirkungspflichten der Gläubiger

Oftmals wird der Schuldner den Überblick darüber verloren haben, welche exakten Verbindlichkeiten er hat. Auch können sich die Verbindlichkeiten seit deren Entstehung insbes durch Verzugszinsen oder durch Kosten der außergerichtlichen oder gerichtlichen Beitreibung erhöht haben, ohne daß dies dem Schuldner im einzelnen geläufig ist. Deshalb hat der Gesetzgeber in § 305 Abs 2 InsO vorgesehen, daß die Gläubiger den Schuldner erforderlichenfalls bei der Aufstellung des Verzeichnisses der gegen ihn gerichteten Forderungen zu unterstützen haben. Dies geschieht in der Weise, daß die Gläubiger, deren Forderungen dem Schuldner nicht oder nicht in exakter Höhe bekannt sind, auf dessen Anfordern hin diesem eine **schriftliche Aufstellung zuzuleiten haben**, die in **Hauptforderung, Zinsen und Kosten** zu untergliedern ist. Diese Unterstützungspflicht besteht allerdings nur dann, wenn die Aufforderung des Schuldners den Hinweis enthält, daß ein Insolvenzantrag bereits bei Gericht eingereicht ist oder aber das Vorhaben besteht, einen solchen alsbald einzureichen. Dieser Vorbehalt soll die Gläubiger davor schützen, mehrfach schriftliche Aufstellungen, die diese auf eigene Kosten zu fertigen haben, an den Schuldner übergeben zu müssen.[34] Dies ist auch sinnvoll, weil umfangreiche Forderungsaufstellungen, insbes bei Zinsberechnungen für die Gläubiger oftmals mit erheblichem Zeit- und damit Kostenaufwand verbunden sind. **57**

Eine **Verletzung dieser Unterstützungspflicht** ist für die Gläubiger grundsätzlich sanktionslos. Gläubiger, die die angeforderten Aufstellungen nicht beibringen, haben auch in einem sich später anschließenden Verfahren keinerlei Nachteile. Der Schuldner wird für den Fall, daß ein oder mehrere Gläubiger seiner Aufforderung nicht nachkommen, den ihm bekannten Forderungsbetrag in das Verzeichnis einstellen. Da das Verzeichnis den Gläubigern im Rahmen der gerichtlichen Schuldenbereinigung zuzuleiten ist, haben diese nach Überprüfung der Angaben des Schuldners dann noch die Möglichkeit, dem Gericht gegenüber die präzise Forderungshöhe anzugeben. Dies führt aber zu vermeidbarem Mehraufwand sowie zu einer zeitlichen Verzögerung der Schuldenbereinigung, weil im laufenden Verfahren dadurch mehrere Arbeitsschritte erforderlich sind. Deshalb sollten die Gläubiger ihrer Unterstützungspflicht nach Möglichkeit alsbald nach Aufforderung nachkommen. **58**

Im übrigen empfiehlt sich eine präzise Angabe der Forderung auch deshalb, weil Forderungen, die nicht oder nicht vollständig in dem Verzeichnis aufgeführt sind, an der Abstimmung über den Schuldenbereinigungsplan nicht oder **59**

34 Vgl hierzu Ausschußbericht zu § 357b RegEntw InsO abgedruckt in Balz/Landfermann S 428ff.

nur in geringerem Umfange teilnehmen. Kommt es im Zuge der Schuldenbereinigung zu einer Annahme des Schuldenbereinigungsplanes droht dem Gläubiger schlimmstenfalls ein Totalverlust seiner Forderung.[35] Kommt es hingegen aufgrund einer Ablehnung des Planes nicht zu einer Schuldenbereinigung, hat die fehlende oder falsche Berücksichtigung der Forderung in der Forderungsaufstellung für den Gläubiger keine Nachteile. Er muß aber nach Verfahrenseröffnung auf die Berücksichtigung seiner Forderungen im Insolvenzverfahren achten.[36]

cc) Erklärung des Schuldners über Vollständigkeit und Richtigkeit seiner Angaben

60 Der Schuldner hat dem Antrag ferner eine Erklärung beizufügen, aus der sich ergibt, daß die in den vorstehenden Unterlagen enthaltenen Angaben vollständig und richtig sind (§ 305 Abs 1 Nr 3 InsO).

e) Schuldenbereinigungsplan

61 Weiterhin ist dem Antrag gem § 305 Abs 1 Nr 4 InsO ein Schuldenbereinigungsplan beizufügen, auf dessen Grundlage die gerichtliche Schuldenbereinigung angestrebt werden soll. Dieser Plan soll nach dem Willen des Gesetzgebers das **Instrument der gütlichen Einigung** des Schuldners mit seinen Gläubigern sein.[37] Nach dem Wortlaut des Gesetzes **kann** der Schuldenbereinigungsplan alle Regelungen enthalten, die unter Berücksichtigung der Gläubigerinteressen sowie der Vermögens-, Einkunfts- und Familienverhältnisse des Schuldners geeignet sind, zu einer angemessenen Schuldenbereinigung zu führen. In den Plan muß aufgenommen werden, ob und inwieweit Bürgschaften, Pfandrechte und andere Sicherheiten der Gläubiger von dem Plan berührt werden sollen.

aa) Planinhalt

62 Wie bereits der außergerichtliche Schuldenbereinigungsplan soll auch der gerichtliche Schuldenbereinigungsplan im Ergebnis dazu führen, eine abschließende Lösung der finanziellen Probleme des Schuldners auf privatautonomer Basis herbeizuführen.[38] Hieraus folgt, daß die Beteiligten **in der Gestaltung des Planes frei** sind. Für den gerichtlichen Schuldenbereinigungsplan hat das Gesetz weder Mindestanforderungen aufgestellt noch sonstige Grenzen gesetzt, so daß der Plan alle Regelungen enthalten kann, die im konkreten Fall eine für die Parteien zumutbare und akzeptable Lösung versprechen.[39]

35 Vgl *Bork* Rn 418 Fn 19.
36 Hess/Obermüller, Insolvenzplan, Restschuldbefreiung, Verbraucherinsolvenz Rn 786.
37 Vgl hierzu Ausschußbericht zu § 357b RegEntw InsO abgedruckt in Balz/Landfermann S 428 ff.
38 *Krug* S 111.
39 Haarmeyer/Wutzke/Förster, Kap 10 Rn 33.

63 Der Plan kann deshalb alle im Rahmen eines Vergleiches üblichen Regelungen enthalten wie insbes Ratenzahlungsvereinbarungen, Stundungen, Erlaß von Forderungen und Abtretungen. Ferner kommt die Einbeziehung von Leistungen dritter Personen in Betracht.[40]

64 Die wesentlichen Gestaltungsmöglichkeiten wurden bereits im Zusammenhang mit der außergerichtlichen Schuldenbereinigung dargelegt, so daß auf diese Ausführungen verwiesen werden kann (so Rn 23ff). Inhaltlich muß der Schuldenbereinigungsplan nicht über den Vorschlag hinausgehen, den der Schuldner bereits im Rahmen der außergerichtlichen Schuldenbereinigung iSv § 305 Abs 1 Nr 1 InsO vorgelegt hat. Hiergegen ließe sich zwar einwenden, daß im Falle einer Planidentität auch im gerichtlichen Schuldenbereinigungsverfahren kaum eine Aussicht auf Annahme des Planes durch die Gläubiger besteht. Da das Gericht aber gem § 309 InsO die Möglichkeit hat, fehlende Zustimmungen von Amts wegen zu ersetzen, kann ein angemessener Plan im Rahmen der gerichtlichen Schuldenbereinigung dennoch Aussicht auf Erfolg haben.[41] Demnach kommen die im Zusammenhang mit der außergerichtlichen Schuldenbereinigung dargelegten inhaltlichen Planvarianten einschließlich des Planes ohne Quote für die Gläubiger auch für das gerichtliche Verfahren zur Anwendung (vgl Rn 27f). Auch die Ausführungen zum gestaltenden Teil des Insolvenzplanes im Regelverfahren können insoweit Anregungen für die inhaltliche Ausgestaltung eines Planes geben (vgl hierzu Kap 11).

bb) Angaben zu Gläubigersicherheiten

65 Nach § 305 Abs 1 Nr 4 InsO hat der Schuldner die Pflicht, in den Schuldenbereinigungsplan aufzunehmen, ob und in welchem Umfang Bürgschaften, Pfandrechte und andere **Sicherheiten der Gläubiger** von dem Plan berührt werden.

66 Da der Schuldenbereinigungsplan gem § 308 Abs 1 InsO die **Wirkung eines Vergleiches** iSv § 793 Abs 1 Nr 1 ZPO hat, werden die Rechte und Pflichten zwischen Gläubigern und Schuldner im Falle der Annahme des Planes **rechtsgestaltend geregelt**, was auch erhebliche Auswirkungen auf die Gläubigersicherheiten haben kann. Denn mit Annahme des Planes können, wenn dort der Erlaß an Forderungen ganz oder teilweise vorgesehen ist – anders als im Restschuldbefreiungsverfahren (vgl § 301 Abs 2 InsO und Kap 16) – von den Gläubigern die Sicherheiten zur Hauptforderung nicht mehr vollumfänglich geltend gemacht werden.[42] Sicherheiten, deren Höhe sich zwingend an der Höhe der Hauptforderung orientieren, auch **akzessorische Sicherheiten** genannt, reduzieren sich beispielsweise bei einem ganz oder teilweise vorgesehenen Forderungserlaß im Schuldenbereinigungsplan in entspr Höhe. Dem Gläubiger ein-

40 Vgl Haarmeyer/Wutzke/Förster, Kap 10 Rn 33.
41 Vgl hierzu unter Hinweis auf Parallelregelungen im Ausland *Krug* S 112.
42 Vgl hierzu Ausschußbericht zu § 357b RegEntw InsO abgedruckt in Balz/Landfermann S 428ff; Hess/Obermüller, Insolvenzplan, Restschuldbefreiung und Verbraucherinsolvenz Rn 790.

geräumte Hypotheken werden beispielsweise in Höhe der Forderungsreduktion zu Eigentümergrundschulden (vgl §§ 1163 Abs 1 S 2 iVm § 1177 Abs 1 BGB). Auch Bürgschaften sowie Pfandrechte erlöschen bzw reduzieren sich in Höhe des Forderungserlasses.

67 Gläubigersicherheiten, die nicht vom Bestand der gegen den Schuldner bestehenden Hauptforderung abhängig sind, auch **abstrakte Sicherheiten** genannt, bestehen zwar trotz der im Plan vorgegebenen Reduzierung der Hauptforderung fort, der Sicherungsgeber wird aber einen **Freigabeanspruch** geltend machen, wenn die Sicherheiten die aufgrund des Schuldenbereinigungsplanes reduzierten Restforderungen übersteigen.[43] Im Falle der Inanspruchnahme des Sicherungsgebers durch den Gläubiger kann dieser dem Gläubiger die Reduzierung oder den gänzlichen Erlaß der Hauptforderung auch einredeweise entgegenhalten.

68 Aufgrund dieser gravierenden Konsequenzen für die Gläubigersicherheiten sollten im Schuldenbereinigungsplan insbes die Ausführungen zu den Gläubigersicherheiten von den betroffenen Gläubigern genauestens überprüft werden. Falls der Plan insoweit keine eindeutigen Regelungen enthält, sollten die betroffenen Gläubiger im Rahmen ihrer Stellungnahmemöglichkeit gem § 307 Abs 2 InsO darauf hinwirken, daß die sich für die Gläubiger ergebenden Konsequenzen deutlich dargestellt werden und hiervon auch ihre Zustimmung abhängig machen.

69 Soweit ein Gläubiger die Hauptforderung durch werthaltige Drittsicherheiten abgesichert hat, wird er einer Schuldenbereinigung unter auch nur teilweisem Verzicht auf die gegen den Schuldner bestehenden Forderungen kaum zustimmen, weil er insoweit gleichzeitig seine Sicherungsrechte einbüßt. In diesem Falle kommt allerdings in Betracht, daß sich der Drittsicherungsgeber ggf im Zusammenhang mit einer Stundungsabrede gegenüber dem Gläubiger verpflichtet, sich auf die forderungsreduzierende Wirkung des Schuldenbereinigungsplanes nicht zu berufen. Eine solche vertragliche Abrede ist als Garantievertrag einzuordnen und grundsätzlich zulässig.[44] Sie setzt allerdings – wie bereits erwähnt – voraus, daß der Sicherungsgeber im Verhältnis zum Gläubiger an einer solchen Abrede mitwirkt.

70 Im Falle einer Einschränkung der Sicherungsrechte kann der Schuldenbereinigungsplan auch vorsehen, daß die **Sicherheiten** durch eine erhöhte Zahlung beispielsweise von dritter Seite **abgelöst werden** und die Gläubiger sich im übrigen mit den sonstigen Regelungen des Insolvenzplanes einverstanden erklären. Solche Regelungen sind für den Gläubiger immer dann interessant, wenn er nicht abschließend einschätzen kann, ob die ihm gegebenen Sicherheiten zB bei nachrangigen Grundpfandrechten bei einer Inanspruchnahme des Sicherungsguts vollständig befriedigt werden.

---

43 Vgl zum Freigabeanspruch: *Obermüller* Insolvenzrecht in der Bankpraxis Rn 6.43 mwN.

44 Hess/Obermüller, Insolvenzplan, Restschuldbefreiung und Verbraucherinsolvenz Rn 794 mwN.

3. Prozeßkostenhilfe für das Verbraucherinsolvenzverfahren

Die vorstehenden Ausführungen haben gezeigt, daß der antragstellende Schuldner eine Reihe von teilweise komplizierten Antragsunterlagen bei Gericht einzureichen hat, die er von seinen persönlichen Möglichkeiten her häufig nicht ohne fremde Hilfe wird erstellen können. Insbes ein Verbraucher wird oftmals bereits mit der Abfassung oder mit der Ausfüllung der Antragsunterlagen überfordert sein, was zum Ergebnis haben kann, daß der unvollständig oder unrichtig ausgefüllte Antrag zurückgewiesen oder aber eine Restschuldbefreiung versagt wird. Der Schuldner wird deshalb insbes auf die Beratung durch Rechtsanwälte angewiesen sein. Diese Beratungsleistung ist regelmäßig mit Kosten verbunden, die ein insolventer Verbraucher oftmals nicht wird aufbringen können. Entspr gilt für die Gerichtskosten im Verfahren selbst. Es stellt sich deshalb die Frage, ob ein Schuldner einen **Anspruch auf Bewilligung von Prozeßkostenhilfe** hat. Beim konkurs- bzw gesamtvollstreckungsrechtlichen Eigenantrag des Schuldners wurde nach bisherigem Recht ein Rechtsschutzinteresse für die Gewährung von Prozeßkostenhilfe verneint, weil alleiniger Verfahrenszweck die möglichst gleichmäßige Befriedigung der Insolvenzgläubiger gewesen ist.[45] Dieser Zweck der Durchführung eines Insolvenzverfahrens ist nunmehr durch § 1 S 2 InsO dahingehend ergänzt worden, daß dem redlichen Schuldner Gelegenheit gegeben werden soll, sich von seinen restlichen Verbindlichkeiten zu befreien. Wenn der Schuldner dieses Ziel nur mit fremder Hilfe bewältigen kann, so ist ihm, wenn er notwendige Verfahrenskosten nicht aus eigener Kraft aufbringen kann, grundsätzlich Prozeßkostenhilfe zu gewähren. 71

Die **Prozeßkostenhilfe** ist allerdings dann zu versagen, wenn von vornherein auszuschließen ist, daß es sich um einen redlichen Schuldner handelt oder aber die tatsächlichen Gegebenheiten so liegen, daß eine Schuldenbereinigung oder aber eine Restschuldbefreiung von vornherein auszuschließen sind. Der Gläubiger hat deshalb für die Bewilligung von Prozeßkostenhilfe in dem Antragsverfahren für die Gewährung von Prozeßkostenhilfe insbes glaubhaft zu machen, daß die in § 290 Abs 1 Nr 1 InsO normierten Gründe für die Versagung der Restschuldbefreiung nicht gegeben sind. Liegt eine **Bedürftigkeit** vor und hat der **Antrag hinreichende Aussicht auf Erfolg,** so daß ein Insolvenzverfahren mit sich anschließendem Restschuldbefreiungsverfahren für den Schuldner in eine Befreiung von seinen restlichen Verbindlichkeiten mündet, so ist dem Schuldner Prozeßkostenhilfe zu bewilligen. Anderenfalls würde sein Recht auf Zugang zu den Gerichten (Art 103 GG) verletzt. Die Gewährung von Prozeßkostenhilfe ist eine spezielle Ausgestaltung der Sozialhilfe. Eine Nichtgewährung würde bei Vorliegen der Voraussetzungen gegen Art 1 und 2 GG 72

45 Vgl nur Uhlenbruck/Delhaes, Konkurs- und Vergleichsverfahren Rn 27 und LG Dresden ZIP 1997 207 mwN.

verstoßen. Die Prozeßkostenhilfe ist dem Schuldner deshalb bei Vorliegen der Voraussetzungen zu gewähren.[46]

4. Verfahren bis zur Entscheidung über den Schuldenbereinigungsplan

73 In der Phase zwischen Antragstellung und Entscheidung über den Schuldenbereinigungsplan ist das Verfahren zum Ruhen zu bringen, damit ein ausreichender Zeitraum für die Prüfung und ggf Ergänzung des Antrages sowie zur Abgabe der Stellungnahmen der Gläubiger besteht.

a) Ruhen des Eröffnungsverfahrens

74 Nachdem der Schuldner nach § 305 Abs 1 InsO einen Antrag auf Eröffnung des Insolvenzverfahrens gestellt hat, **ruht das Eröffnungsverfahren** zur Entscheidung über Eröffnungsanträge kraft Gesetzes zunächst **bis zur Entscheidung über den Schuldenbereinigungsplan**. Die gleiche Wirkung tritt ein, sobald ein Gläubiger einen Antrag auf Eröffnung des Insolvenzverfahrens stellt und der Schuldner, auf den die Vorschriften des Verbraucherinsolvenzverfahrens Anwendung finden, nach einer Aufforderung des Gerichts (vgl § 306 Abs 3 InsO) ebenfalls einen Antrag auf Eröffnung des Insolvenzverfahrens gestellt hat. Dies wird in § 306 Abs 3 S 3 InsO ausdrücklich klargestellt, dh **auch die Bearbeitung des Gläubigerantrages ruht**. Der Zeitraum des Ruhens soll, gerechnet ab Antragstellung, **drei Monate** nicht überschreiten, dh in dieser Zeitspanne soll eine Entscheidung über die Schuldenbereinigung getroffen werden. Die Einhaltung der Frist dürfte dann schwierig sein, wenn der Schuldner bei Antragstellung die in § 305 Abs 1 InsO geforderten Unterlagen erst nach Antragstellung erstellen oder ergänzen muß, oder aber das Gericht von seiner Ersetzungsbefugnis gem § 309 InsO Gebrauch macht und der Antragsteller und/oder der betroffene Gläubiger, dessen Zustimmung ersetzt wird, eine sofortige Beschwerde gegen den Ersetzungsbeschluß einlegt.

75 Wird der **Schuldenbereinigungsplan angenommen**, bedarf es keiner weiteren Handlungen, da die Anträge auf Eröffnung des Insolvenzverfahrens und auf Erteilung von Restschuldbefreiung nach § 308 Abs 2 InsO **als zurückgenommen gelten**. Scheitert der Schuldenbereinigungsplan, so ist das Verfahren über den Eröffnungsantrag von Amts wegen wieder aufzunehmen (§ 311 InsO).

---

46 Ebenso Haarmeyer/Wutzke/Förster, Kap 10 Rn 25.
Hess/Obermüller, Insolvenzplan, Restschuldbefreiung und Verbraucherinsolvenz Rn 768; s auch AG München ZIP 1998 2172; AG Köln (PKH für das Eröffnungsverfahren nicht bei Eigenantrag des Schuldners) ZIP 1999 147.

b) Ergänzung des Schuldnerantrages

Mit dem Antrag auf Eröffnung des Insolvenzverfahrens hat der Schuldner die in § 305 Abs 1 InsO vorgesehenen **Unterlagen** vorzulegen. Sind diese Unterlagen unvollständig, so fordert ihn das Insolvenzgericht auf, das Fehlende unverzüglich zu ergänzen. Kommt der Schuldner dieser Aufforderung nicht binnen **eines Monats** nach, so **gilt** sein **Antrag** auf Eröffnung des Insolvenzverfahrens **als zurückgenommen** (§ 305 Abs 3 InsO). Zu dieser Rücknahmefiktion kommt es auch, wenn lediglich die Unterlagen zu einem **Antrag auf Erteilung von Restschuldbefreiung** (§ 287 InsO), der ggf gleichzeitig zu stellen ist, nicht vollständig sind, obwohl unmittelbar nach Antragstellung noch gar nicht abzusehen ist, ob die Voraussetzungen für eine Restschuldbefreiung künftig vorliegen werden.[47] Wegen dieser Konsequenzen ist der Schuldner in der gerichtlichen Aufforderung auf die Monatsfrist sowie die daran geknüpfte Rücknahmefiktion hinzuweisen.[48] Der Lauf der Monatsfrist beginnt mit Zugang der Aufforderungserklärung beim Schuldner. 76

Versäumt der Schuldner die Monatsfrist, bleibt ihm nur die Möglichkeit, nach Vorliegen vollständiger Antragsunterlagen einen erneuten Antrag auf Eröffnung des Insolvenzverfahrens zu stellen. Er hat hierbei aber zu beachten, daß der außergerichtliche Bereinigungsversuch, der nach § 305 Abs 1 Nr 1 InsO zwingend vorgeschrieben ist, nicht länger als sechs Monate, gerechnet ab Eingang des neuen Eröffnungsantrags bei dem Insolvenzgericht, zurückliegt (vgl zur Fristberechnung Rn 83). Ist auch diese Frist verstrichen, muß der Schuldner auch den außergerichtlichen Schuldenbereinigungsversuch wiederholen. 77

c) Anordnung von Sicherungsmaßnahmen durch das Gericht

Nach § 306 InsO ruht das Verfahren auf Eröffnung des Insolvenzverfahrens bis zur Entscheidung über den Schuldenbereinigungsplan. Dem steht aber nicht entgegen, daß das Gericht wie im regulären Eröffnungsverfahren erforderlichenfalls Sicherungsmaßnahmen iSd §§ 21 ff InsO anordnet. Bei Verbraucherinsolvenzanträgen kann insbes ein allgem Verfügungsverbot oder die Einstellung von Einzelzwangsvollstreckungsmaßnahmen gegen den Schuldner geboten sein. Nicht zulässig ist hingegen die Einsetzung eines vorläufigen Insolvenzverwalters mit oder ohne Verwaltungs- und Verfügungsbefugnis. Denn damit würde die Sicherungsmaßnahme im Eröffnungsverfahren über das hinausgehen, was bei Verfahrenseröffnung zum Tragen käme. Denn im eröffneten Verfahren kommt es allenfalls zur Einsetzung eines Treuhänders, dessen Rechte und Pflichten weit hinter denjenigen eines vorläufigen Insolvenzverwalters zurückbleiben. 78

Zu den Möglichkeiten, Sicherungsmaßnahmen anzuordnen und zu den einzelnen in Betracht kommenden Sicherungsmaßnahmen selbst kann auf die einge- 79

47 Vgl Hess/Obermüller, Insolvenzplan, Restschuldbefreiung und Verbraucherinsolvenz Rn 797.

48 Vgl Haarmeyer/Wutzke/Förster, Kap 10 Rn 96.

hende Darstellung in Kap 3 verwiesen werden. Dort ist auch dargelegt, unter welchen Voraussetzungen das Insolvenzgericht Sicherungsmaßnahmen anzuordnen hat und welche rechtlichen Konsequenzen mit der Anordnung für Gläubiger und Schuldner verbunden sind.

d) Zustellungen an die Gläubiger

80 Sobald alle Erklärungen und Unterlagen, die der Schuldner mit seinem Eröffnungsantrag einzureichen hat, bei dem Insolvenzgericht vollständig vorliegen, schließen sich folgende Verfahrensschritte an, die auch schriftlich durchgeführt werden können:[49]

aa) Information der Gläubiger

81 Gem § 307 Abs 1 InsO hat das Gericht den Gläubigern, die in dem vom Schuldner vorgelegten Verzeichnis aufgeführt sind, das **Vermögensverzeichnis**, das **Gläubigerverzeichnis**, das **Forderungsverzeichnis** sowie den **Schuldenbereinigungsplan** zuzustellen. Hinsichtlich der erforderlichen **Zustellung** stellt das Gesetz ausdrücklich klar, daß diese **durch das Insolvenzgericht** zu erfolgen hat und die in § 8 InsO vorgesehenen Zustellungserleichterungen für das Schuldenbereinigungsverfahren nicht gelten (vgl § 307 Abs 1 S 3 InsO). Ferner ist auch eine Zustellung an Gläubiger unbekannten Aufenthalts erforderlich. Diese wird ggf durch öffentliche Bekanntmachung (§ 203 ZPO) bewirkt.

bb) Aufforderung zur Stellungnahme

82 Gleichzeitig mit der Zustellung der Unterlagen sind die Gläubiger von dem Gericht aufzufordern, innerhalb eines Monats zu den Verzeichnissen und zu dem Schuldenbereinigungsplan Stellung zu nehmen und den Gläubigern ist Gelegenheit zu geben, die Angaben des Schuldners über die Forderung des Gläubigers in dem Forderungsverzeichnis zu überprüfen und **binnen der vorgenannten Monatsfrist** zu ergänzen. In der gerichtlichen Aufforderung ist der Gläubiger darauf hinzuweisen, daß bei nicht rechtzeitigem Eingang der Stellungnahme und/oder der ergänzenden Informationen über die Forderung ein **Einverständnis** des Gläubigers mit dem Schuldenbereinigungsplan **fingiert** wird. Der Gläubiger sollte also in jedem Falle die ihn betreffende Forderung in dem Forderungsverzeichnis überprüfen und ggf bei Fehlerhaftigkeit eine korrekte Forderungsberechnung an das Gericht übersenden verbunden mit der Aufforderung, das Verzeichnis zu berichtigen.

---

49 Vgl Haarmeyer/Wutzke/Förster, Kap 10 Rn 35;
Hess/Obermüller, Insolvenzplan, Restschuldbefreiung und Verbraucherinsolvenz Rn 814.

cc) Fristberechnung

Aufgrund der erforderlichen Zustellungen ist die Monatsfrist ohne weiteres zu ermitteln. Wegen der sich an die Fristversäumnis knüpfenden gravierenden Konsequenzen sollten die Gläubiger insoweit erforderliche Stellungnahmen rechtzeitig bei Gericht einreichen. Für die Einhaltung der Frist kommt es auf den Eingang der Stellungnahme bei Gericht an. Die Absendung ist insoweit unerheblich. Bei der Monatsfrist handelt es sich um eine Notfrist, so daß der Gläubiger bei unverschuldeter Fristversäumnis die Möglichkeit hat, einen Antrag auf **Wiedereinsetzung in den voherigen Stand nach § 233 ZPO** zu stellen. Bei Vorliegen der Wiedereinsetzungsvoraussetzungen werden die vorgenannten Konsequenzen dann nicht greifen.[50] **83**

5. Annahme/Ablehnung des Schuldenbereinigungsplanes

Nach § 308 Abs 1 InsO **gilt** der **Schuldenbereinigungsplan als angenommen**, wenn kein Gläubiger Einwendungen gegen den Schuldenbereinigungsplan erhoben hat oder aber die Einwendungen der Gläubiger durch eine gerichtliche Zustimmung nach § 309 InsO ersetzt werden. Wie vorstehend dargelegt, wird der Schuldenbereinigungsplan den Gläubigern zur schriftlichen Stellungnahme zugeleitet. Erfolgt eine Stellungnahme nicht oder nicht fristgerecht, so gilt dies als Einverständnis mit dem Schuldenbereinigungsplan. Gibt der Gläubiger eine zustimmende Stellungnahme ab, ist dies als ausdrückliche Einverständniserklärung zu werten. Lediglich dann, wenn der Schuldner in seiner Stellungnahme Einwendungen gegen den Schuldenbereinigungsplan erhebt, gilt dies als Ablehnung des Planes. Der Gläubiger ist grundsätzlich nicht verpflichtet, die Ablehnung zu begründen. Er muß aber damit rechnen, daß durch das Insolvenzgericht die Ablehnung durch eine Zustimmung ersetzt wird (vgl Rn 87f), wenn aus der Stellungnahme nicht erkennbar ist, welche Umstände für die Ablehnung des Schuldenbereinigungsplanes ursächlich waren. Außerdem sollte die Stellungnahme so abgefaßt sein, daß für das Insolvenzgericht erkennbar ist, ob durch eine Änderung des Planes ggf eine Zustimmmung des ablehnenden Gläubigers erreichbar ist. **84**

a) Annahme des Schuldenbereinigungsplanes

Der Schuldenbereinigungsplan **gilt als angenommen**, wenn **sämtliche beteiligten Gläubiger** entweder keine Stellungnahme oder eine zustimmende abgegeben haben. Erhebt auch nur ein Gläubiger Einwendungen gegen den Plan, so führt dies zu dessen Ablehnung. **85**

Erkennt das Gericht aufgrund der inhaltlichen Ausgestaltung der ablehnenden Stellungnahmen, wie die fehlenden Zustimmungen durch eine Veränderung des **86**

---

50 Vgl Ausschußbericht zu § 357d RegEntw InsO abgedruckt in Balz/Landfermann S 431.

Planes erlangt werden können, so hat es dem Schuldner gem § 307 Abs 3 InsO Gelegenheit zu geben, den Schuldenbereinigungsplan binnen einer vom Gericht zu bestimmenden Frist entspr zu ändern oder zu ergänzen. Hierbei sollte das Gericht den Schuldner darauf hinweisen, daß bei einer bestimmten Abänderung des Planes eine Annahme durch sämtliche Gläubiger zu erwarten ist. Kommt der Schuldner dem Änderungsverlangen nicht nach, so bleibt es bei der Ablehnung des Planes. Wenn der Schuldner hingegen einen modifizierten Schuldenbereinigungsplan bei Gericht einreicht, stellt das Gericht die Änderungen oder Ergänzungen den betroffenen Gläubigern verbunden mit einer erneuten Fristsetzung zu (zur Zustellung vgl oben Rn 80). Erhebt nunmehr kein Gläubiger mehr Einwendungen gegen den geänderten Schuldenbereinigungsplan oder erteilen die Gläubiger ihre ausdrückliche Zustimmung zu dem Plan, **gilt der Plan als angenommen**, was von seiten des Insolvenzgerichts gem § 308 Abs 1 S 1 InsO **durch Beschluß festzustellen** ist.

b) Ersetzung fehlender Zustimmungen durch das Insolvenzgericht

87 Verbleibt es nach dem vorstehend Dargestellten bei einer Ablehnung des Planes, weil sich nach wie vor Gläubiger ablehnend zu dem Schuldenbereinigungsplanvorhaben geäußert haben, so kann ein Schuldenbereinigungsplan doch noch zum Tragen kommen, wenn die Voraussetzungen für die gerichtliche Ersetzung der Zustimmung gem § 309 InsO vorliegen.

aa) Mehrheitserfordernisse

88 Eine Ersetzung der Zustimmung kommt nur dann in Betracht, wenn dem Schuldenbereinigungsplan **mehr als die Hälfte der benannten Gläubiger** zustimmt, diese Gläubigeranzahl gleichzeitig **mehr als die Hälfte der** im Forderungsverzeichnis aufgeführten **Forderungen ausmacht** und ein **Antrag** eines Gläubigers oder des Schuldners auf Ersetzung der Zustimmung vorliegt (§ 309 Abs 1 S 1 InsO).

89 Wenn es hingegen an einem Antrag fehlt oder aber mehr als die Hälfte der Gläubiger den Schuldenbereinigungsplan ablehnt oder die ablehnenden Gläubiger mehr als die Hälfte der im Forderungsverzeichnis aufgeführten Forderungen repräsentieren, so ist der Plan endgültig gescheitert.

90 Macht das Gericht hingegen von seiner **Ersetzungsbefugnis** Gebrauch und ersetzt die fehlenden Zustimmungen der Gläubiger, die Einwendungen erhoben haben, durch eine eigene, so gilt der Schuldenbereinigungsplan als angenommen, was von seiten des Insolvenzgerichts durch einen entsprechenden Beschluß auszusprechen ist.

bb) Voraussetzungen für die gerichtliche Ersetzung der fehlenden Zustimmungen

91 Das Gericht kann die fehlenden Zustimmungen der Gläubiger, die Einwendungen erhoben haben, aber nur dann ersetzen, wenn diese Gläubiger im Verhältnis zu den anderen Gläubigern **angemessen an den im Plan bestimmten Leistungen beteiligt** werden und feststeht, daß diese Gläubiger durch den Schuldenbereinigungsplan **wirtschaftlich nicht schlechter gestellt** werden, als sie bei Durchführung des Verbraucherinsolvenzverfahrens und Erteilung von Restschuldbefreiung stünden (§ 309 Abs 1 S 2 InsO).

Durch die gerichtliche Ersetzungsbefugnis soll unterbunden werden, daß ein sachgerechter Plan durch die Verweigerung der Zustimmung einzelner Gläubiger zu Fall gebracht wird.[51] Dieses **Obstruktionsverbot** ist insbes dann sinnvoll, wenn Einwendungen gegen den Plan nicht auf sachlichen oder wirtschaftlichen Erwägungen beruhen, sondern nur dazu dienen sollen, dem Schuldner die Möglichkeit einer schnellen Bereinigung seiner wirtschaftlichen Schwierigkeiten zu nehmen. **92**

Das Insolvenzgericht hat vor der Ersetzung der Zustimmung den widersprechenden **Gläubiger zu hören**. Der Gläubiger hat hierbei **glaubhaft** zu machen, welche Gründe einer Ersetzung seiner Einwendungen durch eine Zustimmung von Seiten des Gerichts entgegenstehen. Macht der Gläubiger glaubhaft, daß er im Verhältnis zu den anderen Gläubigern entweder nicht angemessen beteiligt wird oder durch den Schuldenbereinigungsplan schlechter gestellt wird als bei Erteilung einer Restschuldbefreiung, so kann seine Zustimmung nicht mehr ersetzt werden. Es bleibt dann bei der Ablehnung des Schuldenbereinigungsplanes. Als **Mittel der Glaubhaftmachung** kann der Gläubiger sich aller präsenten Beweismittel bedienen, also insbes auch eine Versicherung an Eides Statt abgeben (vgl § 294 ZPO). Fehlt es an einer Glaubhaftmachung, so kann das Gericht die Einwendungen durch seine Zustimmung ersetzen, wenn sich nicht bereits aus dem Tatsachenvortrag als solchem ergibt, daß die Einwendungen des Gläubigers beachtlich sind, weil der Plan beispielsweise zu einer offensichtlichen Schlechterstellung dieses Gläubigers führt. **93**

cc) Angemessene Beteiligung im Verhältnis zu den übrigen Gläubigern

Das Erfordernis, jeden Gläubiger im Verhältnis zu den übrigen Gläubigern angemessen zu beteiligen, ist Ausprägung des in § 294 Abs 2 InsO festgeschriebenen Gleichbehandlungsgebots.[52] Eine Schlechterstellung des einzelnen Gläubigers kommt insbes dann in Betracht, wenn keine Differenzierung zwischen gesicherten und ungesicherten Gläubigern erfolgt und somit der wirtschaftliche Vorteil, der dem gesicherten Gläubiger aufgrund seiner Sicherheit zusteht, unberücksichtigt bleibt. Gleiches gilt bei einer Gleichbehandlung von streitigen und unstreitigen Forderungen oder wenn der Plan offensichtlich fingierte Forderungen enthält, um beispielsweise dem Schuldner nahestehenden Personen **94**

51 Vgl Ausschußbericht zu § 357f RegEntw InsO abgedruckt in Balz/Landfermann S 433ff; Haarmeyer/Wutzke/Förster, Kap 10 Rn 38.
52 Hess/Obermüller, Insolvenzplan, Restschuldbefreiung und Verbraucherinsolvenz Rn 831.

Vorteile zu Lasten der übrigen Gläubigern zuzuwenden. Für den letzteren Fall sieht § 309 Abs 3 InsO vor, daß eine Zustimmungsersetzung nicht in Betracht kommt, wenn ein Gläubiger Tatsachen glaubhaft macht, aus denen sich ernsthafte Zweifel ergeben, ob eine vom Schuldner angegebene Forderung besteht oder sich auf einen höheren oder niedrigeren Betrag richtet, als in dem Forderungsverzeichnis angegeben ist und vom Ausgang des Streites über diese Forderung abhängt, ob dieser Gläubiger im Verhältnis zu den übrigen Gläubigern angemessen beteiligt wird oder nicht.

dd) Wirtschaftliche Schlechterstellung gegenüber einer Restschuldbefreiung

95 Eine Ersetzung der Einwendungen der Gläubiger gegen den Schuldenbereinigungsplan durch eine Zustimmung von seiten des Insolvenzgerichts kommt ferner dann nicht in Betracht, wenn das Gericht aufgrund einer entspr Glaubhaftmachung von seiten der betroffenen Gläubiger feststellt, daß diese Gläubiger durch den Schuldenbereinigungsplan wirtschaftlich schlechter gestellt werden, als sie bei Durchführung des Insolvenzverfahrens und anschließender Erteilung von Restschuldbefreiung stünden.

96 Das Insolvenzgericht hat deshalb vor Ersetzung der Einwendungen eines Gläubigers durch eine Zustimmung zu ermitteln, was der Gläubiger nach Durchführung eines Verbraucherinsolvenzverfahrens und einem sich daran anschließenden Restschuldbefreiungsverfahren erhielte.[53] Um dies festzustellen, **hat das Gericht zu berechnen,** welche Leistungen der Gläubiger erhalten würde, wenn das dem Insolvenzbeschlag unterfallende Vermögen des antragstellenden Schuldners in einem Verbraucherinsolvenzverfahren verwertet und der Schuldner im Rahmen der Restschuldbefreiung sieben Jahre lang die pfändbaren Teile seines Arbeitseinkommens seinen Gläubigern zur Verfügung stellen würde. Hierbei hat das Gericht außer Betracht zu lassen, ob die sonstigen Voraussetzungen für die Durchführung des Restschuldbefreiungsverfahrens in der Person des Schuldners vorliegen. Aus dem Wortlaut in § 309 Abs 1 Nr 2 InsO ergibt sich nämlich, daß von seiten des Gerichts bei dieser Prüfung eine Erteilung der Restschuldbefreiung zu unterstellen ist und auf dieser Basis eine vergleichende Berechnung durchgeführt werden muß.[54] Gem § 309 Abs 1 S 2 Nr 2 InsO ist bei dieser Vergleichsrechnung im Zweifel zugrunde zu legen, daß die Einkommens-, Vermögens- und Familienverhältnisse zum Zeitpunkt des Antrages auf Ersetzung der Einwendungen eines Gläubigers durch eine Zustimmung des Insolvenzgerichts während der gesamten Dauer des Verfahrens unverändert bleiben. Aufgrund dieser Vermutung greift das Argument, daß künftig die Möglichkeit der Besserung in den Einkommens- und Vermögensverhältnissen des Schuldners während des Verfahrens bestehen könnte, nicht. Es sei denn, von

53 Hess/Obermüller, Insolvenzplan, Restschuldbefreiung und Verbraucherinsolvenz Rn 835; Haarmeyer/Wutzke/Förster, Kap 10 Rn 40.

54 Hess/Obermüller, Insolvenzplan, Restschuldbefreiung und Verbraucherinsolvenz Rn 836.

seiten des Gläubigers kann glaubhaft gemacht werden, die Vermögensverhältnisse würden sich in der Zukunft soweit verbessern, daß er im Falle der Durchführung eines Restschuldbefreiungsverfahrens besser stünde.

ee) Rechtsbehelfe

Gegen den Ersetzungsbeschluß oder den die Ersetzung ablehnenden Beschluß steht dem die Ersetzung Beantragenden oder aber dem Gläubiger, dessen Zustimmung ersetzt wird, gem § 309 Abs 2 S 3 InsO die **sofortige Beschwerde** zu. Im Rahmen des Beschwerdeverfahrens ist zu prüfen, ob von seiten des Insolvenzgerichts die Ersetzung der Zustimmung zu Recht erfolgt bzw abgelehnt wurde. **97**

c) Rechtsfolgen der Ablehnung/Annahme des Schuldenbereinigungsplanes

Je nachdem, ob der Schuldenbereinigungsplan abgelehnt oder angenommen wird, knüpfen sich verschiedene Rechtsfolgen an das Ergebnis: **98**

aa) Wiederaufnahme des Verfahrens

Kommt es nicht zu einer Ersetzung der Einwendungen der widersprechenden Gläubiger durch eine Zustimmung von seiten des Gerichts, so wird das bisher kraft Gesetzes (vgl § 306 Abs 1 InsO) **ruhende Insolvenzeröffnungsverfahren wieder aufgenommen** (vgl hierzu Rn 74). **99**

bb) Rücknahmefiktion für Eröffnungsantrag

Wird der Plan hingegen angenommen, so knüpfen sich hieran eine Reihe von verfahrensrechtlichen und zivilrechtlichen Folgen. Zunächst hat das Gericht die **Annahme** des Schuldenbereinigungsplanes **durch Beschluß festzustellen**. Mit Rechtskraft des Beschlusses gelten die Anträge auf Eröffnung des Insolvenzverfahrens und ggf auf Erteilung von Restschuldbefreiung gem § 308 Abs 2 InsO als zurückgenommen und von seiten des Insolvenzgerichts angeordnete Sicherungsmaßnahmen (vgl hierzu Rn 116) sind durch einen öffentlich bekanntzumachenden Beschluß (vgl §§ 25, 23 InsO) aufzuheben. **100**

Kosten, die den Gläubigern im Zusammenhang mit dem Schuldenbereinigungsplan entstehen, sind von den Gläubigern zu tragen. Ein **Erstattungsanspruch** gegen den Schuldner ist durch § 310 InsO ausdrücklich **ausgeschlossen**. **101**

cc) Vergleichswirkung des Planes

Nach Rechtskraft des die Planannahme feststellenden Beschlusses erhält der Schuldenbereinigungsplan die Wirkung eines **vollstreckbaren Vergleichs iSd § 794 Abs 1 Nr 1 ZPO**. Die Forderungen können danach nur noch entspr den Regelungen des Schuldenbereinigungsplanes geltend gemacht werden. Etwas anderes gilt gem § 308 Abs 3 InsO nur für den Fall, daß **Forderungen in dem Verzeichnis des Schuldners nicht enthalten sind** und auch nicht nachträg- **102** lich bei dem Zustandekommen des Schuldenbereinigungsplanes berücksichtigt worden sind. Gläubiger solcher Forderungen können von dem Schuldner die Erfüllung ihrer Forderungen ohne Rücksicht auf die Regelungen in dem Vergleich verlangen. Dies gilt allerdings dann nicht, wenn ein Gläubiger die Angaben über seine Forderung in dem Forderungsverzeichnis, das ihm nach § 307 Abs 1 InsO von dem Gericht übersandt wurde, nicht innerhalb der gesetzten Frist ergänzt hat, obwohl die Forderung vor dem Ablauf der Frist entstanden war. Eine solche Forderung **erlischt kraft Gesetzes**.

103 Entspr gilt für die **Sicherheiten**, soweit im Plan keine eigenständige Regelung vorgesehen ist. In einem solchen Falle **erlöschen** akzessorische Sicherheiten in der Höhe der aufgrund des Schuldenbereinigungsplanes eingetretenen Forderungsreduktion. Abstrakte Sicherheiten sind in dem gleichen Verhältnis freizugeben. Dies gilt auch für **von dritten Personen gestellte Sicherheiten**. Denn die Vorschriften der §§ 301 Abs 2, 254 Abs 2 InsO, nach denen die Ansprüche der Sicherungsgläubiger gegen Mitschuldner und Bürgen durch Restschuldbefreiung oder einen Insolvenzplan nicht berührt werden, gelten für das gerichtliche Schuldenbereinigungsverfahren nicht.[55]

dd) Folgen der Nichterfüllung des Planes

104 Erfüllt der Schuldner die ihm gem dem Schuldenbereinigungsplan obliegenden Vorgaben nicht, führt dies nicht zu einer Aufhebung des Planes und einer Fortführung des Insolvenzverfahrens. Denn gem § 308 Abs 2 InsO gelten die Anträge auf Eröffnung des Insolvenzverfahrens und ggf auf Erteilung von Restschuldbefreiung als zurückgenommen. Die betroffenen Gläubiger haben lediglich die Möglichkeit, aus dem Plan ggf mit Hilfe der vollstreckbaren Ausfertigung des Planes zu vollstrecken (vgl hierzu Rn 35) und bei deren Fruchtlosigkeit erneut einen Insolvenzantrag zu stellen. Ein erneuter Antrag hätte zur Folge, daß der Schuldner im Falle einer Anschließung iSd § 306 Abs 3 InsO sämtliche vorstehend dargestellten Verfahrensstufen erneut durchlaufen müßte. Anderenfalls findet ein reguläres Eröffnungsverfahren statt, das in ein vereinfachtes Insolvenzverfahren gem §§ 311 ff InsO übergeleitet wird, soweit die erforderlichen Voraussetzungen vorliegen (vgl hierzu Rn 40).

ee) Vollstreckung aus dem Plan

105 Der angenommene **Schuldenbereinigungsplan** hat gem § 308 Abs 1 S 2 InsO die **Wirkung eines Vergleichs** iSd § 794 Abs 1 Nr 1 ZPO. Soweit den Gläubigern und dem Schuldner eine vollstreckbare Ausfertigung des Schuldenbereinigungsplanes und des die Annahme des Schuldenbereinigungsplanes feststellenden Gerichtsbeschlusses zugestellt wurde. Voraussetzung ist aber, daß der Schuldenbereinigungsplan einen **vollstreckbaren Inhalt** hat. Dies ist lediglich

55 Hess/Obermüller, Insolvenzplan, Restschuldbefreiung und Verbraucherinsolvenz Rn 849.

dann gegeben, wenn der Plan die Zahlung einer bestimmten Geldsumme zugunsten des einzelnen Gläubigers vorsieht.[56] Nur aus Plänen, in denen Zahlungspflichten in Höhe eines bestimmten Geldbetrages festgeschrieben sind, kann vollstreckt werden. Hingegen sind Pläne, die Zahlungspflichten von dem Eintritt künftiger Ereignisse abhängig machen, als Vollstreckungstitel nicht geeignet.[57]

IV. Das vereinfachte (Verbraucher-) Insolvenzverfahren

Scheitert eine gerichtliche Schuldenbereinigung, so kommt es zu einer Fortführung des Eröffnungsverfahrens. Nachdem aufgrund von § 306 Abs 1 InsO ein Ruhen des Verfahrens über den Antrag auf Eröffnung des Insolvenzverfahrens kraft Gesetzes angeordnet war, wird das Verfahren über den Eröffnungsantrag in diesem Falle gem § 311 InsO von Amts wegen wieder aufgenommen. **106**

1. Fortsetzung des Eröffnungsverfahrens/ Antragsrücknahme

Kommt es zu einer Wiederaufnahme des Eröffnungsverfahrens liegt regelmäßig bereits ein Antrag eines Schuldners oder Gläubigers vor, so daß kein erneuter Antrag gestellt werden muß. **107**

Um eine Beendigung des Verfahrens zu erreichen, können der oder die Antragsteller einen Antrag jedoch auch nach Wiederaufnahme des Verfahrens jederzeit bis zur Eröffnung des Verfahrens (vgl Kap 2 Rn 98) oder bis zur Entscheidung über die Ablehnung des Eröffnungsantrages zurücknehmen (vgl § 13 Abs 2 InsO). Liegen mehrere Anträge vor, müssen sämtliche Anträge zurückgenommen werden, damit das Eröffnungsverfahren eingestellt werden kann. **108**

Kommt es aufgrund einer Antragsrücknahme zu einer Beendigung des Eröffnungsverfahrens, haben die **Gläubiger und der Schuldner** die Möglichkeit, jederzeit einen **neuen Antrag** auf Eröffnung des Insolvenzverfahrens zu stellen. Das Eröffnungsverfahren ruht in einem solchen Falle gem § 306 InsO erneut, bis über den Schuldenbereinigungsplan nach dem vorstehend beschriebenen Verfahren entschieden wurde. Das gesamte **Schuldenbereinigungsverfahren** muß demnach **wiederholt** werden, was zu einer erheblichen Verfahrensverzögerung führt. Dies kann bei Vorliegen eines Schuldnerantrages durch den im Schuldenbereinigungsverfahren zu beteiligenden Gläubiger vermieden werden, **109**

---

56 Hess/Obermüller, Insolvenzplan, Restschuldbefreiung und Verbraucherinsolvenz Rn 854.

57 Hess/Obermüller, Insolvenzplan, Restschuldbefreiung und Verbraucherinsolvenz Rn 854 mwN.

indem dieser neben der an das Insolvenzgericht zu richtenden Stellungnahme bei dem Insolvenzgericht einen eigenen Antrag einreicht.[58] Zu einer weiteren Verzögerung der Verfahrenseröffnung kann es kommen, wenn die Rücknahme des Antrages von seiten des Schuldners erst zu einem Zeitpunkt erfolgt, der sechs Monate nach Scheitern des außergerichtlichen Schuldenbereinigungsversuchs liegt (vgl § 305 Abs 1 Nr 1 InsO und Rn 33f). Denn dies hat zur Folge, daß auch ein außergerichtlicher Schuldenbereinigungsversuch erneut durchzuführen ist.

2. Eröffnungsvoraussetzungen

110 Zu einer Eröffnung des vereinfachten Insolvenzverfahrens kommt es nur, wenn das Gericht im Rahmen der Prüfung des Insolvenzantrages nach den allgem Regeln feststellt, daß die Eröffnungsvoraussetzungen gegeben sind. Ebenso wie im regulären Antragsverfahren muß das Gericht sich davon überzeugen, daß ein **Insolvenzgrund** vorliegt und eine die **Verfahrenskosten deckende Masse** vorhanden ist.

a) Insolvenzgründe

111 Das Gericht hat zunächst zu prüfen, ob ein Insolvenzgrund gegeben ist oder nicht. Da das vereinfachte Insolvenzverfahren nur über das Vermögen von natürlichen Personen stattfindet, wird ein Verfahren nur dann eröffnet, wenn der Schuldner **zahlungsunfähig** ist. Dies ist nach § 17 Abs 2 InsO dann der Fall, wenn der Schuldner nicht in der Lage ist, die fälligen Zahlungspflichten zu erfüllen. Als Regelbeispiel ist dort angegeben, daß eine Zahlungsunfähigkeit idR dann anzunehmen ist, wenn der Schuldner seine Zahlungen eingestellt hat.

112 Soweit der Schuldner selbst die Eröffnung des Insolvenzverfahrens beantragt hat, so ist auch die **drohende Zahlungsunfähigkeit** ein Eröffnungsgrund (§ 18 Abs 1 InsO). Nach der in § 18 Abs 2 InsO geregelten Definition droht der Schuldner dann zahlungsunfähig zu werden, wenn er voraussichtlich nicht in der Lage sein wird, die bestehenden Zahlungspflichten im Zeitpunkt der Fälligkeit zu erfüllen.

113 Hinsichtlich der Kriterien, anhand derer von seiten des Gerichts ggf mit Unterstützung eines Gutachters der Eröffnungsgrund festgestellt werden kann, kann auf die Ausführungen zum regulären Eröffnungsverfahren verwiesen werden (vgl Kap 2 Rn 18ff). Dort sind die Grundlagen für die Feststellung einer Zahlungsunfähigkeit oder deckenden Zahlungsfähigkeit im einzelnen erläutert.

---

58 Vgl Hess/Obermüller, Insolvenzplan, Restschuldbefreiung und Verbraucherinsolvenz, Rn 857.

b) Kostendeckung

114 Das Gericht hat ferner zu prüfen, ob die **Verfahrenskosten gedeckt** sind. Für das vereinfachte Insolvenzverfahren sind hierunter die **Kosten** für das **Gericht** und für den **Treuhänder** zu verstehen[59] (vgl für das Regelverfahren § 54 InsO). Hinzu kommen ggf die Kosten, die im Falle der Bestellung eines **Gläubigerausschusses** hinzutreten. Die Bestellung eines Gläubigerausschusses ist zwar wegen des regelmäßig nur geringen Verfahrensumfanges wenig sinnvoll. Sie ist aber von Gesetzes wegen nicht ausgeschlossen.

115 Soweit das Gericht feststellt, daß eine die vorstehenden Kosten deckende Masse im schuldnerischen Vermögen nicht vorhanden ist, weist das Gericht den Eröffnungsantrag ab. Wenn aber ein Dritter für den Schuldner die Verfahrenskosten aufbringt, kann das Verfahren eröffnet werden, denn die Begleichung der sonstigen Masseverbindlichkeiten ist nicht Voraussetzung für die Eröffnung des Verfahrens[60] (vgl hierzu im einzelnen Kap 2 Rn 107).

c) Einstweilige Sicherungsmaßnahmen

116 Auch im Eröffnungsverfahren des vereinfachten Insolvenzverfahrens kann das Gericht einstweilige Sicherungsmaßnahmen, insbes zur Sicherung des späteren Insolvenzverfahrens anordnen, wenn dies nicht bereits im Zusammenhang mit der Schuldenbereinigung geschehen ist (vgl § 306 Abs 2, § 21 ff InsO). Das Gericht hat solche Maßnahmen dann anzuordnen, wenn es zu der Feststellung gelangt, daß solche Maßnahmen zur Sicherung des Insolvenzverfahrens geboten sind (vgl hierzu im einzelnen Kap 3). Dieses Ziel kann insbes durch die Anordnung eines **allgem Verfügungsverbotes** oder durch die einstweilige Einstellung/Untersagung von Einzelzwangsvollstreckungsmaßnahmen (vgl zu den Voraussetzungen Kap 3 Rn 18 ff) erreicht werden. **Unzulässig** ist hingegen die Bestellung eines **vorläufigen Insolvenzverwalters** mit oder ohne Verwaltungs- und Verfügungsbefugnis (vgl hierzu Kap 3 Rn 28). Denn auch nach Eröffnung des vereinfachten Insolvenzverfahrens wird kein Insolvenzverwalter bestellt, sondern lediglich ein Treuhänder (vgl § 313 InsO und unten Rn 121). Die Einsetzung eines vorläufigen Insolvenzverwalters im Eröffnungsverfahren würde demnach über das hinausgehen, was nach Eröffnung des Verfahrens vom Gesetzgeber vorgesehen ist.[61]

---

59 Hess/Obermüller, Insolvenzplan, Restschuldbefreiung und Verbraucherinsolvenz Rn 867.

60 Vgl Hess/Obermüller, Insolvenzplan, Restschuldbefreiung und Verbraucherinsolvenz Rn 867; Haarmeyer/Wutzke/Förster, Kap 10 Rn 51.

61 Vgl hierzu Hess/Obermüller, Insolvenzplan, Restschuldbefreiung und Verbraucherinsolvenz Rn 867.

d) Eröffnungsbeschluß

117 Sobald das Gericht im Zuge der Ermittlungen zu dem Ergebnis gelangt, daß ein Insolvenzgrund gegeben ist und die Verfahrenskosten aus der vorhandenen Masse oder durch Leistung Dritter gedeckt werden können, eröffnet es das Insolvenzverfahren durch einen entspr Beschluß. In dem Beschluß bestimmt das Gericht gleichzeitig einen **Treuhänder** und einen **Termin zur Prüfung der beim Treuhänder anzumeldenden Forderungen**. Für die Auswahl des Treuhänders gelten die gleichen Eignungskriterien, die auch für die Auswahl eines Insolvenzverwalters maßgeblich sind.[62] Der Eröffnungsbeschluß ist auch im vereinfachten Verfahren gem § 30 InsO **öffentlich bekanntzumachen.**[63] Die öffentliche Bekanntmachung erfolgt gem § 9 Abs 1 InsO durch Veröffentlichung in dem für amtliche Bekanntmachungen des Gerichts bestimmten Blatt. Zudem ist die Bekanntmachung gem § 30 InsO auszugsweise im Bundesanzeiger zu veröffentlichen und den Gläubigern und Schuldnern des Schuldners sowie dem Schuldner selbst ist der Beschluß besonders zuzustellen.

3. Besonderheiten des Verfahrensablaufes

118 Das Verbraucherinsolvenzverfahren weist gegenüber dem Regelinsolvenzverfahren eine Reihe von vereinfachten Verfahrensregelungen auf. Anstelle des Insolvenzverwalters wird nur ein **Treuhänder** bestimmt. Auch haben die **Gläubiger** bei dem vereinfachten Insolvenzverfahren **weitergehende Mitwirkungsmöglichkeiten**, insbes bei der Anfechtung von Rechtshandlungen und ggf bei der Verwertung der Masse. Unter gewissen Umständen kann auf die Verwertung sogar gänzlich verzichtet werden. Die Eröffnung des Verbraucherinsolvenzverfahrens zieht im wesentlichen die gleichen Rechtsfolgen nach sich, die auch bei Eröffnung eines regulären Insolvenzverfahrens eintreten. Der Schuldner verliert mit Eröffnung des Verfahrens die Verwaltungs- und Verfügungsbefugnis über sein zur Insolvenzmasse gehörendes Vermögen. Zur Insolvenzmasse gehört das gesamte der Einzelzwangsvollstreckung unterliegende Vermögen des Schuldners, das zur Zeit der Eröffnung des Insolvenzverfahrens vorhanden ist, später erworben wird oder infolge einer erfolgreichen Anfechtung wieder in das Vermögen des Schuldners gelangt.[64] Im übrigen kann bzgl der Wirkungen der Verfahrenseröffnung unter Berücksichtigung der nachfolgenden Besonderheiten auf die Ausführungen in Kap 4 (s dort Rn 1 ff) verwiesen werden. Gleiches gilt für die Aufrechnung und die Behandlung von Aus- und Absonderungsrechten (vgl Kap 8 Rn 12 ff, 33 ff). Nach § 312 Abs 1 InsO ist abweichend von § 29 InsO **nur ein Termin, in dem die angemeldeten Forderungen überprüft werden**, zu bestimmen. Der Berichtstermin, der

62 Vgl Haarmeyer/Wutzke/Förster, Kap 10 Rn 48.
63 *Krug* Der Verbraucherkonkurs S 132.
64 Hess/Obermüller, Insolvenzplan, Restschuldbefreiung und Verbraucherinsolvenz Rn 875.

normalerweise vorher stattfindet und in dem die Gläubiger über den Fortgang des Insolvenzverfahrens beschließen, entfällt.

Ferner kann das Insolvenzgericht anordnen, das **Insolvenzverfahren** oder Teile davon **schriftlich durchzuführen**, wenn die Vermögensverhältnisse des Schuldners überschaubar und die Zahl der Gläubiger oder die Höhe der Verbindlichkeiten gering sind (vgl § 312 Abs 2 InsO). Diese Anordnung kann von seiten des Insolvenzgerichts jederzeit aufgehoben oder abgeändert werden, was in § 312 Abs 2 S 2 InsO ausdrücklich so vorgesehen ist. **119**

Schließlich ist im vereinfachten Verfahren die Einreichung eines Insolvenzplanes oder aber die Eigenverwaltung durch den Schuldner nicht möglich. Denn nach § 312 Abs 3 InsO sind die Vorschriften über den Insolvenzplan und die Eigenverwaltung im Verbraucherinsolvenzverfahren nicht anzuwenden. **120**

a) Treuhänder

Im vereinfachten Insolvenzverfahren werden die Aufgaben des Insolvenzverwalters von einem Treuhänder wahrgenommen, der von dem Gericht bereits bei Eröffnung des Insolvenzverfahrens bestimmt wird. **121**

Schließt sich an das Verbraucherinsolvenzverfahren ein **Restschuldbefreiungsverfahren** an, so bleibt der einmal bestimte Treuhänder auch für die Betreuung des Restschuldbefreiungsverfahrens zuständig. Dies folgt aus § 313 Abs 1 S 2 InsO, der auf § 291 Abs 2 InsO Bezug nimmt. In beiden Vorschriften ist von demselben Treuhänder die Rede, der bei der Verbraucherinsolvenz lediglich vorher, nämlich bereits bei Eröffnung des Verfahrens, bestimmt wird. Im Regelverfahren wird der Treuhänder hingegen erst in der Phase einer Restschuldbefreiung zu deren Überwachung bestimmt (vgl § 292 InsO). **122**

Im übrigen gelten für die Rechte und Pflichten der Treuhänder die Vorschriften über den Insolvenzverwalter gem § 313 Abs 3 S 3 InsO (§§ 56 bis 66 InsO) entsprechend. Die Gläubiger haben demnach auch die Möglichkeit, in der ersten auf die Bestellung des Treuhänders folgenden Gläubigerversammlung einen anderen Treuhänder zu wählen. Hinsichtlich der **Aufsichtspflicht** des Insolvenzgerichts, der Möglichkeit der **Entlassung des Treuhänders** durch das Insolvenzgericht und der Haftung des Treuhänders kann auf die Ausführungen zum Regelverfahren verwiesen werden. **123**

Der Treuhänder hat im Vergleich zum Insolenzverwalter einen nur eingeschränkten Aufgabenbereich. Insbes ist er nicht zur Anfechtung von Rechtshandlungen befugt. Die durch die Insolvenzordnung eröffneten Anfechtungstatbestände können vielmehr nur von jedem einzelnen Insolvenzgläubiger ausgeübt werden. Auch kann der Treuhänder nicht wie der reguläre Insolvenzverwalter Sicherungsgut verwerten. Das Verwertungsrecht verbleibt vielmehr bei den Sicherungsgläubigern selbst. **124**

b) Anfechtung durch Insolvenzgläubiger

125 Die Insolvenzanfechtung ist im dritten Teil der Insolvenzordnung geregelt (§§ 129ff InsO) und dient dazu, Rechtshandlungen, die vor Eröffnung des Verfahrens vorgenommen wurden und die Insolvenzgläubiger zudem benachteiligen, durch Anfechtung rückgängig zu machen. Im regulären Insolvenzverfahren steht das **Anfechtungsrecht** gem § 129 Abs 1 InsO ausschließlich dem Insolvenzverwalter zu. Im Verbraucherinsolvenzverfahren ist die Ausübungsbefugnis hingegen auf die Insolvenzgläubiger, also die Gläubiger, die am Verfahren beteiligt sind, verlagert. Der Treuhänder ist demnach nicht anfechtungsberechtigt. Vielmehr können entweder Einzelgläubiger, aber auch mehrere oder sämtliche Gläubiger Rechtshandlungen und Rechtsgeschäfte des Schuldners nach Maßgabe der §§ 129 bis 147 InsO anfechten. Wegen der Anfechtungsvoraussetzungen wird deshalb auf den diesbezüglichen Abschnitt verwiesen (vgl Kap 7 Rn 1ff).

126 Da es wenig sinnvoll ist, daß mehrere Gläubiger wegen derselben nachteiligen Rechtshandlung des Schuldners oder eines Dritten die Anfechtung im Klagewege betreiben, ist in § 313 Abs 2 S 3 InsO vorgesehen, daß die **Gläubigerversammlung** einen Gläubiger mit der Anfechtung beauftragt. Diese Auftragserteilung erfolgt durch einen entspr Beschluß in der Gläubigerversammlung. Aber auch wenn ein solcher Beschluß nicht gefaßt worden ist, sollte unter den Gläubigern eine Abstimmung bzw ein Informationsaustausch darüber erfolgen, welcher Gläubiger einen bestimmten Anfechtungsprozeß führt. Zweckmäßig ist es hierbei, sich mit dem Treuhänder abzustimmen, der zudem über wichtige, den zu führenden Prozeß betreffende Unterlagen oder Informationen verfügen könnte.

127 Die **Anfechtung** richtet sich regelmäßig auf Rückgewähr des Erlangten in die von dem Treuhänder verwaltete Insolvenzmasse. Hinsichtlich der Kosten ist in § 313 Abs 2 InsO geregelt, daß aus dem Erlangten zunächst die entstandenen Kosten dem Gläubiger, der den Prozeß geführt hat, vorweg zu erstatten sind. Im Falle des Obsiegens ist der anfechtende Gläubiger hingegen zunächst verpflichtet, im Wege der gerichtlichen Kostenfestsetzung seinen gegenüber dem Gegner bestehenden Kostenerstattungsanspruch bei der unterliegenden Partei des Anfechtungsprozesses geltend zu machen und beizutreiben. Erst wenn mit hinreichender Wahrscheinlichkeit bzw aufgrund eines erfolglosen Vollstreckungsversuches feststeht, daß der Gläubiger von dem Prozeßgegner die ihm entstandenen Kosten nicht erstattet bekommt, sind die Kosten aus dem Erlangten vorweg zu erstatten, und zwar gegen Abtretung der Kostenerstattungsansprüche an den Treuhänder, die gegenüber der unterliegenden Prozeßpartei bestehen.

128 Im Falle eines Unterliegens in dem Anfechtungsprozeß hat der Gläubiger die eigenen Prozeßkosten und diejenigen des Gegners gem § 91 ff ZPO grundsätzlich selbst zu tragen. Etwas anderes gilt nur dann, wenn die Gläubigerversammlung den Gläubiger gem § 313 Abs 2 InsO mit der Führung eines Anfechtungsprozesses beauftragt hat. In diesem Falle sind dem prozeßführenden

Gläubiger die entstandenen **Kosten**, soweit sie nicht nach dem vorstehend Geschilderten von dem Prozeßgegner beglichen oder aus dem Erlangten gedeckt werden können, **aus der Insolvenzmasse zu erstatten**. Reicht die Masse für eine Kostenerstattung nicht aus, steht dem Gläubiger allerdings ohne eine entsprechende vertragliche Vereinbarung kein Kostenerstattungsanspruch gegen die übrigen Gläubiger für die Führung des Prozesses zu.[65] Der Gläubiger trägt in diesem Falle dann das alleinige Kostenrisiko.

Die aus der Anfechtung erlangten Beträge stehen der Insolvenzmasse zu. Dies gilt auch für die Gläubigeranfechtung im Verbraucherinsolvenzverfahren. Denn § 313 Abs 2 S 1 InsO verweist auf die Anfechtungsregelung der §§ 129 bis 147 InsO. In § 143 InsO ist im Zusammenhang mit den Rechtsfolgen der Anfechtung ausdrücklich geregelt, daß dasjenige, was durch die anfechtbare Handlung aus dem Vermögen des Schuldners veräußert, weggegeben oder aufgegeben worden ist, zur **Insolvenzmasse** zurückzugewähren ist. **129**

Da der einzelne Gläubiger somit etwas für die Gläubigergemeinschaft tut, wenn er einen Anfechtungsprozeß führt, ist es unbillig, ihm das alleinige Kostenrisiko aufzubürden. Die Gläubiger sollten deshalb untereinander für eine angemessene Risikoverteilung sorgen, in dem für den Fall des Unterliegens oder für den Fall, daß die Kosten bei dem Gegner oder der Insolvenzmasse nicht beigetrieben werden können, diese von den beteiligten Gläubigern nach einem auszuhandelnden Schlüssel getragen werden. **130**

c) Gläubigerversammlung/Gläubigerausschuß

Nach § 312 Abs 1 InsO wird bei Eröffnung des Insolvenzverfahrens abweichend von § 29 InsO **nur** der **Prüfungstermin** bestimmt. Die erste Gläubigerversammlung ist demnach zugleich der Prüfungstermin. In dieser Gläubigerversammlung haben die Gläubiger darüber hinaus die Möglichkeit, den vom Gericht bei Eröffnung des Insolvenzverfahrens bestimmten **Treuhänder** durch eine andere geeignete Person **zu ersetzen**. Denn nach § 313 Abs 1 S 3 InsO gilt die Vorschrift des § 57 InsO für die Wahl eines anderen Insolvenzverwalters entsprechend. Deshalb steht für den Fall, daß das Gericht die Bestellung des gewählten neuen Treuhänders versagt, jedem Insolvenzgläubiger auch die **sofortige Beschwerde** zu. Im übrigen gelten für den Ablauf der Gläubigerversammlung, insbes für deren Beschlußfassung, die allgem Grundsätze (vgl Kap 10). Als Besonderheit ist allerdings hervorzuheben, daß die Gläubigerversammlung im Verbraucherinsolvenzverfahren sich zur effektiveren Gestaltung des Verfahrens mit der Frage befassen sollte, ob ein oder mehrere geeignete Gläubiger mit der Führung von Anfechtungsprozessen beauftragt werden sollen oder nicht. **131**

Darüber hinaus hat die erste Gläubigerversammlung darüber zu entscheiden, ob ein Gläubigerausschuß eingesetzt werden soll oder aber ein bereits vom **132**

65 Hess/Obermüller, Insolvenzplan, Restschuldbefreiung und Verbraucherinsolvenz Rn 882.

Insolvenzgericht vor der ersten Gläubigerversammlung eingesetzter Gläubigerausschuß beibehalten wird (§ 68 InsO). Ein Gläubigerausschuß wird für Verbraucherinsolvenzverfahren mit nur geringem Umfang zwar nur in seltenen Fällen, insbes wegen der damit verbundenen Kosten, zweckmäßig sein. Kommt es allerdings zur Einsetzung oder Wahl eines Gläubigerausschusses, so gelten im Verbraucherinsolvenzverfahren für dessen Aufgaben und Befugnisse die gleichen Grundsätze wie im regulären Insolvenzverfahren (vgl hierzu im einzelnen Kap 11).

d) Schriftliches Verfahren

133 Nach § 312 Abs 2 InsO kann von dem Insolvenzgericht angeordnet werden, daß einzelne Teile des Verbraucherinsolvenzverfahrens **schriftlich** durchgeführt werden. Dies gilt auch für die in einer Gläubigerversammlung zu fassenden **Beschlüsse**. Ein schriftliches Verfahren wird immer dann **zweckmäßig** sein, wenn von seiten des Gerichts bereits im Zuge des gerichtlichen Schuldenbereinigungsverfahrens festgestellt wurde, daß der Schuldner vermögenslos ist und für die Gläubiger relevante Anfechtungstatbestände nicht erkennbar sind.[66] Das Gericht kann seine **Anordnung**, die Gläubigerversammlung im schriftlichen Verfahren durchzuführen, gem § 312 Abs 1 S 2 InsO aber **jederzeit aufheben**. Ein Beschluß, mit dem die schriftliche Durchführung der Gläubigerversammlung angeordnet wird, ist von dem Gericht allerdings aufzuheben, wenn der Personenkreis, der im regulären Verfahren gem § 75 InsO berechtigt ist, eine Gläubigerversammlung einzuberufen, dies bereits für die erste Gläubigerversammlung beantragt.

e) Verwertung der Insolvenzmasse

134 Grundsätzlich erfolgt die **Verwertung** der Insolvenzmasse zum Zwecke der gleichmäßigen Befriedigung aller Insolvenzgläubiger **durch den Treuhänder**. Im regulären Verfahren hat der Verwalter gem § 159 InsO nach dem Berichtstermin unverzüglich das zur Insolvenzmasse gehörende Vermögen zu verwerten, soweit die Beschlüsse der Gläubigerversammlung nicht entgegenstehen. Vor dem Berichtstermin ist eine Verwertung allenfalls in Ausnahmefällen, zB bei verderblichen Waren, möglich. Da im Verbraucherinsolvenzverfahren ein Berichtstermin gem § 312 Abs 1 InsO nicht stattfindet, stellt sich die Frage, wann der Treuhänder mit der Verwertung des Schuldnervermögens beginnen darf. Da der Berichtstermin dafür vorgesehen ist, insbes über die Frage der Verwertung des dem Insolvenzbeschlag unterliegenden Vermögens ein Einvernehmen innerhalb der Gläubigerschaft herzustellen und dieser Termin aber für das vereinfachte Verfahren nicht vorgesehen ist, kann der Treuhänder **unmittelbar**

66 Vgl Hess/Obermüller, Insolvenzplan, Restschuldbefreiung und Verbraucherinsolvenz Rn 906.

nach Eröffnung des Verfahrens mit der Verwertung beginnen, ohne daß er die Zustimmung der Gläubigerversammlung einzuholen hat.[67]

Ferner kann das Insolvenzgericht gem § 314 Abs 1 InsO auf Antrag des Treuhänders anordnen, daß von einer **Verwertung der Insolvenzmasse ganz oder teilweise abgesehen wird**. In diesem Falle gibt das Gericht dem Schuldner zusätzlich auf, binnen einer vom Gericht festgesetzten Frist **an den Treuhänder einen Geldbetrag** zu **zahlen**, der dem Wert der Masse entspricht, die an die Insolvenzgläubiger zu verteilen wäre, wenn der oder die von der Verwertung ausgenommenen Gegenstände durch den Treuhänder veräußert würden. Von einer solchen Anordnung soll das Gericht allerdings absehen, wenn die Verwertung der Insolvenzmasse dem Interesse der Gläubiger oder aus sonstigen Gründen geboten erscheint. Da vor der gerichtlichen Entscheidung über diese Frage die **Insolvenzgläubiger zu hören** sind, wird das Gericht durch eine entspr Anfrage bei den Gläubigern ohne weiteres herausfinden können, ob einem solchen Verfahren zu berücksichtigende Interessen der Gläubiger entgegenstehen. Dies wird immer dann der Fall sein, wenn eine Veräußerung durch den Treuhänder einen über dem tatsächlichen Wert der Gegenstände liegenden Erlös erbringt. Insbes bei Kunstgegenständen, Antiquitäten oder Sammlungen ist eine solche Wertdifferenz denkbar. Denn diese Gegenstände können bei speziellen Versteigerungen einen erheblich höheren Erlös erbringen, als dies zunächst den Anschein hat. 135

Der Treuhänder ist gem § 313 Abs 3 S 3 InsO ferner nicht zur Verwertung von Gegenständen berechtigt, an denen **Pfand- oder andere Absonderungsrechte** bestehen. Das **Verwertungsrecht** hinsichtlich dieser Gegenstände **verbleibt** vielmehr bei den jeweiligen **Sicherungsgläubigern**. Auch die in §§ 170, 171 InsO für die Masse vorgesehenen **Kostenbeteiligungen** für die Feststellung und Verwertung des Sicherungsrechts entfallen aus diesem Grunde. 136

Da die Verfügungsbefugnis über das Sicherungsgut im Rahmen der jeweiligen Sicherungsabreden dennoch bei den Sicherungsgläubigern liegt, haben diese auch die Möglichkeit, dem Schuldner die Gegenstände gegen Zahlung des Wertes zu belassen. Diese Zahlung, die auch durch Dritte erfolgen kann, steht aber allein den Sicherungsgläubigern zu. Ferner ist selbstverständlich auch eine Vereinbarung der Sicherungsgläubiger mit dem Schuldner über die Verwertung der Gegenstände durch ihn möglich. Gleichermaßen kann auch eine Verwertungsabrede der Sicherungsgläubiger mit dem Treuhänder unter Beteiligung der Insolvenzmasse getroffen werden. 137

f) Verteilung der Insolvenzmasse

Für die Verteilung der Insolvenzmasse, mit der gem § 187 Abs 1 InsO frühestens nach dem Prüfungstermin begonnen werden kann, gelten mit Ausnahme 138

67 AA Hess/Obermüller, Insolvenzplan, Restschuldbefreiung und Verbraucherinsolvenz Rn 911.

der Möglichkeit einer vereinfachten Verteilung gem § 314 InsO (vgl Rn 106) keine Besonderheiten. Im übrigen ist hinsichtlich der Verteilung die Rangordnung der §§ 187ff zu beachten. Insoweit kann auf die Ausführungen zum Regelverfahren verwiesen werden (vgl insbes Kap 8 Rn 107ff). Zu berücksichtigen ist ferner die bes Verteilungsordnung bei vorzeitiger Einstellung des Verfahrens mangels Masse (vgl hierzu Kap 2 Rn 108).

g) Beendigung des vereinfachten Verfahrens

139 Für die Beendigung des Verbraucherinsolvenzverfahrens gelten die allgem Vorschriften, so daß nach der Schlußverteilung von seiten des Insolvenzgerichts die Aufhebung des Insolvenzverfahrens gem § 200 InsO beschlossen wird.

140 Hat der Schuldner einen Antrag auf Restschuldbefreiung gestellt, sind vor Beendigung des Verfahrens die Insolvenzgläubiger und der Insolvenzverwalter gem § 289 InsO zu dem Antrag des Schuldners zu hören. Sodann hat das Gericht über den Antrag auf Restschuldbefreiung zu entscheiden. Für den Fall, daß gem § 314 Abs 1 InsO eine vereinfachte Verteilung angeordnet wurde (vgl Rn 135), kann über die Frage der Restschuldbefreiung erst entschieden werden, wenn feststeht, ob der Gläubiger den an die Masse zu zahlenden Betrag an den Treuhänder abgeführt hat oder nicht. Demgemäß ist eine Verfahrensbeendigung auch vor diesem Zeitpunkt nicht möglich. Das Gericht hat dem Schuldner deshalb für die Abführung des Betrages gem § 14 Abs 1 S 2 InsO eine angemessene Frist zu setzen und hiernach über den Antrag zu entscheiden. Die Insolvenzgläubiger können bei Nichtbezahlung dieses Betrages einen **Antrag** an das Gericht stellen, dem Schuldner die **Restschuldbefreiung** zu versagen. Diesem Antrag hat das Gericht zu entsprechen, wenn es den Schuldner nochmals unter Fristsetzung von zwei Wochen unter Hinweis auf die Möglichkeit der Versagung der Restschuldbefreiung zur Zahlung aufgefordert hat und den Schuldner vorher angehört hat (§ 314 Abs 3 InsO). Sobald die Entscheidung über den Restschuldbefreiungsantrag rechtskräftig ist, kann auch das Verfahren gem § 200 Abs 1 InsO aufgehoben werden. Der **Aufhebungsbeschluß ist nicht anfechtbar**, da dies im Gesetz nicht vorgesehen ist[68] (§ 6 Abs 1 InsO). Für den Fall, daß der Beschluß über die Restschuldbefreiung positiv ausgefallen ist, schließt sich an das Verbraucherinsolvenzverfahren die Restschuldbefreiung an (s hierzu Kap 16).

---

68 Vgl Haarmeyer/Wutzke/Förster, Kap 8 Rn 92.

18. Kapitel: Nachlaßinsolvenzverfahren und sonstige besondere Insolvenzverfahren

Übersicht

	Rn
Vorbemerkung	1
I. Das Nachlaßinsolvenzverfahren	2
1. Besondere gerichtliche Zuständigkeit	7
2. Der Eröffnungsantrag	8
a) Antragsberechtigte	9
b) Pflicht zur Antragstellung	11
c) Antragsfrist	12
d) Gerichtliche Anhörungspflichten	13
3. Insolvenzeröffnungsgründe	14
4. Verfahrenseröffnung und deren Wirkung	17
5. Anfechtbare Rechtsgeschäfte	20
6. Forderungsanmeldung	21
7. Besonderheiten bei gleichzeitiger Insolvenz der Erben	24
a) Nachlaßforderung	26
b) Verteilung	27
c) Stimmrecht im Insolvenzplanverfahren	30
d) Stimmrecht in der Gläubigerversammlung	31
8. Unterschiedliche Verteilungsregelung	33
a) Masseverbindlichkeiten	34
b) Insolvenzgläubiger	37
c) Nachrangige Verbindlichkeiten	38
9. Beendigung des Nachlaßinsolvenzverfahrens	42
II. Insolvenzverfahren über das eheliche Gesamtgut	43
1. Eherechtliche Güterstände	44
a) Sondergut	48
b) Vorbehaltsgut	49
c) Gesamtgut	50
d) Fortgesetzte Gütergemeinschaft	53
2. Insolvenzrechtliche Besonderheiten bei vereinbarter Gütergemeinschaft	54
a) Insolvenzverfahren über das Vermögen eines Ehegatten bei Alleinverwaltungsbefugnis	55
b) Insolvenzverfahren über das gemeinschaftlich verwaltete Gesamtgut einer Gütergemeinschaft	57
c) Insolvenzverfahren über das Gesamtgut einer fortgesetzten Gütergemeinschaft	62

Vorbemerkung

Die §§ 315 bis 334 InsO enthalten bes Vorschriften für das Insolvenzverfahren über einen Nachlaß, über das Gesamtgut einer fortgesetzten Gütergemeinschaft sowie über das gemeinschaftlich verwaltete Gesamtgut einer Gütergemeinschaft. Für diese bes Vermögensmassen hat der Gesetzgeber teilweise abweichende formelle und materielle Verfahrensregelungen vorgesehen, die an die Stelle der allgem Insolvenzvorschriften treten. 1

I. Das Nachlaßinsolvenzverfahren

2 Nach § 11 Abs 2 Nr 2 InsO ist der Nachlaß als selbständige Vermögensmasse **insolvenzfähig**, so daß nach Maßgabe der §§ 315 bis 331 InsO ein Insolvenzverfahren über einen Nachlaß eröffnet werden kann. Das Insolvenzverfahren wird nur über **das zum Nachlaß gehörende Vermögen** eröffnet, wobei daneben auch ein Insolvenzverfahren über das Eigenvermögen des Erben möglich ist (vgl § 331 InsO).[1]

3 Die Anordnung der Insolvenzfähigkeit des Nachlasses liegt darin begründet, daß der grundsätzlich unbeschränkt haftende Erbe nach den Vorschriften des Bürgerlichen Gesetzbuches die Möglichkeit hat, eine Haftungsbeschränkung auf den Nachlaß herbeizuführen, auch nachdem er bereits Erbe geworden ist. Es erfolgt dann eine vermögensmäßige **Trennung der Vermögensmassen des Erben und des Nachlasses**.

4 Nach §§ 1922, 1967 BGB geht das Vermögen des Erblassers zunächst mit allen Rechten und Pflichten auf den Erben über. Es sei denn, die zum Erben berufene Person hat die Erbschaft gem §§ 1943 ff ausgeschlagen. Der Erbe haftet deshalb auch für alle Nachlaßverbindlichkeiten und zwar nicht nur mit dem im Nachlaß befindlichen Vermögen, sondern auch mit seinem eigenen. Der Erbe, der ohne weiteres in die Rechtsstellung des Erblassers mit dessen Ableben eintritt, muß aufgrund dieser Haftungsfolge die Möglichkeit haben, die unbeschränkte **Haftung wieder auf das Nachlaßvermögen zu beschränken**. Nach § 1975 BGB kann er dies tun, indem er eine Nachlaßverwaltung oder die Eröffnung eines Nachlaßinsolvenzverfahrens beantragt.

5 Ein Antrag auf Nachlaßverwaltung kommt dann in Betracht, wenn der Nachlaß zur Befriedigung der Nachlaßgläubiger voraussichtlich ausreichen wird. Steht allerdings fest, daß die in dem Nachlaß vorhandenen Vermögenswerte nicht ausreichen, um die Nachlaßverbindlichkeiten zu begleichen, ist ein Antrag auf Eröffnung des Nachlaßinsolvenzverfahrens zu stellen (§§ 1980, 1985 Abs 2 BGB). Im übrigen kann im Falle einer bereits angeordneten Nachlaßverwaltung der eingesetzte Nachlaßverwalter seinerseits die Eröffnung eines Nachlaßinsolvenzverfahrens beantragen, wenn er feststellt, daß der Nachlaß überschuldet ist.

6 Bedingt durch die Besonderheiten des Erbrechts sehen die §§ 315 ff InsO eine Reihe von Modifikationen des Regelverfahrens vor, insbes im Bereich der gerichtlichen Zuständigkeit, des Antragsrechts, der Masseverbindlichkeiten und der Rangfolge der Verteilung des Nachlaßvermögens.

1. Besondere gerichtliche Zuständigkeit

7 Nach § 315 S 1 InsO ist für das Insolvenzverfahren über einen Nachlaß **ausschließlich** das Insolvenzgericht örtlich zuständig, in dessen Bezirk der Erblas-

1 *Bork* Rn 422.

ser zum Zeitpunkt seines Todes seinen **allgem Gerichtsstand** hatte. Der allgem Gerichtsstand einer natürlichen Person ist nach § 13 ZPO dort, wo sie seinen **Wohnsitz** hat.[2] Demnach ist das Gericht am letzten Wohnsitz des Erblassers grundsätzlich zuständig. Wenn allerdings der **Mittelpunkt einer selbständigen wirtschaftlichen Tätigkeit** des Erblassers zum Zeitpunkt des Todes an einem anderen Ort lag, so ist gem § 315 S 2 InsO ausschließlich das Insolvenzgericht zuständig, in dessen Bezirk dieser Ort liegt. Diese Neuregelung, die auch für das Regelinsolvenzverfahren eingeführt wurde (vgl § 3 Abs 1 S 2 InsO), soll sicherstellen, daß das Insolvenzverfahren bei dem Gericht durchgeführt wird, in dessen Bezirk sich der **Schwerpunkt der wirtschaftlich selbständigen Tätigkeit** des Erblassers bzw Schuldners befand. IdR werden sich an diesem Orte nämlich die Mehrzahl der Vermögensgegenstände und der Geschäftsbeziehungen befinden, so daß eine ortsnahe Insolvenzabwicklung gewährleistet ist. Es wird deshalb in einem solchen Falle künftig durchaus zu Situationen kommen, in denen ein örtlich vom letzten Wohnsitz weit entferntes Nachlaßgericht für die Abwicklung der Nachlaßinsolvenz zuständig ist.

2. Der Eröffnungsantrag

Hinsichtlich der **Form des Antrages** kann auf die Ausführungen zum Regel- 8
insolvenzverfahren verwiesen werden (vgl Kap 2 Rn 79ff). Die Antragsberechtigung und/oder -verpflichtung weicht hingegen von den Vorschriften des Regelverfahrens ab.

a) Antragsberechtigte

Antragsberechtigt ist gem § 317 Abs 1 InsO der **Erbe**, wobei bei einer Erben- 9
gemeinschaft **jeder Miterbe** befugt ist, einen Antrag zu stellen. Soweit nicht alle Miterben einen Antrag stellen, hat der antragstellende Miterbe den **Eröffnungsgrund glaubhaft zu machen** (§ 317 Abs 2 InsO). Sind mehrere Erben vorhanden, so ist die Eröffnung des Verfahrens nach § 316 Abs 2 InsO auch nach der Teilung des Nachlasses zulässig. Im Falle der Eröffnung findet das Nachlaßinsolvenzverfahren dann aber über den gesamten Nachlaß statt. Ein Insolvenzverfahren nur über einen **Erbteil** ist gem § 316 Abs 3 InsO nicht zulässig. Das Antragsrecht des Erben wird nicht dadurch gehemmt oder ausgeschlossen, daß dieser die Erbschaft noch nicht angenommen hat, oder daß er für die Nachlaßverbindlichkeiten bereits unbeschränkt haftet. Im letzteren Falle können die Nachlaßgläubiger aber unabhängig von der Durchführung des Nachlaßinsolvenzverfahrens weiterhin in das Eigenvermögen des Erben vollstrecken. Wird neben dem Nachlaßinsolvenzverfahren auch ein Verfahren über das Eigenvermögen des Erben eröffnet, so kann ein Nachlaßgläubiger, dem beide Vermögensmassen haften, ähnlich einem absonderungsberechtigten

2 Vgl Baumbach/Lauterbach/Albers/*Hartmann* ZPO, § 13 Rn 1 ff sowie die Ausnahmen vom Wohnsitzprinzip in §§ 15 und 16 ZPO.

Gläubiger, seinen Anspruch in dem Insolvenzverfahren über das Eigenvermögen des Erben nur dann geltend machen, wenn er in dem Nachlaßinsolvenzverfahren ganz oder teilweise ausgefallen ist.[3]

10 Mit Eintritt der **Nacherbfolge** wird auch der Nacherbe antragsberechtigt.[4] Darüber hinaus kann der Eröffnungsantrag von einem **Nachlaßverwalter** oder einem anderen **Nachlaßpfleger**, von einem **Testamentsvollstrecker**, dem die Verwaltung des Nachlasses zusteht, und von jedem **Nachlaßgläubiger** gestellt werden (§ 317 Abs 1 InsO).

b) Pflicht zur Antragstellung

11 Folgende Personen sind nach den Vorschriften des Bürgerlichen Gesetzbuches bei Vorliegen eines Insolvenzgrundes (hierzu Rn 14) verpflichtet, einen Antrag auf Eröffnung des Nachlaßinsolvenzverfahrens zu stellen:

- der Erbe (§ 1980 BGB), soweit er die Erbschaft bereits angenommen hat,[5]
- der Nachlaßverwalter (§ 1985 Abs 2 S 2 BGB),
- der Testamentsvollstrecker (§ 2219 Abs 1 BGB).

Die schuldhafte Unterlassung der Antragstellung macht die vorgenannten Personen den Gläubigern gegenüber **schadenersatzpflichtig**, wobei mehrere Erben den Gläubigern ggf als Gesamtschuldner haften.[6]

c) Antragsfrist

12 Nach § 319 InsO ist der **Antrag eines Nachlaßgläubigers** auf Eröffnung des Insolvenzverfahrens **unzulässig**, wenn seit der Annahme der Erbschaft von seiten des oder der Erben **zwei Jahre** verstrichen sind. Diese Frist gilt nur für Nachlaßgläubiger. Die sonstigen Antragsberechtigten können auch nach Ablauf der Zweijahresfrist einen Antrag stellen. Die Zweijahresfrist beruht auf der Erkenntnis, daß die Abgrenzung von Nachlaß- und Eigenvermögen zunehmend schwieriger wird, wenn beide Vermögensmassen für längere Zeit vermischt waren.[7]

d) Gerichtliche Anhörungspflichten

13 Wird der Eröffnungsantrag nicht von allen Erben gestellt und haben die antragstellenden Erben den Eröffnungsgrund glaubhaft gemacht, so hat das Insolvenzgericht vor einer Entscheidung über den Antrag die Erben zu hören, die keinen Antrag gestellt haben (§ 317 Abs 2 InsO). Eine Anhörungspflicht besteht nach § 317 Abs 3 InsO ferner, wenn die Verwaltung eines Nachlasses

---

3 Vgl Haarmeyer/Wutzke/Förster, Kap 10 Rn 94.
4 Vgl Haarmeyer/Wutzke/Förster, Kap 10 Rn 94.
5 Vgl Art 33 Nr 37 EG InsO.
6 Vgl Kuhn/Uhlenbruck, KO, § 217 Rn 2.
7 Vgl Begr zu § 262 RegEntw InsO abgedruckt in Balz/Landfermann S 330ff.

einem Testamentsvollstrecker zusteht. Hat bei angeordneter Testamentsvollstreckung der Erbe den Eröffnungsantrag gestellt, ist der Testamentsvollstrekker anzuhören. Im Gegenzug müssen die Erben gehört werden, wenn der Testamentsvollstrecker Antragsteller ist.

3. Insolvenzeröffnungsgründe

Gründe für die Eröffnung des Nachlaßinsolvenzverfahrens sind nach § 320 S 1 InsO zunächst **Zahlungsunfähigkeit** und **Überschuldung** des Nachlasses. Soweit allerdings der Erbe, der Nachlaßverwalter oder ein anderer Nachlaßpfleger oder ein Testamentsvollstrecker die Eröffnung des Verfahrens beantragt, ist nach § 320 S 2 InsO auch die **drohende Zahlungsunfähigkeit** (vgl hierzu Kap 2 Rn 26) ein Eröffnungsgrund. 14

Für die gerichtliche Feststellung eines Eröffnungsgrundes ist lediglich auf das Nachlaßvermögen selbst abzustellen. Die Vermögenswerte des Erben haben bei den Ermittlungen außer Betracht zu bleiben.[8] Deshalb ist zunächst der Umfang des Nachlasses zu ermitteln. Für die Feststellung der Zahlungsunfähigkeit ist auf die **Definition aus dem Regelverfahren** abzustellen. Nach § 17 Abs 2 InsO ist der Nachlaß zahlungsunfähig, wenn aus diesem die fälligen Zahlungspflichten nicht mehr erfüllt werden können (vgl hierzu Kap 2 Rn 21). Entspr gilt für die drohende Zahlungsunfähigkeit, die für das Regelverfahren in § 18 Abs 2 InsO definiert ist. Demnach droht ein Nachlaß zahlungsunfähig zu werden, wenn abzusehen ist, daß die bestehenden Zahlungspflichten im Zeitpunkt ihrer Fälligkeit aus dem Nachlaßvermögen nicht erfüllt werden können (vgl hierzu Kap 2 Rn 19). 15

In Anlehnung an § 19 Abs 2 InsO ist eine Überschuldung des Nachlasses gegeben, wenn das Nachlaßvermögen die bestehenden Nachlaßverbindlichkeiten nicht mehr deckt. Soweit sich in dem Nachlaß ein Unternehmen befindet, ist bei der Bewertung des Nachlaßvermögens die Fortführung des Unternehmens zugrundezulegen, allerdings nur, wenn eine Fortführung nach den Umständen überwiegend wahrscheinlich ist (vgl hierzu Kap 2 Rn 42).[9] 16

4. Verfahrenseröffnung und deren Wirkung

Stellt das Gericht fest, daß mindestens ein **Eröffnungsgrund** vorliegt und reicht das Nachlaßvermögen zur **Deckung der Verfahrenskosten** aus, so eröffnet das Insolvenzgericht das Insolvenzverfahren über den Nachlaß des Erblassers. Die Eröffnung hat die gleichen **Wirkungen** wie im regulären Insolvenzverfahren (vgl hierzu Kap 4 Rn 1ff). Vom Insolvenzbeschlag ist das gesamte Nachlaßvermögen betroffen, soweit es der Pfändung unterliegt. Mit Eröffnung 17

---

8 Haarmeyer/Wutzke/Förster, Kap 10 Rn 102; *Bork* Rn 426; vgl Begr zu § 363 RegEntw InsO abgedruckt in Balz/Landfermann S 442f.

9 AA Haarmeyer/Wutzke/Förster, Kap 10 Rn 102.

des Verfahrens wird zudem die **haftungsrechtliche Trennung** zwischen dem Nachlaß und dem Vermögen des oder der Erben herbeigeführt.[10]

18 Das Nachlaßinsolvenzverfahren weist die Besonderheit auf, daß nach Möglichkeit die Vermögenslage wiederherzustellen ist, die zur Zeit des Erbfalles bestand.[11] Dies wird auch dadurch deutlich, daß Einzelzwangsvollstreckungsmaßnahmen nicht nur, wie durch § 88 InsO für das Regelverfahren angeordnet, im letzten Monat vor dem Antrag auf Eröffnung des Insolvenzverfahrens oder nach dem Antrag unwirksam werden, sondern nach § 321 InsO alle **Zwangsvollstreckungsmaßnahmen in den Nachlaß** nach dem Erbfall kein Recht zur abgesonderten Befriedigung mehr gewähren. Solche Vollstreckungsmaßnahmen müssen nicht gesondert angefochten werden, das erlangte Sicherungsrecht wird vielmehr bereits mit Eröffnung des Verfahrens kraft Gesetzes unwirksam.[12]

19 Auch im Nachlaßinsolvenzverfahren hat der vom Insolvenzgericht im Eröffnungsbeschluß bestellte **Nachlaßinsolvenzverwalter** das Nachlaßvermögen gem § 148 InsO nach der Eröffnung sofort in Besitz zu nehmen (vgl hierzu Kap 6 Rn 69 ff) und das Nachlaßvermögen nach den allgem Regeln zu **verwerten**.

5. Anfechtbare Rechtsgeschäfte

20 Hinsichtlich der Anfechtung gelten für das Nachlaßinsolvenzverfahren zunächst die **allgem Regelungen** der §§ 129 bis 147 InsO (vgl hierzu Kap 7 Rn 1 ff). Darüber hinaus gelten für Rechtshandlungen des Erben nach § 322 InsO **erweiterte Anfechtungsregeln**. Hat der Erbe vor der Eröffnung des Nachlaßinsolvenzverfahrens aus dem Nachlaß **Pflichtteilsansprüche, Vermächtnisse** oder **Auflagen des Erblassers** erfüllt, so sind diese Rechtshandlungen in gleicher Weise anfechtbar wie eine unentgeltliche Leistung des Erben (vgl hierzu § 134 InsO und Kap 7 Rn 48 ff). Diejenigen, die aufgrund solcher Handlungen des Erben Vermögenswerte erhalten haben, sollen nicht besser stehen als der Erbe selbst[13] und müssen deshalb das bereits Erlangte zurückgewähren. Diese Regelung gilt entspr für den Fall, daß ein **Testamentsvollstrekker** in Erfüllung seines Auftrages insbes im Rahmen einer Verteilungsvollstrekkung aus dem Nachlaß Pflichtteilsansprüche, Vermächtnisse oder Auflagen des Erblassers erfüllt hat.

---

10 Vgl Haarmeyer/Wutzke/Förster, Kap 10 Rn 104; *Bork* Rn 427 mwN.
11 Haarmeyer/Wutzke/Förster, Kap 10 Rn 105.
12 *Bork* Rn 427; Haarmeyer/Wutzke/Förster, Kap 10 Rn 106.
13 Vgl Begr zu § 370 RegEntw InsO abgedruckt in Balz/Landfermann S 446.

6. Forderungsanmeldung

21 Die Forderungen sind wie im Regelverfahren beim Nachlaßinsolvenzverwalter nach den allgem Regelungen anzumelden (vgl hierzu § 174 InsO). Die Vorschrift des § 325 InsO stellt insoweit klar, daß im Insolvenzverfahren über einen Nachlaß **nur Nachlaßverbindlichkeiten** geltend gemacht werden können. Verbindlichkeiten des Erben finden nur dann im Nachlaßinsolvenzverfahren Berücksichtigung, wenn sie zugleich Nachlaßverbindlichkeiten sind.

22 Auch der **Erbe** kann die ihm gegen den Erblasser zustehenden Ansprüche gem § 326 Abs 1 InsO geltend machen. Gem § 1976 BGB gelten im Falle der Eröffnung des Nachlaßinsolvenzverfahrens im Verhältnis zwischen Erben und Erblasser die infolge des Erbfalles durch Vereinigung von Recht und Verbindlichkeit oder von Recht und Belastung erloschenen Rechtsverhältnisse nicht als erloschen. Eine Erblasserschuld beim Erben, zB aufgrund eines dem Erblasser gewährten Darlehens, gilt deshalb bei Eröffnung des Nachlaßinsolvenzverfahrens als fortbestehend. Die mit Eröffnung des Nachlaßinsolvenzverfahrens eintretende Vermögenssonderung ermöglicht den Fortbestand des Sondervermögens Nachlaß. Aufgrund dessen können die vor dem Erbfall entstandenen **Forderungen des Erben** gegenüber dem Erblasser auch im Nachlaßinsolvenzverfahren geltend gemacht werden.[14]

23 Hat der Erbe vor Eröffnung des Nachlaßinsolvenzverfahrens mit eigenen Mitteln eine Nachlaßverbindlichkeit erfüllt, so tritt er gem § 326 Abs 2 InsO, soweit nicht die Erfüllung nach § 1979 BGB als für Rechnung des Nachlasses erfolgt gilt, an die Stelle des Gläubigers. Aufgrund der mit Eröffnung des Nachlaßinsolvenzverfahrens eintretenden **Vermögenssonderung** kann der Erbe deshalb die Forderung im eigenen Namen gegenüber dem Nachlaßinsolvenzverwalter geltend machen. Dies gilt gem § 326 Abs 2 InsO nicht, wenn der Erbe für die Nachlaßverbindlichkeiten unbeschränkt haftet. Für den Fall, daß der Erbe nur einem einzelnen Gläubiger gegenüber unbeschränkt haftet, so kann er die Forderung des Gläubigers gem § 326 Abs 3 InsO dann bei dem Nachlaßinsolvenzverwalter anmelden, wenn der Gläubiger diese im Insolvenzverfahren nicht geltend macht.

7. Besonderheiten bei gleichzeitiger Insolvenz der Erben

24 Für den Fall, daß neben dem Insolvenzverfahren über das Vermögen des Erben auch ein Nachlaßinsolvenzverfahren über dessen ererbtes Vermögen oder eine Nachlaßverwaltung angeordnet wurde, gelten für das Insolvenzverfahren über das Eigenvermögen des Erben einige Besonderheiten.

25 Nachlaßgläubiger, denen gegenüber der Erbe bereits unbeschränkt haftet, werden in dem Insolvenzverfahren über das Vermögen des Erben behandelt wie

14 Vgl Palandt/*Edenhofer* BGB, § 1976 Rn 2.

absonderungsberechtigte Gläubiger. Die Vorschrift des § 331 Abs 1 InsO ordnet für die Gläubiger, die gleichzeitig Nachlaßgläubiger sind, eine entspr Anwendung der im Regelverfahren für absonderungsberechtigte Gläubiger geltenden Vorschriften an. Die Nachlaßgläubiger sind im Insolvenzverfahren über das Vermögen des Erben in folgenden Bereichen den absonderungsberechtigten Gläubigern gleichgestellt:

a) Nachlaßforderung

26 Nach § 52 InsO sind die Nachlaßgläubiger zur anteiligen Befriedigung aus der Insolvenzmasse des Erben nur berechtigt, soweit sie auf eine abgesonderte Befriedigung im Nachlaßinsolvenzverfahren verzichten oder im Nachlaßinsolvenzverfahren ausgefallen sind, dh nicht befriedigt wurden.

b) Verteilung

27 Im Insolvenzverfahren über das Vermögen des Erben werden die Nachlaßgläubiger bei der Verteilung ebenso berücksichtigt wie absonderungsberechtigte Gläubiger. Deshalb sind die Vorschriften der §§ 190, 192 und 198 InsO auch entspr für Nachlaßgläubiger anzuwenden.

28 Die **Nachlaßgläubiger** werden bei der Verteilung **im Insolvenzverfahren des Erben** nur dann berücksichtigt, wenn sie spätestens innerhalb einer Ausschlußfrist von zwei Wochen nach der öffentlichen Bekanntmachung über die anstehende Verteilung (§ 188 S 3 InsO) nachweisen, daß und für welchen Betrag sie auf abgesonderte Befriedigung **verzichtet haben oder bei ihr ausgefallen sind**. Wird der Nachweis nicht rechtzeitig geführt, so wird die Forderung bei der Verteilung nicht berücksichtigt. Zur Berücksichtigung bei einer Abschlagsverteilung genügt es, wenn der Nachlaßgläubiger dem Verwalter über das Vermögen des Erben nachweist, daß er die Forderung gegen den Nachlaß in dem Nachlaßinsolvenzverfahren geltend macht und den Betrag des mutmaßlichen Ausfalls anhand der voraussichtlichen Quote in dem Nachlaßinsolvenzverfahren glaubhaft macht. In diesem Fall wird der auf die Nachlaßinsolvenzforderung entfallende Anteil bei der Verteilung zurückbehalten und ggf an den Nachlaßinsolvenzgläubiger ausgekehrt, wenn die Höhe des Ausfalls endgültig feststeht oder aber der Nachlaßinsolvenzgläubiger auf seine Nachlaßforderung gegenüber dem Nachlaßinsolvenzverwalter verzichtet hat. Gelingt der Nachweis des Ausfalles bis zur Schlußverteilung nicht, so wird der zurückbehaltene Anteil zur Verteilung an die übrigen Gläubiger in der Schlußverteilung frei. Ist in dem Insolvenzverfahren über das Vermögen des Erben eine relativ hohe Quote zu erwarten, so bleibt dem Nachlaßgläubiger die Möglichkeit, auf seine Forderung in dem Nachlaßinsolvenzverfahren ganz oder teilweise zu verzichten. In diesem Falle nimmt er an der Verteilung im Insolvenzverfahren über das Vermögen des Erben teil.

29 Gelingt es dem Nachlaßgläubiger nicht, vor einer Abschlagsverteilung die Geltendmachung der Forderung in dem Nachlaßinsolvenzverfahren und den voraussichtlichen Ausfall glaubhaft zu machen und nimmt er aus diesem Grunde an der Abschlagsverteilung nicht teil, so erhält der Nachlaßgläubiger nach § 192 InsO bei der folgenden Verteilung aus der restlichen Insolvenzmasse vorab einen Betrag, der ihn mit den übrigen Gläubigern gleichstellt, wenn es ihm gelingt, seinen Ausfall bis dahin rechtzeitig nachzuweisen oder er wirksam ganz oder teilweise auf die Nachlaßinsolvenzforderung in dem Nachlaßinsolvenzverfahren verzichtet hat.

c) Stimmrecht im Insolvenzplanverfahren

Gem § 331 InsO iVm § 237 Abs 1 InsO sind die Nachlaßinsolvenzgläubiger, **30**
denen gegenüber der Erbe unbeschränkt haftet, ferner berechtigt, im Verfahren über die Annahme und Bestätigung eines Insolvenzplanes im Insolvenzverfahren über das Vermögen des Erben (vgl hierzu Kap 13 Rn 60 ff) als Insolvenzgläubiger abzustimmen, wenn ihnen der Erbe auch persönlich haftet und sie auf Befriedigung im Nachlaßinsolvenzverfahren verzichten oder bei ihr ausfallen.[15] Solange der Ausfall nicht feststeht, sind die Nachlaßinsolvenzgläubiger mit ihrem mutmaßlichen Ausfall zu berücksichtigen. Nach dem Betrag des mutmaßlichen Ausfalls bestimmt sich auch das Stimmrecht (vgl hierzu Kap 13 Rn 73 ff).

d) Stimmrecht in der Gläubigerversammlung

In dem Insolvenzverfahren über das Vermögen des Erben nehmen Nachlaß- **31**
gläubiger gem § 331 iVm § 52 InsO in dem Umfang teil, in dem sie auf eine Befriedigung im Nachlaßinsolvenzverfahren verzichten oder bei ihr ausgefallen sind. Für das **Stimmrecht**, für das § 77 InsO gilt, sind die Nachlaßgläubiger deshalb **wie absonderungsberechtigte Gläubiger** zu behandeln. In § 77 Abs 3 Nr 2 InsO ist festgelegt, daß § 77 Abs 2 InsO für absonderungsberechtigte Gläubiger entspr gilt. Deshalb sind die Nachlaßinsolvenzgläubiger in dem Verfahren über das Vermögen des Erben stimmberechtigt, soweit sich in der Gläubigerversammlung der Verwalter und die erschienenen stimmberechtigten Gläubiger über das Stimmrecht geeinigt haben. Kommt es nicht zu einer Einigung, so entscheidet das für das Insolvenzverfahren über das Vermögen des Erben zuständige Insolvenzgericht über das Stimmrecht des Nachlaßinsolvenzgläubigers. Das Insolvenzgericht kann seine Entscheidung auf den Antrag des Verwalters oder eines in der Gläubigerversammlung erschienenen Gläubigers hin ändern. Das Stimmrecht des Nachlaßinsolvenzgläubigers wird sich idR an der Höhe des mutmaßlichen Ausfalls zu orientieren haben. Der Nachlaßgläubiger sollte deshalb Unterlagen bei sich führen, aus denen sich die Höhe seiner Forderung, die persönliche Haftung des Erben sowie die Höhe des mutmaßlichen Ausfalls ergibt. Letzteres könnte beispielsweise durch eine schriftliche Erklärung des Nachlaßinsolvenzverwalters ermöglicht werden.

---

15 Vgl Haarmeyer/Wutzke/Förster, Kap 10 Rn 109.

32 Die vorstehend unter lit a) bis d) dargelegten Besonderheiten gelten nach § 331 Abs 2 InsO auch für den Fall, daß ein Ehegatte der Erbe ist und der Nachlaß zum Gesamtgut gehört, welches vom anderen Ehegatten allein verwaltet wird, auch im Insolvenzverfahren über das Vermögen des anderen Ehegatten und, wenn das Gesamtgut von den Ehegatten gemeinschaftlich verwaltet wird, auch im Insolvenzverfahren über das Gesamtgut und im Insolvenzverfahren über das sonstige Vermögen des Ehegatten, der nicht Erbe ist.

8. Unterschiedliche Verteilungsregelung

33 Im Nachlaßinsolvenzverfahren gelten auch hinsichtlich der Verteilung der Insolvenzmasse einige Besonderheiten.

a) Masseverbindlichkeiten

34 Bevor es zu einer Ausschüttung an die Nachlaßinsolvenzgläubiger kommt, sind auch im Nachlaßinsolvenzverfahren zunächst gem § 53 InsO die Kosten des Insolvenzverfahrens und die sonstigen Masseverbindlichkeiten vorab zu berichtigen. Kosten des Insolvenzverfahrens sind die Gerichtskosten für das Insolvenzverfahren sowie die Vergütung und die Auslagen des vorläufigen Nachlaßinsolvenzverwalters, des Nachlaßinsolvenzverwalters und der Mitglieder des Gläubigerausschusses (vgl § 54 InsO). Die sonstigen Masseverbindlichkeiten sind für das Regelverfahren in § 55 InsO aufgezählt. Dies sind insbes die Verbindlichkeiten, die durch Handlungen des vorläufigen Insolvenzverwalters oder durch die Verwaltung, Verwertung und Verteilung der Insolvenzmasse begründet werden. Ferner gehören hierzu Verbindlichkeiten aus gegenseitigen Verträgen, soweit deren Erfüllung aus der Insolvenzmasse verlangt wird und für die Zeit nach der Eröffnung des Insolvenzverfahrens erfolgen muß, sowie aus einer ungerechtfertigten Bereicherung der Masse.

35 Darüber hinaus erweitert § 324 InsO den Kreis der Masseverbindlichkeiten im wesentlichen um die Gläubigerforderungen, die auf der Verwaltung des Nachlasses beruhen.[16] Im einzelnen sind hier folgende in § 324 Abs 1 InsO aufgezählte Masseverbindlichkeiten zu nennen:

- Die Aufwendungen, die dem Erben nach den §§ 1978, 1979 BGB aus dem Nachlaß zu ersetzen sind. Hierzu zählen die Aufwendungen, die dem Erben im Zusammenhang mit der bisherigen Verwaltung des Nachlasses entstanden sind, soweit der Erbe diese nach den Vorschriften über den Auftrag oder über die Geschäftsführung ohne Auftrag ersetzt verlangen könnte. Ferner entsteht mit der Eröffnung des Verfahrens für den Erben eine Masseforderung hinsichtlich der Beträge, die der Erbe bereits aus eigenen Mitteln zur Berichtigung von Nachlaßverbindlichkeiten eingesetzt hat.

16 Vgl *Bork* Rn 428.

- Darüber hinaus zählen zu den Masseverbindlichkeiten die Kosten der Beerdigung des Erblassers.
- Masseverbindlichkeiten sind auch die Kosten des Verfahrens, die infolge der Todeserklärung des Erblassers anfallen.
- Gleichermaßen sind die Kosten einer Testamentseröffnung, der gerichtlichen Sicherung des Nachlasses, einer Nachlaßpflegschaft, des Aufgebots der Nachlaßgläubiger und die Kosten der Errichtung eines Inventars über das Nachlaßvermögen Masseverbindlichkeiten.
- Auch die Verbindlichkeiten aus den von einem Nachlaßpfleger oder einem Testamentsvollstrecker vorgenommenen Rechtsgeschäften zählen zu den Nachlaßverbindlichkeiten.
- Schließlich sind Masseverbindlichkeiten die Verbindlichkeiten, die für den Erben gegenüber einem Nachlaßpfleger, einem Testamentsvollstrecker oder einem Erben, der die Erbschaft ausgeschlagen hat, aus der Geschäftsführung dieser Personen entstanden sind, soweit die Nachlaßgläubiger verpflichtet wären, wenn die vorbezeichneten Personen die Geschäfte für sie zu besorgen gehabt hätten.

§ 324 Abs 2 InsO stellt zudem klar, daß die vorbezeichneten Verbindlichkeiten **36** für den Fall der Masseunzulänglichkeit (vgl Begriff und Folgen Kap 5 Rn 14 und Kap 15 Rn 56ff) den Rang des § 209 Abs 1 Nr 3 InsO haben. Sie sind damit erst nach den Kosten des Insolvenzverfahrens und den Masseverbindlichkeiten, die nach Anzeige der Masseunzulänglichkeit begründet worden sind, gemeinsam mit den übrigen Masseverbindlichkeiten nach dem Verhältnis ihrer Beträge zu berichtigen.

b) Insolvenzgläubiger

Nach § 325 InsO können nur die **Nachlaßverbindlichkeiten** als Nachlaßinsol- **37** venzforderungen geltend gemacht werden, weil nur ihnen der Nachlaß als Insolvenzmasse haftungsrechtlich zugewiesen ist. Auch der **Erbe** kann gem § 326 InsO zu dem Kreis der Nachlaßinsolvenzgläubiger gehören, weil dessen mit dem Erbfall durch Konfusion untergegangene Ansprüche durch die Insolvenzeröffnung und der damit einhergehenden Trennung von Erblasser- und Eigenvermögen gem § 1976 BGB wieder aufleben.[17] Unter gewissen Umständen kann der Erbe ferner Ansprüche als Nachlaßinsolvenzgläubiger geltend machen, wenn er bereits Nachlaßverbindlichkeiten beglichen hatte.

c) Nachrangige Verbindlichkeiten

Soweit die unter lit b) genannten **Nachlaßinsolvenzforderungen vollständig** **38** **beglichen** sind, werden aus den noch vorhandenen Mitteln die in § 39 InsO genannten nachrangigen Insolvenzforderungen in der dort aufgeführten Rangfolge und im gleichen Rang nach dem Verhältnis ihrer Beträge berichtigt (vgl

17 Vgl *Bork* Rn 429.

hierzu Kap 8 Rn 108 ff). Sollten hiernach noch Beträge vorhanden sein, werden gem § 327 InsO **weitere nachrangige Forderungen** nach folgender Rangfolge und bei gleichem Rang nach dem Verhältnis ihrer Beträge erfüllt:

- Die Verbindlichkeiten gegenüber Pflichtteilsberechtigten;
- die Verbindlichkeiten aus den vom Erblasser angeordneten Vermächtnissen und Auflagen;
- die Verbindlichkeiten gegenüber Erbersatzberechtigten.

39 Diese Zurücksetzung ist darauf zurückzuführen, daß dieser Personenkreis nur Anspruch auf Teilhabe am Nachlaßüberschuß hat und nicht besser stehen soll als der Erbe selbst.[18]

40 Ferner sind bei der Verteilung die in § 327 Abs 2 InsO genannten **weiteren Maßgaben zu beachten**: Ein **Vermächtnis**, durch welches das Recht des Bedachten auf den Pflichtteil nach § 2307 BGB ausgeschlossen wird, steht, soweit es den Pflichtteil nicht übersteigt, im Rang den Pflichtteilsrechten gleich. Hat der Erblasser durch Verfügung von Todes wegen angeordnet, daß ein Vermächtnis oder eine Auflage vor einem anderen Vermächtnis oder einer anderen Auflage erfüllt werden soll, so hat das Vermächtnis oder die Auflage den Vorrang.

41 Ferner ist § 327 Abs 3 InsO im Rahmen der Verteilung zu beachten. Eine Verbindlichkeit, deren Gläubiger im Wege des Aufgebotsverfahrens ausgeschlossen ist (vgl § 1973 BGB) oder nach § 1974 BGB einem ausgeschlossenen Gläubiger gleichsteht, wird danach nach den in § 39 InsO bezeichneten nachrangigen Verbindlichkeiten und, soweit sie zu den in § 327 Abs 1 InsO aufgeführten speziellen nachrangigen Nachlaßverbindlichkeiten (vgl o Rn 38) gehört, erst nach den Verbindlichkeiten erfüllt, mit denen sie ohne die Beschränkung gleichen Rang hätte. Durch die Beschränkung wird im übrigen an der Rangordnung nichts geändert.

9. Beendigung des Nachlaßinsolvenzverfahrens

42 Nachdem Verwertung und Verteilung unter Berücksichtigung der vorstehend beschriebenen Besonderheiten abgeschlossen ist, wird das Nachlaßinsolvenzverfahren wie ein **Regelinsolvenzverfahren** beendet (vgl hierzu im einzelnen Kap 15 Rn 1 ff).

II. Insolvenzverfahren über das eheliche Gesamtgut

43 Die Insolvenzordnung sieht ferner ein Insolvenzverfahren über das **Gesamtgut einer fortgesetzten eherechtlichen Gütergemeinschaft** (§ 232 InsO), für das die Vorschriften über das Nachlaßinsolvenzverfahren weitgehend entspr gelten,

---

18 Begr zu § 370 RegEntw InsO abgedruckt in Balz/Landfermann S 446.

sowie ein Insolvenzverfahren über das **gemeinschaftlich verwaltete Gesamtgut einer Gütergemeinschaft** (§ 333f InsO) vor.

1. Eherechtliche Güterstände

Zum besseren Verständnis der insolvenzrechtlichen Regelungen über das eherechtliche Gesamtgut soll zunächst kurz das Güterrecht des BGB für die eheliche Gemeinschaft dargelegt werden. **44**

Nach den Vorschriften des BGB kommen im Eherecht folgende güterrechtliche Konstellationen in Betracht: Grundsätzlich leben die Ehegatten gem § 1363 Abs 1 BGB im Güterstand der **Zugewinngemeinschaft**, wenn sie nicht durch einen Ehevertrag etwas anderes vereinbaren. In diesem Falle wird das Vermögen des Mannes und das Vermögen der Frau nicht gemeinschaftliches Vermögen der Ehegatten. Dies gilt selbst für das Vermögen, das ein Ehegatte nach der Eheschließung erwirbt. Endet die Zugewinngemeinschaft beispielsweise durch Scheidung, haben die Ehegatten aber einen Vermögensausgleich in der Weise vorzunehmen, daß der Zugewinn an Vermögen, der im Laufe der Ehezeit erzielt wurde, zwischen den Ehegatten gleichmäßig verteilt wird. **45**

Die Ehegatten können vertraglich aber auch eine **Gütertrennung** vereinbaren, so daß sie sich vermögensrechtlich wie Unverheiratete gegenüberstehen. Die getrennten Vermögensmassen werden durch den jeweiligen Ehegatten **allein verwaltet**.[19] Deshalb kann über das Vermögen eines jeden Ehegatten in diesem Falle ein **gesondertes Insolvenzverfahren** eröffnet werden, ohne daß das Vermögen des anderen Ehegatten hiervon direkt erfaßt wird. Soweit allerdings Miteigentum der Ehegatten beispielsweise an einem Grundstück besteht, das die Ehegatten gemeinsam erworben haben, fällt der Anteil des insolventen Ehegatten an dem Vermögensgegenstand in die Insolvenzmasse und wird ggf nach Auseinandersetzung (vgl hierzu § 84 InsO) nach den allgem Regeln verwertet.[20] **46**

Schließlich können die Ehegatten gem § 1415 BGB durch Ehevertrag die **Gütergemeinschaft** wählen. In diesem Falle entstehen mehrere voneinander abzugrenzende Vermögensmassen: **47**

a) Sondergut

Die nicht durch Rechtsgeschäft übertragbaren Vermögensgegenstände bleiben Sondergut. Hierzu gehören beispielsweise nicht abtretbare und unpfändbare Forderungen, unpfändbare Gehalts- und Unterhaltsansprüche iSv §§ 850ff ZPO, der Nießbrauch (§ 1059 BGB) und die persönliche Dienstbarkeit (§ 1092 BGB).[21] **48**

---

19 Vgl Palandt/*Diedrichsen* BGB, Grundz vor § 1415 Rn 1.
20 Vgl *Bork* Rn 431.
21 Vgl Palandt/*Diederichsen* BGB, § 1417 Rn 2 mw Beispielen.

b) Vorbehaltsgut

49 Vom Gesamtgut ist ferner gem § 1418 BGB das Vorbehaltsgut ausgeschlossen. Zum Vorbehaltsgut gehören die übertragbaren Vermögensgegenstände, die durch Ehevertrag zu solchem erklärt worden sind. Ferner zählen hierzu die Gegenstände, die ein Ehegatte von Todes wegen erwirbt oder die von einem Dritten unentgeltlich zugewendet werden, wenn der Erblasser durch letztwillige Verfügung oder der Dritte bei der unentgeltlichen Zuwendung bestimmt hat, daß der Erwerb Vorbehaltsgut sein soll. Das Vorbehaltsgut wird von jedem Ehegatten selbständig und auf eigene Rechnung verwaltet.

c) Gesamtgut

50 Im übrigen werden bei Vereinbarung der Gütergemeinschaft das Vermögen des Mannes und das Vermögen der Frau durch die Gütergemeinschaft gemeinschaftliches Vermögen (Gesamtgut) beider Ehegatten. Zum Gesamtgut gehört auch das Vermögen, das der Mann oder die Frau während der Gütergemeinschaft hinzuerwerben. Es entsteht an dem Gesamtgut eine sogenannte **Gesamthandsgemeinschaft** mit der Folge, daß ein Ehegatte allein nicht über seinen Anteil am Gesamtgut und an den einzelnen Gegenständen verfügen kann.[22]

51 In dem Ehevertrag, in dem die Gütergemeinschaft vereinbart ist, sollen die Ehegatten bestimmen, ob das Gesamtgut von dem Mann oder der Frau oder von ihnen gemeinschaftlich verwaltet wird (§ 1421 BGB). Enthält der Ehevertrag keine Bestimmung über die Frage der **Verwaltung**, so ist im BGB bestimmt, daß die Ehegatten das Gesamtgut gemeinschaftlich verwalten. Kommen die Ehegatten allerdings überein, daß nur ein Ehegatte das Gesamtgut verwalten soll, so haftet das Gesamtgut für alle Schulden des verwaltenden Ehegatten und unter bestimmten Voraussetzungen auch für die Schulden des nicht verwaltenden Ehegatten (§ 1437 Abs 1 BGB iVm §§ 1438 ff BGB). Außerdem haftet der Ehegatte, der das Gesamtgut verwaltet, für die Gesamtgutsverbindlichkeiten des anderen Ehegatten den Gläubigern gem § 1437 Abs 2 BGB persönlich als Gesamtschuldner. Die Gläubiger können deshalb auch auf das Vorbehaltsgut des verwaltenden Ehegatten zugreifen. Das Sondergut ist idR mangels Übertragbarkeit nicht pfändbar, so daß ein Zugriff der Gläubiger auf das Sondergut dann nicht in Betracht kommt.

52 Wird das Gesamtgut hingegen von beiden Ehegatten **gemeinsam verwaltet**, so haftet das Gesamtgut nach Maßgabe der §§ 1460 ff BGB für die Gesamtgutsverbindlichkeit beider Ehegatten. Für die Gesamtgutsverbindlichkeiten haften die Ehegatten gem § 1459 Abs 2 BGB auch persönlich als Gesamtschuldner insbes mit ihrem Vorbehaltsgut.

---

22 Vgl im einzelnen Palandt/*Diedrichsen* BGB, § 1419 Rn 2.

d) Fortgesetzte Gütergemeinschaft

Nach § 332 InsO ist ein **Insolvenzverfahren über das Gesamtgut einer fortgesetzten Gütergemeinschaft** möglich. Hierunter ist eine ehevertragliche Vereinbarung zu verstehen, wonach die Gütergemeinschaft nach dem Tode eines Ehegatten zwischen dem überlebenden Ehegatten und den gemeinschaftlichen Abkömmlingen fortgesetzt wird. Liegt eine solche Vereinbarung vor, so wird die Gütergemeinschaft mit den gemeinschaftlichen Abkömmlingen fortgesetzt, die bei gesetzlicher Erbfolge als Erben berufen wären. In diesem Falle gehört der Anteil des verstorbenen Ehegatten am Gesamtgut gem § 1483 Abs 1 S 3 BGB nicht zum Nachlaß, sondern bildet in Form der fortgesetzten Gütergemeinschaft mit den übrigen Anteilen weiterhin ein **Sondervermögen**, das von dem überlebenden Ehegatten verwaltet wird. Dies gilt auch für den Fall, wenn der überlebende Ehegatte vorher nicht verwaltungsberechtigt war. Nunmehr haftet das Gesamtgut aufgrund der Übernahme der Verwaltungsbefugnis auch für alle Verbindlichkeiten des verwaltenden Ehegatten gem § 1488 BGB und der überlebende Ehegatte haftet für die Gesamtgutsverbindlichkeiten gem § 1489 BGB nunmehr auch persönlich als Gesamtschuldner. **53**

2. Insolvenzrechtliche Besonderheiten bei vereinbarter Gütergemeinschaft

Wie bereits dargelegt, findet bei der Zugewinngemeinschaft und bei der Gütertrennung ohne weiteres ein Insolvenzverfahren über das Vermögen des von der Insolvenz betroffenen Ehegatten statt, ohne das Vermögen des anderen Ehegatten zu berühren. Besonderheiten gibt es aber, wenn die Ehegatten im Ehevertrag Gütergemeinschaft vereinbart haben. Von Bedeutung ist, welcher Ehegatte die Verwaltungsbefugnis innehat (vgl § 1421 BGB) oder ob ggf die Ehegatten gemeinsam verwaltungsbefugt sind. **54**

a) Insolvenzverfahren über das Vermögen eines Ehegatten bei Alleinverwaltungsbefugnis

Liegt die Verwaltung des Gesamtgutes bei nur einem Ehegatten, so findet ein Insolvenzverfahren über das Gesamtgut nicht statt. Vielmehr kann lediglich über das Vermögen eines jeden Ehegatten gesondert ein Insolvenzverfahren eröffnet werden. Neben dessen pfändbarem Sonder- und Vorbehaltsgut (vgl o Rn 48 f) gehört gem § 37 Abs 1 S 1 InsO auch das Gesamtgut beider Ehegatten zur Insolvenzmasse. § 37 Abs 1 S 2 InsO ordnet ferner an, daß eine Auseinandersetzung des Gesamtgutes nicht stattfindet. Aufgrund der Tatsache, daß der das Gesamtgut verwaltende Ehegatte für die Verbindlichkeiten des anderen Ehegatten, die Gesamtgutsverbindlichkeiten sind,[23] persönlich insbes mit seinem Vorbehaltsgut als Gesamtschuldner haftet, können die Gläubiger des **55**

23 Vgl hierzu Palandt/*Diederichsen* BGB, § 1437 Rn 2.

anderen Ehegatten sich als Insolvenzgläubiger an dem Insolvenzverfahren beteiligen.[24]

56 Wird ein Insolvenzverfahren über das Vermögen des Ehegatten eröffnet, der nicht verwaltungsbefugt ist, so fällt zwar sein Sonder- und Vorbehaltsgut, nicht aber das Gesamtgut in die Masse. § 37 Abs 1 S 3 InsO stellt insoweit klar, daß durch das Insolvenzverfahren über das Vermögen des anderen Ehegatten das Gesamtgut nicht berührt wird. Für die Gläubiger bedeutet dies zwar, daß sie keinen direkten Zugriff auf das Gesamtgut haben. Da ihnen aber der verwaltende Ehegatte für die Verbindlichkeiten des nicht verwaltenden Ehegatten gem § 1437 BGB persönlich als Gesamtschuldner haftet, steht das Gesamtgut letztlich doch im Zugriff der Gläubiger, soweit sich deren Ansprüche gegen das Gesamtgut richten. Der Anteil eines Ehegatten an dem gesamthänderisch gebundenen Vermögen ist gem § 860 ZPO nicht der Pfändung unterworfen, so daß der dem nicht verwaltungsbefugten Ehegatten gehörende Gesamthandsanteil bei dessen Insolvenz ohnehin nicht in die Insolvenzmasse fiele, weil er nicht pfändbar ist (vgl § 36 Abs 1 InsO).

b) Insolvenzverfahren über das gemeinschaftlich verwaltete Gesamtgut einer Gütergemeinschaft

57 § 37 Abs 2 InsO stellt klar, daß bei **gemeinschaftlicher Verwaltung des Gesamtgutes** durch die Ehegatten das Gesamtgut durch das Insolvenzverfahren über das Vermögen eines Ehegatten nicht berührt wird. Dafür besteht aber die Möglichkeit gem §§ 333, 334 InsO, ein gesondertes Insolvenzverfahren über das Gesamtgut durchzuführen, wobei das gesamthänderisch gebundene Vermögen im Rahmen der Insolvenz nur für die Gläubiger zur Verfügung steht, die Erfüllung ihrer Verbindlichkeiten aus dem Gesamtgut verlangen können. Gläubiger, deren Ansprüche sich beispielsweise gegen das Vorbehaltsgut eines Ehegatten richten, nehmen an dem gesonderten Insolvenzverfahren nicht teil.

58 Demgemäß ist nach § 333 Abs 1 InsO **antragsberechtigt** auch nur der Gläubiger, der die Erfüllung einer Verbindlichkeit aus dem Gesamtgut verlangen kann. Ferner sind die **Ehegatten einzeln oder gemeinschaftlich antragsberechtigt**. Wird der Antrag aber nicht von beiden Ehegatten gestellt, so ist er gem § 333 Abs 2 InsO nur zulässig, wenn die Zahlungsunfähigkeit des Gesamtgutes **glaubhaft** gemacht wird. In diesem Falle hat das Insolvenzgericht den anderen Ehegatten zu hören.

59 **Eröffnungsgrund** ist grundsätzlich die **Zahlungsunfähigkeit** (vgl hierzu Kap 2 Rn 19). Wird hingegen der Antrag von beiden Ehegatten gestellt, so ist auch die drohende Zahlungsunfähigkeit (vgl hierzu Kap 2 Rn 26 ff) gem § 33 Abs 2 S 3 InsO Eröffnungsgrund.

---

24 *Bork* Rn 435.

Da die Ehegatten gem § 1459 BGB für die Verbindlichkeiten, deren Erfüllung aus dem Gesamtgut verlangt werden kann, persönlich haften, können die Gläubiger diese Ehegatten grundsätzlich auch persönlich in Anspruch nehmen. Nach § 334 InsO kann die **persönliche Haftung** während der Dauer des Insolvenzverfahrens über das Gesamtgut **nur vom Insolvenzverwalter oder vom Sachwalter** geltend gemacht werden. Dies gilt aber nur dann, wenn es sich um die Haftung für Verbindlichkeiten handelt, deren Erfüllung aus dem Gesamtgut verlangt werden kann. **60**

Für den Ablauf dieses Insolvenzverfahrens gelten im übrigen die allgem Regelungen des Insolvenzverfahrens. Auch ein **Insolvenzplanverfahren** kann gem § 334 Abs 2 InsO durchgeführt werden, wobei für die persönliche Haftung der Ehegatten § 227 Abs 1 InsO entspr gilt, so daß bei Annahme und Durchführung des Planes (vgl zum Planverfahren Kap 13 Rn 1 ff), soweit in dem Plan nichts anderes bestimmt ist, beide Ehegatten von ihren Verbindlichkeiten insoweit befreit werden. **61**

c) Insolvenzverfahren über das Gesamtgut einer fortgesetzten Gütergemeinschaft

Soweit die Ehegatten gem § 1483 BGB eine fortgesetzte Gütergemeinschaft vereinbart haben (vgl hierzu o Rn 53), gehört der Anteil des verstorbenen Ehegatten am Gesamtgut nicht zum Nachlaß des verstorbenen Ehegatten und steht deshalb dessen Nachlaßgläubigern auch haftungsrechtlich nicht zur Verfügung, so daß dieses Vermögen von einem Nachlaßinsolvenzverfahren über das Vermögen des verstorbenen Ehegatten unberührt bliebe. Deshalb kann nach § 11 Abs 2 Nr 2 InsO über das Gesamtgut einer fortgesetzten Gütergemeinschaft ein Insolvenzverfahren eröffnet werden. Auf dieses Insolvenzverfahren finden gem § 332 InsO die **Regelungen über das Nachlaßinsolvenzverfahren** (§§ 315 bis 331 InsO) entspr Anwendung (vgl hierzu o Rn 2). Abweichungen zum Nachlaßinsolvenzverfahren bestehen aber insoweit, als daß **Insolvenzgläubiger** nach § 332 Abs 2 InsO nur die Gläubiger sind, deren Forderungen schon zur Zeit des Erbfalles, als die fortgesetzte Gütergemeinschaft entstanden ist, als Gesamtgutsverbindlichkeiten bestanden. **62**

Ferner besteht die Besonderheit, daß die anteilsberechtigten Abkömmlinge nach § 332 Abs 3 InsO nicht berechtigt sind, die Eröffnung des Verfahrens zu beantragen. Sie sind allerdings vom Insolvenzgericht zu einem Eröffnungsantrag zu hören. **63**

Register

Die fetten Zahlen beziehen sich auf die Kapitel, die mageren auf die Randnummern.

Abhilfe
durch das Insolvenzgericht bei sofortiger Beschwerde **2** 140
Ablehnung des Eröffnungsantrags
Beschluß **2** 117
wegen Kostendeckung, fehlender **2** 108
Kostentragung durch den Gläubiger **2** 162ff
Kostentragung des Schuldners **2** 160
Kostenvorschuß, ausreichender **2** 109
Masseunzulänglichkeit **2** 108
Rechtsfolgen bei Masselosigkeit **2** 123ff
Sicherungsmaßnahmen, bereits getroffene **2** 118
Zustellung des Beschlusses **2** 145
Abschlagsverteilung
Mitbestimmung des Gläubigerausschusses **11** 53
Absonderungsrecht
Anmeldung zur Tabelle **8** 56ff
Begriff **8** 33
Eigentumsvorbehalt **8** 52ff
Erlösverteilung und Kostenbeteiligung des Gläubigers **8** 97ff
Erörterung des Insolvenzplanes **13** 68
Ersatzabsonderung **8** 105, 106
Forderungen, Gläubigerinformation hierüber **8** 85
Forderungsverpfändung **8** 39
Gesetzliche Pfandrechte **8** 40ff
Gläubigerinformation nach Verwertung **8** 86
und Gläubigerausschuß **11** 15
Gläubigerrechte in Gläubigerversammlungen **8** 61
Gläubigerteilnahme am Insolvenzverfahren **8** 56ff
Gläubigerunterrichtung vor der Verwertung **8** 80ff
Gläubigerversammlung, Einberufungsantrag **10** 28, 29, 31
und Gläubigerversammlung, Teilnahme **10** 57
Globalzession **8** 55
Immobilienverwertung **8** 68ff
und Insolvenzplanverfahren **8** 62ff
und Insolvenzplanvorlage **13** 18, 33
Mobilien, Verwertung **8** 75ff
Nutzung für die Masse **8** 103
Pfändungspfandrechte **8** 43
Rechtsstreitigkeit, Aufnahmemöglichkeit **4** 86, 87
Sachen, Gläubigerinformation hierüber **8** 81
Sicherheitenverwertung durch Verwalter **8** 65ff
Sicherungsübertragungen **8** 47ff
des Steuerfiskus **8** 45
Stimmrecht in der Gläubigerversammlung **10** 77ff
und Stimmrecht bei Insolvenzplan **13** 77
an unbeweglichen Sachen **8** 36
Veräußerungsabsicht **8** 87
Versicherung für fremde Rechnung **8** 46
Vertragspfandrechte **8** 38, 39
Verwalterstellung **8** 34
Verzinsung gesicherter Forderung **8** 93ff
und vorläufige Sicherungsmaßnahmen **3** 6
Zurückbehaltungsrechte **8** 44
Zwangsversteigerung, Einstellung **8** 69ff
Zwangsverwaltung, Einstellung **8** 74
Abstimmungstermin
der Gläubigerversammlung **10** 6, 23
Insolvenzplan **13** 71
Abtretung
der Gegenleistung als Ersatzaussonderung **8** 24
Vorfinanzierung von Insolvenzgeld **9** 10
Akteneinsicht
Recht der Verfahrensbeteiligten **12** 7ff
Aktiengesellschaft
Abweisung der Eröffnung mangels Masse **2** 124
Antragspflicht **2** 72
Antragstellung **2** 62
Eröffnung, Ablehnung der Insolvenz **4** 114
Insolvenzfähigkeit **2** 4
Überschuldungsbegriff **2** 33
Vorstandstätigkeit und Insolvenz **9** 17
Aktiva und Passiva
und Überschuldungsbilanz **2** 36
Unternehmensbewertung und Überschuldungsfeststellung **2** 37

Aktivprozesse
und Insolvenzeröffnung **4** 83, 84
Amtstheorie
Rechtsnatur des Verwalteramtes **6** 22
Amtsermittlung
Eröffnungsverfahren **2** 98
Zulässigkeit des Eröffnungsantrags **3** 12, 13
Zustimmungsverfahren bei Betriebsänderung **9** 98
Amtsgericht
Eröffnungsantrag und Zuständigkeit des – **2** 45ff
Örtliche Zuständigkeit **2** 47ff
Zuständigkeitskonzentration **2** 46
Anfechtungsrecht
und Insolvenzplanvorlage **13** 15
Verbraucherinsolvenzverfahren **17** 125ff
Anfechtungsvorschriften
Berechtigter **7** 6ff
Dritthandlungen **7** 21
Entstehung des Anfechtungsrechts **7** 13
Erklärung der Anfechtung **7** 17
Erlöschen des Anfechtungsrechts **7** 18ff
Gegner **7** 9
Grundstücke, Rückgewähr **7** 57
Inkongruente Deckungen **7** 30ff
Inkrafttreten **1** 22
Kapitalersetzende Darlehen **7** 52ff
Kongruente Deckungen **7** 23ff
Konkursordnung, Gesamtvollstreckungsordnung und InsO **7** 2
Masseschmälerung **7** 22
Nahestehende Personen **7** 10ff
Nahestehende Personen, entgeltliche Verträge **7** 44ff
Rechtsfolgen **7** 56ff
Rechtshandlungen vor dem 1.1.1999 **1** 22
Rechtshandlungen, unmittelbar nachteilige **7** 33ff
Rechtsnachfolger **7** 13ff
Rechtsstaatsprinzip **1** 22
Rückübertragungsanspruch, schuldrechtlicher aufgrund – **7** 56
Unentgeltliche Leistungen **7** 48ff
Unterlassungen **7** 5
Verjährung **7** 20
Verjährungsfrist, Ablauf **7** 21
Verwalterrecht **7** 19
Vorsätzliche Benachteiligung **7** 40ff
Anhängige Rechtsstreitigkeiten
und Insolvenzeröffnung
s Rechtsstreitigkeiten
Anhörung
Einstellung des Verfahrens **15** 85
im Eröffnungsverfahren **2** 103ff
des Gläubigerausschusses **11** 58ff
des Schuldners bei Postsperre **4** 49
und vorläufige Sicherungsmaßnahmen **3** 14
Anleihegläubigerversammlung 10 139
Anmeldung
von Forderungen zur Tabelle **2** 114 **6** 28ff **8** 119ff
Lohnforderungen **9** 49
Nachträgliche Anmeldung **10** 136
Stimmrecht noch nicht geprüfter Forderungen **10** 91ff
Anordnung
von Sicherungsmaßnahmen
s Sicherungsmaßnahmen
Ansprüche
s Forderungsrechte
Anstalten des öffentlichen Rechts
Antragspflicht **2** 73
Insolvenzfähigkeit **2** 7
Antragspflicht
Beweislast **2** 110
Massekostenvorschuß, Ausgleichspflicht wegen unterlassener Antragstellung **2** 110
Nachlaßinsolvenzverfahren **18** 11
bei Überschuldung **2** 73
bei Zahlungsunfähigkeit/Überschuldung **2** 72
Zeitpunkt **2** 76ff
Antragstellung
Akteneinsichtsrecht **12** 9
Antragspflichtige Gruppen **2** 72ff
Berechtigung **2** 59ff
und Beschwerdeberechtigung **2** 135
wegen drohender Zahlungsunfähigkeit **2** 27, 65
Eröffnung nur aufgrund – **2** 57
Form **2** 80
und Gegenstandswert für Eröffnung **2** 172ff
Gerichtliche Zuständigkeit **2** 43ff
durch Gläubiger **2** 27, 43, 69, 70
Glaubhaftmachung, fehlende **2** 95
Inhalt, Mindestanforderungen **2** 81ff
und Inkrafttreten der Insolvenzordnung **1** 17
Örtliche Zuständigkeit **2** 47ff, 54
Rechtliches Interesse **2** 83ff
Rücknahme des Antrags **2** 96
durch Schuldner **2** 27, 43, 60ff
durch Schuldner, erforderliche Glaubhaftmachung des Insolvenzgrundes in Ausnahmefällen **2** 92ff
wegen Überschuldung **2** 27

Verbraucherinsolvenzverfahren **17** 37ff
wegen Zahlungsunfähigkeit **2** 27
Zulässigkeitsprüfung **2** 100, 101, **3** 11
Anzeige
der Masseunzulänglichkeit **5** 15
zur Insolvenzplanerfüllung **13** 149
Apotheke
Unpfändbarkeit von Vermögen **4** 7
Arbeitnehmer
Abtretung von Insolvenzausfallgeld **9** 10 **9** 56, 57
Anmeldung zur Tabelle **9** 48
Arbeitnehmererfindungen **9** 63ff
Ausbildungsverhältnisse **9** 39
Ausländische – **9** 56
Beschäftigungsförderungsgesetz **9** 122 **9** 2
Betriebsänderungen und Kündigung **9** 120
Betriebsänderungen, geplante **9** 32
Betriebsänderungen durch Insolvenzverwalter **9** 74ff
Betriebsänderungen und Vermittlungsverfahren **9** 85ff
Betriebsänderungen, gerichtliche Zustimmung **9** 90ff
Betriebsrat, Anhörung bei Kündigung **9** 27
Betriebsratsmitglieder, Kündigung **9** 23 **9** 24
Betriebsstillegung vor Eröffnung **9** 8, 9
Betriebsübergang in der Insolvenz **9** 136ff
Betriebsveräußerung und bereits beendete Arbeitsverhältnisse **9** 160
Betriebsvereinbarungen **9** 30
Betriebsvereinbarungen, Kündigung **9** 75ff
Betriebsverfassungsgesetz und Insolvenzeröffnung **9** 85ff
Dienstverhältnisse, noch nicht angetretene **9** 45, 46
Einigungsstellenverfahren, Zustimmungserteilungsverfahren **9** 85ff
Erfüllungsablehnung **9** 45
Eröffnung und Arbeitsverhältnis **9** 11ff
Eröffnung und beendete Arbeitsverhältnisse **9** 151ff
Eröffnung und Fortbestand des Arbeitsverhältnisses **9** 10ff **9** 4, 5
Eröffnung, später begründete Arbeitsverhältnisse **9** 42ff
Erziehungsurlaub **9** 35
und Gläubigerausschuß **11** 15
und Gläubigerversammlung **9** 161ff
Herabsetzung von Leistungen **9** 31
Insolvenzforderungen aus früheren Arbeitsverhältnissen **9** 151ff
Insolvenzforderungen, normale **9** 48, 62
Insolvenzgeld **9** 53ff
Insolvenzgeld und frühere Arbeitsverhältnisse **9** 157
und Insolvenzplanvorlage **13** 29
KO, Gesamtvollstreckung **9** 2
Kollektivrechtliche Ansprüche **9** 27ff
Kündigung und Betriebsübergang **9** 136ff
Kündigung und Schadensersatzansprüche **9** 16
Kündigungsrecht des Arbeitnehmers **9** 15
Kündigungsrecht des Verwalters **9** 13ff
Kündigungsrecht und Kündigungsgrund, keine besonderen aufgrund Eröffnung **9** 4
Kündigungsschutz und Beschlußverfahren **9** 126ff
Kündigungsschutz und Interessenausgleich **9** 120ff
Kündigungsschutzbestimmungen, sonstige **9** 33ff
Kündigungsschutzgesetz, anwendbares **9** 20
Kündigungsschutzklage **9** 18
Lohnansprüche, Befriedigung vor Eröffnung entstandener **9** 48ff
Lohnansprüche, nach Eröffnung entstandene **9** 50ff
Masseverbindlichkeiten und Insolvenzforderungen **9** 3
Masseverbindlichkeiten **9** 50ff
Mutterschutz **9** 33, 34
Rangfolge, entfallene **9** 3, 51, 52
Rentenansprüche, Rentenanwartschaften **9** 67ff
Rentenansprüche ehemaliger Arbeitnehmer **9** 158
Restschuldbefreiung **16** 11
Rückständige Forderungen **8** 6
Sanierung oder Betriebsstillegung **9** 61
Schwerbehinderte **9** 36
Sozialplan **9** 32, 107ff
Sozialplan und Betriebsänderung **9** 85ff
Sozialstaatsgedanke **9** 1
Tarifliche Ansprüche **9** 28, 29
Urlaubsansprüche **9** 73
vom Verwalter begründete Arbeitsverhältnisse **9** 42ff
Vorfinanzierung von Insolvenzgeld **9** 10, 60
Vorläufige Verwalterbestellung, Rechtsfolgen **9** 6ff
Vorstandsmitglieder **9** 17
Zeugnisansprüche **9** 73

Arbeitseinkommen
Eröffnungsbeschluß und Schuldnerverfügung über – 4 18ff
Aufhebung
Vorläufige Sicherungsmaßnahmen 3 67ff
Aufhebung des Verfahrens
Beendigung des Insolvenzverfahrens 15 1ff
Bekanntmachung von Forderungssumme und Verteilungsbetrag 15 15ff
nach Rechtskraft des Insolvenzplans 15 38ff
Schlußrechnung des Verwalters 15 7ff
Schlußtermin 15 22ff
Schlußverteilung 15 34ff
nach Vollzug der Schlußverteilung 15 4ff
Auflösungsstadium
und Insolvenzfähigkeit juristischer Person 2 6
Aufrechnung
Berechtigung vor Eröffnung 4 67ff
und Einzelzwangsvollstreckung 4 69
und Eröffnung, Einschränkung 4 70, 71
und Eröffnung, Verbot 4 72ff
Aufsicht
über Insolvenzverwalter 10 14 6 13ff
durch Sachverwalter bei Eigenverwaltung 14 22
Ausbildungsverhältnisse
und Insolvenz 9 39ff
Auskehr
zur Masse geflossener Gegenleistung 8 27
Auskunftspflichten
Absonderungsrecht und – 4 82, 85, 86
Dritter nach Eröffnung 4 34, 35
gegenüber Gläubigern wegen Forderungseinziehung 4 85
bei Restschuldbefreiung 16 58
des Schuldners im Eröffnungsverfahren 2 105ff 3 31
des Schuldners nach Eröffnung 4 28ff
des Schuldners gegenüber Gläubigerversammlung 10 17
des Verwalters gegenüber Gläubiger 12 14ff
Ausländische Arbeitnehmer 9 56
Ausländisches Recht
und Restschuldbefreiung 16 3
Auslagen
im Insolvenzverfahren 2 180
Auslandsbelegenes Vermögen
und Geltungsbereich der InsO 1 24
Auslegung
Bundeseinheitliche Auslegung der InsO 2 158
Aussetzung von Verwertung, Verteilung
aufgrund eines Verteilungsplanes 13 56ff
Aussonderungsrecht
Abtretung einer Gegenleistung 8 26ff
Ansprüche aus persönlichen Rechten 8 17ff
Auskehr einer Gegenleistung 8 27ff
Dingliche Rechte 8 13ff
Eigentum 8 14
Eigentumsvorbehalt 8 15
Ersatzaussonderung 8 23ff
Herausgabeanspruch, schuldrechtlicher 8 18
Rechtliches Interesse an der Eröffnung 2 85
Rechtsstreitigkeit, Aufnahmemöglichkeit 4 86, 87
Sicherungseigentum 8 16
Treuhandverhältnisse 8 19ff
und Verwalterstellung 8 12
Voraussetzungen des – 8 12
und vorläufige Sicherungsmaßnahmen 3 6
Auswahl
des Verwalters 6 5ff

Bare Mittel
Verteilung bei eintretender Masseunzulänglichkeit 5 10, 11
Bedingte Forderungen
Insolvenzforderungen 8 114
Befreiung des Schuldners
s Restschuldbefreiung
Befriedigung der Gläubiger
und Insolvenzplan 13 2
von Lohnansprüchen 9 47ff
der Massegläubiger bei Masseunzulänglichkeit 5 18ff
Prinzip gleichmäßiger 7 1
Vorwegbefriedigung der Masseverbindlichkeiten 8 11
– als zentrales Reformziel 1 11
Befugnisse des Schuldners
nach Insolvenzeröffnung 4 22ff
Behörden
als Antragsteller 2 87
Bekanntmachung
Ablehnung der Eröffnung 2 145, 146
Beschlußfassung, aufgehobene 10 109
Einstellung des Verfahrens 5 12
Eröffnungsbeschluß 2 119
Erörterung des Insolvenzplanes 13 63ff
Forderungssumme und Verteilungsbetrag 15 15ff
Gläubigerversammlung, Einberufung 10 33, 42ff

Insolvenzplan, Überwachung **13** 162
Vorläufige Sicherungsmaßnahmen **3** 15
Benachteiligung, vorsätzliche
Anfechtungstatbestand der – **7** 40ff
Berichterstattung
des Verwalters gegenüber Gläubigerausschuß **11** 31ff
Berichtstermin
der Gläubigerversammlung **10** 3, 21, 37, 116, 123, 124
Stellungnahme des Gläubigerausschusses **11** 58, 59
Beschäftigungsförderungsgesetz **9** 2
Beschluß
Abweisungsbeschluß **2** 117ff
Bestellung eines vorläufigen Gläubigerausschusses durch das Gericht **11** 2ff
Eröffnungsbeschluß **2** 113ff
der Gläubigerversammlung **10** 61ff **11** 10
Insolvenzplan, Aufhebung der Überwachung **13** 164
Insolvenzverwalter, Bestellung eines vorläufigen **3** 33
Sicherungsmaßnahmen, vorläufige **3** 10
Verweisung an das örtlich zuständige Insolvenzgericht **2** 53
Zwangsvollstreckungsmaßnahmen, Untersagung/Einstellung **3** 56
Beschwerde
Akteneinsicht, abgelehnte **12** 10
Außerordentliche Beschwerde **2** 138
Beschwerdewert **2** 177, 178
Sitzungspolizeiliche Maßnahmen **10** 53
Sofortige Beschwerde
s dort
Sofortige weitere Beschwerde
s weitere Beschwerde (sofortige)
Besitz
Vorläufiger Insolvenzverwalter und Schuldnervermögen **3** 37 **3** 42
Besitzlose Pfandrechte
und Absonderung **8** 41
Besitzpfandrechte
und Absonderung **8** 40
Bestellung
Gläubigerausschuß, vorläufiger **11** 2ff
Insolvenzverwalter **6** 11
Insolvenzverwalter (vorläufiger) **3** 33
Bestreiten von Forderungen
Feststellungsklage des Gläubigers **8** 150ff
Prüfungstermin und – **6** 32ff
BetrAVG-Ansprüche
und Insolvenz **9** 67ff
Betriebsänderungen
und Arbeitsverhältnisse
s Arbeitnehmer
und Insolvenzplanvorlage **13** 15
Betriebsfortführung
durch vorläufigen Insolvenzverwalter **3** 44
Betriebsrat
und Kündigung durch Verwalter **9** 27
Betriebsratsmitglieder
Kündigung von Arbeitsverhältnissen **9** 23, 24
Betriebsschließung
durch vorläufigen Insolvenzverwalter **3** 45
Betriebsstillegung
und Zustimmung des Gläubigerausschusses **11** 46ff
Betriebsveräußerung
und Gläubigerversammlung **10** 12, 13
Betriebsvereinbarungen
und Insolvenz **9** 30, 31
Kündigung nach Eröffnung **9** 75ff
Bewegliche Sachen
Absonderungsrecht und Verwalterverwertung von – **8** 75ff
Eröffnungsverfahren **3** 65
Beweiserhebung
und Eröffnungsverfahren **2** 86
Beweisführung
und Glaubhaftmachung **2** 86
Beweislast
Inkongruente Deckung **7** 32
Kenntnis, fehlende von der Eröffnung **4** 56
Kongruente Deckung **7** 29
Beweismittel
und Glaubhaftmachung **2** 86
Beweisverfahren
keine Unterbrechung eines selbständigen – **4** 82
Bewertung
Inventar des Verwalters **6** 41ff
Unternehmensbewertung und Überschuldungsfeststellung **2** 37
BGB-Gesellschaft
Antragstellung **2** 64
Eröffnung, Ablehnung der Insolvenz **4** 117
Gesellschafterhaftung **4** 64
Insolvenzfähigkeit **2** 10
Örtliche Zuständigkeit für Antragstellung **2** 50
BGH-Vorlage
zur bundeseinheitlichen Auslegung der InsO **2** 158
Bilanz
Überschuldungsbilanz zur Überschuldungfeststellung **2** 34ff

Buchführungspflicht
Verbraucherinsolvenzverfahren 17 8
Bürgschaft
und Insolvenzforderung 8 115, 116
Bundesanstalt für Arbeit
Insolvenzgeld 9 55
Rückständige Forderungen 8 6
Vorfinanzierung von Insolvenzgeld 9 10 9 58ff
Bundesanzeiger
Eröffnungsbeschluß 2 119
Bundesvermögen
Insolvenzverfahren, unzulässiges 2 7

D-Mark
keine Forderungsbezifferung in – 8 117
Darlehen, kapitalersetzende
Anfechtungstatbestand 7 52ff
Dauerschuldverhältnis
Masseverbindlichkeiten 5 24
und vorläufiger Insolvenzverwalter 3 47
Dienstverhältnis
und Arbeitnehmerstellung s Arbeitnehmer
Eröffnungsbeschluß und Schuldnerverfügung über Arbeitseinkommen 4 18ff
Dingliche Rechte
und Absonderungsrecht 8 13ff
und Insolvenzplan 13 43
und Insolvenzplandurchführung 13 129
Diskussionsentwurf
zur Reform des Insolvenzrechts 1 4
Dreiwochenfrist
Antragspflicht 2 76, 77
Dritter, Dritte
Akteneinsichtsrecht 12 11ff 12 8
Auskunftspflichten nach Insolvenzeröffnung 4 34, 35
Postsperre gegen – 4 51
Sicherungsrechte 8 12ff
Zwangsmittel 4 45
Drittschuldner
Leistungen an den Schuldner nach Eröffnung 4 53
Drohende Zahlungsunfähigkeit
als weiterer Eröffnungsgrund 2 26ff

Eidesstattliche Versicherung
Auskunftsverpflichtung des Schuldners, Zwangsmittel der – 4 41
Glaubhaftmachung 2 86
Eigentum
und Aussonderungsrecht 8 14
Eigentumsvorbehalt
Absonderungsrecht 8 52ff
und Aussonderungsrecht 8 15
Gläubigeransprüche, gesicherte 6 64
Schuldnererwerb unter – 6 65
Eigenverwaltung des Schuldners
Anfechtungsberechtigung 7 8
Antrag des Schuldners 14 14
Anzeigepflichten gegenüber Gläubigerausschuß 11 65
Aufgabenverteilung Sachwalter und Schuldner 14 38, 39
Aufhebung der Anordnung 14 57ff
Aufsicht durch den Sachwalter 14 22
Ausnahmefall 14 5
Entnahmen von Mitteln zur Lebensführung 14 41, 42
Gefährdung von Gläubigerinteressen 14 11, 19, 20
Gläubigerausschuß 14 51
Gläubiger, Einflußmöglichkeiten 14 16ff
Gläubigerrechte, Gläubigereinfluß 14 51ff
und Gläubigerversammlung 10 17
Gläubigerzustimmung 14 15
Handlungsbefugnisse, ausschließliche des Sachwalters 14 37
Insolvenzplan, Aufstellung 14 34, 49, 50
Kritik 14 3
Kündigung gegenseitiger Verträge 14 43ff
Mitwirkungsrechte des Sachwalters 14 28ff
Prüfungen durch den Sachwalter 14 24ff
Reformziel 1 14
Sachwalter, Rechtsstellung 14 21ff
Schuldnerbefugnisse, Schuldneraufgaben 4 1 14 40ff
Sicherungsmaßnahmen 14 6ff
Überwachung durch den Sachwalter 14 23
und Vergleichsverfahren, bisheriges 14 1 14 2
Verteilungsverzeichnis und Verteilung 14 48
Verwertung, Verwendung von Sicherungsgut 14 45ff
Zustimmung zu Rechtsgeschäften, Anordnung 14 52ff
Zustimmungserfordernis des Verwaltungsausschusses 11 42
Eignung
Insolvenzverwalter 6 5ff
Insolvenzverwalter, vorläufiger 3 34
Einberufung
des Gläubigerausschusses 11 69ff
der Gläubigerversammlung 10 19ff

Einheitliche Rechtsprechung
Nachprüfung der Beschwerdeentscheidung zur Sicherung – **2** 155, 156
Einkommensverhältnisse
Verbraucherinsolvenzverfahren **17** 16
Einstellung
von Zwangsvollstreckungsmaßnahmen im Eröffnungsverfahren **3** 53ff
Einstellung des Verfahrens
und Anhörung des Gläubigerausschusses **11** 60
nach Anzeige der Masseunzulänglichkeit **15** 56ff
mangels Masse **15** 47ff
mit Gläubigerzustimmung **15** 81ff
wegen Unzulänglichkeit der Masse **5** 12, 13, 27ff **10** 18, 25
wegen Wegfall des Eröffnungsgrundes **15** 71ff
Entgeltliche Verträge
mit nahestehenden Personen **7** 44ff
Entlassung
des vorläufigen Gläubigerausschusses **11** 2
Entlassung des Verwalters
Antrag der Gläubigerversammlung **10** 9
Erbe
Anhörungspflichten **2** 103
Antragspflicht **2** 73
als Antragsteller **2** 66
Nachlaßinsolvenzverfahren **18** 11
Erbschaft
Insolvenzeröffnung und Erklärungsbefugnis **4** 23ff
Erfindungen der Arbeitnehmer
und Insolvenz **9** 63ff
Erforderliche Maßnahmen
bis zum Eröffnungsantrag s Sicherungsmaßnahmen
Erfüllungsgehilfen
des Verwalters **6** 89
Erfüllungswahlrecht
des Verwalters **6** 59ff **9** 45
Erhaltungskosten
bei Absonderungsberechtigung **8** 102
Erinnerung
Akteneinsicht, abgelehnte **12** 10
Zwangsvollstreckung entgegen Vollstreckungsverbot **4** 110 **4** 111
Eröffnung
Abweisung wegen fehlender Begründetheit **2** 107
Abweisungsbeschluß **2** 117, 118
Amtsermittlungsgrundsatz **2** 99ff
Anhörungspflichten **2** 103, 104
Anordnung von Sicherungsmaßnahmen s Sicherungsmaßnahmen
Antragstellung, erforderliche **2** 57
Auskunftspflichten des Schuldners **2** 105
Bekanntmachung der – **2** 119
Beweiserhebungen, unzulässige **2** 86
Entscheidung über die – **2** 97ff
Eröffnungsbeschluß s dort
Eröffnungsgründe s dort
Gläubigeraufforderung **2** 114, 115
Insolvenzfähigkeit
s dort
Insolvenzgrund, Feststellung **2** 102
und Insolvenzplanvorlage **13** 14
Kosten des Eröffnungsverfahrens **2** 108, 160ff
Liquiditätsplan, Aufforderung an den Schuldner **2** 106
Massekostenvorschuß **2** 109ff
Masseunzulänglichkeit **2** 108
Mitteilungen an Register- und Grundbuchämter **2** 120ff
Rechtliches Interesse **2** 83ff
Rechtsstreitigkeiten **3** 5
Restschuldbefreiung **16** 36
Sachverständigenprüfung **3** 40
Stunde der Eröffnung **2** 114
Verbraucherinsolvenzverfahren **17** 74
Zulässigkeitsprüfung **2** 100, 101
Eröffnungsantrag
s Antragstellung
Eröffnungsbeschluß
Aufrechnung und – **4** 65ff
Auskunftspflicht des Schuldners und weiterer Personen nach Erlaß des – **4** 28ff
Erlaß **2** 113ff
und gesellschaftsrechtliche Auswirkungen **4** 112ff
und Leistungen an den Schuldner **4** 53ff
Postsperre **4** 46ff
Rechtsstreitigkeiten, laufende **4** 75ff
Schuldneransprüche, Geltendmachung durch den Verwalter **4** 58ff
Schuldnerbefugnisse, verbleibene **4** 22ff
Schuldnerverfügungen, nunmehr unwirksame **4** 14ff
und Unterstützungspflicht des Schuldners **4** 37ff
Verbraucherinsolvenzverfahren **17** 117
Verwaltungs- und Verfügungsbefugnisse, Übergang **4** 2ff
Wirkungen (Übersicht) **4** 1
Zwangsmittel gegen den Schuldner **4** 40ff

Zwangsvollstreckung, Vollstreckungsverbote 4 93ff
Eröffnungsbilanz
des Verwalters 6 40
Eröffnungsgründe
Drohende Zahlungsunfähigkeit 2 26ff
Einstellung des Verfahrens wegen Wegfall 15 71ff
Feststellung 2 102ff
und Glaubhaftmachung 2 84ff
Sachverständiger 2 102
Überschuldung juristischer Personen 2 32ff
Überschuldung einer Gesellschaft ohne Rechtspersönlichkeit 2 40
Überschuldung eines Nachlasses, des Gesamtguts fortgesetzter Gütergemeinschaft 2 41, 42
Zahlungsunfähigkeit 2 19ff
und Zulässigkeitsprüfung 2 100, 102
Erörterungstermin
der Gläubigerversammlung 10 6, 23, 131 13 60ff
Ersatzabsonderung 8 105
Ersatzaussonderung
Absonderungsrecht und – 8 23ff
Erweiterter Eigentumsvorbehalt
Absonderungsrecht 8 54
Erziehungsurlaub
und Insolvenz 9 35
Europäische wirtschaftliche Interessenvereinigung
Insolvenzfähigkeit 2 11

Fälligkeit
Eröffnung und fehlende Forderungs – 8 114
Kosten des Insolvenzverfahrens 2 182ff
Familie des Schuldners
Unterhalt 10 16
Feststellungsklage
des Gläubigers wegen Insolvenzforderung 8 140ff
Finanzbehörden
als Antragsteller 2 87
Finanzierung
Vorfinanzierung von Insolvenzgeld 3 39 9 10, 58ff
Finanzkraft
und Unternehmensüberschuldung 2 38
Fiskus
Absonderungsrecht für den Steuerfiskus 8 45
Forderungstabelle
Absonderungsrecht 8 56ff
Eintragungsfolge 10 129
Forderungsprüfung 6 31
Insolvenzforderungen, nachrangige 8 129ff
Insolvenzverbindlichkeiten 8 121ff
Masseverbindlichkeiten 8 3, 120
Prüfung, Prüfungstermin 8 126ff
Prüfung, Prüfungsergebnis 8 132ff
Prüfungstermin 6 32
Prüfungstermin und Schuldnerabwesenheit 10 129, 130
Verwalterpflichten: Aufnahme, Niederlegung 6 28ff
Form
Antrag auf Eröffnung 2 30
Einlegung sofortiger Beschwerde 2 130
Weitere sofortige Beschwerde 2 150
Fortführungsprognose
und Unternehmensüberschuldung 2 37
Frist
Einberufung der Gläubigerversammlung 10 32, 33, 45, 46
Einberufung des Gläubigerausschusses 11 73
Eröffnungsantrag bei Antragsverpflichtung 2 76ff

Gegenleistung
und Ersatzaussonderung 8 24ff
Gegenstandswert
Wertberechnung im Insolvenzverfahren 2 171ff
Geldverkehr
und Gläubigerversammlung 10 9
Geltungsbereich
Zeitlicher, räumlicher 1 16ff
Genossenschaft
Antragspflicht 2 72
Antragstellung 2 62
Bestellung eines vorläufigen Gläubigerausschusses durch das Gericht 11 3
und Gläubigerversammlung, Teilnahme 10 57
Insolvenzfähigkeit 2 4
Überschuldungsbegriff 2 34
Genossenschaftsregister
Mitteilungen vom Eröffnungsbeschluß 2 120
Vorläufige Sicherungsmaßnahmen 3 16
Gericht
s Insolvenzgericht
Gerichtskosten
s Kosten des Verfahrens
Gerichtliche Ersetzung
der Zustimmung zum Insolvenzplan 13 101ff

Gerichtliche Zuständigkeit
Amtsgerichtliche Zuständigkeit **2** 45ff
für BGB-Gesellschaft **2** 50
Eröffnungsantrag **2** 43ff
für juristische Personen **2** 49
für Nachlaß, sonstige Vermögensmassen **2** 51, 52
für natürliche Personen **2** 48
Örtliche Zuständigkeit, fehlende **2** 53, 54
Richter, Rechtspfleger **2** 55ff
Gerichtliche Zustimmung
zur Durchführung einer Betriebsänderung **9** 90ff
Gerichtskosten
Feststellungsklage des Gläubigers **8** 160
Geringfügig selbständig Tätige
Verbraucherinsolvenzverfahren **17** 6
Gesamtgut fortgesetzter Gütergemeinschaft
Antragspflicht **2** 73
Insolvenzfähigkeit **2** 17
Insolvenzmasse **4** 8
Insolvenzverfahren **18** 43ff
Örtliche Zuständigkeit für Antragstellung **2** 52
Überschuldung **2** 41
Zahlungsunfähigkeit **2** 19
Gesamthandsvermögen
und Insolvenzfähigkeit **2** 9, 14
Gesamtschaden
Geltendmachung durch den Verwalter **4** 59ff
Gesamtschuld
als Insolvenzforderung **8** 115
Gesamtschuldnerische Haftung
Mitglieder des Gläubigerausschusses **11** 93
Gesamtvollstreckungsordnung
Ablösung **1** 1
und Einzelzwangsvollstreckung **4** 13
Zahlungsunfähigkeit **2** 20
Gesamtvollstreckungsverfahren
Antragstellung vor dem 1. 1. 1999 **1** 17
Weitere sofortige Beschwerde **2** 148
Geschäftsbücher
Unpfändbarkeit **4** 7
Geschäftskundigkeit
des Verwalters **6** 7, 8
Geschäftsräume
Siegelung durch Insolvenzgericht im Eröffnungsverfahren **3** 64
Siegelung durch vorläufigen Insolvenzverwalter **3** 42
Geschichte der Insolvenzordnung
Diskussionsentwurf 1988 **1** 4
Gesetzesentwurf 1994 **1** 7, 8, 9
Gesetzesverabschiedung 1994 **1** 9
Inkrafttreten 1. 1. 1999 **1** 10
Referentenentwurf 1991 **1** 6
Regierungsentwurf 1992 **1** 6
Sachverständigenkommission **1** 3
Gesellschaft bürgerlichen Rechts
s BGB-Gesellschaft
Gesellschaften ohne Rechtspersönlichkeit
Anhörungspflichten **2** 103
Antragstellung wegen drohender Zahlungsunfähigkeit **2** 65
Glaubhaftmachung des Insolvenzgrundes **2** 93
Insolvenzfähigkeit **2** 8ff
Überschuldung **2** 40
Zahlungsunfähigkeit **2** 19
Gesellschafter
Insolvenz eines – **4** 119ff
Gesellschafterhaftung
Geltendmachung persönlicher Haftung durch den Verwalter **4** 63, 64
Gesellschaftsrecht
und Insolvenzeröffnung **4** 112ff
und Insolvenzplanvorlage **13** 15
Gesetzesverabschiedung 1994 **1** 7
Gesetzesverletzung
Weitere sofortige Beschwerde **2** 152
Gesetzliche Pfandrechte
und Absonderung **8** 40, 41
Gesetzliche Vertretung
Verwalterstellung **6** 25
Gesetzliches Verbot
Allgemeines Verfügungsverbot als vorläufige Sicherungsmaßnahme **3** 21
Gewerbetreibender
Verbraucherinsolvenzverfahren **17** 13
Gläubiger
Akteneinsicht **12** 2, 7ff, 21
Anregungen, Anträge an das Gericht **12** 33
Ansprüche, gesicherte **6** 63ff
Antragstellung **2** 27, 69, 70
Antragstellung und rechtliches Interesse **2** 84ff
und Auskunftspflicht des Verwalters **12** 14ff
Befriedigung, Prinzip gleichmäßiger **7** 1
Begriff **2** 69
und Eigenverwaltung **14** 51ff
Eröffnungsbeschluß und Gläubigeraufforderung **2** 114
Eröffnungsbeschluß, Zustellung **2** 119
Forderungsrecht und Verwalteranfragen **12** 19ff
Forderungsrecht, Glaubhaftmachung **2** 87

Gebührenschuldner 2 70
Gläubigerausschuß 11 23 11 4
Gläubigerversammlung 12 4ff
Gläubigerversammlung, Einberufungsantrag 10 28
Gläubigerversammlung, Antrag auf Einberufung weiterer 12 5
Gläubigerversammlung, Teilnahme 10 57
Haftung für die Eröffnungsgebühr 2 164
Hinweise an Verwalter, an das Gericht 12 27ff
Informations- und Mitwirkungsrechte 12 1
und Insolvenzplanvorlage 13 18
Kooperation mit anderen Gläubigern 12 34ff
Kostentragung bei Ablehnung der Eröffnung 2 162ff
Minderheitenschutz 13 116ff
Mitwirkendes Verschulden 6 92
Nachlaßinsolvenzverfahren 18 37
Rechtsstreitigkeiten
s dort
Sicherungsrechte, Anfragen an den Verwalter 12 22, 23
Sicherungsrechte, Mitteilungspflicht 2 115
Stimmrecht in der Gläubigerversammlung 10 74ff
Überschuldung, Glaubhaftmachung 2 91
Unterstützung, Überwachung des Verwalters 12 24ff
und Verbraucherinsolvenzverfahren 17 57ff
Wahrung von Verfahrensrechten, Anfragen der – 12 17
Zahlungsunfähigkeit, Glaubhaftmachung 2 90
Zwangsvollstreckungsmaßnahmen
s dort

Gläubigerausschuß
Ablauf von Sitzungen 11 78ff
Abschlagsverteilung 11 39 11 53
Anspruchsverzicht 11 39
Arbeitsweise 11 68ff
Aufgabe 11 1
Befugnisse 11 28ff
Berichterstattungsverlangen gegenüber Verwalter 11 31ff
Berichtstermin, Stellungnahme 11 58, 59
Beschlußfassung 11 83ff
Beschlußfassung zur Einsetzung 11 11
Betriebsstillegung 11 46ff
Dritte, wählbare 11 14
und Eigenverwaltung des Schuldners 11 42 11 65
Einberufung 11 69ff
Einsetzung, Mitgliederbenennung 10 121, 122
Einstellung des Verfahrens 11 60
Geldanlagen 11 52
Gesellschaftsgründung 11 39
und Gläubiger 11 23ff
und Gläubigerautonomie 11 1
und Gläubigerversammlung 11 26
Gläubigerversammlung, Einberufungsantrag 10 28
von Gläubigerversammlung eingesetzter – 11 10ff
Haftpflichtversicherung 11 97, 98
Haftung der Mitglieder 11 89ff
Informationsrechte 11 62
und Insolvenzgericht 11 1, 27
und Insolvenzplan 11 44, 45, 56, 67
und Insolvenzplanerfüllung 13 147ff
Interessenkollisionen 11 36
Juristische Personen als Mitglieder 11 14
Kassenprüfung 11 34, 35
als Kollegialorgan 11 22
Kontrollpflicht 11 29, 30
Mitbestimmungsrechte 11 51ff
Mitglieder 11 13
Mitgliedschaft, Beendigung 11 16ff
Mitwirkungsrechte 11 54
Planüberwachung 11 63
Quittierungspflicht 11 55
und Schlußrechnung des Verwalters 11 61
Schuldner, nicht wählbarer 11 15
Sitzungsleiter, Protokoll 11 87, 88
Sozialplan 11 39
Stimmrecht 11 83ff
Tagesordnung 11 80, 81
und Teilnahme an der Gläubigerversammlung 10 57
Teilnehmerkreis an den Sitzungen 11 76, 77
Unterhalt für den Schuldner 11 43
Unterstützung des Verwalters 11 28
Verbraucherinsolvenzverfahren 17 131, 132
und Verwalter 11 28ff
Verwaltervergütung 11 66
Vorläufiger Ausschuß, durch Gericht bestellter 11 3ff
Wählbarkeit 11 14ff
Weisungsabhängigkeit 11 25
Zustimmungspflichtige Verwalterhandlungen 11 33ff

Gläubigerautonomie
und Gläubigerausschuß 11 1

Gläubigerbefriedigung
s Befriedigung der Gläubiger

Gläubigerforderungen
Absonderung
s dort
Aussonderung
s dort
Insolvenzforderungen
s dort
Masseansprüche
s Masseverbindlichkeiten
Gläubigergruppen
und Insolvenzplanvorlage **13** 26ff
Gläubigerversammlung
Ablauf **10** 115ff
Absonderungsberechtigte Gläubiger **8** 61, **10** 29
Absonderungsberechtigte Gläubiger, Stimmrecht **10** 77ff
Abstimmung **10** 65ff
Abstimmungstermin **10** 131
Andere Personen, Zulassung **10** 60
Anlegung, Hinterlegung von Geld, Wertpapieren und Kostbarkeiten **10** 15
Anleihegläubigerversammlung **10** 139
Aufgaben, Befugnisse **10** 2ff
Auskunftsverlangen **10** 8, 17
Ausschußeinsetzung **10** 121, 122
Ausschußmitglieder, teilnahmeberechtigte **10** 57
Beistände, teilnahmeberechtigte **10** 57
Bekanntmachung, Ladung **10** 36, 42
Berichtstermin **10** 3, 21, 37, 116ff
Beschlußänderung **10** 112, 113
Beschlußaufhebung durch das Insolvenzgericht **10** 102ff
Beschlußfassung **10** 61ff
Beschlußfassung, nichtige **10** 99ff
und Betriebsveräußerung **10** 12
Betroffene als Teilnahmeberechtigte **10** 56ff
Eigenverwaltung, Kontrolle **10** 17
Eigenverwaltung des Schuldners **14** 52
Einberufung von Amts wegen **10** 19ff
Einberufung auf Antrag **10** 26ff
Einberufung, Einberufungsfristen **10** 19ff
Einberufungsantrag, abgewiesener **10** 34
Einstellung des Verfahrens **10** 18
Entlassung des Verwalters, Verlangen **10** 9
Erörterungs- und Abstimmungstermin **10** 6
Erörterungstermin **10** 131
Forderungen, noch nicht geprüfte und Stimmrecht **10** 91ff
und Geldverkehr **10** 10
und Gläubigerausschuß, eingesetzter **11** 1, 10, 21
und Gläubigerausschuß, vorläufig bestellter **11** 8
Gläubiger, teilnahmeberechtigte **10** 57
und Informationsbegehren einzelner Gläubiger **12** 4
Insolvenzgericht, Leitung der – **10** 50ff
und Insolvenzplan
s dort
und Insolvenzplaninitiative **13** 5
Leitung **10** 50ff
Mitwirkungserfordernisse **10** 12
Nachlaßinsolvenzverfahren **18** 31
Öffentlichkeit als Parteiöffentlichkeit **10** 56
Ort der Versammlung **10** 47
Pressevertreter **10** 60
Prüfungstermin **10** 4,5, 22, 37, 125ff
Referendare **10** 60
Restschuldbefreiung **16** 23
Schlußrechnung des Verwalters **10** 135, 136
Schlußtermin **10** 7, 24, 41, 132ff
und Schlußverzeichnis **15** 31
Schuldner und Prüfungstermin **10** 128ff
als Selbstverwaltungsorgan der Gläubiger **10** 1
Stimmberechtigung **10** 74ff
Stimmverbote **10** 93
Tagesordnung **10** 48, 49
Teilnahmeberechtigung **10** 56ff
Unterhalt für den Schuldner **10** 16
Verbraucherinsolvenzverfahren **17** 131, 132
Vertreter **10** 59
Verwalterbericht (Berichtstermin) **10** 116ff
und Verwaltertätigkeit **10** 8
Verwalter, teilnahmeberechtigter **10** 57
Verwalterwahl eines anderen Verwalters **10** 119
Vorläufige Untersagung von Maßnahmen, Antrag durch – **10** 11
Zeiträume, lange zwischen einzelnen – **12** 5
Zustimmungserfordernis und Verwalterverstoß **10** 14
Glaubhaftmachung
Antragsinhalt **2** 82
des Forderungsrechts durch den Gläubiger **2** 87
des Insolvenzgrundes durch den Schuldner, ausnahmsweise **2** 92
Rechtliches Interesse an der Eröffnung **2** 85ff
Rechtsfolgen fehlender – **2** 95

Überschuldung 2 91
Verbraucherinsolvenzverfahren 17 9
Zahlungsunfähigkeit 2 90
Gleichbehandlungsgrundsatz
Gläubigergruppen und Insolvenzplanvorlage 13 38ff
Gleichmäßige Gläubigerbefriedigung
bei Restschuldbefreiung 16 59
Globalzession
Absonderungsrecht 8 55
GmbH
Abweisung der Eröffnung mangels Masse 2 124
Antragspflicht 2 72
Antragstellung 2 62
Eröffnung, Ablehnung der Insolvenz 4 113
Insolvenzfähigkeit 2 4
Überschuldungsbegriff 2 33
Vor-GmbH, Insolvenzfähigkeit 2 13
GmbH & Co. KG
Antragstellung 2 63
Gesellschafterinsolvenz 4 122
Insolvenzfähigkeit 2 8
Good will
Unternehmensbewertung und Überschuldungsfeststellung 2 37
Gründungsstadium
und Insolvenzfähigkeit 2 12ff
Grundbuch
Mitteilungen vom Eröffnungsbeschluß 2 121
Verfügungsverbot als vorläufige Sicherungsmaßnahme 3 23
Grundstücke
Rückübertragung aufgrund Anfechtung 7 56ff
Grundstücksverwertung
Absonderungsberechtigung und – 8 68ff
Gutglaubenserwerb
Verfügungsverbot als vorläufige Sicherungsmaßnahme 3 22
Gutglaubensschutz
Eröffnungsbeschluß und unwirksame Schuldnerverfügungen 4 16, 17

Haftpflichtversicherung
Absonderungsrecht 8 46
Ansprüche gegen Ausschußmitglieder 11 97ff
Haftung
für Eröffnungsgebühr 2 164
Gesellschafterhaftung
s dort
Mitglieder des Gläubigerausschusses 11 89ff
des Verwalters 6 85ff
des vorläufigen Unternehmensverwalters 3 46ff
Handelsregister
Mitteilungen vom Eröffnungsbeschluß 2 120
Teilnahme an der Gläubigerversammlung, Auszug aus dem – 10 59
Vorläufige Sicherungsmaßnahmen 3 16
Handlungsvollmacht
und Antragstellung 2 67
Hauptniederlassung
als Sitz juristischer Person 2 49
Herausgabeansprüche
Aussonderung aufgrund schuldrechtlicher – 8 18
Herausgabevollstreckung
Vorläufiger Insolvenzverwalter und Schuldnervermögen 3 37
Hinterlegung
von Geld, Wertpapieren, Kostbarkeiten 10 15 11 52

Immobilien
s Grundstücke
Informationspflichten
bei Restschuldbefreiung 16 58
Informationsrechte
des Gläubigerausschusses 11 62ff
des Gläubigers 12 2ff
Inhaftierung
des Schuldners im Eröffnungsverfahren 3 61, 62
des Schuldners nach Eröffnung 4 43
Inkongruente Deckungen
Anfechtungstatbestand 7 30ff
Inkrafttreten der Insolvenzordnung 1 10
Bereits in Kraft getretene Normen 1 13ff
und zeitlicher Anwendungsbereich 1 17
Insolvenzfähigkeit
EWIV 2 11
Gesamtgut fortgesetzter Gütergemeinschaft 2 17
Gesellschaften ohne Rechtspersönlichkeit 2 8ff
Juristische Personen 2 4ff
Juristische Personen des öffentlichen Rechts 2 7
Nachlaßvermögen 2 16
Natürliche Personen 2 3
Nichtrechtsfähiger Verein 2 5
Partenreederei 2 11
Rechtsgebilde im Gründungsstadium 2 12ff
Vorgründungsgesellschaft 2 15
Vorvereine, Vorgenossenschaften 2 14

Insolvenzforderungen
Absonderungsrecht des Gläubigers und Verwalterverwertung **8** 85ff
Angemeldete Forderungen, Bestreiten **6** 32ff
Anmeldung, Prüfungsergebnis **8** 119 **8** 122ff
der Arbeitnehmer **9** 46, 48, 49
und Auskunftsverlangen des Gläubigers gegenüber Verwalter **12** 17ff
und Aussonderungsansprüche **8** 12ff
Begriff **8** 107
D-Mark-Ausdruck, nicht möglicher **8** 117
Einziehung durch vorläufigen Insolvenzverwalter **3** 43
Feststellungsklage des Gläubigers **8** 140ff
und Gegenstandswert für Eröffnung **2** 174
Glaubhaftmachung durch den Gläubiger **2** 87
Gesamtschuldner, Bürgen **8** 115, 116
Insolvenzforderungen und Eröffnung **4** 88ff
Insolvenzgläubiger und Zwangsvollstreckungsverbot **4** 104
Klageweise Durchsetzung **8** 136ff
Masseansprüche der Gläubiger
s Masseverbindlichkeiten
und Masseverbindlichkeiten, Abgrenzung **8** 107
und nachrangige Insolvenzforderungen **8** 108
Nicht fällige, bedingte Fordrungen **8** 114
Rangklassen, Wegfall **8** 108
und Stimmrecht bei Insolvenzplan **13** 74ff
Wiederkehrende Leistungen **8** 118

Insolvenzforderungen (nachrangige)
Anmeldung, Prüfung **8** 129ff
und Insolvenzforderungen, Abgrenzung **8** 108
Nachlaßinsolvenz **8** 112, 113
Nachrang, vereinbarter **8** 111
Rangklassen, Wegfall **8** 108
und Stimmrecht bei Insolvenzplan **13** 78ff
Zinsen, Kosten der Teilnahme **8** 110

Insolvenzgeld
s Arbeitnehmer

Insolvenzgericht
Abhilfe der sofortigen Beschwerde **2** 140
Abweisungsbeschluß **2** 117, 118
Anordnung von Sicherungsmaßnahmen
s Sicherungsmaßnahmen
Eröffnungsbeschluß **2** 113ff
und Gläubigerausschuß **11** 15 **11** 27
Gläubigerausschuß, Bestellung eines vorläufigen **11** 2ff
Gläubigerhinweise an das – **12** 27ff
und Gläubigerversammlung **10** 1 **10** 50ff
und Gläubigerversammlung, Aufhebung nichtiger Beschlußfassung **10** 99ff
Insolvenzplan, Aufhebung der Überwachung **13** 164
Insolvenzplan, gerichtliche Zustimmung **13** 101ff
und Insolvenzplanprüfung **13** 44ff
und Insolvenzplanvorlage **13** 6
mit Einzelrichter besetzte Abteilung des Amtsgerichts **2** 45
Restschuldbefreiung **16** 13ff
Schuldenbereinigung im Eröffnungsverfahren **17** 35
Sicherungsmaßnahmen, vorläufige **3** 9
Verwalterbestellung **6** 12ff
und vorläufiger Insolvenzverwalter **3** 50
Zwangsvollstreckungsmaßnahmen, Untersagung/Einstellung **3** 56

Insolvenzmasse
s Masse

Insolvenzplan
Absonderungsberechtigte Gläubiger als Beteiligte **13** 18
und Absonderungsberechtigung **8** 62ff
Absonderungsberechtigte Gläubiger, Planforderungen des Gesetzgebers **13** 32ff
und Abstimmung in der Gesellschafterversammlung **10** 70ff
und Abstimmung, Sonderregeln **10** 94ff
Angaben, entscheidungserhebliche **13** 15
Anlagen zum – **13** 21ff
Annahme und Bestätigung **13** 60ff
Arbeitnehmer **13** 29
Aufhebung des Insolvenzverfahrens **13** 135ff
Aufhebung der Überwachung **13** 164
Aufhebung des Verfahrens nach Rechtskraft des – **15** 38ff
Aussetzung von Verwertung und Verteilung **13** 56ff
Bekanntmachung der Überwachung **13** 162
Beteiligte **13** 18
Dingliche Rechte und bestätigter Plan **13** 129
und Eigenverwaltung **14** 34ff **14** 49, 50
und Eröffnungsantrag **13** 7
Erörterung und Änderung des – **13** 67ff
Erörterungs- und Abstimmungstermin **13** 60ff
Forderungen, streitige **13** 140
Gerichtliche Bestätigung **13** 120ff

Gerichtliche Ersetzung fehlender Zustimmung **13** 101 ff
Gestaltender Teil **13** 17 ff
Gläubiger als Beteiligte **13** 18
Gläubigerausschuß, Mitwirkung **11** 56
Gläubigerforderungen, wiederauflebende **13** 137 ff
Gläubigergruppen **13** 26 ff
Gläubigerrechte gegenüber Mithaftenden **13** 130, 131
Gleichbehandlung innerhalb Gläubigergruppen **13** 38 ff
Haftungsbegrenzung des Schuldners **13** 41
Inhalt, Gliederung **13** 12 ff
Initiativrecht **13** 4 ff
und InsO-Regelverfahren **13** 2
Insolvenzgericht und Planprüfung **13** 44 ff
Kosten der Überwachung **13** 166
Kreditrahmen und Sanierungsvorhaben **13** 152
Mehrheit von Plänen **13** 11
Minderheitenschutz **13** 116 ff
Nachrang von Neugläubigern **13** 156 ff
Nichterfüllung im Plan vorgesehener Verpflichtungen **13** 137 ff
Obstruktionsverbot **13** 101 ff
Rangmäßige Begünstigung **13** 154
Rechtsfolgen eines bestätigten – **13** 127 ff
Rechtskraft des bestätigten – **13** 137
keine Rückgewähr überobligatorischer Leistungen nach Bestätigung des – **13** 132
Sachenrechtliche Verhältnisse **13** 43
Sanierungszweck **13** 1
Schuldner als Beteiligter **13** 18
Schuldner als Vorlageberechtigter **13** 5 ff
Schuldner, Zustimmung **13** 111 ff
und Sozialplanforderungen **9** 109 ff
Stellungnahmen **13** 51
Stimmrecht beteiligter Gläubiger **13** 73 ff
Titelwirkung **13** 133, 134
Übernahmegesellschaft **13** 150
Überwachung der Planerfüllung **13** 142 ff
Unannehmbarkeit, offensichtliche **13** 47
Unschlüssigkeit des Planes **13** 48
Unternehmensfortführung **13** 23
Vergleichsverfahren, bisheriges **13** 1
Vermögensübersicht, vergleichende **13** 21
Verwalter und Planerfüllung **13** 142 ff
Verwalter als Vorlageberechtigter **13** 5 ff
Verwalterantrag auf Zurückweisung **11** 44
Verwalter, Berichts- und Anzeigepflichten **13** 147 ff
Vorlageberechtigte Personen **13** 5 ff
Vorrangige Forderungen **13** 152
Wirtschaftliche Situation, Darstellung **13** 14
Zulässigkeit **13** 3
Zurückweisung durch das Insolvenzgericht **13** 44 ff
Zustimmungsbedürftige Geschäfte **13** 149 ff

Insolvenzverwalter
s Verwalter

Inventar
des Verwalters **6** 41 ff

Jahresabschlüsse
des Verwalters **6** 40

Jahresabschluß
und Glaubhaftmachung der Überschuldung **2** 91

Juristische Personen
und Abweisung der Eröffnung mangels Masse **2** 124
Anhörungspflichten **2** 103
Antragspflicht **2** 72, 73
Antragstellung **2** 62
Antragstellung wegen drohender Zahlungsunfähigkeit **2** 65
Insolvenzfähigkeit (Privatrecht, öffentliches Recht) **2** 4 ff
Örtliche Zuständigkeit für Antragstellung **2** 49
Unternehmenstätigkeit und Überschuldungsprüfung **2** 39
Zahlungsunfähigkeit **2** 19

Kapitalersetzende Darlehen
Anfechtungstatbestand **7** 52 ff

Kassenführung
Vorläufiger Insolvenzverwalter und Schuldnervermögen **3** 37

Kassenprüfung
durch Gläubigerausschuß **11** 34

Kleingewerbetreibende
und Insolvenzplan **13** 3

Körperschaften des öffentlichen Rechts
Antragspflicht **2** 73
Insolvenzfähigkeit **2** 7

Kommanditgesellschaft
Eröffnung, Ablehnung der Insolvenz **4** 115
Gesellschafterhaftung **4** 64
Gesellschafterinsolvenz **4** 122
Insolvenzfähigkeit **2** 8
Überschuldung **2** 40

Kommanditgesellschaft auf Aktien
Abweisung der Eröffnung mangels Masse **2** 124

Antragspflicht **2** 72
Eröffnung, Ablehnung der Insolvenz **4** 115
Gesellschafterhaftung **4** 64
Gesellschafterinsolvenz **4** 121
Insolvenzfähigkeit **2** 4
Kongruente Deckung
Anfechtungstatbestand **7** 23ff
Konkursordnung
Ablösung **1** 1
Antragstellung vor dem 1.1.1999 **1** 17
Massearme Verfahren **1** 2
Zweckverlust **1** 2
Kontensperre
im Eröffnungsverfahren **3** 66
Kontrollpflicht
des Gläubigerausschusses gegenüber Verwalter **11** 30ff
Kosten des Verfahrens
Auslagen **2** 180, 181
Auslagen des Insolvenzverwalters **2** 108
Begriff **5** 4
Beschwerdegebühr **2** 170
Deckungsprüfung nach Antragsabweisung **2** 108
Durchführungsgebühr **2** 169, 182
Eröffnungsgebühr **2** 168, 182
Eröffnungsverfahren **2** 159
Fälligkeit der Kosten **2** 182ff
Feststellungsklage des Gläubigers **8** 159ff
Gebührenhöhe **2** 179ff
Gebührentatbestand, Gebührenanzahl **2** 166ff
Gerichtskosten **2** 108 **2** 160
GKG, Kostenverzeichnis **2** 167
Haftung für die Eröffnungsgebühr **2** 164
Insolvenzplan, Überwachung **13** 166
Kostenschuldner im Eröffnungsverfahren **2** 160ff
Masseunzulänglichkeit **5** 1ff
Masseunzulänglichkeit, Prüfung **2** 184
Restschuldbefreiung **16** 37ff
Verbraucherinsolvenzverfahren **17** 114, 115
Vergütung des Insolvenzverwalters **2** 108
Vorläufiger Insolvenzverwalter, Prüfung der Deckung **3** 51
Vorschuß, ausreichender **2** 109
Vorschuß eines Gläubigers **5** 7ff
Vorschußverlangen **2** 183
Wertberechnung **2** 171ff
Kostenbeteiligung
bei Absonderungsberechtigung **8** 99ff
Kreditrahmen
Insolvenzplanerfüllung **13** 152
Kündigung
Arbeitsverhältnis s Arbeitnehmer
Kündigungsschutzklage
Kündigung durch den Verwalter **9** 18ff
Künftige Forderungen
Eröffnungsbeschluß und Schuldnerverfügung über – **4** 18ff

Ladung
Erörterung des Insolvenzplanes **13** 63ff
Landesvermögen
Insolvenzverfahren, unzulässiges **2** 7
Landgericht
Weitere sofortige Beschwerde **2** 149
Landwirtschaftlicher Betrieb
Unpfändbarkeit von Vermögen **4** 7
Leistungen an den Schuldner
nach Eröffnung **4** 53ff
Liquidator
Antragspflicht **2** 62, 72, 73
Liquidität
und Betriebsfortführung **3** 44
und drohende Zahlungsunfähigkeit **2** 28ff
und Zahlungsunfähigkeit **2** 22ff
Liquiditätsplan
Drohende Zahlungsunfähigkeit und Vorlage eines – **2** 106
Lohn- und Gehaltsansprüche
s Arbeitnehmer
Lohnsteuer
und vorläufiger Insolvenzverwalter **3** 49
Luftfahrzeugregister
Mitteilungen vom Eröffnungsbeschluß **2** 122
Verfügungsverbot als vorläufige Sicherungsmaßnahme **3** 23

Masse
und Eigenverwaltung **14** 24ff
und Gegenstandswert für Eröffnung **2** 173
und Gesamtschaden **4** 59ff
und Insolvenzplan **13** 57ff
Kosten des Verfahrens, nicht deckende **5** 1ff
Sicherung durch Verwalter **6** 72ff
Übernahme durch Verwalter **6** 72ff
Unpfändbares Vermögen, ausgenommenes **4** 6
Unterhalt für den Schuldner **10** 16
Verbraucherinsolvenzverfahren **17** 134ff
Vermögenszugehörigkeit **4** 4ff
Verwaltung und Verwertung **6** 69ff
Verwertung durch den Verwalter **6** 75ff

Massearme Verfahren
als Problem des alten Rechts 1 2
Reformziel der Verminderung 1 13
Massegläubiger
und Zwangsvollstreckungsmaßnahmen 4 105ff
Massekostenvorschuß
Bedeutung 2 109
Erstattungsverlangen 2 110
Masseunzulänglichkeit
Abweisung der Eröffnung, Rechtsfolgen 2 123ff 5 2
Anzeige der – 5 15, 16
Befriedigung der Massegläubiger 5 18ff
Einstellung des Verfahrens 15 56ff 5 12, 13 5 27ff
Fortsetzung der Verwaltung wegen noch gedeckter Kosten 5 17
Kosten des Verfahrens, Begriff 5 5ff
Masseverbindlichkeiten
Änderung gegenüber KO 8 6
Anmeldung, formlose 8 120
Dauerschuldverhältnisse 5 24
Haftung des vorläufigen Insolvenzverwalters wegen Nichterfüllung 3 48
und Insolvenzforderungen, Abgrenzung 8 107
Kosten des Verfahrens 8 3
Lohnansprüche nach Eröffnung 9 12 9 50ff
Lohnansprüche und vorläufige Verwaltertätigkeit 9 6
Nachlaßinsolvenz 8 9ff
Nachlaßinsolvenzverfahren 18 34, 35
Nachträgliche Feststellung 5 10ff
Nichterfüllung durch den Verwalter 6 89
Rang 5 22ff
Sonstige (Übersicht) 8 4
Sozialplanforderungen 8 7
durch vorläufigen Verwalter begründete 8 5
und vorläufiger Insolvenzverwalter 3 47
Verteilung vorhandener barer Mittel 5 11
und Vollstreckungsverbot 4 109
Voraussetzungen, Rechtsfolgen 2 108
und Vorschußzahlung 5 7ff
Vorwegbefriedigung 8 11
Zulässigkeit von Zwangsvollstreckungsmaßnahmen 4 111
Miet- und Pachtverhältnisse
des Schuldners 6 66ff
Minderheitenschutz
und Insolvenzplan 13 116ff
Minderkaufmann
Verbraucherinsolvenzverfahren 17 6
Mitbestimmungsrechte
des Gläubigerausschusses 11 51ff
Mitteilung
Veräußerungsabsicht bei Absonderungsberechtigung 8 87ff
Mitwirkendes Verschulden
des Gläubigers 6 92
Mitwirkungsrechte
des Sachverwalters bei Eigenverwaltung 14 28ff
Mobilien
s Bewegliche Sachen
Mutterschutz
und Insolvenz 9 33ff

Nachlaßgläubiger
als Antragsteller 2 66
Nachlaßvermögen
Antragspflicht 2 73
Antragstellung 2 66
Glaubhaftmachung des Insolvenzgrundes 2 94
Insolvenzfähigkeit 2 16
Insolvenzverfahren 18 1ff
Masseverbindlichkeiten in der Nachlaßinsolvenz 8 9ff
Nachrangige Insolvenzforderungen 8 112, 113
Örtliche Zuständigkeit für Antragstellung 2 51
Überschuldung 2 41, 42
Zahlungsunfähigkeit 2 19
Nachlaßverwalter
Antragspflicht 2 73
als Antragsteller 2 66
Nachlaßverwaltung
Nachlaßinsolvenzverfahren 18 11
Nachrangige Insolvenzforderungen
s Insolvenzforderungen (nachrangige)
Nachträgliche Anmeldung
von Forderungen 6 36, 37 10 136
Nahestehende Personen
als Anfechtungsgegner 7 10ff
Entgeltliche Verträge mit – 7 44ff
Natürliche Personen
Antragstellung 2 61
Eröffnungsbeschluß 2 119
Insolvenzfähigkeit 2 3
als Insolvenzverwalter 3 34
Örtliche Zustellung für Antragstellung 2 48
Restschuldbefreiung 16 42ff 16 7
Verbraucherinsolvenzverfahren 17 5
Zahlungsunfähigkeit 2 19

Nichterfüllung
im Insolvenzplan festgeschriebener Verpflichtungen **13** 137ff
Nichtigkeit
Beschlüsse der Gläubigerversammlung **10** 99ff
Null-Plan
Verbraucherinsolvenzverfahren **17** 27

Obliegenheitsverletzung
Restschuldbefreiung **16** 26ff
Obstruktionsverbot
Gerichtliche Zustimmung zum Insolvenzplan **13** 101ff
Öffentliche Abgaben
Absonderungsrecht für den Steuerfiskus **8** 45
Öffentliche Bekanntmachung
Eröffnungsbeschluß **2** 119
Öffentliches Recht
Insolvenzfähigkeit von Körperschaften, Stiftungen und Anstalten **2** 7
Öffentlichkeit
und Gläubigerversammlung **10** 56
Örtliche Zuständigkeit
für Antragstellung **2** 47ff
Feststellungsklage des Gläubigers wegen Insolvenzforderung **8** 141ff
Offene Handelsgesellschaft
Eröffnung, Ablehnung der Insolvenz **4** 116
Gesellschafterhaftung **4** 64
Gesellschafterinsolvenz **4** 122
Insolvenzfähigkeit **2** 8
Überschuldung **2** 40
Ordnungswidrigkeitenverfahren
keine Unterbrechung **4** 82
Organschaftlicher Vertreter
Antragspflicht **2** 72ff
Organtheorie
Rechtsnatur des Verwalteramtes **6** 24

Parteienstellung
des Schuldners (Rechtsstreitigkeiten) **4** 80
Partenreederei
Insolvenzfähigkeit **2** 11
Passivprozesse
und Insolvenzeröffnung **4** 85ff
Pensionssicherungsverein
BetrAVG-Ansprüche **9** 67ff
Persönliche Rechte
Aussonderungsrecht aufgrund von Ansprüchen aus – **8** 17
Personenhandelsgesellschaften
Antragspflicht **2** 72
Antragstellung **2** 63
Pfändbarkeit
und Massezugehörigkeit **4** 6ff
Pfändungsprotokolle
und Glaubhaftmachung **2** 88
Pfandrechte
Gesetzliche Pfandrechte und Absonderung **8** 40ff
Pfändungspfandrecht und Absonderung **8** 43
Vertragspfandrechte und Absonderung **8** 38, 39
Planbilanz
des Verwalters **6** 45, 46
Postsperre
nach Eröffnung **4** 46ff
als vorläufige Sicherungsmaßnahme **3** 25ff
Pressevertreter
und Gläubigerversammlung **10** 60
Prognose
und drohende Zahlungsunfähigkeit **2** 29
Fortführungsprognose und Unternehmensüberschuldung **2** 37
Prokura
und Antragstellung **2** 67
Prozeßführung
und Insolvenzeröffnung
s Rechtsstreitigkeiten
Prozeßkostenhilfe
Restschuldbefreiung **16** 37ff
Verbraucherinsolvenzverfahren **17** 71, 72
Prüfung, Prüfungstermin
Bestreiten von Forderungen **6** 32ff
Prüfungstermin
der Gläubigerversammlung **10** 4, 22, 37, 40, 125ff

Quittierungspflicht
Gläubigerausschuß **11** 55
Quotenausschüttung
Verbraucherinsolvenzverfahren **17** 27

Räumlicher Geltungsbereich **1** 23, 24
Rang
Insolvenzforderungen, Rangwegfall **9** 3
Insolvenzplanerfüllung und bevorzugter – **13** 152ff
von Masseverbindlichkeiten **5** 22ff **9** 3
Rechnungslegungspflichten
des Verwalters **6** 38ff
Rechtliches Gehör
s Anhörungspflichten
Rechtliches Interesse
Akteneinsicht **12** 11
Antragsinhalt **2** 82
Eröffnung des Verfahrens **2** 84ff

Gläubigerstellung, Schuldnerstellung 2 84
Glaubhaftmachung 2 85ff
Rechtsanwalt
Feststellungsklage des Gläubigers wegen Insolvenzforderung 8 165
als vorläufiger Insolvenzverwalter 3 35
Rechtserwerb
vom Schuldner nach Insolvenzeröffnung 4 26
Rechtshandlungen
Inkrafttreten der Insolvenzordnung und frühere – 1 22
Rechtsmittel
sa Beschwerde; Erinnerung
Abweisung der Eröffnung 2 101
Akteneinsicht, abgelehnte 12 10
Ausschluß, weitgehender 2 136, 137
Beschlußfassung, aufgehobene 10 110
Eigenverwaltung, Aufhebung 14 63
Einstellung des Verfahrens 5 30
Einstellung des Verfahrens mangels Masse 15 53
Eröffnungsverfahren 2 125ff
Gläubigerausschuß, Bestellung eines vorläufigen 11 6
Gläubigerversammlung, unterbliebene Einberufung auf Antrag 10 34
Haftanordnung 4 44
Insolvenzplan und Minderheitenschutz 13 119
Insolvenzplan, Beachtlichkeit oder Unbeachtlichkeit eines Schuldnerwiderspruchs 13 115
Insolvenzplan, gerichtliche Zurückweisung 13 50
Insolvenzplan, gerichtliche Zustimmung 13 110
gegen Postsperre 4 52
Restschuldbefreiung 16 31
Sicherungsmaßnahmen, außerordentliche Beschwerde 2 138
Sitzungspolizeiliche Maßnahmen 10 53
Verweisung an das örtlich zuständige Insolvenzgericht 2 53
Vorläufige Sicherungsmaßnahmen 3 70ff
Zwangsvollstreckung entgegen Vollstreckungsverbot 4 110
Rechtsnachfolger
als Anfechtungsgegner 7 13ff
Rechtspfleger
und Gläubigerversammlung 10 50
Zuständigkeit im Insolvenzverfahren 2 55
Rechtsprechung, einheitliche
Nachprüfung der Beschwerdeentscheidung zur Sicherung – 2 155, 156
Rechtsreferendar
und Gläubigerversammlung 10 60
Rechtsreform
durch die Insolvenzordnung, Bedeutung 1 1
Ziele 1 11ff
Rechtsstaatsprinzip
und Anwendung der Anfechtungsvorschriften 1 22
Rechtsstreitigkeiten
Aktivprozesse, Fortsetzung 4 83, 84
Anhängigkeit 4 78
Aus- und Absonderungsrechte, Masseforderungen (Aufnahmemöglichkeit) 4 86, 87
Eröffnung und laufende – 4 75ff
und Eröffnungsverfahren 3 5
Insolvenzforderungen 4 88ff
Insolvenzforderungen, klageweise Durchsetzung 8 136ff
Passivprozesse, Fortführung 4 85ff
Unterbrechung, Ausnahmen 4 82
Unterbrechung nach Eröffnung als Grundsatz 4 78ff
und vorläufiger Insolvenzverwalter 3 38
Rechtsübertragung
Aussonderung aufgrund von Ansprüchen aus – 8 19
Rechtsweggarantie
und Rechtsmittel im Eröffnungsverfahren 2 137
Redlichkeit des Schuldners
Restschuldbefreiung 16 45
Referentenentwurf 1991 1 6
Regierungsentwurf 1992 1 6
Register
Mitteilungen vom Eröffnungsbeschluß 2 120
Rentenansprüche
und Insolvenz 9 67ff
Rentenanwartschaften
und Insolvenz 9 67ff
Restschuldbefreiung
Abkehr von lebenslänglicher Haftung 16 2
Abtretungserklärung 16 8ff
Antrag des Schuldners 16 5ff
Antragsinhalt 2 82
Auskunfts- und Informationspflichten als Obliegenheit 16 58
Ausländische Rechtsordnungen 16 3
Beschlußfassung 16 13ff
Betrug als Versagungsgrund 16 47
Eröffnung des Insolvenzverfahrens als Voraussetzung 16 36

Erwerbstätigkeit als Obliegenheit **16** 54ff
Gläubigerschädigung als Versagungsgrund **16** 49
Gleichmäßige Gläubigerbefriedigung **16** 59
Hinweis an den Schuldner **2** 119
Insolvenzgericht, Entscheidung **16** 13ff
Insolvenzstraftat **16** 28 **16** 46
Interessenausgleich **16** 4
Kosten des Verfahrens, erforderliche Deckung **16** 41
Mitwirkungspflichten, verletzte **16** 50
Natürliche Personen **16** 7, 42
Obliegenheiten während Wohlverhaltensphase **16** 52ff
Obliegenheitsverletzung **16** 26, 27
Prozeßkostenhilfe **16** 37
Rechtliche Wirkung **16** 60ff
Redlicher Schuldner **16** 45
Treuhänderbestellung **16** 18ff
Treuhändermindestvergütung, nicht gedeckte **16** 29, 30
und Verbraucherinsolvenzverfahren **16** 43
Verbraucherinsolvenzverfahren **17** 29 **17** 52
Vermögensherausgabe als Obliegenheit **16** 57
Vorausgegangene – **16** 48
Widerruf **16** 34
Wohlverhaltensphase **16** 25ff
Wohlverhaltensphase, Beendigung **16** 32
als Ziel des Insolvenzverfahrens **16** 1

Richter
Zuständigkeit im Insolvenzverfahren (Übersicht) **2** 56

Rücknahme
des Eröffnungsantrags **2** 96

Rückübertragungsanspruch
aufgrund Anfechtung **7** 56ff

Sachliche Zuständigkeit
Feststellungsklage des Gläubigers wegen Insolvenzforderung **8** 141ff

Sachverständigenkommission
des Bundesministers der Justiz **1** 3

Sachverständiger
und Eigenverwaltungsantrag **14** 11
und Eröffnungsgründe **2** 102 **3** 40
Vorläufiger Insolvenzverwalter als – **3** 40 **3** 52

Sachwalter
und Eigenverwaltung
s Eigenverwaltung des Schuldners

Sanierung
Reformziel **1** 15
Unternehmenssanierung
s dort
und vorläufige Sicherungsmaßnahmen **3** 8

Schadensersatzansprüche
gegen Gläubigerausschußmitglieder **11** 90ff
gegen vorläufigen Insolvenzverwalter **3** 47

Schenkungsanfechtung
Anfechtungstatbestand **7** 48ff

Schiedsverfahren
keine Unterbrechung **4** 82

Schiffsbauregister
Mitteilungen vom Eröffnungsbeschluß **2** 122
Verfügungsverbot als vorläufige Sicherungsmaßnahme **3** 23

Schiffsregister
Mitteilungen vom Eröffnungsbeschluß **2** 122
Verfügungsverbot als vorläufige Sicherungsmaßnahme **3** 23

Schlußrechnung
Stellungnahme des Gläubigerausschusses **11** 61
des Verwalters **6** 47ff **10** 7, 135 **15** 7ff

Schlußtermin **15** 22ff
der Gläubigerversammlung **10** 7, 41, 132
und Insolvenzplanvorlage **13** 10

Schlußverzeichnis
des Verwalters **10** 135 **10** 7

Schuldenbereinigung, außergerichtliche
und Verbraucherinsolvenzverfahren
s dort

Schuldner
sa Drittschuldner
Abweisung der Eröffnung, Rechtsfolgen **2** 123ff
Akteneinsichtsrecht **12** 9
Antragstellung **2** 27, 60ff
Auskunftspflichten im Eröffnungsverfahren **2** 105ff
Befugnisse nach Insolvenzeröffnung **4** 22ff
Beschwerdeberechtigung **2** 135
Eigenverwaltung
s dort
Glaubhaftmachung des Insolvenzgrundes, ausnahmsweise erforderliche **2** 92
und Insolvenzplanvorlage **13** 18, 37
Insolvenzplan, Vorlageberechtigung des – **13** 5
Kostenschuldner im Eröffnungsverfahren **2** 160ff

Mitwirkungszwang im Eröffnungsverfahren 2 106
als Partei (Rechtsstreitigkeiten) 4 80
und Prüfungstermin der Gläubigerversammlung 10 128
Restschuldbefreiung
s dort
Sicherungsmaßnahmen, vorläufige
s dort
Unpfändbarkeit von Vermögen 4 6ff
Unterhalt 10 16
Unterstützungspflicht nach Eröffnung 4 37
und Verbraucherinsolvenzverfahren 17 60ff
Vorführung, Inhaftierung im Eröffnungsverfahren 3 61, 62
Vorführung, Inhaftierung nach Eröffnung 4 42, 43
Widerspruch gegen Insolvenzplan 13 114
Wohnsitz und örtliche Zuständigkeit für Antragstellung 2 48
Zustimmung zum Insolvenzplan 13 111ff

Schuldnervermögen
Maßnahmen im Eröffnungsverfahren
s Sicherungsmaßnahmen
und Sicherungsmaßnahmen, vorläufige 3 6
Verzeichnis 3 37

Schuldnerverzeichnis
Eintragung nach Abweisung mangels Masse 2 123

Schuldrechtliche Ansprüche
s Insolvenzforderungen

Schuldturmproblematik 16 2

Schuldverhältnisse
Beendigung, Abwicklung durch Verwalter 6 58ff

Schwerbehindertenschutz
und Insolvenz 9 36ff

Selbständige, geringfügige Tätigkeit
Verbraucherinsolvenzverfahren 17 6

Sequester
Vorläufiger Insolvenzverwalter anstelle des – 3 4

Sicherheiten
und Verbraucherinsolvenzverfahren 17 65ff

Sicherheitenerlangung
durch Zwangsvollstreckung vor Eröffnung 4 94ff

Sicherungseigentum
und Aussonderungsrecht 8 16

Sicherungsgläubiger
und Insolvenzplanvorlage 13 15

Sicherungsgut
Eigenverwaltung des Schuldners 14 45ff

Sicherungsmaßnahmen
Amtsermittlung 3 11
Anhörung des Schuldners 3 14
Antragstellung, zulässige als Voraussetzung 3 11
Aufhebung 3 67ff
Bekanntmachung der Verfügungsbeschränkungen, der Registereintragungen 3 15, 16
Beschlußfassung 3 9ff
Betrieb, laufender 3 8
und Eigenverwaltungsantrag 14 7
Erforderliche Maßnahmen 3 3
Insolvenzverwalter, Bestellung eines vorläufigen 3 28ff
Kontensperre 3 66
Maßnahmenkatalog 3 3
Postsperre 3 25ff
Rechtsbehelfe 3 70ff
und Rechtsmittelausschluß 2 137, 138
und Sanierungsfähigkeit 3 8
und Schuldnerautonomie 3 12
Schuldnervorführung, Schuldnerinhaftierung 3 61, 62
Siegelungsmaßnahmen 3 64
Sinn und Zweck 3 6ff
Verbot von Inbesitznahme, Forderungseinziehung 3 55
Verbraucherinsolvenzverfahren 17 78, 79
Verfügung mit Zustimmung vorläufigen Verwalters 3 24
Verfügungsverbot, allgemeines 3 18ff
Vermögenserhaltung, Vermögenssicherung 3 6
Vorbeugung einer Vermögensverschlechterung 3 7
Zwangsvollstreckung (Untersagung, einstweilige Einstellung) 3 53ff

Sicherungsrechte
Absonderungsrecht
s dort
Gläubigeransprüche, gesicherte 6 63ff
Mitteilungspflicht des Gläubigers 2 115
Rechtliches Interesse an der Eröffnung 2 85

Sicherungsübereignung
Absonderungsrecht 8 48ff

Siegelung
durch Insolvenzgericht im Eröffnungsverfahren 3 64
durch vorläufigen Insolvenzverwalter 3 42

Sitz
Antragsinhalt 2 82
der juristischen Person 2 49
Sofortige Beschwerde
sa weitere Beschwerde (sofortige)
Abhilfe durch das Insolvenzgericht 2 140
Ablehnung der Eröffnung 2 101 2 125ff
Beschlußfassung, aufgehobene 10 110
Beschwerdeberechtigung 2 133ff
Einlegung 2 127ff
Einstellung des Verfahrens 5 30
Eröffnung des Insolvenzverfahrens 2 125ff
Gläubigerversammlung, unterbliebene Einberufung auf Antrag 10 34
Haftanordnung 4 44
Insolvenzplan, gerichtliche Zurückweisung 13 50
gegen Postsperre 4 52
Vorläufige Sicherungsmaßnahmen 3 72
Wirkung 2 139
und ZPO-Regeln 2 126, 140
Sozialplan
und Insolvenzplanvorlage 13 15
Betriebsänderungen und Vermittlungsverfahren 9 85ff
Regelungen in der Solvenz 9 106ff
Sozialplanforderungen 8 7
Sozialstaatsgedanke
und Arbeitnehmer-Schutzbedürftigkeit 9 1
Sozialversicherungsträger
als Antragsteller 2 87
Rückständige Forderungen 8 6
Stellungnahme
zum Insolvenzplan 13 50ff
Steuerberater
als vorläufiger Insolvenzverwalter 3 35
Steuern
Absonderungsrecht für den Fiskus 8 45
und vorläufiger Insolvenzverwalter 3 49
Stiftung
Antragspflicht 2 73
Insolvenzfähigkeit 2 4
Stiftungen des öffentlichen Rechts
Antragspflicht 2 73
Insolvenzfähigkeit 2 7
Stille Reserven
und Unternehmensüberschuldung 2 38
Stimmrecht
und Beschlußfassung in der Gesellschafterversammlung 10 70ff
und Beschlußfassung im Gläubigerausschuß 11 83
Insolvenzplan und beteiligte Gläubiger 13 73
Strafverfahren
keine Unterbrechung 4 82
Streitgegenstand
Feststellungsklage des Gläubigers 8 161
Wertberechnung im Insolvenzverfahren 2 171ff
Streitwertfestsetzungsverfahren
keine Unterbrechung 4 82
Stunde der Eröffnung 2 114 4 21

Tabelle
s Forderungstabelle
Tagesordnung
Gläubigerausschußsitzungen 11 80
Gläubigerversammlung 10 48
Tageszeitung
Eröffnungsbeschluß 2 119
Gläubigerversammlung, Einberufung 10 37
Tarifrecht
und Insolvenz 9 13ff 9 28, 29
Teilnahmeberechtigung
an Gläubigerausschußsitzungen 11 76
an der Gläubigerversammlung 10 56ff
Testamentsvollstrecker
als Antragsteller 2 66
Testamentsvollstreckung
Nachlaßinsolvenzverfahren 18 11
Titulierung
und Glaubhaftmachung der Forderung 2 88
Treuhandschaft
und Aussonderungsrecht 8 19ff
Restschuldbefreiung 16 18ff

Überschuldung
und Antragspflicht 2 72, 73
Beginn der Dreiwochenfrist 2 77
Begriff 2 33
Eigenprüfungsverpflichtung 2 77
Glaubhaftmachung 2 91
Juristische Personen 2 32ff
von Unternehmen 2 37ff
Überschuldungsbilanz
und Feststellung der Überschuldung 2 34ff
Überschußrechnung
des Verwalters 15 9
Überwachung
der Insolvenzplanerfüllung 13 142ff
der Insolvenzplanung 13 127ff
durch Sachwalter bei Eigenverwaltung 14 23
Umsatzsteuer
bei Absonderungsberechtigung 8 101
und vorläufiger Insolvenzverwalter 3 49

Unabhängigkeit
des Verwalters 6 6
Unbewegliche Sachen
Absonderungsrechte 8 36, 37
Unentgeltliche Leistungen
Anfechtungstatbestand 7 48ff
Unterbrechung von Rechtsstreitigkeiten
s Rechtsstreitigkeiten
Unterhalt
und Eigenverwaltung 14 41
für den Schuldner 10 16 11 42
Unterlassungen
Anfechtungsrecht aufgrund – 7 5
Unternehmen
Arbeitsverhältnisse
s Arbeitnehmer
Betriebsfortführung durch vorläufigen Insolvenzverwalter 3 44
Betriebsschließung durch vorläufigen Insolvenzverwalter 3 45
Betriebsstillegung und Gläubigerausschuß 11 46ff
Betriebsveräußerung 10 12, 13
Bilanzen des Verwalters 6 40ff
Finanzkraft 2 38
Good will 2 37
Grundstücksbenutzung bei Unternehmensfortführung 8 69ff
und Insolvenzplanvorlage 13 14 13 23
Stille Reserven 2 38
und Überschuldungsbilanz 2 37ff
Verbraucherinsolvenzverfahren 17 10
und vorläufige Sicherungsmaßnahmen 3 8
und vorläufiger Insolvenzverwalter 3 38
Zwangsvollstreckungsmaßnahmen, Einstellung im Eröffnungsverfahren 3 55
Unternehmensbewertung
und Überschuldungsfeststellung 2 37
Unternehmenssanierung
und Insolvenzplanvorlage 13 14
mittels Vorfinanzierung von Insolvenzgeld 9 10
und Reformentwicklung 1 5
Stellungnahme des Verwalters 10 118
Vorfinanzierung von Insolvenzgeld 9 58ff
und vorläufige Sicherungsmaßnahmen 3 8
Untersagung
von Zwangsvollstreckungsmaßnahmen im Eröffnungsverfahren 3 53ff
Unterstützungspflicht
des Schuldners nach Eröffnung 4 37
Unzuständigkeit
des Insolvenzgerichts 2 53

Urkunden
Bestellungsurkunde für vorläufigen Insolvenzverwalter 3 35
und Glaubhaftmachung der Forderung 2 88
Urlaubsansprüche
und Insolvenz 9 73

Veräußerungsabsicht
Mitteilung bei Absonderungsberechtigung 8 87
Veräußerungsverbot
Verfügungsbefugnis des Verwalters bei relativem – 4 12, 13
Verbindlichkeiten
und Überschuldungsbilanz 2 36
Verbraucherinsolvenzverfahren
Anfechtung durch Insolvenzgläubiger 17 125ff
Annahme, Ablehnung des Schuldenbereinigungsplanes 17 34
Anwendungsbereich 17 4
Beendigung des vereinfachten – 17 139
Buchführungspflicht 17 8
Drohende Zahlungsunfähigkeit 17 112
Eröffnungsantrag 17 37ff
Eröffnungsbeschluß 17 117
Eröffnungsvoraussetzungen 17 110ff
Ersetzung fehlender Zustimmung 17 87ff
Fortsetzung des Eröffnungsverfahrens 17 107ff
Gerichtliche Schuldenbereinigung im Eröffnungsverfahren 17 35
Geringfügig selbständig Tätige 17 6
Gestaltender Teil des Schuldenbereinigungsplanes 17 23ff
Gläubigermitwirkung 17 57ff
Gläubigersicherheiten 17 64ff
Gläubigerversammlung, Gläubigerausschuß 17 131, 132
Inkrafttreten einzelner Normen 1 21
Insolvenzgründe 17 111ff
Kostendeckung 17 114, 115
Mehrstufigkeit 17 1, 2
Minderkaufmann 17 6
Natürliche Personen 17 5
Null-Plan 17 27
Prozeßkostenhilfe 17 71, 72
und Regelinsolvenzverfahren 17 118ff
Restschuldbefreiungsverfahren, anschließendes 2 32 17 122
Restschuldbefreiung und Schuldenbereinigungsplan 17 29
Restschuldbefreiungsantrag 17 52
und Restschuldbefreiung, wirtschaftliche Schlechterstellung 17 95ff

Ruhen des Eröffnungsverfahrens **17** 74ff
Schuldenbereinigung, vorangegangene **17** 1
Schuldenbereinigungsplan **17** 1
Schuldenbereinigungsplan, außergerichtlicher **17** 12ff
Schuldenbereinigung, erfolglose **17** 46
Schuldenbereinigungsplan, Ablehnung oder Annahme **17** 98ff
Schuldenbereinigungsplan, gerichtlicher **17** 61ff
Sicherungsmaßnahmen, Anordnung **17** 78, 79
Sicherungsmaßnahmen, einstweilige **17** 116
Treuhänder **17** 121ff
Überobligatorische Leistungen im Schuldenbereinigungsplan **17** 30ff
Unternehmer, selbständig tätiger **17** 10
Verbindlichkeiten und Schuldenbereinigungsplan **17** 19ff
Verbraucher, Kleingewerbetreibende **17** 1
Verbraucherkreditgesetz **17** 22
Vereinfachtes Insolvenzverfahren **17** 1, 106
Vergleichswirkung des Schuldenbereinigungsplanes **17** 102ff
Vermögensverzeichnis und Schuldenbereinigungsplan **17** 16ff
Verteilung **17** 138
Verwertung **17** 134ff
Verzeichnisse, zu erstellende **17** 54ff
Zahlungsunfähigkeit **17** 111

Verbraucherkreditgesetz
Verbraucherinsolvenzverfahren **17** 22

Vereidigter Buchprüfer
als vorläufiger Insolvenzverwalter **3** 35

Verein (nichtrechtsfähiger)
Insolvenzfähigkeit **2** 5

Verein (rechtsfähiger)
Antragspflicht **2** 73
Eröffnung, Ablehnung der Insolvenz **4** 118
Insolvenzfähigkeit **2** 4

Vereinsregister
Mitteilungen vom Eröffnungsbeschluß **2** 120
Vorläufige Sicherungsmaßnahmen **3** 16

Verfahrenseröffnung
s Eröffnung

Verfahrenskosten
s Kosten des Verfahrens

Verfassungsrecht
Postsperre als vorläufige Sicherungsmaßnahme **3** 26

Verfügungen
Eröffnungsbeschluß und unwirksame Schuldnerverfügungen **4** 14ff
Unwirksamkeit bei Verstoß gegen allgemeines Verfügungsverbot als vorläufige Sicherungsmaßnahme **3** 21, 22

Verfügungsbefugnis
Eröffnungsbeschluß und Übergang der – **4** 2ff
des Verwalters bei relativen Veräußerungsverboten **4** 12, 13

Verfügungsbeschränkungen
Vorläufige Sicherungsmaßnahmen **3** 18ff

Verfügungsverbot
Vorläufige Sicherungsmaßnahme durch allgemeines – **3** 18ff

Vergleichende Vermögensübersicht
und Insolvenzplanvorlage **13** 21

Vergleichsordnung
Ablösung **1** 1
Antragstellung vor dem 1.1.1999 **1** 17
Zweckverlust **1** 2

Vergleichsverfahren
und Insolvenzplan **13** 1

Verjährung
und Anfechtungsberechtigung **7** 20, 21
Ansprüche gegen Ausschußmitglieder **11** 96
Ansprüche gegen den Verwalter **6** 95
Rechtliches Interesse an der Eröffnung **2** 85

Verlängerter Eigentumsvorbehalt
Absonderungsrecht **8** 53

Vermögen
Massezugehörigkeit
s Masse
des Schuldners
s Schuldnervermögen

Vermögensübersicht
des Verwalters **6** 44

Vermögensverhältnisse
Verbraucherinsolvenzverfahren **17** 16

Verpfändete Forderungen
keine Verwalterverwertung **8** 79

Versicherungsschutz
für Verwalter **6** 93

Versicherungsvertragsgesetz
Absonderungsrecht **8** 46

Verteilung
Abschlagsverteilung **11** 53
und Absonderungsberechtigung **8** 59, 60
Aufhebung des Verfahrens nach Vollzug der Schlußverteilung **15** 3ff
Bare Mittel, Verteilung bei Masseunzulänglichkeit **5** 10, 11

Eigenverwaltung des Schuldners **14** 47, 48
Erlösverteilung bei Absonderungsberechtigung **8** 96ff
Insolvenzplan und Aussetzung der – **13** 56ff
Restschuldbefreiung **16** 20
Verteilungsverzeichnis
des Verwalters **15** 12
Vertragspfandrecht
Absonderungsrechte **8** 38, 39
Vertragsverhältnisse
Vorläufiger Insolvenzverwalter **3** 43
Vertretertheorie
Rechtsnatur des Verwalteramtes **6** 23
Vertretung
Antragstellung **2** 61
Verwalterstellung **6** 25
Verwalter
und Absonderungsrecht **8** 12
Absonderungsrecht und Sicherheitenverwertung **8** 65ff **8** 74ff
Amtspflichten, verletzte **6** 87, 88
Anfechtungsberechtigung **7** 6
Ansprüche, Geltendmachung bestimmter durch den – **4** 58ff
Arbeits- und betriebsverfassungsrechtliche Pflichten **9** 5
Aufsicht **6** 13ff
Auskunftspflicht gegenüber Gläubiger **12** 14ff
Auswahlermessen der Gerichte **6** 9, 10
Bare Mittel, Verteilung bei Masseunzulänglichkeit **5** 10, 11
Berichterstattung gegenüber Gläubigerausschuß **11** 31ff
Berichtstermin der Gläubigerversammlung **10** 117, 118
Bestellung durch das Insolvenzgericht **6** 11
Betriebsstillegung und Gläubigerausschuß **11** 46ff
Bilanz, Jahresabschlüsse **6** 40
Entlassungsverlangen der Gläubigerversammlung **10** 9
Eröffnungsbeschluß, Übergang der Verwaltungs- und Verfügungsbefugnisse auf den – **4** 2ff
Fahrnisverwertung **8** 75ff
Forderung, bestrittene **6** 33ff
Forderungsprüfung **6** 31
Gesamtschaden durch Handlungen des – **4** 62
Geschäftskundigkeit **6** 7, 8
Gesellschafterhaftung, Geltendmachung persönlicher durch den – **4** 63, 64
Gesetzliche Vertretung kraft Amtes **6** 25
und Gläubigerausschuß **11** 28ff
Gläubigereinfluß **6** 12
Gläubigerhinweise an den – **12** 27ff
Gläubigerversammlung, Einberufungsantrag **10** 28
Haftung **6** 85ff
Haftung für Dritte **6** 91
Haftungsansprüche, Verjährung **6** 95
Immobilienverwertung **8** 68ff
Informationen in der Gläubigerversammlung **12** 4
und Insolvenzgericht **6** 13ff
und Insolvenzplanerfüllung **13** 142ff
Insolvenzplan, Vorlageberechtigung des – **13** 5
Inventar **6** 41
Kassenprüfung durch Gesellschafterausschuß **11** 34, 35
Kontrolle durch den Gläubigerausschuß **11** 30ff
Kosten **2** 108
Kündigung von Arbeitsverhältnissen **9** 18ff
Masseverbindlichkeiten Nichterfüllung **6** 89
Miet- und Pachtverhältnisse **6** 66ff
Pflichten **6** 26, 27
Pflichtverstöße **6** 87ff
Planbilanz **6** 45, 46
Postsperre und Öffnungsbefugnis **4** 50
Prüfung, Prüfungstermin **6** 31ff
Rechnungslegungspflichten **6** 38ff
Rechtsnatur des Amtes **6** 21ff
Sanktionsmöglichkeiten des Gerichts **6** 13ff
Schlußrechnung **10** 135 **10** 7 **6** 47ff
und Schlußtermin **10** 132ff
Schlußverzeichnis **10** 136 **10** 7
Schuldverhältnisse, Beendigung und Abwicklung **6** 58ff
Tabellenaufnahme, Tabellenniederlegung **6** 28ff
Unabhängigkeit **6** 6
und Unternehmenssanierung (Stellungnahme) **10** 118
Unterstützung durch den Gläubigerausschuß **11** 28, 29
Unterstützung, Überwachung durch Gläubiger **12** 24
Veräußerungsabsicht bei Absonderungsberechtigung **8** 87ff
Vergütungsfestsetzung und Gläubigerausschuß **11** 66
Vermögensübersicht **6** 44

Versicherungsschutz **6** 93, 94
Verwaltung, Verwertung der Insolvenzmasse **6** 69ff
Vorläufige Maßnahmenuntersagung, Antrag der Gläubigerversammlung **10** 11
und vorläufiger Verwalter **6** 1ff
Wahl eines anderen Verwalters **10** 119
Zustimmungserfordernis des Verwaltungsausschusses **11** 38ff
Zwangsmittel **6** 13ff

Verwalter (vorläufiger)
keine Anfechtungsrechte **7** 6
Anregung weiterer Sicherungsmaßnahmen **3** 37
und Arbeitsverhältnisse **9** 6ff
Aufgaben und Befugnisse **3** 29
Auskunfts- und Mitwirkungspflichten gegenüber – **3** 31
Auswahl, fehlendes Rechtsmittel **2** 137
Beschlußfassung **3** 33
Besitznahme **3** 37, 42
Bestellung **3** 28, 33ff
Betriebsfortführung **3** 44, 50
Betriebsschließung **3** 45
Betriebsstillegung **9** 9
Dauerschuldverhältnisse **3** 47
Eignung **3** 34
und Eröffnungsgrund **3** 52
Geschäftsräume des Schuldners **3** 30
Haftung **3** 46, 48
und Insolvenzgericht **3** 50
Kassenführung **3** 37
Kostendeckung, Prüfung **3** 51
Lohnsteuern **3** 49
Masseverbindlichkeiten **3** 47 **8** 5
Maßnahmenabstimmung **3** 50
mit Verwaltungs- und Verfügungsbefugnis **3** 41ff
ohne Verwaltungs- und Verfügungsbefugnis **3** 36ff
Personenkreis, in Betracht kommender **3** 35
Rechtsstellung **3** 29 **6** 1
als Sachverständiger **3** 40, 52
Schadensersatzverpflichtung **3** 47
Siegelung der Geschäftsräume **3** 42
Steuerentrichtung **3** 49
Umsatzsteuer **3** 49
Unterstützungsfunktion **3** 38
Urkunde über Bestellung **3** 35
Verfügungen nur mit Verwalterzustimmung als vorläufige Sicherungsmaßnahme **3** 24
Vermögenssicherung **3** 42
Vertragsbeendigung **3** 43
und Verwalterstellung, endgültige **6** 3
Vorfinanzierung von Insolvenzgeld **3** 39

Verwaltungsbefugnis
Eröffnungsbeschluß und Übergang der – **4** 2ff
Sicherungsmaßnahmen, vorläufige **3** 5

Verweisung
an das örtliche zuständige Insolvenzgericht **2** 53

Verwendung
des Sicherungsgutes bei Absonderungsberechtigung **8** 103

Verwertung
Absonderungsrecht und Sicherheitenverwertung **8** 65ff **8** 75ff
Absonderungsrecht und Auskunftsverpflichtung **8** 86
Insolvenzplan und Aussetzung der – **13** 56ff
durch vorläufigen Insolvenzverwalter **3** 42
der Masse durch Verwalter **6** 75ff
verpfändeter Forderungen **8** 79

Verzeichnis
des Schuldnervermögens **3** 37

Vollstreckbarer Titel
Eintragung in der Tabelle **10** 129, 130
Titelwirkung des Insolvenzplans **13** 133, 134

Vor-GmbH
Insolvenzfähigkeit **2** 13

Vorführung
des Schuldners im Eröffnungsverfahren **3** 61, 62
des Schuldners nach Eröffnung **4** 42

Vorgenossenschaft
Insolvenzfähigkeit **2** 14

Vorgründungsgesellschaft
Insolvenzfähigkeit **2** 15

Vorläufiges Bestreiten
angemeldeter Forderungen **6** 35 **8** 150ff

Vormerkung
Gläubigeransprüche, gesicherte **6** 63

Vorsätzliche Benachteiligung
Anfechtungstatbestand der – **7** 40ff

Vorschuß
Kosten des Verfahrens **2** 109

Vorübergehende Zahlungsstockung
Abgrenzung gegenüber Zahlungsunfähigkeit **2** 22

Vorverein
Insolvenzfähigkeit **2** 14

Vorwegbefriedigung
der Masseverbindlichkeiten **8** 11

Wahlrecht
Eigenverwaltung des Schuldners **14** 43, 44
der Erfüllung durch Verwalter **6** 59ff
Weitere Beschwerde (sofortige)
sa sofortige Beschwerde
Absolute Revisionsgründe **2** 153
BGH-Vorlage **2** 157, 158
Einlegung **2** 150
Gesamtvollstreckungsverfahren, Konkursordnung **2** 148
Gesetzesverletzung **2** 152
Sicherung einheitlicher Rechtsprechung **2** 155, 156
Wertberechnung
im Insolvenzverfahren **2** 171ff
Widerruf
Restschuldbefreiung **16** 34
Widerspruch
gegen angemeldete Forderung **10** 4
des Schuldners gegen Insolvenzplan **13** 114
Wiedereinsetzung
Fristversäumung durch Beschwerdeführer **2** 147
Wiederkehrende Leistungen
Insolvenzforderungen **8** 117
Wirtschaftsprüfer
als vorläufiger Insolvenzverwalter **3** 35
Wohlverhaltensphase
Restschuldbefreiung **16** 22 **16** 25 **16** 32 **16** 60
Wohnsitz
Antragsinhalt **2** 82
des Schuldners **2** 48

Zahlungsunfähigkeit
Antragsinhalt **2** 82
und Antragspflicht **2** 72
Begriff **2** 20, 21
Drohende Zahlungsunfähigkeit, Feststellung des Eröffnungsgrundes **2** 106
Drohende Zahlungsunfähigkeit als weiterer Insolvenzgrund **2** 26ff
Eigenprüfungsverpflichtung **2** 78
als Eröffnungsgrund **2** 19
Glaubhaftmachung **2** 90
Liquiditätslücken, geringfügige **2** 24
Zahlungseinstellung **2** 25
Zahlungsstockung, vorübergehende **2** 22, 23
Zeitpunkt **2** 25
Zeitlicher Anwendungsbereich
und Antragstellungen vor 1.1.1999 **1** 17
Zeitpunkt
Antragspflicht **2** 76ff
Aufrechnungslage **4** 67ff
Befriedigung von Massegläubigern **5** 26
Quoteneinschätzung und Feststellungsklage des Gläubigers **8** 162
einer Schuldnerverfügung **4** 21
Sicherheitenerlangung **4** 98
Sicherungsmaßnahmen, vorläufige **3** 10
Übergang der Verwaltungs- und Verfügungsbefugnis **4** 10, 11
Zeugnisansprüche
und Insolvenz **9** 73
Ziele der Rechtsreform **1** 11ff
Zinsen, Verzinsung
bei Absonderungsberechtigung **8** 93ff
Nachrangige Insolvenzforderungen, Verzinsung **8** 110
Zivilverfahren
und Insolvenzeröffnung
s Rechtsstreitigkeiten
Zulässigkeitsprüfung
nach Antragstellung **2** 100
Zurückbehaltungsrecht
und Absonderung **8** 44
Zurückweisung
des Insolvenzplanes durch das Insolvenzgericht **13** 44ff
Zuständigkeit
Eröffnung des Insolvenzverfahrens
s Gerichtliche Zuständigkeit
Feststellungsklage des Gläubigers wegen Insolvenzforderung **8** 141ff
Nachlaßinsolvenzverfahren **18** 7
Zuständigkeitskonzentration
für Eröffnungsantrag **2** 46
Zustellung
Ablehnung der Eröffnung **2** 145
Einberufungsbeschluß **10** 39
Eröffnungsbeschluß **2** 119
Vorläufige Sicherungsmaßnahmen **3** 15
Zustimmung
Betriebsänderung, gerichtliche – **9** 90ff
Eigenverwaltungsantrag **14** 15
Gerichtliche Ersetzung bei Insolvenzplan **13** 101ff
des Gläubigerausschusses zu Rechtshandlungen des Verwalters **11** 38ff
der Gläubigerversammlung **10** 10, 11
Insolvenzplan **13** 95ff
Insolvenzplanerfüllung **13** 149ff
des Schuldners zum Insolvenzplan **13** 111ff
Verbraucherinsolvenzverfahren **17** 34
zur Einstellung des Verfahrens **15** 81ff

Zwangsmittel
Auskunfts- und Mitwirkungspflichten des Schuldners **3** 31
Auskunftsverpflichtung des Schuldners nach Eröffnung **4** 40ff
gegen Dritte **4** 45
gegen Insolvenzverwalter **6** 13ff
Vorführung, Inhaftierung des Schuldners im Eröffnungsverfahren **3** 61, 62

Zwangsversteigerung
Absonderungsrecht und Einstellung der – **8** 69ff

Zwangsverwaltung
Absonderungsrecht und Einstellung der – **8** 74

Zwangsvollstreckung
Aufrechnung und Einzelzwangsvollstreckung **4** 69
vor Eröffnung des Insolvenzverfahrens **4** 13
Eröffnungsverfahren und Untersagung/ einstweilige Einstellung von – **3** 53ff
Insolvenzgläubiger, Vollstreckungsverbot **4** 104
Massegläubiger **4** 105ff
Titelwirkung des Insolvenzplans **13** 133, 134
Vollstreckungsverbote nach Eröffnung **4** 93ff

Kolibri 360 GmbH
Ferdinand-Jühlke-Straße 7
99095 Erfurt, Deutschland
produktsicherheit@kolibri360.de